Shanbei Huangtu Diqu Gaosu Gonglu Jianshe Guanjian Jishu

陕北黄土地区高速公路建设关键技术

靳宏利　郭利平　房　斌　主编

人民交通出版社

内 容 提 要

本书内容根据陕西省交通运输厅科技项目“陕北黄土地区高速公路建设关键技术研究”课题成果总结而成。全书共九章，内容主要包括：基于生态环保理念的线形设计与景观建设技术，黄土边坡剥落病害处治技术，黄土沟壑区湿软地基处理技术，黄土路堑高边坡稳定性分析及其防护技术，黄土沟壑路段路基防排水技术，黄土边坡偏心预应力锚索抗滑桩技术，基于抗裂、抗冲刷耐久性要求的基层修筑技术，基于骨架密实特性的沥青混合料面层修筑技术以及黄土隧道结构设计与施工控制技术。本书内容对促进陕西乃至我国黄土地区高速公路建设的快速发展有着积极的指导作用。

本书可供公路建设、运营管理人员使用，也可供高等院校相关专业师生学习和参考。

图书在版编目(CIP)数据

陕北黄土地区高速公路建设关键技术/靳宏利，郭利平，房斌主编. --北京：人民交通出版社，2012.9

ISBN 978-7-114-09765-2

Ⅰ.①陕… Ⅱ.①靳…②郭…③房… Ⅲ.①黄土区－高速公路－道路工程－施工技术－陕西省 Ⅳ.①U419.4

中国版本图书馆 CIP 数据核字(2012)第 071912 号

书　　名：陕北黄土地区高速公路建设关键技术
著 作 者：靳宏利　郭利平　房　斌
责任编辑：郑蕉林　周　宇　付宇斌
出版发行：人民交通出版社
地　　址：(100011)北京市朝阳区安定门外外馆斜街 3 号
网　　址：http://www.ccpress.com.cn
销售电话：(010)59757969，59757973
总 经 销：人民交通出版社发行部
经　　销：各地新华书店
印　　刷：北京市密东印刷有限公司
开　　本：880×1230　1/16
印　　张：23.5
字　　数：701 千
版　　次：2012 年 9 月　第 1 版
印　　次：2012 年 9 月　第 1 次印刷
书　　号：ISBN 978-7-114-09765-2
定　　价：75.00 元

《陕北黄土地区高速公路建设关键技术》
编写委员会

主　编：靳宏利　郭利平　房　斌

编　委：曹可勇　王　琛　张永刚　李拴平　赵　洁
王永祥　杨文奇　罗素莲　庞　琪　蔡鹏宏
王学礼　梁　涛　折学森　徐培华　陈忠达
夏永旭　金　波　郝培文　马保林　边世斌
林新元　刘俊起　陈华鑫　温立影　蔡乾东
毛述永　任海洋　杨江伟　颜　赫　王　猛

前言

Foreword

陕北黄土地区位于我国黄土高原的中部，地处陕西北部，主要包括六盘山以东，吕梁山以西，渭河北山以北，长城以南的地区，属于典型的黄土台塬、黄土梁峁及沟壑区，海拔 800～1 500m，降水量年际变化大，丰水年的降水量为枯水年的 3～4 倍；年内分布不均，汛期 6～9 月降水量占年降水量的 70%，且以暴雨形式为主，年最高气温 36.6℃，最低气温−23.1℃。

黄(陵)至延(安)(以下简称黄延)高速公路坐落在陕北黄土高原的南部，是国家规划的西部大通道包头至北海线在陕西境内的重要组成部分，是陕西省“十五”计划重点建设项目之一，是陕西省“米”字形公路主骨架的重要路段，是连接我国华北、西北、西南、华南四大经济区的关键纵向通道，它不仅是一条纵贯陕北、连接中华人文始祖黄帝陵和革命圣地延安的朝圣之路，加快陕北能源重化工基地建设、造福老区人民的幸福之路，更是鄂尔多斯台地能源化工基地的重要经济大动脉。因该工程面临黄土高原特殊的地形地貌和复杂的水文地质条件，黄延高速公路建设中如何解决高墩大跨桥梁、富水黄土隧道、黄土高边坡支挡与防护、黄土沟壑区软土地基处治和黄土路基防排水等技术难题，是工程建设成败的关键。

在交通运输部、陕西省各级领导的关怀和支持下，各级政府高度重视黄延高速公路建设，明确要求“要把黄延高速公路建成政治路、红色旅游路、环保景观路”。陕西省高速公路建设集团公司、陕西黄延高速公路有限责任公司通过深入研究与科学论证，联合长安大学、中国有色金属工业西安勘察设计研究院等多家单位成立了“陕北黄土地区高速公路建设关键技术研究”课题攻关小组。经过 8 年的艰苦努力，课题组重点围绕黄延高速公路地质、土质、环境、气候、交通条件等特点，坚持科研为生产服务的指导思想，以科学实用为原则，以安全、环保、质量、效益为重点，采取技术攻关与工程实践相结合、调查与试验相结合、定性分析与定量评价相结合的研究方法，并结合大量的室内试验和工程实践，创立了一系列适用于黄土地区勘察、设计、施工和质量控制的关键技术。研究成果卓有成效，为黄延高速公路顺利建成通车作出了卓越贡献。

为了有效总结陕北黄土地区公路建设成果，特编著本书，内容主要包括：基于生态环保理念的线形设计与景观建设技术，黄土边坡剥落病害处治技术，黄土沟壑区湿软地基处理技术，黄土路堑高边坡稳定性分析及其防护技术，黄土沟壑路段路基防排水技术，黄土边坡偏心预应力锚索抗滑桩技术，基于抗裂、抗冲刷耐久性要求的基层修筑技术，基于骨架密实特性的沥青混合料面层修筑技术以及黄土隧道结构设计与施工控制技术等。

在本书编写过程中，得到了陕西省高速公路建设集团领导的高度重视与热心关怀，并得到了陕西省高速公路建设集团黄延分公司、长安大学、西安公路研究院、中国有色金属工业西安勘察设计研究院等单位和研究人员的鼎力支持，在此一并表示感谢！

由于时间和编者水平所限，挂一漏万在所难免，不足之处，恳请读者批评指正，以便在今后的应用实践中加以完善。

编　者

2012 年 2 月

目录

Contents

第一章

基于生态环保理念的线形设计与景观建设技术

第一节　工程概况与自然环境

一、陕北黄土特点

我国黄土地区主要指黄河中游的黄土高原地区，该地区位于北纬34°～41°、东经103°～114°，地势西北高、东南低，海拔高度介于1 000～2 000m之间。其范围北至长城，南抵汾渭盆地北缘，东起吕梁山西麓，西起陇西盆地西缘，包括陇西、宁夏回族自治区南部、陇东、陕北、晋西等地区，呈东西向展布，总面积约23万km^2。

黄土高原的地貌类型主要有塬、梁、峁及各类沟谷，共同构成了各种地貌类型区。在黄土塬部分区域，因塬面平坦，侵蚀较弱，水流向沟谷集中，土壤侵蚀类型以沟蚀为主，沟蚀量占流域侵蚀总量的80%以上。晋西、陕北等黄土丘陵区域，即使谷间地面积较沟谷地稍大，侵蚀类型仍然是面蚀和沟蚀同等重要。六盘山以西的陇中地区，谷间地面积较大，坡地的坡度小，坡长大，坡面侵蚀特别严重。靖边、定边、环县、固原、海原和定西等地，在黄土丘陵的发展历史过程中形成的各种地貌类型，有的已被沟谷切割，或目前正在逐步遭受溯源侵蚀影响，形成了黄土高原中、北部区域的独特现代侵蚀过程。通常，以沟壑密度、地面坡度和地面破裂程度作为表示地貌形态因子与侵蚀关系的指标。

黄土高原是中国黄土的主体堆积地，黄土厚度大，地层完整，按形成的年代可分为老黄土和新黄土。老黄土有午城黄土及离石黄土，新黄土有马兰黄土及新近堆积黄土。新近堆积黄土形成年代较晚，距今约5 000年，一般土质疏松。马兰黄土及新近堆积黄土均具有侵水湿陷性，故又称之湿陷性黄土。各层黄土形成年代见表1-1。

黄土形成年代　　表1-1

年代		黄土名称			备注
全新世Q_4	近期	—	新黄土	新近堆积	杂乱无章，具不均匀性、高压缩性、强湿陷性
	早期	马兰黄土		一般湿陷性黄土	浅黄色，一般具有湿陷性
晚更新世Q_3					
中更新世Q_2		离石黄土	老黄土	非湿陷性黄土	褐红色，一般不具湿陷性或在高压下具有轻微湿陷性
早更新世Q_1		午城黄土			

黄土高原的年平均气温为3.6～14.3℃，其分布特点是由南而北，自东而西逐渐降低。西安年平均气温为13.3℃，兰州为9.1℃，榆林仅8.1℃。全区最冷月(一月)的平均温度都在0℃以下，西安为－2.0℃，兰州为－7.2℃，榆林为－9.9℃。全区最热月(七月)的平均温度都在22℃以上，渭河平原为黄土高原七月平均气温最高的地区，高于25℃，平均最高气温大都在30℃以上。因而黄土高原具有冬季寒冷、夏季暖热的特点。

如图1-1所示，黄土高原的年降雨量在200～650mm之间，但降雨的区域分布不均匀，总的分布特征为年降雨量由南向北、由东向西逐渐减少。

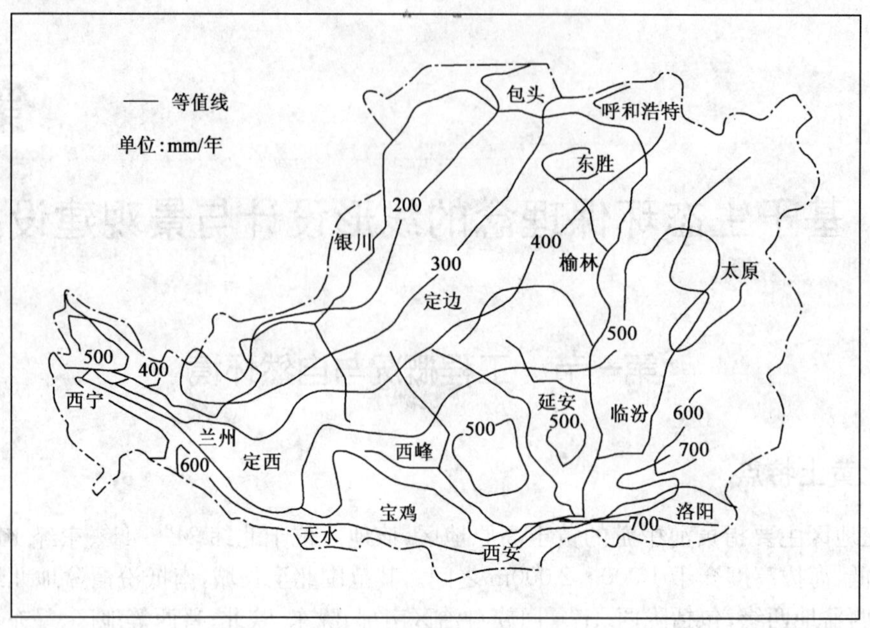

图 1-1 黄土高原多年平均降雨量等值线图

二、黄延高速公路工程概况

黄延高速公路是国家规划的西部大通道包头至北海线在陕西境内的重要组成部分，是陕西省“十五”计划重点建设项目之一，同时也是陕西省“米”字形公路主骨架的重要路段。黄延高速公路不仅是贯通陕西省陕北、关中、陕南的一条大动脉，而且是连接我国华北、西北、西南、华南四大经济区的一条纵向大通道，对我国中西部地区及陕西的经济发展具有重要意义。黄延高速公路建成后，不仅可以有效地加快陕北能源重化工基地的开发和建设，改变革命老区贫困落后面貌，而且对于推动区域旅游事业的发展，改善区域投资环境，促进陕西经济全面、协调、持续、快速发展具有重要作用。

黄延高速公路起自黄陵县康崖底(K155＋746)，经洛川县、富县、甘泉县、延安市宝塔区，跨越淤泥河、葫芦河、洛河、南川河、延河等 12 条河流，穿过黄土台源、黄土梁筛、黄土沟壑区，终于延安市西北的河庄坪(K298＋951)，与延安至安塞高速公路相接，全长 143.205km，2002 年开工建设，2006 年建成通车。黄延高速公路位置走向见图 1-2。

黄延高速公路路基宽 24.5m，采用全封闭、全立交、分道分向行驶，并具有完善的监控和通信系统，计算行车速度 80km/h，桥涵设计荷载采用公路Ⅰ级(汽—超 20 级，挂—120)。工程共设互通立交 6 处，匝道收费站 5 处；服务区 3 处，停车区 1 处，养护工区 3 处。全线共设特大桥全幅 8 座(长 9 822.82m)、半幅 1 座(长 647m)，大中桥全幅 88 座(长 7 557.5m)、半幅 35 座(长 4 204.12m)，天桥 21 座，通道 29 道，涵洞 281 道；共有隧道 22 座，全长 27 363.4m，均为单洞，并按设计要求设有通风设施。

黄延高速公路工程全线共征用永久性占地 12 656.74 亩(1 亩＝666.6m^2)，拆除窑洞、房屋 3 102 户(72 000m^2)。

三、地形、地貌及气候特征

1.地形、地貌特征

黄延高速公路地处黄土沟壑区，属于黄土地区的特殊地貌形态，这种地貌形态是各种瞬变地质事件(地震、滑坡)和缓变地质事件(冲刷侵蚀和淤积、断裂蠕动、湿陷沉降)综合作用的结果，也是未来地表变迁的基础或起点。黄土沟壑区主要有黄土丘陵沟壑区、黄土残源沟壑区、黄土高源沟壑区三种地貌类型。沿线地貌景观如图 1-3 和图 1-4 所示。黄土沟壑区是我国乃至全球生态环境最为脆弱和水土流失最为严重的地区之一，沟壑大都是流水集中进行线状侵蚀并伴以滑塌、泻溜的结果。

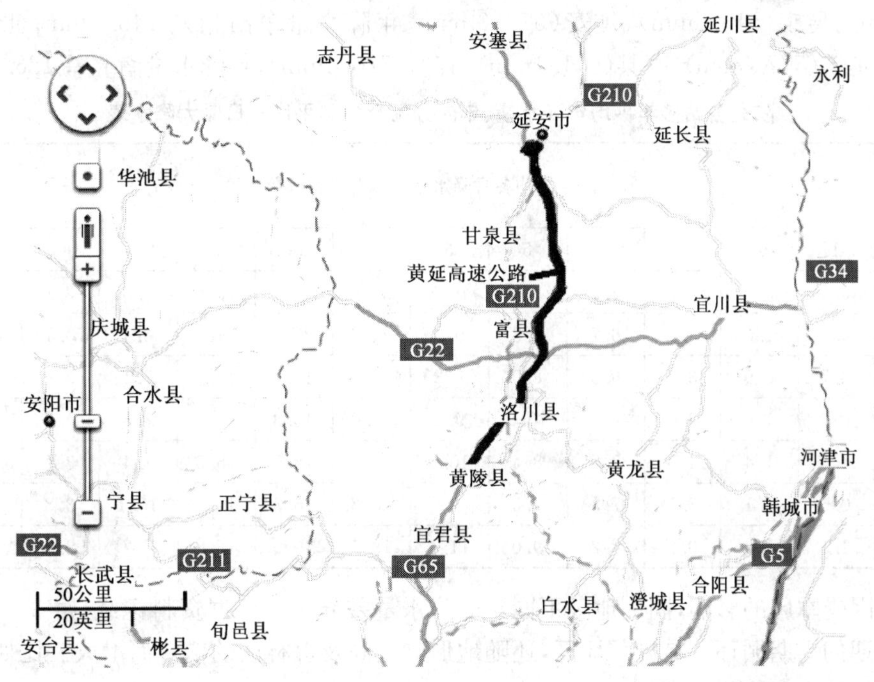

图 1-2 黄延高速公路位置走向

图 1-3 沿线地貌景观一

图 1-4 沿线地貌景观二

(1)黄土丘陵沟壑区，丘陵起伏，沟壑纵横，地形破碎，土质疏松，植被稀少，气候干旱。

(2)黄土残源沟壑区，黄土深厚，源面起伏不平，源边残破，沟深坡陡，沟源相对高差 100～200m。水力、重力和道路侵蚀都很严重，随着沟壑越冲越大，源面越来越小，地形越来越破碎，完整的源面逐渐变成残源，继续流失，将来会变成丘陵沟壑区。

(3)黄土高源沟壑区，源边沟壑发育，支离破碎，水土流失较重。径流主要来自源面，泥沙主要来自沟道。源面径流占径流总量的 67.4%，沟壑径流占 32.6%，源面侵蚀量占总量的 12.3%，沟壑侵蚀量占 87.7%。侵蚀特征以水蚀、重力侵蚀为主，严重的土壤侵蚀危害主要表现为沟头前进和沟床下切等。

2. 气象水文条件

黄土沟壑区属大陆性气候，年平均降水量随地区不同而不同，一般在 500～660mm 之间，年蒸发量 1 000～1 500mm 之间，湿度不大，6～8 月份相对月平均最大湿度为 83%左右。降水量的年际变化比较明显，枯水年和丰水年相间出现，一年内降水量分配很不均匀，7～9 月降水占全年的 50%～63%，且多以阵雨、暴雨形式出现，因而容易造成水土流失和地质灾害。汛期 7～9 月径流量占年径流量的 53%左右，沙量占 97%左右。冬季降水量十分稀少，仅占年降水量的 3%左右。表 1-2 给出了陕北各站多年平均年降水量、年内分配及多年平均一日最大降水量。从表中数据可以看出，黄土高原地区年降水量的地理分布特点是：从西北向东南有逐渐增加的趋势，而且由北向南的增加趋势更为明显。例如：西东一线，绥德(423.4mm)、吴旗(513.5mm)、延安(572.3mm)，年降水量东西相差148.9mm；北南一线，子长(534.34mm)、延安(572.3mm)、富县(641.1mm)、宜君(720.4mm)，年降水量南北差186.1mm。

陕北各站多年平均年降水量、年内分配及多年平均一日最大降水表 表1-2

站名	年降水量(mm)	多年平均各月降水量占年总量百分数(%)												一日最大降水量(mm)
		1	2	3	4	5	6	7	8	9	10	11	12	
延安	572.3	0.6	0.9	2.9	6.2	8.6	10.3	21.6	22.4	15.6	7.3	3.1	0.5	58.86
延长	595.5	0.7	1.0	3.0	6.7	9.3	9.9	24.6	20.1	14.9	6.4	3.1	0.5	56.83
宜川	583.5	0.7	0.9	3.2	6.3	8.0	9.2	24.7	19.1	16.5	7.1	3.9	0.4	58.36
富县	641.1	0.6	1.0	3.0	7.1	10.8	9.1	21.0	16.8	18.9	7.5	3.7	0.4	56.58
洛川	623.2	1.0	1.4	4.0	7.8	8.4	10.3	20.5	18.5	16.3	7.4	3.7	0.6	55.16
黄龙	606.2	0.6	1.1	3.1	7.3	8.3	9.4	23.2	16.3	16.1	10.1	3.8	0.6	54.97
宜君	720.4	1.1	1.3	3.6	8.2	9.0	11.4	18.5	19.0	15.8	7.7	3.9	0.5	52.24

年降水量因受季风的影响，同一地区不同年的降水量差异很大。据资料记载，每3～4年出现一次由干旱到丰水期的周期循环。在局部地区，还随地形的增高及森林区的增多而增大。比如，宜君等山区的降水量均比四周高，并形成局部高值带。

我国气象部门规定：24h降水量为50mm或以上的降雨称为暴雨。按照这个定义，暴雨是一个强度概念。它应是雨量和雨时的函数，因此，它也应反映出不同历时的雨量大小。我国目前气象部门的规定一般并不能包括24h降雨量小于50mm，而降雨强度却很大的降雨。但是，在黄土沟壑区，这类暴雨的发生频率最高，造成的水土流失最为严重，对路基排水构造物造成的危害也最大，必须给予充分的重视。

有学者对黄土地区的暴雨频率进行了分析归纳，得出陕西省北部黄土地区年平均暴雨3～5次，几乎每年都有暴雨发生，年最多发生暴雨10次以上，见表1-3。暴雨历时小于1h的约占40%～50%，3h以下的约占70%～80%，由西向东，短历时暴雨逐渐减少，长历时暴雨相应增多。

陕北黄土地区暴雨频数 表1-3

地点	资料年限(年)	暴雨总数(次)	年均次数(次)	年最多次数(次)	无暴雨次数	其中		各历时年占百分比(%)	
						年降水量为6～8mm的次数(次)	占暴雨总数百分比(%)	≤60min	≤180min
榆林	26	94	3.6	9	0	82	93.2	40.0	67.0
延安	25	132	5.3	11	0	112	84.8	50.0	74.6
洛川	25	100	4.0	9	0	85	85.0	44.0	78.0

四、生态环境

1.土壤

公路所属地区土壤总的分布从南到北依次为淋溶褐土、褐土、石灰性褐土、褐土性土、黏黑垆土、黄绵土、沙黑垆土、潮土、沼泽土、水稻土等，均零星分布于梢骨构地。从分布地域特征上看，梁峁沟壑主要以黄绵土等岩性土壤为主。沟谷为川台黄绵土、川台沙质黄绵土、涧地沙质黄绵土及少量黑垆土、沙质黑垆土。沟坡为红土、红胶土、坡黄绵土、坡沙质黄绵土等。山地土壤以褐土为主。山间沟谷分布有黄土冲击，坡积物多为新积土。原区分布的主要是黏黑垆土、黄墡土、生草黄墡土和红土等。

2.植被

项目所经地区多为水土流失重点区，自然环境较为脆弱。区域内主要植被为以天然次生林为主的灌木林和人工林，所涉及桥山、劳山两林区，为黄土高原最大的天然林次生林区子午岭至黄龙山林区的重要组成部分。天然植被乔木有油松、辽东栎、山杨、白桦、侧柏等；灌木有荆条、酸枣、绣线菊等；草本植物有长芒草、香茅等。人工植被主要有人工林和牧草，其中树种主要有刺槐、小叶杨、旱柳、沙棘等，人工草种主要有紫花苜蓿、沙打旺等。粮食作物和经济林主要分布在沟壑冲积平原和阶梯田上，主要种植玉米粮食作物，经济林主要以栽植苹果为主。

3.野生动物

本区丰富的森林、灌木、草原，为野生动物提供了优越的生存条件，因此野生动物较为丰富。本区动物区系属古北界华北区黄土高原亚区。有兽类约30余种，鸟类约70余种，数量较多的有石鸡、环劲雉、岩鸽、草兔等；数量一般，分布较广的有鸭、黄鼬、野猪等；大白鹭、狐、金钱豹等数量较少。由于人为活动增加，沿线的生态环境遭到一定程度的破坏，珍贵的野生动物数量和种类日趋减少。

4.土地利用情况

项目所在区域有耕地面积约1 400万亩，占总土地面积的25.21%，其中水浇地面积25.92万亩，原地浇水分布于洛川，黄陵，富县的老亩、隆坊、交道原上，其余县市以川地水浇地为主。沿线各县均有苹果栽植，以洛川最多，面积达4.44万亩；林地集中分布于子午岭至梁山山系，各县市除延安市外，其余均在200万亩以上；水稻田面积2.70亩，主要分布在项目影响区的富县，有1.2万亩，其次是延安市和黄陵县；草地面积较小但覆盖率高。随着地区经济的快速发展，城乡居民用地和交通用地正不断扩大。

第二节　黄土沟壑区高速公路设计理念与方法

黄延高速公路地跨黄土高原沟壑区、丘陵沟壑区和黄土丘陵林区三个水土保持类型区，其地貌以黄土高原典型的黄土塬、台、梁、峁、沟壑为主。该地域处于半干旱气候区，年蒸发量远远大于降水量，多大风扬尘天气。而且该区域主要地质基底为三叠纪—侏罗系层状基岩，上部覆盖第四纪黄土，中部夹少量第三纪较疏松土层，降雨又比较集中，容易形成较大的地表径流，使得黄土极易崩塌，侵蚀，甚至引起黄土滑坡和泥石流等自然灾害。同时黄延高速公路施工建设中，对基础的开挖、填筑、取土、取石等极易破坏原有的地貌形态和地表林草；路基边坡、取土场开挖易造成崩塌、滑坡等重力侵蚀；弃渣、弃土堆放压埋又会毁坏地表植被，引起水土流失和泥石流的形成。为此，在公路建设规划和线形设计中，项目考虑了生态环保的理念，分别从平、纵、横三曲线进行了灵活设计，并取得了良好的环境保护和景观效果：平曲线以自然流畅、顺势而为为特点；纵曲线以低填浅挖为设计根本；横断面以灵活、贴近自然为宗旨，争取实现“不破坏就是最好的保护”的设计思路。

一、黄土沟壑区高速公路总体设计理念

1.指导思想

目前，我国将坚持环境保护、坚持可持续发展作为基本国策，环境保护已成为所有公民的义务和权力。因此，在黄土沟壑区高速公路设计中，必须将环境保护列为最重要的指导思想，注重水土保持效果，并作为检验设计成果好坏的第一标准。所以山区高速公路总体设计指导思想如下。

(1)重视水土保持，坚持环境保护持续发展策略。

(2)强调技术标准的严肃性，合理掌握和运用技术标准。

(3)满足公路使用功能，尽量降低工程造价，保证行车安全。

(4)强调技术创新，广泛采用新技术、新材料、新工艺，提高勘察设计质量。

2.总体设计原则

按照黄土沟壑区高速公路总体设计指导思想，设计原则的制订紧紧围绕环境保护这个主题。

(1)坚持围绕生态环境保护这一主题,进行路线多方案论证比选的原则。

(2)坚持技术指标与地形条件相协调。

(3)坚持按地质、环境条件选线的原则。

(4)坚持对典型工程方案进行综合比选原则。

(5)正确处理公路建设与自然景观、人文景观的关系。

(6)正确处理公路建设与占地、拆迁的关系。

(7)综合考虑路线与水源地、水利设施的关系。

(8)合理利用路线走廊资源,充分进行分期修建的论证。

(9)综合考虑铁路、管线、公路等交叉处理。

(10)充分考虑土石方平衡,减少土石方数量,做好土地复垦、弃方造地和恢复植被设计。

二、基于生态环保的高速公路设计方法

1. 3S 技术

3S(GIS、GPS、RS)技术为公路工程、地层环境灾害防治与科学预测提供了新一代的观测手段、描述语言和思想观念。GIS 所具有的分析功能有利于数据库与其他先进数据分析系统接口进行分析预测,GPS 和 RS 是 GIS 的重要数据库和数据更新手段,GPS 和 GIS 的结合可用于实时监测空间位置变化,RS 具有的可比较性、综合性和动态性,为快速获取区域变化信息提供了条件。三维地学模型分析技术为地下岩层结构和性质分析提供了"穿透镜",通过对地上、地下三维空间环境分析、模拟,综合考虑沿线地质、地形、气候、水文分布、生态敏感点、公路工程和工程量等因素,开展合理边坡治理工程的数值模拟,实现公路路线优选、公路工程设计和生物工程设计的自动化和科学化。利用计算机和遥感图集进行路线选线,既简单又经济,还能直观地在卫星图片上比较方案。考虑了工程、社会、经济和环境等诸多因素,所确定的路线线形好、标准高,大幅度地降低了公路工程费用和勘测设计费用,缩短了公路选线的时间。

2. 方案比选法

方案比选法是在已经确定的路域范围内,根据所确定的路线走廊和主要控制点,结合沿线地形、地貌、水文、地质、河流、城镇规划等特点以及生态环保理念,对路线方案进行比选。其具体步骤是:首先,在所有的路线方案中,选择两三个比较合适的方案,作为分析、比较的对象;其次,计算每一种方案的环境、经济等方面费用;最后,根据实际情况,利用计算的结果,分析和确定最优路线方案。

第三节 基于生态环保的黄延公路路线设计

一、黄延高速公路生态设计要素

黄延高速公路设计,应全面考虑公路本身的性质和黄土沟壑区的自然环境,主要生态要素如下。

(1)水土保持。黄延高速公路穿越黄土高原沟壑区,地形破碎、山高、坡陡、沟深、沟谷密度大;春季干旱少雨,夏秋暴雨,自然环境和气候环境较为复杂。因此,水土保持是该地区显著的生态设计要素之一。

(2)水资源缺乏。黄土高原沟壑区降水较为集中,地表径流较大;水资源量少、分布不均、缺乏常规水源。如何降低公路建设对水资源的影响,减少降水对坡面的冲刷,是该地区生态设计的另一要素。

二、基于生态环保的黄延公路路线设计技术

根据先进的生态环保理念,设计者以环保、生态为目标,坚持地质选线,减少黄土滑坡、高边坡的产生;坚持环保选线和景观选线,减少对不良地质的扰动,减少对生态环境的破坏。建立多目标设计原则,

通过沿线特点分析，综合考虑生态环境保护、地形、地质及工程造价等诸方面因素进行比选，采用先进的卫星遥感、航测图像综合分析和全球定位系统等综合分析技术，最终在保证安全的基础上，将黄延高速公路建设对环境的影响降到最低。

1. 先进的选线技术

设计中，黄延高速公路采用全球定位系统（GPS）进行平面控制，利用数字化地形图进行纸上定线和地方路改线设计，利用全站仪进行导线控制测量和路中线布设，部分横断面利用数模地形图校对。借鉴本地区已建成山区公路路基边坡绿化防护形式，坡面防护多采用浆砌片石拱形骨架护坡加植草防护。在施工图设计的全过程中，应用了 CARD/1，纬地 4.6 和桥梁、路基路面 CAD 技术，所有设计图表的绘制和计算工作均由计算机完成。

2. 基于地质选线

设计中采用卫星遥感、航测图像综合分析和全球定位系统等综合分析技术，准确而清晰地分析黄延高速公路沿线的不良地质分布情况，查清区域地质构造特征；合理布设线形，减少了土石方量，保护了河道，减少了高边坡的产生，降低了边坡灾害产生的几率。

K207＋000～K215＋200（界子河至相西堡）段，路线长 8km，路线逆界子河而上，设线于界子河的一级阶地上。该段工程地质情况一般。地层以砂质黏土、砂土、粉土、卵石土等松散土体为主，厚度小于 7m，易冲蚀，土体不稳定；河床受水侵蚀，露有较坚硬岩体。基岩边坡普遍陡立，坡脚有岩质碎落堆积上覆松散土体，易产生滑坡和崩塌。设计中，路线达到了少占耕地、少填少挖少拆迁、走阳坡，或以桥梁结构而非路基通过（图 1-5）的目的，巧妙地避让了大部分滑坡和崩塌体。

平面线位布设时，还充分考虑了沿线居民的利益，尽量避免路线穿越村镇。如 K278＋136.5～K286＋000 段，路线先顺草房沟布设 1.0km 至老鸹沟沟口，线位布设在沟侧台地上。之后，路线进入延安市南沟，此沟沟谷开阔，延安市柳林乡金庄、侯庄、牛庄的村民沿沟右岸建窑洞或盖房而居，设线时避开了村庄，在沟中间或左侧通过。在长约 6km 的路段内，路线与河道相互干扰，尽管布设了 15 座中小桥，但路线有效地避开了村庄。

全线共设平曲线 124 个，平均每公里 0.865 个，一般最小半径两个（R＝400m），不设超高半径 45 个，平曲线占路线总长 68.84％；最大直线长度 2 666.47m，平面技术指标掌握适当。

设计中同向曲线之间的直线段长度未达到规范规定的“6V”长度，经调整，平曲线半径或缓和曲线长度满足了规范要求，增强了线形的流畅性（图 1-6），如 JD_9—JD_{10}，JD_{66}—JD_{67} 等。

图 1-5　以桥代路基

图 1-6　流畅的线形

K254＋000～K255＋300 段连续小偏角交点间距较短，虽半径较大，但平面线形仍不舒展，经 JD_{60}—JD_{65} 的调整，平面线形达到了舒展平顺的要求。

JD_{77}、JD_{78} 为小偏角平曲线，且 JD_{78} 位于长隧道洞口附近，这种大半径小偏角线形弯直难辨，视觉条件较差，不利于安全。经 JD_{76}—JD_{78} 的调整，长隧道洞口线形调整，视觉条件改善较好，提高了道路安全性。

3. 基于环境选线

设计中适当增加隧道和桥梁设施，最大限度地减少了公路建设对自然地形、地貌和植被的破坏，减小对天然河道的挤压，保持沿线的自然面貌，最大限度地减少了对环境的扰动。

黄延高速公路纵曲线设计中，通过详细调查当地的水文地质情况，并根据调查资料对纵断面进行控制。在地形、地质、构造物等条件允许的情况下，尽量采用浅挖低填方案，降低路基高度(图 1-7)，节约占地，尽量避免黄土地区高陡边坡对公路及其周围环境带来的自然灾害。最大限度地减少对生态环境的扰动和对景观的破坏，体现"不破坏就是最大的保护"的理念，使公路与自然环境更加和谐(图 1-8)。

图 1-7　跨越耕地时降低路基高度

图 1-8　纵断面设计与原地形自然结合

全线共设变坡点 157 个，平均每公里 1.09 个变坡点，最大纵坡 5%，平均坡长 914m，最大坡长 3 200m，最短坡长 400m，最小竖曲线半径凸形为 5 897m、凹形为 7 754m，竖曲线占路线总长 54.74%，纵断面技术指标基本合理。

公路纵断面设计充分利用黄土高原地形，在穿越农田段采用了低路基形式，通过纵向填挖平衡，减少了取土场更多占地。这些措施不仅避免了路基扩大占地范围，而且降低了对植被的影响。

K201 段之后，地势趋向平缓，沟谷、河流渐少，但时有山岗阻隔，大多数以隧道穿越，全线 12 座隧道有 7 座分布在此路段内，路线纵断面设计平坦、顺适，线形舒缓、流畅。

深路堑地段局部进行了平面、纵断面线位调整，适当增加桥梁高度，降低路堑深度，减少挖方和废方，减少了高边坡隐患对自然生态环境的不良影响。

洛河特大桥，凌空飞渡，桥下洛水潺潺，西(安)延(安)铁路穿桥而过，为陕北洛川这片"凤栖之地"，增添了一大景观，往来旅游者均在此停车留念(图 1-9)。黄延高速公路洛河特大桥总投资 1.3 亿元，全长 1 056m，有 18 个墩台，桥面高度 152.9m，最高墩 143.5m，是黄延高速公路的重点控制工程，也是当时"亚洲第一高墩"，主桥为连续刚构，两岸引桥为预应力混凝土连续箱梁，科技含量高，施工难度大。针对此桥开展了多项技术课题研究。

图 1-9　洛河特大桥雄姿

高墩、大跨、曲线、悬灌是洛河特大桥的施工技术难点。大桥开工以后全面运用新技术、新工艺、新材料，并邀请全国多家科研院所的30多名桥梁专家，量身定做了大桥施工方案。施工中，为确保最高墩倾斜度和墩顶平面位置控制在有效范围内，采用激光铅垂仪和全站仪实行双控，并不断提高控制过程频率；为加快墩身以及高空横系梁施工进度，创新使用液压翻模施工工艺和CABR等强镦粗直螺纹钢筋连接技术，将传统的多次分层浇筑大体积混凝土改为连续浇筑一次成型；为确保曲线连续刚构桥线形优美与工程高质量，采用了箱梁管道真空压浆以及先进的测量控制技术。这些先进技术的创新运用，确保了大桥质量和外表线形美观，并为降低施工成本创造了必要条件。为确保桥梁悬臂施工万无一失，建立了"三级质量监控体系"，高薪聘任了专职安检员、技术人员，并实行质量终身负责制。自大桥开工至建成的30个月内，洛河特大桥工程合格率达100%，优良率达97.7%，取得了质量和安全事故零记录的优异成绩。该高墩大跨桥梁设计实践将成为中国桥梁设计的宝贵财富，为黄土地区高速公路的设计积累了宝贵经验，对未来类似工程建设具有重要的指导意义。

洛河特大桥的设置，减少了对地貌环境的破坏，保护了河道。

黄延高速公路横断面设计灵活自然(图1-10、图1-11)。填方坡脚、挖方坡顶几何形状以接近自然曲线设计为主，路堤、路堑边坡在增加工程量不大的情况下，可尽量降低边坡坡率，能缓则缓，宜陡则陡，以求尽量与自然起伏的地形相适应，融入自然。浅挖路段均采用了安全性、实用性较强的边沟，形成较好的视觉效果，使填挖过渡缓和、自然。为了节约土地资源，同时使断面形式与地表自然衔接，在保证安全的基础上，低填浅挖段尽量不设置护坡道、碎落台；其他需要设置护坡道、碎落台的段落，将结合边沟进行一体化设计，形成流畅的视觉效果。

图1-10　分离式路基随地形布设

图1-11　横断面设计灵活自然

黄延高速公路线形合理。结合工程地形、地质、水文等条件，把线形组合设计贯穿于定线工作的始终，平、纵、横综合考虑，不单纯追求路基填挖平衡，尽量避免大填大挖，减少对山坡自然平衡的破坏，避免对周围环境产生不良影响，经反复推敲，最终较好地解决了平、纵线形的组合及线形指标与工程量之间的矛盾，确定了合理的线形方案(图1-12)。通过透视图检查，全线线形连续、顺适，纵坡均衡，平纵配合协调，指标运用合理，视觉连续、诱导良好，无扭曲、凹陷、遮挡、暗弯等不良线形存在。

图1-12　线形组合合理

在黄延路线设计中，通过采用上述三种方式，利用先进技术获取了详实的资料，不仅节约了资金，而且大大减少了气体、噪声、弃方对环境的污染，也加快了工程进度。此外，为了更好地保护沿线的生态环境，还适当增加隧道和桥梁设施，最大限度地减少公路建设对自然地形、地貌和植被的破坏，减小对天然河道的挤压，保持了沿线的自然面貌。

第四节　基于生态环保的黄延公路线形方案比选

在线形设计中，黄延高速公路采取了灵活多变的设计方案，既降低了工程造价，改善了线形指标，保护了生态环境，又实现了线形美观、均衡、顺畅，具体从以下案例可以看出。

(1)K168+654～K194+524——新村段(图 1-13)

正线：起自芦家河，沿洛河上龚家源，分别跨葫芦河、裢达沟在龚家塬、阿党塬、太贤塬布线，然后下塬跨淤泥河穿道南塬至道南隧道出口，路线长约 25.87km。平曲线最小半径 600m；土石方填方量 721 528m^3，挖方量 5 767 674m^3；征用土地 1 771 亩；隧道 6 座。

比较线：自芦家河经牛曲河、桑树湾、秦家河、高家河，拟洛河而上穿龚家塬经下汪村、寨头河进入葫芦河谷，然后穿阿党塬、跨裢达沟，沿奎张沟穿太贤塬，沿王庄河跨越泥河、穿到南塬至道南隧道出口，路线长 27.300km。平曲线最小半径 602.419m；土石方填方量 521 806m^3，挖方量 2 923 435m^3；征用土地 1 602 亩；隧道 18 座。

线形方案：施工中选用正线方案较好。①虽然正线比比较线多占地约 170 亩，损失了一定的土地资源，但隧道数量减少了 12 座，大大减少了对自然环境的破坏。②正线与比较线相比指标较高，且工程地质条件较好，相对稳定，滑塌和碎落较少，桥隧工程量小，有效控制了水土流失现象，相对减少了生态环境破坏。③比较线桥隧比较高，投资经费过高，超出正线 11.35 亿元。因此，正线方案虽多占用了一定数量的土地资源，但达到了良好的水土保持效果。

环境效益：建设中采用了正线方案，实现了环境效益最大化，减少了水土流失。

(2)K185+000～K208+317.892——洛川塬段(图 1-14)

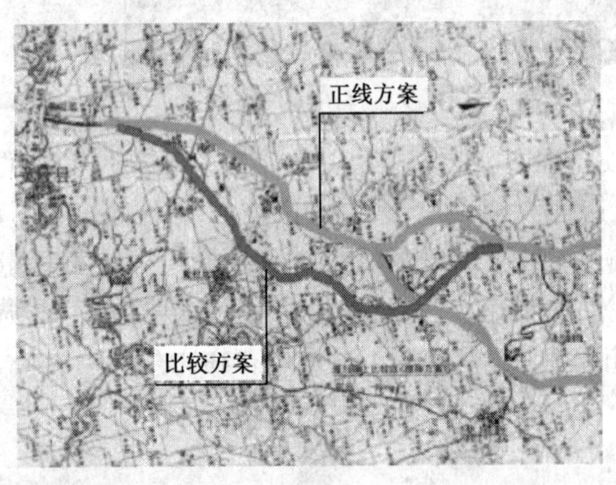

图 1-13　K168+654～K194+524 线形评估

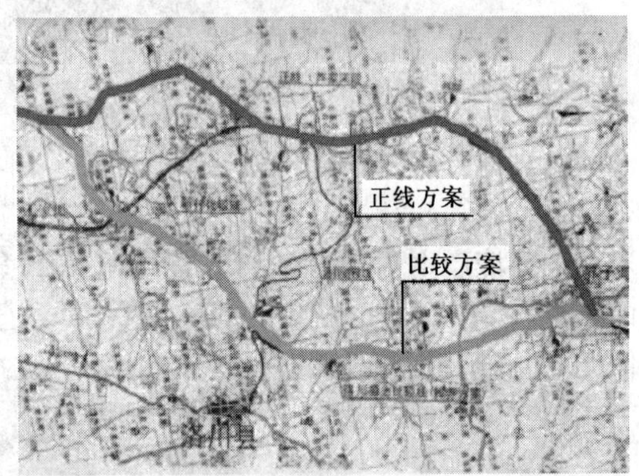

图 1-14　185+000～K208+317.892 线形评估

正线：正线起自下泉沟，经高家河沿界子河布线，后经峪口村、芦家河，逆洛河上龚家塬，路线长约 23.287km。平曲线最小半径 750m；土石方填方量 540 668m^3，挖方量 3 401 612m^3；征用土地 1 902 亩。

比较线：自下泉沟跨界子河沿北沟布线至汉寨梁，穿 210 国道、跨杜家河经蒋家塬、荣地抵洛川塬后，垮洛河至龚家塬，路线长为 23.296km。平曲线最小半径 412.55m；土石方填方量 479 995m^3，挖方量 8 009 570m^3；征用土地 1 882 亩。

线形方案：施工中采用比较线方案较好。①比较线方案增加了跨线桥的数量，比正线节约占地约 20 亩，节约了土地资源，最大限度地保护了原地形地貌。②洛川互通立交位于塬上，依地形合理布线，线形指标较高，也在一定程度上较好地展示了特色地形景观。③运营期间，管理养护费用较低，取得了较好的经济效益。④比较线中增设高于100m的桥梁，造成较大的施工难度，但创造了亚洲第一墩的壮观景色。总体而言，选择比较方案取到了良好的环境效益和经济效益。

环境效益：据后期监测，有效保护了沿线土地资源，为周围环境增添了不少色彩，将其对自然环境的影响降低至最低。

(3)K268+100～K271+300——山神庙上行段(图1-15)

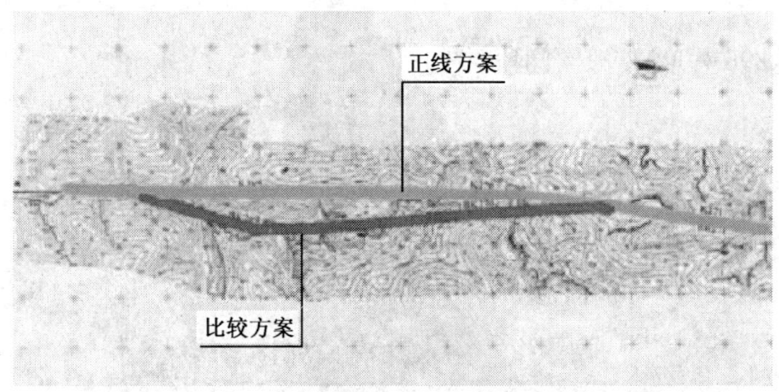

图1-15　185+000～K208+317.892线形评估

正线：起点在清泉沟主沟与支沟交汇处，长约3.183km，平曲线最小半径7 600m；土石方填方量71 762m^3，挖方量224 394m^3；征用土地96亩。

比较线：起点在清泉沟主沟与支沟交汇处，长约3.2km，平曲线最小半径1 000m；土石方填方量80 187m^3，挖方量498 859m^3；征用土地167亩。

线形方案：施工中采用正线方案较好。①正线和比较线长度、平纵指标相当。虽然比较线隧道长度较正线短605m，缩短了里程，节约了能耗，但是正线隧道洞口地质条件较好，填挖方量较小，隐患较少，对环境产生的破坏较小。②正线砍伐树木约为2 807株，比较线砍伐树木为5 097株，虽然正线投资较比较线多了2 419万元，但正线的选择保全了大量原始树木。

环境效益：据后期监测，有效保护了沿线动植物及土地资源，最大限度地保护了当地环境，取得了较好的环境效益。

(4)K267+000～K278+400——南秋台段(图1-16)

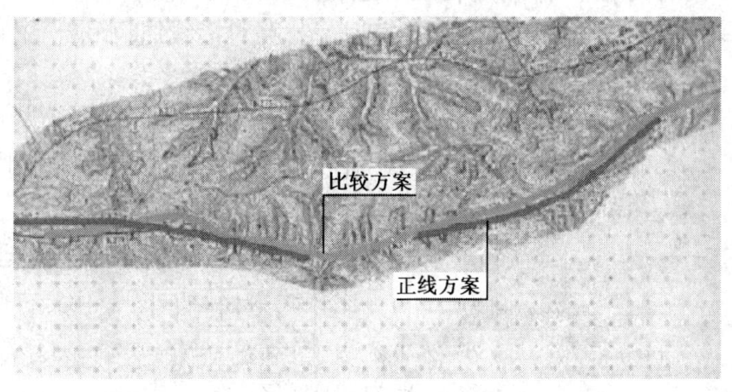

图1-16　K267+000～K278+400线形评估

正线：采用分离式路基，上行线自草房沟经南秋台、八道沟、七到沟至清泉北沟，路线长11.100km；下行线自草房经王老畔、牛圈沟、改板沟至清泉北沟，路线长约10.960km。平曲线最小半径400m，土石方填方为673 157m^3，挖方为147 183m^3。隧道10座，占用土地917亩。

比较线：采用整体式路基，平面线位与正线上行线基本相同，路线长约11.450km。平曲线最小半径400m，土石方填方为1 380 688m^3，挖方为2 250 415m^3。隧道10座，占用土地1 096亩。

线形方案：施工中采用比较线方案较好。①此段路线地质情况较为复杂，比较线的设置便于解决南泥湾和延安东的过境问题，大大促进了区域交通和经济的快速发展，获得了较好的社会效益。②比较线桥、隧工程较小，工程投资较正线减少了4 660万元，节约了资金。③比较线方案砍伐树木34 815株，正线方案砍伐树木20 096株，较正线多砍伐了14 089株，一定程度上加大了对自然环境的破坏，造成了一定影响。但后期施工中采用合理的生态恢复措施进行恢复，取得了较好的环保效果。

环境效益：建设中采用比较方案，促进了区域交通和当地经济的快速发展，实现了公路对沿线居民利益的保护。

(5)K289＋478～K296＋600——沟门段(图1-17)

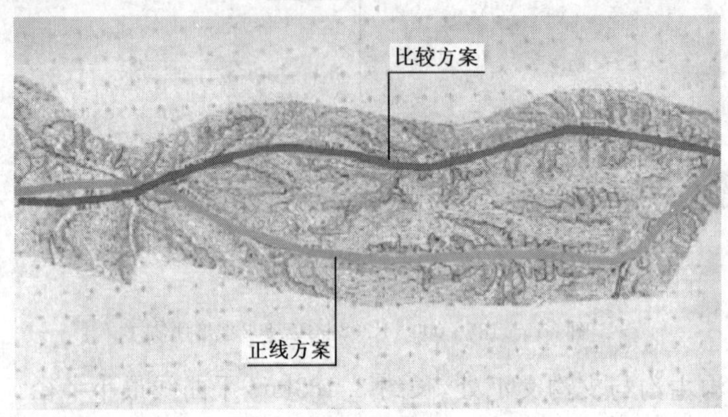

图1-17　K289＋478～K296＋600线形评估

正线：起自高家沟，经新窑则、山狼岔至高坡后，沿南川河设线至沟门，路线长约9.907km。该路段地形起伏较大，桥隧相连组成，是全线隧道比较集中的路段。平曲线最小半径400m，土石方填方为662 209m^3，挖方为548 707m^3。隧道2座，占用土地513亩。

比较线：自高家沟经新窑则、南沟后，连续设三座隧道穿黄土梁至沟门，路线长7.122km。总里程较正线短2.785km，路线短捷顺适，但桥隧工程量较大。平曲线最小半径1 000m，土石方填方为22 416m^3，挖方为148 986m^3。隧道6座，占用土地111亩。

线形方案：施工中采用正线方案较好。①虽然正线里程较比较线略长，多占用土地约400亩，土地资源占用较大；②正线隧道长度较之短了4.066km，工程造价节约40 529万元。③正线拆迁建筑物少约1 600m^2，减少了对沿线居民的影响，一定程度上达到了较好的环境保护效果。

环境效益：建设中采用正线方案减少了拆迁，实现了公路对沿线居民利益的保护。

(6)K303＋712～K307＋547——枣园下行线段(图1-18)

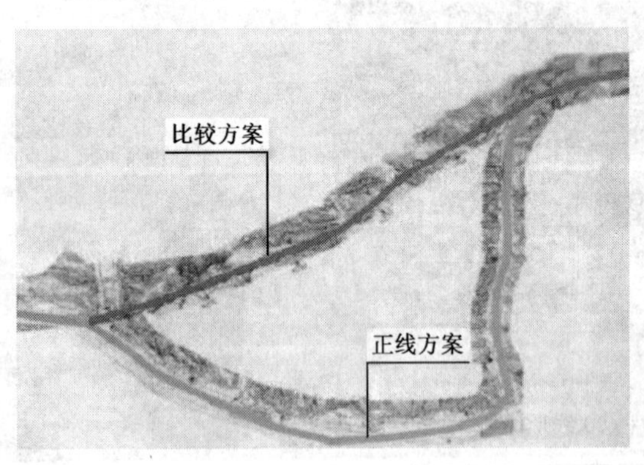

图1-18　K303＋712～K307＋547线形评估

正线：起自狄青牢，经李家村、杨崖村至邓家沟，如图1-18所示，路线长3.835km。土石方填方为256 114m^3，挖方为178 643m^3；占用土地52亩。

比较线：自狄青牢沿正线右侧150～300m设线至邓家沟，路线长3.74km。土石方填方为302 612m^3，挖方为201 272m^3；占用土地44亩。

线形方案：施工中采用正线方案较好。①正线隧道比例较短，缩短了建设里程，降低了燃油能耗，减少了运营期间对环境的污染，同时也节约了约3 972万元的工程投资。②正线的填挖方量与比较线相比较小，对区域地貌景观破坏较小，取得较好的景观效益。

(7)K165＋800～K170＋200——起点接线段深路堑与长隧道方案比选(图1-19)

正线：起点顺接铜黄一级高速公路的终点(康崖底大桥)，出桥后向右偏，进入道南门前沟，以路堑加明洞方式至道南隧道口，再经道南隧道至埝子坬沟。路线长为3.114km，平曲线最小半径700m；土石方填方量 24 298m^3，挖方量 890 069m^3；征用土地 198 亩；隧道 4 座。

比较线：起点同正线方案，出桥后长隧道（长 3 050m）穿越道南塬到埝子坬沟。路线长为 3.114km，平纵指标高、隧道长，进口仰坡较高，综合工程造价较低。平曲线最小半径 700m；土石方填方量 4 382m^3，挖方量 57 895m^3；征用土地 14 亩；隧道 2 座。

由于隧道和深路堑对工程技术和地质条件要求较高，且都存在挖方弃渣问题，而隧道方案对植被的破坏小，避免高边坡等问题。

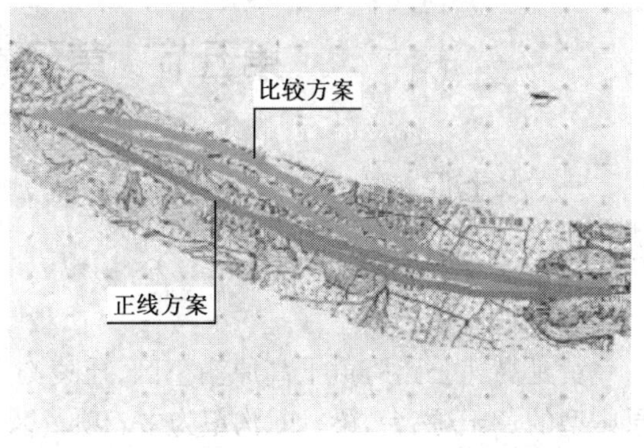

图 1-19　K165＋800～K170＋200 线形评估

根据我国实际情况，实际设计中主要从技术经济角度进行比较，在经济条件允许的情况下，得出长隧道与深路堑选择的一般原则：即在综合造价相差不大的情况下，选择对生态环境破坏较小的隧道方案。

若采用长隧道方案穿过，平纵指标高，隧道长，隧道进口仰坡高，综合造价低，且运营期间的隐患少，技术相对简单。隧道开挖的洞渣部分用来填筑路基或调配利用，剩下的弃于弃渣场内，弃渣场设于隧道进出口附近的沟谷中。建设中，对弃渣体进行了坡脚防护，采取了表面植树种草或复耕处理，防止了水土流失，保护了生态环境。

若采用深挖路堑加明洞形式通过，正线局部路段位于古滑坡前缘，设计挖深 7～13m，开挖后古滑坡前缘形成高陡临空面，可能诱使古滑坡体复活。另有 700m 路段位于道南门前沟沟心，设计挖深 5～13m，沟底为冲淤积黏土及黄土层，水位埋深 2～2.5m，开挖后两侧坡体由于下部坡脚失去支撑，产生应力释放变形，导致局部滑塌，且地下水丰富，施工难度大，运营期间隐患大。另外，挖方边坡防护面积大，难度高，弃渣量大，严重破坏自然环境。

根据设计中工程总量和经济技术的比较，明显可知，长隧道方案在地质条件允许的情况下，可以减少对地面植被的影响，环保效益较为突出，在环境保护方面占有明显优势。据后期监测，在黄土高原与黄土沟壑地区，选择长隧道方案，有效保护了沿线土地资源，将公路对环境破坏的影响降低至最低，达到了良好的环保效果。

黄延高速公路一大显著特点是路线长，所经地区地形多样，尤其是黄土沟壑区，地形条件相当复杂，但经过设计时的综合权衡，减少了高陡路堑的数量，在地质不良地段，宁填勿挖，但总的填挖方量不是很大，没有给人不适的感觉。

全线开凿隧道 22 座，黄土隧道是黄延高速的一大亮点，隧道施工难度大，科技含量高（图 1-20、图 1-21）。黄延高速是陕西省内第一个实现隧道装修的项目，隧道内漂亮的装饰板上含有反光材料，使隧道更亮堂、美观、环保，并且减少了隧道照明的能耗，节约了资源。

图 1-20　桥隧相连路段实景图一

图 1-21　桥隧相连实景图二

第五节　黄延高速公路环境建设技术

一、水土保持

1.水土保持特点

1)工程概括

黄延高速公路跨黄土高原沟壑区、丘陵沟壑区及黄土丘陵林区三个水土保持类型区,地貌以黄土高原典型的黄土塬、台、梁、峁、沟壑为主。项目区平均海拔1 200m,年平均气温9.0℃,年平均降水量550~631mm,年蒸发量1 200~1 300mm,属半干旱地带大陆性气候。主要地质基底为三叠纪—侏罗纪层状基岩,上部覆盖第四纪黄土,中部夹少量第三纪较疏松土层,易崩塌,易侵蚀。区域主要植被为天然次生林为主的灌木林和人工林,所涉及桥山、劳山两林区为黄土高原最大的天然林次生林区子午岭—黄龙山林区的重要组织部分。

2)黄延高速公路建设水土流失的因素

(1)自然因素。该地域处于半干旱气候区,年蒸发量远远大于降水量,多大风扬尘天气。而在7、8、9月份降雨又比较集中,占全年的60%,且以暴雨、阵雨为主,历时短、强度大,容易形成较大的地表径流,引起黄土滑坡和泥石流等自然灾害。

(2)人为因素。首先是由于工程施工中基础的开挖、填筑、取土、取石等破坏了原有的地貌形态和地表林草;其次是路基边坡、取土场开挖(图1-22)易造成崩塌、滑坡等重力侵蚀;弃渣、弃土堆放压埋毁坏地表植被的同时,为水土流失和泥石流的形成创造了条件。据计算,该项目由于损坏原地貌植被,增加水土流失量199.31万t,弃渣造成直接水土流失量1 076.64万t,可能造成的水土流失总量为1 275.95万t。

图1-22　黄延高速公路边坡开挖实景图

该项目水土流失防治责任范围包括项目建设区和直接影响区两部分。本项目建设区1 841.89hm^2(弃渣场、取土场163.55hm^2),直接影响区437.98hm^2,水土流失防治责任范围总面积2 279.87hm^2。

3)黄延高速公路水土保持工程建设特点

(1)线长面广。高速公路水土保持工程,既包括主体工程中含有水土保持功能的工程措施,又包括水土保持方案设计中的水土保持措施,具有涉及面广、分布分散的特点。弃土(渣)场多在线路建设区外的两侧冲沟内布设,分布极为分散,边坡防护、植被恢复和绿化工程等措施均零散分布于全线,作业面较窄,难以集中施工。

(2)环境复杂。项目区穿越黄土高原沟壑区、黄土丘陵沟壑区和黄土丘陵林区三个水土保持类型区,地形地貌涉及黄土高原台塬、梁峁、丘陵、沟壑多个类型。所属地区,既是水土保持重点治理区,又涉及重点预防保护区和重点监督区,自然条件各异,建设环境复杂。

(3)季节性强。春季干旱少雨,夏秋暴雨、阵雨集中,干旱和洪涝、滑坡、泥石流等灾害交替发生;冬季雨雪稀少,潮湿系数小,其冻融侵蚀可引起边坡剥落、崩塌,对植物措施和工程措施均造成一定的影响。

2.水土保持工程建设

黄延高速公路水土保持工程建设，主要包括：主体工程中具有水土保持功能的措施和水土保持方案防治措施两部分。主要工程涉及路基防护工程、排水工程、湿陷性黄土地基处理、滑坡体和古错落体整治工程、改河工程、桥涵泄洪、防护工程和弃渣场、取土场整治等工程。

1)水土保持工程设计思路

为最大限度地减少水土流失，体现高速公路建设与生态环境保护协调统一，黄土高原地区高速公路水土保持生态工程建设在设计中宜坚持“统筹兼顾，效益优先，注重环境保护，坚持可持续发展”的原则，并贯彻“预防为主，全面规划，综合防治，因地制宜，加强管理，注重效益”的水土保持方针。

2)水土保持措施布局和防治体系

(1)措施布局

高速公路水土保持工程总体布局，以弃渣场和公路沿线施工区两侧为重点防治区域。以工程措施为主，植物措施和土地整治及复垦措施为辅。工程措施以弃渣场的防护为重点，植物措施以公路路基边坡及其附属建筑物的植物防护与绿化美化、弃渣场植物防护与植被再造恢复为主，土地整治和复垦措施以取土场、弃渣场、施工便道及其他临时占地弃用后的复垦利用为主。

(2)水土流失防治体系

黄延高速公路水土流失防治体系主要包括：绿化美化景观区、弃渣场重点治理区及取土场及临时工程整治区三部分。

①绿化美化景观区。该区防护的重点为路基边坡、隔离栅绿化及公路两侧、中央隔离带、互交式立交桥、服务区等绿化美化工作，防治面积共 1 478.59m^2。

②弃渣场重点治理区。布设了 53 处弃渣场，建设期间共产生弃渣 2 050.72m^3，其中平缓阶地弃渣场 4 个，弃渣量 271.36 万 m^3；荒沟弃渣场 49 个，弃渣量 1 806.87 万 m^3。

③取土场及临时工程整治区。本工程布设了 13 处取土场，取土量 181.58 万 m^3；施工便道、施工营地、临时建设等占地面积 199.75hm^2。

3)水土保持与生态环境保护措施

(1)工程措施

①路基防护及排水工程

按照“安全第一，环保优先，恢复生态”的主导思想，本项目对挖方段采用抵挡墙加网格、拱形等防护，并辅以植物措施。对扰动地表，平缓地带栽树种草，险要陡峭处筑挡墙，砌护坡，并开挖环山截水沟。

排水工程方面，为保证路基稳定，解决好防冲、防渗等问题，排水工程以排水沟、急流槽为主(图 1-23、图 1-24)，并通过修筑挡水堰，防止路面及边坡排水对沿线农田造成破坏。

图 1-23　边坡截水沟排水

图 1-24　急流槽凸榫

②弃渣场整治工程

黄延高速公路建设弃渣量大，为了减少土地占用量，做到新增水土流失得到控制，弃渣 90%以上得到有效拦蓄或利用，水土流失控制量大于85%，水土流失治理程度大于80%。本项目弃渣场尽量利用荒坡、荒沟和地势较低的洼地，并在全线整体采用“上拦下排、覆土整治、复垦绿化”的防治措施，即上设排水沟，拦截来水和排泄渣场径流；下设拦渣坝或挡土墙，控制弃渣流失，渣面覆土后复垦利用或恢复植被。对路基、互通式立交、隧道等弃渣量大而且集中的工程，利用自然地形布设排水沟，对高差较大的工程，设置台阶式跌水或急流槽消能，在弃渣面上修挡水埂，防止因地表径流漫流而导致弃渣流失、滑塌。对桥梁、涵洞等数量多、地点分散、弃渣量小的工程，则就近堆放于沿线洼地内，并布设排水防护措施，确保弃渣不污染、不影响泄洪安全。

③绿化美化工程

黄延高速公路在建设过程中，为减少雨水对未防护路基的冲刷，对公路主线、连接线、立交桥、站所服务区等永久性建筑工程和路基两侧、中央分隔带等布设植物防护措施和美化工程。路基边坡防护主要采用浆砌石护面墙、网格骨架种草等措施；绿化美化采用人字架+喷播植草、三维植被网垫喷植、乔灌草混立体绿化等措施。

④取土场及临时工程

黄延高速公路直接取土量达181.58万m^3，临时工程占地为199.75hm^2。取土场的开挖和临时工程改变了原有的产汇流条件，增加了滑坡、坍塌等水土流失的可能。该项目在取土场工程的施工和后期的水保治理方面，合理取土，节约用地和严格整治，最大限度地减少了对耕地和环境的损坏，临时征地复耕率达到了要求。取土场在开采中采取分区开挖、复垦利用和绿化相结合，土地整治要求场地平整、开挖面不陡于土体自然稳定边坡，高度大于5m时，采用削坡开级。开挖结束后表土回填，修整边坡，布设边坡平台、坡角排水沟，栽植植物措施防护。对临时工程完工后进行土地平整，复垦利用或恢复林草植被。

(2)植物措施

①树种与草种选择

按照黄土高原地区特有的地理、气候、水文等自然条件和植物的生长特点，黄延高速公路植物措施布设按照“因地制宜、因害设防、适地种树、适地种草”的原则，结合弃渣、取土场及施工临时用地自然条件，选择适应性强，根系发达，生长迅速，具有固土改土作用的油松、紫穗槐、百喜草、白三叶等乡土树草种。

②植物措施布设

对于大面积的路基边坡的植物防护，主要采用三维固土网垫植物护坡、人字形骨架植草护坡，种植乔、灌、草等植物进行立体防护和绿化。弃渣场边坡及戗台上种植沙棘，铺植结缕草；取土场对坡面高度小于或等于6m的布设藤本植树地绵，对坡面高度大于6m的按阶栽地绵，台栽乔木，综合防护。对于施工便道则选用豆科灌木树种和豆科草本植物，利用其侵入性强的性能覆盖地表，满足护坡防蚀的要求。

3.水土保持和环境保护管理及监控体系

黄延高速公路在设计和建设阶段十分重视水土保持和生态环境保护工作，是我国第一条由水利部参与设计的高速公路，从管理体系，过程控制和资源、资金的投入上都充分体现了“人与自然和谐发展”的科学发展观。

(1)在项目水土保持和环境保护的设计上，黄延高速路施工前期做了大量的实地调查研究，编制完成了操作可行的“水土保持方案”。在建设中，又根据项目的建设情况，制订了环境保护行动计划书。在施工的后期，结合实际与政府环保部门进行项目的水土保持和环境保护评价，完善了环境评估报告，从而坚持了水土保持和环境保护的全过程监控。

(2)在水土保持方案没有批准和水土保持监理工程师还没进场时，黄延公司就组织水土保持编制单位和水利部门，深入工地指导施工单位，采取防护措施，避免人为水土流失，保护生态环境。

(3)在管理和监控体系的设置上，黄延公司在国内率先引入水土保持监理制度。引入了5名水土保持生态监理工程师实施水土保持和环境保护监测监控，设立了2个总监代表处水土保持监理部，并在承建单位又指定了26名负责水土保持工作的工程技术人员，他们每天在工地巡查，严格控制着工程对生态的干扰。与此同时，积极配合沿线地方5个县(区)的水土保持、环境保护部门对项目进行监控，形成了一个横向到底，纵向到面，全方位全过程的水土保持、环境保护监控体系。

(4)黄延高速公路建设，在公路界外的植草量比界内还要多，大约达到100万m^2。界外栽种10万株刺槐，花费200万元，有效防治环境恶化，治理滑坡、泥石流等水土流失问题。

(5)在资金的投入上，黄延高速公路用于沿线水土流失治理、植被恢复、环境综合整治、监测设施及补偿费用高达1 600万元，体现了政府和业主对公路建设中环境保护的重视程度和管理力度，保证了水土保持生态工程的开展。

二、生态恢复

1.公路永久占地对沿线生态环境影响

黄延高速公路全线实际占用土地12 656.74亩(国土资源部批准本工程建设用地844.054hm^2，合计12 660.81亩，1亩=666.6m^2)，其中果园2 504.81亩，旱地5 042.77亩，水浇地717.77亩，菜地80.22亩，苗圃32.45亩，林地2 938.62亩，荒地729.3亩，宅基地246.55亩，交通用地63.548亩，河道地247.57亩，厂矿建设用地53.15亩。该公路路基用地占总征地面积的65.9%，林地23.2%，对沿线耕地、林地数量有一定影响，但通过对取弃渣场的造田、造林，对其占地影响进行一定的弥补，该工程利用弃渣场为当地造田1 800余亩，工程临时占地100%被复垦，占总征地的14.2%，营造了良好的生态环境。

从2003年施工之初，在公路施工建设的同期，建设者就注重在弃土场上对挖出的土方进行压实。由于黄延高速路沿线地势多为黄土台塬、黄土梁峁和黄土沟壑区，一方面沿线荒沟较多，另一方面挖出的土方多为土质较好的黄土。建设部门将挖出的土方填入荒沟，不仅为弃渣找到了“出路”，同时还解决了当地荒沟难以耕种的问题，为防止“造”好的地再次水土流失，他们还在填平后的荒沟下游方位专门建造了大坝。

2.优化路线，保护林地

基于生态环保理念，黄延高速公路尽量将路线布设在沟道内来减少对植被的破坏，并将沟道内的树木尽可能移栽到两侧的山坡上；通过优化设计来减少边坡土方开挖量，少占林地近10亩，少开挖土方50万m^3，最大限度地保护了沿线生态环境。

3.公路绿化对沿线生态环境的影响

绿化是环境保护的重要措施之一，是公路建设的重要组成部分。黄延高速以建设环保景观路为目标，曾多次组织园林绿化专家召开工程绿化专题会议，广泛吸收各方专家意见，落实到公路绿化建设中。该公路绿化工程主要包括：中央分隔带绿化、边坡绿化、互通景观绿化、隧道绿化、服务设施景观绿化、取弃土场绿化等。

根据现场地形地貌特征和气候特点，在所有栽植区回填了30cm厚的种植土，保证了种植成活率，并采用国内先进的液压喷播技术，以生物防护为主，广植适宜当地生存、易于成活的植物，做到“乔、灌、花、草”多种植物相结合。最终，公路用地范围内绿化面积约294.48万m^2，栽植苗木523.5万株。

三、水环境保护与水污染防治

1.沿线服务设施污水处理设施评估

公路沿线有3个服务区、6处收费站、1个停车区，沿线设施发生的污水主要为生活污水，废水水质具有较高的悬浮物浓度，含有较丰富的碳水化合物及氮磷营养物，含有较高的硝酸盐及亚硝酸盐，pH值为6~9。后期进行跟踪监测，沿线所有收费站和服务区均采用地埋式生活污水处理设施，污水井污水处理设施后达到《污水综合排放标准》(GB 8978—1996)中一级标准要求。

各服务区、收费站产生的生活污水经过污水设备处理后，达标排放至边沟或天然沟渠。营运期间，公路路面径流经公路排放系统收集后排入农田排灌水渠、天然沟渠等。

2. 地表水环境效益评估

黄延高速公路跨越或伴行的河流，主要是淤泥河、葫芦河、洛河及延河、西川河，根据陕西省水环境功能区划，该工程所跨越的河流执行《地表水环境质量标准》(GB 3838—2002)Ⅲ类标准。

(1)公路修建跨越淤泥河、葫芦河、洛河等河流时，均采用了架桥的方式，桥墩施工中采用钻孔灌注柱桩基础，围堰法施工，附近都设泥浆沉淀池，有效地防止了施工中产生的污水对河流的影响，达到了良好的效果。

(2)该公路沿线具有完备的排水系统，按工程设计要求，公路排水系统由截水沟、边沟、排水沟、急流槽等直接排入沿线天然沟渠中。集中的公路、桥梁排水，用于周围绿化和农灌。

(3)根据《竣工环境保护验收调查报告》中的监测结果，沿线河流水质变化不大，该公路建设对地表水的影响不明显，达到了良好的环保效果。

四、声环境降噪防治

黄延高速公路声环境降噪措施主要采用隔声窗和声屏障的方式。在水利希望小学等敏感点采用隔声窗措施，在麦地角(K170＋200)、荣地(K181＋500)、浦兰(K182＋200)、牛武镇小学(K224＋000)等采用声屏障。

由于最终图纸线位与工可线位略有变化，环评报告书中推荐线评价范围内环境敏感点共有31个，其中马家河、榆林河、申家沟、清泉街等10处敏感点已不在重点调查范围内。另外，新增敏感点多达22处。

在声屏障设计时，十分注重屏体设计与周围环境相协调，不仅达到较优的降噪效果，而且弱化了人工痕迹，达到了良好的生态景观效果。

第六节　黄延高速公路建设与运营期环境保护措施

一、建设期环境保护措施

1. 水土保持措施

1)水土保持防治效果及监测结果

从开工至2005年6月，黄延高速公路已完成总体工程量，水土保持工程量达80%，已达到了水土保持方案要求的预测效果，3年来通过以上措施，公路沿线的植被覆盖度达50%，水土流失量由施工期间的615.22万m^3降低为61.52万m^3，综合减沙率达90%，可拦蓄泥沙968.97万t，节约投资5 536万元。同时，通过综合防治保护了环境，促进了山川秀美工程，加快了当地社会经济发展。

(1)取土场、弃渣场等临时占地效果

根据《竣工环境保护验收调查报告》，该公路设置了20处取土场，基本在黄土丘陵处开采，开采深度与地表持平。施工完毕后，及时把表层土壤回填后，进行平整土地造田、造林、耕地，场地恢复效果良好。沿线取土场、弃渣场、施工营地等临时占地的水土流失现象已得到有效控制。

(2)路基防护、排水工程

经现场调查，公路填挖边坡、不良地质防护、路基路面排水工程、桥头路基、立交路堤防护均采用工程措施和植物措施，使边坡水土流失明显减少，有效防止了水土流失。

(3)隧道水土保持

隧道洞口坡面主要采用拱形骨架种草、液压喷植、碎落台种植草本和藤本植物、浆砌石护面墙等生物和工程措施进行绿化和水土保持防治。以上工程措施和植物措施使隧道口边坡水土流失已明显减少，有效防止了水土流失，而且起到一定景观效益和生态效益。

(4)水土流失防治效果监测结果

该项目绿化工程及生物护坡面积加大，各项措施的防治总面积达 1 702.64hm²，水土流失治理程度80%。该公路拦渣率为 95%，植被恢复率为 95%，林草覆盖率为 30%，林草成活率、保存率均为 84%，扰动土地治理率 90%。水土保持工程的总体布局合理，效果明显，达到了水土保持方案设计要求。通过水土保持工程措施的实施，基本控制了本公路建设责任范围内工程建设引起的水土流失，达到了政府规划的和水土保持方案提出的水土流失防治目标，恢复和改善了项目建设区的生态环境质量。

2)水土保持设施竣工验收

2008 年 10 月 19 日，国家水利部水土保持司副司长牛崇桓在延安主持召开黄延高速公路工程水土保持设施竣工验收会。国家水利部验收组先后勘查了工程现场，查阅了技术资料，听取了黄延公司以及参建单位关于水土保持工程建设相关工作的汇报，经过认真讨论和研究，形成了验收意见：黄延公司全面实施了水土保持方案确定的各项防治措施，完成了水利部批复的防治任务，水土保持设施质量总体合格；水土流失防治指标达到了国家规定的防治标准，符合水土保持设施竣工验收的条件，黄延高速公路工程水土保持设施通过竣工验收。

2.生态恢复措施

(1)施工期料场、拌和站等临时用地尽量选在公路征地范围内，施工营地尽量租用现有房屋和场地或设置在非耕地上；临时用地中，因公路施工破坏植被而被裸露的土地均应在施工结束后立即整治，恢复植被或造田还耕。

施工中严格规划了临时施工道路的路线走向，尽量少占农田、林地，充分利用现有道路，减少对环境的破坏。同时，施工中保持经常洒水，减少扬尘污染。施工完毕后及时进行绿化或复耕，达到良好的环保效益。

(2)公路取、弃土过程中，与当地土地管理部门协商，将取、弃土场过程与农业开发规划设计和造田还耕相结合，做到边开采、堆放，边整理，边绿化，坚持杜绝路边随意取、弃土。

黄延高速公路全线 53 个弃土场几乎都修建了拦土大坝，在堆积了 50～80cm 的黄土之后，还用压路机进行碾压，然后将面积较大的“造地”还给当地老百姓耕种，对面积较小的“造地”则撒上草种，或种上树苗。例如，水滑村一处多年无法利用的乱石岗推平碾压，填土 1 000 余方，造耕地 20 余亩，随后又为村庄栽种槐树 1 万余株。万花乡肖林村，沟里沟外 80 余亩漂亮的梯田在暮色晨晖中壮观地铺展于黄土之上，已成为当地一景。交道乡的弃土场，2003 年恢复农耕，原来的荒山沟里庄稼已经长了几茬。延安市宝塔区方花乡新窑则村，地处丘陵黄土沟壑区的偏远山沟，土地贫瘠，耕地面积稀少。黄延高速在施工中，利用工程弃土为该村造田 60 余亩，时至秋收季节，村民们在弃土造田上种植的西红柿、茄子等经济作物喜获丰收。

(3)尽量保护征地范围内的林木，尽量不砍或少砍，不得砍伐水土保持林及渠堤保护林；加强管理，不得砍伐征地以外的林木，尽量减少对作业区周围草地、灌木的破坏。

施工中尽量减少不必要的边坡开挖，桥梁和隧道施工中尽量不损坏已有林木，最大限度地保护原地貌景观、森林景观。

3.水环境保护与水污染防治

(1)防止桥梁施工污染河水的方法，可由采取适宜的施工工艺来实现，如采用围堰法施工。延河、洛河枯水期流量很小(但洪枯悬殊)，而且其水质常年基本浑浊，含沙量很大，已经不满足所要求的地表水Ⅲ类标准，采用围堰法施工可有效防止施工引起水质的进一步浑浊，以及施工垃圾等掉入河水中对水体的污染。桥墩挖掘中挖出的泥渣，以及建筑材料冲洗(如沙石冲洗)废水，不得再度排入河中，应设临时沉淀池沉淀，泥渣置于河堤之外低洼处。

公路修建跨越淤泥河、葫芦河、洛河等河流时，均采用了架桥的方式，桥墩施工中采用钻孔灌注柱桩基础，围堰法施工，附近都设泥浆沉淀池，有效地防止了施工中产生的污水对河流的影响，达到了良好的效果。

(2)施工机械含油污水,应收集后处理,不得排入河流水体。

(3)施工材料,如沥青、油料、化学品等物质的堆放地点,应在河床之外,并应备有临时遮挡的帆布。

各种废油均按规定回收,含有有害物质的沥青、水泥等建筑材料堆放远离民用水井、河流附近,施工废物堆弃至指定地点,统一收集处理。这些措施有效地防止了废油及有害污水对沿线居民生活用水质量的影响,达到了良好的效果。

(4)施工期间主要产生生活污水及生活垃圾的地方是施工营地及施工管理区。根据已建成高速公路的经验和项目所经过的广大农村地区及陕北黄土高原干旱少雨的气候特点,在施工营地修建相对简易的旱厕,粪便可通过堆肥后用作农田肥料,这也符合沿线所调查的农民生活习惯,严禁不进行管理,任其漫流或排入河流。

施工期26个标段的施工营地,尽量租用附近村庄农民的民房,租用房屋施工人员的生活污水与当地农民的生活污水一并用于肥田。因此对当地环境影响不大,也没有引起环境纠纷和当地居民投诉。这些措施的落实保障了沿线河流的水体功能,最大限度地避免了公路建设对沿线水体的影响,取得到了良好的效果。

(5)延安自来水厂备用取水口评估。黄延高速公路跨西川河的桥梁下游1.1km和2.5km处是延安市自来水厂的两个备用取水口,延安自来水厂正常情况下通过管道取水,地点是公路所在位置的上游约45km处的王窑水库,只有在特殊情况下启用备用取水口。为防止公路地面径流对西川河水体的影响,黄延高速公路对跨越延河和西川河的枣园大桥、李家洼大桥、狄青牢大桥加固了防撞护栏,设置了桥面径流疏导系统和应急池。

根据《竣工环境保护验收调查报告》,公路运营期间没有产生污染水体的情况,也没有对延安市自来水厂的取水口造成影响。

4.噪声防治措施

(1)在路线附近有集中村镇居民区和学校等敏感点路段,如牛武镇(K236+000)和杨家湾(K289+000),强噪声施工机械夜间(22:00～6:00)停止施工。

(2)施工机械操作工人及现场施工人员,应按劳动卫生标准控制工作时间,或采取个人防护措施,如戴耳塞、头盔等。

(3)料场、拌和场、沥青搅拌站等应离敏感点200m以上。

(4)选择主要运输道路,应尽可能远离村镇、学校等敏感点。

施工期间,各标段施工单位基本上能较好地控制施工时间,不进行强噪声作业。对打桩机、推土机等强噪声源设备加装消音器,并采用对施工人员和现场人员发放耳塞等措施进行个人保护。同时,运料车均选择离学校、村镇等敏感点,减少了运输中车辆对环境的影响,大大降低了施工中噪声对沿线居民的干扰,取得了良好的效果。

5.大气污染控制措施

(1)减少施工的扬尘措施

①施工路段因筑路材料的拌和,大量土方、石方料的运输,致使尘土飞扬,使施工人员和靠近公路的村庄、村民受影响。

②在灰土拌和铺设期,要注意减少灰土运输车辆的二次扬尘,在施工车辆中配备洒水车,当车辆在人口集中居住区等敏感点路段扬尘严重时,要采取洒水降尘,减少扬尘污染。

(2)沥青烟雾防治

路面所用沥青混凝土是由临时设置的沥青混凝土搅拌站供给,采用全封闭搅拌设备,其位置设置必须选择适当,既要方便又要符合环保。

沥青混凝土搅拌站、碎石拌和站等材料设备点选在空旷地带,远离学校、居民区等敏感点,并对沥青混凝土集中拌和的物料输送系统配置了除尘设备。建设单位在施工期雇用当地的农民专门清扫路面,定期洒水,防止二次扬尘,大大降低了对沿线居民生活的影响,收到了良好的效果。

(3)隧道出口废弃污染问题

①对于长度大于500m的长隧道,采用机械通风形式,以利于废弃扩散。

②绿化措施:种植树叶总面积大,具有比较好的净化有害气体和防尘作用的树种,如沿线生长的槐树、旱柳及杨树等。

对长度大于500m的长隧道,设置了通风设备,并在隧道洞口采用乡土植物进行了绿化,吸收大量隧道废气,有效减缓了隧道洞口受污染的空气。

二、运营期环境保护措施

1.生态恢复措施

公路用地范围内全面绿化栽植,能起到保护路基、防止水土流失、美化路容等作用,同时补充因公路征地而损失的绿地,起到调节沿线带状地区的生态环境作用。

(1)该公路对生态环境的影响仅局限于公路永久占地,如路基、服务区等地,运营期间,通过植物绿化和工程防护措施,显著降低了工程建设对其生态环境的影响,较好地恢复了当地环境。

(2)临时占地经土地整治后,已恢复为绿地、林地、耕地,本公路利用取土场、弃渣场造田约1 800亩,植被恢复较好,降低了临时占地对生态环境的影响,达到了良好的水土保持效果。

(3)该公路的绿化面积已达到294.48万m^2,栽植苗木523.5万株;后期完善工程绿化面积为22.18万m^2,栽植苗木31 676株。该公路绿化植物物种丰富,降低了水土流失及生态环境的影响。

2.水环境影响分析

(1)公路沿线设有6处收费站、3个服务区、1个停车区,沿线设施发生的污水主要为生活污水,废水水质特点具有较高的悬浮物浓度、含有较丰富的碳水化合物及氮磷营养物、含有较高的硝酸盐及亚硝酸盐、pH值为6~9。后期进行跟踪监测。

根据《竣工环境保护验收调查报告》中的监测结果,污水处理设施实际处理效果均能满足《污水综合排放标准》(GB 8978—1996)中一级标准要求。各服务区、收费站产生的生活污水经过污水设备处理后达标排放至边沟或天然渠沟。因此,沿线附属设施污水处理达到了良好的环保效果。

(2)重点对淤泥河、葫芦河、洛河及延河、西川河等河流进行水质监测,分析公路修建对地表水的影响。

根据《竣工环境保护验收调查报告》中的监测结果,沿线河流水质变化不大,该公路建设对地表水的影响不明显,达到了良好的环保效果。

3.声环境保护效果分析

根据《竣工环境保护验收调查报告》资料,驻港部队希望小学和民建希望小学分别设置了130m和75m长、2.5m高的倒L形透明式声屏障,较环评时要求高度略低。倒L形透明式声屏障同等长度、高度条件下较直立型声屏障具有更好的降噪效果,景观上和公路两侧环境更和谐,根据监测结果,该处声屏障能满足环评时的降噪要求。

监测表明,黄延高速公路声屏障的实际降噪效果为昼间3.6~7.4dB(A),夜间3.5dB(A)。由此可见,声屏障的设置有效削弱了交通噪声对敏感点的影响。通过对沿线17处环境敏感点进行了环境现状监测,对四家岔进行了24h连续噪声监测,监测结果表明,全线敏感点均达到相应标准要求,实现了降噪目标。

4.环境空气和固体废物影响分析

(1)公路沿线服务设施的锅炉废气、公路行驶车辆尾气都是运营期中重要的大气污染源,对其进行跟踪监测,分析对沿线环境的影响。

根据目前的交通量和《竣工环境保护验收调查报告》,汽车尾气对沿线的环境空气质量没有明显影响,服务设施的锅炉废气满足环保部门的要求。因此,该公路运营对沿线环境空气影响较小,达到了较好的环保效果。

(2)评析沿线公路服务设施固体废物对环境的影响。

该公路沿线服务设施设有垃圾桶(池),由专人负责或雇用村民运至当地垃圾处理厂,平均半个月清理1次。所以,该公路运营期间固体废物对环境几乎不产生影响,达到了良好的环保效果。

5.节能环保

除了桥连着桥,黄延高速上还有22座隧道,隧道总长27km,成为世界罕见的大规模黄土隧道群。建设者们克服黄土高原土质遇水就化的难题,采取“短进尺、多循环、少扰动、强支护、紧密贴、严治水、勤测量”的先进施工方法,达到了良好的环保效果。

山神庙等多个隧道采用新材料,在内部装有高效环保吸声板,使车辆进入洞口时大大降低了噪声,增加了人们在高速公路上行车的舒适感;还有停电后能保持照明6个小时的诱导灯,宽敞明亮的隧道成为包茂高速陕西段的另一道风景。

南秋台隧道1号、2号隧道之间有约40m的距离,为了避免行车时隧道—外界—隧道来回转换造成视觉冲击,建设者将两个隧道合二为一,只是在中间上方装上透亮的“玻璃棚”。这种连接棚洞仿佛一枚镶嵌在隧道中的绿宝石,吸引着行路人,这一奇异景观使用特殊加工的高强度绿色遮阳板,为车辆遮风挡雨。隧道内还装置了一种LED诱导灯,引导车辆安全行驶。该种灯从国外引进,在全国高速公路中属首例,使用直流电,能耗小,有紧急闪耀功能,造价比照明灯低且不易损,即便遇到停电也能自供电6h。据悉,在黄延线27km单洞隧道,全部予以装修,装修投资将达到6 000多万元。

6.运营期环境保护工作

该公路运营期间的环境管理由陕西高速集团黄延分公司负责,并受交通运输部环境保护办公室和陕西省交通厅监督。该项目全线设置公路管理机构,有专人分管所辖路段的一切环保工作。由此可见,该路的环保管理工作投入到位,满足环评要求,有力保障了公路建设过程中各项环保措施的落实。

此外,管理单位还进一步加强跨越延河和西川河的枣园大桥、离家洼大桥、狄青牢大桥桥面径流收集系统的管理;加强沿线污水处理设施、绿化、边坡防护在内的高速公路各项环保设施的日常管理维护工作,保证各项环保设施的正常运行。

第七节　黄延高速公路景观建设技术

一、基于视觉空间的黄延公路景物协调性

1.公路与地貌景观协调设计的原理与要点

(1)地形对公路景观的影响

地形对公路景观的影响主要有:地形的构造、空间尺度的特点,决定了视觉空间的形式,并在一定程度上决定了公路景观的节奏和韵律。复杂的地形可以用高低参差来产生各种不同特征的视觉联系,形成广度、深度和层次各有不同的近景、远景与公路外观。

具有独特风貌的地形(如斜坡、悬崖、峭壁),以及与之相匹配的构造物,将大大丰富公路景观的内容。

(2)地形视觉空间的基本类型

一般可将具有共同视觉环境条件的地区划分为独具特色的视觉空间。这些不同视觉空间按其形态(封闭程度)分为:全向型、多向型、双向型、单向型和内向型五大类,见图1-25。其中,内向封闭型视觉空间能赋予各点以良好的视觉联系。

公路景观空间的形状一般属于双向型视觉空间,也即通廊空间;而具体地形情况不同的路线又具有不同的视觉空间,如傍山、沿河路线则为多向型空间,也即全景空间;环山公路则有可能具有全景空间,

即环景空间，或者是内向型空间。在公路路线与地形的配合设计中，如果能够注意到地形与视觉空间的配合，则可以为公路景观空间的形成带来很大的意义。

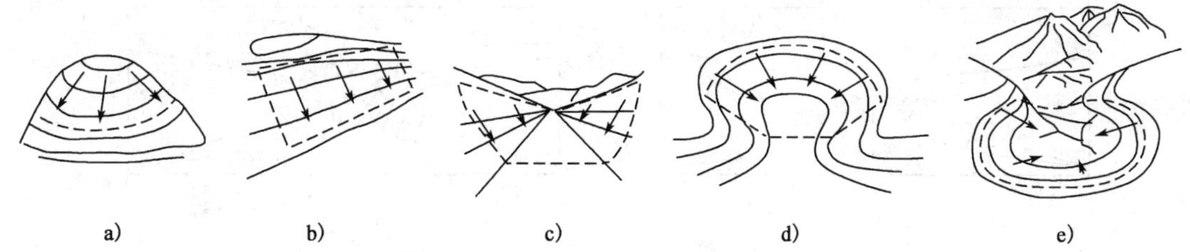

图 1-25　视觉空间的基本类型

a)全面型(环景)；b)多向型(全景)；c)双向型(通廊)；d)单向型(半圆剧场)；e)内向型(杂技场)

(3)复杂地形下的视觉联系形式

在复杂地形的环境中，地形高度起伏，可见范围增大，与公路相匹配的各种景观构造物和形成物不再处处受到视野的限制。同平坦地形相比，复杂地形具有大量不同形式的视觉联系，各点之间的视觉联系分为制高的与延展的，联系的与间断的，深度无限的和受到地形等某些限制的(图 1-26)。视感的基本要素是观察点与观察对象之间的视线，由单位视觉联系导出的复杂地形条件下的标准联系有四种形式：

①视线由高处点到低处点(俯视型或鸟瞰型)。

②视线由低处点到高处点(仰视型)。

③视线从一些高处点到另一些低处点(混合型)。

④视线顺高原型地面平视(滑越型)。

(4)与地形配合的公路景观设计要点

图 1-26　公路顺应地形改变方向

在了解地形与视觉联系的关系后，就可以按照地形理论的要求，结合公路布线本身合理性要求，充分考虑不同类型的视觉空间给公路景观造成的影响，设计出与地形配合良好，并符合美学要求的公路，总结设计要点如下：

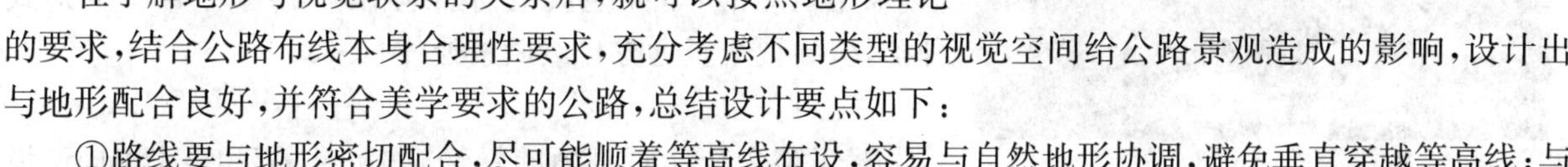

①路线要与地形密切配合，尽可能顺着等高线布设，容易与自然地形协调，避免垂直穿越等高线；与等高线成直角的路线，地形对公路景观的视觉影响很大，要特别注意挖、填方的坡面；横穿等高线的路线要特别注意选择角度。如图1-27所示，通过沿等高线展线的方式来穿越山丘，以减少工程对自然景观的视觉冲击，以及对植被生态群落的破坏。

②充分利用地形，精心设计公路使用者沿路线前进的视觉方向，使各种景观元素整体上的布局能够有机地协调起来。针对不同的视觉联系，对景观元素进行设计。如图 1-28 所示，使路线逐渐过渡下降到山谷或溪谷中，使山谷、冲沟、洼地景观在平面上和纵面上都可预见。

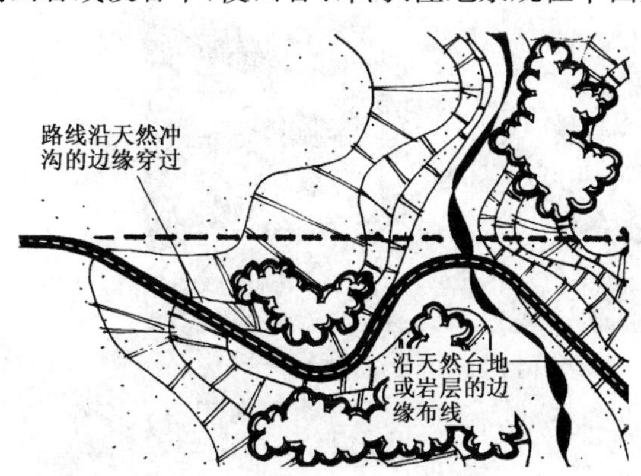

图 1-27　当公路横跨天然或人工沟渠、断裂面时，沿天然台地或岩层的边缘布线

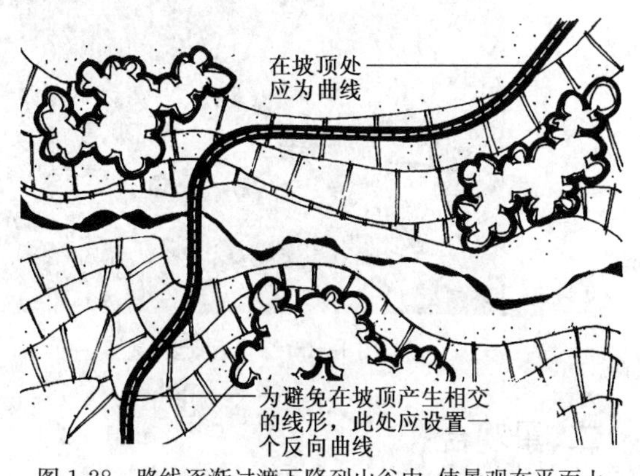

图 1-28　路线逐渐过渡下降到山谷中，使景观在平面上和纵面上都可预见

③尽可能地利用沿线有特点的地形，有利于公路景观个性的形成。

④形成的视觉空间以天空为背景看起来太显眼，而以较高土地为背景的填方看起来较好(图1-29)。

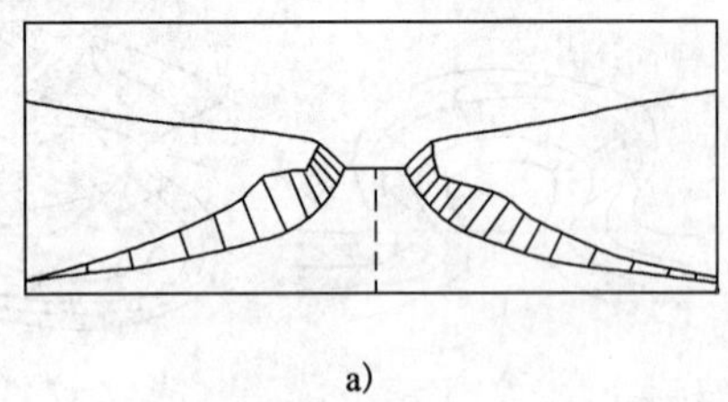

a)

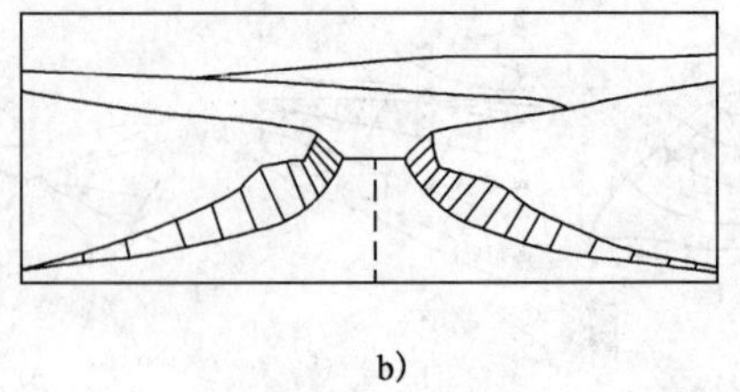

b)

图1-29 视觉效果

a)在天空衬托下看直线挖方形成黑影轮廓；b)在远方小山丘的衬托下看到的挖方视觉效果更好

⑤道路使用者的视觉除去高位眺望外，主要是在公路上所具有的各种视觉联系。它们的视觉联系方式、观察的位置、观察的对象，无不受到公路环境中各种条件的限制。

⑥还应该从路外观察者的视点方位去考虑公路景观设计。

2.公路与环境景观协调设计的原理与要点

进行黄延高速公路与环境景观协调性设计时，有效采取相应措施改善路线外的环境，为乘客保留优美的自然风景，遮挡丑陋的不雅景观，具体可以概括为“露、透、封、诱”四个字。

图1-30 近景好的要“露”

(1)露

在风景优美的路段，为避免遮挡，清除路侧零乱的灌木和巨石，以及前方遮挡视线的广告牌等，为乘客露出远景(图1-30)。

(2)透

当路线穿越林区，途经风景区、水库等地域时，应放缓边坡，采用低矮灌木(如地被植物铺地柏)+冷季型草本通透式种植，引导视线至远方自然风景处(图1-31)。

(3)封

对于路旁杂乱而丑陋的景物，如脏乱的厂房、烟囱、垃圾堆等，要密植乔灌木将其完全遮挡，使路上的行人不可见。

(4)诱

在线形设计时，设计人员要充分考虑对驾驶员视线的诱导作用，尤其在曲线路段，弯道两侧的风景应能很好地发挥这一作用，并且不会遮挡视线(图1-32)。

图1-31 绿化近景要“透”

图1-32 远景好的要“诱”

二、景观台

为了充分展示洛河特大桥的雄姿，建设者在桥北设计修建了一座观景台，在设计时，为使绿化和周边峡谷山川的气势协调，在观景台上移植了十余棵苍松，使整体景观具有中国画的意境，并突出了亚洲第一高桥的不凡气质，受到游客的广泛赞誉。同时，尽力保护服务区周边原有的树木，使其成为服务区的重要景观。

观景台建造之初，推掉了一座小土山。观景台设计美观，规模宏大，布置长廊、花坛、休息停车区，精心移植了10余颗高大的迎客松，和远山、大桥相配，宛如一幅全景式的中国山水画。由观景台望去，洛河特大桥宛如一条长龙，穿过沟底，连通两边的山梁。观景台上还设有纪念碑、浮雕(以洛川苹果、宝塔山等名胜特产为主题)以及亭廊，长廊旁边摆着一些石凳和刻有“楚河汉界”的石桌，靠近山崖的地方还设有安全护栏。

目前，洛河特大桥已经成为黄帝陵和延安城之间一个旅游热点，为发展当地旅游增色不少，每天来自全国的游人络绎不绝，人们在导游引领下，观景、拍照，成为展示陕西发展新成就的会客厅。

三、边坡景观

为了塑造我国景观路的样板工程，黄延公司建设者开展“黄土边坡剥落病害处治技术”专题研究，根据黄延高速公路边坡实际情况，采用营养麦草泥＋网锚植草技术、客土喷播技术、土工格室技术、穴种防护技术、骨架植物技术等，在不同段落展开试验研究，最终成为黄土高原边坡景观的亮点工程。

四、其他景观工程

针对陕北高原降雨量小，植被脆弱的实际情况，黄延高速公路景观绿化采用简洁大气、因地制宜、融入自然的绿化新理念，以建设环保景观路为目标，根据现场地形地貌特征和气候特点，各节点及线形景观采用“乔、灌、藤、花、草”多种植物相结合。根系发达的刺槐、紫穗槐稳定边坡平台，野草灌木自然生长，形成生态小气候，使边坡藏于无形之中。柠条、苜蓿、紫穗槐、沙打旺等草品混播装点着野趣十足的公路。在沿线自然景观怡人的林区等路段，取消行道树，更增通透感，开阔驾乘人员视野，就连防撞护栏也全部更换为绿色。

(1)隧道景观

为打造环保景观，黄延高速彦麦沟隧道南广场进行了完善的绿化工程。彦麦沟南广场绿化工程栽植“乔、灌、花、草”相结合的多种植物。绿化以刺槐为主，配以碧桃(图1-33)、油松(图1-34)、榆叶梅点缀，地面广泛种植野花，公路交汇处被高大的乔木隔开，可以缓解驾驶员视觉疲劳，加强行车的安全保障。该广场植物种类繁多、四季野花盛开，设计独具匠心、给行车提供了良好的视觉环境。中央分隔带线形流畅，绿草茵茵，乔木挺秀，洒水车正在给草木浇水，这里俨然成为偏僻深山中的一个街心广场花园，现代设计感强烈，给人以极强的视觉感染力。

图1-33 碧桃

图1-34 油松

此外，道南隧道、汉寨隧道等，也均进行了良好的景观设计，绿草如茵、野花摇曳，达到了较优的景观效果。图1-35为黄延高速公路隧道景观图。

(2)宽台、低坡、平台绿化(图 1-36)

对 30～40m 高的黄土边坡应采用宽平台(3～5m)、低坡(坡高 4～5m)、坡率 1∶0.4～1∶0.5 的设计坡形,在平台上进行绿化(图 1-37、图 1-38),达到了良好的景观效果。

图 1-35　黄延高速公路隧道

图 1-36　黄延高速公路宽台、低坡、平台绿化

图 1-37　黄延公路道南隧道口平台小灌木

图 1-38　黄延公路道南隧道口平台低矮乔木

(3)中央分隔带、路侧、互通景观

为了达到高质量的景观绿化效果,黄延公司制订了详细的绿化方案,全面提高绿化标准。在中央分隔带,通过变换灌木品种,增加有观赏性的当地易生植物,使景观动态变化适应行车的要求,主要采用侧柏、桧柏、龙柏等(图 1-39);取土场主要采用地锦、侧柏、火炬树等进行绿化。路侧绿化增加随季节而变化的当地易生开花植物(图 1-40),低路堤以观赏性常绿植物为主,高路堤以乔木、较高的灌木为主进行主体绿化;对互通式立交、管理养护区、服务区和停车区采用大块色、粗线条进行重点主体绿化,使其成为一道绿色风景线。

图 1-39　中央分隔带绿化

图 1-40　路侧绿化

主要采用植物有:沙棘、柠条、柽柳、杞柳、狼牙刺、虎榛子、胡枝子、荆条、冷蒿、西北针茅、锦鸡儿、紫花苜蓿、铁干蒿、沙打旺、黄背草、紫穗槐、火炬等。

第八节 小　　结

一、路线工程建设亮点

黄延高速公路建设理念:采用地质选线和景观选线并重原则,在保证安全的基础上,注重公路生态景观格局保护,最大限度地减少沿线树木砍伐量,保护原始自然环境;将景观选线融入自然,灵活设计平、纵、横线形指标,充分展示出公路沿线丰富的自然景观。

黄延高速公路连接了黄陵、延安两个世界闻名的文化城市。它不仅是一条贯通陕西省陕北、关中、陕南的一条大动脉,而且是一条拥有独特中华根祖文化、红色旅游文化的黄金旅游文化之路。黄延高速公路大多路段位于小山谷之间,像一条嵌在山谷中的彩带,优美的线形凸显了沿线自然风光,谷中郁郁葱葱的树木景观、独特的人文景观使公路上行车过程本身成为景观的有机组成部分。过往游客可将车停泊在服务区、停车区观赏山谷美景,享受"天然大氧吧",可在风景优美处欣赏远处的山,亲近清澈的水,品尝陕北地区独特的山果。这就对公路建设提出了更高的要求,需要在公路建设中保护好山谷自然景观环境,深入挖掘和利用好沿线景观资源,并且使公路设施与周围景观环境相协调。

黄延高速公路跨越淤泥河、葫芦河、洛河、南川河、延河等敏感水体,该区自然环境脆弱,水土流失严重。沿线共有 22 座隧道,总长 27 363.4 延米。它们穿越黄土梁峁和沟壑地带,地质条件差,黄土结构松散,富水渗漏,多数都位于地下水位以下,技术要求高,施工难度大,成为世界罕见的大规模黄土隧道群。因此,该路的建设对生态环保要求极高。

早在规划阶段,黄延高速公路的管理者就十分注重生态、环保理念,明确提出了"安全第一,环保优先,恢复生态"的主导思想,开展了多种生态环保路线方案走廊的比选研究。生态环保公路是生态学与公路建设结合的产物,其发展应遵循自然生态规律与区域公路的发展要求。生态环保公路是建立在发展与环境相互协调的基础上,以生态系统(自然)的良性循环为基本原则,综合考虑决策、设计、施工、运营、管理的全过程,在一定区域范围内结合环境、经济和社会发展状况而建立起来的公路系统。

在设计阶段,设计者成功地运用生态、景观的理念,以生态选线、环保选线为首要原则,改变以经济建设为中心的旧思路,尽量避绕不良地质,降低路基高度;路堑和路堤设计中采用排水设施,采用以植物措施与工程措施相结合的防护方法,最大限度减少公路建设对自然地形、地貌和植被的破坏,减少水土流失,最终取得了较好的生态环保效果。

路线工程建设的亮点主要表现在:

(1)在沟道内布设路线来减少对植被的破坏,并将沟道内的树木尽可能移栽到两侧的山坡上。同时通过优化设计来减少边坡土方开挖量,少占林地近 10 亩,少开挖土方 50 多万立方米,做到最大限度地减少对黄土环境的扰动,保护原始自然环境。

(2)黄延高速公路共筑造了 7 座高墩大跨径刚构特大桥,其中,四座大桥高度超过 100m。拥有"亚洲第一高桥"美誉的洛河特大桥更是高达 152.9m,在陕西乃至亚洲筑路建桥史上尚无先例。它采用了直罗纹连接工艺,不仅工效提高了 1 倍多,而且工程质量也有了显著提高。最长的葫芦河特大桥全长 1 468m,最大跨度达 160m。

这些亮点工程有力证明了黄延高速公路实现了建设生态路、环保路的目标。具体体现在以下几个方面:

(1)黄延高速公路建设中首次提出并实现了在黄土高原上修建生态路、环保路、旅游路的建设目标,建设中,克服了高墩大跨桥梁设计施工技术,黄土隧道设计施工、软土地基和防排水等技术难点,为国内外桥隧设计提供了宝贵的经验。路线巧妙地增设桥梁隧道,减少大填大挖,保护了环境,减少了水土流失。

(2)黄延高速公路在设计期对平、纵、横三曲线进行的灵活设计,取得了良好的环境保护和景观效果。平面线形以曲线为主,以适应地形地貌变化,尽量避绕大的滑坡等不良地质;平纵指标协调,以安全为主,并尽量减少对自然地貌的切割和对植被的破坏;竖曲线低填浅挖,降低路基高度,减少边坡防护面积,节约占地,最大限度地减小对生态环境的扰动和对景观的破坏,体现"不破坏就是最大的保护"的理念,使公路与自然环境更加和谐。

(3)黄延高速公路十分注重保护沿线珍贵的土地资源,基于生态环保理念,注重水土保持等环境效益及沿线居民的利益,通过多次方案比选,线位调整,避免公路大量穿越居民区,大大降低了工程建设对沿线居民的影响。

(4)通过优化设计来减少边坡土方开挖量,少占林地近10亩,少开挖土方50多万立方米;重点保护南泥湾林区。通过将路线布设在沟道内来减少对植被的破坏,并将沟道内的树木尽可能移栽到两侧的山坡上。

(5)黄延高速公路路线设计与周围环境较好的协调,实现了环境效益最大化,减少了水土流失。

二、环境与景观亮点工程

黄延高速公路全线位于陕北黄土高原南部,穿越黄土台塬、黄土梁峁、沟壑区,桥梁结构物集中,对黄土地貌的切割比较大,高边坡分布广泛,水土、生态保持工程量较大,是目前陕西省进入黄土地区里程最长、投资最大的工程建设项目。为把黄延高速公路建成一条"政治路、红色旅游路,环保景观路",黄延高速公路采用多种新技术、新工艺,克服施工技术难关,并采取多种环保措施,增加沿线耕田数量,降低水土流失量,有效地改善了沿线景观与环境质量。

黄延高速公路是我国第一条由水利部参与设计的高速公路,环保、水保成为施工的重要环节。因此,高速公路的建设者十分注重"环保生态理念",并将理念贯穿于公路设计、施工、运营阶段的各个方面,在确定合理的环保路线方案后,融入景观、生态安全等要求,对路基、路面、桥梁、隧道、绿化等部分进行了详细设计。黄延高速公路在设计阶段全面考虑了路线经过地区的自然条件、占地面积、横断面造型、排水设计、路域植被恢复设计,以及根据环境影响评价进行水土保持、噪声污染、水污染等环境设计。环境工程建设亮点主要如下。

(1)黄土高原气候干旱,水资源短缺,全年降水量相对集中,暴雨强度大,水土流失严重。为防止沿线水土流失,黄延高速公路建设者在全国率先引进监理公司做水土保持监理,并对全线33处弃土场,坚持修筑渗水盲沟和土坝,坚持先拦后弃,并以树为主,以草为辅进行全面绿化,最大限度地保护自然环境。

(2)在300多万立方米的弃方施工过程中,公路建设者始终坚持宁增运距、增加成本,也不占用耕地、林地的原则,并利用弃土将坑洼地填平,改良土地,共为沿线群众填土造地1 800多亩,并获得良好的经济效益。

(3)黄延高速公路建设在公路界外的植草量比界内还要多,大约达到100万m^2。界外栽种10万株刺槐,花费200万元,有效防止环境恶化,解决了滑坡、泥石流等水土流失问题。

(4)环保方面,黄延高速公路的建设者投入大量环保资金,采用环保型设备施工,对工程垃圾和生活垃圾全部实行集中存放,统一处理,杜绝施工废渣废水对陕北河水的污染。此外,对生活垃圾还进一步分类处理,生产垃圾分类填埋;并对开挖后的山体,种草植树,进行绿化,赢得沿线群众的广泛赞誉。

(5)隧道装饰上采用的国外新材料,在内部装有高效环保吸音板和引进的LED诱导灯,引导车辆安全行驶,使车辆进入洞口时大大降低了噪声,增加了人们在高速公路上行车的舒适感。

(6)羊泉沟隧道中打破常规的无中导洞施工技术和仰拱整体浇筑的工艺,彦麦沟等隧道中创造性地"七步流水作业法",不仅加快了施工进度,解决了国内双联拱隧道普遍存在的渗水问题,保证了隧道的整体稳定性,而且用料省,节约了建设成本。

(7)黄延高速公路全面提高了中央分隔带、路侧、互通式立交、管理养护区、服务区和停车区的景观绿化质量,取得了较优的景观效果,改变了以往黄土高原生态环境脆弱,植被生长较差的状况,使其成为首条穿越黄土高原达到国家级生态景观目标的绿色风景线。

(8)黄延高速公路沿线黄土边坡采用“营养麦草泥＋网锚植草”技术、客土喷播技术、土工格室技术、穴种防护技术、骨架植物技术等，不仅保证了良好的水土保持效果，而且成为黄土高原公路景观的亮点工程之一。

(9)黄延高速公路采用绿化新理念，以及国内先进的液压喷播技术，以生物防护为主，广植适宜当地生存、易于成活的植物；在沿线自然景观怡人的林区等路段，设计中取消行道树，更增通透感，开阔司乘人员视野，尽赏秀美山川。

第二章

黄土边坡剥落病害处治技术

为实现生态环保、水土保持的目标，坚持“不破坏就是最大的保护”理念，黄土边坡关键问题是确保边坡稳定，不产生风化剥落与冲刷破坏，而黄土因其特殊土质特点，极易产生风化剥落，为此如何防止边坡剥落病害的产生是本章研究的关键。

第一节　黄土边坡剥落类型与特点

一、黄土边坡剥落类型

黄土边坡剥落类型有不同分类方法，具体分类如下。

(1)按剥落形态划分

按照剥落形态来分，可分为片状剥落、层状剥落、碎块状剥落、鱼鳞状剥落、混合型剥落等，分别如图2-1～图2-8所示。

图2-1　黄土边坡片状剥落(一)

图2-2　黄土边坡片状剥落(二)

图2-3　黄土路堑边坡层状剥落

图2-4　黄土边坡表层结皮剥落

(2)按剥落层厚度划分

按剥落层厚划分，主要有表层结皮剥落、中层层状剥落、厚层滑塌状剥落等，如图2-9～图2-14所示。

(3) 按剥落成因划分

若按照剥落成因来分，可分为重力型剥落、冲刷型剥落、冻融型剥落、扰动型剥落、应力集中剥落、风化型剥落、构造型剥落、生物型剥落等，分别如图 2-15～图 2-22 所示。

图 2-5 黄土边坡碎块状剥落照

图 2-6 黄土边坡干裂产生的微小裂隙

图 2-7 黄土边坡鱼鳞状剥落照

图 2-8 黄土边坡混合状剥落

图 2-9 黄土路堑边坡表层结皮剥落(一)

图 2-10 黄土路堑边坡表层结皮剥落(二)

图 2-11 黄土路堑边坡中层层状剥落(一)

图 2-12 黄土路堑边坡中层层状剥落(二)

图 2-13　黄土路堑边坡厚块状剥落(一)

图 2-14　黄土路堑边坡厚块状剥落(二)

图 2-15　重力型剥落

图 2-16　冲刷型剥落

图 2-17　冻融型剥落

图 2-18　扰动型剥落

图 2-19 应力集中型剥落

图 2-20 风化型剥落

图 2-21 构造型剥落

图 2-22 生物型剥落

二、黄土边坡剥落规律

(1)剥落面和极限边坡坡率的一致性

课题组对黄延公路沿线黄土边坡的综合坡度进行调查,调查的综合坡度与各地段的极限状态坡度统计值相比,可以近似得出黄延公路沿线极限坡率,见表 2-1。

黄延公路沿线极限边坡坡率统计 表 2-1

坡高(m)	20～30	30～40	40～50	50～60	60～70	70～80	>80
黄陵段坡率	1∶0.54～1∶0.99	1∶0.69～1∶1.15	1∶0.81～1∶1.3	1∶0.91～1∶1.44	1∶1.0～1∶1.57	1∶1.09～1∶1.7	>1.16
洛川段坡率	1∶0.84～1∶1.49	1∶0.99～1∶1.70	1∶1.12～1∶1.90	1∶1.23～1∶2.09	1∶1.33～1∶2.27	1∶1.43～1∶2.46	>1.51
甘泉段坡率	1∶0.92～1∶1.38	1∶1.01～1∶1.49	1∶1.08～1∶1.57	1∶1.14～1∶1.65	1∶1.2～1∶1.72	1∶1.24～1∶1.79	>1.28

在调查时发现，洛川段边坡单级坡率 1∶0.5，剥落形成的剥落面为 1∶0.88～1∶1.05；黄陵段边坡单级坡率 1∶0.5，剥落形成的剥落面为 1∶0.65～1∶1.80。可见，黄土边坡剥落和极限边坡坡率具有一致性(图 2-23)。

a)

b)

图 2-23　黄土边坡原坡面和剥落面

(2)剥落病害发生的向阳性

通过对黄土边坡剥落现场调查资料的分析(图 2-24)发现，发生剥落的边坡中，阳坡远多于阴坡。这主要是因为，由于阳坡光照时间长，强度大，表土干燥，含水率小，植被欠发育，温差变化大且频繁，风化裂隙多，土质疏松，从而易产生剥落；而阴坡较为阴暗、潮湿，故性喜阴暗的苔鲜类及槟草等草本植物发育，这就降低了剥落的发生。

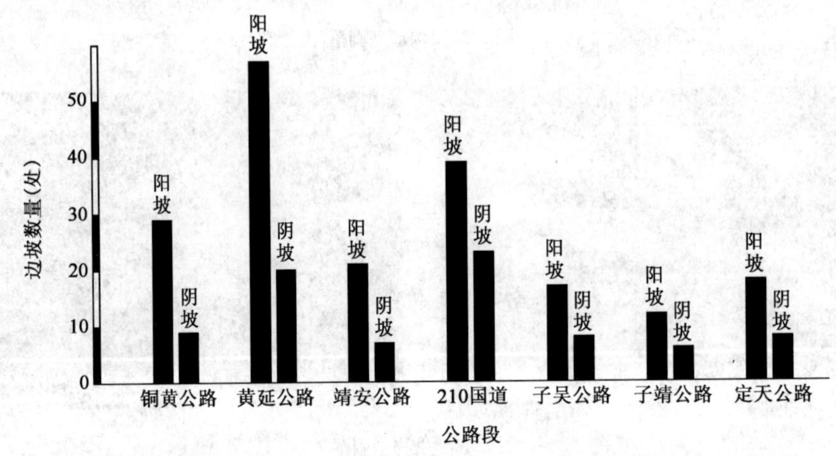

图 2-24　剥落黄土边坡中阴、阳坡统计柱状图

(3)剥落病害发生的集中性

通过对黄陵至延安沿线黄土边坡剥落的调查(表 2-2)发现，黄土边坡剥落发生的地段一般成片集中。如黄陵至洛川黄土路堑边坡发育了大量的剥落，洛川至富县发育很少，富县至甘泉又出现大量剥落，而甘泉至延安又发育很少。

黄延公路不同路段黄土边坡剥落数量统计表　　表 2-2

调 查 路 段	存在剥落黄土边坡数量(处)	所占比例(%)
黄陵至洛川	56	52.22
洛川至富县	10	9.35
富县至甘泉	38	35.51
甘泉至延安	3	2.80

(4)剥落病害发生的粒度相关性

黄土粒度组成南北分带性明显。黄土粒度组成以粉粒为主，土的颗粒组成对黄土地貌和其物理力学性质影响显著。结合颗粒分析结果和塑限搓条手感可将陕北黄土地区分为四个地段，即延河、洛河分水岭以北段，分水岭至富县段，富县至洛川段和洛川到关中段。图 2-25 为铜川至延安公路路堑边坡剥落病害发生百分比。

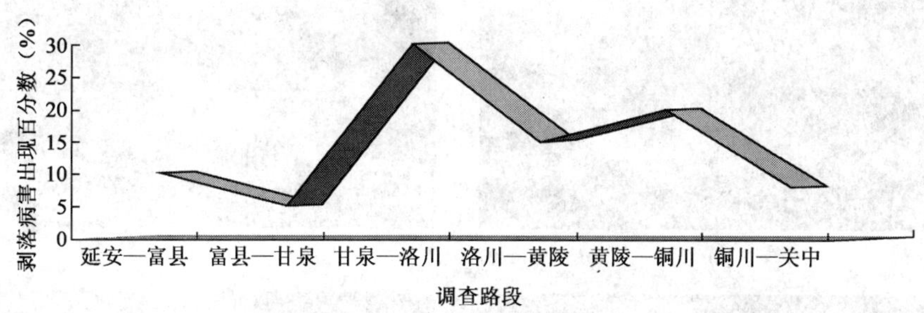

图 2-25　铜川至延安公路路堑边坡剥落病害发生百分比

从图 2-25 可知，黄延公路剥落病害出现百分比与黄土黏粒含量有着很好的相关性，黏粒含量越少，剥落病害越不易发生。这是因为黏粒含量越大，土体吸水性越大，黄土边坡开挖后，水分变化也越大，受冻融循环影响越大，从而引起土体表层的松胀和脱落，使剥落发生。

(5)边坡剥落发生的易溶盐相关性

黄土边坡开挖后，随着水分的蒸发，盐分迁移至坡面，从而引起土体表层的松胀和脱落，使剥落发生。黄土中易溶盐含量越高，剥落越容易发生(图 2-26)。

(6)剥落病害发生的坡形相关性

剥落多发生在坡面中下部(图 2-27)。这是因为在边坡开挖完成后，坡脚处应力较集中，使坡脚土体易剥落。另外，坡脚处易聚集雨水，软化土体，也加速了剥落的发生。调查发现，剥落一般从坡脚沿坡面向上发展，多位于坡面中下部。

图 2-26　由于易溶盐含量高导致黄土边坡剥落

边坡的陡缓直接影响到坡面土体的稳定性。剥落多发生在边坡坡率为 1∶0.5 或更陡的高陡黄土边坡中，边坡越陡，坡面土体越易发生剥落。

(7)剥落病害发生的土性相关性

剥落多发生在 Q_2 黄土层中，且剥落类型多样；Q_1、Q_3 黄土中剥落相对较少见，且以碎块状剥落为主(图2-28)，但若 Q_3 中发生剥落，剥落范围比 Q_2 黄土中的大。

图 2-27　黄延公路 K175＋203 处黄土边坡剥落

图 2-28　黄延公路 K2188＋024 处边坡剥落

(8)剥落病害发生的地域性

不同地区的黄土，其物质组成及力学性质存在较大的区别，也就决定了黄土边坡不同的剥落类型。在青海、甘肃黄土区，以层状、鱼鳞状、片状剥落为主；在陕北黄土区，以片状、厚块状、碎块状为主(图 2-29)。

图 2-29　不同地区黄土边坡的剥落类型

a)青海；b)洛川；c)甘肃；d)子洲

第二节　黄土边坡剥落预测评价方法

前面对黄土边坡剥落病害的类型及发育规律进行了详细讨论和分析，从宏观上得出了黄土剥落的特征。对于公路来说，由于它属于带状结构，整个路段要跨越各种各样的地貌单元，地质条件复杂。因此预测在建、拟建公路沿线的黄土剥落病害发生的可能性及发育程度对公路工程的建设与维护有积极意义。

黄土边坡剥落病害发生的预测评价，按照评价的方法划分为定性评价、半定量评价及定量评价等三种类型。而本项研究的重点是对公路沿线黄土边坡剥落的发育做出半定量的预测。首先对典型公路沿线黄土边坡剥落的发育情况进行剖析，从中提取影响公路沿线黄土边坡剥落发育的主要因素，并根据野外调查的实际情况以及专家的知识经验等，运用数学方法得出合理的预测评估模型，然后将之运用到其他路段的预测评估中，从而得出对拟建路段和未知路段黄土暗穴发育状况的判断。

一、黄土边坡剥落预测的地质方法

影响黄土边坡剥落形成的地质因素包括地形地貌特征、黄土的成因、时代及物理力学性质、坡形坡度等，它们影响并控制着黄土边坡剥落病害的分布及发育程度。因此，对黄土边坡剥落的预测预报也必须从这些因素入手，结合不同勘测阶段资料的获取程度，抓住其中的主要影响因素，剖析各因素下不同地质特征对黄土边坡剥落的影响情况，然后进行黄土边坡剥落的地质预报，只有这样才能做到预测的准确性和可靠性，从而为公路及其他工程建设提供指导作用。

(1)黄土边坡剥落预测的地层岩性方法

黄土具有不同的成因类型、不同的成生时代等，因此不是所有的黄土边坡都能发育剥落。如前所述，黄土边坡剥落一般只发育在 Q_2 的黄土地层中，而在 Q_1 黄土和 Q_3 黄土层中则较少发育。这是因为黄土边坡剥落和土层中黏粒含量联系密切。表 2-3 为黄延高速公路 K170＋750～K170＋930 路基左侧高边坡黄土颗粒组成含量统计结果。从表中可以看出：新黄土黏粒含量明显低于老黄土中黏粒的含量。新黄土与老黄土粉土含量比较接近。这是因为粉粒含量越大，土体吸水性越大，黄土边坡开挖后，水分变化也越大，受冻融循环影响越大，从而引起土体表层的松胀和脱落，使剥落发生。而 Q_1 午城黄土已经板结岩化，因此不易形成剥落病害。

不同时代黄土颗粒组成 表 2-3

取样点		黄土时代	不同颗粒粒径下的颗粒组成含量(%)			
			＞0.05mm	0.01～0.05mm	0.005～0.01mm	＜0.005mm
K170＋750～K170＋930	路基左侧	Q_3^2	12.1	62.6	7.8	17.5
		Q_3^1	10.7	60.2	8.5	20.6
		Q_2^2	10.5	56.9	7.0	25.7
		Q_2^1	8.0	56.0	9.7	26.3

Q_3 黄土虽然出现的剥落没有 Q_2 黄土出现的几率大，但是 Q_3 黄土具有大孔隙、疏松、易崩解、强湿陷、垂直节理密度较大等特性，一旦出现剥落病害，将会是厚层剥落，分布面积较大。

根据上述分析，黄土成因及时代是黄土剥落产生的最基本条件，一般在黄土边坡中，Q_2 黄土出现的几率最大，其次为 Q_3 黄土，Q_1 黄土几乎不会出现剥落。可以将地层岩性这一因素作为黄土边坡剥落发育程度的首判指标。

(2)黄土边坡预测的地形地貌方法

黄土边坡剥落的发育与所处的微地形地貌关系密切，可表现在如下方面。

①黄土台塬区：在黄土台塬内部的深挖路堑，由于开挖量大而引起卸荷应力较大，黄土边坡容易形成中层剥落或厚层剥落。

②黄土塬或残塬边：在黄土塬或残塬边部多为半填半挖式路基。半填半挖路段黄土路堑边坡，由于开挖量相对较小，从而引起的卸荷应力相对较小，容易形成浅层剥落、坡脚应力集中等剥落类型。

③黄土边坡的中下部：这一部位剥落的发育情况主要与边坡坡度、坡形有关，当边坡较陡、单级边坡较高，在中下部越易形成应力集中，越易产生剥落病害；反之，当边坡坡度较缓，则发育程度较低。中下部常常有低矮的护脚或挡墙，在挡墙顶部的击溅侵蚀，容易引发重力型剥落。

(3)黄土边坡预测的地质构造方法

黄土主要特性之一为节理发育。黄土中不仅发育原生垂直节理，而且还有构造节理、风化节理和卸荷节理等。而促使剥落形成的主要节理为构造节理、卸荷型节理和风化节理。黄土构造节理与区域构造单元、新构造运动、地震等有密切的关系。一般而言，黄土构造节理的力学性质与黄土形成时代、埋藏深度和土质有关。Q_2 老黄土密实坚硬，其构造节理的力学性质显而易见；Q_3 新黄土质地松软，其节理面不如老黄土清晰。黄土构造节理是区域构造应力场的产物，它们切穿各时代的黄土层，构成黄土体的软弱结构面，控制着黄土地区剥落病害的发育，成为黄土边坡剥落病害发育的基础。卸荷型节理属于张节理，节理面弯曲，走向常与坡面平行。当黄土在自然侵蚀或人为作用下形成高陡谷坡时，黄土体便向临空面挤出，从而为黄土剥落的形成创造了条件。在外界条件的触发下，便形成剥落现象。黄土风化节理的形状比较复杂。Q_2 老黄土若因冻胀等作用而风化，则多呈柱状或碎块状。柱体较小，长宽一般为 2～10cm，高 4～30cm，比原生节理柱体小 3～10 倍；若因昼夜温差变化或化学作用，常产生剥落病害。

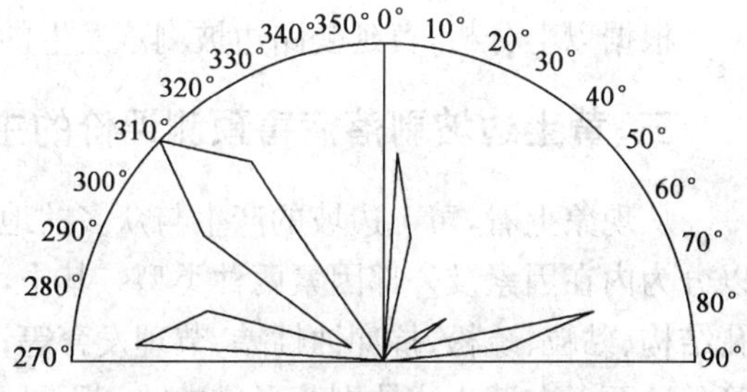

图 2-30 黄延公路洛川塬段区域节理走向玫瑰图

通过现场调查，在洛川塬所在区域内节理主要有两组(图 2-30)：走向西北，产状 215°～230°∠70°～88°；走向近东西，产状 4°～10°∠76°～88°。他们构成共轭剪节理，延伸较远，可达数米至百余米，频度为 2～4/m。密集处间距 0.5～1.5m。次要的有：走向北东东，产状 160°～190°∠62°～89°；走向北北东，产状 295°～330°∠70°～88°，两者仍为"X"状共轭节理，其发育频率高，规模小，一般频度 0.2～0.5/m，但延伸短，仅数米至十余米。此外，还有一组走向近南北，向西倾斜的节理，产状 260°～266°∠80°～85°，属张性节理，呈断续延伸，规模小，间距一般为 0.2～0.5m。黄延公路 K186＋000～K187＋500 处段的部位路线走向 180°～190°，和北东向节理一致，因此容易形成大片剥落。

(4)黄土边坡剥落预测的坡形坡度方法

坡形坡度是影响黄土边坡剥落发育的主要因素之一。不同坡形坡度条件下黄土边坡剥落发育的频率不同，在岩性相同的条件下，有利于汇水及地面径流的坡形坡度条件有利于冲刷型剥落的发生，当坡高大于 10m、坡率大于 1∶0.5 时，易产生重力型边坡剥落。而坡高小于 4m、坡率小于 1∶0.6 时，不易产生剥落。

二、黄土边坡剥落时间预测

土季节性冻融的空间过程是随着寒暖季节地变化，冻结时，从外（地表）向内（土体内部）一个方向发展，融化时，则是自外而内和自内而外双向进行的。因而，从开始冻结到达到最大冻结深度，需要有 3～4 个月甚至半年的过程，而从开始融化到冻层全部消融，一般只需要 1～2 个月的时间。边坡土体在冻结过程中产生的冻胀力，使坡面土体中形成类似纹沟和细沟的冻胀裂纹，在春季融化期间，部分裂纹虽然会自然愈合，但产生裂纹处已形成软弱带，而且力学性质也会发生改变。经过冻融循环后的黄土黏聚力降低，由于冻融循环在坡面土体中产生的大量裂隙，破坏了坡面土体的完整性，在降雨侵蚀等外在因素作用下，常常以整块的形式脱离母体，沿着滑动面缓慢地滑移脱落。当土壤层遭受破坏后，上部黄土失去了支撑，发生剥落破坏，通过对黄延公路黄土路堑边坡的施工后观测发现，剥落病害一般发生在早春季节，可见冻融作用对边坡剥落的形成具有重要作用。

据延安市气象站资料（表 2-4），各气象要素年内变化较大，元月份最低，七月份最高。气温在年内变化很大，每年从 2 月到 7 月气温逐月回升，8 月以后逐月下降，变化的幅度以春秋季大，冬夏季小。

延安地区各站 10 年(1961～1970)**平均气温统计表**　　表 2-4

测站	年限(年)	月、年平均气温(℃)												
		1	2	3	4	5	6	7	8	9	10	11	12	年平均
延安	15	−6.7	−2.6	4.5	11.2	16.8	21.0	22.9	21.4	15.6	9.6	2.3	−4.8	9.3
延长	9	−5.6	−1.7	5.4	11.8	16.8	21.7	23.2	21.9	16.2	10.4	3.5	−3.7	10.0
宜川	13	−5.9	−2.0	5.1	11.7	17.2	21.5	23.7	22.1	16.1	10.2	2.7	−4.1	9.9
富县	5	−5.1	−2.6	3.9	10.1	15.4	19.9	21.6	20.4	15.0	9.5	3.0	−3.5	9.0
洛川	15	−5.4	−1.8	4.2	10.4	15.6	20.1	22.2	20.8	15.1	9.5	2.5	−3.4	9.2
黄龙	11	−5.9	−3.0	3.6	9.8	15.2	19.5	21.8	20.5	14.6	9.1	1.8	−4.5	8.6
宜君	14	−4.5	−1.8	3.8	9.6	14.7	19.2	21.0	19.7	14.5	9.5	2.8	−2.6	8.8

根据以上分析，黄延公路边坡剥落发生的时间一般在 3～4 月份。

三、黄土边坡剥落病害预测评价的主要因素及方法

从现象上看，黄土边坡的产生与众多的地质地理因素有关，而实质上，黄土边坡剥落发育的原因可以分为内在因素及外部因素两种类型。其中，内在因素是指黄土本身所具有的特殊物理力学特性，如大孔结构、黏粒、疏松、抗冲蚀性差、节理发育等；外在因素主要有边坡开挖卸荷、机械冲击扰动、冻融循环等。这两者在黄土边坡剥落形成中缺一不可。然而在黄土边坡剥落病害预测过程中，由于很难全面地获取这些信息，因此预测时仍应从地质现象的统计规律上选取直观的且易于获得的指标。据此，本次对

黄土边坡剥落的预测主要选取以下指标：①节理裂隙；②地貌条件；③坡形坡度；④黏粒含量；⑤黄土的成因、时代等。

近年来发展起来的可拓学就是用形式化的工具，从定性和定量两个角度去研究解决矛盾问题的规律和方法，其在许多领域得到成功应用，也为边坡剥落发育程度的综合评价分析提供了新的途径。本文以可拓论为基础，建立边坡剥落发育程度等级可拓综合评价模型，对黄土边坡剥落发育程度进行预测。

1.基于可拓学理论的边坡剥落病害发育程度评价模型

1)可拓评价方法基本原理

可拓学以物元为逻辑细胞，以物元理论和可拓集合理论为理论基石，创立物元和可拓集合两个新概念来描述事物的属性及其转化，以及不具有某种性质的事物向具有某种性质的事物的转化的过程。物元是以有序的三元组$R=$(事物，特征，量值)$=(N,C,V)$来表达。其中，N表示事物，C表示事物特征的名称，V表示N关于C所取的量值，这三者称为物元的三要素。可拓集合是解决矛盾问题的定量化工具，定义如下：设论域为U，若对U中任一元素u，$u\in U$，都有一实数$K(u)\in(-\infty,+\infty)$与之对应，则称$A=\{(u,y)\mid u\in U,y=K(u)\in(-\infty,+\infty)\}$为论域$U$上的一个可拓集合，其中$y$为$A$的关联函数，$K(u)$为$u$关于$A$的关联度，它能体现“既是又非”的临界概念，且在类内可区分不同层次，从而可描述“是变为非，非变为是”的事物可变性过程。

2)边坡剥落发育程度可拓评价模型的建立

(1)确定边坡剥落发育程度评判的物元

$$\boldsymbol{R}=(N_i,C,V)=\begin{bmatrix} N_i & C_1 & V_{i1} \\ & C_2 & V_{i2} \\ & \cdots & \cdots \\ & C_n & V_{in} \end{bmatrix} \quad (i=1,2,\cdots,m) \tag{2-1}$$

式中：N_i——边坡剥落发育程度等级的全体；

C_j——边坡剥落发育程度等级N_i的特征$(j=1,2,\cdots,n)$；

V_{ij}——N_i关于C_j的量值。

(2)确定经典域

按照一定的评价类别标准，将边坡剥落发育程度划分为j种质量等级，则可以得到边坡岩土体质量的经典域物元R_0：

$$\boldsymbol{R_{0i}}=(N_{0j},C,V_{0j})=\begin{bmatrix} N_{0j} & c_1 & V_{0j1} \\ & c_2 & V_{0j2} \\ & \cdots & \cdots \\ & c_n & V_{0jn} \end{bmatrix}=\begin{bmatrix} N_{0j} & c_1 & (a_{0j1},b_{0j1}) \\ & c_2 & (a_{0j2},b_{0j2}) \\ & \cdots & \cdots \\ & c_n & (a_{0jn},b_{0jn}) \end{bmatrix} \tag{2-2}$$

式中：N_{0j}——所划分的边坡剥落发育程度等级$(j=1,2,\cdots,m)$；

c_j——边坡剥落发育程度等级N_{0j}的特征，即影响边坡剥落病害的主要因素$(i=1,2,\cdots,n)$；

V_{0ji}——分别为N_{0j}关于c_i所规定的量值范围，即边坡剥落发育程度等级关于对应特征所取的数值范围——经典域$\langle a_{0ji},b_{0ji}\rangle$。

(3)确定节域

$$\boldsymbol{R_{0i}}=(P,C,V_p)=\begin{bmatrix} P & c_1 & V_{p1} \\ & c_2 & V_{p2} \\ & \cdots & \cdots \\ & c_n & V_{pn} \end{bmatrix}=\begin{bmatrix} P & c_1 & (a_{p1},b_{p1}) \\ & c_2 & (a_{p2},b_{p2}) \\ & \cdots & \cdots \\ & c_n & (a_{pn},b_{pn}) \end{bmatrix} \tag{2-3}$$

式中：P——边坡剥落发育程度等级的全体；

V_{pi}——P关于c_i所取得量值范围，即P的节域。

(4)确定边坡剥落发育程度待评物元的关联度

根据可拓集合的关联函数,待评物元的关联度为:

$$K_i(p)=\sum_{i=1}^{n}a_iK_j(v_i) \tag{2-4}$$

$$K_i(v_i)=\frac{\rho(v_i,V_{0ji})}{\rho(v_i,V_{pi})-\rho(v_i,V_{0ji})} \tag{2-5}$$

$$\rho(v_i,V_{0ji})=\left|v_i-\frac{1}{2}(a_{0ji}+b_{0ji})\right|-\frac{1}{2}(a_{0ji}-b_{0ji}) \tag{2-6}$$

$$\rho(v_i,V_{pi})=\left|v_i-\frac{1}{2}(a_{pi}+b_{pi})\right|-\frac{1}{2}(a_{pi}-b_{pi}) \tag{2-7}$$

式中:$K_i(p)$——待评边坡的边坡剥落发育程度 p 关于边坡剥落发育程度等级 j 的可拓关联度;

a_i——权系数,且 $\sum_{\substack{j=1\\j\neq k}}^{n}a_j=1$。

(5)边坡剥落病害发育程度评价

对待评边坡的剥落病害发育程度等级 p,首先用非满足不可的特征 c_k 的量值 v_k 评价:

①若 $v_k\overline{\in}V_{0jk}$,则表示 p 已不再所划分的各发育程度等级之中,出现了新的量值,应重新确定经典域与节域。

②若 $v_k\in V_{0jk}$,则由式(2-4)计算出 $K_j(p)$。

当 $$K_{j0}(p)=\max K_j(p)\quad(j_0\in\{1,2,\cdots,m\}) \tag{2-8}$$

则待评边坡剥落等级 p 属于等级 j_0 类。

2. 工程应用

根据前面的调查分析,将影响因素和边坡剥落的关系总结见表 2-5。根据大量黄土物理力学特性资料,将黄土边坡剥落发育程度评价分为 4 个级别:①极易发生;②较易发生;③较不发生;④极不发生。

黄土边坡剥落评定分级标准 表 2-5

指　标	评定级别			
	极易发生	较易发生	较不发生	极不发生
节理裂隙密度(条/m)	>6	4~6	2~4	<2
地形地貌	黄土台塬深挖路堑	塬边半填半挖路堑	黄土塬与盆地结合处路堑地交界处	盆地内挖方路堑
地形坡度	>70°	70°~60°	60°~45°	<45°
黏粒含量	>15%	15%~10%	5%~10%	<5%
成因时代	Q_2^{2eol}	Q_2^{1eol}	Q_3^{eol}	Q_1^{eol}

对表 2-5 数据进行无量纲化处理,其中地形地貌、成因类型为定性条件,根据灰色理论的白化处理进行数据分析,可获得边坡剥落等级经典域和相应的节域。

经典域:

$$R_{01}=\begin{bmatrix} & c_1,\langle 1,\infty\rangle \\ & c_2,\langle 1,\infty\rangle \\ \text{极易发生}, & c_3,\langle 1,\infty\rangle \\ & c_4,\langle 1,\infty\rangle \\ & c_5,\langle 1,\infty\rangle \end{bmatrix}\quad R_{02}=\begin{bmatrix} & c_1,\langle 0.75,1\rangle \\ & c_2,\langle 0.667,1\rangle \\ \text{较易发生}, & c_3,\langle 0.72,1\rangle \\ & c_4,\langle 0.667,1\rangle \\ & c_5,\langle 0.667,1\rangle \end{bmatrix}$$

$$R_{03}=\begin{bmatrix} & c_1,\langle 0.25,0.75\rangle \\ & c_2,\langle 0.667,0.333\rangle \\ 较不发生, & c_3,\langle 0.72,0.20\rangle \\ & c_4,\langle 0.667,0.167\rangle \\ & c_5,\langle 0.667,0.333\rangle \end{bmatrix} \quad R_{04}=\begin{bmatrix} & c_1,\langle 0,0.25\rangle \\ & c_2,\langle 0,0.333\rangle \\ 极不发生, & c_3,\langle 0,0.20\rangle \\ & c_4,\langle 0,0.167\rangle \\ & c_5,\langle 0,0.333\rangle \end{bmatrix}$$

节域：

$$R_{\mathrm{p}}=(P,C,V_{\mathrm{p}})\begin{bmatrix} & c_1,\langle 0,1\rangle \\ & c_2,\langle 0,1\rangle \\ P, & c_3,\langle 0,1\rangle \\ & c_4,\langle 0,1\rangle \\ & c_5,\langle 0,1\rangle \end{bmatrix}$$

其中，c_1、c_2、c_3、c_4、c_5 分别表示节理裂隙、地貌条件、坡形坡度、黏粒含量及黄土的成因时代。

采用可拓工程法对黄延公路 K186＋000～K187＋500 路基左侧黄土路堑边坡剥落病害发育程度进行预测。黄延高速 K186＋000～K187＋500 位于黄土台塬，属典型的黄土台塬深挖路堑，路线在此具有一定的弯度，路线走向 180°～190°，和北东东向节理一致，节理间距 6 条/m，原单级坡高 8m，单级坡率 1∶0.5，土体黏粒含量 7.8%，土体主要为 Q_2^{leol} 黄土。用可拓学理论对改边坡剥落发育程度进行评价。

对影响该边坡剥落发育得因素经极差化无量纲处理后，可构成边坡剥落发育程度评价的待评物元 R_1，利用关联度计算公式，计算关于各级发育程度等级的关联度（表 2-6），并与其他方法进行比较，结果见表 2-7。

$$\boldsymbol{R}_1=\begin{bmatrix} & c_1,1 \\ & c_2,1 \\ N_1, & c_3,0.7372 \\ & c_4,0.933 \\ & c_5,0.667 \end{bmatrix}$$

黄土边坡各个因素关于边坡剥落发育程度分级的关联度 表 2-6

稳定程度	节理裂隙密度	地形地貌	地形坡度	黏粒含量	成因时代
极易发生	－5.725	－1.236	0.424	0.46	0.43
较易发生	－4.747	0.206	0.559	－2.16	－10.21
较不发生	－0.97	－0.202	－0.14	－1.58	－2.28
极不发生	0.0323	－0.2	－1.606	－5.16	－2.326

物元关联度 $K_i(p)$ 计算结果及对比 表 2-7

$K_1(p)$	$K_2(p)$	$K_3(p)$	$K_4(p)$
6.213 927	0.106 9	－1.235 93	0.038 3

从表 2-7 可知，K186＋000～K187＋500 路基左侧黄土边坡物元关联度在 $j=1$ 时获得最大，说明待评边剥落病害极易发生，根据现场调查发现，该段边坡剥落病害发生的成片中厚层剥落，预测结果和现场调查结果一致。

根据本课题推荐的方法，对黄延公路沿线黄土边坡剥落病害发育程度进行预测，结果见表 2-8。

黄延公路黄土边坡剥落发育程度预测结果　　表 2-8

线路位置	节理裂隙密度（条/m）	地形地貌	坡率	黏粒含量（%）	成因时代	预测结果
延安—富县	3	黄土峁边半填半挖	1∶0.75	8.3	Q_3^{eol}	较不发生
富县—甘泉	2	黄土塬内深挖路堑	1∶0.6	13.4	Q_2^{eol}	极不发生
甘泉—洛川	6	黄土塬内深挖路堑	1∶0.5	15.7	Q_2^{eol}	较易发生
洛川—黄陵	4	黄土塬内深挖路堑	1∶0.5	19.2	Q_2^{eol}	极易发生
黄陵—铜川	3	黄土塬边半填半挖	1∶0.75	6.4	Q_2^{eol}	较易发生
铜川—关中	2	黄土残塬边半填半挖	1∶0.5	8.5	Q_2^{eol}	较不发生

第三节　黄土边坡剥落病害形成机理

一、黄土边坡剥落影响因素

1.内在因素

边坡剥落的内因，主要包括黄土所具有的一些特性，这些特性是影响边坡剥落的主要因素。

(1)黄土的结构和构造

黄土中发育的孔隙和各种节理，直接影响黄土边坡土体的完整和稳定。不同成因、不同类型的节理相互组合，对坡面土体进行切割，为剥落的发生创造了条件。

①黄土节理和裂隙。冯连昌、郑晏武通过对兰州、定西、陕北等黄土节理的观察，提出了比较系统的黄土节理的成因类型，其中对黄土边坡剥落影响较大的有：原生闭合垂直节理、张开垂直节理、次生张开垂直节理、风化节理、卸荷节理等。特别是风化节理及卸荷节理的发育，破坏了坡面土体的完整性，将土体切割成相对独立的块体。此外，节理和裂隙的发育，有利于雨水的入渗，软化土体，进一步促进剥落的发生。

②黄土孔隙。多呈垂直或倾斜的管状，以垂直为主，上下贯通，其内壁附有白色的胶结物，一般为 $CaCO_3$，这种胶结对黄土起着加固的作用。一般将黄土的孔隙分为以下三类：大孔隙、细孔隙、毛细孔隙，这三种孔隙形成了黄土的高孔隙性，故又将黄土称为“大孔隙土”。孔隙的存在，便于降雨的入渗，使土体发生软化、湿陷及崩解，加速了边坡土体的风化，促使剥落的发生。

(2)易溶盐含量

黄土中的易溶盐以氯化物、重碳酸盐为主，硫酸盐含量较少，其含量多少直接影响到黄土溶解性、膨胀性、崩解性、渗透性及稳定性。黄土边坡开挖后，随着水分的蒸发，盐分迁移至坡面，从而引起土体表层的松胀和脱落，使剥落发生。黄土中易溶盐含量越高，剥落越容易发生。

(3)黏粒含量

黄土中的粉粒占优势，但黏粒对黄土物理力学性质影响显著，从而影响黄土边坡坡面的稳定性。黄土中黏粒含量高，在边坡开挖完成后，其表面水分迅速蒸发，表层土体发生干裂，形成大量的微小裂隙，将表层土体切割成大小不等、形状不规则的碎块体，破坏坡面的完整，促成剥落的发生。一般黏粒含量高的黄土易剥落。

2.外在因素

(1)气温变化的影响

我国黄土区多位于干旱、半干旱地区，昼夜温差较大，外界气温变化引起的热胀冷缩使坡面土体中形成许多风化裂隙，这些裂隙的发育为剥落发生创造了条件。

(2)冻融循环的影响

边坡土体在冻结过程中产生的冻胀力，使坡面土体中形成类似纹沟和细沟的冻胀裂纹，在春季融化期间，部分裂纹虽然会自然愈合，但产生裂纹处已形成软弱带，试验也证明，经过冻融循环的土体中存在大量裂隙，而且力学性质也会发生改变。经过冻融循环后的黄土黏聚力降低，而内摩擦角增大，力学性质的改变可以从冻融对土微结构的改变中得到一定的解释。由于冻融循环在坡面土体中产生的大量裂隙，破坏了坡面土体的完整性，导致土体沿软弱面剥落。

(3)降雨的作用

黄土的物质成分及其特殊的结构特征，决定了黄土具有较高的渗透性和崩解性，雨水沿黄土中孔隙及节理渗入土体，使土体发生崩解、软化，强度降低，导致剥落的发生。现场调查发现，在黄土边坡坡脚处，由于雨水的聚集，坡脚土体软化脱落十分普遍，沿坡脚形成倒坡，使上部土体失去支撑，继续发生剥落。另外，坡面上水流的冲力作用，也促成剥落的发生。

(4)阴、阳坡的影响

发生剥落的边坡中，阳坡远多于阴坡。这主要是因为，在黄土地区，由于阳坡光照时间长，强度大，表土干燥，含水率小，植被欠发育，温差变化大且频繁，风化裂隙多，土质疏松，从而易产生剥落；而阴坡较为阴暗、潮湿，故性喜阴暗的苔鲜类及槟草等草本植物发育，这就降低了剥落的发生。

3. 人为因素

(1)边坡设计过陡

黄土地区公路边坡多采用平台型坡，单级坡高和坡比不仅关系到坡体的稳定，对坡面稳定也有一定的影响。坡角 θ 越大，坡面土体的下滑力($G\cos\theta$)越大，越容易引起剥落。通过现场调查(表 2-9)发现，剥落多发生边坡坡率为 1∶0.5 或更陡的黄土边坡。为减少坡面剥落的发生，在设计时边坡坡率不陡于 1∶0.5，单级坡高不超过 8m 为佳。

剥落黄土边坡坡率统计表 表 2-9

调查线路	调查剥落边坡总量(处)	边坡坡率	边坡数量(处)
铜川—黄陵一级公路	38	陡于 1∶0.5	16
		1∶0.5	22
黄陵—延安高速公路	67	陡于 1∶0.5	31
		1∶0.5	36
靖边—安塞高速公路	28	1∶0.5	21
		1∶0.75	7
210 国道(绥德—铜川段)	62	陡于 1∶0.5	26
		1∶0.5	28
		1∶0.75	8
子洲—吴堡高速公路	25	陡于 1∶0.5	14
		1∶0.5	11
靖边—子洲高速公路	18	陡于 1∶0.5	11
		1∶0.5	7
定西—天水二级公路	23	陡于 1∶0.5	11
		1∶0.5	12

(2)施工的影响

目前,黄土边坡刷坡方案有两种,即机械刷坡和人工刷坡。机械刷坡直接使用机械设备刷坡,速度快,工期短,但对坡面土体扰动较大。刷坡结束后,坡面虽然平整,但坡面土体内部局部可能已发生变形或破坏,导致以后剥落的发生。人工刷坡是指在使用机械设备开挖至设计坡面位置前预留一定厚度的土体,对预留的土体采用人工刷坡,减少了对最终坡面土体的扰动,延缓或减少了以后坡面剥落破坏的发生。现场调查发现,边坡施工时,采用人工刷坡并对坡面进行拍平处理的边坡,坡面土体剥落较少。靖边—安塞高速公路黄土路堑边坡均采用人工刷坡,并进行拍平处理,经后期观测,坡面完整,剥落较少发生。所以,为减少坡面剥落的发生,施工时应采用人工刷坡,并对坡面拍平。

(3)排水设施不够完善

调查发现,排水设施不完善,后期维修不及时,也是导致边坡剥落的重要因素。

(4)边坡植被被破坏

边坡坡面植被若被破坏后,容易造成坡面冲刷,从而导致边坡剥落。

二、黄土边坡剥落病害产生机理

1.边坡开挖扰动产生剥落的机理

1)边坡开挖扰动产生剥落病害的理论分析

黄土边坡经人工开挖作用后,原有的力学平衡状态被打破,而重新建构新的力学平衡体系,应力和位移就会发生调整,直到形成新的力学平衡状态为止。在这个过程中,开挖坡体的位移场也相应产生变化,即坡体由表及里的不同位置都会产生不同的位移,在开挖坡体内发生应力调整和位移变化的区域称为开挖影响区。黄土主要特性之一是垂直节理发育,在开挖影响区内,由于卸荷作用,节理裂隙张开,而节理裂隙的张开过程,就是一个消能的过程,使影响区的范围缩小,而坡面附近所受影响变大。坡面附近的节理裂隙在降雨、冻融等外在因素影响下,会产生剥落现象。

假定黄土边坡为弹性体,如图 2-31 所示,此时 AB 为水平地面,OD 为自然坡面。坡体内任一点 M 自重作用下在坡面 BC、平台 CD 上的应力按弹性理论可计算如下:

$$\sigma_r = \frac{1}{4}\gamma r\left[\frac{3\cos^2\alpha - 2}{\cos^2\alpha}(\cos\theta - \cos3\theta) + \tan\alpha(\sin\theta - 3\sin3\theta)\right] - \gamma r\cos\theta \tag{2-9}$$

$$\sigma_\theta = \frac{1}{4}\gamma r\left[\frac{3\cos^2\alpha - 2}{\cos^2\alpha}(3\cos\theta + \cos3\theta) + 3\tan\alpha(\sin\theta + 3\sin3\theta)\right] - \gamma r\cos\theta \tag{2-10}$$

$$\tau_{r\theta} = \frac{1}{4}\gamma r\left[\frac{3\cos^2\alpha - 2}{\cos^2\alpha}(\sin\theta + \sin3\theta) - \tan\alpha(\sin\theta + 3\cos3\theta)\right] \tag{2-11}$$

式中:γ——岩体材料的重度;

α——自然坡面与竖直方向的夹角。

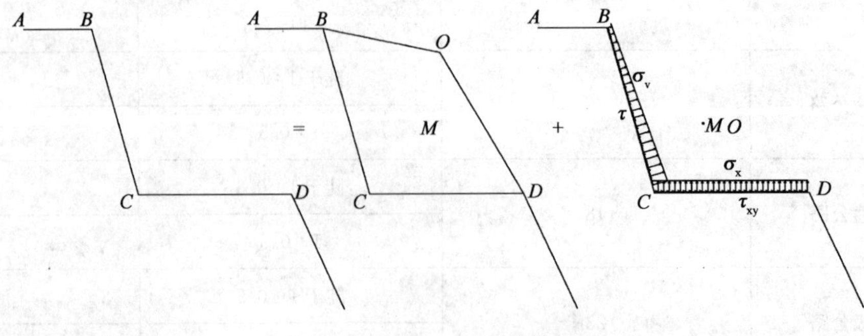

图 2-31 开挖扰动产生附加应力示意图

坡体开挖后，在坡体中产生了新的力学状态，即形成新的应力场与位移场。对于弹性坡体的开挖作用，可以近似采用楔形体模型来处理其力学问题，从而可以得到具体的解析解。根据叠加原理，在坡体的分布开挖过程中，每一步开挖施工完成后坡体的应力场可由式(2-12)求得。旨在说明问题，这里就不考虑坡体的原始构造应力场，而只考虑自重应力场，以简化分析计算。

$$\sigma_{ij}^{k} = \Delta\sigma_{ij}^{k} + \sigma_{ij}^{k-1} \tag{2-12}$$

式中：σ_{ij}^{k}——第 k 步开挖施工完成后坡体的应力场；

$\Delta\sigma_{ij}^{k}$——第 k 步开挖施工完成后坡体的应力场增量。若采用直角坐标表示，i 与 j 均可取为相应的 x、y。若用极坐标表示，则 i 与 j 均可取为相应的 r、θ。$k=1,2,\cdots\xi$，ξ 为坡体总的开挖步数；

σ_{ij}^{k-1}——第 $k-1$ 步开挖施工完成后坡体的应力场；当 $k-1=0$ 时，即 σ_{ij}^{0} 为坡体原始自重应力场。

坡体内的附加应力：

$$\begin{cases} \sigma_r = [1-\{r-a_1\}^0]q_1(-B_{21}\cos2\theta - B_{22}\sin2\theta + B_{23}\theta + B_{24}) - \{r-a_1\}^0 q_1 \\ \quad [a_1(B_{13}\sin\theta - B_{14}\cos\theta)/r - 2a_1^2(B_{21}\cos2\theta + B_{22}\sin2\theta)/r^2] + [1-\{r-a_2\}^0] \\ \quad q_2(-A_{21}\cos2\theta - A_{22}\sin2\theta + A_{23}\theta + A_{24}) - \{r-a_2\}^0 q_2[a_2(A_{13}\sin\theta - A_{14}\cos\theta)/r - \\ \quad 2a_2^2(A_{21}\cos2\theta + A_{22}\sin2\theta)/r^2] + [1-\{r-a_1\}^0]2\tau_1(D_{21}\theta\cos2\theta + D_{22}\sin2\theta - \\ \quad D_{23}\theta - D_{24}) - \{r-a_1\}^0 2a_1\tau_1/r(D_{14}\cos\theta - D_{13}\sin\theta) - [1-\{r-a_2\}^0]2\tau_2(C_{21} \\ \quad \cos2\theta + C_{22}\sin2\theta - C_{23}\theta - C_{24}) + \{r-a_2\}^0 2a_2\tau_2/r(C_{14}\cos\theta - C_{15}\sin\theta) \\ \sigma_0 = [1-\{r-a_1\}^0]q_1(B_{21}\cos2\theta + B_{22}\sin2\theta + B_{23}\theta + B_{24}) + [1-\{r-a_2\}^0] \\ \quad q_2(A_{21}\cos2\theta + A_{22}\sin2\theta + A_{23}\theta + A_{24}) - [1-\{r-a_1\}^0]2\tau_1(D_{21}\cos2\theta + D_{22} \\ \quad \sin2\theta + D_{23}\theta + D_{24}) + [1-\{r-a_2\}^0]2\tau_2(C_{21}\cos2\theta + C_{22}\sin2\theta - C_{23}\theta + C_{24}) \\ \tau_{r\theta} = -[1-\{r-a_1\}^0]q_1(-B_{21}\sin2\theta + B_{22}\cos2\theta + B_{23}/2) - [1-\{r-a_2\}^0] \\ \quad q_2(-A_{21}\sin2\theta + A_{22}\cos2\theta + A_{23}/2) + [1-\{r-a_1\}^0]\tau_1(-2D_{21}\sin2\theta + 2D_{22} \\ \quad \cos2\theta + D_{23}) - [1-\{r-a_2\}^0]\tau_2(-2C_{21}\sin2\theta + 2C_{22}\cos2\theta + C_{23}) \end{cases} \tag{2-13}$$

式(2-13)中正应力 q_1 和 q_2 和剪应力根据图 2-31 的方法是已知的，而系数 A_{ij}、B_{ij}、C_{ij}、D_{ij}($i,j=1,2,3,4$)中的相关计算公式则如式(2-14)～式(2-18)所示。同时，$\{r-a_1\}$表示海维赛函数，其表达如式(2-19)所示。在式(2-14)～式(2-18)中，系数 D、E、H 按式(2-18)计算。$\alpha=90°+$坡面倾角，$\beta=90°$。a_1 和 a_2 分别表示坡面的斜面和水平面上的应力分布长度。

$$\begin{cases} A_{13} = -[\cos\alpha\sin(\alpha+\beta) + (\alpha+\beta)\cos\beta]/H \\ A_{14} = [(\alpha+\beta)\sin\beta - \cos\beta + \cos\alpha\cos(\alpha+\beta)]/H \\ A_{21} = 2(\cos2\alpha - \cos2\beta)/D \\ A_{23} = -4\sin2(\alpha+\beta)/D \\ A_{24} = -2[1-2\alpha\sin2(\alpha+\beta) - \cos2(\alpha+\beta)]/D \\ A_{23} = -4\sin2(\alpha+\beta)/D \\ A_{24} = -2[1-2\alpha\sin2(\alpha+\beta) - \cos2(\alpha+\beta)]/D \\ A_{31} = 3[\cos\beta - \cos\alpha\cos3(\alpha+\beta) - 3\sin\alpha\sin3(\alpha+\beta)]/E \\ A_{32} = 3[-\sin\beta - \sin\alpha\cos3(\alpha+\beta) + 3\cos\alpha\sin3(\alpha+\beta)]/E \\ A_{33} = [3\cos3\beta - \sin3\alpha\sin(\varepsilon+\beta) - 3\cos3\alpha\cos(\alpha+\beta)]/E \\ A_{34} = [-2\sin3\beta + \cos3\alpha\sin(\alpha+\beta) - 3\sin3\alpha\cos(\alpha+\beta)]/E \end{cases} \tag{2-14}$$

$$\begin{cases}B_{13}=[\cos\beta\sin(\alpha+\beta)+(\alpha+\beta)\cos\alpha]/H\\B_{14}=[(\alpha+\beta)\sin\beta-\cos\alpha+\cos\beta\cos(\alpha+\beta)]/H\\B_{21}=4\sin2(\alpha+\beta)/D\\B_{24}=-2[1-2\beta\sin2(\alpha+\beta)-\cos2(\alpha+\beta)]/D\\B_{31}=3[\cos\alpha-\cos\beta\cos3(\alpha+\beta)-3\sin\beta\sin3(\alpha+\beta)]/E\\B_{32}=-3[-\sin\alpha-\sin\beta\cos3(\alpha+\beta)+3\cos\beta\sin3(\alpha+\beta)]/E\\B_{33}=[3\cos3\alpha-\sin3\beta\sin(\alpha+\beta)-3\cos3\beta\cos(\alpha+\beta)]/E\\B_{34}=-[-3\sin3\alpha+\cos3\beta\sin(\alpha+\beta)-3\sin3\beta\cos(\alpha+\beta)]/E\end{cases}\tag{2-15}$$

$$\begin{cases}C_{14}=[-(\alpha+\beta)\cos\beta+\cos\alpha\sin(\alpha+\beta)]/H\\C_{21}=-[\sin2\alpha+\sin2\beta-2(\alpha+\beta)\cos2\alpha]/D\\C_{22}=[\cos2\alpha-\cos2\beta+2(\alpha+\beta)\sin2\alpha]/D\\C_{23}=-2[1-\cos2(\alpha+\beta)]/D\\C_{24}=-[2\beta+2\alpha\cos2(\alpha+\beta)-\sin2(\alpha+\beta)]/D\\C_{31}=-[-3\sin\beta+\cos\alpha\sin3(\alpha+\beta)-3\sin\alpha\cos3(\alpha+\beta)]/E\\C_{32}=[3\cos\beta-\sin\alpha\sin3(\alpha+\beta)-3\cos\alpha\cos3(\alpha+\beta)]/E\\C_{33}=[\sin3\beta-\sin3\alpha\cos(\alpha+\beta)-3\cos3\alpha\sin(\alpha+\beta)]/E\\C_{34}=[\cos3\beta-\cos3\alpha\cos(\alpha+\beta)-3\sin3\alpha\sin(\alpha+\beta)]/E\end{cases}\tag{2-16}$$

$$\begin{cases}D_{13}=-[\sin\beta\sin(\alpha+\beta)+(\alpha+\beta)\sin\alpha]/H\\D_{14}=-[-(\alpha+\beta)\cos\alpha+\cos\beta\sin(\alpha+\beta)]/H\\D_{21}=[\sin2\alpha+\sin2\beta-2(\alpha+\beta)\cos2\beta]/D\\D_{22}=[\cos2\beta-\cos2\alpha+2(\alpha+\beta)\sin2\beta]/D\\D_{23}=-2[1-\cos2(\alpha+\beta)]/D\\D_{24}=[2\alpha+2\beta\cos2(\alpha+\beta)-\sin2(\alpha+\beta)]/D\\D_{31}=[-3\sin\alpha+\cos\beta\sin3(\alpha+\beta)-3\sin\beta\cos3(\alpha+\beta)]/E\\D_{32}=[3\cos\alpha-\sin\beta\sin3(\alpha+\beta)-3\cos\beta\cos3(\alpha+\beta)]/E\\D_{33}=-[\sin3\alpha-\sin3\beta\cos(\alpha+\beta)-3\cos3\beta\sin(\alpha+\beta)]/E\\D_{34}=[\cos3\alpha-\cos3\beta\cos(\alpha+\beta)-3\sin3\beta\sin(\alpha+\beta)]/E\end{cases}\tag{2-17}$$

$$\begin{cases}D=4[\cos2(\alpha+\beta)+(\alpha+\beta)\sin2(\alpha+\beta)]-1\\E=6-4\sin3(\alpha+\beta)\sin(\alpha+\beta)-6\cos2(\alpha+\beta)\\H=(\alpha+\beta)^2-\sin^2(\alpha+\beta)\end{cases}\tag{2-18}$$

$$\left\{\{r-a_1\}^0=\begin{cases}1,r\geqslant a_1\\0,r<a_1\end{cases}\right.\tag{2-19}$$

应力在黄土中传播时，如遇到垂直节理，在垂直节理附近会产生两个应力波，上行的压缩波和下行的拉伸波，这样就会消耗应力波的一部分能量。这就是土中节理裂隙引起应力波衰减的根源所在。

在分析中，可用衰减常数来描述应力波的峰值衰减和能量衰减，对于在垂直节理面向下传播的应力波，假设入射波的振幅随着时间的增加呈指数衰减，表达式为：

$$v=v_i\mathrm{e}^{-ax}\tag{2-20}$$

式中：v_i——入射波质点速度；

a——衰减系数。

当应力波在节理底部反射时，有：

$$v_r = 2v_i \tag{2-21}$$

式中：v_i——节理底反射波质点速度。

应力波从节理上部传播到下部，再返回到节理上部的衰减程度，用下式描述：

$$\frac{v_r}{2} = v_i e^{-2aL} \tag{2-22}$$

式中：L——垂直节理长度。

故衰减系数表示为：

$$a = \frac{1}{2L}\ln\frac{2v_i}{v_r} \tag{2-23}$$

因此，存在垂直节理黄土内任一点的附加应力为：

$$\sigma_p = \frac{\sigma_r}{a} \tag{2-24}$$

黄土垂直裂隙的张开破坏，必须要经过一个应力点，该点的应力即为垂直裂隙的闭合应力，其物理意义为使裂隙闭合地垂直于裂隙面的正压力。

黄土的断裂破坏强度可通过抗拉强度和抗压强度的方程来计算：

$$\sigma_3 = -\frac{\sigma_t}{\sigma_c}\sigma_1 + \sigma_t \tag{2-25}$$

而黄土的剪切破坏基本符合 Mohr-Coulomb：

$$\sigma_3 = \sigma_1 \tan^2\left(45° - \frac{\phi}{2}\right) - 2c\tan\left(45° - \frac{\phi}{2}\right) \tag{2-26}$$

由式(2-25)与式(2-26)可推导出黄土垂直裂隙破坏强度：

当 $\sigma_r \geqslant \sigma_{1B}$时，

$$\sigma_3 = \sigma_1 \tan^2\left(45° - \frac{\phi}{2}\right) - 2c\tan\left(45° - \frac{\phi}{2}\right) \tag{2-27}$$

此时黄土发生剪切断裂破裂。

当 $\sigma_r < \sigma_{1B}$时，

$$\sigma_3 = -\frac{\sigma_t}{\sigma_c}\sigma_1 + \sigma_t \tag{2-28}$$

此时黄土发生拉张断裂破坏，边坡剥落产生。

式中：σ_{1B}——让垂直裂隙张开的最大主应力；

σ_t——拉应力；

σ_c——压应力。

2)边坡开挖导致剥落产生过程数值试验

由于黄土类材料的非均匀性、非均质性，以及几何结构的复杂性，现有的解析方法尚缺少有效的手段对岩土的破裂与失稳过程进行准确的描述。而数值分析的方法弥补了这一方面的空白，可以通过更为直接的方法探求岩土体破裂的力学规律，在岩土力学计算中具有举足轻重的地位。至今，已有大量的用于岩土力学计算方面的数值分析软件，主要包括有限单元法、边界元法及离散元法等。这些计算方法在岩土力学发展中发挥了不同的作用，表现出不同的特点和适用领域。RFPA 软件从岩土介质的细观结构出发，用若干简单的、能反映岩土基本特性的细观基元的组合特征模拟复杂的宏观力学行为，可以对黄土边坡剥落产生全过程——黄土裂纹萌生、扩展、贯通乃至破裂、失稳等进行分析。

(1)张拉应力作用下裂纹的扩展模式研究

为了研究黄土在卸荷破裂过程中垂直裂隙的扩展与演化规律，建立一个含有预制裂纹的数值模型(图 2-32)。模型的几何尺寸为高 40mm，宽 80mm，组成模型的细观单元为 120×240=28 800 个，预制裂纹的尺寸为高 3mm，宽 0.3mm。采用平面应力模型，模型上下边界为自由界面，左右边界受均匀拉应力作用。整个加载过程中采用位移加载方式，为了使得模拟结果更接近实际，采取很小的步长增量施加边界条件，步长增量大小采取 $\Delta s=-0.00001$mm。数值模型的力学参数依据土工试验及经验值选取，具体参数大小见表 2-10。

数值模型的力学参数 表 2-10

力学参数	均匀性系数 m	弹性模量 E_0 (MPa)	抗压强度 f_c (MPa)	抗拉强度 f_t (MPa)	泊松比 μ
参数值	15	5	0.1	0.01	0.34

(2)数值模拟结果分析

①荷载—位移全过程曲线分析

图 2-33 是黄土边坡开挖卸荷作用下破裂过程的荷载—位移全过程曲线。由曲线可以看出，整个曲线可以分为两个阶段，即线性变形阶段(I)和裂纹的形成、扩展与贯通阶段(II)。

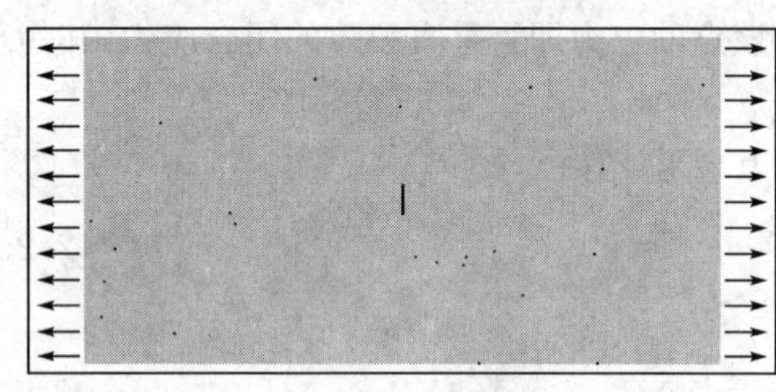

图 2-32 土体拉伸破裂数值模型

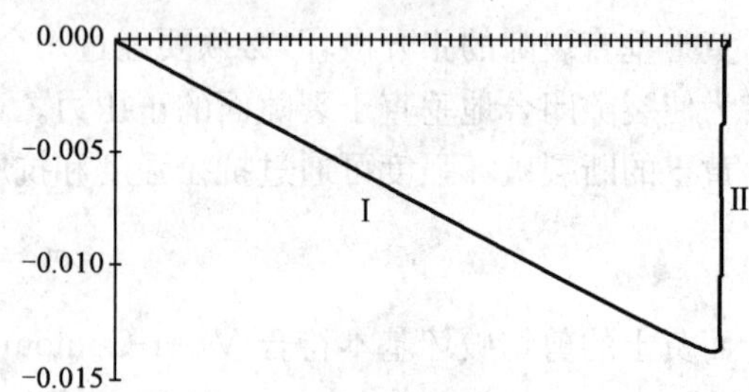

图 2-33 土体拉裂过程的荷载—位移全过程曲线

由土体拉裂过程的荷载—位移全过程曲线可以看出，在土体达到极限拉应力前，曲线的斜率一直保持不变，表明土体在这一阶段其内部基元的相变比较微弱，土体的性质基本接近初始状态时土体的性质。然而，一旦达到极限拉应力，曲线则会在很小的位移增量下突然跌落至位移轴，土体的拉应力也在瞬间内变为零，说明黄土边坡土体内裂纹的萌生、扩展及贯通会在很短时间内完成，即土体在拉伸应力作用下的破坏是突发性的，属于脆性断裂。

②裂纹扩展模式及其应力场分布

黄土边坡开挖卸荷后，引起边坡体内存在的节理裂隙张开、松动而发生拉裂破坏，由于在黄土剥落破坏过程中无法观察到裂纹的萌生、扩展、贯通乃至试样破裂的行为，因而也无法判断黄土究竟是在多大的应变下引起内部缺陷开始发生起裂和扩展的。借助数值试验工具 RFPA，通过对模型进行数值计算，可以清楚地观察到黄土土体中裂纹在拉伸应力作用下扩展的每一步力学行为，直观地再现了土体在拉伸作用下的整个破裂过程，图 2-34 节选了初始与破裂两个状态。

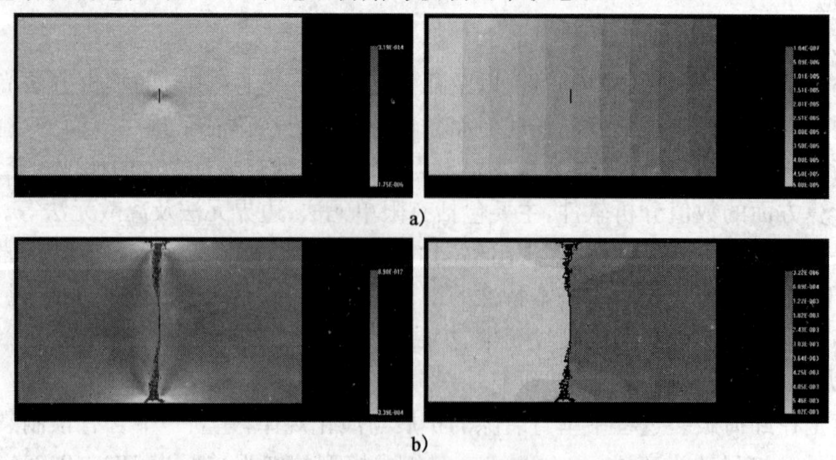

图 2-34 拉应力作用下黄土裂隙扩开始与破裂应力及位移分布图

a)初始阶段；b)破裂

整个计算过程表明，当土体内卸荷应力积累到一定程度时，土体内部垂直节理周围新的裂纹的萌生、扩展及贯通过程均在很短的时步内完成，即土体在拉应力下的破坏过程在宏观上是突发性的。土体中裂纹的扩展并不是沿着某一整齐平滑断裂面进行的，由于土体介质的非均匀性，各基元的强度必然也不一致，因此裂纹的开裂扩展形迹较为分散、曲折，而且伴有随机裂纹分叉现象发生。这一现象反映了实际土体中各种缺陷的随机分布，也与现场调查边坡剥落面粗糙状态相吻合(图2-35)。

图 2-35　黄延公路某边坡剥落粗糙面

2.施工机械冲击导致边坡剥落病害产生的理论分析

黄土路堑边坡皆为工程边坡，边坡开挖采用挖掘机。挖掘机在开挖过程中不可避免地对边坡产生冲击效应。下面采用机械冲击效应理论对黄土边坡剥落的机理进行分析。

(1)机械冲击效应

机械冲击效应所指的是边坡土体在受到冲击后，其内部应力场的变化规律，应力场内各种应力波的相互作用形成的对坡面土体破坏起主导作用的张拉应力的变化规律，以及在冲击过程中能量的耗散规律。通俗地讲，机械冲击效应包含冲击、作用、破坏三个过程。在每一次冲击扰动的过程中，土体内部微观的变化是非常复杂的，并不像宏观上看到的那么简单。应力波的产生、传播以及土体的振动是其中最主要的几个过程。

机械冲击过程中产生了很多的效应，这基本上可以分成以下几个阶段。第一段是冲击接触压实阶段，在这一段时间内，机械挖掘器具与坡面接触并形成压实核；第二阶段是各种应力波的形成阶段，这段时间内器械的冲击力通过压实核传向土体内部，形成各种应力波；第三阶段是应力波的传播、汇聚干涉效应阶段。在这段时间内，各种应力波相互作用形成各种力，作用在土体上，并使土体从坡面上脱落，这是在坡面开挖的机械冲击过程中最重要的阶段。经过以上几个阶段后，机械冲击效应的全过程才得以完成。

(2)机械冲击过程中压实核的形成分析

在边坡开挖的过程中，首先发生的便是挖掘器械与土体的接触压实阶段，在这个过程中，冲击压实核的形成及其作用是值得关注的问题。压实核作用流程见图 2-36。

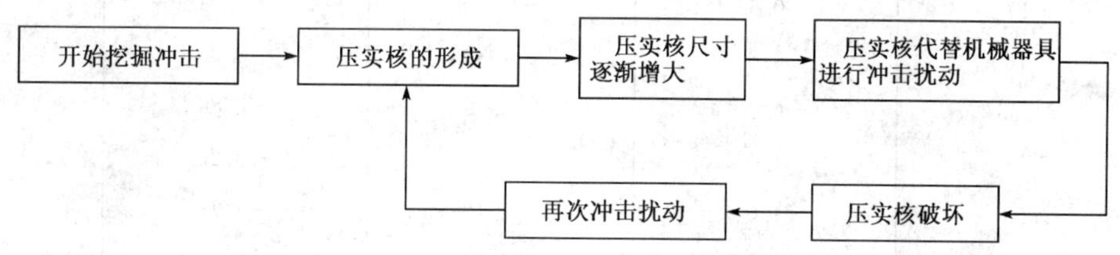

图 2-36　压实核作用流程图

无论是冲击还是挖掘，压实核最终要代替工具施力于边坡土体之上，而压实核与土体的性质是相同的，就像共振效应中的频率相同一样，而去掉压实核后情况恰恰相反；机械在开始挖掘冲击时，边坡受到冲击作用，压实核作用下的土体碎屑可以看作是流体，压实核作用在垂直于坡面的方向上形成了空气冲击波，冲击波传到前方充满裂隙和垂直节理的黄土层中，加速了黄土节理裂隙的扩展，从而有助于在机械挖掘接触面一定深度范围内的土体产生隆起，在再一次的挖掘冲击作用下土体影响深度进一步加大，这样，反复作用下加速了黄土的剥落。

(3)压实核的形成机理

原状黄土边坡中存在许多的微裂隙和垂直竖向节理，尤其是处于开挖机械压力之下的土体更是如

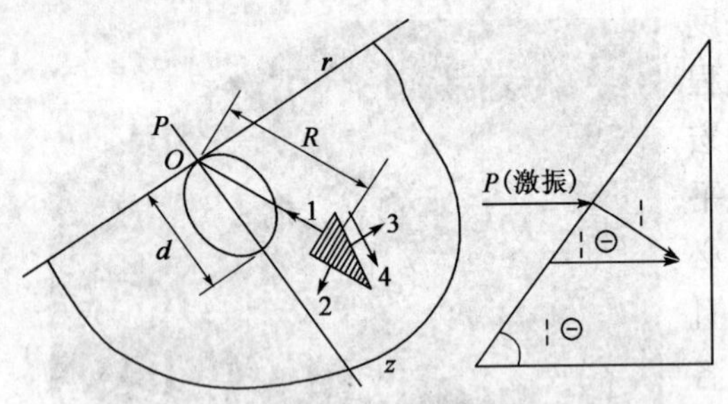

图 2-37 压实核形成机理以及激振力示意图

此。此外，黄土层面往往是黄土边坡的软弱部分，这就构成了边坡土体中的裂纹源。这些裂纹源在密度比本身大许多的结核土块的分布密度都是相当大的。我们可以将这样的一个过程引入到黄土边坡剥落的成因上来，于是可以得到这样一个结论：黄土边坡土体中压实核的产生、作用、破坏、再产生、再作用、再破坏是黄土边坡剥落病害的主要成因之一，压实核形成机理以及激振力如图 2-37 所示。

3. 冻融导致黄土边坡剥落的产生机理

由于黄土地区特定的气候环境条件以及独特的物理力学性质，在冻融作用下坡体稳定性降低、坡面出现剥落破坏的情况十分普遍。冻融循环是指在冬季气温降低，边坡土体内部水分冻结、土体冻胀，在来年春季外部气温上升，冻结的土体融化，土体结构变得松散，如此反复循环作用称之为冻融循环作用。冻融循环是导致黄土边坡剥落的主导因素之一。对冻融作用下黄土坡面剥落破坏成因机理的正确认识是解决黄土边坡剥落病害评价与处治的关键基础问题。本课题用 ADINA 有限元分析软件中的 ADINA-T 模块对冻融期黄土边坡的温度场进行模拟分析，力求找到冻融作用对黄土边坡剥落的影响规律。

(1)土的季节冻结和融化

黄土的季节冻结和融化过程实际上就是土中水冻结和融化过程，黄土的冻结和融化温度实质上是指土中水的冻结和融化温度。标准大气压下纯净水在 0℃冻结，即冰点为 0℃。土中水则不同，一方面受土颗粒表面能的作用，另一方面这种水中或多或少含有一定量的溶质，因此土的冻结温度都低于纯净水的冰点，其间的差值称作冰点降低。

土的冻结和融化温度受到其本身性质，如土颗粒矿物化学成分、分散度、水溶液成分和浓度以及外界条件的影响。表 2-11 给出了黄土类的冻结和融化温度及其差值。

土的冻结和融化温度及其差值 表 2-11

土名	含水率(%)	含盐量(mol)	冻结温度(℃)	融化温度(℃)	温差(℃)
黄土	5.99	0.3	−9.81	−5.96	2.95
	10.32	0.3	−3.75	−2.81	0.94
	19.73	0.3	−2.75	−2.29	0.64
	5.27	0.6	−10.98	−6.94	4.04
	9.76	0.6	−4.82	−3.23	1.59
	20.65	0.6	−3.49	−2.86	0.63
	5.55	1.0	−12.27	−8.20	4.07
	9.98	1.0	−6.12	−4.76	1.46
	20.05	1.0	−4.37	−3.60	0.77

由表 2-11 可知，土的冻结和融化温度均随含水率增大而升高。含水率相同时，融化温度始终高于冻结温度。融化温度和冻结温度均随土颗粒变细或孔隙溶液浓度增大而降低，且其间的差值增大。融化温度和冻结温度间的差值随含水率的增大而减小。经历数次冻融后，融化温度略有升高。

土季节性冻融的空间过程是随着寒暖季节地变化，冻结时，从外(地表)向内(土体内部)一个方向发展；融化时，则是自外而内和自内而外双向进行的。因而，从开始冻结到达到最大冻结深度，需要有 3～4 个月甚至半年的过程，而从开始融化到冻层全部消融，一般只需要 1～2 个月的时间。

(2)基于温度场的黄土边坡剥落范围数值模拟

采用 ADINA 软件对冻融导致边坡剥落的机理进行数值模拟，利用软件中 ADINA-T(热分析模块)模块建立典型黄土边坡二维模型。模型的前后面为绝热边界。考虑地中热流，在下边界施加 0.042W/

($m^2 \cdot$ ℃)的热流密度。应用有限元方法计算温度场时，首先对计算区域进行网格划分，本文采用四边形单元划分网格，并以陕西延安地区的黄土和冻结情况为标准，对模型中的相关情况进行定义(表2-12、表 2-13)。

试验采用陕西延安黄土的冻结和融化温度及其最大冻深 表 2-12

土名	含水率(%)	干密度(g/cm^3)	冻融循环(次数)	冻结温度(℃)	融化温度(℃)
黄土	13.2	1.65	4	−1.84	−0.96

冻融循环模拟所选参数 表 2-13

循环次数	C(kPa)	φ(°)	循环次数	C(kPa)	φ(°)
1	44	18.7	3	27	18.0
2	35	18.3	4	22	18.1

在进行其他相关设置后，对数据进行保存，然后在后处理模块中对数据进行处理，得到结果如图 2-38～图 2-40 所示。

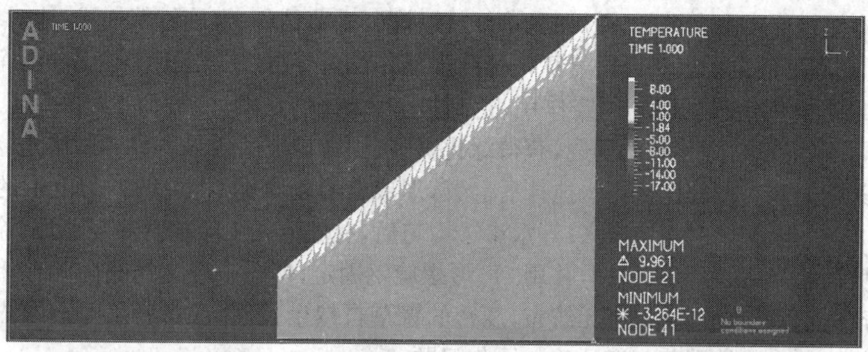

图 2-38 开始冻结时的黄土边坡坡体剥落影响范围

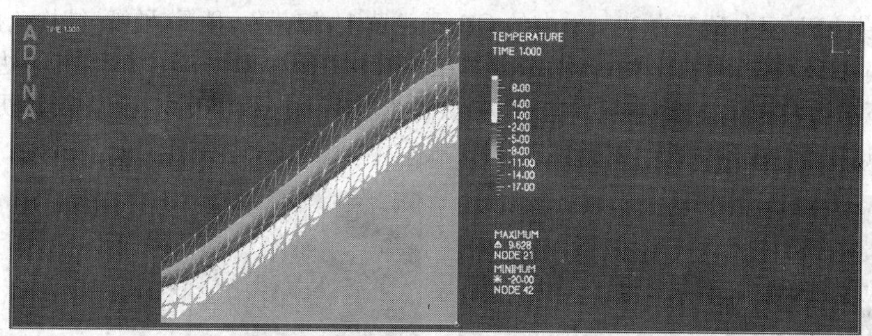

图 2-39 冻融 4 次黄土边坡坡体影响范围

模拟结果显示，随着冻融时间增加，冻融影响深度有增加趋势，增加幅度渐小。主要原因有两个：

①受地热影响，随着深度增加，地热有增加趋势，而外界温度对坡体影响却随着坡深渐小。

②外界温度也不可能无限降低，冻结时间有限，坡体不可能一直处于被冻状态；当冻深达到最大冻深时，坡体不再被冻结。

模拟的黄土边坡最大冻深为 1.12m 左右，野外调查表明，黄土边坡剥落大多发生在冻融季节末期，且冻深与黄土边坡剥落的深度范围存在较好一致性。因此，可以利用黄土边坡在冻融作用下的温度场来预测边坡剥落的范围，但

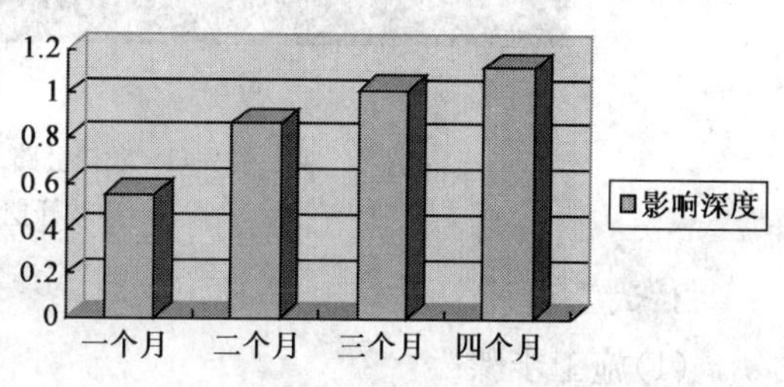

图 2-40 冻结时间对黄土土体的影响深度

边坡剥落范围一般会小于最大冻结深度，这是由土质边坡破坏的形式决定的。

通过模拟结果我们可以发现，冻土深度与黄土边坡剥落的深度范围基本吻合，调查结果显示大部分发生在解冻期即冻融末期，冻融作用改变黄土强度，导致边坡冻胀和融沉，改变坡重。因此，可以说明季节性冻融作用确实对黄土边坡剥落产生了影响，是其发生的主要原因之一。

第四节　黄土边坡剥落病害处治试验研究

一、"营养麦草泥＋网锚植草"技术在黄土边坡剥落处治中的试验研究

1. 试验概况

"营养麦草泥＋网锚植草"技术指的是将麦草秸秆、种植土、植物种子、有机肥和无机肥、水按照一定的配合比搅拌均匀，通过人工涂覆在边坡坡面，形成类似于自然土壤且能储存水分和养分的适宜于植物生长的基层，在外层按照一定间距采用"T"形螺旋钢进行挂网。植物恢复后，发达的根系可深入到黄土坡体，与坡面、镀锌网结合成一个整体，从而达到护土固坡，美化环境的目的。

该技术基本结构主要由有机肥、无机肥、草籽、镀锌网、麦草秸秆、螺旋钉等构成，能对坡面有效地加固，防止坡面局部剥落甚至崩塌。通过麦草秸秆的加筋作用、淤泥的黏结作用、营养麦草泥的保墒作用及保温作用、"T"形螺旋钢锚固网的固定作用，达到护坡、绿化的目的，使坡面平稳、平定、持久，很好地解决黄土边坡剥落处治难、绿化难的问题，获得绿化美观、固坡护坡的效果。具体做法是：将草籽和种植土、有机肥、农家肥按照一定的比例用水搅拌后静置，形成营养麦草泥；将边坡剥落范围的土体铲平，并进入稳定坡体 20～50cm，然后均匀撒水；等水渗透均匀后，在坡体人工涂抹营养麦草泥，涂抹均匀，厚度和为铲平边坡坡面相当后，铺上铁丝网，并用"T"形螺旋钢固定；覆盖一层无纺布防晒保墒；经过一段时间洒水养护，青草就会覆盖坡面，揭去无纺布，茂密的青草自然生长。"营养麦草泥＋网锚植草"技术可以一劳永逸地解决黄土边坡剥落病害处治与绿化问题。

试验段为黄延公路 K186＋000～K187＋500 处，位于黄土塬区，塬面平坦，塬面高程 1 050～1 250m。该边坡为新老黄土组合型，顶部为 10m 左右的 Q_3^{eol} 马兰黄土，棕黄色，稍湿，硬塑，结构疏松，根孔、虫孔发育，具有湿陷性。夹褐红色古土壤和灰白色钙质结核层。下部为 Q_2^{2eol} 离石黄土，为该边坡的主体，厚 20m 左右，最下部为 Q_2^{1eol} 离石黄土，其特点是黄土、古土壤和钙质结核互层，土质较坚硬[图 2-41a)]。约 10 个月后，边坡坡面出现大面积剥落[图 2-41b)]。

a)

b)

图 2-41　黄延公路 k186＋000～k187＋500 边坡变化情况

a)边坡开挖成型时；b)边坡成型 10 个月后

2. 试验设计

(1)施工步骤

①先将坡面上的剥落层人工铲除，刮平。

②将麦草秸秆、种植土、植物种子、有机肥和无机肥、水按照一定的配合比搅拌均匀，人工涂抹在边坡坡面，厚度为1.0m，边坡坡率在1∶0.75～1∶0.6。

③将镀锌铁丝网披覆在麦草泥层上。

④按照正方形、边长为1m、采用“T”形螺旋钢进行锚固挂网，螺旋钢长100cm，直径14mm；在正方形中心及各边中点采用“T”形螺旋钢进行锚固挂网，螺旋钢长80cm，直径12mm。

⑤以单层无纺布覆盖在挂网完成的坡面上，使其免遭强暴风雨的冲刷而破坏。

⑥在完成以上内容后，对营养麦草泥进行养护。养护期间，应随时注意植物生长及大气情况，必要时加水湿润和追加养分，原则上每2个月使用复合肥料施肥一次。12个月期满后植生覆盖率达90%以上。

(2)施工质量控制

①铲除剥落层时，必须铲进稳定坡体10cm。

②螺旋钢直接打进坡体，并进入稳定层，以确保挂网的稳固，锚杆间距按设计要求布设，布设时两网之间缝隙小于3mm。无纺布也应平顺紧贴坡面，无纺布之间不留缝隙，5%搭接后用“T”形螺旋钢固定。

③土源黏性强，不含任何砂性，添加的铺料严格按设计要求按比例配制。

④在麦草泥施工时，在坡面上每100m用钢筋设一铺土厚度指示桩，标示涂覆厚度，确保种麦草泥的厚度和均匀性。

⑤在草灌种子发芽、幼苗生长期间，进行浇水及病虫害防治等养护管理措施，确保植物顺利生长。

⑥喷播后，如遭暴雨冲刷，雨停后应及时回填冲刷沟，同时进行补播覆盖，以防止冲刷加剧。坡面如隐蔽的渗水孔暴露，应及时加补导水孔，并加大黏结剂用量，将出水口冲垮处补喷恢复。

3.试验结果及分析

黄延公路K186+000～K187+500边坡剥落防护工程于2006年12月开工，2007年3月竣工。该段营养泥混合比：有机质，≥32.0%；农家肥，≥10.0%；氮、磷、钾($N+P_2O_5+K$)，≥4.0%；水分(游离水)，≥30.0%；吸水倍率，≥6.0%；水稳性指数，≥60.0%；pH值，5.5～7.0；细度(<5mm)，≥75.0%；

(1)边坡坡率：1∶0.75，对防护层底部，喷水饱和。从现场调查结果可知，该段坡面稳定，绿化植草茂盛，长势良好(图2-42)，根系发达，草根扎入边坡土体，形成浅层致密的坡面复合保护层，具有较好的整体性和较强的抗冲蚀能力，对坡面起到了较好的保护作用。另外，坡面的绿化覆盖率达到95%以上，坡面绿草浓浓，坡形弯曲有致，给人以较好的视觉感，也给线路增加了一道亮丽的风景线。防护工程基本达到了固土护坡，绿化、美化道路边坡效果，基本达到预期的目标。

a)

b)

图2-42 营养麦草泥+网锚防护技术防护效果图

(2)边坡坡率：1∶0.75，对防护层底部不喷水，直接涂抹营养麦草泥。从现场调查结果可知，该段坡面稳定，坡面的绿化覆盖率不到1%(图2-43)，由此可见，关键技术就是在涂抹营养麦草泥之前，先对坡面喷水饱和。

(3)边坡坡率:1∶0.5,对防护层底部喷水饱和。从现场调查结果可知,该段坡面稳定,坡面的绿化覆盖率不到1%,而在坡脚较缓的部位植物覆盖率较高(图2-44)。这是由于坡度较陡,营养和水分在重力的作用下向坡脚移动,最终使坡脚植物生长良好,而坡面植被覆盖率小。

图2-43 营养麦草泥底部喷水与不喷水效果对比图

图2-44 边坡坡率1∶0.5条件下剥落治理效果图

(4)提升有机质和农家肥的含量,有机质,≥40.0%;农家肥,≥5.0%,边坡坡率:1∶0.75,对防护层底部喷水饱和。从现场调查结果可知,该段坡面稳定,坡面的绿化覆盖率不到1%(图2-45),这是因为有机肥含量过高,使草籽出芽率降低的缘故。

图2-45 无机肥含量较高条件下剥落处治效果图

现场调查还发现,经防护的黄土边坡上的植草有局部枯死及菱形铁丝网锈蚀严重的现象,小部分坡面上的营养土脱落流失严重,出现了坡面裸露。边坡上的植草局部枯死的原因,可能是边坡坡面平整度不够、营养土的厚度不够、营养土中肥料配给不充足、维护工作难到位等,这些都会影响草坪植物的生长。

二、客土喷播在黄土边坡剥落处治中的试验研究

1.试验概况

客土喷播防护技术,是一种融土壤学、植物学、生态学理论的生态防护新技术。它与传统的坡面工程防护(如片石护坡、骨架护坡、喷锚防护等硬质、灰色防护)不同,它适应了"走环保之路,建绿色家园"的发展趋势。客土喷播技术在20世纪90年代末自日本引入我国,2002年以来已在我国多个省份大面积推广使用,并取得了很好的效果。

客土喷播是利用特制喷混机械,将有机基材与长效肥、速效肥、保水剂、黏结剂、植物种子和水的混合物喷射到裸露坡面上,在黏结剂的作用下,坡面上能形成多孔稳定结构层(即一层具有连续空隙的硬化体),种子可以在其中生根、发芽、生长,从而达到恢复自然、稳固坡面、保持水土、改善景观、美化环境的目的。

客土喷播的突出优点适用性广。不仅适用于土质边坡,而且特别适用于风化岩、土壤较少的软岩及土壤硬度较大的土壤边坡,使岩石坡面及不具植物生长条件的高大边坡完全可能实现绿化。植物成活率高、生长均匀。避免了传统的因翻耕土壤引起严重的风蚀、水蚀、坡沟、水土流失等现象,种子成活率高,发芽生长均匀整齐。绿化速度快、防护效果好。正常情况下,喷播1个月后坡面植物覆盖率可达75%~85%,2个月后可形成比较齐备的防护、绿化功能,半年后覆盖率达到95%以上。物种多样性指数高。客土喷播将乔、灌、藤、花草相配合,抗外界干扰能力强,固土护坡效果好。由于灌木根系可扎入岩石缝隙,起到比草本植物更可靠的作用,可较大程度地减少边坡坍塌,节省维护费用,提高了边坡稳定性。由专业人员机械化施工,可比人工铺设效率高400%,大大降低了投入成本。

K220+900~K220+950右侧边坡,属黄土台塬地貌区,沿线路总长50余米,线路从该斜坡前以挖

方形式通过，设计最高边坡56m。

该边坡为新老黄土组合型，顶部为16m左右的Q_3^{eol}马兰黄土，棕黄色，稍湿，硬塑，结构疏松，根孔、虫孔发育，具有湿陷性。下部为Q_2^{2eol}离石黄土，为该边坡的主体，厚32m左右，最下部为Q_2^{1eol}离石黄土，褐红色，土质较坚硬。采用客土喷播进行防护。

2.试验设计

客土采用天然有机型培养土，由多种新型微生物菌群发酵而成，含有氮、磷、钾及各种微量元素、生长激素，pH值6.0～7.0，饱和密度$0.5\times10^3\sim0.6\times10^3 kg/m^3$。

稳定剂：无污染黏结剂，采用高分子聚合物及天然植物加工而成。

养生材料：木质纤维。

肥料：速效化肥＋缓效有机肥。

铁丝网：直径为2.6mm，孔径为5cm×5cm的镀锌铁丝网。

锚杆：挂镀锌网的主锚杆采用ϕ16mm，$L=40$cm的钢筋，辅锚杆采用$\phi10\sim\phi12$mm，$L=20$cm的钢筋。

无纺布：12g/m^{2}左右。

客土喷播施工流程(图2-46)：

图2-46 客土喷播施工流程图

a)清坡；b)打锚、挂网；c)喷射基材；d)覆盖无纺布

(1)清坡。清除坡面杂草、浮土，尽可能使坡面平整。

(2)打锚、挂网。锚钉分主锚和次锚，主锚长0.5～1.0m(在坡顶适当加长)，次锚长0.4m，主锚间距、次锚间距均为2m，梅花形布置。挂网为机编镀锌网。

(3)穿竹条。将宽度为3～5cm的长竹条沿坡面各排锚钉外露部分从镀锌网下面穿过，并在坡面锚钉处用细铁丝将竹片、镀锌网固定，使镀锌网和坡面之间保持一定的距离。

(4)喷射基材。将配制好的基材均匀的喷射到坡面上，厚度一般为10cm。

(5)植物种子喷播。在进行表层基材喷播前，将植物种子混合在表层基材中，一起喷附在边坡上。

(6)覆盖无纺布。

3.试验结果分析

(1)播种后数月内生长效果

路西边坡，坡向朝东，坡面有水平沟。喷薄前，黄土裸露，6月份利用人工喷播技术喷播冰草、黑麦草、红豆草等草籽，9月份形成禾草丛群落。

(2)播种后一年生长效果

一年后，试验经历了越冬、越夏、雨季和旱季的考验，其主要表现为：在试验区的边坡上基本形成草本植物群落，试验物种作为整体可以在高陡边坡上存活。其覆盖率达到50%以上(图2-47)。群落内绝对优势种是禾本科的冰草和高羊茅，其生长状况冰草明显优于高羊茅；禾本科的其他物种，黑麦草和紫羊茅的个体基本没有。黑麦草由于不能成功越夏而被淘汰。在非禾本科植物中，表现好的植物有沙蒿，沙打旺，黄花草木樨，紫花苜蓿等；表现一般的有波斯菊；几乎没有的物种是：小冠花，苦豆，红豆草等。

图2-47　客土喷播治理边坡剥落效果图

小灌木是群落内的重要组成成员，密度与长势比草本物种差。长势表现一般的有苦刺、柠条、胡枝子；而几乎见不到的物种为多花木兰、酸枣、荆条、刺槐、紫穗槐；黑麦草的出苗速度快，密度太高，空间竞争严重抑制灌木类的生长，可以被淘汰。

综上所述，可以得到如下结论：在春季或者秋季，对黄土边坡进行客土喷播，当年均可以得到比较理想的植被建植效果，覆盖率可以达到50%。新建植的植物群落可以顺利通过越冬、越夏，能够经受冬季严寒与夏季暑热干旱的生态环境考验。对比客土喷播前、后的边坡可以看出，喷播后坡面被植草覆盖，植草长势良好，坡面平整，无剥落现象发生。说明客土喷播对黄土边坡防护效果良好。

三、土工格室技术在黄土边坡剥落处治中的试验研究

1.试验概述

土工格室(Geocell)是20世纪80年代开始在国际上出现的一种新型土工合成材料。它是由高密度聚乙烯宽带(PE,HDPE)经超声波焊接而成的具有三维蜂窝状格室结构的立体材料。与土工格栅、土工网等平面加筋材料相比，其最大的特点是具有立体结构、强度高、整体性能好。它伸缩自如，运输时可折叠，使用时张开并充填土石等材料，构成具有强大侧向限制和大刚度的结构体。此外，它还具有材质轻、耐磨损、化学性能稳定、耐光氧老化、耐酸碱等特性。在国外，它广泛被用于浅层地基处理、坡面防护和城市大型管道支撑等工程中。在国内，土工格室目前虽有应用，但范围较小，还处于探索阶段。

试验段位于黄陵至延安高速公路道南隧道北口的左侧边坡。该路段地处陕北黄土高原南部，地貌属典型的黄土台塬、黄土梁峁—沟壑区，海拔在800～1 500m之间。边坡顶部为Q_3黄土，坡脚为Q_2黄土，坡脚黄土强度较大。坡形为多台级折线形，综合坡率为1∶1。边坡单级坡高8～10m，单级坡率1∶0.3～1∶0.5。，2004年1月对该处边坡采用土工格室植被护坡方法进行了处治。

2.试验设计

(1)护坡形式

坡率缓于 1∶1.0 时，采用平铺式；坡率缓于 1∶0.5、陡于 1∶1.0 时，采用叠砌式。

(2)设计与施工

土工格室生态护坡设计共分 3 级，每级设计尺寸、参数相同，具体参数如下，施工设计断面图见图 2-48，图中仅为其中第二级护坡设计断面。

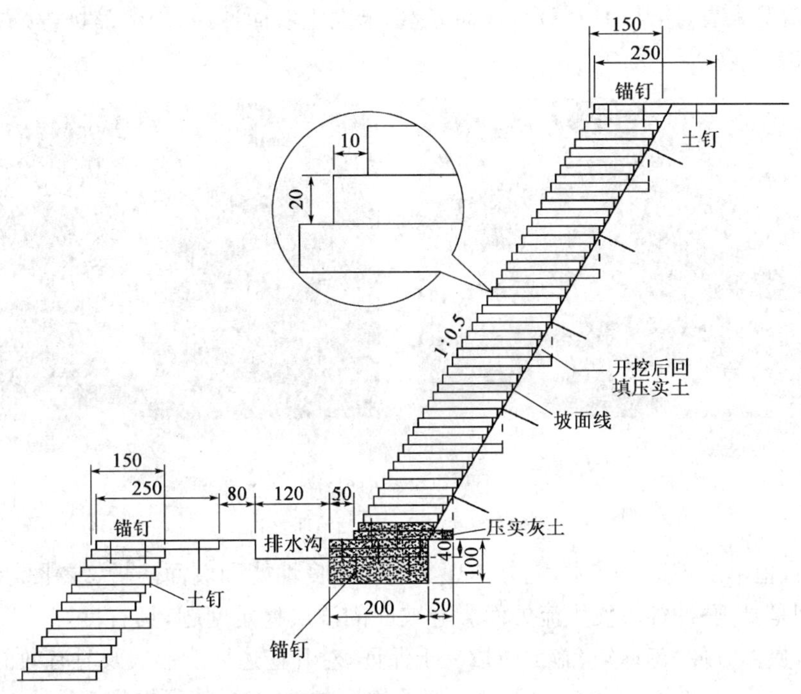

图 2-48 土工格室生态护坡设计图(尺寸单位：cm)

格室高 20cm，焊距 80cm，板材厚 1.2mm±0.1mm；焊缝处抗拉强度 10.6kN/m。低温脆化温度为 −60℃，维卡软化温度为 125℃。

护坡宽 150cm，格式中填土的压实度要求大于 90%。

土钉采用 ϕ12A3 钢筋，长 75cm，间距 200cm，垂直于坡面线布置，空间上交错分布。

锚钉长 50cm，横剖面间距 100cm，纵剖面间距 200cm，交错布置。

基础换填灰土深 100cm，宽 200cm，灰土配比为 3∶7(质量比)，换填灰土压实度大于 90%。

(3)土工格室生态护坡施工工序

基础开挖→回填 3∶7 灰土、夯实→在基础顶部铺设土工格室→回填 3∶7 灰土、夯实(共 4 层土工格室)→分层铺设土工格室→分层回填客土、夯实，并用锚钉将上下土工格式连接→(间隔 5 层土工格室后向边坡土中打入土钉→连接土工格室与土钉)→在土工格室施工完毕所形成的梯形平台内覆土(腐质肥料)→撒播草籽→前期养护。

(4)施工工艺及质量控制

①整坡。首先应将边坡按坡率要求削坡整平。

②铺土工格室。将土工格室自上而下拉开成网络状，横向要拉到设计宽度，首先固定上缘，然后固定其他三边。

③固定已拉开的格室。可采用土钉法或以伸张器框支护的方法固定。

④填土。用人工或装载机采用逐步推进法往格室内填充种植土(即熟土)，直到与格室顶面齐平。

⑤播种。按设计配比撒播草种，再在其上铺土 1～2cm，最后刮平拍实。

应用土工格室进行坡面防护施工时，还应注意以下几点：

①要对土工格室材料性能进行测试。

②土工格室铺设后，应及时覆土，避免阳光暴晒，一般间隔时间不宜超过 48h。

③应选择适宜的草籽并掺加适量的肥料在坡面播种，及时洒水养护，创造良好的植物生长环境。

3. 试验结果与分析

试验工程共对坡脚部位的一、二、三级边坡施行叠砌式土工格式防护，单级边坡的实际坡比为1∶0.3，坡高为8m。施工于2004年8月完成。

从近4年的观测来看，路基边坡稳定，坡面完整，未发生坡面冲蚀、局部溜坍等病害现象，取得了较好效果，见图2-49。

a)

b)

图2-49 黄延高速公路边坡叠置式土工格式

a)施工结束时；b)4年后治理效果

土工格室结合植草防护边坡技术，充分体现了它的优良性能和坡面防护、绿化效果，解决了坡面土颗粒在雨水(特别是暴雨)冲蚀下发生流失而影响坡面的浅层稳定问题，具有良好的环保效果。该种防护方法施工简单，操作方便，工期短，施工质量易于保证，对开挖边坡能形成及时有效的防护。工程价格低，仅为传统工艺造价的30%～40%，是一种较好的边坡防护方法，值得推广应用。

土工格室生态护坡还具有以下三个优点：

(1)能有效防止边坡各种剥落。

(2)能给植被提供更好的土壤环境。

(3)可以应用于非常陡的边坡，如坡率为1∶0.3的边坡。

四、穴种防护在黄土边坡剥落处治中的试验研究

1. 试验概况

穴种是黄土地区最初使用的一种植物方法，适用于坡率不大于1∶0.5，坡高小于8m的黄土边坡。当植物生长后产生的根系稳固边坡，达到边坡剥落治理的目的，适合于表层剥落病害的处治。

在黄延高速公路中选取K187+740(龚家源大桥)和K254+230(延武隧道南口)等两处试验段进行穴种防护试验。现分别对这些试验段的具体情况做简要概述。

K187+740(龚家源大桥)处边坡为3级坡，单级坡高6.0m，坡角为∠65°。该边坡为新老黄土组合型边坡，位于黄土峁区，上部为厚15余米的Q_3^{eol}马兰黄土，灰白色，稍湿、硬塑，结构稍密，粉质含量高，具有湿陷性。中下层为Q_2^{eol}离石黄土，棕黄色，坚硬。

K254+230(延武隧道南口)处边坡为3级坡，单级坡高6.0m，坡角为65°。该边坡为新老黄土组合型边坡，位于黄土梁区，上部为厚15余米的Q_3^{eol}马兰黄土，灰白色，稍湿、硬塑，结构稍密，粉质含量高，具有湿陷性。中下层为Q_2^{eol}离石黄土，棕黄色，坚硬，夹褐红色古土壤层和灰白色钙质结核层。一级坡面上有片状剥落发生，厚度约为3cm。

2. 试验设计

(1)草种的选择

根据试验区地貌和气候特征，试验选择耐旱、耐寒、耐盐碱、耐贫瘠、适应性强、耐久性长、根系发达、

固土能力强、枝叶繁茂、防护效果好的禾本科草种无芒雀麦，扁穗冰草，狗牙草和豆科红豆草，小冠花。

(2)容器草育苗

2004 年 6 月下旬开始进行容器草苗的培育工作，使用的容器为底径 5cm、口径 7.5cm、高 12cm 的一次性纸杯，将底部剪孔后使用，环保易操作。

营养土以菜园土、河沙和肥料按照 8∶1∶1 的比例配成，肥料以农家肥、磷酸二氢铵、微肥以 8∶1.5∶0.5配成，将菜园土、河沙、农家肥砸细过筛后与肥料按比例混合，然后边喷 3%硫酸亚铁溶液边翻土进行消毒，每 100kg 营养土喷 5kg 的硫酸亚铁溶液(3%)，翻匀堆积，拍实闷放，3d 后装杯。

杯中装的土距杯沿约 2cm 为宜，装好土后，摆放在预先整平的苗床上。苗床宽度以 1m 为宜，中间留 0.5m 宽的通道，以便于播种和管理。装好土，整理好苗床再洒透水，以备播种。

种子要求籽粒饱满、干净，以新种子为好，发芽率 80%以上。称取所需量的种子，用 0.5%的高锰酸钾水溶液浸泡 10min，进行灭菌消毒，再用清水浸泡洗去药液，倒出水，将扁穗冰草、无芒雀麦及狗牙草种子晾干后即可播种，小冠花和红豆草种子可用 35℃左右的温水进行浸泡催芽，1d 后发现胚芽露白即可播种。

播种完毕后，盖遮阳网，以利于洒水保墒、防止幼苗曝晒。勤洒水、防病虫、除杂草是播种后管理的关键。育苗 60d 后根系即可长满容器，这时要及时出圃栽植。

(3)容器草苗栽植

容器草苗栽植的施工过程主要包括：坡面搭架、栽植穴打点、钻穴、剥掉容器植苗等工程。栽植穴打点质量的优劣直接关系到容器草苗栽植的整齐度，先在坡面上按一定间距固定刻度纵线，再根据刻度纵线固定可移动的水平刻度线，水平刻度线上标的点即为栽植穴的位置。图 2-50 为穴种植草施工过程图。

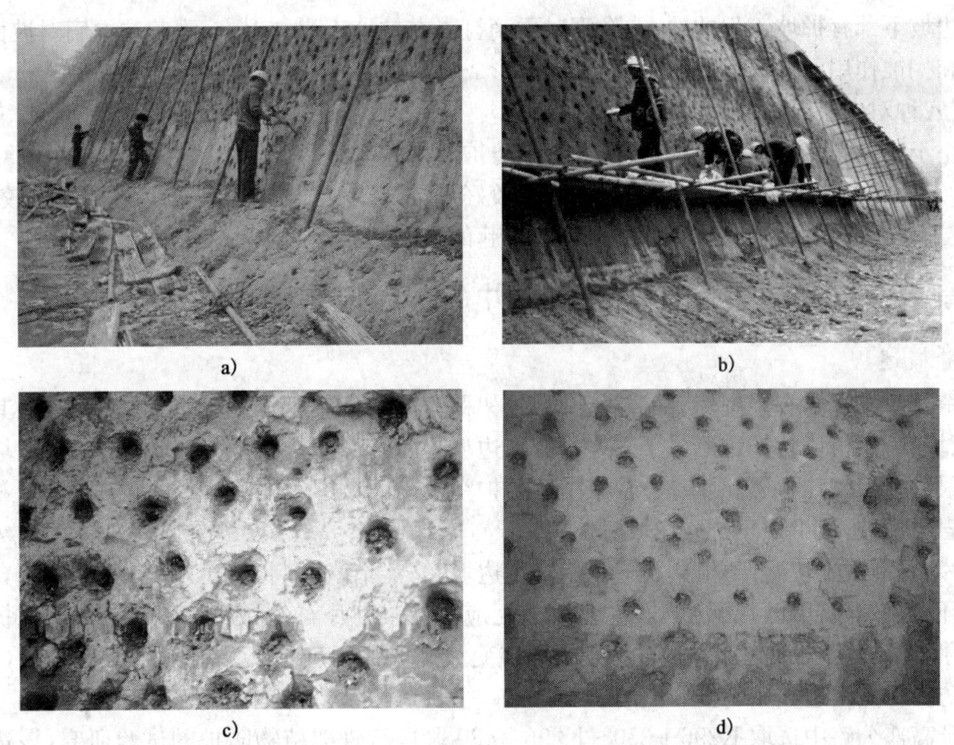

图 2-50　穴种植草施工过程

a)技术人员使用特制的钻具，沿坡面 45°钻孔；b)人工填埋肥料；c)往洞穴中放入固体肥料和种子，通过人工浇水，不久即长出新苗；d)播种 5d 之后种子开始发芽

在用电动钻穴器钻穴时，要求钻穴方向尽量与坡面保持 60°夹角，配合使用农用小铲剥去容器后进行植苗，穴内填实土壤，除去穴的上檐，做成微形集水坑，植一段苗，喷一段水，继而进入定植后的管护

阶段。

(4)管护

在坡面容器草苗栽植初期要勤喷水，是保证高成活率、高生长量的关键。2004 年 11 月底最后一次喷水，以确保所植的草苗安全越过第一个冬季。以后的管护工作主要是防止人畜破坏。

3. 试验结果分析

K187+740 边坡试验在 2004 年 7 月 2 日正式开工，7 月 28 日完工。K77+080～K77+260 试验段在 7 月 9 日开工，8 月 4 日完工。试验期间经历了 7 月 16 日(日降雨量为 400mm)特大暴雨的考验，穴种防护坡面基本上能保存完好，经过 3～6 个月的生长，草坪覆盖坡而达到 90%以上，草生长达 20～40cm，在 2006 年 8 月 27 日和 9 月 06 日分别去现场观测发现，防护效果良好，坡面基本保持稳定。有关坡草的生长情况见图 2-51 和图 2-52。

图 2-51 K187+740(龚家源大桥)穴种效果

图 2-52 K77+080～K77+260 处穴种效果

但是边坡下部有护坡工程的地方，降雨时雨滴打击在护坡工程的上方，溅起的雨滴对坡面黄土有一定的打击和掏蚀作用而形成反坡，在重力作用下形成剥落病害，穴种防护失去效果。

另外，穴种对中层或厚层剥落的防护效果较差。这是因为，在中层剥落或厚层剥落中，穴种形成的植物根系小于土体剥落破坏的强度，从而失去了防护效果。

综上，穴种防护技术对表层剥落的防护效果较好，而对于中层或厚层剥落的防护效果较差，对土质疏松、护坡工程上部的土体，对由于击溅侵蚀而引起的重力型剥落的防治失去效果。

五、骨架植物技术在黄土边坡剥落处治中的试验研究

1. 试验概述

骨架植物防护主要有浆砌片石(混凝土块)骨架植草防护和锚杆混凝土框架植草防护，其中浆砌片石(混凝土块)骨架植草防护适用缓于 1∶0.75 的边坡，而黄土地区路堑边坡特别是高陡边坡一般陡于 1∶0.75，限制了浆砌片石(混凝土块)骨架植草防护在黄土边坡中的推广使用。锚杆混凝土框架植草防护多用于岩质边坡，很少用于土质边坡防护。

浆砌片石(混凝土块)骨架植草防护既稳定了边坡，又能节省材料，造价较低，施工方便，造型美观，能与周围环境自然融合，已在高速公路边坡中广泛应用。浆砌片石(混凝土块)骨架植草防护适用缓于 1∶0.75 的边坡，而黄土地区路堑边坡特别是高陡变坡一般陡于 1∶0.75，限制了浆砌片石(混凝土块)骨架植草防护在黄土边坡中的推广使用。

在黄延高速公路中选取 K296+350～K296+480 段进行骨架植物防护的试验研究，该边坡为新老黄土组合型，顶部为 16m 左右的 Q_3^{eol} 马兰黄土，棕黄色，稍湿，硬塑，结构疏松，根孔，虫孔发育，具有湿陷性。下部为 Q_2^{2eol} 离石黄土，为该坡体的主体，厚 32m 左右，最下部为 Q_2^{1eol} 离石黄土，褐红色，土质较坚硬。边坡坡率为 1∶0.75。采用多边形混凝土预制空心块植物防护。

2. 试验设计

框格的骨架宽度采用 20～30cm，嵌入坡面深度为 15～20cm。框格做成拱形骨架的形式，拱圈的直

径宜为 2～3m。采用框格的边坡坡顶(0.5m)及坡脚(1.0m)应采用与骨架部分相同的材料镶边加固，加固条带的宽度宜为 40～50cm。框架内采用六棱块植草防护，六棱块外边长 25cm、内边长 20cm。

3. 试验结果与分析

骨架植物防护，在草还没有长成之前，网格稳固住了边坡，且在一定程度上阻止了雨水对土体的冲刷，网格里回填的种植土有利于植草的生长。植草长成后，草加网格的作用减弱了雨水冲刷，降低了边坡水土流失，同时也起到了边坡防护的作用，使得边坡防护更加合理，有利于防止水土流失。绿化和美化不仅达到综合防护效果，而且节约造价。

从近几年的观察来看，骨架植物防护在本试验段，效果明显，坡面稳定，并且极大地丰富了边坡景观效果(图 2-53)。

a)

b)

图 2-53 K296＋350～K296＋480 边坡格室防护效果图

a)施工结束 1 年后；b)施工结束 2 年后

六、其他试验观测段黄土边坡剥落处治效果分析

1. 全坡面污工技术处治黄土边坡剥落试验观测及效果分析

全坡面污工技术是指对坡面全面采用片石、混凝土、水泥进行防护。见图 2-54～图 2-56。

图 2-54 原太公路全坡面锚钉面板护坡

图 2-55 连霍(三门峡至灵宝)实体窗孔式护坡

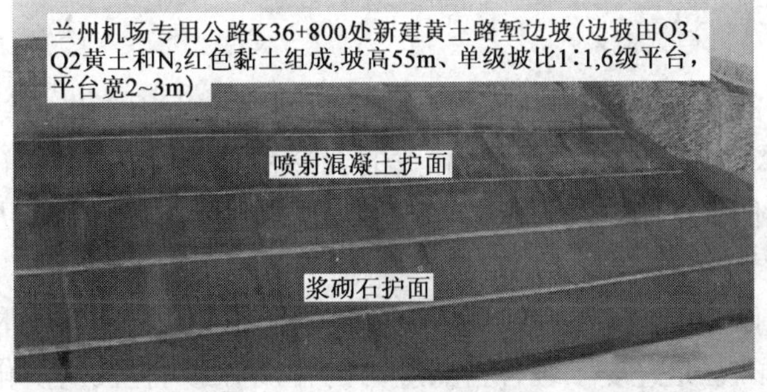

图 2-56 兰州机场专用公路 K36＋800 处新建黄土路堑边坡

这些护坡技术，虽然在防治边坡剥落病害方面产生良好效果，但是对环境影响较大，不利于生态恢复；同时，感官视觉效果不好，经济效果较差。因此，在剥落病害防治方案选择时，不宜推荐这些方案。

2. 宽台、低坡、平台植树处治黄土边坡剥落试验观测及效果分析

宽台、低坡、平台植树技术是赵之胜和倪万魁等专家发明，在禹阎公路小于40m黄土边坡上试验成功的一个技术。

该技术对30～40m高的黄土边坡应采用宽平台(3～5m)、低坡(坡高4～5m)、坡率1∶0.4～1∶0.5的设计坡形，在平台上进行植树，见图2-57。

图2-57　禹阎公路宽台、低坡、平台植树技术

由于台阶宽，单级坡低，有效地减小坡脚及坡面应力集中；坡率较大，有效减少坡面冲刷，从而降低边坡剥落病害的产生。同时平台植树，美化环境，给人以良好的视觉效果。从对禹阎公路宽台、低坡、平台植树技术近3年的观测看，边坡整体稳定，坡面无剥落现象，绿化效果良好。当中低边坡产生表层结皮剥落或风化剥落时，易采用这种防护技术。

3. 不用处理情况观测及效果分析

对于黄延公路K298+465～K298+526边坡，当黄土边坡土质坚硬均匀、节理裂隙不发育、坡面光滑完整时，对该边坡没有作任何防护。从边坡施工成型到现在约8年的时间内，边坡坡体、坡面皆保持稳定，无剥落病害的发生。但是从生态恢复和绿化美化的角度来看，改变坡面还不满足生态恢复的要求。建议采用客土喷播或土工格室等措施。

第五节　黄土边坡剥落病害处治技术

黄土边坡坡面土体的剥落与黄土自身特殊的物质成分及结构构造有关，又与黄土边坡所处的自然环境、边坡形式、排水设施等外界因素有关，是内因、外因及人为因素共同作用的结果。因为黄土自身的性质无法改变，所以对于黄土边坡剥落的处治而言，主要是通过坡形的设计优化、坡面的有效防护、排水设施的完善等外界因素进行的。黄土边坡剥落的处治，主要从边坡的设计、综合治理、完善排水系统等方面着手。

一、黄土边坡设计

边坡设计是一项复杂的系统工程，在施工设计中需要对多方面因素进行综合分析。对于黄土边坡的设计及稳定性分析，前人已做了大量的工作，相关的理论和方法较多。我国的公路、水利、铁路等部门对黄土边坡的设计也各自作出了明确的规定。但这些理论和设计方法主要是从边坡的稳定性以及边坡开挖的经济效益出发，而很少考虑坡面的稳定性。

黄土路堑高边坡优化设计，选择合理的坡形是一个主要的内容。合理坡形的标准应是自然稳定边坡坡形，因为自然边坡的形成，是经受了各种自然应力的作用和影响，长期演化形成的结果。根据野外调查发现，黄土区塬、梁及冲沟两侧的边坡大多数为2～3级的不规则形状，一般情况下是下部为稳定基

座，形成天然平台，而在半山腰有一风化剥蚀或崩塌形成的小平台，其位置一般为 Q_3 黄土底部或某一钙质结核层。长期以来，经过大量的工程实践，交通、水利工程中常见的边坡坡形有：直线形边坡、滑动形边坡、自然斜坡形边坡、平台形边坡和混合形边坡等五大类。

本文在前人边坡优化设计的基础上，查阅大量资料，考虑了坡面的不稳定因素，按照可靠性原理及优化的概念，对边坡的坡形、坡角和坡高等进行设计，得出黄土边坡最佳坡形设计结果(表 2-14)。

二、黄土边坡综合处治技术

针对黄土边坡剥落的处治技术，目前还没有统一的行业标准。一般情况，将已经发生剥落病害的处治称为治理，预防黄土边坡剥落病害的发生称为防护。方便期间，本报告将已发生剥落病害的治理工程和未发生剥落病害的防护工程统称为剥落病害的防治工程。为了强调绿化及生态保护，按照边坡防护的绿化情况，将适宜于黄土路堑高边坡坡面防治技术分为植物防治技术、工程防治技术和新型防治技术三大类。

1. 植物处治技术

黄土边坡剥落防治的植物措施，主要有人工种草及矮灌木、三维植被网、骨架植草等方案。

(1)人工种草

人工种草防护是黄土地区最初使用的一种植物防护方法，可分为沟种、穴种、撒种、铺草皮及植生带等方式。黄延公路采用了穴种的方式植草。它是在坡面上用特制的钻具，钻头直径为 5cm，挖掘出直径 5～8cm，深 10～15cm 的小洞穴。将固体肥料和种子放入，用土和沙掩埋。也可以根据情况在肥料里面添加高效保水剂。洞穴的分布密度为 12～28 个/m²。肥料可由草木灰、锯末、禽畜粪便、尿素、磷肥等经特殊的工艺制成，并与土壤按 7∶3 的比例拌和。该方法费时费工，浇水养护的时候很容易对坡面造成径流冲蚀破坏。

(2)人工种植灌木及矮乔木

在路堑边坡坡脚处或平台上栽植灌木或者矮乔木，对于加固边坡、减少剥落病害的发生、美化路容及隔音降噪均有良好的效果。种植乔木防护法在 210 国道和绛帐至法门寺二级公路的边坡上都有应用，树种为紫穗槐和火炬树。黄延公路道南隧道口边坡平台也采用了该技术(图 2-58、图 2-59)。试验证明，采用合适的坡形并结合植树防护可以取得令人满意的结果(图2-60、图 2-61)。

图 2-58　黄延公路道南隧道口平台小灌木

图 2-59　黄延公路道南隧道口平台低矮乔木

(3)三维网植草

三维网植草防护是在铺草皮护坡存在易遭受强降雨或常年坡面径流形成冲沟，引起边坡浅层失稳和滑塌等缺陷的基础上发展起来的。三维网植草固土是由多层塑料凸凹网和高强度平面网复合而成的立体网结构，面层外观凸凹不平，材质疏松柔软，留有 90%以上的空间可填充土壤及沙粒，将草籽及表层土壤护在立体网中。试验证明，在草皮形成之前，当坡面角为 45°时，三维植草网垫的固土阻滞率高达 97.5%，平面网则为 74%；当坡面角为 60°时，三维植草网垫的固土阻滞率高达 84%，平面网则为0%，失去了固土的作用；当坡面角为90°时，三维植草网垫仍可保留阻滞率为60%的土壤。由此可见，

黄延高速公路路堑高边坡坡形推荐设计方案表

表 2-14

线路范围	30m＜H≤40m		40m＜H≤50m		50m＜H≤60m		60m＜H≤70m	
	综合坡比	坡形	综合坡比	坡形	综合坡比	坡形	综合坡比	坡形
黄陵—富县	1∶0.67～1∶1.11	单坡高 10m，台宽 3～4m，坡比 1∶0.6～1∶0.0.75	1∶0.73～1∶1.19	单坡高 10m，台宽 3～5m，中部设 8～10m 宽台，坡比 1∶0.5～1∶0.6～1∶0.75	1∶0.75～1∶1.23	单坡高 8～10m，台宽 4～6m，中部设 10～12m 宽台，坡比 1∶0.5～1∶0.75	1∶0.78～1∶1.32	单坡高 8～10m，台宽 4～6m，中部设 10～12m 宽台，坡比 1∶0.6～1∶0.75
富县—延安市沟门	1∶0.70～1∶1.0	单坡高 10m，台宽 3～4m，坡比 1∶0.4～1∶0.5	1∶0.75～1∶1.05	单坡高 10m，台宽 4～6m，坡比 1∶0.5～1∶0.6～1∶0.75	1∶77～1∶1.17	单坡高 10m，台宽 4～6m，中部设 10～12m 宽台，坡比 1∶0.5～1∶0.6	1∶1.82～1∶1.25	单坡高 8～10m，台宽 4～6m，中部设 10～12m 宽台，坡比 1∶0.5～1∶0.75～1∶1
延安市沟门—延安市河庄坪	1∶0.75～1∶1.3	单坡高 8m，台宽 3.5～5m，坡比 1∶0.4～1∶0.5	1∶0.79～1∶1.15	单坡高 8m，台宽 3.5～5m，坡比 1∶0.5～1∶0.75	1∶1.84～1∶1.20	单坡高 8m，台宽 4～6m，中部设 10～15m 宽台，坡比 1∶0.5～1∶0.75～1∶1	1∶1.88～1∶13	单坡高 8m，台宽 4～6m，中部设 15～20m 宽台，坡比 1∶0.5～1∶0.75～1∶1
线路范围	70m＜H≤80m		80m＜H≤90m		90m＜H≤100m		H＞100m	
	综合坡比	坡形	综合坡比	坡形	综合坡比	坡形	综合坡比	坡形
黄陵—富县	1∶0.80～1∶1.137	单坡高 8m，台宽 3～5m，中部设 12～15m 宽台，坡比 1∶0.6～1∶0.75	1∶0.87～1∶1.143	单坡高 8m，台宽 3～5m，中部设 12～15m 宽台，坡比 1∶0.6～1∶0.75～1∶1	1∶0.90～1∶1.25	单坡高 8m，台宽 4～6m，中部设 12～15m 宽台，坡比 1∶0.75～1∶1	1∶1.2～1∶1.3	单坡高 8m，台宽 4～6m，中部设 10～15m 宽台。坡比 1∶0.75～1∶1
富县—延安市沟门	1∶0.85～1∶1.22	单坡高 10m，台宽 3～4m，坡比 1∶0.4～1∶0.5	1∶0.93～1∶1.37	单坡高 10m，台宽 4～6m，坡比 1∶0.5～1∶0.6～1∶0.75	1∶95～1∶1.20	单坡高 10m，台宽 4～6m，中部设 10～12m 宽台，坡比 1∶0.5～1∶0.6	1∶1.14～1∶1.25	单坡高 8～10m，台宽 4～6m，中部设 10～12m 宽台，坡比 1∶0.5～1∶0.75～1∶1
延安市沟门—延安市河庄坪	1∶0.92～1∶1.25	单坡高 8m，台宽 3.5～5m，坡比 1∶0.4～1∶0.5	1∶11～1∶1.41	单坡高 8m，台宽 3.5～5m，坡比 1∶0.5～1∶0.75	1∶1.15～1∶1.45	单坡高 8m，台宽 4～6m，中部设 10～15m 宽台，坡比 1∶0.5～1∶0.75～1∶1	1∶1.22～1∶50	单坡高 8m，台宽 4～6m，中部设 15～20m 宽台，坡比 1∶0.5～1∶0.75～1∶1

注：1. 大平台位置根据地质结构模型区别对待，一般每 30m 修一大平台；

2. 具有黄土、古土壤、钙质结核互层结构的坡体，单级坡比可取下限值。

采用三维网植草具有的固土效果，远远胜于平面网，是平面网的更新产品。同时，由于网垫表面凸凹不平，可使风及水流在网垫表层产生无数小涡流，起到缓冲能作用，从而可大大提高植草覆盖率，因此能起到防护边坡的目的。三维网植草防护已在绕城高速和铜黄高速得到应用，效果良好。

图 2-60 绛帐～法门寺公路路堑边坡植树防护

图 2-61 禹阎良公路路堑边坡植树防护

(4)骨架植草

骨架植草护坡是在坡面上浇筑混凝土框架或浆砌片石骨架，然后在骨架或框架内的坡面土体裸露部位采用人工种植或机械喷播的方式建植草皮或灌木。常见的骨架护坡主要有浆砌片石(混凝土块)骨架植草防护和锚杆混凝土框架植草防护。浆砌片石(混凝土块)骨架形式多样，主要有拱形骨架、菱形骨架、人字形骨架、六边形(圆形、鱼鳞形)混凝土空心块等。骨架植物护坡在铜川至黄陵高速公路娄子沟隧道入口边坡等多处地方都有应用。止雨水下渗，达到保护边坡病害的发生。

2. 工程处治技术

黄土边坡剥落防治的工程技术主要有浆砌片石护面墙、土钉墙或锚索支挡及圬工等形式。

(1)浆砌片石护面墙

浆砌片石护面墙是采用片石通过砂浆砌筑而成的防护形式，其优点是可就地取材、结构简单、施工方便。一般用于坡比 1∶0.5～1∶1 的坡面，单级高度不大于 10m，墙体顶宽 40～60cm。护面墙沿着边坡坡面修建，不能承受土侧压力。因此，要求边坡必须稳定，且边坡不宜陡于 1∶0.5。护面墙可分为实体式、窗孔式、拱式等类型，墙身可采用片石铺砌成方格或拱式边框。

从已建成护面墙工程可以看出，均起到了很好的防护作用。浆砌片石护面墙作为传统的坡面防治形式，得到了广泛的使用。护面墙在黄延公路有广泛应用(图 2-62)。

图 2-62 黄延公路边坡护面墙施工中

(2)土钉墙或锚索支挡

在桥头与边坡连接地带，受桥台的限制，桥头的路堑边坡无法放缓。为使桥台处的陡边坡稳定，采用土钉墙防护(图 2-63)或者锚索支挡防护(图 2-64)。这种类型的防护主要是通过土钉或者锚索插入边坡一定深度，混凝土面层或者框架与边坡土体相互作用，形成一个补强共同体，达到桥头边坡防护的目的。

图 2-63 黄延公路 K178+460 边坡锚索防护

图 2-64 绛法公路 K1+616 跨线桥土钉墙护坡

(3)圬工防护

陕北黄土区主要的圬工方式为混凝土喷浆或者锚杆挂网混凝土喷浆。混凝土喷浆或者锚杆挂网混凝土喷浆技术施工简便、造价较低、对边坡稳定性效果较好。

3.新型剥落处治技术

(1)土工织物技术

土工织物,由于具有质量轻,整体连续性好,施工方便,抗拉强度较高,耐腐蚀性和抗微生物侵蚀性好等特点,尤其是与植被相结合进行边坡防护,更加体现了其优越性。

在黄土区常见的土工织物有:平铺式土工格室、叠置式土工格室、绿化防护板等几种。这几种类型护坡由于其结构形式不同,适用的边坡条件不同。较缓边坡(坡比缓于 1∶1)采用平铺式土工格室护坡,较陡边坡(坡比陡于 1∶1 而缓于 1∶0.3)采用叠置式土工格室或绿化防护板护坡。

绿化防护板护坡由叠砌式土工格室护坡发展而来。叠砌式土工格室护坡适用于任何层位的黄土陡边坡。而绿化防护板护坡一般用于强度较高的 Q_2、Q_1 黄土陡边坡。Q_2、Q_1 黄土一般出现于黄土隧道出入口高边坡的坡脚部位。绿化防护板护坡较叠砌式土工格室护坡更经济,造价仅为叠砌式土工格室护坡的 1/4。

平铺式、叠砌式土工格室护坡的每级坡高不应高于 10m。绿化防护板护坡的每级坡高不应高于 4m。赵之胜等在黄延公路道南隧道口边坡开展了土工织物试验路研究,从近三年的观测来看,防护效果较佳。

(2)液压喷播植草植树

液压喷播植草护坡,是国外近十多年新开发的一项边坡植物防护措施,是将草籽、肥料、黏着剂、纸浆、土壤改良剂、色素等按一定比例在混合箱内配水搅匀,通过机械加压喷射到边坡坡面而完成植草施工。其特点是:①施工简单、速度快;②施工质量高,草籽喷播均匀发芽快、整齐一致;③防护效果好,正常情况下,喷播一个月后坡面植物覆盖率可达 70%以上,两个月后形成防护、绿化功能;④适用性广,工程造价低。目前,国内液压喷播植草护坡在公路、铁路、城市建设等部门边坡防护与绿化工程中使用较多。

陕西省高速公路集团公司从 1999 年 9 月开始,在铜黄公路选择典型边坡开展液压喷播植草技术的试验。试验结果证明:在坡比不大于 1∶0.3 的黄土高原土质边坡上采用液压喷播植草技术护坡,达到护坡和绿化的目的是可行的。在合适的季节施工,喷播后一般三个月左右,植物覆盖度基可达 50%以上,坡面基本不出现沟蚀和面蚀,起到良好的绿化和护坡效果,见图 2-65。

(3)厚层基材喷播技术

厚层基材喷播法是利用特制的机械将植物种子、肥料、土壤、保水材料等混合物加水后高压喷射到岩质坡面上。喷射层黏结硬化后,在岩面上形成具有一定抗冲刷能力的硬化层。该硬化层又具有连续空隙,可作为植物根系的生长空间。

厚层基材喷播技术是一种较为先进的方法。不但比传统植草方法更省时省力,其防护能力更佳。

因此不但普遍应用于高速公路边坡，而且在水利工程堤坝、市区街道、大型广场、机场等大面积绿地建植中也有广泛应用。陕西建设单位选定阎良至禹门口高速公路 K173～K178 的路堑边坡作为厚层基材喷播的试验段，到目前为止，试验区域的草皮长势良好，在几次暴雨中也经受了考验(图 2-66)。

图 2-65 铜黄公路 K96 段高边坡液压喷播效果图

图 2-66 西禹高速公路 K173 段厚层基材喷播植草防护

(4)“营养麦草泥＋网锚植草”技术

“营养麦草泥＋网锚植草”技术是将麦草秸秆、种植土、植物种子、有机肥和无机肥、水按照一定的配合比搅拌均匀，通过人工涂覆在边坡坡面，形成类似于自然土壤且能储存水分和养分的适宜于植物生长基层，在外层按照一定间距采用“T”螺旋钢进行挂网(具体介绍见第四节)。“营养麦草泥＋网锚植草”技术可以一劳永逸地解决黄土边坡剥落病害防护与绿化问题。其主要特点如下：

①保墒作用。麦草秸秆具有良好而稳定的蓄水保墒功能，可起到改良土壤、节水抗旱、抗虫增产的作用。“营养麦草泥＋网锚植草”技术，就是利用麦草秸秆的这一特性，保持生物生长的湿度，解决了黄土边坡坡面容易失去水分、植物不易成活的缺点。

②保温作用。在种植土中混入麦草秸秆后，具有一定的聚热作用，且覆盖后阻止了水分蒸发，减少了潜热消耗，保持坡面温度有一定作用，在低温年份，采用麦草泥更有利于获取热量，促进出苗。

③绿化作用。草籽在有机肥、无机肥的催生作用下，加上麦草泥的保温、保墒，很容易生长，同时，麦草秸秆可改善土壤，有利于植物生长，达到绿化坡面的效果。

④固坡作用。麦草秸秆韧性较好，在种植土也起到了加筋作用，达到固坡目的。

⑤环保作用。“营养麦草泥＋网锚植草”技术将麦草秸秆变废为宝，避免烧秸秆造成的污染。

三、黄土路堑边坡剥落病害处治方案优化

在确定具体的黄土边坡剥落处治方案时，要根据边坡所处的位置、土质、水文、决策者的喜好等，综合考虑，选出最优方案。

在边坡剥落处治方案优化决策中，通常存在两方面的问题，一是存在多个评价因素和多个方案，二是有的评价因素具有模糊性，因此很难用经典的数学模型加以统一度量。虽然层次分析方法是一个解决多目标决策问题的有效工具，并成功地应用于很多实际决策领域，但是这种方法是利用 1，2，…9 这几个简单整数，在决策问题中通过形成一个互为倒数的判断矩阵来建立数学模型，这个判断矩阵使用了一个非常不平衡的评判尺度，比如 1/9，1/8，…1/3，1，2，…8，9。这就使判断矩阵中的非对角线上元素有一半在 2～9 的范围内，另一半在 1/9～1/2 的范围内，这显然是不合理的，没有很好地反映人们对一个数的理解能力的不确定性。决策者的主观判断、偏好和对问题理解能力等因素对评价结果有很大的影响，具有模糊性。为了克服这一问题，本课题提出了基于熵权的路堑高边坡防护多目标优选方法，对防护方案进行比较和选择，以便得到合理结果。

熵是物质系统状态的一个函数，它表示系统的紊乱程度，是系统的无序状态的量度。经过对评估矩阵计算得出的作为权数的熵权，并不是在决策或评估问题中某指标的实际意义上的重要性系数，而是在给定被评价方案集后各种评价指标值确定的情况下，指标在竞争意义上的相对激烈程度系数。下面以

熵权决策原理进行分析。

熵权决策法是在没有专家权重的情况下，根据被评价对象的指标值构成的判断矩阵来确定指标权重的一种方法。

(1)熵

当熵 $H(p_1,p_2,\cdots,p_n)$满足如下三个合理且相容的要求时，熵只有唯一的形式。

若

$$H(p_1,p_2,\cdots,p_n)\leqslant H\left|\frac{1}{n},\frac{1}{n},\cdots,\frac{1}{n}\right| \tag{2-29}$$

$$H(p_1,p_2,\cdots,p_n)=H(p_1,p_2,\cdots,p_n,0) \tag{2-30}$$

$$H(A\cdot B)=H(A)+H(B/A) \tag{2-31}$$

则熵可以表示为：

$$H(p_1,p_2,\cdots,p_n)=-\sum_{i=1}^{n}[p_i\log_2(p_i)] \tag{2-32}$$

式中：p_i——相应的概率。

设 $\boldsymbol{A}$ 为非模糊判断矩阵：

$$\boldsymbol{A}=\begin{vmatrix} a_{11} & a_{12} & \cdots & a_{1n} \\ a_{21} & a_{22} & \cdots & a_{2n} \\ \vdots & \vdots & \ddots & \vdots \\ a_{n1} & a_{n2} & \cdots & a_{nn} \end{vmatrix} \tag{2-33}$$

令 $S_k=\sum_{j=1}^{n}a_{kj}(k=1,2,\cdots,n)$为第 k 行元素之和，$f_{kj}=\frac{a_{kj}}{S_k}$可以近似代替第 k 种结果中第 j 个元素出现的概率，故 n 种结果的熵分别为：

$$H_1=-\sum_{j=1}^{n}f_{1j}\log_2 f_{1j} \tag{2-34}$$

$$H_2=-\sum_{j=1}^{n}f_{2j}\log_2 f_{2j} \tag{2-35}$$

$$H_n=-\sum_{j=1}^{n}f_{nj}\log_2 f_{nj} \tag{2-36}$$

(2)熵权

在有 m 个评价指标，n 个评价对象的评估问题中，其非模糊评价矩阵 $\boldsymbol{A}'$为：

$$\boldsymbol{A}'=\begin{vmatrix} a'_{11} & a'_{12} & \cdots & a'_{1n} \\ a'_{21} & a'_{22} & \cdots & a'_{2n} \\ \cdots & \cdots & \ddots & \cdots \\ a'_{m1} & a'_{m2} & \cdots & a'_{mn} \end{vmatrix} \tag{2-37}$$

令

$$a_{ij}=\frac{a'_{ij}-\min\limits_{j}a'_{ij}}{\max\limits_{j}a'_{ij}-\min\limits_{j}a'_{ij}} \tag{2-38}$$

则标准化 $\boldsymbol{A}'$矩阵后的矩阵 $\boldsymbol{A}$ 为：

$$\boldsymbol{A}=(a_{ij})_{m\times n} \tag{2-39}$$

式中：$a_{ij}\in[0,1]$。

由此，在有 m 个评价指标，n 个评价对象定义熵：

$$H_i=-k\sum_{j=1}^{n}f_{ij}\ln f_{ij}\quad(i=1,2,\cdots,m)\tag{2-40}$$

式中：$f_{ij}=\dfrac{a_{ij}}{\sum\limits_{j=1}^{n}a_{ij}}$，$k=\dfrac{1}{\ln n}$。

为使 $\ln f_{ij}$ 有意义，一般假定：当 $f_{ij}=0$ 时，$f_{ij}\ln f_{ij}=0$。

定义熵权：

$$\omega_i=\frac{1-H_i}{m-\sum\limits_{i=1}^{m}H_i}\tag{2-41}$$

$$W=(\omega_i)_{m\times1}\tag{2-42}$$

由上述定义以及熵函数的性质可以得知熵权有如下性质：

①各被评价对象在指标 i 上的值完全相同时，熵值达到最大值 1，熵权为零。这也意味着该指标未提供任何有用的信息，该指标可以考虑被取消。

②当各被评价对象在指标 i 上的值相差较大，熵值较小，熵权较大时，说明该指标包含了较多信息。同时说明在该问题中，各对象在该指标上有明显差异，应重点考察。

③指标的熵越大，其熵权越小，该指标越不重要，而且满足 $0\leqslant\omega_i\leqslant1$ 和 $\sum\limits_{i=1}^{m}\omega_i=1$。

④熵权并非反映指标在实际意义上的重要性，而是在评估中的相对重要性，它反映的是当给定被评价对象集后，各种评价指标值确定情况下，各指标在竞争意义上的相对激烈程度。

⑤从信息角度考虑，它代表该指标在该问题中，提供有用信息量的多寡程度。

⑥熵权的大小与被评价对象有直接关系。

(3)熵权系统评价过程

①确定被评估的方案有 n 个，每个评估方案的评价指标有 m 个。

②对非模糊评价矩阵 $A'=(a'_{ij})_{m\times n}$ 标准化，得到 $A=(a_{ij})_{m\times n}$。

即：

$$a_{ij}=\frac{a'_{ij}-\min\limits_{j}a'_{ij}}{\max\limits_{j}a'_{ij}-\min\limits_{j}a'_{ij}}\tag{2-43}$$

③计算各指标的熵 H_i。

④计算属性矩阵 $\boldsymbol{B}$：

$$\boldsymbol{B}=\begin{vmatrix}b_{11}&\cdots&b_{1n}\\\cdots&\ddots&\cdots\\b_{m1}&\cdots&b_{mn}\end{vmatrix}=\begin{vmatrix}H_1a_{11}&\cdots&H_1a_{1n}\\\cdots&\ddots&\cdots\\H_ma_{m1}&\cdots&H_ma_{mn}\end{vmatrix}\tag{2-44}$$

⑤求理想点：

$$\boldsymbol{P}^*=(p_1^*,p_2^*,\cdots,p_m^*)^T\tag{2-45}$$

式中：$p_i^*=\max\limits_{j}\{b_{ij}\mid j=1,2,\cdots,n;i=1,2,\cdots,m\}$。

⑥计算距离：

$$d_j^*=\sqrt{\sum_{i=1}^{m}(b_{ij}-p_i^*)^2}\quad(j=1,2,\cdots,n)\tag{2-46}$$

⑦计算贴近度：

$$T_i = 1 - \frac{\sum_{i=1}^{m} b_{ij} p_i^*}{\sum_{i=1}^{m} |p_i^*|^2} \tag{2-47}$$

根据 T_i 值即可对各方案进行排序，优先考虑低值者；如果 T_i 相等，则比较 d_j^* 值，优先考虑低值者。

四、黄土边坡排水技术

路堑边坡发生剥落的一个重要原因，就是边坡排水设施不齐全，排水系统的细节设计不完善。因此，认真做好路堑边坡排水系统的设计是保证边坡安全稳定的前提。路堑边坡的排水和防护，应视土质、周围环境、气候、水文条件等情况，做好排水和防护措施。其原则是以治水为本，综合防护，对水采用疏、截、排等综合措施。路堑边坡排水系统的常规设施包括截水沟、急流槽、边沟和PVC管等。同时，在防护工程中考虑了边坡坡面排水。

1. 边坡截水沟(图 2-67)

路堑边坡截水沟按所处位置可分为坡顶截水沟和平台截水沟两种，按照形状可分为梯形截水沟和矩形截水沟两种形式。当自然边坡较缓时，宜采用梯形截水沟；当山体陡峭时，宜采用矩形截水沟。确定断面形式时，须进行水文计算和水力计算。

a)

b)

图 2-67　边坡截水沟排水

a)黄延公路路堑边坡排水系统；b)玉元高速公路路堑边坡排水系统

坡顶截水沟主要排泄坡顶上方的水。黄延公路路堑边坡坡顶较缓或者较平，宜采用梯形截水沟。当路堑坡顶塬面地势较缓时，应在路堑坡顶设置等腰梯形土埝，根据黄延公路所处位置的实际情况，确定土埝的设置要素。一般情况下，土埝内坡脚距坡顶 1m，土埝顶宽 1.2m，高 0.4m，压实度要求 90%以上。若路堑边坡坡顶塬面向坡面倾斜，且宽度较大(大于 10m)，应在坡顶设 0.4m×0.4m 浆砌片石梯形截水沟，截水沟内缘距坡顶一般为 1.5m，沟底铺设防水土工布。如果坡顶塬面汇水面积较大，截水沟截面可适当增大。

平台截水沟主要是排走坡面及平台上的水，平台应内倾，倾角 2%～4%。平台截水沟的汇水面积为平台截水沟两侧的平台与边坡的水平投影。根据数十条黄土地区公路边坡调查和近年高速公路排水设计经验与教训，黄土高边坡平台上的截水沟衬砌下面应设 10～20cm 灰土或设一层防水土工布，以保证其安全可靠。

由于黄土的独特水理特性，边坡截水沟必须具备防渗功能，一般采用浆砌片石修筑，浆砌厚 20～30cm，断面尺寸根据流量计算确定。浆砌片石顶端不得高于地表面(一般略低)，以利于地表径流进入截水沟，并防止入渗。在衬砌片石之前，应对土体疏散部位拍实或者夯实，压实度要求 90%以上，以免造成底部脱空、衬砌破裂、雨水入侵的隐患。在开挖时应尽量避免对天然黄土结构的破坏。天然黄土的结构是经过长期内外力作用下形成的，具有一定的稳定性，黄土被扰动后，其力学性质、水理性质有明显变化，对排水构造物的稳定性产生不利影响。

边坡截水沟出水口的布置一般应避免沟内水流排入边沟，尽量利用地形，将沟中的水流排入沟所在山坡一侧的自然河、沟中，或直接引到桥涵的进水口处。当与其他排水设施连接时，应平顺衔接，必要时设跌水或急流槽。

排水沟端部（特别是出水口）处理不当或者无特殊处理，而任其冲刷出水口周围的区域，特别是高差大、水量大时，在很短的时间内将形成冲沟。当黄土湿陷塌落后，甚至出水口连自身也难保。因此，设计时应考虑设置跌水、急流槽、水簸箕等，以降低高差、减小水能，尽可能减少冲刷。

2. 边坡急流槽

黄土高边坡平台上的水应以急流槽的形式排至附近冲沟或路基边沟；当向自然冲沟中排放时，应将水远排，保证对边坡不会造成危害。急流槽采用浆砌片石或预制混凝土块衬砌；当急流槽纵坡坡率陡于1∶1.5时，应采用金属管，管径大于20cm。因为急流槽坡度大，修筑在天然黄土上的急流槽易滑脱、破损。因此在设计时应注意下部底座的稳定，或者在急流槽底每隔2～3m设凸榫起抗滑作用。急流槽不易太长，必要时可设多级消能，底部设置消力池以减轻水流冲刷（图2-68）。

a)

b)

图2-68 黄延公路道南隧道口边坡急流槽

a)急流槽凸榫；b)急流槽下部消力池

为了减少边坡坡脚边沟的排水压力，应尽可能地避免将边坡上的水排到边沟中，最好通过急流槽排到边坡两侧的天然沟谷或者公路桥涵处。

3. 边坡坡脚边沟

边坡坡脚边沟兼有排边坡和路面水流的作用。一般边沟断面形式为梯形、矩形和三角形三种。梯形断面能满足较大的流量，但占用面积较多。黄延公路几乎布设在狭窄的沟道，横向宽度有限，因此，更适合选用矩形和三角形。三角形断面在靠路面的一侧坡度应尽量放缓，当行车进入边沟范围时，较缓的坡度保证了行车安全。黄延公路的三角形断面较缓的一侧边坡坡率一般为1∶4。但三角形断面泄水能力比较小。当设计径流比较大时，可考虑矩形断面，为了保证行车安全，可以在矩形断面上加盖板以延长路面的横向宽度。但矩形加盖板形式边沟易被泥沙淤塞，因为路堑边坡碎落的散土常滚入边沟，或被雨水冲至边沟。故设计时应在坡脚留碎落台，宽度应大于50cm，黄延公路预留的碎落台宽200cm。养护中要经常检查清除碎落的散土。

4. 边坡仰斜排水孔排水

仰斜排水孔排水作为一种经济的坡体内部地下排水方法，近些年在国内外的滑坡及高边坡治理工程中得到了广泛应用。据报道，仅在美国加利福尼亚州，从1940～1980年采用了30万m的仰斜排水孔；在日本地附山一处滑坡治理中，仰斜排水孔总计达到8 400m。而我省铜黄一级公路在十余处滑坡及高边坡段，使用的仰斜排水孔累计长度约12 000m，如图2-69、图2-70所示。

仰斜排水孔的设计应在全面掌握地下水水量大小、补给来源、运移规律以及岩土赋水性质基础上进行。由于坡体内地下水分布及运移的复杂性，设计中仍有一些参数凭经验确定，尚不能进行准确定量计算。一般使用中仰斜排水孔的深度以 30～50m 为宜，过长时钻孔方向不易控制，且孔内易产生塌孔或堵塞，影响使用效果。

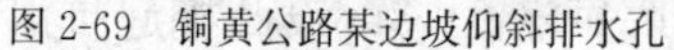

图 2-69 铜黄公路某边坡仰斜排水孔

图 2-70 修建中的黄延公路某边坡仰斜排水孔

5.骨架护坡排水

骨架护坡往往与植物和干砌片石相结合，即窗孔内种植草和乔木，或用干砌片石填塞，为了防止大量雨水进入孔窗，造成坡面破坏，在骨架处设计成凹槽，排走大量雨水，如图 2-71、图2-72所示。

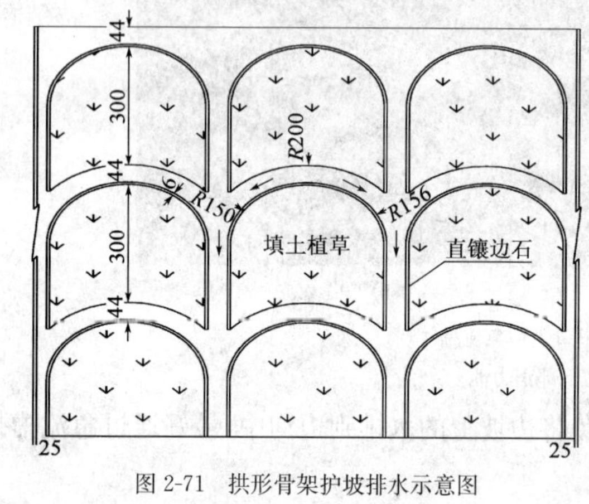

图 2-71 拱形骨架护坡排水示意图
（尺寸单位：cm）

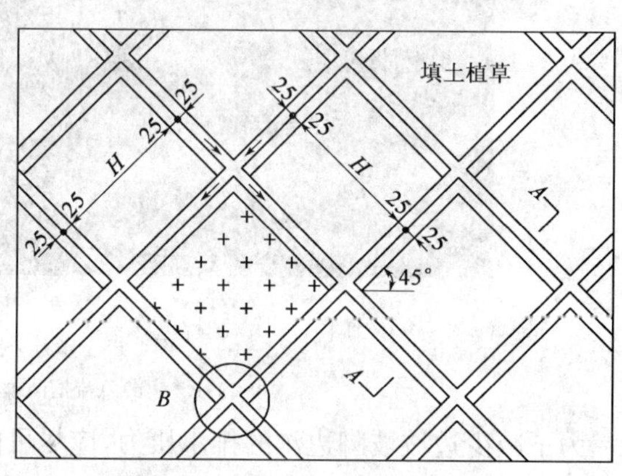

图 2-72 菱形骨架护坡排水示意图
（尺寸单位：cm）

第六节 小 结

以上研究表明：

(1)黄土剥落按剥落形态可分为片状剥落、层状剥落、碎块状剥落、鱼鳞状剥落和混合型剥落；按剥落层厚度可分为表层结皮剥落、中层层状剥落和厚层滑塌状剥落；按剥落成因可分为重力型剥落、冲刷型剥落、冻融型剥落、扰动型剥落、坡脚应力集中导致剥落、构造型剥落、风化型剥落和生物型剥落。

(2)由黄土边坡剥落的分布规律可知：剥落面和极限边坡坡率一致；剥落病害在阳坡发生几率大于阴坡；剥落病害常常比较集中；剥落发生有明显的地域性；剥落病害发生与黄土粒度、易溶盐、坡形、黄土土性等相关。

(3)影响黄土边坡剥落的因素有：内因——黄土的结构和构造、易溶盐含量、黏粒含量；外因——外界气温的变化、冻融循环的作用、降雨的作用、阴阳坡的影响；人为因素——边坡设计过陡、施工的影响、排水设施不够完善、边坡植被被破坏及后期养护不及时等。

(4)黄土边坡剥落发育程度的预测、预报建立在各种影响因素的基础上。其中对黄土边坡剥落病害形成影响较大且较易获得的指标包括黄土的成因时代、地形地貌特征、坡形坡度及黏粒含量等，它们是黄土边坡剥落病害发育程度预测评价的基础。

(5)根据边坡开挖坡体内应力调整和位移变化的过程，考虑黄土土体中垂直节理的影响，探索边坡开挖导致的应力和位移的变化规律，确定边坡开挖对黄土边坡的影响区范围，利用楔体理论分析了开挖边坡坡体内的应力与变形规律，提出了开挖影响剥落产生范围的方法。在此基础上，探讨开挖影响范围与黄土坡面剥落的关系，揭示出开挖导致剥落病害的机理。

(6)采用数值模拟，揭示了开挖卸荷作用下，黄土边坡剥落破坏时节理裂隙启动、发展和破坏过程。同时从模拟中也发现，黄土土体中节理的扩展并不是沿着某一个整齐平滑的断裂面进行的，由于土体介质的非均匀性，各基元的强度必然也不一致，因此裂纹的开裂扩展形迹较为分散、曲折，而且伴有随机的裂纹分叉现象发生，这一现象反映了实际土体中各种缺陷的随机分布，也与现场调查边坡剥落面粗糙状态相吻合。

(7)运用弹性力学和冲击动力学理论对黄土边坡坡面冲击破碎过程进行了力学行为分析，建立了冲击破碎过程的力学模型，阐述了压实核形成、破坏机理，分析了边坡表层体内部应力波的产生，传播及在交界面或拐角的反射、折射效应与会聚破坏作用。建立了冲击破碎过程和边坡剥落病害形成的关系，探讨冲击导致剥落的机理。

(8)冻融作用通过改变黄土的强度来影响边坡剥落，黄土边坡在冻融过程中不可避免地出现冻胀和融沉，从而影响边坡稳定性。

(9)提出了“营养麦草泥＋网锚植草”处治黄土边坡剥落的技术及其施工控制方法。该技术具有保墒作用、保温作用、绿化作用、固坡作用和环保作用等特点。

(10)黄土边坡剥落的处治，可通过坡形的优化设计，坡面剥落的治理和防护及排水设施的完善三方面同时进行来确保处治效果。

(11)适宜于黄土边坡坡面剥落处治技术分为植物技术、工程技术和新型技术三大类。植物防护技术主要有种草和矮灌木、三维植被网、骨架植草防护等方案；坡面工程防护技术主要有浆砌片石护面墙、土钉墙或锚索支挡防护及圬工防护等形式；新型坡面防护技术有“营养麦草泥＋网锚植草”技术、土工格室、客土喷播植草及厚层基材喷播技术等。

第三章

黄土沟壑区湿软地基处理技术

如前所述，黄陵至延安高速公路是我省高等级公路进入黄土山区里程最长的工程项目，位于陕北黄土高原南部，经过黄土塬、梁、峁等全部黄土地貌，又要翻越乔山、崂山、凤凰山等分水岭，其地形更加破碎，工程地质条件复杂多样，特别是要经过长距离的沟壑湿软地段，如何确保路基的稳定性，是处治湿软地基的关键。

第一节 黄土沟壑区湿软地基的工程地质特性及其参数

一、湿软地基的地质结构特征、分布与成因

湿软土体的工程性质取决于软土的成因和成分，也取决于地层的构造。因此研究湿软土体的工程性质时，必须注意其成因类型及构造。

根据勘察报告及笔者对各试验段的补充勘察发现：湿软路基表层局部覆盖 0～1m 耕植土，大部分分布在地表；其下部湿软土层厚度约为 0.5～7.5m，最厚达 10 余米，局部夹有圆砾薄层。下伏古黄土、第三系黏土岩或砂岩。主要物理力学指标特征值（取各数值的平均值）：天然重度 19.5kN/m^3，干重度 15.2kN/m^3，土粒相对密度 2.71，天然孔隙比 0.777，天然含水率为 21.2%～25.2%，饱和度为 63%～74%，液限含水率 33.4%，塑性指数 14.1，液性指数0.63，压缩系数 0.43MPa^{-1}，压缩模量 4.17MPa，有机质含量 2.4%，容许承载力 80～100kPa。湿陷性很小甚至没有，呈现出与一般湿陷性黄土不相同的工程性质。

与一般山区软土的分布特征相似，黄土沟壑区的湿软土体在分布上总的特点是分布面积不大，厚度变化悬殊，严格受地形地貌以及气象条件等沉积环境的控制。雨水较少时，沟内湿软土体范围较小。主要分布于地表排水不畅，地表以下存在隔水层的河谷、沟谷两侧及其出口处，大型冲沟底部，洪积扇、坡积裙、河曲内侧，河漫滩低阶地、洼地、古河道，以及坝体淤积处等地带。湿软黄土在成因类型上以冲积洪积为主。主要成因是由于河谷、沟谷等原地表排水不畅，下伏透水性差的古黄土或黏土岩，地下水位较高，土层受到浸泡；或者在该环境新近沉积的黄土，由于环境的静水条件而形成天然的湿软土体。

根据上述地质结构特征、分布以及成因类型的描述，本项目对黄土沟壑区湿软地基定义如下：黄土沟壑区湿软地基是指分布在地表排水条件较差，地下水位较高的黄土沟谷、河谷中的冲淤积黄土；岩性为灰黄色粉质黏土，具层理；含水率大于 22%，饱和度大于 60%，呈软塑—流塑状态，具高压缩性，湿陷性轻微或基本消失。

二、黄延公路湿软地基的物理力学性质

为详细深入地研究黄土沟壑区湿软地基土体的工程性质，结合黄延公路工程的实践，在公路沿线选取重点观测试验段、一般观测试验段、调查评价试验段三类 28 处共 8 600m 典型路段进行研究。

1. 湿软地基的颗粒级配

黄延公路湿软土样的不均匀系数 C_u 的变化范围为 7.9～17.39，平均值为 13.11；曲率系数 C_c 的变

化范围为 1.40～3.04，平均值为 2.20，各土样级配均为良好。

2. 湿软地基常用物理力学性质指标及其特性

黄延公路湿软黄土可分为四类：①-1A 亚黏土 Q_4^{2al+pl}、①-3 亚黏土 Q_4^{2al+pl}、②亚黏土 Q_4^{1al+pl}、老黄土 Q_2^{eol}。对上述湿软黄土的性质进行归纳和分析如下：

(1)沟壑区湿软黄土成因以冲积和洪积为主。沟壑区湿软黄土既包括新黄土，也包括老黄土。新近在沟壑环境静水条件下沉积而成的为天然结构的湿软黄土，在干燥条件下沉积的新黄土或老黄土后期受到地下水等的浸泡也会形成湿软黄土。

(2)沟壑区湿软黄土一般不具湿陷性。①-1A 亚黏土 Q_4^{2al+pl}、①-3 亚黏土 Q_4^{2al+pl}、老黄土 Q_2^{eol} 的湿陷系数 $\delta_{s0.2}$ 分别为 0.0028、0.0012、0.001。自重湿陷系数均为 0。说明与一般黄土相比，湿软黄土突出工程性质不再是以湿陷性为主。

(3)沟壑区湿软黄土的天然含水率较大。四类湿软黄土天然含水率统计平均值均大于 22%，有些土样的含水率甚至高达 64.7%，这与《中国黄土的湿陷性》一书中湿陷性黄土的天然含水率一般为 7%～23% 统计结果有明显差异。

(4)黄延公路沟壑区湿软黄土的天然密度平均值变化范围在 1.71～1.97g/cm³ 之间，土粒相对密度平均值变化范围为 2.69～2.72。

(5)黄延公路沟壑区湿软黄土的天然孔隙比平均值变化范围为 0.62～0.87，饱和度平均值变化范围为 88%～99%，属于饱和土。

(6)黄延公路沟壑区湿软黄土的液限、塑限含水率平均值变化范围分别为：37.7%～42.4%、18.9%～21.1%，液性指数及塑性指数平均值变化范围分别在 18.4～21.3、0.23～0.78之间。土名可定为黏土，土的天然物理状态处于可塑至软塑状态。

(7)黄延公路沟壑区湿软黄土的压缩系数 $a_{1\sim2}$ 和压缩模量 E_s 平均值的变化范围分别在 0.18～0.35MPa^{-1}、6.1～12MPa 之间。

(8)黄延公路沟壑区湿软黄土的黏聚力和内摩擦角平均值的变化范围分别在 14～53kPa、13.65°～24.7°之间。

3. 黄土沟壑区湿软地基土性指标关系

湿软土体的物理力学性质指标之间存在一定的相互关系。根据试验数据，可得出黄土沟壑区湿软土体物理力学性质指标间关系的散点图。为清楚反映出数据之间的关系变化趋势，在下列各图中均列出数据之间的回归方程。

(1)孔隙比与其他土性指标之间的相互关系

黏性土的孔隙比是影响土物理力学性质的一个重要参数，而孔隙比易受土的应力状态及颗粒大小、形状、矿物成分等因素的影响。图 3-1a)为黄土沟壑区湿软土体孔隙比与含水率关系的散点图，可以看出，二者之间呈明显线性关系。饱和度的变化不大，故黄土沟壑区湿软土体一般近似为饱和。图 3-1b)为孔隙比与液性指数关系的散点图。可以看出，二者呈明显线性关系，而塑限和液限的变化主要由土质变化引起，说明黄土沟壑区湿软土体的土性差别较小，故测试值之间的线性规律较明显。图 3-1c)表示沟壑区湿软黄土孔隙比与压缩模量之间的关系散点图。二者呈明显负相关。说明孔隙比越大，压缩模量越小。图 3-1d)表示沟壑区湿软黄土孔隙比与塑性指数之间的关系散点图。各数据点分布较为均匀，难以看出具体走向。事实上，初始孔隙比往往与天然沉积黏性土的塑性指数有密切的相关关系。一般地，对于天然沉积的软黏土，塑性指数越大，则初始孔隙比也越大。

(2)塑性指数与其他土性指标之间的相互关系

如果用塑性指数来描述黏性土的性质，在某种程度上往往也同时考虑了初始孔隙比的影响。图 3-2a)、图 3-2b)分别表示湿软黄土塑性指数与含水率、压缩模量关系的散点图，二者关系与孔隙比与含水率、压缩模量关系的散点图分布规律较为一致。已有研究表明湿陷性黄土的土粒相对密度与塑性指数之间存在一定统计关系。图 3-2c)为黄土沟壑区湿软土体塑性指数与土粒相对密度关系的散点图，可以看出黄土土粒相对密度大多较为集中在2.69、2.7、2.71、2.72几个数据上。图3-2d)为塑性指数与土体内聚力关系的散点图，二者为负相关关系，即随着塑性指数增大，内聚力减小。

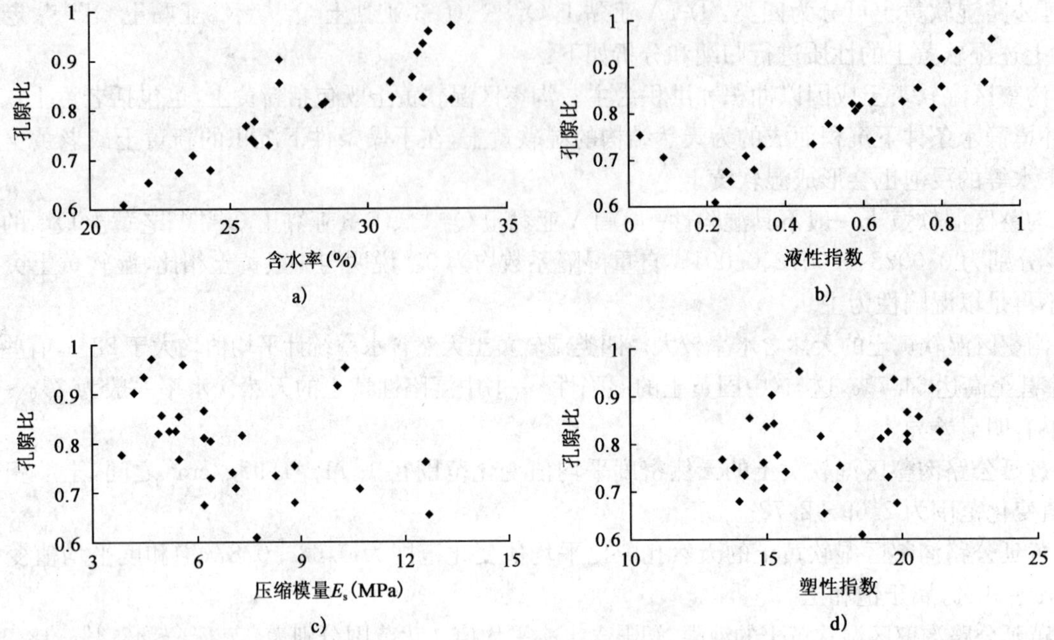

图3-1　孔隙比与其他土性指标之间的相互关系

a)孔隙比与含水率的关系散点图；b)孔隙比与液性指数的关系散点图；c)孔隙比与压缩模量关系散点图；d)孔隙比与塑性指数关系散点图

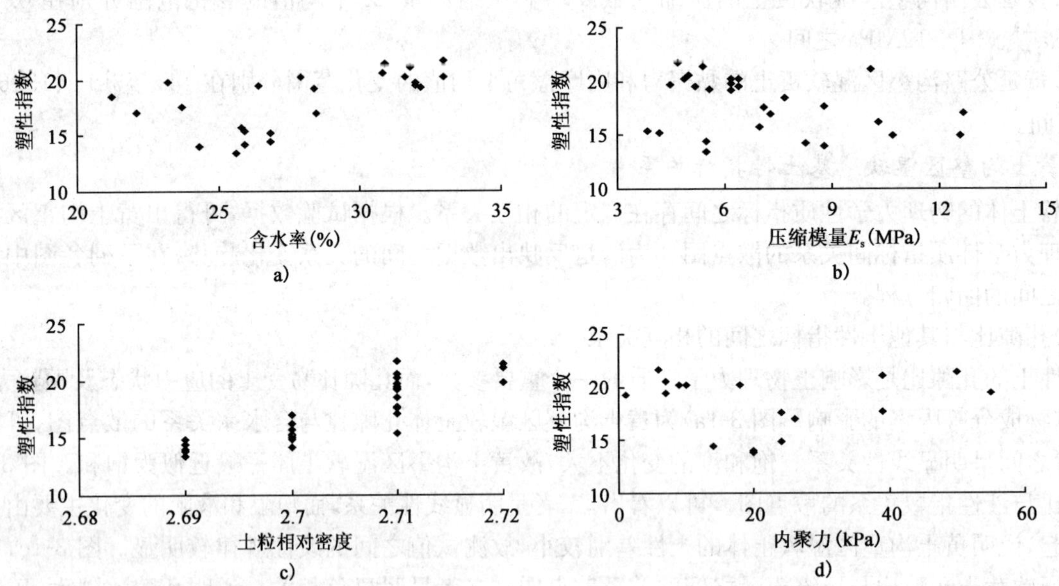

图3-2　塑性指数与其他土性指标之间的相互关系

a)塑性指数与含水量关系散点图；b)塑性指数与压缩模量关系散点图；c)塑性指数与土粒相对密度关系散点图；d)塑性指数与内聚力关系散点图

(3)含水率与其他土性指标之间的相互关系

图3-3a)为黄土沟壑区湿软土体含水率与压缩模量关系的散点图。可以看出，随含水率增大，压缩模量减小，结果还表明，黄土沟壑区湿软土体压缩模量较小，大部分集中在3～9MPa。图3-3b)、图3-3c)分别为含水率与土体抗剪强度指标内聚力c和内摩擦角φ关系的散点图，可以看出二者均有随含水率增大而减小的趋势。

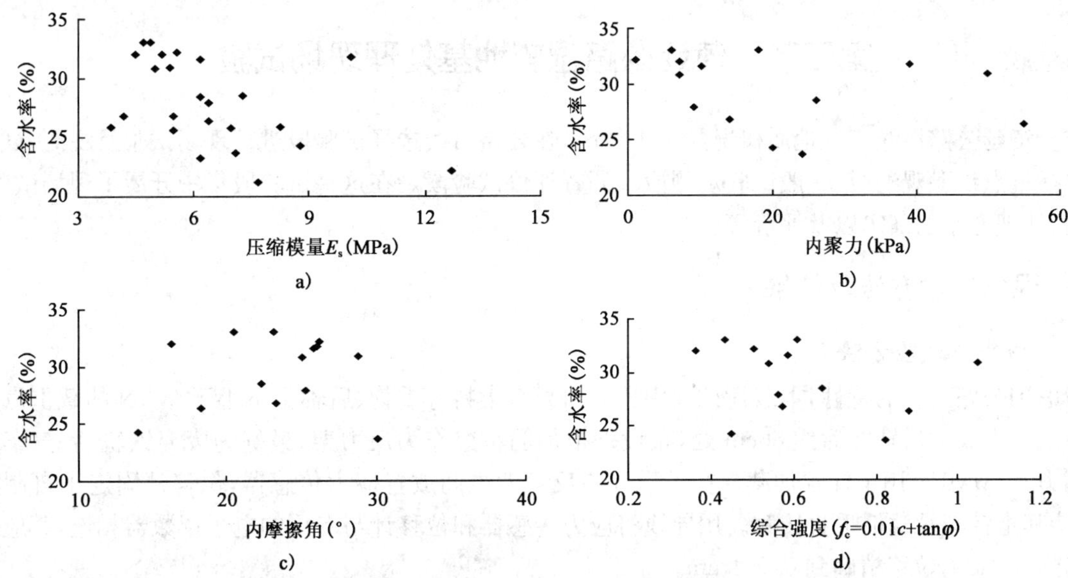

图 3-3 含水率与其他土性指标之间的相互关系

a)含水率与压缩模量关系散点图;b)含水率与内聚力关系散点图;c)含水率与内摩擦角关系散点图;d)含水率与综合强度关系散点图

(4)压缩模量与其他土的物理性质指标的关系

土体的压缩模量是直接反映土体强度性质的指标之一。许多行业都以土体的压缩模量来推求土体的承载力,因此了解各个物理性质参数对压缩模量的影响对了解土体的强度很有必要。

图 3-4 分别为黄土沟壑区湿软土体压缩模量与干重度、液性指数以及饱和度关系的散点图。随土体干重度增加,压缩模量增大。因为干重度一定程度上反映土体结构的密实度,土体密实程度越好,表示强度越高,相应压缩模量也越大。液性指数与压缩模量二者关系为负相关。土体压缩模量随液性指数增大而减小。液性指数可以用来判别黏性土的物理状态,土体状态随着液性指数增大而从坚硬逐渐表现为硬塑、可塑、软塑、流塑状态,土体相应的承载性能也逐渐降低,故压缩模量也随之减小。在图 3-4c)中,饱和度分布较为集中。这是由于黄土沟壑区湿软土体基本处于饱和状态,故饱和度变化较小,压缩模量随饱和度增加而减小。

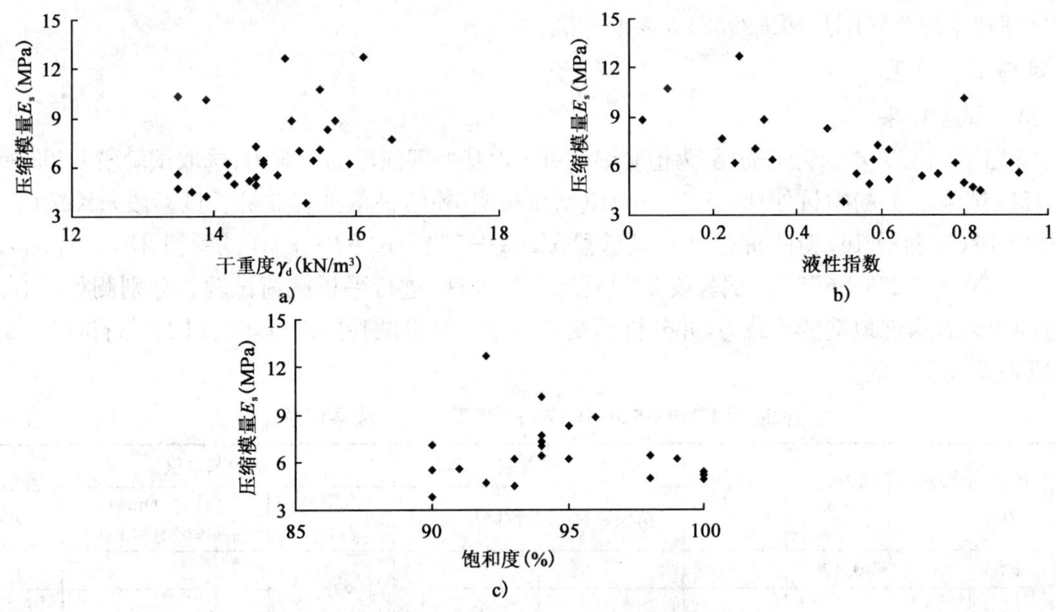

图 3-4 压缩模量与其他土性指标的关系

a)压缩模量与干重度关系散点图;b)压缩模量与液性指数关系散点图;c)压缩模量与饱和度关系散点图

第二节　黄延公路湿软地基处理现场试验

结合黄延公路沿线工程地质概况与施工情况，在公路沿线选择试验段进行现场试验及观测，试验段类型包括重点试验观测段、一般试验观测段及调查评价试验段。在这些试验段集中开展了现场试验、沉降观测、处理方案的确定以及评价等。

一、现场试验方法及结果

1.现场载荷试验方法

考虑到公路工程的特性，本载荷试验中反力由载有集料等重物、后轴重不小于60kN的载重汽车提供。在汽车大梁的后轴之后约80cm处，布设一根加筋小梁作为反力架(最好为废弃铁轨)。汽车轮胎充气压力0.50MPa，用千斤顶加载。在千斤顶与反力架之间放置应力传感器，位移计固定于自制钢架上，保持其指针与承载板垂直接触。用导线将应力传感器和位移计与专用的电子读数器相连，其应力读数精确到0.1kN，位移精确到0.001mm。

承载板采用刚性圆形承载板。单桩载荷试验承载板尺寸与桩体平均直径相同；复合地基载荷试验承载板尺寸与单桩等效影响圆直径相同(可由复合地基面积置换率计算确定)；对桩间土及天然地基等各类土体，为分析不同压板尺寸对地基承载力的影响，分别选用直径为30cm、50cm及100cm的承载板进行试验。

桩头以及承载板的处理，要求开挖至设计基底高程后，把桩头凿平，铺设1～2cm厚干燥洁净的细砂，然后放置承载板并找平，注意承载板形心与桩顶形心重合。对桩间土以及天然地基，仔细平整土基表面，然后撒细砂平整土基凹处，砂子不可覆盖全部土基表层，避免形成一层，然后放置承载板并找平。

试验过程中，按规程或参照有关标准对加载分级的规定，分8次加载，加载至设计荷载的两倍以上或土体破坏。对每级荷载，开始加载后按时间间隔10min、10mim、10min、15min、15min进行加载，以后间隔30min观测一次沉降。沉降稳定标准除砾石桩单桩及碎石桩单桩复合地基为每小时沉降增量小于或等于0.25mm外，其余各类载荷试验(包括粉喷桩单桩及粉喷桩单桩复合地基、天然地基以及桩间土等各类土体)均为每小时沉降增量小于或等于0.1mm。

各组试验均采用慢速维持荷载法。载荷试验具体步骤及实施方法，成果曲线及荷载的判定均以《建筑地基处理技术规范》(JGJ 79—2002)为参照标准。

2.现场试验结果

(1)载荷试验结果

结合施工进度以及本研究的需要，为检验湿软黄土地基处理前后的承载力，选取试验段K263＋665～K263＋750(试验段4，粉喷桩处理)、K279＋040斜桥桥头(粉喷桩单桩有效桩长试验段)、K279＋520～K279＋585段(试验段16，粉喷桩处理)、试验段K262＋510～K262＋730(试验段13，沉管砾石桩处理)、K263＋300～K263＋665段(试验段3，沉管砾石桩处理)进行平板载荷试验。分别测得复合地基、单桩、桩间土以及天然地基的承载力，并分析其变形特性。每组试验段进行2组以上平行试验。部分载荷试验成果见表3-1、表3-2。

试验段K279＋520～K279＋585载荷试验成果汇总　　表3-1

试验类型	桩径(cm)	桩长(m)	压板面积(m^2)	置换率(%)	试验终止时荷载与沉降		承载力基本值		变形模量(MPa)
					荷载(kN)	沉降量(mm)	取用值(kPa)	沉降量(mm) s/b=0.01～0.02	
单桩	50	5～7	0.196	—	—	—	129	—	—
	50	5～7	0.196	—	—	—		—	—
	50	5～7	0.196	—	—	—		—	—
	50	5～7	0.196	—	—	—		—	—

续上表

试验类型	桩径(cm)	桩长(m)	压板面积(m^2)	置换率(%)	试验终止时荷载与沉降		承载力基本值		变形模量(MPa)
					荷载(kN)	沉降量(mm)	取用值(kPa)	沉降量(mm) s/b=0.01～0.02	
复合地基	50	5～7	0.785	24	106	9.661	140	10	—
	50	5～7	0.785	24	120	5.779	190	10	—
	50	5～7	0.785	24	180	13.477	190	10	—
桩间土	—	—	0.071	—	16	2.695	84.9	6	—
	—	—	0.196	—	36	4.792	91.7	10	—
天然地基	—	—	0.071	—	16	7.889	56.6	6	—
	—	—	0.196	—	36	26.449	68.8	10	—
		—	—	0.785	—	120	76.89	76.4	20

试验段 K279+040 斜桥桥头载荷试验成果汇总 表 3-2

试验类型	桩径(cm)	桩长(m)	压板面积(m^2)	置换率(%)	试验终止时荷载与沉降		承载力基本值		变形模量(MPa)
					荷载(kN)	沉降量(mm)	取用值(kPa)	沉降量(mm) s/b=0.01	
单桩	50	3.4	0.196	—	130	9.466	87.5	5	—
	50	5.1	0.196	—	120	6.307	102	5	—
	50	7.3	0.196	—	130	6.088	114	5	—

(2)其他现场试验结果

笔者收集到沉管砾石桩桩身重(II)动力触探试验锤击数为 9～11 击，加固前后桩间土以及填筑施工平台地表的标准贯入试验结果见表 3-3。粉喷桩桩身轻便触探试验结果见表 3-4。

桩间土和原地表标准贯入试验结果 表 3-3

原地表(施工平台地表)标贯击数				桩间土标贯击数	
孔号	孔深(m)	标贯击数	备注	孔深(m)	标贯击数
1	2.34～2.7	2	3m 深处流塑。地层清孔 4 次，孔内沉渣超标，无法下沉标贯仪	2.2～2.5	7
	3	—		—	—
2	2.1～2.4	3	—	2.4～2.7	6
	2.8～3.1	2		3.0～3.3	7
3	2.1	0	2.1m 深处下入标贯仪后自动滑入软土中 0.5m，无锤击数	2.2～2.5	7
	—	—		3.1～3.4	7
4	2.0～2.3	2	—	—	—
	2.85～3.2	3		—	—
5	4～4.3	2	—	—	—

粉喷桩桩身轻便触探试验结果　　表 3-4

试桩 1			试桩 2		
测点编号	锤击数	换算的容许承载力(kPa)	测点编号	锤击数	换算的容许承载力(kPa)
18-1	29	212	17-1	57	436
18-4	28	204	17-2	105	820
17-7	112	876	17-3	57	436
17-9	45	340	16-4	44	332
16-11	105	820	16-5	60	460
16-12	35	260	16-6	113	884
16-14	103	804	15-7	46	348
16-15	32	236	15-8	72	556
15-17	79	612	15-9	80	620
15-18	40	300	15-10	50	380

二、试验段沉降观测结果及分析

在各现场试验段湿软地基处理结束填土至设计高程后，进行沉降观测。通过观测数据及有关沉降曲线可以看出，在施工期内路基沉降已基本趋于稳定，施工期内最大沉降 135mm，表明湿软地基经处理后沉降得到有效控制。

根据沉降曲线采用双曲线法进行路基最终沉降量的预测。绘制各断面路基 $s-t$ 曲线。为消除观测资料可能产生的偶然误差，通常取位移—时间曲线后段的观测资料。表 3-5 为按双曲线法推求的最终的沉降量结果及相关参数。表中拟合的离差平方和相关系数 R^2 大多数为 0.9 以上，接近于 1，说明上述拟合结果较为合理。

现场沉降数据推求最终沉降量　　表 3-5

编号	观测断面	α	S_{∞}(mm)	R^2	竣工时沉降与最终沉降比值(%)
1	K236+210	9.054 1	59.6	0.997 4	92.28
2	K236+330	11.381	41.7	0.995 5	91.13
3	K250+560	4.898	11.6	0.997 4	94.83
4	K250+680	32.492	20.5	0.918 0	73.17
5	K280+000	65.417	58.1	0.815 4	39.57
6	K204+685	12.391	88.3	0.972 2	82.64
7	K204+940	1.508 8	45.2	0.997 0	97.40
8	K239+200	7.036 9	54.5	0.992 4	55.05
9	K239+320	12.423	31.9	0.996 1	87.77
10	K244+900	25.057	52.7	0.932 0	79.70

对比竣工时沉降与推求的最终沉降，竣工时路基沉降均超过最终沉降量 50%以上，说明施工结束时路基就已完成大部分沉降，黄土地基的固结速度较快。这一点不同于沿海软土。

三、综合分析

从上述试验段的现场试验以及观测成果发现，黄延公路湿软地基的力学特性得到有效改善，满足设计要求。通过后期沉降观测，处理后路基沉降很快趋于稳定，施工结束时就已完成大部分沉降。说明各处理方案充分考虑到了黄土沟壑区湿软地基的特性以及工程的具体要求，考虑到公路工程的特点，进行载荷试验时可选用车载反力装置进行。能满足大多数工程的精度要求。确定承载力时如载荷试验曲线无明显拐点，可按相对变形量确定承载力。对天然地基、桩间土，碎石桩桩体以及复合地基，取相对变形量为0.02对应的荷载为承载力基本值；对粉喷桩桩体以及复合地基，取相对变形量为0.01所对应的荷载为承载力基本值。

通过现场载荷试验，粉喷桩复合地基对黄土沟壑区湿软地基具有较好的加固效果，注意到复合地基承载力试验值均远大于设计值，故可考虑适当增大桩间距以节约造价。黄土沟壑区摩擦型粉喷桩的适合桩长为 $7.3\text{m}<L\leqslant12.5\text{m}$。

黄土沟壑区湿软地基为饱和黄土，采用沉管砾石桩加固能起到一定改善，加固机理主要为排水和置换。通过现场载荷试验，处理后满足设计要求。施工中须采取有效措施密实桩端强度，还应尽量避免对天然地基的扰动，制桩结束应有一定修止期等。常用处理参数为：平均桩径40cm，桩间距1.2m，桩顶铺筑50cm左右砂砾褥垫层。经处理后复合地基承载力能达到160kPa以上，变形模量达到5.5MPa以上。

第三节 黄土沟壑区湿软地基变形规律及沉降计算

软弱地基不但应关心稳定(强度)问题，而且也要关心沉降(变形)问题。当路堤发生过大沉降时，不仅增加填方量，而且使桥台、涵洞或挡墙等发生变形。铺筑路面如果继续产生较大沉降，不仅降低路面的平整度从而影响行车，而且将导致排水不畅，路面破坏。尤其是连接桥梁、涵洞等构造物的引道路堤发生的不均匀沉降，常给行车带来明显的障碍，使运行期的车速下降，增大养护工作量和维修费用。因此，必须对软土地基沉降进行控制。地基沉降包括不同时刻沉降及最终沉降。

一、黄土沟壑区湿软地基的变形特性及沉降计算方法

1.黄土沟壑区湿软地基的沉降规律及变形特性

沟壑区湿软黄土的工程性质不同于一般的湿陷性黄土，也不同于我国沿海或内陆分布的一般软土。因此，分析湿软性黄土变形特性时，必须同时考虑黄土、软黏土及其自身特性。与一般湿陷性黄土相比，沟壑区湿软黄土湿陷性基本消失；与一般软土相比，由于黄土本身的天然结构特征，沟壑区湿软黄土的固结速度要快得多。因此，在进行该类土的沉降规律和变形特性探讨时，应从其本身结构特性出发。

湿软黄土的工程性质随土的天然含水率、饱和度及所受压力大小变化而变化。天然状态下，湿软黄土具有天然含水率高，饱和度大，软黏土的强度低、压缩性大，触变性等特性。与一般软土相似，湿软黄土的变形过程一般由瞬时沉降、固结沉降及次固结沉降三部分组成。只是次固结沉降所占比例要远远小于一般软土。湿软黄土后期因为地基处理等原因，含水率减小，饱和度降低，湿软性大大降低，此时呈现的突出工程性质为湿陷性，故此时变形过程还应考虑湿陷变形。因此，湿软性黄土的变形过程与土的天然含水率、饱和度及所受压力大小有密切关系。同其他土体一样，湿软黄土变形的各个部分也不是截然分开的，而是相伴发生，互有消长。

土体的固结变形过程主要与土的渗透系数有关，由于影响黄土渗透性的因素很多，不同土样的渗透系数有很大的差异。新黄土中有垂直管状孔隙，所以黄土的渗透性具有明显的各向异性的性质，垂直向渗透性远比水平向渗透性强，常变动在 $10^{-5}\sim10^{-4}\text{cm/s}$ 之间。浸水饱和的黄土由于天然结构已经破坏，则两个方向的渗透性逐渐接近。与此同时黄土的初始含水率对渗透性有一定的影响，如图3-5所示，初始含水率愈大，K_{10} 值愈小，当初始含水率达到某一定数值时，K_{10} 值便趋于稳定。因此，黄土的渗透试验应同工程的实际情况一致。

路基沉降由路堤本身压缩变形和地基沉降两部分组成，如图3-6所示。路基顶面中心处沉降 $S(t)$

可用下式表示：

$$S(t)=S_0(t)+S_1(t) \tag{3-1}$$

式中：$S_0(t)$——路堤本身压缩变形；

$S_1(t)$——不同类型地基在上部荷载作用下的沉降总量。

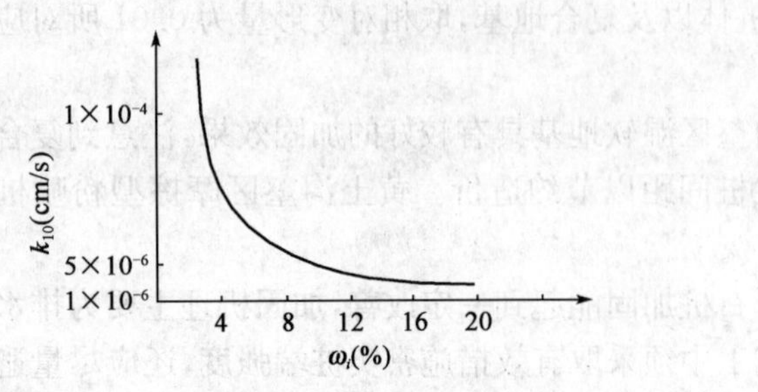

图 3-5 渗透系数同初始含水率的关系

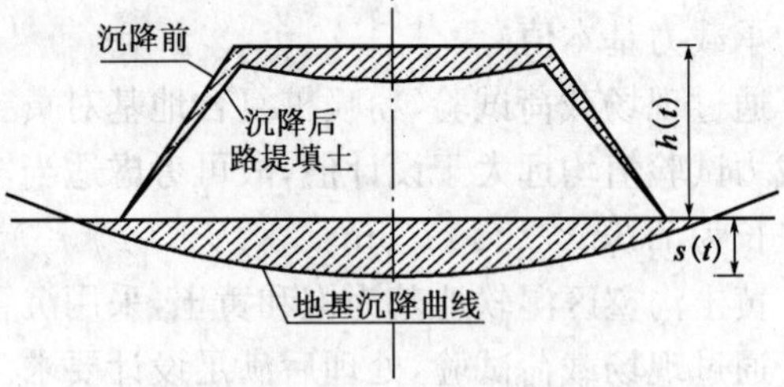

沉降前
沉降后
路堤填土
$h(t)$
$s(t)$
地基沉降曲线

图 3-6 路基沉降变形示意图

其中路堤本身的变形 $S_0(t)$ 指路面铺筑完成后，由于填土自重，路面结构层自重及车辆荷载等引起的路堤竖向变形量。这部分变形与地基沉降量比较一般很小，但对于路堤填土较高，路基施工中压实质量较差的情况以及填料水稳定性差的情况，则不能忽略不计。而在黄土地区，由于黄土性质受水的影响极大，采用黄土填筑路堤时必须考虑路堤本身的压缩变形。

2. 地基沉降计算和预测方法综述

国内外关于软土路基沉降的计算方法很多，现有的软土路基沉降计算方法可划分为数值分析法和理论公式法两类。其中，数值分析法可以较全面地考虑土体变形特性及其边界条件，理论上较严密。但这种方法比较复杂，工作量大，计算参数的选取较为困难，目前主要应用于理论研究和重大工程，且有待于完善。工程中通常采用理论公式法，这类方法具有简便、直观，计算参数少且易取得等优点。如分层总和法、应力路径法等。

由于路基实际土层很复杂，因此利用沉降实测数据来推算后期沉降具有重要意义。根据实测资料来推测最终沉降量，目前归纳起来，主要有经验公式法、灰色系统法、遗传算法和神经网络法等。各种方法有着不同的优越性与局限性。

二、基于神经网络范例推理方法的沉降预测

鉴于沟壑区湿软黄土路基变形特性多变而复杂，在选择沉降计算方法以及相应方法的参数时，都要考虑很多因素。如此不仅增加了计算的难度，并且由于考虑因素太多，反而可能降低计算精度。因此，笔者提出可以考虑各影响因素不确定性的智能方法——基于神经网络的范例推理方法进行沉降分析和预测。

1. 基于神经网络范例推理的黄土沟壑区湿软地基沉降预测模型

黄延公路地处陕北黄土高原，针对黄土沟壑区湿软地基进行分析和沉降预测，现有文献中鲜有类似资料。鉴于此，选择关中冲积平原区的相关资料进行。关中平原也分布着大量湿软黄土，工程性质与黄土沟壑区的湿软黄土有相似之处。选择 21 个断面作为黄土沟壑区湿软地基沉降预测的源范例：$C=(C_1,C_2,\cdots,C_{21})$，在黄延公路试验段中选取 7 个断面作为目标范例：$C_0=(C_{01},C_{02},\cdots,C_{07})$。各沉降范例的属性值主要考虑：湿软黄土层厚 H、湿软黄土压缩模量 E_s、路堤填土高度 h、路堤顶面宽度 B、施工工期 T、竣工时沉降 S_t 共 6 个因素。据此建立的沉降预测模型见表 3-6，其目标范例沉降的最终沉降量为根据现场沉降观测曲线推求得来。

2. 基于加权聚类方法的范例相似度计算

将表 3-6 中数据归一化，并将各指标转化为效益性指标，根据软基工程经验，软基最终沉降与各参数之间的关系可表示成：

$$s = f\left(H, \frac{1}{E_s}, h, B, \frac{1}{T}, S_t\right) \tag{3-2}$$

湿软黄土地基沉降预测模型 表 3-6

源范例 C	目标范例 C_0	湿软黄土厚度 (m)	软土压缩模量 (MPa)	路堤顶面宽度 (m)	路堤高度 (m)	施工工期 (月)	竣工时沉降量 (mm)	最终沉降量 (mm)	与 C_0 最相似的原范例
C_1	—	3.2	3.8	28	5.79	3	17	23	C_{02}
C_2	—	5	2.6	28	3.8	3	75	92	C_{05}
C_3	—	2	1.7	28	4.16	3	120	140	—
C_4	—	5.7	2.7	28	6.18	1.5	161	185.2	C_{03}
C_5	—	3.6	4.8	28	7.4	3.5	90	119.1	C_{07}
C_6	—	3.8	4.6	28	4.4	1.5	120	149.3	C_{06}
C_7	—	2.5	1.9	28	3.7	3.2	84	115	—
C_8	—	4.1	2.4	21.5	5.83	3	35	63	C_{01}
C_9	—	1.8	2.7	21.5	5.1	2.5	44	52	—
C_{10}	—	3.2	4.7	21.5	4.3	3	20	33	—
C_{11}	—	2	1.6	21.5	2.5	2.4	57.5	84.2	C_{04}
C_{12}	—	3.02	1.33	21.5	5	3.2	27	34.5	—
C_{13}	—	3.2	1.9	21.5	6.1	3.5	25	28.5	—
C_{14}	—	4.5	2.9	21.5	7.1	4	90	107	—
C_{15}	—	4.5	3.5	26	7.4	2	102	144.9	—
C_{16}	—	3.4	2	26	5.8	3	31	45	—
C_{17}	—	3	6.9	26	4.4	3	92	108	—
C_{18}	—	3.2	4.81	26	3.3	2	10	59	—
C_{19}	—	4.2	4	26	3.1	2.5	25	47	—
C_{20}	—	5	8.27	26	3.4	3.3	10	49.1	—
C_{21}	—	4.8	6	26	4.79	2.4	5	19	—
—	C_{01}	2.9	5.4	24.5	5.17	3	38	41.7	—
—	C_{02}	2.7	7.5	24.5	6.78	3.4	15	20.5	—
—	C_{03}	2.6	6.2	24.5	6.4	2	23	58.1	—
—	C_{04}	7	4.1	24.5	13.24	3.5	81	122.4	—
—	C_{05}	4.3	3.8	24.5	9.75	2	73	88.3	—
—	C_{06}	2	6.4	24.5	6.16	3	28	31.9	—
—	C_{07}	1.3	1.9	24.5	5.58	3.5	42	52.7	—

根据上述函数计算软基沉降各影响因素的权重。湿软黄土层厚 H、湿软黄土压缩模量 E_s、路堤填土高度 h、路堤顶面宽度 B、施工工期 T、竣工时沉降 S_t 各个指标的权重分别为 $\alpha_i=(0.1948, 0.3113, 0.0271, 0.1390, 0.3087, 0.0191)$。

计算各目标范例与源范例之间的相似度序列，见表 3-7。同理，将计算源范例彼此间的相似度作为神经网络训练时的目标向量。以源范例 C_1 为例，将 C_1 作为目标范例，源范例库所有对象为源范例，求它们之间的相似度，得到一个相似度序列。其中 C_1 自身的相似度为 0。同理可依次求得源范例 $C_2, C_3, \cdots, C_{21}$ 的相似度序列，结果见表 3-8。相似度绝对值最小者为对应的最佳源实例，详见表 3-8。

表 3-7

常规方法与神经网络方法计算的目标范例与源范例间的相似度序列

目标范例 / 源范例	加权聚类方法计算的目标范例与源范例间的相似度							神经网络方法仿真的目标范例与源范例间的相似度						
	C_{01}	C_{02}	C_{03}	C_{04}	C_{05}	C_{06}	C_{07}	C_{01}	C_{02}	C_{03}	C_{04}	C_{05}	C_{06}	C_{07}
C_1	−0.078 76	−0.000 41	−0.016 08	−0.036 21	−0.072 96	−0.065 88	−0.111 95	−0.078 76	−0.000 41	−0.016 08	−0.036 21	−0.072 96	−0.065 88	−0.111 95
C_2	0.047 94	0.131 87	0.110 62	0.090 48	−0.030 13	0.060 82	0.014 75	0.047 94	0.131 87	0.110 62	0.090 48	−0.030 13	0.060 82	0.014 75
C_3	0.133 94	0.217 88	0.196 62	0.176 49	0.139 74	0.146 82	0.100 75	0.133 94	0.217 88	0.196 62	0.176 49	0.139 74	0.146 82	0.100 75
C_4	0.098 98	0.182 92	0.161 66	0.141 52	0.104 78	0.111 86	0.065 79	0.098 98	0.182 92	0.161 66	0.141 52	0.104 78	0.111 86	0.065 79
C_5	0.062 54	0.146 47	0.125 22	0.002 43	0.068 34	0.075 41	0.029 34	0.062 54	0.146 47	0.125 22	0.002 43	0.068 34	0.075 41	0.029 34
C_6	0.106 54	0.190 48	0.169 22	0.149 09	0.112 34	0.119 42	0.073 35	0.106 54	0.190 48	0.169 22	0.149 09	0.112 34	0.119 42	0.073 35
C_7	0.100 08	0.184 01	0.162 76	0.142 62	0.105 88	0.112 95	0.066 88	0.100 08	0.184 01	0.162 76	0.142 62	0.105 88	0.112 95	0.066 88
C_8	−0.068 85	0.015 09	−0.006 17	−0.026 31	−0.063 05	−0.055 97	−0.102 04	−0.068 85	0.015 09	−0.006 17	−0.026 31	−0.063 05	−0.055 97	−0.102 04
C_9	−0.055 04	0.108 26	0.087 01	0.066 87	0.053 74	0.037 2	0.008 6	−0.055 04	0.108 26	0.087 01	0.066 87	0.053 74	0.037 2	0.008 6
C_{10}	−0.073 11	0.010 83	−0.010 43	−0.030 56	−0.067 31	−0.032 09	−0.106 3	−0.073 11	0.010 83	−0.010 43	−0.030 56	−0.067 31	−0.032 09	−0.106 3
C_{11}	0.073 35	0.157 28	0.136 03	0.115 89	0.079 15	0.086 23	0.040 16	0.073 35	0.157 28	0.136 03	0.115 89	0.079 15	0.086 23	0.040 16
C_{12}	−0.083 53	0.005 18	−0.020 85	−0.040 99	−0.077 73	−0.070 65	−0.116 72	−0.083 53	0.005 18	−0.020 85	−0.040 99	−0.077 73	−0.070 65	−0.116 72
C_{13}	−0.092 41	−0.008 48	−0.029 73	−0.049 87	−0.086 61	−0.079 53	−0.125 6	−0.092 41	−0.008 48	−0.029 73	−0.049 87	−0.086 61	−0.079 53	−0.125 6
C_{14}	0.041 79	0.125 73	0.104 47	0.084 34	0.047 59	0.054 67	−0.008 87	0.041 79	0.125 73	0.104 47	0.084 34	0.047 59	0.054 67	−0.008 87
C_{15}	0.053 16	0.137 1	0.115 84	0.095 71	0.058 96	0.066 04	0.019 97	0.053 16	0.137 1	0.115 84	0.095 71	0.058 96	0.066 04	0.019 97
C_{16}	−0.024 33	0.028 89	0.007 64	−0.012 5	−0.049 24	−0.042 17	−0.088 23	−0.024 33	0.028 89	0.007 64	−0.012 5	−0.049 24	−0.042 17	−0.088 23
C_{17}	0.102 74	0.186 67	0.165 42	0.145 28	0.108 54	0.115 62	0.069 55	0.102 74	0.186 67	0.165 42	0.145 28	0.108 54	0.115 62	0.069 55
C_{18}	−0.097 65	−0.013 72	−0.034 97	−0.055 11	−0.091 85	−0.084 78	−0.130 84	−0.097 65	−0.013 72	−0.034 97	−0.055 11	−0.091 85	−0.084 78	−0.130 84
C_{19}	−0.044 97	0.038 96	0.017 71	0.105 08	−0.039 17	−0.060 23	−0.078 16	−0.044 97	0.038 96	0.017 71	0.105 08	−0.039 17	−0.060 23	−0.078 16
C_{20}	−0.116 98	−0.033 04	−0.054 3	−0.074 43	−0.111 18	−0.104 1	−0.150 17	−0.116 98	−0.033 04	−0.054 3	−0.074 43	−0.111 18	−0.104 1	−0.150 17
C_{21}	−0.177 76	−0.093 82	−0.115 08	−0.135 21	−0.171 96	−0.164 88	−0.210 95	−0.177 76	−0.093 82	−0.115 08	−0.135 21	−0.171 96	−0.164 88	−0.210 95

源范例之间的相似度序列

表 3-8

源范例 \ 目标范例	C_1	C_2	C_3	C_4	C_5	C_6	C_7	C_8	C_9	C_{10}	C_{11}
C_1	0.000 00	0.135 61	0.220 87	0.185 65	0.145 28	0.193 83	0.187 02	0.012 26	0.105 71	0.008 00	0.161 09
C_2		0.000 00	0.085 68	0.050 17	0.008 98	0.058 50	0.051 66	−0.124 78	−0.030 74	−0.129 07	0.000 58
C_3			0.000 00	−0.035 67	−0.076 04	−0.027 28	−0.033 96	−0.209 64	−0.115 51	−0.213 97	−0.059 86
C_4				0.000 00	−0.039 65	0.007 95	−0.048 24	−0.171 61	−0.079 22	−0.175 78	−0.025 01
C_5					0.000 00	0.046 56	0.008 48	−0.130 70	−0.039 53	−0.134 68	0.013 12
C_6						0.000 00	−0.007 32	−0.176 53	−0.086 21	−0.180 43	−0.033 56
C_7							0.000 00	−0.165 74	−0.077 10	−0.169 49	−0.026 49
C_8								0.000 00	0.086 59	−0.027 17	0.135 09
C_9									0.000 00	−0.090 95	0.049 38
C_{10}										0.000 00	0.138 92
C_{11}											0.000 00
C_{12}											
C_{13}											
C_{14}											
C_{15}											
C_{16}											
C_{17}											
C_{18}											
C_{19}											
C_{20}											
C_{21}											

续上表

源范例 \ 目标范例	C_{12}	C_{13}	C_{14}	C_{15}	C_{16}	C_{17}	C_{18}	C_{19}	C_{20}	C_{21}
C_1	−0.097 97	−0.013 49	0.124 79	0.136 76	0.025 69	0.188 81	−0.014 84	0.040 94	−0.033 29	0.002 35
C_2	−0.139 17	−0.150 85	−0.011 56	0.025 90	−0.111 27	0.053 21	−0.151 60	−0.095 29	−0.170 34	−0.235 74
C_3	−0.224 05	−0.235 39	−0.096 75	−0.084 65	−0.196 06	−0.032 32	−0.236 89	−0.180 95	−0.255 80	−0.320 66
C_4	−0.186 60	−0.197 16	−0.059 95	0.001 07	−0.158 41	0.003 17	−0.198 80	−0.143 52	−0.216 58	−0.280 61
C_5	−0.145 90	−0.155 79	−0.019 81	0.039 36	−0.117 64	0.041 90	−0.157 71	−0.103 43	−0.174 93	−0.237 88
C_6	−0.192 01	−0.201 77	−0.066 06	−0.004 66	−0.163 71	−0.054 86	−0.203 34	−0.149 02	−0.219 88	−0.282 85
C_7	−0.181 68	−0.190 50	−0.056 59	−0.045 84	−0.153 20	0.009 17	−0.192 67	−0.139 33	−0.208 24	−0.269 98
C_8	−0.016 70	−0.024 45	0.107 43	0.117 74	0.012 08	0.165 60	−0.003 60	0.025 36	−0.041 40	−0.101 99
C_9	−0.103 83	−0.111 96	−0.129 01	0.031 17	−0.075 10	0.079 57	−0.114 43	−0.061 42	0.020 66	−0.190 18
C_{10}	−0.013 67	0.021 68	0.110 62	0.120 95	0.015 17	0.169 25	−0.023 21	0.030 25	−0.036 23	−0.097 83
C_{11}	−0.154 28	−0.162 82	−0.029 58	−0.019 03	−0.125 57	0.029 90	−0.164 05	−0.110 03	−0.177 53	−0.239 81
C_{12}	0.000 00	−0.068 69	0.123 21	0.133 11	0.029 22	0.180 35	−0.090 58	0.043 82	−0.020 46	−0.081 04
C_{13}		0.000 00	0.130 70	0.140 75	0.036 44	0.188 46	−0.051 72	0.052 28	−0.122 05	−0.073 55
C_{14}			0.000 00	0.059 38	−0.095 26	−0.010 43	−0.132 08	−0.077 12	−0.142 81	−0.205 92
C_{15}				0.000 00	−0.104 66	0.085 65	−0.139 95	−0.085 41	−0.148 79	−0.211 54
C_{16}					0.000 00	0.148 98	−0.033 20	−0.020 70	−0.038 70	−0.100 69
C_{17}						0.000 00	−0.181 54	−0.126 01	−0.184 95	−0.248 85
C_{18}							0.000 00	0.053 26	0.006 42	−0.054 14
C_{19}								0.000 00	−0.043 58	−0.104 17
C_{20}									0.000 00	−0.054 90
C_{21}										0.000 00

3. 范例相似度的神经网络分析

按上述基于神经网络范例推理的沉降预测方法的计算步骤，以源范例彼此间的沉降范例影响因素作为输入向量，将表 3-6 中归一化结果作为目标向量进行网络的训练。

源范例中共 21 个对象，故网络的训练样本数为 21×21=441 个。每个范例共有 6 个属性，故网络输入为 2×6=12 个节点；网络的输出为 2 个沉降范例之间的相似度，为单个节点。鉴于 BP 网络的特点，对输入数据需进行初始化处理。对输入数据进行了归一化处理，将所有数据化为[0,1]范围；将 2 个沉降范例之间的相似度作为学习的目标，网络输出层采用 purelin 激活函数，所以不需对其进行归一化处理。

按网络结构设计经验规则并经试算，选定网络隐层节点数为 25 个，即网络结构为 12-25-1。在网络中，隐层神经元选用"S"型激活函数 tansig 函数：$f(x)=\dfrac{1-e^{-x}}{1+e^{-x}}$；可以将数据输入到[-1,1]之间，使最终的相似度有正有负。输出层神经元选用线性激活函数 purelin 函数：$f(x)=x$。训练方法采用学习速率自适应的基于梯度下降法的 Traingdx 函数，终止条件为$E=\sum(d_j-O_j)^2\leqslant 0.001$或达到最大训练次数 8 000。

在上述参数下网络训练收敛较好，训练结果表明结构为 14-25-1 的网络输出与目标数据的相关性可达 0.925 9，训练结束输出误差为 0.130 7，而且网络达到了一个极值而停止训练，说明所建立的模型的精度较高。误差曲线见图 3-7。

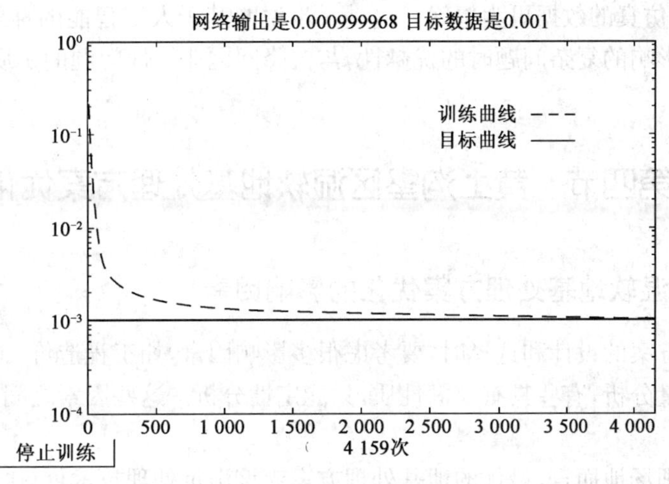

图 3-7 网络训练误差曲线

采用该网络进行仿真，计算 7 个目标范例与源范例的相似度序列。计算结果见表 3-6。各序列中相似度绝对值最小的即为各目标范例对应的最佳源范例。按加权聚类方法和神经网络方法求得的最佳源范例见表 3-7，二者所求的最佳源范例完全一致，模型的预测准确性达到了 100%，目标范例的 147 组数据的相关性也达到了 0.925 9(由表 3-6 数据计算)，表明模型的预测准确性很高。

4. 基于神经网络范例推理方法的软基沉降预测

求得表 3-9 中的最佳源范例之后，便可据此预测目标范例的最终沉降量。从表 3-9 可以看出，目标范例 C_{01} 与源范例 C_{16} 最相似。而 C_{16} 最终沉降为 45mm，可推测 C_{01} 的最终沉降量在此值附近，可在 40～50mm 之间取值。C_{01} 目标范例根据沉降观测估计的最终沉降量为41.7mm，在上述范围之内。其他目标范例同理，说明本文预测的沉降接近实际。

常用的相似度公式计算的结果为正值，而表 3-9 中的距离有正有负，说明改进了的相似度算法可反映出更多的信息。对比各目标实例与源实例最终沉降的误差以及误差百分比发现，当最终沉降较大，如大于 10cm，预测的沉降误差较小，表 3-9 中沉降大于 10cm 的误差百分比均小于 10%，具有较高精度。据此可进一步缩小目标范例沉降的估计范围。在实际应用时，可根据相似度的正负在最佳源实例沉降的±10%以内取值，如相似度为负，可在最佳源范例的－10%范围内取值；反之若相似度为正，则可在最佳源范例的10%范围内取值，如此可得目标范例的最终沉降预测值。

目标实例与最佳源实例的相似度及沉降预测结果分析　　表3-9

目标范例		最佳源实例		二者相似度		沉降误差	沉降误差百分比(%)
序号	沉降(mm)	序号	沉降(mm)	常规方法	神经网络仿真		
C_{01}	41.7	C_{16}	45	−0.02433	−0.01808	−3.3	7.91
C_{02}	20.5	C_{1}	23	−0.00041	−0.00041	−2.5	12.20
C_{03}	58.1	C_{8}	63	−0.00617	−0.00236	−4.9	8.43
C_{04}	122.4	C_{5}	119.1	0.00243	0.00776	3.3	2.70
C_{05}	88.3	C_{2}	92	−0.03013	−0.01451	−3.7	4.19
C_{06}	31.9	C_{10}	33	−0.03209	−0.03381	−1.1	3.45
C_{07}	52.7	C_{9}	52	0.0086	0.00307	0.7	1.33

通过表3-9还可发现，根据神经网络仿真得到的相似度绝对值绝大多数小于按常规方法得到的相似度，说明由神经网络仿真的数据更为精确。这进一步说明基于人工智能的神经网络在考虑类似软基沉降这类受诸多因素影响的复杂问题时的优越性，与沉降问题非线性问题的实质更相符，而且无需进行权重计算，更接近实际。

第四节　黄土沟壑区湿软地基处理方案优化

一、黄土沟壑区湿软地基处理方案优化的影响因素

在进行地基处理方案的设计和选择时，要考虑很多影响因素，如工程造价、工期、加固效果等。这些影响因素有些可以定量分析，有些具有模糊性质，只能定性分析。这些因素之间相互关联，相互制约，构成了复杂系统。

对一个具体的处理场地而言，最优的地基处理方案应该满足处理技术可行性和经济合理性的要求，同时还应满足对施工条件和环境影响的要求，达到四者辩证的统一，这是评价方案是否可行与优劣的基本内容。

(1)地基处理方案的技术可行性

技术的可行性主要是考查方案是否适应场地地质条件及使用该方案的可靠程度，是否在规定的时间内达到预期的处理效果，以满足上部结构对地基的要求。

(2)地基处理方案的施工条件

施工条件主要是考查方案对施工队伍、机具的要求情况，以及该方案以往施工经验积累情况和处理材料的来源是否方便。

(3)地基处理方案的环境影响

环境影响主要是考查方案对施工周围环境可能造成的危害程度，避免因地基处理的振动、噪声等对周围环境产生不良影响，对水质产生污染等。

(4)地基处理方案的经济合理性

经济合理性是地基处理方案的直接决定因素。应在满足其他条件的前提下，使地基处理费用最低。

此外，还应注意一些不确定因素，对设计时认为要注意的地点，施工期间必须做好动态观测，并根据

观测结果预测将来的变化。在分析、选择地基处理方法之前，首先讨论适宜的软弱地基处理设计顺序。建议设计顺序按图 3-8 所示顺序进行。

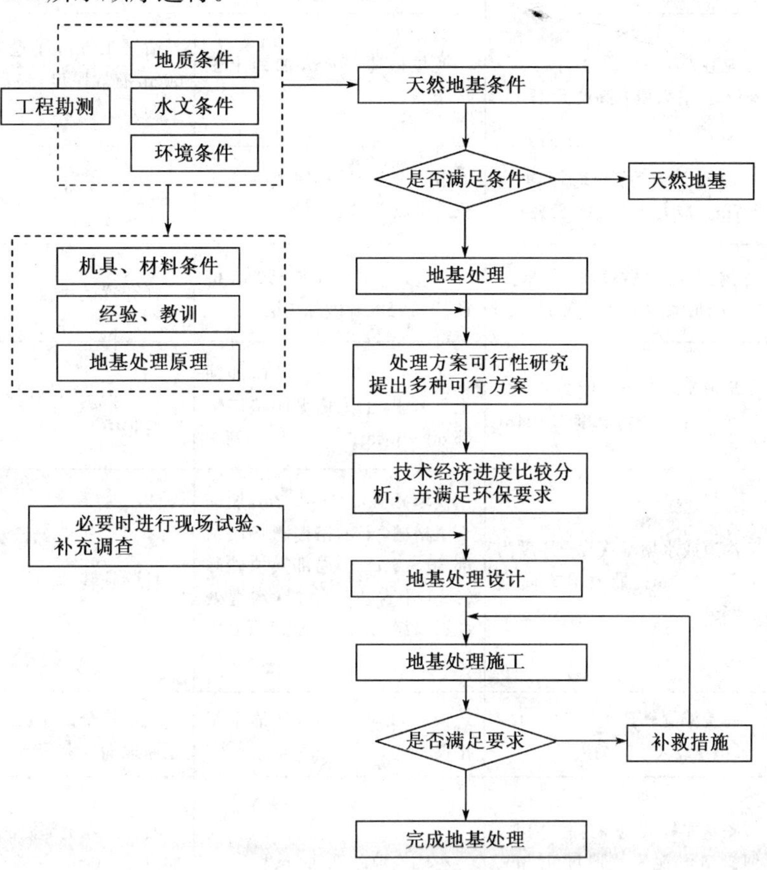

图 3-8　地基处理方案优化设计思路

二、地基处理方案优化的常规层次分析法

国内外学者在方案的评价优选理论和实践上做了很多卓有成效的研究，范围涉及工程、经济、技术、教育、政策等领域。其中尤其以建立在系统科学理论上的诸如层次分析法、多指标动态规划、模糊优选、遗传算法、人工神经网络等，为方案的优选提供了强大的理论和方法支持。

层次分析法(Analytical Hierarchy Process)简称 AHP，为 Thomas Saaty 等人于 20 世纪 70 年代提出。该方法可以有效地将非定量事件作为定量分析，对人们的主观判断进行客观描述。较早被用来进行多指标、多目标的综合决策，是目前方案决策中最为成熟和常用的方法之一。该方法建立在大量的试算工作之上的，但计算量大，判断矩阵的构造没有考虑人类思维的模糊性。

本文在传统层次分析法中引入可拓学的基本理论，以弥补层次分析法的不足，将权重向量求解与矩阵一致性检验结合进行，并考虑人们判断的模糊性和多位决策者的实践经验。下面应用该法进行黄延公路湿软地基路段处理方案优化分析。

三、黄延公路湿软黄土路基处理方案的可拓层次优化分析法

1. 试验段地基处理概况以及层次分析模型的建立

进行地基处理方案优化的路段从现场试验段中选取，见表 3-10。结合前文地基处理方案的影响因素分析，建立如图 3-9 所示的层次分析模型。图中方案 1 为表 3-10 的断面原设计方案，方案 2 为最终处理方案。

黄延公路湿软地基路段路堤稳定性验算断面一览表　　表 3-10

编号	桩　号	基本概况	原设计方案	处理方案
1	K236+000～K236+440	沟道表层淤泥厚度为 2.2～2.9m。最大填方高度 5.17m	换填砂砾 90cm，加铺土工格栅	清淤 1.5m，手摆片石振密至稳定，保证 60cm 有效厚度，最后回填砂砾至原地面以上 50cm
2	K250+524～K250+720	河漫滩淤泥平均厚度为 2.7m。最大填方高度 6.78m	清除全部淤泥，回填砂砾至原地面以上 50cm	手摆片石 30cm，强夯，做 60cm 砂砾垫层
3	K279+980～K280+040	沟道湿软黄土平均厚度 2.6m。最大填方高度 6.4m	1.2m 间距粉喷桩，50cm 桩径，顶部 50cm 砂砾垫层	强夯置换片石
4	K203+246～K203+678	沟道湿软黄土厚度为 6.6～7.0m。最大填方高度 13.24m	换填砂砾 0.9～1.2m，加铺土工格栅，土工格栅距垫层顶部 30～60cm	间距 1.2m、桩径 50cm 粉喷桩，桩顶 50cm 砂砾垫层
5	K204+500～K205+300	沟道或水塘湿软黄土厚度为 3.7～4.3m。最大填方高度 9.75m	换填砂砾 0.9～1.2m，加铺土工格栅，土工格栅距垫层顶部 30～60cm。局部换填砂砾 60cm，不含土工格栅（水塘处抛石挤淤 3.5m，上做碎石处置层）	挖除软基，抛填片石 3.5m，上作碎石层
6	K239+110～K239+409	河漫滩湿软黄土厚度为 1.2～2m。最大填方高度 6.16	换填砂砾 1.2m，加铺土工格栅	先清除全部淤泥 1.2～1.5m，再回填砂砾至原地面以上 50cm
7	K244+824～K244+970	路基左幅坡地，右幅河漫滩，河漫滩淤泥平均厚度 1.3m。最大填方高度 5.58m	右侧换填砂砾 0.6m	右侧清除全部淤泥 1.3m，回填砂砾至原地面以上 50cm；左侧强夯处理地基，砂砾垫层 50cm

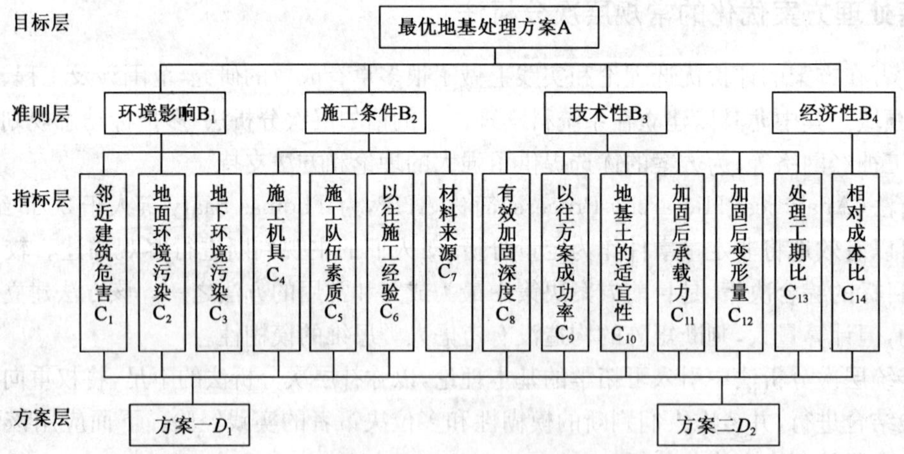

图 3-9　最优地基处理方案层次分析模型

2. 黄延公路湿软黄土路基处理方案优化

验算试验段 1(K236+000～K236+440)基本概况见表 3-10。各层可拓区间数判断矩阵按表 3-11 的规定，通过各项指标比较分析后得到，求得各层综合可拓区间数判断矩阵后，根据综合可拓区间数判断矩阵满足一致性条件的权重向量的求解步骤，求得相应权重向量及各层因素间的层次单排序，最后进行层次总排序。

Thomas Saaty 标准及标度含义 表 3-11

a_{-ij} 或 a_{+ij}	意 义
1	两个因素相比，具有同样重要性
3	两个因素相比，一个因素比另一个因素稍微重要
5	两个因素相比，一个因素比另一个因素明显重要
7	两个因素相比，一个因素比另一个因素很重要
9	两个因素相比，一个因素比另一个因素极端重要
2,4,6,8	两相邻判断的中值

以准则层对目标层为例，求得准则层对目标层的综合可拓判断矩阵如下：

$$\boldsymbol{A}^{-}=\begin{bmatrix}1.0000 & 2.6500 & 0.1450 & 0.1724\\0.3229 & 1.0000 & 0.1871 & 0.2302\\6.4500 & 4.9000 & 1.0000 & 2.6500\\5.4500 & 3.9000 & 0.3348 & 1.0000\end{bmatrix}$$

$$\boldsymbol{A}^{+}=\begin{bmatrix}1.0000 & 3.1000 & 0.1550 & 0.1835\\0.3786 & 1.0000 & 0.2042 & 0.2566\\6.9000 & 5.3500 & 1.0000 & 3.0000\\5.8000 & 4.35000 & 0.3786 & 1.0000\end{bmatrix}$$

求出上述 $\boldsymbol{A}^{-}$、$\boldsymbol{A}^{+}$ 的最大正特征值及对应的具有正分量的归一化特征向量：

$$\lambda_{\max}^{-}=4.1592,\lambda_{\max}^{+}=4.4995;$$

$$\boldsymbol{X}^{-}=(0.0946,0.0636,0.5427,0.2992)^{\mathrm{T}}$$

$$\boldsymbol{X}^{+}=(0.0962,0.0639,0.5424,0.2975)^{\mathrm{T}}$$

求该层权重向量及层次单排序如下：

$$k=0.9717 \qquad m=1.0013$$

$$\boldsymbol{S}^{-}=(0.0919,0.0618,0.5274,0.2908)^{\mathrm{T}}$$

$$\boldsymbol{S}^{+}=(0.0963,0.0639,0.5431,0.2979)^{\mathrm{T}}$$

$$\boldsymbol{P}_1=(0.0907,0.0087,0.4636,0.4371)^{\mathrm{T}}$$

同理，准则层对指标层、指标层对方案层的各因素的层次单排序也可求得，最后按常规层次分析法计算层次总排序（表 3-12）。由两个处理方案的优劣排序：$P_1=0.324$，$P_2=0.676$，所以最佳地基处理方案是 D_2：清淤 1.5m，手摆片石振密至稳定，保证 60cm 有效厚度，最后回填砂砾至原地面以上 50cm。实际上，该段按该方案处理后，通过后期的沉降观测，路基沉降较小，满足设计要求。

K236＋000～K236＋440 段层次总排序 表 3-12

目 标 层	准 则 层	指 标 层	方 案 层	
			方案一 D_1	方案二 D_2
A(1)	B_1(0.142)	C_1(0.871)	0.9632	0.0368
		C_2(0.113)	0.9704	0.0296
		C_3(0.016)	0.8826	0.1174
	B_2(0.013)	C_4(0.401)	0.0256	0.9744
		C_5(0.403)	0.0156	0.9844
		C_6(0.014)	0.0611	0.9389
		C_7(0.183)	0.0086	0.9914

续上表

目标层	准则层	指标层	方案层	
			方案一 D_1	方案二 D_2
A(1)	B3(0.307)	C_8(0.131)	0.006 5	0.993 5
		C_9(0.008)	0.964 3	0.035 7
		C_{10}(0.109)	0.837 5	0.162 5
		C_{11}(0.212)	0.000 3	0.999 7
		C_{12}(0.262)	0.006	0.994
		C_{13}(0.277)	0.995 9	0.004 1
	B_4(0.538)	C_{14}(1)	0.015 6	0.984 4
方案总排序			0.447	0.553

同上个试验段的计算思路，可以计算出其余各试验段的可拓层次分析结果。各试验段最终的方案总排序，都是方案 2(最终处理率方案)为最优处理方案。实际上，现场的地质条件千变万化，而且黄土沟壑区湿软地基的分布极具不均匀性，原设计方案考虑的因素很难与现场完全一致，最后地基处理实施方案也是经多位经验丰富的专家反复论证后最终确定的。

本文通过基于可拓学的层次分析法进行方法优化，不仅说明实施方案全面反映了路段的地质情况和处理要求，同时也证明基于可拓学的层次分析法的分析结论较为合理。

3. 可拓层次分析法的常规矩阵一致性检验

为检验按可拓层次分析法构造的判断矩阵是否自动满足权重向量的一致性要求，可对上述判断矩阵按常规层次分析法进行检验。检验结果见表 3-13。

可拓区间数矩阵常规一致性检验　　表 3-13

矩阵	***A-B***	***B_1-C***	***B_2-C***	***B_3-C***
n	4	3	4	6
λ	4.229	3.051	4.227	6.118
CI	0.076	0.026	0.076	0.024
RI	0.900	0.580	0.900	1.240
CR	0.08	0.04	0.08	0.02

由计算结果可以看出，各矩阵权重向量的一致性比率 CR 均小于 0.1，满足一致性要求。

4. 综合分析

地基处理方案选择是进行地基处理的重要环节。方案选择适宜与否直接决定地基处理的成败或造价。由于影响因素的复杂性与多样性，地基处理方案选择往往很难全面考虑。本文提出的方法为地基处理方案选择提供了一种新的思路。

经过分析，各试验段最终处理方案与原设计方案相比为最优方案。经过现场试验段试验以及沉降观测，试验段处理后路基承载力以及变形性能显著改善，沉降很快趋于稳定，施工结束时，路基就已完成大部分沉降。通过路基的稳定性与沉降分析，处理后的地基能满足上部荷载的要求，工后沉降在允许沉降范围之内。

第五节　黄土沟壑区高速公路湿软地基综合处理技术及病害防治措施

一、黄土沟壑区高速公路湿软地基处理的技术要求

一般高速公路湿软地基的处理原则、技术要求也适用于黄土沟壑区湿软地基。

除此之外，考虑到黄土沟壑区薄弱的生态环境，在选择处理方法、进行地基处理施工或施工结束后等整个地基处理的环节中，都要非常注意保护环境，避免损坏当地的水土资源。尽可能少地破坏植被、农田等，清除的淤泥以及根植土应集中堆放，以备将来用作地表回填、恢复植被等。

另外，由于黄土沟壑区的气候条件，全年降水主要集中在6、7、8月份，而且多以暴雨、冰雹等强对流形式出现，在进行湿软黄土路基设计和施工安排时应考虑这一点，尽量避免雨季施工。无法避免时，应准备足够的防护措施，避免对场地造成破坏，从而降低处理效果。

沟壑区湿软黄土是位于黄土地区的一类特殊土体，黄土地区广泛分布着湿陷性黄土，因此在进行沟壑区湿软地基处理时，还应考虑周围湿陷性黄土可能带来的不良影响，注意两种土体的承载力和变形的关系。

沟壑区湿软黄土地基的常用处理方法有：换填砂砾、抛石挤淤与手摆片石、加铺土工格栅、水泥土搅拌桩、强夯等。选择处理方法时可参照以下情况：

(1)当湿软黄土地层较厚，分布面积较大，土体平均含水率小于23%时，可采用强夯法处理。当强夯产生软弹时，可抛填片石置换。

(2)当湿软黄土地层较薄，厚度小于1.0m时，宜挖除表层湿软黄土，填筑砂砾等透水性材料至设计高程。当湿软黄土地层厚度大于1.0m且小于3.0m时，可采用换填砂砾或直接在其上手摆片石挤密稳定的方法进行处理，或者清淤一定厚度后抛石挤淤或手摆片石处理，具体应根据地下水位、填土高度等条件确定。

(3)当湿软黄土地层厚度大于3.0m，且土体含水率大于23%时，宜采用水泥土搅拌桩等方法处理。

二、黄土沟壑区高速公路湿软地基的工后常见病害及其防治

1.黄土沟壑区高速公路湿软路基的工后常见病害及其原因分析

高速公路的工后常见病害主要表现在路基下沉、路面损坏、道路翻浆、桥头跳车及挡墙外鼓等。在沟壑区湿软黄土路基上修筑路堤或其他人工构造物时，由于处理方法不当或外部条件影响，使得地基承载力不足，以及产生过大或不均匀沉降而造成上述不良后果。

上述病害的核心便是湿软黄土的抗剪强度、压缩性和透水性的问题。大部分湿软黄土天然状态下含水率大、压缩性高、抗剪强度低、渗透性差，为性质不良的软弱土体。如果设计施工时重视不够，不注意地质资料及其现场的变化，这种土体的力学性质没有得到必要的改善，就有可能引起上述病害。若地基承载力不够，上部荷载较大，路基很有可能产生较大沉降，引起路面等结构物的破坏；路基承载力不够，路堤稳定性得不到有效控制，发生侧向滑移，从而造成挡墙外鼓甚至破坏；还有某些湿软黄土天然状态下并不是软弱地基，由于处于低洼的河谷或沟谷处，地下水位较高，长期受水浸湿，力学性质大大减弱。若设计时未发现或未被作特别处理，施工也未进行处理，高填方后地基必将出现不均匀沉降，造成路面开裂，当雨水等地表水渗入路基，就可能引起路基翻浆。有些地段虽作了清淤处理，但处理不彻底或回填材料的压实控制的不好，也会因不均匀沉降造成病害，严重影响公路的正常运营和增加养护成本。

因此，要控制上述病害产生，一个重要方面就是进行软弱地基处理。处理的措施很多，不同的措施也有不同的适用范围，由于经济条件的限制，能够实际应用的措施是有限的。总之，需要根据不同的目的来采取相应措施是一个必须明确的问题。

2.黄土沟壑区高速公路湿软路基的工后常见病害防治措施

从前面分析可知，在黄土沟壑区湿软地基上修建高速公路所引起的问题大体可分为破坏和沉降两大类。其中破坏是必须防止的，而沉降的防止则很难，且沉降稳定一般需较长的时间。如沪嘉高速公路建成两年后最大沉降值达60cm。莘松高速公路最大沉降值高达1m以上。当然，对于浅薄淤泥层，可以利用填土的自重把软弱土挤出；也可以对整个地基的软弱层采用优质材料进行换填，这样虽能够防止沉降的发生，但经过换填以后的地基已经不是软弱地基了。在考虑沉降和稳定两个方面的要求进行地

基处理时，往往不都是以同时处理这两个问题为目的。例如，对于路堤高度较矮（小于临界高度）或软黏土上有较厚的砂层时，发生破坏的可能性不大，此时，主要考虑沉降处理；而软土层下面地层倾斜时，路堤的稳定是应考虑的关键，对于路堤较高、软土层厚且没有排水砂层时，则往往沉降和稳定必须同时处理。

为了搞清楚问题，掌握其发展趋势，从而确定最适当的处理措施。首先必须掌握详细的工程地质和水文地质材料，并最好在现场修筑试验路堤。特别当软弱地基的规模和土方工程的数量都很大，并且对沉降量有较高的精度要求时，更应尽量修筑试验路堤。试验路堤一般采用2～3个处理方案。其内容通常包括测定各路段的地基状态（密实和含水率的变化、沉降、孔隙水压、土压力、强度增长等）和总结各路段的施工经验。软弱地基处理的基本对策主要从改善地基土的剪切特性、压缩性能、透水性方面着手。地基的剪切破坏以及在土压力作用下的失稳，取决于土的抗剪强度。因此，为防止剪切破坏以及减少土压力的作用，需要采取一定措施来增加地基土的抗剪强度。

地基的变形大致可分为：荷载作用下地基土由于体积变化产生的压缩变形和由于形状变化产生的剪切变形。对软黏土地基前者为固结沉降，后者可分为瞬时沉降和侧向变形。固结沉降和侧向变形对工程施工有很大影响，可能产生种种问题，如果完全避免这些变形，通常需要很多工程投资和很长的工期。因此，采用的策略总是视各种构造物的性质、沉降产生的压缩变形而定；对于防止侧向流动产生的剪切变形是改善剪切特性的又一目的；改善透水性解决由于地下移动出现的问题。此外，还必须注意到软弱地基的处理不能简单地依靠以往的经验，也不能依靠表面看来很复杂的计算。每个具体工程常有其自身的特点，对于较重要且缺乏经验的工程，在开始施工前先做好勘探与试验，利用室内外试验的结果，在分析与判断的基础上确定参数值，按一定方法计算设计方案。以后利用施工（大多数是试验路段）中的动态观测资料进行分析，并修改参数和设计计算。必要时可反复计算，从而得出比较符合实际的设计计算结果。

针对以上产生路基失稳的原因，其主要防治措施可采用以下三个途径：第一，采用注浆、强夯及复合地基等方法进行挤密加固，以提高地基的竖向承载力；第二，对路基两侧土体进行加固，如强夯、压重处理，来提高其侧向抗力。第三，减少水对湿软黄土地基的作用，如设隔水墙和防渗土工布，这样既起到了隔水作用，又提高了地基的侧向抗力。

第六节　小　结

通过对黄土沟壑区湿软地基处理技术的研究，可以发现：

(1)沟壑区湿软黄土既包括天然形成的高含水率黄土，也包括形成后受到雨水浸泡而湿软的黄土。前者在地质年代上属于新近沉积黄土，天然状态下工程性质以湿软性而非湿陷性为主；后者既有可能为新黄土，也有可能为老黄土，在天然状态下或者具有湿陷性，或者不具湿陷性，当在沉积环境中遇水浸泡，性质才突出表现为湿软。但不论是何种成因形成的湿软黄土，经过处理后含水率减小，工程性质又以湿陷性为主。处理时应考虑防排水措施。

(2)沟壑区湿软黄土一般不具湿陷性。其主要物理力学参数的变化范围如下：天然含水率统计平均值大于22%，有些土样的含水率甚至高达64.7%。天然密度平均值变化范围在1.71～1.97g/cm^{3}之间。土粒相对密度平均值变化范围为2.69～2.72。天然孔隙比平均值变化范围为0.62～0.87。饱和度平均值变化范围为88%～99%。液限、塑限含水率平均值变化范围分别为：37.7%～42.4%、18.9%～21.1%。液性指数及塑性指数平均值变化范围分别在18.4～21.3、0.23～0.78之间。压缩系数a_{1-2}和压缩模量E_s平均值的变化范围分别在0.18～0.35MPa^{-1}、6.1～12MPa之间。黏聚力和内摩擦角平均值的变化范围分别在14～53kPa、13.65°～24.7°之间。

(3)对黄延公路湿软地基的总体处理方案如下：对厚度小于2m的软基主要为全部换填砂砾处理；对厚度为2～3m的软基，则根据填方高度等荷载情况，清除一定厚度软基，或直接抛石挤淤，或手摆片石，然后回填砂砾至设计高程，或设置砂砾垫层等；对厚度大于3m的软基路段主要为粉喷桩、砾石桩复合地基处理。

(4)通过对黄延公路湿软地基路堤的极限平衡分析和FLAC2D数值分析，各试验段湿软地基处理前，验算断面路堤稳定性不满足要求或者根本无法填筑至设计高度；经原设计方案处理后，路堤稳定性虽然得到提高，但仍然存在潜在的滑动趋势；只有经过实施方案处理后，湿软地基的承载力和长期稳定性才得到有效控制。通过路堤稳定性分析，为保护路堤边坡坡面稳定性，还需结合挡墙或植草等综合防护措施进行坡面防护，从而保证路堤安全。

(5)现场对粉喷桩、砾石桩等复合地基进行了大量的载荷试验。通过现场载荷试验，粉喷桩复合地基具有较好的加固效果，加固后湿软黄土地基的力学性质得到显著改善。注意到复合地基承载力试验值均远大于设计值，故可考虑适当增大桩间距以节约造价。黄土沟壑区摩擦型粉喷桩的适合桩长为 $7.1\text{m}<L\leqslant 12.5\text{m}$。振动沉管碎石桩对湿软黄土的力学特性改善不明显。建议取消该工艺。

考虑到公路工程的特性，进行载荷试验时可选用车载反力装置进行，能满足大多数工程的精度要求。确定承载力时相对变形量可取规范规定范围的高值。

(6)可选用压缩模量以及液性指数、压缩系数作为湿软黄土承载力的评价指标。通过对其物理力学性质以及土体承载力现场测试数值分析，建立了基于上述两类评价指标的黄土沟壑区湿软地基承载力评价体系。

(7)考虑到黄土沟壑区湿软地基变形特性以及沉降规律的复杂性，提出黄土沟壑区湿软地基基于神经网络范例推理的沉降预测方法。计算结果与实测沉降曲线较为一致。经过处理后，黄土沟壑区湿软地基沉降很快趋于稳定，施工结束时就能完成大部分沉降。并建立了黄土沟壑区湿软黄土地基沉降预测的范例推理模型，便于后续同类工程应用。

(8)由于黄土沟壑区湿软地基分布极具不均匀性，为确定经济合理的地基处理方法，本文采用基于可拓学的层析分析法进行地基处理方案的优选。通过具体的分析计算，实施地基处理方案要优于原设计方案，考虑因素更符合现场实际情况。通过对可拓层次分析矩阵的传统一致性检验，说明基于可拓学的层次分析法能自动满足一致性要求，从而节省传统层次分析法中的大量试算工作。计算过程中还能考虑人判断的模糊性以及多位决策者的经验。

(9)通过对常见地基处理方法在黄土沟壑区湿软地基处理上的适用性进行评价和探讨，沟壑区高等级公路湿软黄土路基处理的适宜方法有砂砾垫层、加铺土工织物、抛石挤淤与手摆片石、水泥土搅拌桩、强夯与强夯置换等。选用时应结合具体情况，选用一种或多种方法的综合处理措施。

在进行黄土沟壑区高等级湿软地基处理时，除了考虑一般高等级公路软基处理的原则以及技术要求外，还应注意到黄土沟壑区自身的地形地貌、气候特点以及环境条件等给设计和施工带来的不良影响。

(10)黄土沟壑区湿软地基常见病害主要表现在路基下沉、路面损坏、道路翻浆、桥头跳车及挡墙外鼓等。由于处理方法不当或外部条件影响，使得地基承载力不足以及产生过大不均匀沉降，从而造成上述不良后果。上述病害的核心是湿软黄土的抗剪强度、压缩性和透水性的问题。可通过三个途径来进行防治(见第五节路基工后常见病害防治措施)。

第四章

黄土路堑高边坡稳定性分析及其防护技术

黄土地区修筑高速公路，因线形指标要求高，不可避免出现深路堑，而路堑高边坡的稳定性关系到路基安全和路面运营的可靠性。为此如何保证高边坡稳定性，采取怎样的防护措施，对黄土高速公路运营安全保障和边坡生态防护及水土保持都具有非常重要的意义。

第一节　陕北黄土路堑高边坡的地质结构

一、路堑边坡基本概况

黄延高速公路路线近 40km 是沿狭长沟底布设，由此产生大量高陡路堑边坡。根据现场调查，黄延高速公路路堑高边坡高度集中在 30～59m，该高度范围共有 29 处，占黄延公路高边坡总个数的 76.3%；高度 60～79m 的边坡也较普遍，该高度范围的边坡共有 7 处，占黄延公路高边坡总个数的 18.4%。最高的边坡为 K170＋900～K171＋042 道南隧道进口边坡，高度达 90m。黄土残塬—沟壑区有大于 30m 的边坡 21 处，高度大于 50m 的边坡较多。当线路从塬面穿过时，由于向下深挖而形成双面边坡，这些边坡集中在 K173＋462～K173＋910 及 K188＋540～K188＋800。在隧道进出口也容易形成高边坡，比如道南隧道、南秋台隧道、彦麦沟隧道的进出口等。黄土沟壑—梁峁区有高边坡 17 处，坡高较均匀，在 30～50m 之间，平均坡高 44m。

而且黄延公路边坡皆为台阶形，20～30m 边坡为二级或三级开挖，大于 30m 者为多级开挖，最多可大十级。坡高越高，综合坡率越大。

二、路堑高边坡地质结构模型

建立黄延公路路堑边坡的结构模型，对建立满足公路路堑边坡设计技术要求的工程力学计算模型进行应力分析、变形分析和稳定分析，确定相关的计算参数、计算理论和计算方法，回答和解决黄土边坡工程上的相关问题，都将起到至关重要的作用。本课题通过对黄延公路线路的自然地理环境工程地质背景、自然边坡形式和变形破坏类型的调查与分析，同时考虑了地形地貌条件、黄土的成因时代、黄土的土性特征、黄土的厚度及地层结构、土层构造特征、水文地质条件、不良地质现象等因素，对黄延高速公路路堑高边坡结构模型进行划分。

根据现场调查发现，黄延高速公路全线边坡共有如下 6 类地质结构模型。

(1)Q_3 黄土＋Q_2 黄土组合型边坡

该类型边坡顶部为 2～10m 厚的 Q_3 马兰黄土，下部为 Q_2 离石黄土(图 4-1)。该类型边坡较高，具有新、老黄土的性质，由于新老黄土的物理力学性质不同，则上部边坡易产生陷穴、冲沟，下部产生剥落，尤其古土壤层剥落严重。该类型边坡构成了黄延高速公路高边坡的主体。

(2)Q_3 黄土单一型边坡

该类型边坡由 Q_3 新黄土组成(图 4-2)，岩性单一、均质、分层不明显，原生垂直节理发育，具有湿陷性，无地下水，分布在塬边，高度较小，高度超过 30m 的很少。

图 4-1 K254＋850～K254＋920 右侧边坡　　图 4-2 K185＋800～K186＋900 路基左侧边坡

(3)Q_2 黄土单一型边坡

该类型边坡主要由 Q_2 老黄土组成(图 4-3)，坡体一般由黄土、古土壤及钙质结核组成。垂直节理不发育，一般不具湿陷性，或顶部有轻微湿陷性。

(4)Q_3 黄土＋Q_2 黄土＋泥岩组合型边坡

该类型边坡上部由 Q_3 黄土和 Q_2 黄土构成(图 4-4)，下卧层为泥岩。主体由 Q_2 老黄土组成，三趾马红土(N_2)仅在坡脚出露，厚度变化大，富含钙核，黄土与红黏土为不整合接触。

图 4-3 K200＋935～K201＋450 路基右侧边坡　　图 4-4 K221＋510～K221＋600 路基左侧边坡

(5)Q_3 黄土＋Q_2 黄土＋泥岩＋砂岩组合型边坡

该类型边坡主体由新、老黄土组成，砂岩层多位于坡脚，产状近水平。黄土与基岩为不整合接触(图 4-5)。黄土原生节理发育，砂岩层面近水平，构造节理较发育。地下水埋藏深，偶见砂岩顶面有地下水溢出。

(6)Q_3＋Q_2 黄土＋砂岩组合型边坡

该类型边坡主体老黄土组成，砂岩层多位于坡脚，产状近水平。黄土与基岩为不整合接触，偶见砂顶面有地下水溢出(图 4-6)。

图 4-5 K206＋800～K207＋000 路基右侧边坡　　图 4-6 K205＋730～K205＋890 路基边坡

第二节　陕北黄土路堑高边坡的特点及其物理力学性质

一、路堑高边坡的特点

黄延高速公路黄土沟壑区复杂的工程地质条件，决定了其路堑高边坡的特殊性；同时高速公路较高的设计指标决定了路堑边坡的普遍性。

(1)路堑高边坡的基本特点

黄延高速公路对公路的平、纵、横三要素的设计要求较高：在满足行车动力要求的条件下，必须做到线形连续、顺畅，通视条件良好，周围景光协调而优美，行车快速、安全。这种既考虑美学，又考虑工程技术的高标准、高要求的特点必然决定了高速公路路堑边坡的普遍性。全线大于30m以上的边坡达38处，小于30m的路堑边坡更多。纵向长约6.7km，占线路全长的4.6%。

黄延公路线路严格遵守技术标准，平面线形的高要求以及横向布置，决定了高速公路回避某些复杂自然地形的局限性，同时为了满足排水设计和保证行车速度的要求，不可避免地要进行填方挖方工程，从而出现了大量路堑边坡。

由此可见，黄延高速公路的建设不可避地遇到一些稳定性难以确定的高陡边坡，这些边坡难免会给高速公路的施工和今后正常的运营带来不便，有的甚至是毁灭性的灾难，不仅造成巨大的经济损失，而且引起人员的伤亡。这将是非常重要的研究课题。

(2)路堑高边坡的性质特殊性

边坡稳定性在水利工程、铁道工程、矿山工程中得到了深入的研究，其相应的稳定性分析理论、方法及工程措施都已经相对成熟。我国高速公路起步很晚，其路堑边坡的稳定性主要是针对近几年来，大规模高速公路建设中出现的一系列边坡灾害性失稳问题而提出的。路堑高边坡的研究目前还处于起步和发展阶段，需要在大量工程中加以应用和实践，并从中使高速公路路堑高边坡的稳定性理论与防治方法获得丰富与发展，有效、科学地指导工程实践。黄延高速公路路路堑高边坡同其他高速公路一样，具有可变性、简单性、永久性、安全性、环保性、动态性、地域性、附属性等不同于其他领域高边坡的普遍特点。

(3)路堑高边坡的几何特殊性

①路堑高边坡集中，数量多，高度大。黄延高速公路坡高大于30m的高边坡共38处，总长度超过6400m。其中高度为80～100m边坡2处，70～79m边坡5处，60～69m边坡2处，50～59m边坡5处，40～49m边坡10处，30～39m边坡14处。高边坡集中在黄延公路的两端，即集中在黄陵至富县段和三十里铺至枣园段。

②路堑高边坡为多级放坡，留有平台，有利稳定。黄延公路路堑边坡大于15m的坡体均为多级放坡，留有平台。单级坡高一般为8m或10m，单级坡率一般为1∶0.5或1∶0.75。20m以下的边坡多为单级开挖，20～30m边坡为二级或三级开挖，大于30m者为多级开挖，最多可大十级。平台宽度30m以下一般为4～6m，30～50m的边坡在中部设置有大平台，大平台宽一般为8～13m。大于50m的边坡在中部和上部1/4处设置大平台，大平台宽度分别为20m和12m。对比陕西省其他路段边坡和自然边坡，10～15m的单级坡坡率1∶0.3～1∶0.5基本能保证该高度黄土边坡的稳定。平台的作用消除了上部边坡荷载作用和应力传递。因此，3m以上平台边坡如果单级坡稳定，则多级坡也基本是稳定的。

③坡体土质非均一，一般为多层结构。线路通过黄陵—富县一带，属河谷台塬相间的黄土残塬—沟壑地貌，黄土台塬由三层结构(T～N、N、Q)组成，残塬沟壑由离石组、马兰组黄土层及黏土岩组成。富县—延安一带属黄土沟壑—梁峁地貌，梁峁底部为三叠系—侏罗系层状基岩，上部为第四系黄土。从已开挖的边坡来看，边坡一般有Q_4^{eol}、Q_3^{eol}、Q_2^{eol}黄土组成，在Q_2^{1eol}老黄土中，表现为黄土、古土壤和钙质结核互层。

④坡体内结构面较少，存在的原生节理与线路正交或斜交，有利边坡稳定。黄延公路所在区域在构造上总的形态为一大型向斜构造，长轴走向近南北，两翼不对称，局部可视为向西缓倾的单斜构造。褶

皱、断裂均不发育。因此，该区域主要发育原生节理，且大部分为垂直节理，局部地区发育斜节理。原生节理不切穿所在的黄土分层，只局限于其中。该区域大多数原生节理只局限于 Q_3 马兰黄土中，而到 Q_2 离石黄土中，原生节理密度变小(图 4-7、图 4-8)。

图 4-7 K205＋500 附近的节理

图 4-8 K276＋800 附近的节理

二、土体的物理力学性质

由于岩土性质的特殊性及地形地貌的复杂性，各地岩土的性质差异很大，即使在同一地带不同路段的土体，其性质也可能有较大变化。因此，为了比较准确地掌握黄延公路边坡土体的物理力学性质，课题组曾先后多次在黄延公路沿线选择典型的高边坡路段，开展了现场取样和室内试验工作。为确保试验结果的可靠性，在每一取样点选取 8～10 组试样进行平行试验。根据室内试验结果可做以下几方面的分析。

1)土体的物理性质

(1)黄土的颗粒(粒度)成分

黄延高速公路边坡的黄土颗粒成分主要由砂土粒组(＞0.05mm)，粉土粒组(0.05～0.005mm)与黏土粒组(＜0.005mm)组成，见表 4-1。砂土粒组主要为细砂土，含量一般介于 20%～25%，粉土含量相对较高，含量一般介于 70%～90%。黄土中黏土粒组含量变化相对较大，一般含量介于 5%～20%。大于 0.1mm 的砂粒含量很少。

黄延线所在区马兰黄土颗粒组成 表 4-1

取样Ｖ点		颗粒含量(%)				
里程桩号	位置	0.1～0.25	0.05～0.1	0.01～0.05	0.005～0.01	＜0.005
K170＋750～K170＋930	路基左侧	1.8	20.1	54.2	16.5	7.4
K222＋865～K223＋035	路基左侧	1.1	13.5	44.3	22.3	18.8
K298＋300～K298＋453	路基右侧	3.4	18.3	46.2	15.0	17.1

不同成因时代黄土的粒度成分具有明显的区别，新黄土中砂土含量明显偏高，老黄土中砂土含量明显偏低。新黄土黏粒含量明显低于老黄土中黏粒的含量。新黄土与老黄土粉土含量比较接近。表 4-2 为黄延高速公路 K170＋750～K170＋930 路基左侧高边坡黄土粒组含量统计结果。

不同时代黄土颗粒组成 表 4-2

取样点		黄土时代	不同颗粒粒径的颗粒组成(%)			
			＞0.05mm	0.01～0.05mm	0.005～0.01mm	＜0.005mm
K170＋750～K170＋930	路基左侧	新黄土上部	12.1	62.6	7.8	17.5
		新黄土下部	10.7	60.2	8.5	20.6
		老黄土上部	10.5	56.9	7.0	25.7
		老黄土下部	8.0	56.0	9.7	26.3

(2)黄土的结构特征

富含孔隙是黄土的一大特点，黄土中孔隙的形状，大小与骨架颗粒的接触关系、排列方式及胶结程度有关。黄土的孔隙率或孔隙比是表示黄土密实程度的指标。通过对黄延高速公路路堑边坡黄土的研究发现，不同时代黄土孔隙率的差异很大，最大绝对差值约 1/5。总体上讲，新黄土质地疏松，孔隙率较大，一般介于 47.03%～55.63%，均值约为 51%；老黄土质地相对密实，孔隙率相对较小，一般介于 38.54%～49.52%之间，均值约为 44%；不同时代和沉积环境，黄土层中古土壤的孔隙率变化范围最大，介于 36.22%～51.57%之间，均值约 45%，老黄土中古土壤质地密实，孔隙率一般小于 40%。

胶结物质的成分和性质决定着黄土的强度。粗颗粒矿物是黄土结构的骨架，较细颗粒往往充填在粗颗粒之间，黏土及盐类又充填在粗细颗粒之间起胶结作用。黄土中的胶结物质主要是黏土矿物和碳酸钙，其次为水溶盐和有机腐殖质等。

(3)黄土的天然重度

黄延高速公路路堑边坡黄土的天然重度在不同地层、剖面上存在着较大的差异。黄土的重度随着土体埋藏深度的增加而增大，老黄土的重度明显大于新黄土的重度。

2)土体的力学性质

(1)压缩性及湿陷性

黄土的压缩性能主要由压缩系数和压缩模量来衡量。对黄延公路路堑边坡原状黄土试样进行压缩试验和浸水湿陷试验。每组试样做 8～10 次平行试验，试验数据见表 4-3。由试验结果可以得出以下几点认识：

黄延公路路堑边坡黄土的压缩试验及湿陷性试验指标 表 4-3

取样地点	黄土地质分层	压缩系数 α_{1-2}(MPa−1)		压缩模量 E_s(MPa)		湿陷系数 $\delta_{s2.0}$	
		平均值	变化范围	平均值	变化范围	平均值	变化范围
黄延公路 K170+950 路堑高边坡	Q_3^{eol}	0.08	0.07～0.09	39.9	35.1～43.23	0.005	0.002～0.007
	Q_2^{2eol}	0.06	0.04～0.09	30.72	19.61～43.15	0.002	0.001～0.003
	Q_2^{1eol}	0.043	0.04～0.05	24.31	20.28～25.85	0.001	0.000 8～0.002
黄延公路 K202+170 路堑高边坡	Q_3^{eol}	0.11	0.09～0.12	7.5	3.84～12.96	0.021	0.001～0.003
	Q_2^{2eol}	0.08	0.06～0.11	4.32	3.88～4.65	0.009	0.007 7～0.010
	Q_2^{1eol}	0.06	0.44～0.64	3.90	2.85～4.63	0.006	0.004～0.008
黄延公路 K204+240 路堑高边坡	Q_2^{2eol}	0.128	0.10～0.13	6.44	3.1～14.08	0.003	0.001～0.005
	Q_2^{1eol}	0.09	0.08～0.11	20.58	18.2～31.13	0.001	0.000 9～0.002
黄延公路 K205+800 路堑高边坡	Q_2^{2eol}	0.114	0.1～0.13	17.21	15.26～19.43	0.008	0.007～0.009
	Q_2^{1eol}	0.066	0.06～0.07	28.08	26.55～30.28	0.004	0.003～0.005
黄延公路 K275+075 路堑高边坡	Q_3	0.0925	0.07～0.12	20.61	15.49～26.3	0.006	0.004～0.006
	Q_2	0.051	0.04～0.06	36.30	30.47～45.62	0.001	0.000 5～0.002
黄延公路 K276+010 路堑高边坡	Q_2^{2eol}	0.1	0.08～0.11	20.27	18.02～24.72	0.000 9	0.000 8～0.001
	Q_1^{2eol}	0.065	0.05～0.09	29.75	20.5～36.43	0.000 7	0.000 5～0.001

黄土的压缩系数 α_{1-2} 一般小于 0.1MPa^{-1}，属低压缩性土，地层自新至老，压缩系数逐渐减少，即地层自新至老抗压强度逐渐增大，浸水后，新黄土的湿陷变形量明显大于老黄土的湿陷变形量，这是由于新黄土较老黄土结构疏松，垂直裂隙及大孔隙发育；黄延公路 Q_3 黄土、Q_2^2 黄土的湿陷系数 δ_s(200kPa

压力下)一般不大于0.03,属轻微—中等非自重湿陷性黄土,Q_2^1 黄土的湿陷系数 δ_s 小于0.015,为非湿陷性黄土,浸水后,新黄土的湿陷变形量明显大于老黄土的湿陷变形量。

(2)抗剪强度

为了研究各种条件下黄延公路沿线黄土的强度性状,对沿线典型地段路堑高边坡不同时代的黄土样品进行了直剪固结快剪、直剪快剪、三轴不排水剪和重塑土剪等多项对比试验。由试验结果可以看出:黄延高速公路沿线 Q_3 马兰黄土的内聚力值较低,内摩擦角在不同黄土层中差别不大,一般在18°~26°之间;随着法向应力的增加,黄土的抗剪强度增加;从总体上来看,固结快剪的内摩擦角大于快剪的内摩擦角,快剪的内摩擦角大于重塑土的内摩擦角;三轴试验得出的抗剪强度值明显大于直剪试验得出的抗剪强度值。

3)土体强度与含水率的关系

为了研究黄延公路土体强度与含水率之间的关系,课题组专门在K222+865~K223+035路基左侧路堑高边坡 Q_2 黄土中取样试验。采用快剪法。剪切速率为6r/min,垂向压力分别为50kPa,100kPa,200kPa,300kPa。试样在各级压力下的抗剪强度取峰值强度或应力—应变曲线上变形量为4mm时所对应的强度。整理试验资料见表4-4。

Q_3 黄土直剪试验结果 表4-4

含水率 w(%)	密度 ρ(g/cm³)	c(kPa)	φ(°)
12.6	1.54	59.3	19.9
15.9	1.51	50.5	19.7
17.4	1.51	35.7	19.4
20.0	1.50	28.3	18.9
21.9	1.49	21.3	18.6
23.8	1.51	18.0	18.6

通过线性回归得到 $\ln c$ 和 $\ln\varphi$ 与含水率的关系方程分别为:

$$\ln c = a_1 - b_1 w \tag{4-1}$$

$$\ln\varphi = a_2 - b_2 w \tag{4-2}$$

其中 $a_1=5.4147$,$b_1=0.1061$,相关系数 $R^2=0.9955$,$a_2=3.064$,$b_2=0.0062$,相关系数 $R^2=0.9599$。

强度计算公式为:

$$\tau_f = c + \sigma\tan\varphi \tag{4-3}$$

将式(4-1)、式(4-2)代入式(4-3)中,得到强度随含水率变化的关系式:

$$\tau_f = c + \sigma\tan\varphi = A_1 e^{b_1 w} + \sigma\tan(A_2 e^{b_2 w}) \tag{4-4}$$

式中:A_1,b_1,A_2 和 b_2 为常数,$A_1=e^{5.4147}=224.68$,$A_2=e^{3.064}=21.41$。

故

$$\tau_f = 224.68\times e^{-0.1061w} + \sigma\tan(21.41\times e^{-0.0062w}) \tag{4-5}$$

当用饱和度这一状态量代替含水率时,有 $Se=wG_s$,G_s 为土粒相对密度。

将含水率 $w=\dfrac{Se}{G_s}$ 代入式(4-5),则土的抗剪强度随饱和度变化的关系式:

$$\tau_f = 224.68\times e^{-0.1061\frac{Se}{G_s}} + \sigma\tan(21.41\times e^{-0.0062\frac{Se}{G_s}}) \tag{4-6}$$

第三节 陕北黄土路堑高边坡优化设计

路堑高边坡设计是一项复杂的系统工程,在施工设计中需要对多方面因素进行综合分析。充分考虑黄延公路所在地区地质条件和气象因素条件,在边坡坡比设计中充分考虑防护问题,在安全可靠的基础上，考虑此线路的环境保护和公路养护。对于黄土高边坡的设计，应参考自然边坡坡形，借鉴已建公路的成功经验，以大量的实际调查和计算分析为基础，在充分考虑边坡稳定性尤其是边坡冲刷问题的前提下，结合经济成本和施工技术可行性，进行黄土公路高边坡的坡形设计。

一、路堑高边坡优化设计变量

一个设计方案由若干个变量来确定。在设计过程中始终不变的称为预定参数或常数，在设计过程中进行选择并最终必须确定的各项独立参数称为设计变量或设计参数。设计变量不宜太多，仅取能反映问题的主要矛盾、主要因素作为设计变量，而其他参数先给定，作为常数不参与寻优，以减少问题的规模。

(1)坡形的确定

路堑边坡优化设计，选择合理的坡型是一个主要的内容。合理坡形的标准应是自然稳定边坡坡型，因为自然边坡的形成，是经受了各种自然应力的作用和影响，长期演化形成的结果。常见的边坡坡形有：直线型边坡、滑动型边坡、自然斜坡型边坡、平台型边坡和混合型边坡等五大类，各自的优缺点见表4-5。

黄土边坡形式选择比较表(据冯连昌等)　　表4-5

类型	图例	优点	缺点	适用范围	备注
直线型坡： (1)具侧沟及侧沟平台的直线型坡。 (2)具侧沟直线型坡	a)　b)	坡面平整，易验算，施工简单，不易存水可减少挖方量	坡顶易冲毁，坡面多垂直串沟，如为坚硬土层过于浪费。 坡脚易悬空，坡面风化，掉块落入侧沟	一般低边坡(18m以下)。 一般低边坡(10m以下)	—
滑动线型坡	1:m₁　1:m₂	坡面顶部受水面积小，理论上坡体整体稳定性大	不符合自然历史地层情况，挖方量较自然斜坡大	适用于较高坡，且有地下水出露的情况	—
自然斜坡型坡	1:m₁　1:m₂	符合自然地层历史情况	挖方量大(较滑动线型小)坡面顶部受水面积较大。边坡折点处易受水冲	适用不均质土层，如下部为密实结构的老黄土土层的较高边坡(15～25m)	—
平台型坡： (1)滑动线平台型坡。 (2)自然斜坡平台型坡。 (3)直线平台型坡	1:m₁　1:m₂ a)　b)　c)	减轻坡脚压力，坡体整体稳定性大，截流条件好，可预防小坍块落到线路上	挖方量大，坡面要有排水设备。 平台前后缘易破坏。 加固工程与土层接触处易破坏	适用于不均质土层高边坡和有地下水出露的边坡。 适用于不均质土的下部为密实结构老黄土的高边坡。 适用于均质土层的高边坡	也适用于地震烈度较大地区； 大平台上排水沟一侧需设小平台
混合型坡	1:m₁　1:m₂　1:m₃　1:m₄	满足地层复杂情况的高边坡	坡面变坡折点过多，设计施工复杂	适用于极不均质土层和有复杂的地下水情况下	—

从表 4-5 中可看出，平台型坡是黄土高边坡最适宜的坡形，而平台的宽窄对坡体稳定有较大影响。

(2)平台宽度的确定

为了研究平台宽窄对坡体稳定性的影响，根据黄延公路路堑边坡的实际情况，采用二维有限元对不同坡高和不同宽度的平台进行模拟。为了简化计算，在模拟计算时，设计坡高 30m 和 60m 两种，单级坡高采用 10.0m，网络划分采用四节点四边形单元。从模拟结果可以看出：剪应力的分布是影响边坡稳定性的主要因素，在坡体高度每 30～40m 处设置大平台对改变剪应力重分布有着较大影响，基本能消除坡体上部传递的应力集中。大平台能降低坡脚处剪应力集中，并能合理改变边坡的偏应力及偏应变的分布，有利于边坡的稳定。

根据各个工况模拟结果及黄延公路所在地区的实际情况，当按高度每 30～40m 处设置一大平台，小平台宽度为 3～5m，大平台宽度 10～15m 设计边坡时，基本可消除坡体上部传递的应力集中。

(3)综合坡角的确定

由库仑准则、土体的破坏条件、坡体开挖后的应力、负指数函数的性质以及一些假设条件，推导可确定路堑边坡综合坡角的理论公式为：

$$\theta = \arctan \frac{(1-\sin\varphi)(2-\sin\varphi)}{-\sin\varphi \ln H_0} \tag{4-7}$$

由上式可确定黄延公路路堑边坡的综合坡角，见表 4-6。

由表 4-6 中的对比结果看出，本文计算的结果与文献的推荐值基本一致。由于在公式推导时，充分考虑了土体开挖后的应力变化及其力学性质，使综合坡角设计有了理论基础，避免了盲目性。

黄延公路路堑边坡最佳综合坡角及坡比 表 4-6

边坡高度(m)	内摩擦角(°)	综合坡角(°)	综合坡比	
			本文法	推荐值
30～40	18～25	42～56	1∶0.67～1∶1.11	1∶0.76～1∶1.0
40～50		40～54	1∶0.73～1∶1.19	1∶1.0～1∶1.05
50～60		39～53	1∶0.75～1∶1.23	1∶1.05～1∶1
60～70		37～52	1∶0.78～1∶1.32	1∶1～1∶1.15
70～80		36～51	1∶0.80～1∶1.37	1∶1.25～1∶1.2
80～90		35～49	1∶0.87～1∶1.43	—
90～100		33～48	1∶0.90～1∶1.54	—

(4)单级坡高的确定

坡形确定后，坡面分级(即单级坡高)如何确定，也是设计中要考虑的问题之一，根据西北农林科技大学水利系，采用裂隙圆弧法对已建成大量黄土高边坡进行的稳定分析研究，求得台阶式各单级坡的最大高度为：

$$H_i = \frac{c}{0.11k\gamma} \tag{4-8}$$

式中：c——H_i 边坡范围内土的平均内聚力(kPa)；

k——边坡稳定安全系数 (1.15～1.25)；

γ——H_i 边坡范围内土的平均天然重度(kN/m^3)。

按上式求得黄延高速公路路堑边坡不同内聚力的单级坡高，见表 4-7。

黄延高速公路路堑边坡单级坡高 表 4-7

土质类型	天然重度 γ (kN/m^3)	内聚力 c (kPa)	单级坡高(m)		
			$K=1.15$	$K=1.20$	$K=1.25$
Q_3 黄土	14.9～15.2	19.0～30.2	15.7～20.7	18.6～25.1	20.3～28.4
Q_2^2 黄土	15.7～16.4	22.5～89.3	18.3～35.8	20.9～34.8	25.4～42.9
Q_2^1 黄土	16.5～19.9	25.8～90.1	20.4～43.0	21.8～41.3	28.3～49.6

由表 4-7 可见，当单级坡率为 1∶0.26 时，黄延高速公路路堑边坡 Q_3 黄土的最小安全单级坡高为 15m；Q_2^2 黄土的最小安全单级坡高为 18m；Q_2^1 黄土的最小安全单级坡高为 20m。实际上，设计院在设计黄延公路路堑边坡的坡形时，Q_3 黄土一般设计为 8m，Q_2^2 黄土和 Q_2^1 黄土一般设计为 10m 或 8m，满足安全单级坡高的要求。

二、黄土路堑高边坡优化设计

路堑边坡稳定性问题非常复杂，在以往的边坡设计工作中，对这个问题考虑简单。如对稳定边坡角的确定，往往根据边坡的工程地质条件，采用类比法确定。这种设计思想虽然有一定的合理性，但是并不全面，因为它将十分复杂的边坡稳定性问题过分简单化了，从而不可避免地出现设计过于保守而不经济，或者设计过于经济而不安全。边坡设计的最终目的是使设计方案最经济、最安全，而且技术可行，要求所设计的边坡既满足工程安全性的规定，又能节省投资。这就涉及边坡优化设计问题。所谓优化设计就是在有限的物质条件下，以最小的费用达到预期效果。同时，还要考虑边坡稳定性、抗冲刷性和路容协调美观等要素，最终优选出安全可靠、经济合理及美观环保的边坡合理断面形式。

1.基于最小费用法的路堑边坡优化设计

基于最小费用法的路堑边坡优化设计就是在有限的物质条件下，以最小的费用达到预期效益。其数学原理是在一定约束条件下，将黄土高边坡设计中所需解决问题表达成数学模型，求得最优解(最大或最小)。它包括设计变量、目标函数和约束条件三方面，根据优化模型的三要素，建立黄土高边坡优化设计的模型：

$$\begin{cases} f_{\min}=\left(\int_0^a f(x)\mathrm{d}x-\Delta V_1\right)\times A+P_f\times\left(\int_0^a f(x)\mathrm{d}x-\Delta V_1\right)+\lambda+P_f\times \\ \qquad\left(\Delta V_1+\int_a^b f(x)\mathrm{d}x-\int_0^a px^2\mathrm{d}x\right)\times A+\tau\times P_f\times\int_0^b\sqrt{1+(2px)^2}\mathrm{d}x\times B \\ 0\leqslant P_f\leqslant 0.1 \\ h\leqslant 15 \\ 45^\circ\leqslant\alpha\leqslant 70^\circ \\ 43^\circ\leqslant\theta\leqslant 66^\circ \\ 3\leqslant l\leqslant 5 \\ 10\leqslant l\leqslant 15 \end{cases} \tag{4-9}$$

式中：$f(x)$——自然坡面方程；

P_f——破坏概率；

h——每级坡高；

α——单级坡角；

θ——总坡角；

l——平台宽皆；

λ——无形损失系数；

A——土方量单价；

B——滑塌后的坡面维护费用单价；

τ——维护修复系数。

黄延高速公路 K202+030～K202+170 路基右侧高边坡位于洛川县北西方向黄土塬边的沟谷中，汉寨隧道上行线进口南约 50m。沿线路方向总长 140 余米。线路从该斜坡前部以挖方形式通过，设计最高坡高 64m。该边坡为新老黄土组合型，顶部为 10m 左右的 Q_3^{eol} 马兰黄土，中下部为 Q_2^{eol} 离石黄土，棕黄色，坚硬。

综合考虑滑面维护与修复费用，将 τ 取为 1。参考交工发[1996]610 号文颁发《公路工程预算定额》、《公路基本建设工程概、预算编制办法》，取土单价为 8 元/m^3，浆砌石护坡单价为 127 元/m^3。采用复形调优法进行计算。计算结果为：单级坡比为 0.5—0.5—0.5—0.5—0.5—0.5—0.6—0.75，单级坡高为(8—8—8—8—8—8—8—8)m，台阶宽度为(4—4—4—10—4—4—10—4)m。在优化结果下，总期望造价为 26 707～28 683 元/m，基本造价 26 707～27 165 元/m。

在该方案附近，选择 4 种供选方案，数值代入优化模型，结果见表 4-8。

由表 4-8 可以看出，如果以最小费用为目标函数时，方案 a_3 为最佳方案。

黄延公路 K170＋750～K170＋930 路基左侧路堑高边坡优选方案及其优化结果 表 4-8

坡形				稳定系数	破坏概率(%)	期望造价(元/m)
坡体编号	单级坡率	单级坡高(m)	平台宽度(m)			
a_1	0.5—0.5—0.5—0.5—0.5—0.5—0.6—0.75	8—8—8—8—8—8—8—8	4—4—4—10—4—4—10—4	1.70	0.6	26 707
a_2	0.5—0.5—0.5—0.5—0.5—0.5—0.5—0.5	8—8—8—8—8—8—8—8	4—4—4—10—4—10—4	1.76	0.5	24 000
a_3	0.5—0.5—0.5—0.5—0.5—0.5—0.5—0.5	8—8—8—8—8—8—8—8	4—4—10—4—4—10—4	1.27	1.2	23 527
a_4	0.6—0.6—0.6—0.6—0.6—0.6—0.6—0.6	8—8—8—8—8—8—8—8	3—3—3—12—3—14—3	1.73	0.7	27 168
a_5	0.6—0.6—0.6—0.6—0.6—0.6—0.6—0.6	8—8—8—8—8—8—8—8	3—3—12—3—3—14—3	1.22	1.9	26 448

2. 基于坡面稳定(抗冲刷)的路堑边坡优化设计

(1)坡度的影响

在一定坡长的情况下，地面的坡度愈大，径流速度越大，水流冲刷能力越强，坡面冲刷越强烈。但当坡度超过了一定的界限时，坡面侵蚀量反而随坡度增大而减小。即边坡坡面冲刷存在一个临界坡度。通过试验验证和理论分析可得，坡面冲刷临界坡度为：

$$34.2° \leqslant \theta \leqslant 47.5° \tag{4-10}$$

(2)坡长的影响

坡面长度是影响坡面径流与水流侵蚀产砂过程的重要地貌因素之一。通过对西铜公路黄土边坡坡面冲刷情况的调查发现，当边坡的坡角相同时，单级坡体越高，坡体(即坡长越长)越易形成明显的冲沟，这是因为当假定边界条件沿程不变，坡面流沿程变化律不变，当离分水岭 L 距离的径流深为 h 时，则径流深度的递增率可用下式表示：

$$Z = \frac{\mathrm{d}h}{\mathrm{d}l} \tag{4-11}$$

对任何一点 x 处，坡长 L_x 的径流深度 h_x 为：

$$h_x = \frac{\mathrm{d}h}{\mathrm{d}l} L_x \tag{4-12}$$

也就是说，在坡度一定的条件下，随坡长增加，径流深将不断增加，从而径流所具有的能量将随之增加，其冲刷量亦将愈大。

(3)坡面冲刷损失评价及优化设计

边坡的形态对坡面的稳定也有一定影响。坡角越靠近临界坡度，坡长越小，坡面产生破坏的可能性越小。单宽坡面受冲刷破坏后所需要维护的费用 E 为：

$$E = \lambda A \mid \alpha - \theta \mid \frac{\mathrm{d}h}{\mathrm{d}L} L_x \tag{4-13}$$

式中：E——坡面冲刷损失造价；

α——已知边坡坡角；

θ——临界坡角。

由上式看出，当坡角与极限坡角相等时，坡面不受冲刷影响，当坡角远离极限坡角时，坡面维护费用随着坡角和极限坡角的差值及坡长的增大而增大。

考虑坡面修复费用，按浆砌片石考虑参考交工发[1996]610号文颁发《公路工程预算定额》、《公路基本建设工程概、预算编制办法》，浆砌石护坡单价为127元/m^3，取为1。计算结果见表4-9。按坡面冲刷损失为目标，5种方案的优劣排序为：$a_1>a_3>a_2>a_4>a_5$；按安全可靠为目标，5种方案的优劣排序为：$a_2>a_4>a_1>a_3>a_5$；按最小费用为目标，5种方案的优劣排序为：$a_3>a_2>a_5>a_1>a_4$。

黄延公路K170+750～K170+930路基左侧路堑高边坡优选方案及其优化结果 表4-9

坡形				稳定系数	破坏概率（%）	期望造价（元/m）	坡面冲刷损失（元/m）
坡体编号	单级坡率	单级坡高（m）	平台宽度（m）				
a_1	0.5—0.5—0.5—0.5—0.5—0.5—0.6—0.75	8—8—8—8—8—8—8—8	4—4—4—10—4—4—10—4	1.70	0.6	26 707	1 899
a_2	0.5—0.5—0.5—0.5—0.5—0.5—0.5—0.5	8—8—8—8—8—8—8—8	4—4—4—12—4—10—4	1.76	0.5	24 000	2 220
a_3	0.5—0.5—0.5—0.5—0.5—0.5—0.5—0.5	8—8—8—8—8—8—8—8	4—4—10—4—4—10—4	1.27	1.2	23 527	2 130
a_4	0.6—0.6—0.6—0.6—0.6—0.6—0.6—0.6	8—8—8—8—8—8—8—8	3—3—3—12—3—14—3	1.73	0.7	27 168	3 234
a_5	0.6—0.6—0.6—0.6—0.6—0.6—0.75—0.75	8—8—8—8—8—8—8—8	3—3—12—3—3—14—3	1.22	1.9	26 448	4 450

3.基于主客观权重综合模糊识别的边坡断面优化决策法

黄延公路K170+750～K170+930路基左侧路堑高边坡断面选择中，根据优化计算结果，拟订了五个可行方案，考虑三个定量目标：①稳定系数；②期望造价；③坡面冲刷损失。两个定性指标：④施工难易程度；⑤环境扰动大小。表4-10给出黄延公路K170+750～K170+930路基左侧路堑高边坡各目标的定量的三个特征值。

黄延公路K170+750～K170+930路基左侧路堑高边坡各方案的目标特征值 表4-10

目标	目标特征值				
	a_1	a_2	a_3	a_4	a_5
稳定系数	1.70	1.76	1.27	1.73	1.22
期望造价（元/m）	26 707	24 000	23 527	27 168	26 448
坡面冲刷损失（元/m）	1 899	2 220	2 130	3 234	4 450

（1）确定目标权重

对五个目标进行仔细分析，根据工程的重要性，可给出3个目标。由二元比较排序标度矩阵及有序模糊关系矩阵，得到目标权重：

$$\boldsymbol{W}=(0.3342,0.1429,0.1517,0.1253,0.2459)$$

(2)确定目标相对隶属度

根据目标④的排序一致性标度矩阵、有序模糊关系矩阵得到目标⑤的目标值矩阵，因为稳定性目标稳定系数越大越好，经济性目标越小越好，抗冲刷性目标越小越好，可得方案集目标相对隶属度：

$$\boldsymbol{R}=\begin{vmatrix}0.88 & 1.00 & 0.09 & 0.94 & 0.00\\ 0.13 & 0.87 & 1.00 & 0.00 & 0.20\\ 1.00 & 0.87 & 0.91 & 0.48 & 0.00\\ 0.31 & 0.00 & 0.07 & 0.39 & 1.00\\ 0.33 & 0.13 & 0.00 & 0.52 & 1.00\end{vmatrix}$$

(3)确定方案集优劣排序

取分级数 $c=2$，由于方案间的比较仅在方案集 X 内进行，与 X 外的方案无关，再就是方案评价与优选的相对性，根据模糊优选的相对性，可定义理想方案与负理想方案，用理想方案与负理想方案的目标特征值得到目标标准特征值矩阵，由方案目标相对隶属度，得理想“优”方案，理想“劣”方案，经过 18 次迭代，得到 5 个方案的相对隶属度矩阵，融合主、客观权重的指标权向量，从而得到特征向量 $\boldsymbol{H}=(0.9594\quad 1.00212\quad 1.52655\quad 1.02583\quad 1.03882)$，则黄延公路 K170＋750～K170＋930 路基左侧路堑高边坡最优或最满意方案为 a_1 方案。各个方案优劣顺序为：$a_1>a_3>a_5>a_4>a_2$。

而完全由主观权重 $P=(0.3342,0.1429,0.1517,0.1253,0.2459)$优选得到的方案级别特征值向量为 $\boldsymbol{H}=(1.8321\quad 1.43212\quad 1.332455\quad 1.0383\quad 1.05426)$，从而确定的各个方案优劣顺序为：$a_1>a_2>a_3>a_5>a_4$。

三、黄土路堑边坡不同高度、不同类型路堑边坡的合理断面

结合前人的研究成果，提出黄延高速公路路堑高边坡坡形推荐设计方案，见表 2-14。

第四节　陕北黄土路堑高边坡坡面防护及坡体排水技术

一、路堑高边坡坡面防护技术

1.概述

高边坡坡面的防护问题是黄延公路路堑边坡工程的一个重要组成部分。“防”有预防的意思，指边坡本身存在不稳定的因素；“护”有保护的意思，指边坡本身在开挖后是稳定的，为了不让边坡在大气、雨水作用下被进一步拉槽、切割，或者为了美化景观，或者为了防止因边坡碎落物影响行车安全而采取的措施。坡面防护主要的目的是防治边坡坡面的变形破坏，同时还应有美化路容、协调生态的作用。坡面破坏是指边坡本身稳定性满足要求，但由于边坡坡面常年暴露于自然环境中，在各种自然条件的影响下，使边坡表面土体失稳的现象。针对路堑高边坡坡面破坏等的防护措施，目前还没有统一的行业标准。为了强调绿化及生态保护，按照边坡防护的绿化情况，将适宜于陕北地区公路路堑高边坡坡面防护技术分为植物防护技术、工程防护技术和新型防护技术三大类。

(1)坡面植物防护技术

陕北地区路堑边坡的植物防护形式，主要有种草防护、矮灌木防护、三维植被网、骨架植草防护等方案。(图 4-9～图 4-15)

(2)坡面工程防护技术

陕北地区坡面工程防护技术主要有浆砌片石护面墙、土钉墙或锚索支挡防护及圬工防护等形式。(图 4-16～图 4-18)

a)　　b)　　c)　　d)

图 4-9　黄延高速公路应用的穴播防护技术

a)凿穴;b)远景;c)近景;d)效果图

图 4-10　黄延公路道南隧道口平台小灌木

图 4-11　黄延公路道南隧道口平台低矮乔木

图 4-12　绛帐—法门寺公路路堑边坡植树防护

图 4-13　禹阎良公路路堑边坡植树防护

图 4-14　铜黄某处边坡骨架植草

图 4-15　黄延公路边坡骨架植草施工中

a)

b)

图 4-16　黄延公路边坡护面墙施工中

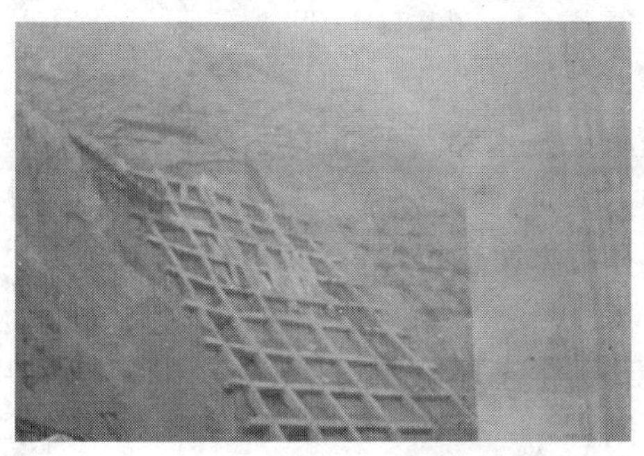

图 4-17　黄延公路 K178＋460 边坡锚索防护

图 4-18　绛法公路 K1＋616 土钉墙护坡

(3)新型坡面防护技术

常用的新型坡面防护技术有土工织物防护技术、液压喷播植草护坡技术、厚层基材喷播技术等。(图 4-19～图 4-22)

a)

b)

图 4-19　黄陵-延安高速公路道南隧道南口叠置式土工格式生态护坡施工图

a)远景;b)近景

a)

b)

图 4-20 黄陵-延安高速公路道南隧道南口叠置式土工格式生态护坡施工图

a)远景；b)近景

图 4-21 铜黄公路 K96 段高边坡液压喷播效果图

图 4-22 西禹高速公路 K173 段厚层基材喷播植草防护

2. 黄土路堑边坡防护技术综合评价

路堑边坡常用的防护方法为植物防护技术、工程防护技术和新型防护技术三大类。这三类防护各有优缺点和适用条件，在针对具体路堑边坡选择防护方案时，要充分考虑工程的地形地貌、土质、水文等具体情况，根据各个防护方案的特点来确定。下面对各类方案进行评价。

(1)植物防护技术

植物防护在增加边坡稳定性、减少水土流失以及改善生态环境方面有着重大的积极作用，同时也应看到，在一定环境、一定条件下，植物防护也有负面作用。

高速公路边坡植物防护工程在我国目前没有成功的经验和定型的模式，更无技术规范可循，也没有专门的设计单位和施工队伍，多依赖于园林部门和高等农林院校，但往往由于高速公路的特殊性，在诸多方面造成了浪费和其他不合理现象。

因此，我们在黄延公路路堑边坡营建植物防护工程的时候，要采用经验结合实际的做法，力求做到选取那些不但适应当地的气候环境和土壤化学及水分条件，还具有很强的抗旱、抗热、抗寒、抗贫瘠和抗病虫害能力，适应粗放管理的护坡植物的优质种子。同时，考虑到边坡工程的特殊性，再从中选取根系发达，须根量大，出芽生长迅速，能在短时间成坪护坡，并能尽快融入当地生物群落的优势种；播种期的选择必须合理。草种萌发需 5℃以上，当温度达到 10℃时，幼苗正常发育。黄延公路所在地区植物生长时间为 3 月中下旬至 11 月上中旬，另外还要避开 7、8、9 月份的雨季。因此施工管理部门应结合施工进度，安排好播种期，保证在 7 月份雨季到来前，边坡的植草覆盖率达到 80%以上。如果采用秋播的方式，则必须保证在气温降至 0℃以前，幼苗长到一定高度，才能安全越冬；播种的方式采取多种属混播。

黄延公路边坡进行植物防护设计首先在护坡物种的选取上遵循“草灌结合、禾本科植物为主、豆科植物为辅”的原则。草灌结合的植被模式常能形成较多的地面覆盖和枯草层，禾本科植物茎叶发达，皆为须根，根系发达，须根量总量大，具有良好的固土能力。禾本科植物根系分布深度一般较浅(1m 左右)，在雨季中容易得到补偿复原。而豆科植物生长过的土壤留有很多根瘤，因此是良好的养地植物。

黄土高原总共分五个区(图 4-23)。倪万魁等总结了各气候区植物特征类型，见表 4-11。

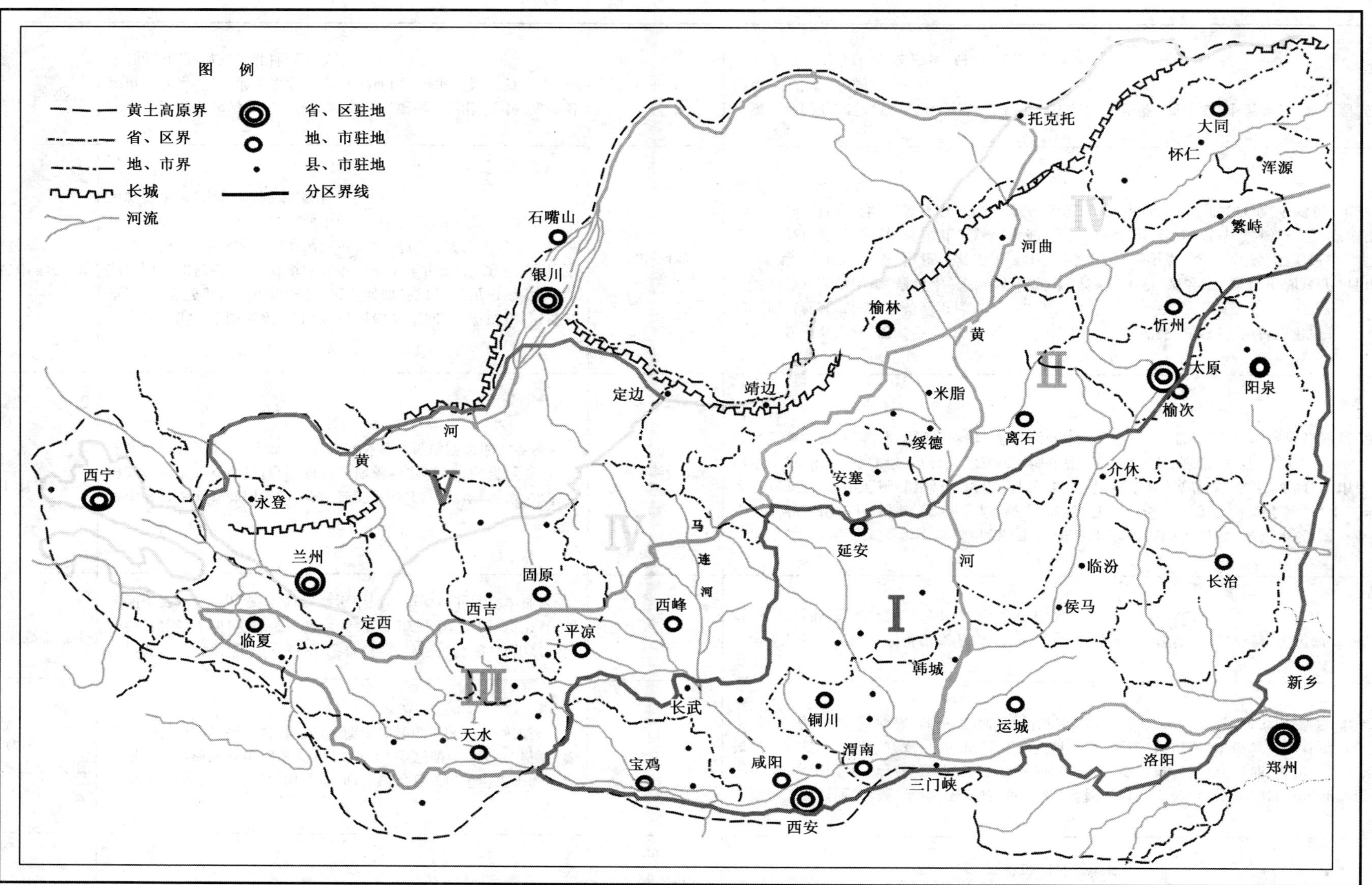

Ⅰ-温暖带半湿润气候区；Ⅱ-温暖带半干旱气候区；Ⅲ-中温带半湿润气候区；Ⅳ-中温带半干旱气候区；Ⅴ-中温带干旱气候区

图4-23　黄土高原植物防护植被分区图

黄土高原各气候区植物特征表

表 4-11

立　地　区	分 布 范 围	年降雨量（mm）	自然或引种主植被
I-温暖带半湿润气候区	本区包括关中平原、汾河谷地，向北到达延安市再沿子午岭东线以南的广大地区及山西太原南部地区，达到偃师、孟津、新安、洛宁、益阳、伊川、嵩县、灵宝、陕县、渑池的局部地区和义马矿区	430～750	侧柏、槐、刺槐、泡桐、香椿、毛白杨、沙兰杨、旱柳、白榆、水杉、紫穗槐、火炬树、迎春树、枸杞、酸枣、黄背草、白草、箭杆杨、15 号杨、尤金杨、臭椿、槐树、柳树、苦楝、楸树、白榆、枣树、花椒、石榴、白腊、辽东栎、麻栎、栓皮栎、油松、白皮松、华山松、山杨、白桦、杜栎、虎榛子、杭子梢、白刺花、沙棘、荆条、酸刺、黄刺梅、扁核木、菅草、狼尾草、大油芒、黑麦草、蒿类
II-温暖带半干旱气候区	包括华池以东，陕西的安塞、志丹、延安、延长、绥德、米脂、佳县、吴堡、清涧、子洲、子长等县的全部，北线由横山、万镇、经兴县、岢岚到达繁峙等县的南部地区，囊括山西境内西山北部广大地区	450～570	旱柳、河蒴尧花、达乌里胡枝子、忍冬、多花枸子、丁香、三椏绣线菊、沙棘、紫穗槐、柠条、柽柳、文冠果、杞柳、蒿类、白羊草、本氏羽茅等
III-中温带半湿润气候区	本区自华池县的西嘴山，经环县王家湾、隆德以南、华家岭，向西沿洮河分水岭到达临夏，往南到达西秦岭北线，往东到达关山，包括康了、广河、和政、小陇山、静宁以及甘肃境内陇东南部全部地区	440～700	油松、侧柏、辽东栎、桦木、沙棘、狼牙刺、虎榛子、山樱桃、山桃、杠柳、文冠果、卫茅、枸子木、黄刺梅、胡枝子、荆条、忍冬、丁香、酸枣、杜梨、白草、马牙草、蒿类、多裂委陵菜、本氏羽茅；山杨、白桦、山毛桃、锦鸡儿、榛子、白蒿、百里香、铁干蒿、黄背草、冷蒿、龙胆；华山松、白皮松、灰枸子、珍珠梅、黄刺梅、锦鸡儿、细叶苔、紫花针茅、茵陈蒿、青杆、青杨、旱柳等； 人工栽培的有：刺槐、泡桐、楸树、臭椿、小叶杨、毛白杨、河北杨、沙兰杨、青杨、槐树、灰楸、白榆
IV-中温带半干旱气候区	本部处于黄土高原东北部，东自山西省大同、浑源以东、西经托克托，沿毛乌素沙漠东界南下，包括河曲、靖边，定边白湾子以南、志丹西部和吴旗全部；甘肃环县全部和华池北部；宁夏固原县的全部和海原、西吉县部分。地貌以梁峁状缓坡宽谷丘陵为主。西部包括青海黄土区，六盘山西麓至西吉、榆中、永靖中庄一线以南，南至临夏东乡、华家岭、靖宁、隆德一线以北	252～430	黄土丘陵有羊草、糙隐子草、本氏羽茅、克氏针茅、扁茎黄芩、甘草、硬质早熟禾； 晋西以沙棘、针茅、蒿类为主； 天然分布的有山桃、扁核木、矮锦鸡儿、柠条、沙棘、丁香、狼牙刺、达乌里胡枝子、百里香、嵩类、大针茅、冰草、短花针茅、翻白草、铁杆蒿、多列委陵菜、龙胆、柽柳、野枸杞； 人工栽培的有：沙棘、锦鸡儿、臭椿、旱柳、柽柳、沙棘、山毛桃、杞柳、青杨、柳等，荒漠锦鸡儿、白刺、针茅、冰草、芨芨草、狼毒、针茅、骆驼刺、柠条、杨树、旱柳、百榆、金露梅、化香、枸子、沙棘等
V-中温带干旱气候区	本区位于靖远、共和、大芦、榆中北部、定远、兰州阿干镇、永靖县城以北乌鞘岭、景泰荣盘水一线以南地区；往东包括宁夏中卫、中宁、同心以及海原大部地区	184.8～204	黄土丘陵有红砂、猫儿刺、盐抓抓、本氏羽茅、针茅、簇蒿、铁杆蒿、小黄菊、三裂艾菊、鹅冠草、芨芨草、白刺； 人工栽培的有槐树、银白杨、白榆、臭椿、旱柳等

(2)工程防护技术

路堑边坡工程防护措施对减轻坡面修建初期的不稳定和侵蚀效果很好,作用非常显著。但还存在一些问题,例如防护工程的设计未从实际需要方面考虑,设计的随意性大,防护工程的设计未从生态环境方面、美观防护性能以及公路安全性等方面考虑,有待于进一步发展。

(3)新型防护技术

新型防护技术是近年来基于现代生物防护技术出现和发展起来的一种边坡防护技术,具有施工简单、速度快、施工质量高、防护效果好、适用性广等特点,具有广阔的推广前景。但基于目前人们对这些技术掌握程度的局限性,有待于进一步试验研究和推广应用。

二、黄土路堑边坡综合防护技术

1.路堑边坡坡面防护工程的选择

选择防护类型时,要充分了解地形、地质、气候条件和防护效果,应选择经济性好及施工方便的最佳防护类型。

由于现代公路的造价相当高,为了节省工程造价,减少后期养护费用,并且消除隐患,达到公路与自然环境和谐,如何选择适宜的边坡防护类型就显得十分重要,同时应对各种边坡防护类型作经济分析比较,从而可选择出既有良好防护效果,又经济合理的护坡类型,并且能获得良好的经济效益。根据赵之胜在黄土区进行的防护方案经济及效果调查对比结果,得到表4-12。从表 4-12 可以看出:

(1)植物生态防护无论是纯植草(木)防护,还是植草(木)与工程防护相结合的混合防护,在经济上均占有明显的优势。如植草防护与浆砌片石防护应用在同一区域内,其单价之比值约为 1∶7,而土工三维植被网垫植草(木)与浆砌片的防护相比较,其单价之比值约为 1∶2,这均说明生态防护在经济是极佳的,因此,在技术可行的前提下,应首选植物综合防护。

(2)各种土工合成材料护坡与纯植物防护在不同地区的工程造价差别不大,而其他防护措施差别较大,应择优选择。

(3)土工织物植草(木)与拱式砌石植草护坡的造价相当,植草(木)护坡工程造价约增加 1.5~2 倍。

(4)从经济的角度出发,一般首先选择最经济的纯植物防护形式,如受地形、土质、坡率等条件的限制时,可依次选择:三维土上网植物防护→拱式砌石植物防护→硅预制块格防护→土工格室植物防护→浆砌片石防护→水泥硅预制块防护→浆砌块石护面墙→挂网喷锚防护。

公路黄土高边坡坡面护坡技术单价一览表　　表 4-12

防护技术		综合单价约	应用范围	
			最大坡率	最多级数
工程防护	挂网喷混凝土,厚 0.08m	100 元/m^2	1∶0.5	不限
	浆砌片石护坡,厚约 0.3m	250 元/m^2	1∶0.3	1~2
	水泥混凝土预制块护坡	60 元/m^2	1∶0.75	不限
	浆砌片石护面,厚约 0.5~1.5m	250 元/m^2	1∶0.3	1~2
	浆砌片石挡土墙,厚约为 1~2m	250 元/m^2	1∶0.3	1
	拱形骨架护坡,厚约 0.4m	30~40 元/m	1∶0.75	1~7
植物防护	平台植树	2~4 元/m^2	—	不限
	湿法喷播	8~10 元/m^2	1∶0.3	不限
	三维植被网植草	25 元/m^2	1∶0.75	不限
	喷混植草,厚约 0.06~0.1m	60 元/m^2	1∶0.3	不限
	客土喷播,厚约 0.03~0.1m	80~100 元/m^2	1∶0.75	不限
	硅预制块格防护	50~100 元/m^2	1∶0.75	不限
复合型生态防护	平铺式土工格室生态护坡	13~15 元/m^2	1∶0.3	1~3
	叠置式土工格室生态护坡	110 元/m^2	1∶0.3	1~3
	绿化板生态护坡	15 元/m^2	1∶0.5	不限

所以,在条件许可的地区应采用植物防护技术或工程与植物防护相结合的技术,同时坡面复合型生态防护技术也是较经济的方法之一,可在黄延公路推广使用。

2.黄土路堑边坡综合防护

单纯的植物防护或者单纯的工程防护,都不能满足高速公路发展的需要,在黄延公路边坡坡面防护设计时,应根据具体情况,采用综合防护技术,利用各个防护技术的优点,达到保护边坡,恢复生态,美化路容的目的。

(1)边坡综合防护的原则和注意事项

①黄延公路路堑边坡综合防护设计应按照"综合设计、就地取材、以防为主、确保施工"基本原则来选择方案。

②路基防护应按照设计、施工与养护相结合的原则,深入调查研究,根据当地气候环境、工程地质和材料等情况,因地制宜,就地取材,选用适当的工程类型或采取综合措施,以保证路堑边坡的稳固。不要轻易取消或减少必要的防护工程措施,而给养护遗留繁重的工作量。

③护坡方法应优先考虑采用植物防护,当土质不宜植物生长及难以保证边坡稳定时,要考虑经济性、施工及效果,采用污工防护或相应的辅助设施。

④对于存在不良地质因素的路堑边坡,应加强路堑边坡防护与支挡加固的综合设计,根据地形地质条件,因地制宜设计必要的边坡支挡措施,如锚索、锚杆、抗滑挡墙、抗滑桩等。

⑤对于喷护、挂网喷护、浆砌片石护坡和护面墙等,应根据边坡高度,设置多级边坡平台,每级边坡高度以8～10m为宜,并在碎落台、边坡平台上设置花坛,种植攀藤植物;可在护面墙表面用水泥混凝土预制块砌筑饰面(浮雕活雕塑、壁画),以达到美化路容和坡面的目的。

(2)黄延公路路堑边坡综合防护方案

根据以上研究,本课题推荐黄延公路路堑边坡的防护方案,见表4-13、表4-14。

黄延公路黄土路堑高边坡防护可行方案 表4-13

<table>
<tr><th>坡高</th><th>坡率</th><th>防护方案</th><th>草种</th><th>树种</th><th>备注</th></tr>
<tr><td rowspan="7"><30m</td><td rowspan="2">1∶1</td><td>三维网植草,排水沟</td><td rowspan="17">沙棘、柠条、柽柳、杞柳、狼牙刺、虎榛子、胡枝子、荆条;冷蒿、西北针茅、锦鸡儿、紫花苜蓿、铁干蒿、沙打旺、黄背草等</td><td rowspan="17">紫穗槐,火炬等</td><td rowspan="17">可在浆砌片石表面做雕塑、浮雕、或涂以彩色图案等</td></tr>
<tr><td>格架植草防护,坡脚防护,排水沟</td></tr>
<tr><td rowspan="2">1∶0.75</td><td>三维网植草,排水沟</td></tr>
<tr><td>浆砌片石护面墙,穴种植草,排水沟</td></tr>
<tr><td rowspan="3">1∶0.5</td><td>浆砌片石护面墙,排水沟</td></tr>
<tr><td>浆砌片石护面墙,穴种植草,排水沟</td></tr>
<tr><td>格架植草防护,坡脚防护,排水沟</td></tr>
<tr><td rowspan="10">≥30m</td><td rowspan="2">1∶1</td><td>三维网植草,浆砌片石护面墙,截、排水沟</td></tr>
<tr><td>格架植草防护,浆砌片石护面墙,截、排水沟</td></tr>
<tr><td rowspan="5">1∶0.75</td><td>三维网植草,浆砌片石护面墙,截、排水沟</td></tr>
<tr><td>浆砌片石护面墙,穴种植草,截、排水沟</td></tr>
<tr><td>浆砌片石护面墙,液压喷播植草,截、排水沟</td></tr>
<tr><td>浆砌片石护面墙,格架植草防护,截、排水沟</td></tr>
<tr><td>浆砌片石护面墙,植树,截、排水沟</td></tr>
<tr><td rowspan="4">1∶0.5</td><td>浆砌片石护面墙,叠置式土工格室生态护坡,截、排水沟</td></tr>
<tr><td>浆砌片石护面墙,穴种植草,平台植树,截、排水沟</td></tr>
<tr><td>浆砌片石护面墙,液压喷播植草,平台植树,截、排水沟</td></tr>
<tr><td>浆砌片石护面墙,格架植草防护,平台植树,截、排水沟</td></tr>
</table>

黄土基岩组合型边坡防护方案 表 4-14

坡高	防护方案	草种	树种	备注
<30m	护面墙,PVC 排水管	沙棘、柠条、柽柳、杞柳、狼牙刺、虎榛子、胡枝子、荆条;冷蒿、西北针茅、锦鸡儿、紫花苜蓿、铁干蒿、沙打旺、黄背草等	紫穗槐,火炬等	可在浆砌片石表面做雕塑、浮雕、或涂以彩色图案等
	护面墙,PVC 排水管,厚层基材喷播植草			
	护面墙,PVC 排水管,栽藤防护			
≥30m	护面墙,PVC 排水管,液压,截、排水沟			
	护面墙,PVC 排水管,穴种植草,平台植树,截、排水沟			
	护面墙,PVC 排水管,厚层基材喷播植草,截、排水沟			

3. 黄土路堑高边坡综合防护方案优选方法

(1)基于熵权的路堑高边坡防护多目标优选模型

前边给出了黄延公路路堑边坡坡面综合防护的可行方案。在确定具体的路堑高边坡防护方案时,要根据边坡所处的位置、土质、水文、决策者的喜好等,综合考虑,选出最优方案。

在边坡防护方案优化决策中,通常存在两方面的问题,一是存在多个评价因素和多个方案,二是有的评价因素具有模糊性,因此很难用经典的数学模型加以统一度量。熵是物质系统状态的一个函数,它表示系统的紊乱程度,是系统的无序状态的量度。经过对评估矩阵计算得出的作为权数的熵权,并不是在决策或评估问题中某指标的实际意义上的重要性系数,而是在给定被评价方案集后各种评价指标值确定的情况下,指标在竞争意义上的相对激烈程度系数。将熵权理论引入路堑高边坡防护多目标优选中,可克服评价因素的模糊性和人们对一个数的理解能力的不确定性。为此,本课题提出了基于熵权的路堑高边坡防护多目标优选方法,对防护方案进行比较和选择,以便得到合理结果。

(2)工程实例

K170+930～K171+095 路基左侧高边坡位于黄陵县桥山镇道南村道南隧道下行线进口北 200 余米,属黄土台塬地貌区,沿线路总长 165 余米,线路从该斜坡前以挖方形式通过,设计最高边坡 56m,见图 4-24。

该边坡为新老黄土组合型,顶部为 16m 左右的 Q_3^{eol} 马兰黄土,棕黄色,稍湿,硬塑,结构疏松,根孔、虫孔发育,具有湿陷性。下部为 Q_2^{2eol} 离石黄土,为该边坡的主体,厚 32m 左右,下部为 Q_2^{1eol} 离石黄土,褐红色,土质较坚硬,见图 4-25。设计图纸提供的设计方案见表 4-15。

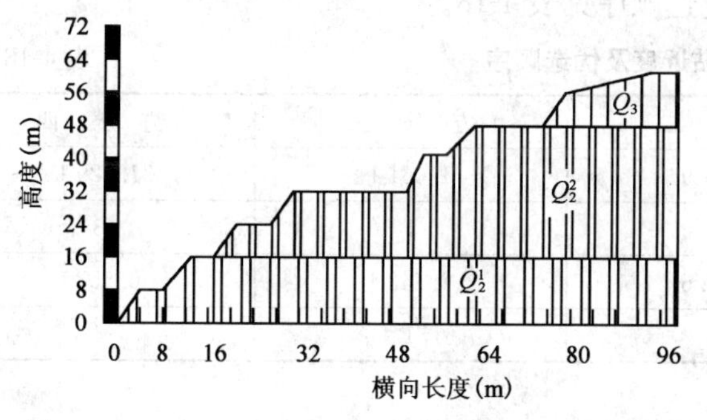

图 4-24 K170+930～K170+095 路基左侧边坡地质剖面图

图 4-25 K170+930～K170+095 路基左侧边坡

K170+930～K170+095 路基左侧路堑边坡设计方案 表 4-15

一级平台			二级平台			三级平台			四级平台		
坡率 n_1	高度(m)	宽度(m)	坡率 n_2	高度(m)	宽度(m)	坡率 n_3	高度(m)	宽度(m)	坡率 n_4	高度(m)	宽度(m)
0.5	8.0	4.0	0.5	8.0	5	0.5	8.0	6	0.5	8.0	20
五级平台			六级平台			七级平台			—		
坡率 n_5	高度(m)	宽度(m)	坡率 n_6	高度(m)	宽度(m)	坡率 n_7	高度(m)	宽度(m)			
0.75	8.0	4.0	0.75	8.0	12	0.75	8.0	6.0			

根据实际该边坡的地理位置、土质情况、水文、气候等情况，按照本课题提出的方法，提出如下4种防护方案。

方案一：浆砌片石护面墙，叠置式土工格室生态护坡，截、排水沟。

方案二：浆砌片石护面墙，液压喷播植草，平台植树，截、排水沟。

方案三：浆砌片石护面墙，穴种植草，平台植树，截、排水沟。

方案四：浆砌片石护面墙，格架植草防护，平台植树，截、排水沟。

每种方案考虑如下6种因素：安全可靠、环境协调、经济合理、技术可行、施工难易、施工工期。故可以认为本问题是一个有6个评价指标、4个评价对象的熵权决策问题。按照各个方案对每个因素的优劣比较，可得方案分析评价表，见表4-16。

方案分析评价表　　表4-16

方案 i / 因素 j	方案一	方案二	方案三	方案四
安全可靠	100	90	80	85
环境协调	60	90	80	70
经济合理	60	70	80	90
技术可行	100	90	70	80
施工难易	80	70	100	60
施工工期	70	60	90	80

根据非模糊评价矩阵、标准化后的规格化矩阵可得各评价指标熵值，见表4-17。

各评价指标熵值表　　表4-17

评价指标	安全可靠	环境协调	经济合理	技术可行	施工难易	施工工期
熵 H_i	0.6894	0.7296	0.7296	0.7296	0.6894	0.7296

故理想点 $P^*=(0.6894, 0.7296, 0.7296, 0.7296, 0.6894, 0.7296,)^T$。

各方案的距离和各方案与理想点的贴近度及优选顺序见表4-18。

各方案的距离、贴近度及优选顺序　　表4-18

方案	方案一	方案二	方案三	方案四
距离	1.1917	1.1019	1.0611	1.1291
按距离的优序	4	2	1	3
贴近度	0.5381	0.5386	0.4424	0.5581
按贴近度的优序	2	3	1	4

根据计算结果，可选择方案三为最优方案。

三、黄土路堑高边坡排水技术

路堑边坡发生变形破坏的一个重要原因，就是边坡排水设施不齐全，排水系统的细节设计不完善。因此，认真做好路堑边坡排水系统的设计是保证边坡安全稳定的前提。路堑边坡的排水和防护，应视土质、周围环境、气候、水文条件等情况，做好排水和防护措施。其原则是以治水为本、综合防护。对水采用疏、截、排等综合措施。路堑边坡排水系统的常规设施包括截水沟、急流槽、边沟和PVC管等。同时，在防护工程中考虑了边坡坡面排水。

1. 边坡排水设施的水文、水力计算

在确定黄延公路路堑高边坡排水设施时，首先要根据水文、水力计算的结果，选择合理的尺寸。

2. 边坡排水设施

(1)边坡截水沟

路堑边坡截水沟按所处位置可分为坡顶截水沟和平台截水沟两种，按照形状可分为梯形截水沟和矩形截水沟两种形式。当自然边坡较缓时，宜采用梯形截水沟；当山体陡峭时，宜采用矩形截水沟。确定断面形式时，必须进行水文计算和水力计算。

坡顶截水沟主要排泄来自坡顶上方的来水。黄延公路路堑边坡坡顶一般情况下较缓或者较平，宜采用梯形截水沟。当路堑坡顶塬面地势较缓时，应在路堑坡顶外设置等腰梯形土埝，根据黄延公路所处的位置的实际情况，确定土埝的设置要素。一般情况下，土埝内坡脚距坡顶 1m，土埝顶宽 1.2m，高 0.4m，压实度要求 90%以上。若路堑边坡坡顶塬面向坡面倾斜，且宽度较大(大于 10m)，应在坡顶外设 0.4m×0.4m 浆砌片石梯形截水沟，截水沟内缘距坡顶一般为 1.5m，沟底铺设防水土工布。如果坡顶塬面汇水面积较大，截水沟截面可适当增大(图 4-26)。

平台截水沟主要是排走坡面及平台上的水，平台应内倾，倾角 2%～4%。平台截水沟的汇水面积为平台截水沟两侧的平台与边坡的水平投影。根据数十条黄土地区公路边坡调查和近年高速公路排水设计经验与教训，黄土高边坡平台上的截水沟衬砌下面应设 10～20cm 灰土或设一层防水土工布，以保证其安全可靠。由于黄土的独特水理特性，边坡截水沟必须具备防渗功能。

边坡截水沟出水口的布置一般应避免沟内水流排入边沟，尽量利用地形，将沟中的水流排入沟所在山坡一侧的自然河、沟中，或直接引到桥涵的进水口处。当与其他排水设施连接时，应平顺衔接，必要时设跌水或急流槽(图 4-27)。

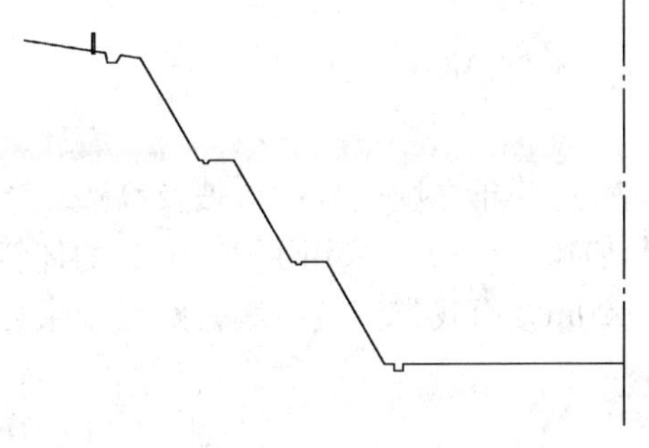

图 4-26　路堑边坡坡顶排水图

图 4-27　边坡截水沟排水

(2)边坡急流槽

黄土高边坡平台上的水应以急流槽的形式排至附近冲沟或路基边沟；当向自然冲沟中排放时，应将水远排，保证对边坡不会造成危害；急流槽采用浆砌片石或预制混凝土块衬砌；当急流槽纵坡坡率陡于 1：1.5 时，应采用金属管，管径大于 20cm。因为急流槽坡度大，修筑在天然黄土上的急流槽易滑脱、破损。因此在设计时应注意下部底座的稳定，或者在急流槽底每隔 2～3m 设凸榫起抗滑作用。急流槽不易太长，必要时可设多级消能，底部设置消力池以减轻水流冲刷。

(3)边坡坡脚边沟

边坡坡脚边沟兼有排边坡和路面水流的作用。一般情况下，边沟的断面形式为梯形、矩形和三角形三种。梯形断面能满足较大的流量，但是需要占用较多的面积。黄延公路线路几乎布设在狭窄的沟道，横向宽度有限，因此，更适合矩形和三角形两种形式。三角形断面在靠路面的一侧坡度应尽量缓，当行车进入边沟范围时，较缓的坡度保证了行车安全。黄延公路的三角形断面较缓的一边坡率一般为 1：4 (图 4-28)。但是三角形断面的泄水能力比较小。当设计径流比较大时，可考虑矩形断面，在设计时应在坡脚留碎落台，碎落台宽度应大于 50cm，黄延公路预留的碎落台为 200cm(图 4-29)。养护中要经常检查清除。

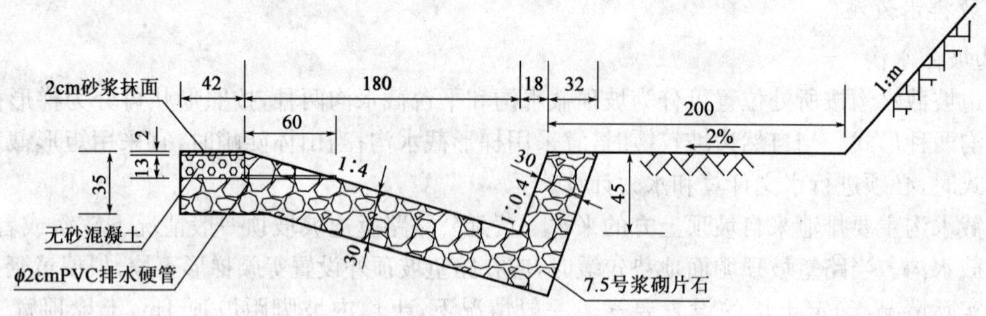

图 4-28　黄延公路常用的三角形断面

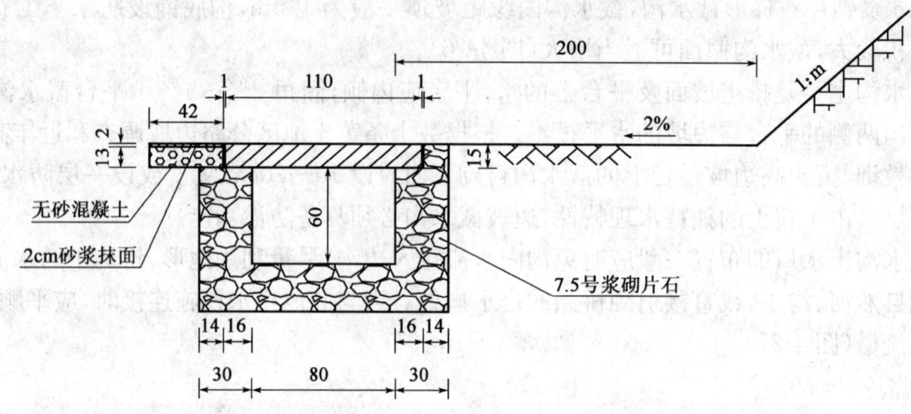

图 4-29　黄延公路常用的矩形加盖板断面形式(尺寸单位:cm)

(4)边坡仰斜排水孔排水

仰斜排水孔排水作为一种经济的坡体内部地下排水方法,近些年在国内外的滑坡及高边坡治理工程中得到了广泛应用。据报道,仅在美国加利福尼亚州,从 1940～1980 年采用了 30 万 m 的仰斜排水孔;在日本地附山一处滑坡治理中,仰斜排水孔总计达到 8 400m。而我省铜黄一级公路在十余处滑坡及高边坡段,使用的仰斜排水孔累计长度约 12 000m。

(5)骨架护坡排水

骨架护坡往往与植物和干砌片石相结合,即窗孔内种植草和乔木,或用干砌片石填塞,为了防止大量雨水进入孔窗,造成坡面破坏,在骨架处设计成凹槽,排走大量雨水。

第五节　小　结

为确保黄延公路路堑高边坡稳定性,对其高边坡特点、地质构造进行分析,并通过优化设计与边坡防护,给出了黄土路堑高边坡综合防护方案,得出以下研究结论:

(1)黄延高速公路高大于 30m 的高边坡共 38 处,高度集中在 30～59m,高度 60～79m 的边坡也较普遍,最高的边坡为 K170＋900～K171＋042 道南隧道进口边坡,高度达 90m。黄延公路边坡皆为台阶型,20～30m 边坡为二级或三级开挖,大于 30m 者为多级开挖,最多可大十级。坡高越高,综合坡率越大。

(2)黄延高速公路路堑高边坡结构模型可划分为如下 6 类地质结构模型:Q_3 黄土＋Q_2 黄土组合型边坡、Q_3 黄土单一型边坡、Q_2 黄土单一型边坡、Q_3 黄土＋Q_2 黄土＋泥岩组合型边坡、Q_3 黄土＋Q_2 黄土＋泥岩＋砂岩组合型边坡、Q_3 黄土＋Q_2 黄土＋砂岩组合型边坡等。

(3)黄延高速公路边坡的黄土颗粒成分主要由砂土粒组(粒径＞0.05mm),粉土粒组(粒径 0.005～0.05mm)与黏土粒组(粒径＜0.005mm)组成。边坡新黄土质地疏松,孔隙率较大,一般介于 55.63%～

47.03%；老黄土质地相对密实，孔隙率相对较小，一般介于49.52%～38.54%之间；黄土层中古土壤的孔隙率变化范围最大，介于51.57%～36.22%之间，老黄土中古土壤质地密实，孔隙率一般小于40%。新黄土的天然重度一般为(14±0.6)kN/m^3；离石黄土的天然重度一般为(16.5±1.05)kN/m^3；古土壤的重度变化范围在(16.7±2.52)kN/m^{3}之间。黄土的重度随着土体埋藏深度的增加而增大，老黄土的重度明显大于新黄土的重度。

黄延高速公路边坡黄土的压缩系数a_{1-2}一般小于0.1MPa^{-1}，属低压缩性土，地层自新至老，压缩系数逐渐减少，即地层自新至老抗压强度逐渐增大。Q_3黄土、Q_2^2黄土的湿陷系数δ_s(200kPa压力下)一般不大于0.03，属轻微一中等非自重湿陷性黄土。Q_2^1黄土的湿陷系数δ_s小于0.015，为非湿陷性黄土。

黄延高速公路沿线Q_3马兰黄土的内聚力值较低，为(23±3)kPa，Q_2^2离石黄土和Q_2^1离石黄土的内聚力分别为(40±22)kPa和(45±25)kPa，内摩擦角一般在18°～26°之间。

(4)黄延公路线路严格的技术标准、横向布置及所处的地理位置决定了黄延公路路堑边坡的普遍性。同时，黄延公路路堑边坡不同于水利水电边坡、矿山边坡及铁路路堑边坡，有着公路路堑边坡的可变性、简单性、永久性、安全性、环保型、动态性、地域性及附属性等特殊性特点；同时，黄延公路路堑边坡的地理位置，决定了路堑高边坡集中，数量多，高度大；多级放坡，留有平台；土质非均一，一般为多层结构；结构面较少，存在的原生节理与线路正交或斜交等几何特殊性特点。

(5)通过线性回归得到黄延公路土的抗剪强度随含水率变化的关系式：

$$\tau_f = 224.68 \times e^{0.1061w} + \sigma\tan(21.41 \times e^{0.0062w}) \tag{4-14}$$

当用饱和度这一状态量代替含水率时，有土的抗剪强度随饱和度变化的关系式：

$$\tau_f = 224.68 \times e^{0.1061\frac{S_r}{G_s}} + \sigma\tan(21.41 \times e^{0.0062\frac{S_r}{G_s}}) \tag{4-15}$$

(6)黄延公路路堑高边坡的变形破坏形式主要为坡体变形及坡面变形两类。坡面变形占黄延公路路堑边坡的变形破坏的大部分，主要表现为坡面冲蚀、面状剥落。仅在局部路段见有小型滑塌及少数滑坡等坡体变形破坏。面状剥落主要产生于古土壤出露的坡面；冲蚀沟和落水洞在新黄土组成的坡面多见，在老黄土组成的坡面上较少；坍塌主要受黄土中普遍发育垂直节理控制，当坡面走向与节理走向近于一致时，边坡常发生局部坍塌。

(7)台阶对边坡安全系数的影响是随着台阶宽度的增大而增大。在平均坡率一定的情况下，边坡按平均坡率计算的安全稳定系数一般小于按实际坡形计算的安全稳定系数值，其偏小量一般在10%以下。台阶的位置设在坡高的中部最有利于边坡的整体稳定性。

(8)提出的基于可拓工程法的边坡稳定性评价，是从定性和定量两个角度去研究解决矛盾问题的规律和方法，弥补了定量评价方法的不足，使评价结果更符合实际。

(9)黄延公路路堑高边坡稳定的边坡有14处，较稳定的有12处，一般稳定的有7处，较不稳定的有5处，若采用直剪固结快剪试验方法得到的参数进行计算，采用圆弧法计算的稳定系数大于1.3的有22处，大于1.2的有33处，小于1.2的有5处；采用裂隙法计算稳定系数大于1.3的有22处，大于1.2的有33处，小于1.2的有5处。采用本课题法计算的稳定系数大于1.3的有14处，大于1.2的有26处，大于1.1的有33处，小于1.1的有5处。黄延公路38处路堑高边坡大多数处于稳定或较稳定状态，有5处高边坡处于较不稳定状态，这些边坡的稳定系数皆大于1，最小的为1.01。对这些边坡在坡面防护的同时，加强支挡防护，增大平台宽度后，皆能满足稳定性要求。

(10)平台型坡是黄土高边坡最适宜的坡形，而平台的宽窄对坡体稳定有较大影响。当按边坡高度每30～40m处设置一大平台，小平台宽度为3～5m，大平台宽度10～15m设计边坡时，基本可消除坡体上部传递的应力集中。

(11)根据力学原理及能量守恒原理，建立了路堑边坡综合坡角的理论公式，并应用该公式，确定了黄延公路路堑边坡的综合坡角。由于本文法在公式推导时，充分考虑了土体开挖后的应力变化及其力学性质，使综合坡角设计有了理论基础，避免了盲目性。

(12)黄延高速公路路堑边坡 Q_3 黄土的最小安全单级坡高为 15m;Q_2^2 黄土的最小安全单级坡高为 18m;Q_2^1 黄土的最小安全单级坡高为 20m。设计院在设计黄延公路路堑边坡的坡型时,Q_3 黄土一般设计为 8m,Q_2^2 黄土和 Q_2^1 黄土一般设计为 10m 或 8m,满足安全单级坡高的要求。

(13)通过确定黄延公路路堑边坡优化设计的设计变量、目标函数和约束条件,建立了基于最小费用法的路堑边坡最优化设计模型,将 Fiessler 提出的可靠度计算法用于黄土高边坡可靠度计算,该方法与标准化变量一起使用,比 JC 法更为方便。通过室内外冲刷试验,结合理论分析,建立了基于坡面稳定(抗冲刷)的路堑边坡优化设计模型。为了综合考虑路堑边坡的安全性、经济性及抗冲刷性等因素,提出了基于主客观权重综合模糊识别的路堑边坡合理断面优化决策法,该模型有效地组合了主客观权重,能得到较为客观且系统的不同情况下的优化决策结果。该模型避免了决策或评价结果的主观随意性,减少了目标的客观权重与实际情况之间的误差。

(14)根据优化设计计算结果,得出了满足安全性、经济性及抗冲刷性的黄延公路路堑边坡最佳边坡设计方案。

(15)适宜于黄延公路路堑高边坡坡面防护技术分为植物防护技术、工程防护技术和新型防护技术三大类。植物防护技术主要有种草防护、矮灌木防护、三维植被网、骨架植草防护等方案;坡面工程防护技术主要有浆砌片石护面墙、土钉墙或锚索支挡防护及圬工防护等形式;新型坡面防护技术有土工织物防护技术、液压喷播植草护坡技术及厚层基材喷播技术等。

(16)提出黄延公路路堑高边坡防护可行方案。在这些可行方案中,决策者可按本课题提出基于熵权的路堑高边坡防护多目标优选方法,找出适合具体路堑边坡的防护方案。该优选方法能很好地反映人们对一个方案的理解能力的不确定性,可以在只有判断矩阵而没有专家权重的情况下确定出可信度较高的优选方案。工程实例表明本方法排序结果准确、可操作性较强,具有一定的推广价值。

(17)路堑边坡的排水和防护,应视上质、周围环境、气候、水文条件等情况,做好排水和防护措施。其原则是以治水为本,综合防护。路堑边坡排水系统的常规设施包括截水沟、急流槽、边沟和 PVC 管等。同时,在防护工程中考虑了边坡坡面排水。

(18)黄延公路路堑边坡坡顶一般情况下较缓或者较平,宜采用梯形截水沟。当路堑坡顶塬面地势较缓时,应在路堑坡顶外设置等腰梯形土埝。一般情况下,土埝内坡脚距坡顶 1m,土埝顶宽 1.2m,高 0.4m,压实度要求 90%以上。若路堑边坡坡顶塬面向坡面倾斜,且宽度较大(大于 10m),应在坡顶外设 0.4m×0.4m 浆砌片石梯形截水沟,截水沟内缘距坡顶距离一般为 1.5m,沟底铺设防水土工布。如果坡顶塬面汇水面积较大,截水沟截面可适当增大。

(19)黄土高边坡平台上的截水沟衬砌下面应设 10~20cm 灰土或设一层防水土工布。边坡截水沟一般采用浆砌片石修筑,浆砌厚 20~30cm,断面尺寸根据流量计算确定。浆砌片石顶端不得高于地表面(一般略低),在衬砌片石之前,应对土体疏散部位拍实或者夯实,压实度要求 90%以上。在开挖时应尽量避免对天然黄土结构的破坏。边坡截水沟出水口的布置一般应避免沟内水流排入边沟,尽量利用地形,将沟中的水流排入沟所在山坡一侧的自然河、沟中,或直接引到桥涵的进水口处。当与其他排水设施连接时,应平顺衔接,必要时设跌水或急流槽。

(20)排水沟端部(特别是出水口)设计时.应考虑设置跌水、急流槽、水簸箕等以降低高差,减小水能,尽可能减少冲刷。应尽可能地避免将边坡上的水排到边沟中,最好通过急流槽排到边坡两侧的天然沟谷或者公路桥涵处。

(21)黄延公路线路几乎布设在狭窄的沟道,横向宽度有限,因此,路堑边坡坡角边沟更适合矩形和三角形两种形式。三角形断面在靠路面的一侧坡度应尽量的缓,当行车进入边沟范围时,较缓的坡度保证了行车安全。黄延公路的三角形断面较缓的一边坡率一般为 1∶4。当设计径流比较大时,可考虑矩形断面,为了保证行车安全,可以在矩形断面上加盖板。但是矩形加盖板形式边沟易被泥沙淤塞,因此在设计时应在坡脚留碎落台,碎落台宽度应大于 50cm,养护中要经常检查清除。

第五章

黄土沟壑路段路基防排水技术

水是路基路面产生破坏的关键因素之一，无论是对于黄土沟壑路段湿软地区的处治、路基边坡剥落的防护、确保高边坡的稳定性、还是保障路基自身的稳定性和路面的平整性，路基防排水都非常关键，而黄土路基因黄土沟壑区水文地质及土质特点，针对性地提出合适的防排水技术显得尤为重要。

第一节　黄土沟壑地区水文地质特征及其对路基的影响

一、黄土沟壑区水文地质特征

1. 气象水文条件

如第一章表 1-2，黄土沟壑区属大陆性气候，年平均降水量随地区不同而不同，且年降水量因受季风的影响，同一地区不同年的降水量差异也很大。据资料记载，每 3～4 年出现一次由干旱到丰水期的周期循环。在局部地区，还随地形的增高及森林区而增大。具体平均降水量分布如图 5-1 所示。

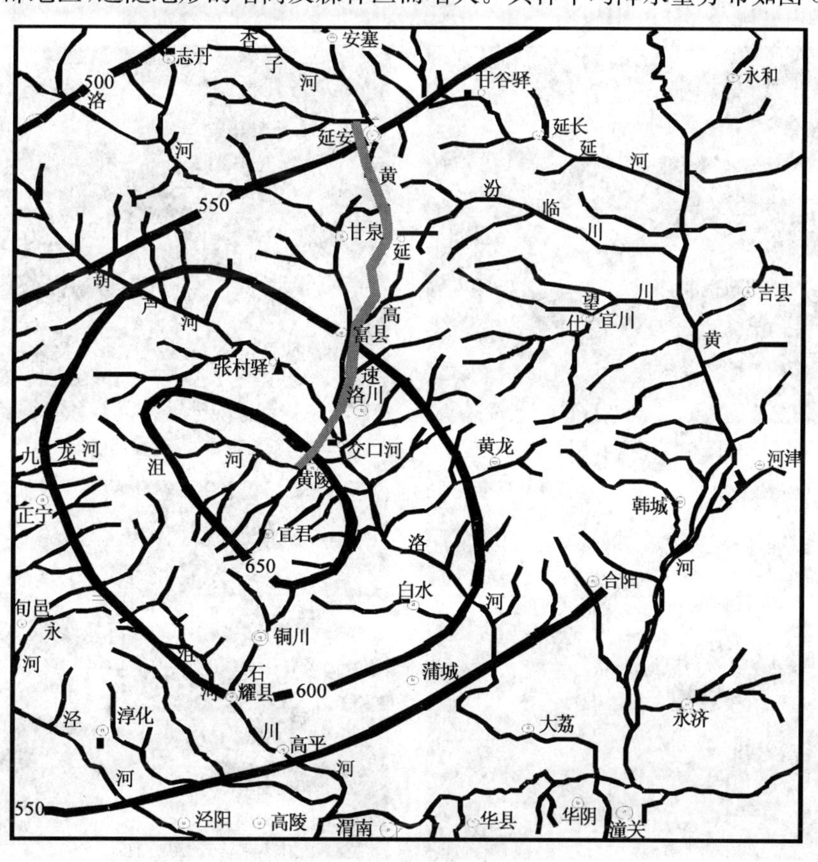

图 5-1　延安地区多年平均降水量等值线图

在黄土沟壑区，暴雨的发生频率高，造成的水土流失严重，对路基排水构造物造成的危害也最大，应引起高度重视。有学者对黄土地区的暴雨频率进行了分析归纳，得出陕西省北部黄土地区年均暴雨3～5次，几乎每年都有暴雨发生，最多年发生暴雨10次以上。

2. 入渗及径流形成

降落在地表的雨水有5种变迁方式：入渗、地表径流、植物截留、洼地填蓄和蒸发。虽然黄土地区蒸发作用强烈，但在历时很短的一次暴雨中，相对产生的径流量而言，蒸发量可以忽略不计。对于植物截留，大量的观测资料表明，一次降雨的截留量不超过10mm，暴雨时则更小，由于黄土沟壑区降雨多以暴雨形式出现，且沟壑区地表植被覆盖厚度较小，产流分析时，植物截留量也可不予考虑。就路基防排水而言，最关心的是降雨引起的路基冲刷和下渗引起地下水位抬高，导致路基湿软等损害。至于径流产生前的洼地填蓄最终会通过蒸发或下渗转化。因此，入渗和地表径流是黄土沟壑区路基防排水研究真正关心的问题。

黄土沟壑区土壤表层处于强烈的非饱和状态，降雨后，在吸力和重力的双重作用下，水会迅速下渗。入渗影响因素主要有：自然沟坡植被覆盖情况、降雨强度、降雨历时、填土性质、填土初期含水率、压实度、路面结构类型及状况、排水情况、边坡坡率等。黄土沟壑区产流一般以超渗产流为主。流域的下垫面因素可能直接对径流产生影响，也可能通过影响气候因素间接地影响径流。这些因素包括地形、地质、土壤、植被，流域中的湖泊、沼泽、湿地，以及流域大小、形状等。流域地形主要通过影响气候因素对径流发生影响。比如，山地对于水气运动有阻滞和抬升作用，使山脉的迎风坡降水量和径流量大于背风坡。

二、黄土沟壑区路基排水设施病害类型及产生原因

1. 排水设施病害类型

工程调查发现，黄土沟壑区路基排水设施病害主要有以下几种：沟渠淤积（图5-2）；沟渠冲刷（图5-3）；加固面开裂（图5-4、图5-5）；出水口冲刷、淤积（图5-6、图5-7）；沟壁断板、沉陷（图5-8）；沟帮一侧与周围土体分离（图5-9）；溢水（图5-10）。

图5-2　沟渠淤积

图5-3　沟渠冲刷

图5-4　浆砌片石沟壁加固面开裂

图5-5　混凝土沟底加固面开裂

图 5-6 出水口直接冲刷边坡

图 5-7 出水口淤积

图 5-8 沟渠基底不密实易造成断板或沉陷

图 5-9 急流槽沟帮与周围土体分离

图 5-10 截水沟与急流槽连接处断面急变

2.排水设施病害产生原因

导致排水构造物病害的原因主要有：

(1)边沟设置长度不符合要求，边沟出水口间距过长，边沟纵坡设置不合理。

(2)由于拦水带与急流槽单独施工，施工质量控制不严时，会造成连接部位排水不顺畅或产生开裂。

(3)该设置截水沟的地方未设置或设置数量过少、设置位置不当；截水沟与其他排水设施连接不顺畅，整体上未形成系统，导致滑坡或坍塌。

(4)沟渠加固面接缝处理不好(如浆砌片石沟缝不饱满，抹面不密实)，沿接缝渗入的水引起黄土湿陷，最终导致排水沟槽失去支撑而变形、断裂。使用不合格的加固材料，砌筑用的片石风化；砌筑砂浆强度达不到要求等，引起加固面开裂。

(5)沟渠基底黄土过于疏散或存在湿软地基，未做任何处理或压实度不够，工后因不均匀沉降以及冻胀等作用致使构造物破裂、塌陷。

(6)排水构造物入口和来水方向不一致,或入口过小,导致部分洪水不沿沟槽流动,而是冲刷外侧黄土。沟渠设计断面尺寸小,泄水能力不能满足要求;沟渠淤积,减小了有效过流断面;弯道处沟渠超高过小,水流在离心力作用下溢出沟渠。

(7)排水构造物出口被破坏,这是最常见也是最难解决的技术问题。

3.排水设施病害防治措施

针对上述破坏方式,结合工程经验和黄土沟壑区特点,提出以下几个防治技术措施:

(1)底部夯实。在土体节理发育、风化严重,特别是自重湿陷性黄土分布区,开挖后应按规定将沟壁和沟底夯实或拍实,必要时在翻夯土中加适量白灰,以增强效果。自重湿陷性黄土应在泡水后翻夯。此法不需要大量的材料。夯实机械用小型电夯或人工拍实,经过简易处理后铺砌的排水沟槽稳定性增加,有少量渗水时也不会产生湿陷变形。为防止路基边沟下沉变形,造成边沟水下渗,在路基边沟开挖成型后,可分层摊铺 3∶7 灰土夯实,再填筑砂砾垫层,铺砌预制混凝土块边沟。

(2)沟渠加固。沟渠加固一般采用浆砌片石和混凝土衬砌。浆砌片石造价较低,在石料丰富的地区较为适用,片石质量应满足规范要求,因浆砌片石接缝不规则,勾缝质量要求高,糙率易受片石加工质量影响,抗冲能力低于混凝土衬砌。混凝土衬砌分就地整体式浇筑和预制板装配两种。前者接缝少,造价低,防渗效果好,耐久性强。而后者因接缝多,抗冻性差,易于破坏,有时整段鼓起滑下。混凝土衬砌的防渗效果,关键是伸缩缝及施工缝的处理。

(3)塑料薄膜防渗。采用塑料薄膜(聚氯乙烯)防渗可减少渗漏 90%~94%。由于塑料薄膜易被尖棱石块等刺破,以及在承受水、土压力时因没有局部约束而易被挤破,因此,最好采用复合土工膜防渗(一布一膜、二布一膜或加筋复合土工膜)。复合土工膜抗拉、抗剪、抗渗强度均较高,具有抗老化、抗顶破、承受一定的变形、应变能力较强、低温性能良好等特点,但造价比较高。由于公路排水沟渠为间歇式过水,通过设计流量或大流量的时间很短,故可采用半铺式,即渠底全铺,渠坡铺膜高度为正常水位的 1/3~1/2,同样能达到较好防渗要求。

(4)进水口处理。各种排水构造物的进水口必须与水流方向一致,使水有来路。小桥涵进口必须铺砌,并有适当的导流和消能构造物。在地形特殊易滞水的地段,若黄土疏松、湿陷、有陷坑时,应重点处理。办法是:深开挖、分层回填夯实,引水入涵,使流水不能下渗造成路基沉陷、塌陷。

(5)出口处理。涵洞、急流槽、排水沟等出口处理是黄土山区排水设计的一个难点,处理不当造成的病害非常普遍。根据现场调查,结合黄土山区地形、地质等特点,提出如下几种处理方法:挑流或射流出口、消力池减冲、挖排水渠将水引入深沟,即所谓"远接远送"。

(6)沟壑路段受地形限制或景观要求,边沟或排水沟断面不能增加,而径流量较大时,可设置截水沟以减小汇水面积。

三、地表水、地下水对路基的影响

1.地表入渗水的影响

入渗除了在降雨前期发生外,还会因地表积水及排水设施渗漏在降雨结束后继续发生,入渗水向路基土迁移过程中,将会降低路基土的回弹模量,改变路面结构层层间结合状况,导致荷载作用下路表弯沉和基层底基层拉应力增加,加速路基路面的损坏。表 5-1 及表 5-2 给出了路基回弹模量和地表弯沉随含水率的变化。

路基回弹模量随含水率变化 表 5-1

压实度(%)	含水率(%)	路基回弹模量(MPa)
95%	5.0	223
	8.5	106
	12.6	45

续上表

压实度(%)	含水率(%)	路基回弹模量(MPa)
99%	5.0	325
	8.5	142
	12.6	86

路表弯沉随含水率的变化　　表 5-2

项　　目	实 测 点	路基土含水率(%)		
		5.0	8.5	12.6
路表弯沉值(0.01mm)	1	14	19	39
	2	16	23	41
	3	19	24	43
	4	21	25	45

由表 5-1 可知，在相同压实条件下，路基回弹模量随含水率增加而减小，在压实度为 95%，含水率由 5%增大到 12.6%，路基回弹模量减小 80%，在压实度为 99%，含水率由 5%增大到 12.6%，路基回弹模量减小 74%；压实度的增加可以增强抵抗水蚀的能力。由表 5-2 可知，在标准轴载作用下，路表弯沉值随土基含水率的增加而增大，当路基土含水率从 5%增大到12.6%时，路表弯沉值可增大 179%。

2.地下水的影响

黄土沟壑区地下水主要赋存于河谷砂卵砾石层、黄土和砂泥岩互层中，按含水介质和埋藏条件划分，含水岩组分为冲洪积砂卵砾石孔隙潜水含水岩组，更新统风积黄土孔隙裂隙潜水含水岩组，中生界碎屑岩孔隙裂隙潜水及承压含水岩组。地下水主要靠大气降水补给，黄土台塬和梁峁是地下水的径流区，沟壑水系为地下水的主要排泄通道。地表水特别是支沟及冲沟中的常流水，都是由地下水补给而来，多数以泉再汇集成流。

地下水对路基的作用表现为渗入，并引起土的湿度改变，同时伴随土层应力状态的改变。之后，可能带来路基土的沉陷、边坡滑动等病害。与之有关的现象有：湿陷、浸没、滑坡、冻胀、路基土含水率增大等。

第二节　黄土沟壑路段路基防排水设计与施工评价

公路排水系统是由各种拦截、汇集、拦蓄、输送、排放地表水和地下水的排水设施和构造物组成的总体。黄土沟壑路段路基防排水的设计原则是：整体规划，综合设计，最大限度发挥各排水设施的功能和作用。有效拦截，快速排除，顺畅衔接，防冲防渗。有效拦截是前提，是避免路基水害的关键；尽快将路基范围内的水排除，是保证路基稳定的关键；各个排水设施的顺畅衔接、防冲防渗是确保整个排水系统的有效的关键。路基防排水的目的是保证路基干燥、稳定的措施和防护加固的最终目的一致。因此，要注意排水与防护、加固工程的结合。

一、路基防排水施工评价及技术措施

1.路基防排水施工评价

(1)由于拦水带与急流槽单独施工，常因施工质量控制不严，造成连接部位排水不顺畅或产生开裂。急流槽布设位置不当，没有起到排水效果，急流槽的进水口与沟渠泄水口之间的喇叭口式联结处压实不均匀及不充分，并且缺乏必要的防护；出水口缺乏消能设施，致使出水口周围坡地形成冲沟。

(2)排水设施采用浆砌片石防护，虽然施工较为方便，能适应边沟断面的变化，但是还存在不少问题，如：①工程质量难以得到保证，石料质量、砂浆饱满程度、砌筑厚度完全受人为因素影响，很容易由于管理的疏忽造成质量隐患；②施工速度较慢；③由于片石形状粗糙，预留缝很难达到设计要求，而且填缝时也很难做到密实，不能保证其整体封闭性；④机械化程度几乎为零等。因此，在技术经济论证的基础上，可采用混凝土预制块来砌筑排水构造物。

(3)各种沟渠进水一侧的沟壁上方应保证光滑平顺，沟壁以外表层土应适当夯实，这是施工中容易忽略的问题。要避免沟壁高出原地面，否则会使地表汇水不能顺利进入截水沟，还会使水流渗入沟渠下部，引起加固圬工体的破坏，影响路基或边坡的稳定。

(4)填挖方分界处兼作施工便道时，由于施工机械的碾压变得密实光滑，如果后期土方补填处理不当，会在该处形成一个滑动面。若挖方边沟与填方排水沟选在该处，很容易由于路基土不均匀沉降和滑移造成水沟开裂，沟内水由裂缝渗入土体，引发路基或边坡病害。所以，在土方补填时，将施工机械压实的土体重新翻松，与新填土一同压实。

(5)路基施工前应先做好截水沟、排水沟等排水设施。若挖方边坡存在失稳隐患，截水沟应建在山体稳定的位置。这样，既能截流，又不因山体滑塌而破坏。在雨季施工应注意避免沟渠基底浸泡。

(6)山脚处涵洞开挖时，施工单位从经济角度考虑，往往垂直开挖山体，只留有洞口砌筑的八字墙或一字墙的位置，破坏了山体的结构稳定。受雨水冲刷时，塌下来的泥土易造成洞口淤积，影响水流畅通。

(7)涵洞出口无排水沟，水直接进入弃土场易造成水土流失(黄延公路K191+460)。涵洞出口铺砌长度不够，流水横穿公路(黄延公路K191+755)。涵洞路堑顶未设急流槽引水，导致水流冲刷边坡(黄延公路K192+242)。

(8)现场考察表明，部分路段设置盲沟后未达到预期效果，坡脚积水但横向盲沟出水口渗水量不大，有的甚至断流。

(9)工程中一般规定，施工过程中出现地下水的地段设置渗沟等地下排水设施。但是，当实际施工处于一年中地下水位最低的季节时，如观察不仔细，一些细小的潜流很容易被忽视，施工当时水量很小，随着时间的推移，季节的变换，路基中的含水率逐渐增多，由于未设置地下排水设施，原有的水流通路被堵塞，导致路基土体软化。因此，施工单位在施工前必须对排水设计进行现场核对。

2.路基防排水施工技术措施

路基防排水工程在施工过程中应根据实际地形、地质情况随时调整和完善。特别是在路基即将成型时，应组织设计单位等对排水系统进行现场调查，根据变化后的实际地形完善和优化排水系统。施工前施工单位必须对排水设计进行现场核对。

路基施工时，应将永久性排水和施工现场临时性排水相结合。施工期内应保证排水设施处于完好状态，及时维护，防止淤塞或损坏造成冲刷、水害，雨后及时排除路基积水。边坡急流槽未加固前，应采用防渗土工布导流，防止边坡冲刷。在桥涵、通道两侧增设急流槽，与桥头护坡(锥坡)相衔接。

(1)边沟、急流槽、截水沟施工技术措施

平曲线内侧边沟施工时，沟底纵坡在曲线前后位置应平顺衔接，避免曲线内侧边沟产生积水和外溢现象。边沟变截面处以及边沟与涵洞进口连接处应平顺衔接，设置不少于5m的过渡段，保证排水顺畅。

不良地质路段、土质松软路段、透水性较大或岩石裂隙较发育的路段，其挖方边坡平台及坡顶截水沟应采取加固措施。土质边坡截水沟沟底的土体要夯实，截水沟外侧设挡土埝。

路面急流槽进水口应与拦水带衔接紧密、圆滑，不得做成直角式。进水口处路面应做成凹型。急流槽出水口应设置消能设施并确保其有效性。挖方边坡急流槽应根据其设置位置的不同采用不同断面。一般最上一级边坡急流槽断面尺寸最小，从上往下依次增大。严禁自上而下采用同一断面。急流槽侧墙与边坡间的缝隙用砂浆填实。

路基边沟、截水沟、急流槽的出口应与相应排水设施相衔接，引出路基以外。遇到陡崖、陡坡时应采用管道将水流引入河道或沟道，不得中途停止，以防冲刷危及路基安全。

黄土沟壑路段，一般应采用C20～C25混凝土预制块或现浇混凝土对边沟、排水沟、截水沟等进行加固，厚度为8～10cm。如采用浆砌片石加固边沟、截水沟等，石料规格应符合规范要求。勾缝采用凹缝，不得采用凸缝。沟底用厚度不小于2cm的M10砂浆抹面，每5m预压缝。砂浆必须采用机制，不得人工拌和。

当边沟、截水沟、排水沟等基底为结构性好的原状土时，对基底以下30cm范围内土体进行夯实，压实度达到93%。基底为回填土、松散土或其他不良土时，应选用合格土按设计要求逐层回填至设计高程，每层压实度不小于93%。回填完成后再开挖沟槽。

(2)蒸发池施工技术措施

蒸发池应设在距路基用地界桩以外不小于50m处，应准确计算蒸发池容积，并增加排水沟排水。

地表排水工程设有伸缩缝时，应用封水材料填满。地表排水工程通过地势较低处时，应按填方要求分层填筑压实至规定高程，然后再开挖施工。

(3)盲沟施工技术措施

设在挖方路段和半填半挖路段的盲沟，应根据路段长度和地下水位的高低，现场对其长度和深度进行调整。一般挖方路段盲沟用于降低地下水位或拦截地下水，其深度不小于1.8m，宽度不小于1.0m。设置在填挖交界处的盲沟，其功能主要是排除地下水，盲沟底高程应低于地下水位至少50cm，其深度和宽度根据实际情况确定。盲沟出口沟底高程应高出其外最高水位20cm。

当路段长度超过200m时，应增设横向盲沟。纵向盲沟的纵坡同路线纵坡，并不小于1%，横向盲沟坡度不小于0.5%。当地下水位较高，渗水量较大时，采用管式渗水盲沟。当排除层间水时，盲沟底部应埋入下部的不透水层至少30cm。

盲沟在填筑反滤材料时，应由沟底中间向两侧沟壁填筑。反滤材料的粒径变化从大到小，在出水口处应及时安装滤水篦子或其他防止反滤材料流失的设施。反滤层材料应洁净、无杂质，含泥量应不大于3%，不允许含有有机质或其他有害物质。

(4)仰斜排水孔施工技术措施

仰斜排水孔应设在有地下水渗出的边坡和滑坡区，将地下水引出，减小水压，确保边坡稳定。仰斜排水孔孔径一般为75～150mm，仰角一般不小于6°。成孔采用水平钻机或锚杆钻机，插入带孔的PVC管，直径50～100mm，出口伸出路基坡面不少于10cm，分段拼接，管身裹两层金属滤网，每50cm绑扎一道6号铁丝。

仰斜排水孔在成孔时应尽量避免对原地层的扰动。最好采用高压空气或高黏度泥浆法钻进，不得采用水钻法，以防循环水渗入坡体，造成危害。应采取相应的保直措施，防止钻具因自重导致钻孔下斜，出现反坡，影响排水效果。

(5)渗沟施工技术措施

支撑渗沟一般设在滑坡体上，条带型布置。对大型滑坡，可增设分叉形支沟。主沟间距6～10m，渗沟宽度为1.2～1.5m。基底应设在干燥而稳定的土层内或滑动面以下50cm，阶梯状施工。

渗沟两侧及顶面设反滤层，沟内回填透水性材料，底部采用大粒径的碎石或砾石，上部采用较小粒径的砂砾或砾石。出水口采用干砌片石垛支撑。

渗沟施工不得破坏反滤层，相邻反滤层施工时应采取隔离措施，避免颗粒混杂，影响反滤效果。

二、黄土沟壑路段路基防排水模糊综合评价

自1965年美国加州大学的L. A. Zadeh教授提出“模糊集合(fuzzy set)”的概念以来，模糊数学已初步形成了它的理论框架，并开始向应用领域发展。模糊数学以隶属函数形式，表现了事物具有某种属性的程度，从而使一些内涵不是很分明的概念得以表示。在现实生活中，对于一种方案的评价不仅是多指标的，而且在指标体系中，有些指标的内涵并不十分清晰，即存在模糊性和不确定性。这时使用模糊

数学方法对方案进行评价，就能更好反映现实情况。笔者拟采用模糊综合评判方法对排水系统破坏的可能性及其程度进行预测。

黄土地区公路排水设施常产生各种形式的破坏，公路管养部门对其重视，并投入了一定的人力、物力、财力对其进行研究，以确保路基稳定。然而，人们常常进行单一病害的处理及单个影响因素的评价和分析，尚缺乏对排水系统的综合评价。通过黄土沟壑区大量的调查分析，可将其合理性分为三级，即：

合理(Ⅰ)：排水设施所处位置自然条件优越，土的工程性质良好，设计、施工合理，养护及时，公路使用期限内能发挥正常功能。

次合理(Ⅱ)：边坡所处位置自然条件良好，土的工程性质一般，设计、施工基本合理，虽然存在一些病害，但均能得到及时养护，公路使用期限内基本能发挥正常功能。

不合理(Ⅲ)：边坡所处自然条件较差，土的工程性质较差，设计、施工不甚合理，得不到及时养护，不能发挥正常功能。

1.模型的建立

大量调查分析表明，排水设施病害主要由自然因素和人为因素两大类控制。自然因素包括：①降雨强度；②冻结深度；③汇水面积；④土的综合抗剪力；⑤径流系数。而人为因素则包括：①泄水能力；②沟渠防护加固情况；③边坡防护情况；④冲淤状况；⑤养护情况。

这样，可以根据模糊数学中多级模糊综合评判的理论和方法，建立黄土沟壑区路基防排水合理性的基本模型(图 5-11)。

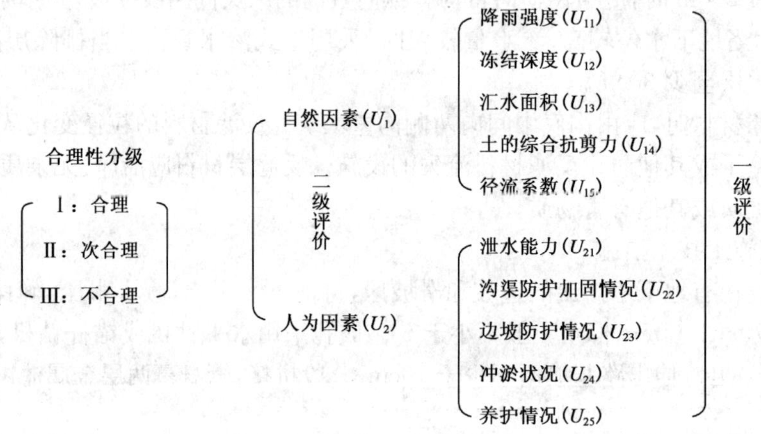

图 5-11　黄土沟壑区路基防排水合理性两级模糊综合评价模型

2.综合评价计算模型

将排水设施合理性评价及问题定义为有限论域，即因素论域，把反映合理性的 m 个因素作为 U 中的元素，并定义合理性分级评价集 V(分为 n 个级别)，因素论域中每个属于 V 的点数，定义为的 U 模糊集 A，各合理性分级可用 V 的模糊集 B 来判定，B 为分级模糊向量，则模糊关系矩阵可表示如下：

$$\boldsymbol{R}=\begin{bmatrix} r_{11} & r_{12} & \cdots & r_{1i} & \cdots & r_{1n} \\ r_{j1} & r_{j2} & \cdots & r_{ji} & \cdots & r_{jn} \\ r_{m1} & r_{m2} & \cdots & r_{mi} & \cdots & r_{mn} \end{bmatrix} \tag{5-1}$$

这样，可以利用 m 个因素，通过 U 与 V 之间的模糊关系矩阵 $\boldsymbol{R}$，求出模糊向量 $\boldsymbol{B}$，即：

$$\boldsymbol{B}=\mathrm{A}\cdot\boldsymbol{R} \tag{5-2}$$

由 $\boldsymbol{B}$ 向量，按最大隶属度原则做出分级评价，即排水设施合理性分级综合评价。

对于式(5-2)，还需要确定各因素的隶属和权值。根据建立隶属度的基本原则，对连续型指标可求出其隶属函数，而本研究中的许多指标不具备连续性，是由经验和分析而确定的一种宏观指标，是离散型指标，其隶属只能依据经验按隶属取值规则来确定。

各因素对合理性分级的贡献不同，主要因素权值应高一些，而次要因素权值应小一些，各因素权值之和应满足归一化条件：

$$\frac{1}{n}\sum_{i=1}^{n}w_i = 1 \tag{5-3}$$

式中：w_i——各因素的权值；

n——因素个数。

分别求一级评判条件下的模糊向量 $\boldsymbol{B}_1$，然后再求二级评判条件下的模糊向量 $\boldsymbol{B}_2$，最后根据其中的各隶属度可进行综合评判。

为了结果简单明晰，下面按信息集中原则做进一步推导。首先根据大量排水设施破坏情况调查及专家经验，给出排水设施合理性分级隶属度区间。

I：$V_1=0.0\sim0.1$

II：$V_2=0.11\sim0.45$

III：$V_3=0.46\sim1.0$

取每一级的中间值为一个模糊子集，即：

$$U(V_i)=0.05/\mathrm{I}+0.28/\mathrm{II}+0.73/\mathrm{III} \tag{5-4}$$

$$S=\frac{\sum_{i=1}^{n}b_i^2V_i}{\sum_{i=1}^{n}b_i^2}=\frac{0.05\times b_1^2+0.28\times b_2^2+0.73\times b_3^2}{b_1^2+b_2^2+b_3^2} \tag{5-5}$$

由此，可根据 S 值所在合理性分级隶属度的区间，判断排水设施的合理程度。

3. 工程实例

现以黄延高速公路 K244+500～K245+200(左)为例，来说明综合评价的计算步骤。该边沟评价指标见表 5-3。

边沟评价指标 表 5-3

自然因素				
降雨强度(U_{11})	冻结深度(U_{12})	汇水面积(U_{13})	土的综合抗剪力(U_{14})	径流系数(U_{15})
>3mm/min	>0.8m	6 500～10 000m²	0.5～0.8	0.65
人为因素				
泄水能力(U_{21})	沟渠防护情况(U_{22})	边坡防护情况(U_{23})	冲淤状况(U_{24})	养护情况(U_{25})
基本满足要求	一般	一般性处理	有时出现冲淤	不及时

一级评价：

$$\boldsymbol{B}_{11}=\boldsymbol{A}_{11}\cdot\boldsymbol{R}_{11}=\boldsymbol{A}_{11}=[0.3\quad 0.1\quad 0.3\quad 0.1\quad 0.2]\begin{bmatrix}0.1 & 0.2 & 0.7\\0.2 & 0.25 & 0.55\\0.15 & 0.8 & 0.05\\0.3 & 0.6 & 0.1\\0.3 & 0.5 & 0.2\end{bmatrix}$$

$$=[0.185\quad 0.485\quad 0.33] \tag{5-6}$$

$$\boldsymbol{B}_{12}=\boldsymbol{A}_{12}\cdot\boldsymbol{R}_{12}=\boldsymbol{A}_{12}=[0.3\quad 0.15\quad 0.1\quad 0.25\quad 0.2]\begin{bmatrix}0.15 & 0.8 & 0.05\\0.25 & 0.6 & 0.15\\0.25 & 0.65 & 0.1\\0.3 & 0.5 & 0.2\\0.35 & 0.5 & 0.15\end{bmatrix}$$

$$=[0.252\,5\quad 0.62\quad 0.127\,5] \tag{5-7}$$

二级评价：

$$\boldsymbol{B}_2=\boldsymbol{A}_2\cdot\boldsymbol{R}_2=[0.55\quad 0.45]\begin{bmatrix}0.185 & 0.485 & 0.33\\ 0.252\,5 & 0.62 & 0.127\,5\end{bmatrix}$$

$$=[0.215\,375\quad 0.545\,75\quad 0.238\,875] \tag{5-8}$$

这就是最终得到的模糊向量，根据其中的各隶属度可进行综合评价。

由式(5-5)得：

$$S=\frac{\sum_{i=1}^{n}b_i^2V_i}{\sum_{i=1}^{n}b_i^2}=\frac{0.05\times b_1^2+0.28\times b_2^2+0.73\times b_3^2}{b_1^2+b_2^2+b_3^2}$$

$$=\frac{0.05\times 0.215\,375^2+0.28\times 0.545\,75^2+0.73\times 0.238\,875^2}{0.215\,375^2+0.545\,75^2+0.238\,875^2}=0.317\,401 \tag{5-9}$$

由以上计算可知，$S=0.317\,401$ 在区间 0.11～0.45 内，即该边沟属次合理型，与实际情况相符。

用本方法进行排水设施合理性定量评判，在理论上和实践中都是可行的。此法简单、清晰、实用，能使更多的因素参与评价，使由单因素指标分别评判，定性评价过渡为综合性、半定量乃至定量多因素综合评价。该方法仍是一种探索和尝试，各因素的隶属度和权值，仍是靠专家评估和经验得出，值得进一步研究。

评价指标体系的科学性与合理性是模糊评价有效的基础，各指标因素的评价分值和指标权重的确定是模糊评价准确性的关键。评价指标因素和权重的确定有一定的“主观”因素，评价中应将“主观”建立在对“客观”的分析、研究上，使其能更恰当地反映实际情况。

第三节　黄土沟壑路段路基防排水优化

黄土沟壑路段路基防排水系统的设计内容应根据公路等级和排水类型确定。一般应包括：调查和采集数据；排水设施布设；水文分析；水力计算；结构设计；防冲淤措施等。

一、黄土沟壑路段路基防排水设施的设计参数

(1)设计纵坡

路基排水系统中边沟、排水沟、截水沟等沟渠中的流量是沿程汇入的，即沟渠中流量是沿程增加的，但通常沟渠的类型和断面尺寸不随流量而变化。若沟渠的沟底纵坡不变，则沟渠设计的临界位置为流量最大出口处，即需要验算出口处沟渠的泄水能力能否满足设计流量。若沟底纵坡从沟渠起点开始，逐渐变缓，则沟渠设计的临界位置仍为流量最大出口处。如果沟底纵坡逐渐递增，或有一处由缓变陡时，沟渠的泄水能力可能不由出口处控制了。

如果将沟渠总长度记作 L，以沟渠的起点为长度坐标 x 轴的原点，则沟渠设计沟底纵坡的确定方程为：

$$i_s\leqslant(F_0/F_x)^2 i_x,\quad x\in(0,L)$$

或

$$i_s=\min(F_0/F_x)^2 i_x,\quad x\in(0,L) \tag{5-10}$$

式中：i_x——任一点 x 的沟底纵坡；

i_s——沟渠设计沟底纵坡 i_s；

F_x——原点到 x 点的汇水面积(km^2)；

F_0——该沟渠的总汇水面积。

为简化起见，对于一般路堤坡脚边沟而言，边沟沿程的汇水区域视为等宽的矩形，即：

$$F_x=B \tag{5-11}$$

式中：B——汇水区的宽度。

累计汇水面积计算示意图见图 5-12，则沟渠设计沟底纵坡 i_s 为：

$$i_s = \min(L/x)^2 i_x, \quad x \in (0,L) \tag{5-12}$$

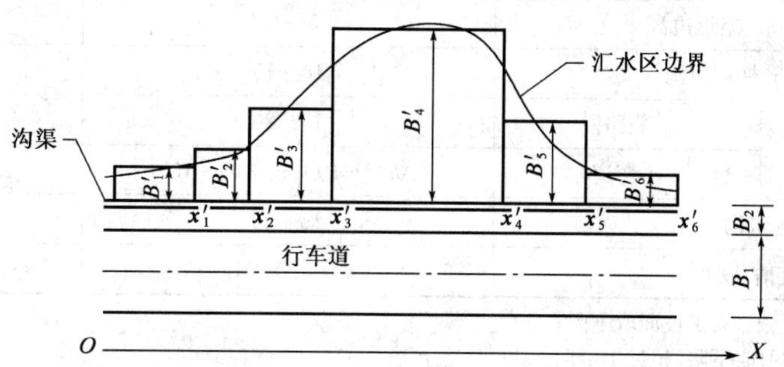

图 5-12　累计汇水面积计算示意图

(2)设计降雨重现期

设计降雨重现期是路基排水系统设计的重要参数。重现期的确定一方面影响到公路设施的使用和受水侵害的风险大小，另一方面也影响到排水设施断面尺寸的选定，影响造价。因此，设计重现期的选定影响到浸水或水淹对公路使用的影响程度，也影响到各项排水设施的选定和设置。

路基排水设施设计降雨重现期的大小，取决于结构的重要性、损坏后果及修复的容易性。路基排水设施的设计降雨重现期不宜简单地归结为路表和坡面分类，综合考虑排水设施类型、黄土沟壑区的地形、地貌，损坏后的后果及修复的难易程度，建议采用表 5-4 所示的值。

黄土沟壑区路界表面排水设施的设计降雨重现期建议值(年)　　表 5-4

公路等级		高速、一级公路	二级、二级以下公路
排水设施	边沟、排水沟	5～10	3～5
	山顶截水沟	10～15	5～10
	平台截水沟	5～10	3～5
	进、出水口	10～15	5～10
	急流槽、消能设施	10～15	3～5
	大型排水沟	100	25～50

(3)沟渠安全高度

在《公路排水设计规范》(JTJ 018—1997)中规定：沟槽顶面高度应高出设计水位 0.1～0.2m。在《公路排水设计手册》中对此补充为：水深 0.4m 以下时，沟渠顶面高度应高出设计水位 0.1m；水深 0.4～0.6m时，沟渠顶面高度应高出设计水位 0.2m。不计沟底淤积和施工偏差，引起水位涌高(高出设计时采用的直线坡明渠流的水位)的主要影响因素是弯道水面倾斜超高现象。

通过对弯道缓流的特性、水面超高的计算、弯道急流的特性、弯道外侧沟壁水面的涌高进行分析得出，对黄土沟壑区三角形、碟形边沟，沟渠的安全高度可降低至 5～10cm，综合弯道水面涌高、沟底淤积、施工偏差、沟渠断面形式等多种因素，黄土沟壑区各级公路路基不同排水设施的安全高度建议按表 5-5 取用。

(4)冲淤条件

沟渠使用期内的理想状态是既不淤积又不冲刷。它要求水流速度大于淤积流速，以避免水流携带的泥沙沉淀而使泄水能力不足(流速太小，渠道还会滋生水草，加大渠道的糙率而减小过水能力，使渠道不能满足使用要求)，同时流速又不能过大，引起冲刷，使排水构造物损坏。因此，其冲淤条件为 $v_{\min} \leqslant v \leqslant v_{\max}$，其中，$v_{\min}$为沟管不出现淤积的最小流速，$v_{\max}$为沟管不出现冲刷的最大流速。但该式在实际应用中存在一些问题，例如公路排水沟渠的流量是沿程逐渐增加的，验算沟渠冲淤条件的设计流量是根据设计降雨重现期得出的，在排水沟流速较小地方采取较大沟底纵坡难以实现等。

各级公路不同排水设施的安全高度建议值(cm)　　表 5-5

公路等级			高速、一级公路	二级、二级以下公路
排水设施	浅三角形、皿形边沟		5～10	5
	(1∶1)梯形、矩形边沟		5～10	10～15
	(1∶1.5)梯形边沟		10～15	15～20
	截水沟	一般路段	10～20	10～20
		小弯道	$\Delta h=v^2B/10r_0+(5\sim10)$	$\Delta h=v^2B/10r_0+(5\sim10)$
	排水沟		15～30	20～40
	急流槽、跌水		20	20

注:1. 截水沟自然坡面取上限,人工坡面取下限;

2. 排水沟水深 0.4 以下,取下限,超过 1m,取上限;

3. 混凝土沟、浆砌片石沟取下限,非铺砌沟取上限。

现行规范对沟渠的最小沟底纵坡作了如下规定:“沟底纵坡一般不宜小于 0.5%,土质沟渠最小纵坡为 0.25%;沟壁铺砌沟渠的最小纵坡为 0.12%。”控制沟底最小纵坡的目的是避免流速过小而发生淤积。但是在有些场合,这一规定与防冲淤要求相抵触,有时则显得过于严格。

因此,对于黄土沟壑区路基的地表排水设施,应根据清淤的难易程度,冲刷和淤积问题的主次矛盾,加以区别对待。对于较大尺寸的梯形土沟,应以冲刷流速进行控制。对于较小尺寸的梯形土沟、加固土沟应以最小纵坡 0.5%来控制。对于坡顶浆砌片石截水沟,坡度顺应地势,一般情况均能满足最小坡度,因此,抗冲刷是其主要问题,应以最大允许流速控制。对于路基边沟、排水沟、平台截水沟清淤难度不大,防淤流速可适当放宽,而以最小纵坡进行控制。若仅从防淤要求来讲,混凝土沟和浆砌片石沟的最小纵坡值仍有放宽的可能。此外,渠道中流速大小的选择还涉及护面材料的种类及渠道工程量的大小。因此,渠道流速的选择应保证技术经济的合理性,并有利于就地取材。

(5)明沟的最大允许流速修正系数

限制明沟最大允许流速的目的是防止渠道冲刷。现行《公路排水设计规范》(JTJ 018—1997)参照《室外排水设计规范》(GB J14—1987)规定了明沟的最大允许流速及其水深修正系数。其数值是针对沟渠材料进行分类的。根据水力学理论,渠道的冲刷与渠道水流的水力半径和渠道建筑材料的性质、渠道的断面形式等因素有关。并假定液体重度不变。由谢才(Chezy)公式、巴甫洛夫斯基公式和一些经验公式推导可得:

$$
\begin{aligned}
v_2/v_1 &= R_2^{y_2}/R_1^{y_1} = k \\
y_1 &= 2.5\sqrt{n}-0.13-0.75\sqrt{R_1}(\sqrt{n}-0.1) \\
y_2 &= 2.5\sqrt{n}-0.13-0.75\sqrt{R_2}(\sqrt{n}-0.1)
\end{aligned}
\tag{5-13}
$$

式中:k——参数,若假设 h_1 代表 0.4～1m 之间的均匀流水深,当均匀流水深 h_2 不在 0.4～1m 之间时,即对应的水力半径 R_2 不等于 R_1,则把参数 k 称为最大允许流速 V_{max}的修正系数。这样实际修正系数中同时考虑了断面形式和水深的因素;

v_1——对应水深为 h_1 时不冲刷最大允许流速;

v_2——对应水深为 h_2 时不冲刷最大允许流速;

R_1——对应于均匀流水深为 h_1 的断面水力半径;

R_2——对应于均匀流水深为 h_2 的断面水力半径;

n——沟壁的粗糙系数,其值由试验获得,也可查规范表。

采用上式流速修正系数计算公式,可减小根据水深范围取值带来的不准确性,使结果更接近实际。

(6)降雨强度和汇流时间的耦合问题

《公路排水设计规范》(JTJ 018—1997)及公路排水设计手册中各种降雨强度公式均与汇流历时成反比,这在概念上是容易理解的,即强度大,汇流历时短。但问题是,计算汇流历时时,按坡面汇流历时公式，在截水沟设置和未设置两种情况下，坡面流长度 L_s 不同，从而汇流历时 t_1 不同，总汇流历时 t 不同。

按降雨强度规范公式及公路排水设计手册中降雨强度地区经验公式，汇流时间不同，降雨强度亦不相同。也就是说，截水沟的设置影响了降雨强度的计算，按此思路，截水沟和边沟在设计时的降雨强度是不同的，而实际上则是不可能的。一般地形条件下，这种影响不是很大，可以不予考虑。但在黄土沟壑渠高边坡地段设置一道以上截水沟时，降雨强度和汇流时间的耦合问题就比较突出，这种情况下，可以通过试验或试算考虑降雨强度的适当折减，使其尽量不受截水沟设置的影响。另外，从工程实际出发，也可统一按边沟设计位置计算降雨强度，使同一地区采用同样的降雨强度值，只是在计算汇水面积时区分沟渠所处的具体位置。

二、黄土沟壑路段路基地表排水优化

黄延公路地表排水主要由截水沟、急流槽、边沟、排水沟等排水设施完成，它们各自分工，互相配合，协调统一，共同构成一个有机的地表排水系统。排水系统合理与否首先取决于各个排水设施的合理设计，即客观的水文分析和水力计算。水文分析用来确定径流量，其中降雨强度的计算又是径流量计算的关键参数。下文将通过比较几种降雨强度公式的计算结果，选出适合于黄土沟壑区的计算公式。

1. 降雨强度 q 的计算

降雨强度公式已有很多的 IDF（降雨强度—历时—频率）数学模型，常用的 IDF 模型有如下三种：

$$q=\frac{(g+h\times \lg P)\times a}{(t+c)^{\mathrm{d}}} \qquad [5\text{-}14a)]$$

$$q=\frac{a\times P^{b}}{(t+c)^{d}} \qquad [5\text{-}14b)]$$

$$q=\frac{a\times P^{b}}{t^{d}+c} \qquad [5\text{-}14c)]$$

原西北建筑工程学院已经拟合出第一种模型，陆宝宏等人研究表明，IDF 模型-2 的预测能力明显高于 IDF 模型-1。所以，笔者尝试用第二种模型拟合延安地区不同历时、不同重现期的降雨强度公式。

$q=\frac{a\times P^{b}}{(t+c)^{d}}$为不可线形化的非线性表达式，不能运用线性最小二乘法直接求解公式中的参数。对公式两边取对数、转化并利用《延安地区实用水文手册》和延安市气象局提供的数据推导可得：

$$q=\frac{8.453P^{0.247}}{(t+10.3)^{0.731}} \qquad (5\text{-}15)$$

为了比较不同降雨强度计算公式的计算结果，以下对依托工程黄延公路 HY12～HY19 标进行 5min 历时，5 年、15 年、100 年不同重现期的降雨强度的计算，部分结果见表 5-6 和表 5-7 及图 5-13～图 5-15。

重现期 P 为 5 年的降雨强度(mm/min)　　表 5-6

标　段	规　范　法	经验公式法	理论计算法	本　文　法
HY-12	2.1	1.742	2.755 52	1.713
HY-13	2.1	1.742	2.20	1.713
HY-14	2.098 75	1.742	2.778 566	1.713
HY-15	2.095	1.742	2.769 426	1.713
HY-16	2.087 5	1.742	2.791 452	1.713
HY-17	2.08	1.742	2.865 056	1.713
HY-19	2.073 75	1.742	2.923 64	1.713

重现期 P 为 100 年的降雨强度(mm/min)　　表 5-7

标　段	规 范 法	经验公式法	理论计算法	本 文 法
HY-12	—	3.279 5	4.664 35	3.589
HY-13	—	3.279 5	4.664 35	3.589
HY-14	—	3.279 5	3.81	3.589
HY-15	—	3.279 5	4.944 114	3.589
HY-16	—	3.279 5	5.063 284	3.589
HY-17	—	3.279 5	5.222 314	3.589
HY-19	—	3.279 5	5.432 922	3.589

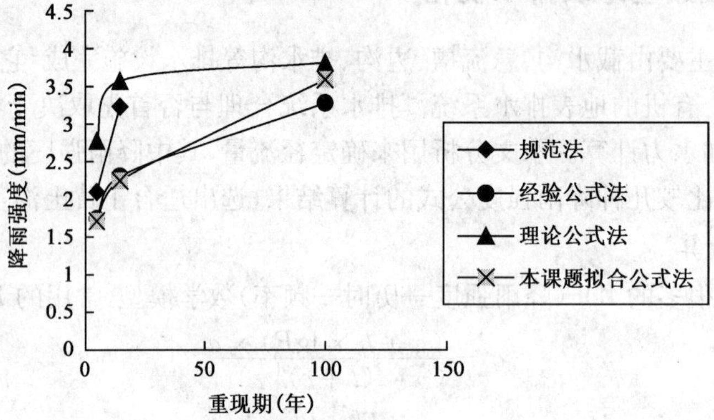

图 5-13　HY-14 标不同方法计算的降雨强度

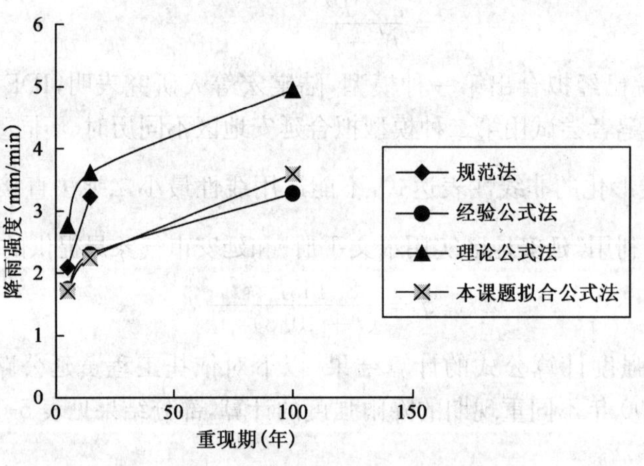

图 5-14　HY-16 标不同方法计算的降雨强度

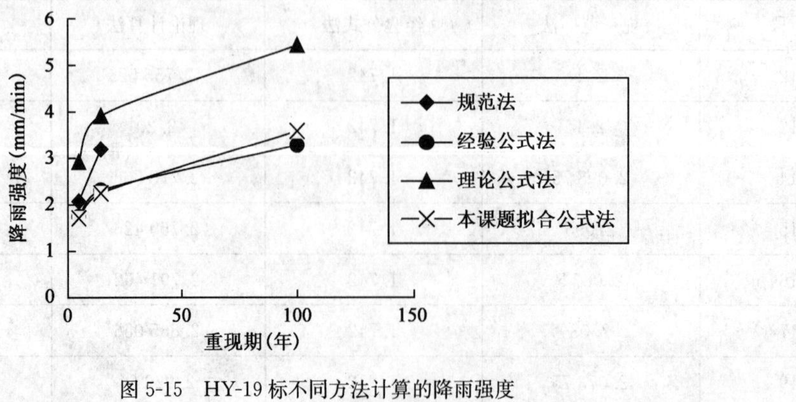

图 5-15　HY-19 标不同方法计算的降雨强度

2.设计径流量的计算

1)按规范推荐公式计算

$$Q=16.67\psi qF \quad (5\text{-}16)$$

式中：q——设计降雨重现期和降雨历时内的平均降雨强度(mm/min)；

ψ——径流系数，根据地形地貌条件；

F——汇水面积(km^2)。

2)按本推导的公式计算

$$Q=Q_1+Q_2 \quad (5\text{-}17)$$

式中：Q_1——路面设计径流量(m^3/s)；

Q_2——自然坡面设计径流量(m^3/s)。

(1)Q_2 的确定

此处采用一维运动波理论。根据坡面水流的运动波模型或扩散波模型的理论及假设推导可得：

$$\omega=\xi qL \quad (5\text{-}18)$$

式中：ξ——修正系数；

L——坡长；

ω——坡脚处的单宽流量。

为了求得沟渠连续长度内的坡面径流量，需要对上式求和。具体方法为：在沟渠连续长度内，根据实际地形变化情况，按照坡面突变点分为 l_1、l_2、…l_n 段，与其对应的单宽流量为 w_1、w_2、…w_n，则各分段内的设计径流量 $Q_i'=\omega l_i$。于是，沟渠连续长度内的坡面径流量 Q_2 为：

$$Q_2=Q_1'+Q_2'+\cdots+Q_n' \quad (5\text{-}19)$$

(2)ξ 的确定

笔者曾在 2000 年夏季对天然黄土边坡和室内人工填筑的边坡进行了降雨浸渗试验。表 5-8 及表 5-9 给出了有关的测试结果。

坡面产流量室内试验结果 表 5-8

坡 率	模拟降雨时间(min)	降雨总量(m^3)	坡面流出水量(m^3)
1∶0.25	30.0	0.306 9	0.264 5
1∶0.50	30.5	0.278 4	0.164 5
1∶0.75	30.6	0.298 7	0.257 3
1∶1.00	30.5	0.298	0.252
1∶0.25	10.01	0.325 9	0.286 5
1∶0.50	10.0	0.316 6	0.267 7
1∶0.75	10.0	0.339 8	0.296
1∶1.00	10.0	0.352 2	0.311 6

坡面产流量现场试验结果 表 5-9

坡率	1∶0.79	1∶0.75	1∶0.64	1∶0.70	1∶0.75
坡长(m)	10.49	9.27	13.62	11.66	19.67
坡面流出水量(mm)	182	154	219	215	221

从表 5-8、表 5-9 可见，随着坡度的增大，坡面产流量减小。随着坡长的增加，坡面产流增加。

因此，可设：

$$\begin{aligned}\xi&=\psi A\alpha^2+Bl_s \quad (5\text{-}20)\\&=\psi-0.000\,1\alpha^2+0.000\,6l_s\end{aligned}$$

式中：ψ——坡面径流系数，陡峻的山地：0.75～0.90；起伏的山地：0.60～0.80；

α——坡度值(°)；

l_s——坡长值(m)；

A、B——修正系数。

(3)坡度对设计径流的影响

假设降雨强度为1.8mm/min,坡长为150m,地表种类为起伏的山地,沟渠长100m。分别用笔者推导公式法(以下简称"本方法")和规范法计算,结果见表5-10。

设计径流随坡度变化的计算结果比较(m^3/s)　表5-10

降雨强度(mm/min)	坡长(m)	坡度(°)	规范法			本方法 $\xi=\psi-0.0001\alpha^2+0.0006l_s$		
			$\psi=0.60$	$\psi=0.65$	$\psi=0.75$	$\psi=0.60$	$\psi=0.65$	$\psi=0.75$
1.8	150	20	0.254	0.275	0.317	0.293	0.315	0.36
		25	0.245	0.265	0.306	0.282	0.305	0.349
		30	0.234	0.253	0.292	0.27	0.293	0.338
		35	0.221	0.239	0.277	0.255	0.278	0.323
		40	0.207	0.224	0.259	0.238	0.261	0.306
		45	0.191	0.206	0.239	0.219	0.242	0.287
		50	0.174	0.188	0.217	0.198	0.221	0.265
		55	0.155	0.168	0.194	0.174	0.197	0.242
		60	0.135	0.146	0.167	0.149	0.171	0.216
		65	0.114	0.124	0.143	0.120	0.143	0.188
		70	0.0924	0.100	0.115	0.09	0.113	0.158
		75	0.0699	0.075	0.087	0.057	0.0798	0.125

由表5-10可以看出:在降雨强度和坡长一定时,规范法和本方法计算的设计径流皆随着坡度的增大而增大,本方法的结果大于规范法的结果。

(4)坡长对设计径流的影响

假设降雨强度为1.8mm/min,坡度为45°,地表种类为起伏的山地,沟渠长100m。分别用本方法和规范法计算,结果见表5-11。

设计径流随坡长变化的计算结果比较(m^3/s)　表5-11

降雨强度(mm/min)	坡度(°)	坡长(m)	规范法			本方法 $\xi=\psi-0.0001\alpha^2+0.0006l_s$		
			$\psi=0.60$	$\psi=0.65$	$\psi=0.75$	$\psi=0.60$	$\psi=0.65$	$\psi=0.75$
1.8	45	100	0.127	0.137	0.159	0.137	0.152	0.182
		120	0.153	0.165	0.190	0.169	0.187	0.223
		140	0.178	0.193	0.222	0.202	0.223	0.265
		160	0.204	0.221	0.254	0.237	0.260	0.308
		180	0.229	0.248	0.286	0.273	0.299	0.354
		200	0.255	0.275	0.318	0.211	0.340	0.400
		220	0.280	0.303	0.350	0.349	0.382	0.448
		240	0.306	0.330	0.381	0.389	0.425	0.497
		260	0.331	0.358	0.413	0.432	0.470	0.548
		280	0.356	0.386	0.445	0.475	0.517	0.601
		300	0.382	0.413	0.477	0.519	0.564	0.654
		320	0.407	0.441	0.509	0.566	0.613	0.709

从表 5-11 可以看出：在降雨强度和坡度不变的条件下，设计径流量随边坡长度的增加而增加。

由以上结果分析发现，本方法在计算时考虑了当地的地形条件，弥补了规范法的不足，使结果更符合实际。

三、黄土沟壑路段路基地下排水优化

路基地下排水设计主要是渗沟的渗流计算，而渗流计算的核心是渗流量的计算。渗流量与渗沟间距、埋深等直接有关。此外，断面尺寸，反滤层材料等因素也影响渗流量的大小，下面将就此展开讨论。

1.渗沟埋置深度的确定

渗沟埋深确定的目的在于保证路基路面的正常工作状态，也即保证持力层的正常工作状态。根据地下水动力学原理，在路基两侧修筑渗沟对称排水，地下水位降落曲线是以路基中垂线为对称轴的双面椭圆曲线。曲线两端点均交于沟壁上，曲线顶点与最大矢距均位于路基中垂线上。路基地下水位降落后的毛细作用区也是椭圆形状，并随地下水降落曲线的升降而上下移动。根据荷载引起的土中应力—深度关系分析，大约 85％的动应力集中分布于路基持力层的中上部，约占汽车荷载作用深度的 3/5。而路基上部所承受的汽车荷载最为集中，约占 50％，这部分土基厚度只占持力层的 1/3。汽车动应力经该层分散后，应力随土基深度增加而迅速下降。也就是说，在持力面以下 1.0m 范围内应力消失了 50％左右；到 1.8m 处，汽车应力已经消散了 85％；到 1.8～3.0m 时的持力层只承担极重汽车荷载的 15％。因此，路基地下水毛细作用区至少应降到持力面以下 1.8m 深度，才能使汽车作用力较集中的土基处于地下水位之上，以保证路基主要持力层保持在最佳含水率的干燥状态，满足路基强度要求。从理论上讲，最好将毛细水活动区降低到路基顶 3.0m 以下才能防止持力层不受地下水和毛细水的影响。考虑到极重汽车荷载对持力面以下 1.8m 深度的路基影响较小，所以可将 1.8m 作为路基工作区的最小干燥厚度。

根据以上分析，可建立考虑路基工作状态双渠道对称渗沟深度计算式：

$$H = d + h_a + h_b + h_0 - h_d \tag{5-21}$$

式中：H——渗沟埋置深度(m)；

d——路面结构层厚度(m)；

h_a——干燥状态的路基临界高度(m)；

h_b——地下水降落曲线的最大矢高(m)；

h_0——渗沟内水深(m)；

h_d——路基横坡高差(m)。

根据荷载应力在路基中的分布状态，只考虑承受荷载应力最集中的路基部分保持最佳含水率时，渗沟深度可用下式计算：

$$H = 1.8 + \varepsilon + h_b + h_0 - h_d \tag{5-22}$$

式中：1.8——汽车荷载应力最集中的路基持力层厚度(m)，“1.8”包含路面折算为路基土的当量厚度，当沟壑区软基换填处理时，换填材料厚度也应换算为土基当量厚度；

ε——土的毛细水上升高度(m)。

当最大冻结深度大于 1.8m 时，应按当地最大冻结深度确定渗沟深度，采用下式计算：

$$H = Z + P + \varepsilon + h_b + h_0 - h_d \tag{5-23}$$

式中：Z——沿路基中线上的冻结深度(m)；

P——沿路中线由路基冻结线至排水后毛细管水升高曲线的距离(m)，采用近年内地下水波动的平均数值(近似值为 0.25m)；

其余符号意义同前。

以上三式均为直线路段的渗沟埋深计算式。当渗沟处于平曲线路段时，考虑超高影响，可将以上各式中的$-h_d$项改为$\pm h_j$，此时$\pm h_j$为超高值。

(1)路基下设填沟道渗沟时埋置深度的确定

在路基中心处设置渗沟排除地下水，可按地下水动力学原理中的非干扰单渠道形式，使地下水位降落后形成以路基中心线为对称轴的两条抛物线，组成降落漏斗，而路基持力层处于漏斗之中，不受地下毛细水浸湿影响，达到疏干地下水的目的。

事实上，填沟道渗沟不一定正好埋设于路基中心线以下。但是，分析地下水降落曲线可知，由于渗沟深度以路肩高程为计算依据，无论渗沟是否位于路基中心，只要保证路肩处的持力层达到疏干状态，全路基就可达到最佳疏干效果。排水沟深度H可按下式计算：

$$H = d + h_a + h_b + h_0 \tag{5-24}$$

按荷载应力最集中的持力层保持干燥状态确定渗沟深度，用下式计算：

$$H = 1.8 + \varepsilon + h_b + h_0 \tag{5-25}$$

(2)路基一侧设渗沟时埋置深度的确定

工程实践中，当路基一侧自然边坡坡脚出现渗水，或边坡地下水位较高，存在威胁路基的可能时，可在路基一侧边沟下设截水渗沟(如黄延公路多处路段路基一侧设I形截水渗沟)。若路基压占沟道时，除路基一侧边沟下设截水渗沟，还应加设填沟道渗沟。在路基一侧边沟下设截水渗沟时，仅靠近边坡一侧进水，故为单侧降落曲线，截水渗沟埋深以实现截水目的为原则。当截水渗沟挖至不透水层时，埋深无需计算。当渗沟设在透水层内时，埋深的确定主要是防止边坡地下水从渗沟底绕流入侵路基持力层。渗沟深度H按式(5-26)确定。同时加设填沟道渗沟时，填沟道渗沟埋深按式(5-24)、式(5-25)确定，截水渗沟埋深按式(5-26)确定。

$$H = d + h_a + \varepsilon \tag{5-26}$$

式中：各符号意义同前。

以上给出了考虑荷载作用深度的渗沟埋深计算式，由此确定的是渗沟的理论埋深，实际工程中，渗沟埋深还需结合黄土沟壑区地形条件、纵坡设计以及出水口位置进行综合确定。

2.渗沟设计流量的计算

透水地层中的地下水流动，很多情况是具有自由液面的无压渗流。无压渗流相当于透水地层中的明渠流动，水面线称为浸润线。由于受自然水文地质条件的影响，无压渗流多数是运动要素沿程缓慢变化的非均匀渐变渗流。因渗流区地层宽阔，无压渗流可按一元流动处理，并将渗流的过流断面简化为宽阔的矩形断面计算。

1)均质土层渗沟流量计算

渗流区不透水基底的坡度分为顺坡($i>0$)、平坡($i=0$)和逆坡($i<0$)三种。只有顺坡渗流存在均匀流，有正常水深。渗流无临界水深及缓流、急流的概念，因此浸润线的类型大为简化。

渗沟根据其开挖深度是否到达不透水层分为完整渗沟和不完整渗沟。前者指渗沟开挖至不透水层，后者指渗沟开挖深度位于含水层，即在不透水层上。

根据渗沟个数、底坡i走向，将渗沟的应用分为8种工况，见表5-12。

渗沟计算工况表 表5-12

渗沟类型	单渗沟			双渗沟
	$i=0$	$i>0$	$i<0$	$i=0$
完整渗沟	工况1	工况3	工况4	工况2
不完整渗沟	工况5	工况7	工况8	工况6

(1)单渗沟($i=0$)

此种工况下渗沟流量计算采用现行《公路排水设计规范》(JTJ 018—1997)推荐的方法。

(2)双渗沟($i=0$)

双渗沟是指道路两侧边沟下同时设置渗沟的工况(图 5-16),渗沟流量的计算方法与单渗沟相同。假设渗沟间的地下水位线满足浸润线方程,因而在已知渗沟距离的前提下就可以确定地下水位的降落高度:

$$a = H - \sqrt{\frac{B(H^2 - h_0^2)}{L} + h_0^2} \tag{5-27}$$

式中:a——地下水位降落高度(m);

L——水力影响半径(m);

H——地下水降落前水深(m);

B——渗沟距离之半(m);

h_0——渗沟内水深(m)。

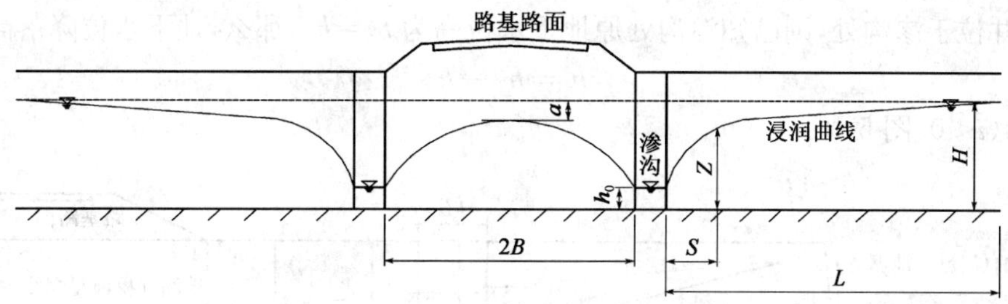

图 5-16 双渗沟底位于不透水基底(平坡)

由式(5-27)可知,B、L 的相对大小影响 a 的值。当 $B \geqslant L$ 时,$a \leqslant 0$ 说明渗沟未起到降低地下水位的作用,需要缩小渗沟间距;当 $B < L$ 时,$a > 0$,此时需要检验 a 的值是否满足路基正常工作状态的要求,假设路基冻结深度小于 1.8m,则 $a \geqslant 1.8 + \varepsilon - d$ 才能满足路基正常工作状态,否则,需要缩小渗沟间距。如果渗沟的作用仅是拦截两侧边坡渗水,则渗沟间距可视施工方便程度而定。

(3)单渗沟($i > 0$)

如果不透水层的渗流量全部通过渗沟排走,虽然开挖渗沟后渗流浸润线会产生下落的变化,但水深控制线不变,地下水渗流的流量也不发生变化。因此,可以通过计算控制线的水深来计算渗流量。

在如图 5-17 中,1 号、2 号钻井测得不透水层深度分别为 H_1、H_2,地下水位深分别为 h_1、h_2,钻井距离 L_{12},土的渗透系数 k,渗沟距地下水源距离 L,假设控制线水深为 h_0,渗沟内水深为 h_s。

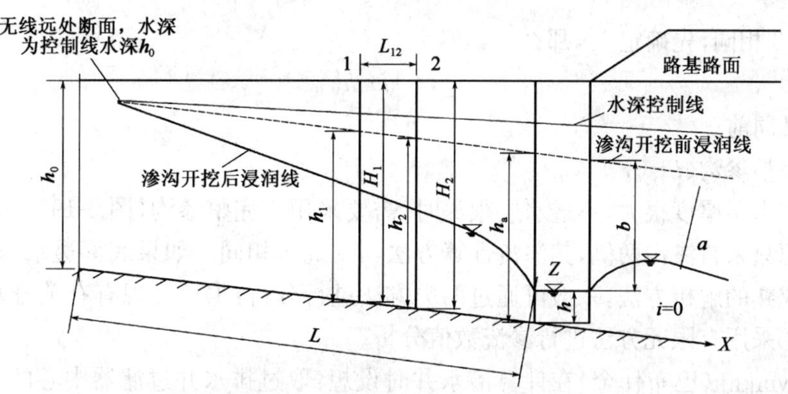

图 5-17 渗沟位于不透水层(正坡)

设渗沟浸润线上游渐趋值为 h_0(即无限远处过水断面水深),由顺坡的浸润曲线推导可得:$f(h_0) = M$,其中 $M = iL_{12} - h_2 + h_1$。

上式无法直接求得 h_0，需采用试算法计算 h_0，应用时 h_2 一般为渗沟设计水深。

于是，渗沟单宽流量为：

$$q = kih_0 \tag{5-28}$$

若以底坡为 x 轴，以垂直于底坡方向为 z 轴建立坐标系，原点在渗沟位置，并假设修渗沟后的地下水位降落曲线在坐标系中满足下式：

$$z^2 - h_s^2 \frac{1}{1+i^2} = \frac{2qx}{k} \tag{5-29}$$

当 $x=0$ 时，$z=h_s\sqrt{1/(1+i^2)}$；当 $x=L$ 时，$z=h_0\sqrt{1/(1+i^2)}$，且 $I_0=(h_0-h_s)\sqrt{1/(1+i^2)}/L$ 是已知的，可查现有经验数据或根据下式计算：

$$I_0 = \frac{1}{3\,000\sqrt{k}} \tag{5-30}$$

由此，可确定开挖渗沟后地下水位降落曲线的具体位置。

由于渗沟宽度相对于地下水位变化的水平距离而言是很小的，因此，假设渗沟内水面与开挖渗沟处原地下水位线的距离 b 为地下水位降落高度 a。

若 2 号钻井位于渗沟处，则已知渗沟处原地下水位高为 $h_a=h_2$，那么，地下水位降落高度为：

$$b = h_2 - h \tag{5-31}$$

(4)单渗沟($i<0$，图 5-18)

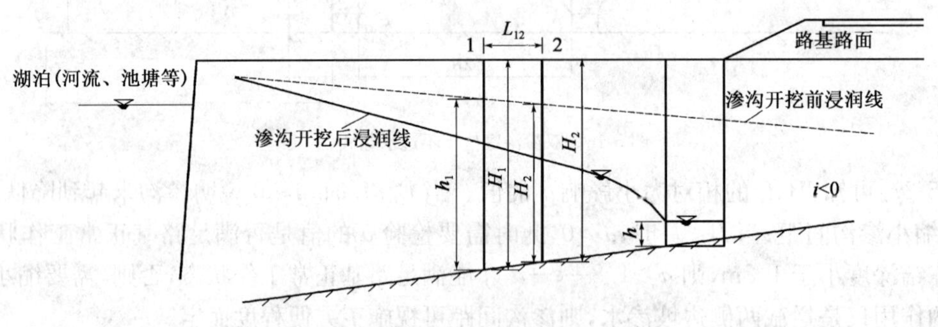

图 5-18　渗沟位于不透水层(逆坡)

底坡 $i=\dfrac{H_2-H_1}{L_{12}}<0$，所以 $i'=|i|=-i$

由逆坡浸润曲线可得：

$$i'L_{12} - h_1 + h_2 = h_0' \ln\left(\frac{h_2 + h_0'}{h_1 + h_0'}\right) \tag{5-32}$$

方法与工况 3 相同，先确定 h_0'，那么：

$$q = |ki'h_0'| \tag{5-33}$$

式中：各符号意义同前。

(5)单个不完整渗沟($i=0$)

工程中，当含水层厚度很大，不透水层很深时，需要采用不完整渗沟(图 5-19)。如果渗沟底部不透水，则渗流汇水源只来自渗沟两侧，其渗流计算方法与工况 1 相同。如果底部透水，则渗流计算较为复杂，目前还没有成熟的解析方法，一般可通过两类方法进行分析：①通过现有有关排水井的计算方法进行变换来计算；②采用有限元方法进行渗流数值分析。

В・Д・Бабущкин(巴布什金)在计算潜水井时设想：取过排水井过滤器中心的一个水平面将不完整井分成上下两段。上部为潜水完整井，下部为承压不完整井，这两段都有现成的解，其和为潜水不完整井的解。为此，对不完整渗沟位于含水层的情况，也采用类似的处理方法。按渗沟底是否进水分两种情形。

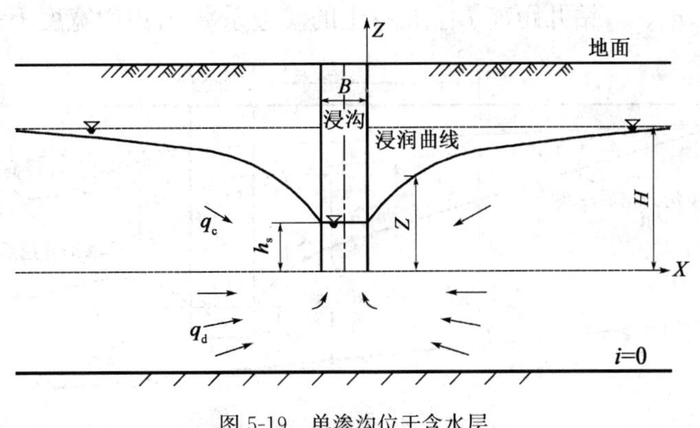

图 5-19 单渗沟位于含水层

①渗沟沟底进水

设渗沟内水深为 h_s，取过渗沟底中心线处一个水平流面 N-N 将渗沟汇水区域分为两部分：I 区和 II 区，并假设水平是不透水的，即 I 区和 II 区的水不发生交叉(图 5-20)。

推导可得，不完整渗沟总单宽流量为：

$$q = q_{\text{I}} + q_{\text{II}}$$

$$q_{\text{I}} = \frac{k(H^2 - h_s^2)}{2R}$$

$$q_{\text{II}} = \frac{Q}{B} = \frac{\pi k(H - h_s)}{\ln\left(\frac{R}{r_0}\right)} \tag{5-34}$$

②渗沟沟底不进水

处理方法为：取过渗沟中心线处一个水平流面将渗沟分成上下两个区：I 区和 II 区，并假设水平是不透水的，即 I 区和 II 区的水不发生交叉(图 5-20)。N-N 线以上可看作潜水完整渗沟，流量 q_{I}，N-N 线以下为承压不完整渗沟，流量 q_{II}。

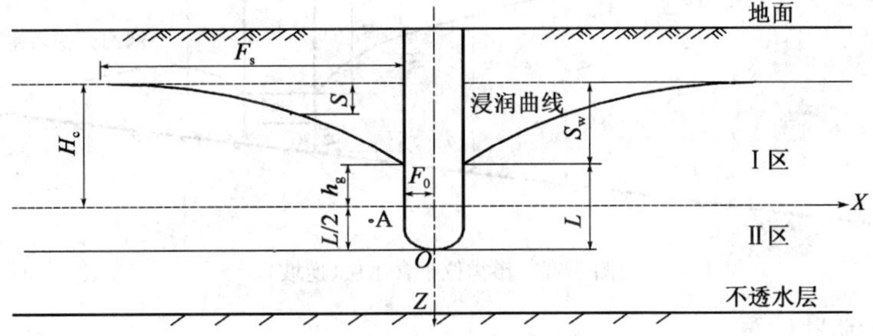

图 5-20 沟底不进水的潜水不完整渗沟

根据汇流理论，将 N-N 线以下的渗沟看作汇线，在汇线上取一微段视为平面汇点，井壁进水的潜水不完整井单侧单位长度流量：

$$q = q_{\text{I}} + q_{\text{II}}$$

$$q_{\text{I}} = \frac{k(H^2 - h_s^2)}{2R}$$

$$q_{\text{II}} = \frac{128\pi k L s_w r_0^2}{128 L r_0^2[\ln(r_s + r_0) + 1] - 8 L r_0^2 \ln\left(\frac{L^2}{64} + r_0^2\right) - 56 L r_0^2 \ln\left(\frac{49L^2}{64} + r_0^2\right) + (9L^2 - 64 r_0^2)\left(\arctan\frac{5L}{16 r_0} + \arctan\frac{11L}{16 r_0}\right)} \tag{5-35}$$

(6)不完整双渗沟($i=0$)

若渗沟底不透水，其情况与工况 2 相同，若渗沟底进水，则其计算方法与工况 5 类似。

(7)不完整渗沟($i>0$)

如图 5-21 所示钻井 1 号、2 号、3 号(其中 3 号位于渗沟迎水面一侧)位置，井深分别为 H_1、H_2、H_3；

地下水位高程分别为 h_1、h_2、h_3；钻井距离 L_{12}、L_{23}；土的渗透系数 k；渗沟宽度 B。

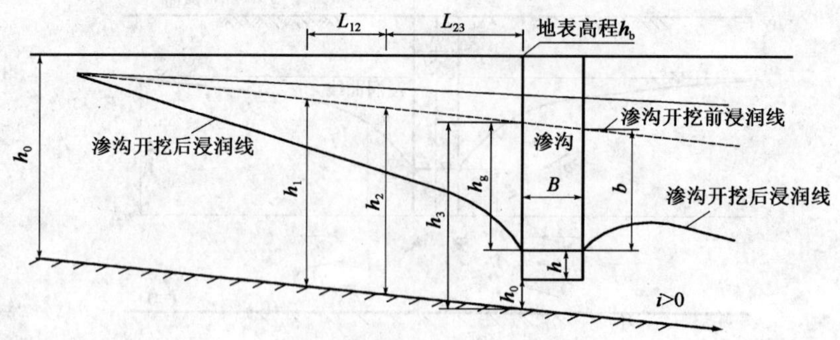

图 5-21　渗沟位于含水层(正坡)

推导可得,渗沟下游渗流量为:

$$q_2 = q - q_1 = ki(h_0 - h_g) \tag{5-36}$$

式中:$h_0 - h_g$——渗沟下游地下水的最大水深,其降落曲线满足正坡的规律。

(8)不完整渗沟(逆坡)(图 5-22)

根据前面的推导,对于逆坡不完整渗沟有:

$$q_2 = q - q_1 = ki(|h'_0| - h_g) \tag{5-37}$$

式中:各符号意义同前。

以上对均质土层渗沟流量计算时,均假定渗沟两侧补给条件相同,如实际情况与之不符时,应两侧分别计算,然后求和。

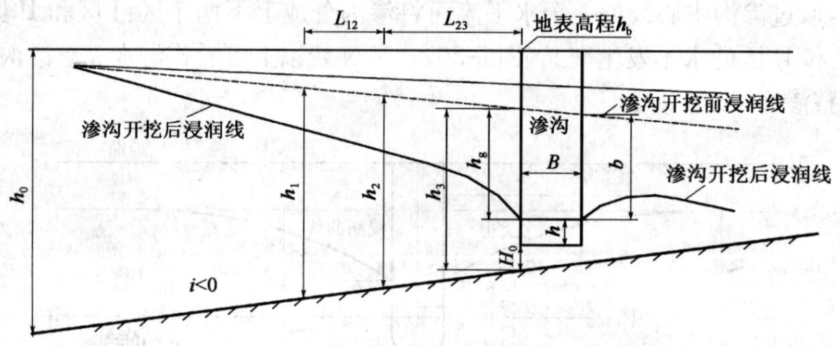

图 5-22　渗沟位于含水层(逆坡)

2)成层土渗沟的流量计算

天然岩土在不同程度上都有些非均质和各向异性。这种非均匀透水性构成的原因主要是由于层理的存在及其走向的不同,颗粒组成及其结构上的不同,孔隙和裂隙的发育不均匀性等。以黄土为例,由于它在结构上的直立性,垂直透水性会比水平透水性大 10 倍左右。此外,由于土体本身及路基施工过程中的压实作用,虽然是同一种土,其透水性也会越向下越小,而为深度的函数。所有这些因素必然会对地下水降落曲线产生影响。因此,成层土渗沟流量的计算比均质土要复杂得多,有待进一步研究。就现有的理论计算方法而言,可以采用成层土的等效渗透系数代替均质土渗透系数,或根据成层土分层厚度采用分段计算后叠加的方法。

3. 渗沟反滤层的设计

渗沟反滤层的设置是为了汇集水流,并防止含水层中的土粒堵塞排水层。反滤层的保护可以明显提高土的抗渗比降,从而防止了渗流破坏。研究表明,土的类型、级配和比降决定了发生渗流破坏的类型,也是决定是否发生渗流破坏的条件。土的渗透破坏特性还与渗流方向有直接关系。就渗沟而言,渗流方向一般垂直于反滤层,即为水平渗流。按照刘杰的研究,应该归属于Ⅰ型(渗流向下的情况)。反滤层的作用在于滤土减压，能减压的原因是排水的作用，所以，通常也称滤土排水。

由于黏性土与无黏性土的抗渗强度有很大差别，对反滤层颗粒组成的要求各不相同。所以，反滤层的设计应分为保护黏性土和无黏性土两种，就黄土沟壑区而言，我们关心的是黏性土的反滤层设计，以下就是黏性土反滤层设计的主要内容。

(1)反滤料等效粒径的确定

黏性土如果不存在沿渗流方向的贯穿性裂缝，所需反滤层的颗粒可以很粗，若用 $D_{20}<10$mm 的砂砾料或碎石，将有足够的安全度。黏性土如果存在沿渗流方向的贯穿性裂缝，建议渗沟反滤层设计参照三、四级水工建筑物的反滤标准，同时考虑黄土沟壑区土质特点，采用 $D_{20}\leqslant 0.5\sim 0.8$mm。土中含砂砾或夹杂其他矿物成分取高限，分散性大的黄土状土取低限。

(2)反滤料的均匀程度

确定了反滤层的等效粒径后，还需要明确不均匀系数，反滤层的颗粒组成才能确定。实际上，无论均匀或不均匀土，只要 D_{20} 相同，同时又满足反滤设计准则，就能起到滤土作用。因此，反滤层不应限于使用均匀料。在反滤层的不均匀系数方面通常有以下要求：①渗透稳定性的要求。反滤层最好不要选用管涌土，当 $C_u<20$ 时，一般均能满足上述要求；②施工方面的要求。即反滤料在运输和铺填过程中不会产生明显分离并易于压实。一般要求反滤料的不均匀系数范围 $5<C_u<20$。对于 $C_u\geqslant 20$ 的无黏性土，经过鉴定是非管涌土或是过渡型，而且有一定的施工工艺作保证，施工中不会产生粗细分离问题时，仍然可以用作反滤料。由于反滤层在水下铺筑时容易出现分离现象，因此要求水下反滤层 $C_u<5$。

(3)反滤层层数的确定原则

设置多层反滤的目的是保证各层反滤不遭渗透破坏。反滤层的层数主要决定于两个因素，一是下层排水层的粒径，二是各层反滤的粗细程度。因此，需要校核最后一层反滤层是否会掉入最外层的排水层，如果不会掉入，则在该层与排水层之间不需加设反滤层。各层实际采用的层间系数及 C_u 值若均采用或接近规定中的上限值，则层数较少，反之，层数增多，使施工复杂化，质量不易保证。一般设计的反滤层不会超过三层。第二、三层反滤可按式(5-38)设计，就可使设计的反滤层数不多于三层，而且能保证各层具有良好的工作性能。

$$\xi=\frac{D_{20}}{d_k}\leqslant 10 \tag{5-38}$$

式中：ξ——层间系数；

D_{20}——反滤料的等效粒径；

d_k——相邻被保护层的控制粒径。

为保证反滤层的减压作用，反滤层与被保护土及反滤层层间的粒径应满足以下要求：

$$\frac{D_{20}}{d_{20}}\geqslant 4 \tag{5-39}$$

(4)反滤层厚度的确定原则

确定反滤层厚度的基本原则是保证施工后的反滤层要有一定的均匀性。即从宏观上看，在平行于渗流的任何断面上都应具有同一的颗粒组成及相同的结构。如果层厚 T 能达到同时顺次排列 4 个最大颗粒的要求，这样的厚度就可保证基本上能达到上述均匀性的要求，并且反滤层的孔隙平均直径沿流线方向趋于定值，不随厚度加大而产生变化。故一般规定：$T>5D_{85}$。但此式确定的 T 值只表明最小允许厚度，实际工程中还应考虑施工的方便性，在该式的基础上结合施工条件规定反滤层的实际厚度。一般规定，人工施工 $T_{最小}\geqslant 20$cm。

综上所述，反滤层设计的内容和步骤如下：

①确定反滤层的类型。如前述渗沟反滤层属于Ⅰ型。

②选定设计方法。根据反滤的类型，被保护土的性质以及渗透破坏的形式选定相应的设计方法。

③设计第一层反滤层，确定反滤层的等效粒径并按允许的不均匀系数和料源情况定出反滤层的颗

粒组成。

④确定反滤层的层数。根据反滤的类型及第一层反滤料的粗细，确定保证反滤层整体渗透稳定性所需的层数。

⑤其他各反滤层的设计。

⑥各反滤层厚度的确定。

4.渗沟内圆形管壁孔隙的计算

渗沟下部一般设计适当大小的渗水管作为排水通道，以便将汇集的水顺利排除，为了使渗入的流量迅速进入排水通道，同时应防止：①沟壁土层细粒土被冲移和落入填充材料中；②填充材料被冲移和落入管(洞)中。故渗水管壁所留进水孔隙的大小，数目或间距以及填充材料与沟壁之间的反滤层，均需由计算决定。

(1)管壁孔隙的最大尺寸

管壁孔隙的最大尺寸按式(5-40)计算：

$$e \leqslant a d_{a} \tag{5-40}$$

式中：e——渗沟管壁孔隙的最大尺寸(当孔隙为圆形时，e为圆孔直径；当为长方形孔时，e为孔隙宽度)；

a——试验系数，长方孔宜采用2，圆孔宜采用3；

d_a——靠近管壁周围填充渗水材料颗粒的计算尺寸。

(2)管壁孔眼数

由上式求出e以后，即可以计算孔眼面积。步骤是先确定孔眼排数N，然后由式(5-41)推算每米渗沟管壁的每排孔眼个数：

$$M_0 = \frac{\zeta q}{N F_0 v_r} \tag{5-41}$$

式中：M_0——每米长渗沟管壁的每排孔眼数(个)；

q——每米长渗沟的流量(m^3/s)；

N——管壁孔眼排数，通常可按排水涵管外围进水部分的轮廓对称布置，最小值为2，如不对称布置，最小值可取为1；

F_0——每一孔眼的面积(m^2)；

ζ——考虑流入渗沟的水流进路不均匀系数，一般可用8～10；

v_r——填料容许渗流速度(m/s)，即在不使填充材料中最小颗粒被冲入管中的条件下的流速，$v_r = a_r \sqrt[3]{k}$；

k——颗粒大小均匀渗水填充料的渗透系数，由试验确定；

a_r——试验系数，若v_r及k以m/d计，则$a_r \approx 60 \sim 70$，若v_r及k以m/s计，则$a_r \approx 0.0307 \sim 0.0370$。

(3)注意事项

①布置管壁孔眼，应保证渗水能向管内均匀地流入，孔眼尺寸为e，则纵向孔眼间距不得小于$2e$，以保证孔眼附近的外围填充颗粒能形成自然拱。

②孔眼数目应在水管周围湿润部分范围内布置，位置一般设在基底的水平位置上。

四、土工合成材料构筑渗沟的技术要求

由于传统渗沟在构造和施工方面存在难以避免的缺陷，探讨具有新材料、新技术的新型渗沟成为必然趋势。但其相关理论和试验测试技术还有待进一步研究。

土工合成材料在渗沟中的应用主要有三个方面：①由透水土工织物用做反滤材料来取代传统的反滤层；②用防渗土工膜作防水材料来取代沥青涂层等作为防水层；③用复合排水体做排水通道来取代碎石盲沟。

1. 反滤土工织物

用作渗沟反滤层的土工合成材料主要是无纺土工织物，这种材料比砂砾料低廉得多，可以缩短工期35%～80%，费用降低30%～50%。无纺土工织物能反滤的原因是其具有反滤料的基本性能，其等效孔径一般为0.05～0.2mm，从而具有保土性。孔隙率较大，一般达0.8～0.9，渗透系数在10^{-3}～10^{-1} cm/s，因而其透水性良好。不仅如此，研究表明，当它用作无黏性土的反滤层时，还能诱使土/土工织物界面形成天然滤层。但是，土工织物不是对任何土都适用，对某种具体的土存在土工织物的选用问题。无纺土工织物作为反滤层的原理与传统的反滤层技术考虑是相同的，材料本身应满足以下要求：①保土性，即防止被保护土流失，引起渗透变形；②透水性，即保证渗透水通畅排除；③防堵性，即保证不被细土粒淤堵失效。

(1)保土性要求

对于连续级配的粗粒土，包括粗砂、中砂(粒径<0.074mm，颗粒的含量小于50%)，提出如下标准：

$$o_{95} < d_{85} \tag{5-42}$$

式中：o_{95}——土工织物的等效孔径；

d_{85}——土的特征粒径。

土工织物包括连续级配的细粒土(砂性土、粉性土、黏性土)时，建议按下式控制等效孔径：

$$o_{95} < 0.12\text{mm} \tag{5-43}$$

(2)透水性要求

土工织物的透水性要求主要是保证土工织物的渗透系数在未淤堵前大于土的渗透系数的若干倍。渗透准则有两种表达方式，一种以土工织物的特征孔径和土的特征粒径建立一定的关系；另一种是以土工织物的渗透系数与土的渗透系数建立关系。前者的关系式较多，比较典型的是由太沙基的粒状材料过滤准则转换而来，该准则也是淤堵准则。表达式如下：

$$o_{90} > d_{15} \tag{5-44}$$

式中：o_{90}——土工织物的特征孔径；

d_{15}——土的特征粒径。

以渗透系数表达的形式为：

$$k_g > \lambda_p k_s \tag{5-45}$$

式中：k_g、k_s——土工织物和被保护土的渗透系数(m/s)；

λ_p——无因次系数，《公路土工合成材料应用技术规范》(JTJ/T 019—1998)中规定取为10。

(3)防堵性要求

关于淤堵的评价标准，迄今为止还没有成熟的准则，在国内工程中应用较多的是1972年Calhoun提出的梯度比试验，后被美国陆军工程师团(1977年)修订为梯度准则：

$$GR = i_1/i_2 \leqslant 3 \tag{5-46}$$

式中：GR——梯度比；

i_1、i_2——土工织物试样及其上方25mm的土样的水力梯度，织物上方25～75mm之间土样的水力梯度。

除以上要求外，反滤织物还应具有一定的强度，包括刺破强度、握持强度和撕裂强度等，以承受邻近粒料或其他物体的破坏作用。此处依托工程的无纺针刺土工布规格为：重300g/m²，厚度2.4mm，断裂强度大于9.5kN/m，CBR顶破强度大于1.5kN，撕裂强度大于0.24kN，等效孔径0.1mm。

2. 防渗土工膜

土工膜的渗透系数一般在10^{-12}～10^{-9}cm/s之间，防渗效果很好。但一旦损伤，就会导致较大的渗漏量。因此，实际工程中，须采取有效措施避免土工膜的损伤。损伤试验表明，压实土和细砂过程中对土工膜没有破损性的损伤。粒径 1.18mm 的碎石在压实过程中也未对土工膜造成损伤，而粒径 2.36mm 及以上的碎石(对土工膜的损伤)则随粒径的增大而增大。因此，土工膜周围的土粒粒径应控制在 2.36mm 以内。在土工膜周围加铺一层细砂垫层可以有效保护土工膜，减少甚至避免施工损伤。试验还表明，复合土工膜(一布一膜、两布一膜)的抗损伤能力强，渗沟的防渗宜选用复合土工膜。另外，防渗土工膜的选用还与土性有关，对于粉土、黏性土宜选用高抗渗类的土工膜，要求渗透系数小于 1×10^{-12} cm/s。

3.复合排水体(塑料盲沟材)

塑料盲沟材亦称塑料滤水管，是第四代排水材料。塑料盲沟材的制材是一种以高分子聚合物为母料，加入一些具有一定特性的填加剂，采用热熔技术，一次成型制成长纤维状的多孔材料。其主要特点是质量轻，空隙率高，耐高压，极具韧性，在填加阻燃、抗衰老等填加剂后具有相应的性能。塑料盲沟材有多种形状结构(长条形、矩形、圆形、方形等结构)，其芯材为线状泡沫塑料不规则集结起来的导水体(似方便面)，外包透水土工布。

塑料盲沟材同传统排水管比较，优越之处主要表现在：①不易淤堵。近 20 年来，众多工程实践证明，以编织布做滤层(膜)，较长时间后是会淤堵的(见孙均院士等人著的《新型土工材料与工程整治》)。塑料盲沟材采用无纺土工织物做滤层材料，可大大提高抗淤堵性能，满足实际工程要求；②不会压倒阻塞。塑料盲沟材是塑料丝结合成的三维网状体，能承受任何方向的压力，且抗压强度可达每平方米数十吨，耐压性好，不会倒伏压扁，无阻塞之虑；③表面开孔率与空隙率高达 85%以上，集排水性能极好；④柔性好，适应土体变形能力强；⑤质量轻，结构和施工简单。

目前塑料盲沟在公路工程中的广泛应用尚需制定相关的标准和质量控制措施。

4.土工合成材料在渗沟中的应用形式

(1)将渗沟用透水土工布包裹

位于低洼地段或地下水发育的黄土冲沟处的道路，路基两侧的地下水及地表水向中间汇集，导致路基地下水位升高。为了降低地下水位，保证路基路面的结构稳定性及强度，可在路基两侧开挖渗沟，将两侧汇集来的地下水排走。或在沟道中央设置填沟道渗沟，此时渗沟采用全透式渗沟，即两侧均采用透水土工布。

(2)渗沟迎水面采用透水土工布，背水面采用防渗土工膜

在坡度不大的斜坡地段或地下水丰富的傍山路基一侧修筑渗沟，地下水与路线呈一定角度交叉并穿过路基流向下游。这种情况下修筑渗沟宜采用半透式渗沟(截水渗沟)，即渗沟迎水面采用透水土工布，背水面采用不透水土工膜。这样，上游汇集的地下水将流入渗沟排出，而位于下游的地下水即使在暴雨季节水位升高后也不至于产生倒灌现象。

(3)复合土工排水体直接用作渗沟

复合土工排水体由三部分组成：一侧是透水土工织物，另一侧是防水土工布，中间是具有一定强度的材料构成，骨架并形成排水通道。施工时将此排水体插入土中或布设在适当位置，就可以起到类似半透式渗沟的作用。塑料盲沟材具有较好的抗变形能力，通水效果良好，同时具有反滤作用，可用于地下排水、边坡排水和中央分隔带排水等多种场合。

渗沟内部采用透水性强的填料回填，一般采用粗砾石。其透水性良好又不易对土工合成材料造成损伤。在《公路设计手册　路基》中规定为碎石(砾石)粒径，靠近塑料管的可大些，为 3～5cm，靠近土工布粒径最小，为 1～2cm。

五、黄土沟壑路段路基防排水建议方案及参数

黄土沟壑路段路基排水涉及各种问题，现有的解决方案可分为以下几种：

(1)路堤排水

高等级公路较多采用的形式是：路幅内的降雨由路面横坡排入路肩拦水带浅沟内，由间隔一定距离

的拦水带开口截水集中排入急流槽，由急流槽排入坡底排水沟系统，路堤边坡降雨漫流与路幅内排水相对独立。这种形式有利于加强边坡冲蚀防御功能，但集中起来的降雨容易导致出口灾害性破坏。因此，一般需经渠道送离路域影响范围外。低等级公路一般采用的形式是：路幅内的降雨在路面横坡作用下，沿程通过路肩散排于路基边坡坡面，经由路基边坡坡底排入排水沟系统。这种形式简化了排水系统，节约了排水工程投资，有利于植被生长，但在长期水流作用下，路肩容易形成冲沟、冲蚀等病害，从而影响路基路面的稳定性。

(2)地下排水

从降低地下水水位，排除、拦截地下水的角度考虑，设置渗沟、盲沟、渗井等地下排水设施。

在路基两侧或一侧，或在路基中央设置渗沟，可以在一定范围内降低地下水位，拦截地下水，从而保证路基的干湿状态满足路基路面的结构要求。

对于地下水位高且地形狭长的"U"、"V"形沟谷，设置渗沟降低地下水位的同时，必须考虑渗沟的出水口设置和防护问题。因为在狭长的地形条件下，出水口设置困难，渗沟连续长度常达数百米，一方面可能由于地基不均匀沉降，导致渗沟内淤积；另一方面，若渗沟底坡设较大，又可能造成出水口冲刷。因此，一个可以考虑的方案是设置抽水井，当井内积水到一定量时定期用抽水泵抽吸排除。当然，采用抽水井方案会带来一些公路管理方面的问题。至于出水口防护问题，现在常用干砌或浆砌片石封口处理。

(3)路基防水

沟壑区湿软地段路基底部铺筑排水垫层，路基顶设置土工膜隔渗层；坡顶及边坡平台设置截水沟并做好防护。加强挡墙等防护构造物与排水设施(急流槽、涵洞、射水等)的配合，这对于减少冲刷与水土流失，控制冲沟发展与边坡滑塌有积极的作用。

(4)多种措施综合考虑

综合以上的防水及排水措施，以期获得更佳的效果。

(5)改桥方案

目前公路设计对排水方面的考虑并不深入，有些情况下需要在施工阶段，根据开挖后的水位和水量情况决定采取的措施。但如果勘察表明某些路段排水问题对道路结构的正常使用存在较大的不利影响，并且防排水措施实施存在困难或不经济时，在经济分析和比选后，可以考虑改桥方案，使公路跨越水文地质不良的地段。

第四节　黄土沟壑路段路基防排水现场观测及验算

一、现场试验段概况及观测方案

1.现场试验段概况

通过现场调研，选定黄延公路 8、10、13、14、15 及 19 标共 6 处作为重点试验观测段，16、17、19、21 及 22 标共 5 处作为一般试验观测段，13、15、18、19 及 25 标共 5 处作为调查评价路段。重点试验段及一般试验段主要进行评价、优化分析及试验观测。调查评价路段主要作评价和优化分析。

2.现场试验段观测方案

1)地表排水设施观测方案

(1)流量观测

观测方法：在出水口处用梯形薄壁堰计时量取。

观测次数：无降雨期每两个月观测 1 次，路面施工完成后观测 1 次，暴雨期间每天观测 1 次并持续到雨后 3d。

(2)流速观测

观测方法:用流速仪观测。

观测次数:路面施工完成后各观测 1 次,暴雨期间每天观测 1 次并持续到雨后 3d。

2)地下排水设施试验观测方案

(1)流量观测

观测方法:在出水口处用梯形薄壁堰计时量取。

观测次数:渗沟施工完成后,进行首次观测,记录初始数据。无降雨期每两个月观测 1 次,暴雨期间每天观测 1 次并持续到雨后 3d。

(2)渗沟内流速观测

观测方法:在测井处投入有色试剂,测量下一出口处有色试剂浓度高峰值出现的时间,按下式计算:

$$v = l/t \tag{5-47}$$

式中:l——测井与出口处的距离;

t——投放试剂到出口处观测出现浓度高峰值的时间;

v——渗沟内渗流速度。

观测次数:渗沟施工完成后,进行首次观测,记录初始数据。路基、路面基层、路面面层施工完成后各观测 1 次,暴雨期间每天观测 1 次并持续到雨后 3d。

(3)地下水位观测

观测方法:出口处每隔 20m 预埋 PVC 管,埋置 3 排,读取管内水位高程。

观测次数:观测孔埋设完成后,进行首次观测,记录初始数据。暴雨期间每天观测 1 次并持续到雨后 3d。

(4)含水率试验

试验方法见现行《公路土工试验规程》(JTG E40—2007)。

二、现场试验观测

1.地表排水设施观测结果及分析

表 5-13 是对部分试验段典型断面沟渠的流量及流速进行观测和计算的结果。

试验段地表排水观测结果记录　　表 5-13

序号	试验段	类形	流量(m^3/s)		流速(m/s)		冲淤状况	天气情况	备注
			实测	计算	实测	计算			
1	K254+756～K254+950	VII型边沟	—	—	—	—	—	雨前	—
			0.755	0.875	2.551	2.732	淤积、部分路段溢水	雨中	需调整
			0.544	0.334	2.011	2.088		雨后	—
			1.190	1.174	3.115	2.935		雨中	路面完成
2	K267+280～K267+370	I型排水沟	—	—	—	—	—	雨前	—
			0.858	0.852	1.782	2.131	—	雨中	—
			0.562	0.358	1.700	1.685	—	雨后	—
			1.020	0.852	2.230	2.131	—	雨中	路面完成
3	K268+852～K269+048	II型排水沟	0.09	—	—	—	—	雨前	山坡渗水
			1.654	1.633	2.778	2.904	—	雨中	—
			0.596	0.567	2.236	2.160	—	雨后	—
			1.421	1.314	2.654	2.738	—	雨中	路面完成

续上表

序号	试验段	类形	流量(m^3/s)		流速(m/s)		冲淤状况	天气情况	备注
			实测	计算	实测	计算			
4	K271+460～K271+830	III型排水沟	—	—	—	—	—	雨前	—
			2.021	2.242	1.961	2.090	—	雨中	—
			1.366	1.376	1.801	1.835	—	雨后	—
			1.525	1.929	1.878	2.009	—	雨中	路面完成
5	K272+400～K273+500	X型边沟	—	—	—	—	—	雨前	—
			1.952	1.795	2.711	2.752	—	雨中	—
			1.655	1.518	2.669	2.626	淤积	雨后	—
			1.112	1.453	2.402	2.594	—	雨中	路面完成
6	K278+430～K278+510	VI型边沟	—	—	—	—	—	雨前	植被覆盖
			0.121	0.125	1.218	1.284	—	雨中	—
			0.110	0.120	1.206	1.265	淤积	雨后	—
			0.222	0.125	1.305	1.284	—	雨中	路面完成
7	K296+000～K296+500	V型边沟	—	—	—	—	—	雨前	—
			0.578	0.611	2.001	1.888	淤积	雨中	—
			0.378	0.352	1.792	1.678	淤积	雨后	—
			0.510	0.556	1.789	1.853	—	雨中	路面完成

注:表中所列观测数值为断面测点平均值。

由表5-13可以看出:

(1)除个别段落外,流速的观测值在雨中普遍小于计算值,而雨后普遍大于计算值。因为计算流速时,假定水流是清水以及沟壁粗糙系数n是常数。实际上,粗糙系数n与水中泥沙含量有关。降雨初期,含有泥沙的水流较清,水的黏滞阻力大,因而流速较清水小。随着时间推移,水中细粉粒泥沙在流动中产生挂壁作用,相当于泥浆润滑作用,泥浆挂壁后减小流动阻力,也即减小粗糙系数,从而流速变大。

(2)同样降雨条件下,路面修筑完成后比修筑前,流量和流速均有所增加,这是因为路面修筑后减小了降雨入渗量,增加了径流量。同时,随着防护工程的完善,路基边坡冲刷得到缓解,水中含沙量减少。

(3)流速和流量随着降雨量的增加而增加,并逐渐达到稳定。由于地表植被的调蓄作用,在同样的降雨条件下,植被保存完整的自然坡面下沟渠流量小于开挖的人工坡面下的沟渠流量。但植被覆盖较薄的地段水流中含沙量大于人工浆砌护坡坡面下水中含沙量。

2.地下排水设施试验观测结果及分析

1)流量观测数据分析

部分试验段渗沟流量观测数据见表5-14。

试验段地下排水设施观测结果记录表 表5-14

序号	试验段	结构类型	沟底埋深及长度(m)	日期	流量($10^{-6}m^3/s$)	地基处理情况
1	K252+600～K253+100	I	边沟下1m,长度100m	04.9.20	300.01	手摆片石
				05.3.25	325.23	
				05.5.17	398.12	
				05.6.8	412.22	
				05.7.23	400.51	
				05.9.27	525.16	
				05.9.28	422.31	

续上表

序号	试验段	结构类型	沟底埋深及长度(m)	日期	流量($10^{-6}m^3/s$)	地基处理情况
2	K252+600～K253+100	II	长度100m	04.9.20	468.33	—
				05.4.17	387.65	
				05.6.8	425.50	
				05.7.23	500.21	
				05.8.12	534.10	
				05.9.28	601.71	
				05.9.29	623.74	
3	K280+000～K280+040	II	长度40m	04.9.20	212.52	强夯置换片石
				05.4.17	151.00	
				05.6.8	163.14	
				05.8.13	232.77	
				05.9.27	252.25	
				05.9.28	215.23	
4	K271+460～K271+900	II	砂垫层下深度1m,长度520m	04.8.26	5301.22	粉喷桩
				05.4.17	5213.65	
				05.5.8	5129.98	
				05.7.23	5312.11	
				05.9.28	5408.23	
				05.9.29	5418.75	
				05.9.30	5316.58	
5	K296+000～K296+500	I	边沟下1m,150m	04.8.26	721.36	粉喷桩横向渗沟出水口渗水量不大,有的甚至断流
				05.5.8	100.00	
				05.7.23	545.33	
				05.9.28	784.25	
				05.9.29	788.59	
				05.9.30	776.90	
				05.10.1	452.96	
				05.12.12	120.00	
6	K299+400～K299+700	III	位于自然沟底,平均填土高6.5m	04.8.26	786.63	路床下灰土垫层,二层土工隔栅
				05.5.8	665.00	
				05.7.23	666.82	
				05.9.28	798.71	
				05.9.29	801.94	
				05.9.30	787.12	

从表5-14可以看出:

(1)各个试验段渗沟流量在雨后连续的观测期内呈减小趋势,这与地下水位呈下降趋势吻合。

(2)部分试验段截水渗沟流量后期观测数据显示为零,其原因可能是:①渗沟埋深浅,在降雨结束后上层滞水逐渐疏干,随着时间的延续潜水面逐渐降低,没有补充水源进入渗沟。②渗沟反滤层淤堵失效,水不能顺利流入渗沟,这种情况可通过水位观测结果基本不变得到验证。③渗沟基底产生不均匀沉降，渗沟变形，排水不畅。

(3)由于湿软性黄土地基经处理后渗透系数有所提高，所以，地基处理后的渗沟流量较天然地基条件下的渗沟流量大，并且，对两面透水的II型渗沟影响比一面透水的I型渗沟影响大。

2)地下水位观测数据分析

图5-23给出了K271＋460～K271＋900试验段距出口40m处地下水位随着与渗沟中心距离变化的变化曲线。图5-24给出了K266＋600～K267＋300试验段距出口60m处地下水位随着与渗沟中心距离变化的变化曲线。图5-25给出了K203＋400～K203＋800试验段距出口20m、60m处地下水位随着与渗沟中心距离变化的变化曲线比较图。从图5-23～图5-25可以看出：

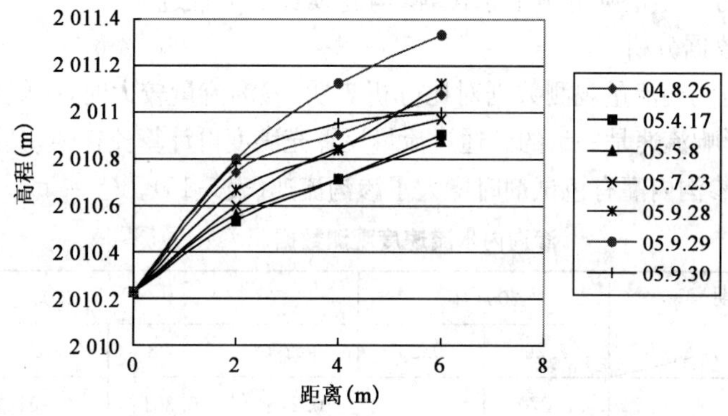

图5-23　K271＋460～K271＋900试验段渗沟地下水位降落曲线

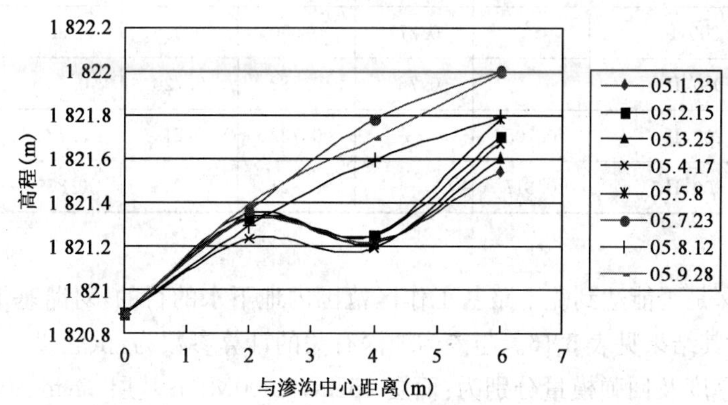

图5-24　K266＋600～K267＋300渗沟地下水位降落曲线

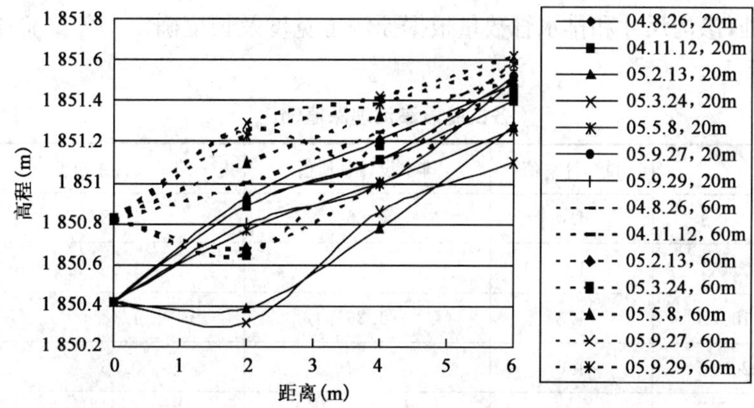

图5-25　K203＋400～K203＋800渗沟上下游地下水位降落曲线比较

(1)越靠近渗沟,地下水位越低,这说明渗沟对降低地下水位起到了良好的作用。地基处理后渗沟地下水位降落速度较天然地基条件下快,与流量观测结果一致。

(2)地下水位实测降落曲线的线形与理论渗流降落曲线基本吻合。部分段落在2005年1月~5月期间实测降落曲线与理论降落曲线相差较远,其原因是:观测期间处于冬春季,地下水渗流量小,其流向难以确定,并且偶尔的降雨会引起很大的变化。

(3)地下水位在不同期间会有升降变化,这是因为地基处于开放的系统中,地下水位受蒸发、入渗、地基处理以及渗沟淤堵情况等多方面因素影响所致。

(4)同一试验段渗沟下游地下水位变化幅度较大,在渗沟上游则较小,说明下游靠近出口便于及时疏导水流,同时,也说明为了尽快降低地下水位,渗沟连续长度不宜过大。

3)渗沟内流速观测数据分析

渗沟流速观测数据与同期流量观测数据对比分析表明,渗沟流量较大时,一般渗沟流速也相应增大,这与管流理论中充满度影响流速是一致的。通过流量反算充满度再计算流速值,其结果较观测值小,除观测误差外,主要是因为向渗沟内灌有色试剂时增大了渗沟流速(表5-15)。

渗沟内水流速度观测数据(m/s) 表5-15

日期 / 位置及类型	2004年		2005年				
	8.26	9.20	9.27	9.28	9.29	9.30	10.1
K203+400~K203+800,I	0.270	—	0.275	0.301	0.251	—	0.239
K252+600~K253+100,I	—	0.338	0.366	0.348	0.360	0.360	—
K254+700~K255+250,I	0.411	—	0.475	0.445	0.487	0.479	—
K266+600~K267+300,I	—	0.277	0.350	0.355	0.375	0.360	0.348
K280+000~K280+040,II	—	0.769	0.782	0.720	0.754	0.748	—
K268+600~K269+200,II	0.705	—	0.732	0.719	0.728	0.650	0.700
K271+460~K271+900,II	0.817	—	0.821	0.815	0.879	0.850	0.712

4)含水率试验

为了检验渗沟埋深是否能达到疏干路基工作区范围内地下水的目的,对路基下3m深度内的土体取样进行含水率试验,其结果见表5-16。与渗沟埋深有关的计算参数为:试验段自然区划为III_2区,主线路面厚69cm,各层厚度及回弹模量分别为:面层15cm,1 000MPa;基层34cm,800MPa;底基层20cm,600MPa;土基40MPa。路面宽度24.5m,渗透系数4×10^{-4}cm/s,最大冻深:延安79cm,黄陵65cm。I型截水渗沟设于边沟下1m,单面透水,断面为矩形,宽0.6m,深1.0m。II型渗沟双面透水,设于地下水发育的沟道两侧坡脚处,渗沟尺寸和排水管数量根据原沟道宽度及长度确定。各试验段计算埋深与渗沟实际埋深比较见表5-17。

各试验段渗沟埋深值(m) 表5-16

试 验 段	设 计 值	排水设计手册值	路基设计手册值	本文推荐值
K252+600~K253+100,I	1.0	0.66	1.08	1.29
K254+700~K255+250,I	1.0	1.27	1.66	2.07
K252+600~K253+100,II	1.3	1.26	1.48	1.71
K268+600~K269+200,II	1.0	0.62	0.95	1.56
K271+460~K271+900,II	1.0	0.37	0.50	1.11

注:为便于比较,表中I型渗沟埋深计算值换算成边沟下的深度值,II型渗沟埋深计算值和设计值为路基基底下的深度值。

含水率试验结果(%)　　表 5-17

范围及类型	K252+600～K253+100,II		K254+700～K255+250,II			K252+600～K253+100,II		K268+600～K269+200,II		K271+460～K271+900,II	
深度	内	外	内	外		内	外	内	外	内	外
1.0m	9.6	11.5	10.2	9.3	21.0	9.5	9.6	9.5	10.0	10.7	10.3
1.5m	9.5	11.2	10.7	11.5	19.5	9.9	10.4	10.1	13.6	10.2	11.2
2.0m	10.2	12.3	11.5	12.9	13.5	12.5	12.8	11.4	13.1	13.2	13.5
2.5m	10.5	10.8	10.0	10.4	10.7	13.2	12.1	13.4	15.9	13.0	13.2
3.0m	9.8	10.5	10.8	12.1	—	11.7	13.6	12.2	15.0	—	12.3

注:1."内"、"外"分别表示靠路基一侧和靠边坡一侧。

2. K254+700～K255+250 外侧第二栏数据是未设截水渗沟时的土体含水率值。

由表 5-16、表 5-17 可以看出:

(1)《公路排水设计手册》计算的渗沟埋深最小,《公路设计手册　路基》的计算值居中,本文推荐公式的计算值最大。由于两种手册的渗沟埋深计算公式不能针对不同渗沟类型分别进行计算,故对于 II 型渗沟,出现计算值明显偏小的情况。本文推荐公式分别对 I、II 型渗沟埋深采用不同的计算公式,弥补了这一缺点。

(2)I 型截水渗沟在不透水一侧深度 3m 处土体含水率与深度 1m 处基本一致,能满足路基干燥状态的要求。这说明尽管截水渗沟埋深小于理论计算值,但路基侧含水率保持稳定,其原因是试验段截水渗沟主要拦截坡体层间水及上层滞水,而理论埋深确定的前提是拦截潜水。

(3)14 标未设截水渗沟时,坡脚处深度 1～1.5m 处土体含水率接近饱和含水率,说明埋深小于 1.5m 时,截水渗沟不能发挥截水作用。在不致造成渗沟出水口设置困难的情况下,宜采用本文推荐公式计算渗沟埋深。如果出水口设置困难,可根据《公路设计手册　路基》计算渗沟埋深。

(4)K271+460～K271+900 段 II 型渗沟处于填方路段,路肩处填土高度平均 3.8m 左右,换算深度时需要减去填土高度,故出现设计值大于计算值的情况。

三、路基排水系统抗灾能力复核验算

黄延高速公路 HY-12 标段至 HY-19 标段(HY-18 标段除外)起于延安市富县牛武镇,途经甘泉至延安市南三十里铺,起点桩号 K236+600,终点桩号 K286+900,全长 48.3km。几乎全部沿狭长沟底布设,由于公路路基占用了天然形成的沟道,路基防排水措施就成了突出的技术问题,对路基的抗灾能力提出了考验。为此,本节采用第三节的理论计算方法,对上述标段的排水系统进行复核验算。

原设计中地面排水主要采用了边沟、排水沟、急流槽、截水沟、边坡坡面防护等构造物,主要是阻截、疏导和汇集地表水流,并引入大型排水构造物;地下排水系统采用了渗沟、横向涵等构造物,主要是拦截流向路基范围内的地下水,并有效地降低地下水位;大型排水构造物指桥梁、涵洞以及改河工程,主要是导水,确保水流能畅通地排出路基范围之外。以上三部分各自独立,而又互相配合,共同构成了一个全方位的防排水系统。

1. 验算区排水系统水文计算及水力计算

1)水文计算

(1)降雨强度的计算

降雨强度的计算详见本章第三节。

(2)设计径流量的计算

根据本章第三节设计径流量计算方法,对黄延高速公路 HY-12、HY-13、HY-14、HY-15、HY-16、HY-17、HY-19 标段按不同降雨强度进行水文计算,其中,需要进行调整段落的计算结果见表 5-18。

验算区原设计不合理段落及调整方案 表 5-18

标段	序号	起始桩号	位置	类型	长度(m)	原设计方案	建议调整方案
HY-13	1	K244＋525～K244＋755	路基右侧	边沟	230	II 型	I 型
	2	K245＋165～K245＋330	路基右侧	边沟	165	II 型	I 型
	3	K245＋690～K245＋888	路基右侧	边沟	198	II 型	I 型
	4	K245＋891～K245＋960	路基右侧	边沟	69	II 型	I 型
	5	K246＋380～K246＋580	路基右侧	边沟	200	II 型	I 型
	6	K247＋835～K248＋060	路基右侧	边沟	225	II 型	I 型
	7	K248＋282～K248＋388	路基左侧	边沟	106	II 型	I 型
	8	K248＋391.5～K248＋615	路基右侧	边沟	223.5	II 型	I 型
	9	K251＋400～K251＋633	路基右侧	边沟	233	II 型	I 型
HY-14	10	K254＋348～K254＋450	路基右侧	边沟	102	VI 型	VII 型
	11	K254＋450～K254＋510	路基右侧	排水沟	60	I 型	护坡 2.0m
	12	K254＋650～K254＋670	路基左侧	排水沟	20	I 型	护坡 2.0m
	13	K254＋690～K254＋720	路基左侧	排水沟	30	I 型	护坡 1.5m
	14	K254＋756～K254＋950	路基右侧	边沟	194	VII 型	80cm×80cm 矩形加盖板
	15	K255＋171.5～XK255＋295	路基右侧	边沟	123.5	VII 型	80cm×80cm 矩形加盖板
	16	K256＋830～XK257＋187	路基左侧	排水沟	357	I 型	护坡 1.5m
	17	K257＋230～XK257＋440	路基右侧	边沟	210	VII 型	80cm×80cm 矩形加盖板
	18	K257＋660～XK257＋869	路基右侧	边沟	209	VII 型	80cm×90cm 矩形加盖板
	19	K257＋772.7～XK257＋840	路基左侧	边沟	67.34	VI 型	VII 型
	20	K258＋150～XK258＋340	路基右侧	边沟	198	VII 型	80cm×80cm 矩形加盖板
	21	K258＋250～XK258＋310	路基左侧	边沟	60	VI 型	VII 型
	22	XK254＋142～XK254＋350	路基左侧	边沟	208	VII 型	80cm×90cm 矩形加盖板
	23	XK254＋235～XK254＋325	路基右侧	边沟	90	VI 型	VII 型
	24	XK254＋417～XK254＋550	路基右侧	边沟	133	VII 型	80cm×80cm 矩形加盖板
	25	XK254＋550～XK254＋735	路基右侧	排水沟	185	I 型	护坡 2.0m
	26	XK254＋566～XK254＋801	路基左侧	排水沟	235	I 型	II 型
	27	XK254＋735～XK254＋820	路基右侧	边沟	85	VIII 型	II 型
	28	XK255＋810～XK256＋143	路基右侧	排水沟	333	I 型	II 型
	29	XK255＋870～XK256＋117	路基左侧	排水沟	247	I 型	II 型
	30	XK256＋122～XK256＋150	路基左侧	排水沟	28	I 型	II 型
	31	XK256＋148～XK256＋330	路基右侧	排水沟	182	II 型	护坡 2.0m
	32	XK256＋150～XK256＋235	路基左侧	边沟	85	VI 型	VII 型
	33	XK256＋235～XK256＋340	路基左侧	排水沟	105	I 型	护坡 2.0m
	34	XK256＋337～XK256＋695	路基右侧	排水沟	258.5	II 型	护坡 2.0m
	35	XK256＋605～XK256＋760	路基右侧	排水沟	155.5	II 型	护坡 2.0m
	36	XK256＋340～XK256＋470	路基左侧	边沟	130	VII 型	80cm×80cm 矩形加盖板
	37	XK256＋470～XK256＋767	路基左侧	排水沟	296.5	I 型	护坡 2.0m
	38	XK256＋734～XK256＋050	路基左侧	排水沟	276.5	III 型	护坡 2.0m
	39	XK256＋760～XK256＋880	路基右侧	排水沟	120	I 型	护坡 1.5m

续上表

标段	序号	起始桩号	位置	类型	长度(m)	原设计方案	建议调整方案
HY-14	40	XK256+880～XK257+020	路基右侧	边沟	140	VII型	80cm×80cm矩形加盖板
	41	XK257+050～XK257+065	路基左侧	排水沟	15	I型	护坡2.0m
	42	XK257+065～XK257+203	路基左侧	边沟	138	VI型	80cm×80cm矩形加盖板
	43	XK257+020～XK257+050	路基右侧	排水沟	30	I型	护坡2.0m
	44	XK257+210～XK257+309	路基右侧	排水沟	99	I型	护坡2.0m
	45	XK257+217～XK257+370	路基左侧	排水沟	153	III型	护坡2.0m
	46	XK257+370～XK257+490	路基左侧	排水沟	120	I型	护坡1.5m
	47	XK257+490～XK257+570	路基左侧	边沟	80	VI型	VII型
	48	XK257+570～XK257+580	路基左侧	排水沟	10	I型	护坡1.5m
HY-15	49	K258+865～K258+920	路基左侧	排水沟	55	I型	II型
	50	K259+620～K259+813	路基左侧	边沟	193	VI型	VII型
	51	K259+813～K259+870	路基左侧	边沟	57	VI型	VII型
	52	K259+620～K259+927.5	路基右侧	边沟	307.5	VII型	80cm×80cm矩形加盖板
	53	K260+240～K260+390	路基右侧	边沟	150	VI型	VII型
	54	K260+690～K260+810	路基左侧	边沟	120	VI型	VII型
	55	K262+830～K263+170	路基左侧	边沟	340	VI型	VII型
	56	K262+850～K263+100	路基右侧	边沟	250	VI型	VII型
	57	K263+100～K263+290	路基右侧	边沟	190	VI型	VII型
	58	K263+890～K264+120	路基左侧	边沟	230	VI型	VII型
	59	K263+830～K264+170	路基右侧	边沟	340	VII型	80cm×80cm矩形加盖板
	60	K264+700～K264+855.5	路基右侧	排水沟	155.5	I型	II型
HY-14	61	K264+864.5～K264+965	路基右侧	边沟	100.5	VI型	VII型
	62	K264+910～K265+095	路基左侧	边沟	185	VII型	80cm×80cm矩形加盖板
	63	K265+112～K265+210	路基左侧	边沟	98	VI型	VII型
	64	K267+670～K268+248	路基右侧	排水沟	578	IV型	浆砌片石护坡3m,沟渠加宽到4m
HY-17	65	K272+362～K272+580	路基右侧	边沟	218	X型	IV-1型
	66	K272+580～K272+760	路基右侧	排水沟	180	III型	IV-1型
	67	BK0+420～BK0+500	路基右侧	排水沟	200	X型	IV-1型
HY-14	68	K277+585～K277+810	路基右侧	边沟	225	VII	80cm×90cm矩形加盖板
	69	K278+715～K278+910	路基右侧	边沟	195	VII	80cm×90cm矩形加盖板
	70	K279+406～K279+625	路基左侧	边沟	219	VI	80cm×80cm矩形加盖板
	71	K280+680～K281+000	路基右侧	边沟	320	VII	80cm×90cm矩形加盖板
	72	K281+260～K281+445	路基右侧	边沟	165	VI	80cm×80cm矩形加盖板
	73	K282+210～K282+390	路基左侧	边沟	180	VI	80cm×80cm矩形加盖板
	74	K282+420～K282+700	路基左侧	边沟	280	VII	80cm×90cm矩形加盖板
	75	K282+720～K282+860	路基左侧	边沟	140	VII	80cm×90cm矩形
	76	K283+227～K283+497	路基右侧	边沟	270	VI	VII型
	77	K283+803～K283+967	路基右侧	边沟	164	VII	80cm×90cm矩形加盖板
	78	K284+130～K284+355	路基右侧	边沟	225	VII	80cm×90cm矩形加盖板

续上表

标段	序号	起始桩号	位置	类型	长度(m)	原设计方案	建议调整方案
HY-14	79	K284+479～K284+800	路基左侧	边沟	321	VII	80cm×90cm 矩形加盖板
	80	K285+070～K285+280	路基左侧	边沟	210	VII	80cm×90cm 矩形加盖板
	81	K285+440～K285+640	路基左侧	边沟	200	VII	80cm×90cm 矩形加盖板
	82	K285+780～K286+000	路基左侧	边沟	220	VII	80cm×90cm 矩形加盖板

2)水力计算

沟渠流量计算公式如下：

$$Q_c = vA \tag{5-48}$$

式中：Q_c——沟或管的泄水能力(m^3/s)；

v——沟管内平均流速(m/s)；

A——过水断面面积(m^2)。

沟管内平均流速 v：

$$v = \frac{1}{n} R^{\frac{2}{3}} i^{\frac{1}{2}} \tag{5-49}$$

式中：n——沟管壁的粗糙系数，浆砌片石明沟取 0.025；

R——水力半径(m)；

i——水力坡度，一般取沟管的设计底坡。

根据现行排水设计规范，沟槽的顶面高度应高出设计水位 0.1～0.2m，因此，为保守起见，验算沟渠的泄水能力时按设计断面高度减去 0.2m 计算设计水深，并以此确定水力半径及过水断面面积。

检验沟渠设计合理与否的关键是满足以下两个条件：①沟渠的泄水能力 $Q_c \geqslant$ 设计流量 Q；②沟渠水流速度 v 不小于防淤流速 v_{min}，且不大于沟渠的冲刷流速 v_{max}，即 $v_{min} \leqslant v \leqslant v_{max}$。根据规范，浆砌片石明沟，$v_{min}=0.4m/s$，$v_{max}=3m/s$。

2. 验算区原排水系统评价及调整方案建议

通过对上述各标段排水系统进行水文水力计算，发现部分段落的泄水能力不能满足要求，需要对其断面进行设计调整，各标段具体调整段落见表 5-19。

验算区原设计不合理段共 82 段，具体见表 5-19。对原设计方案中没有的断面形式，其调整后的断面形式见图 5-26。

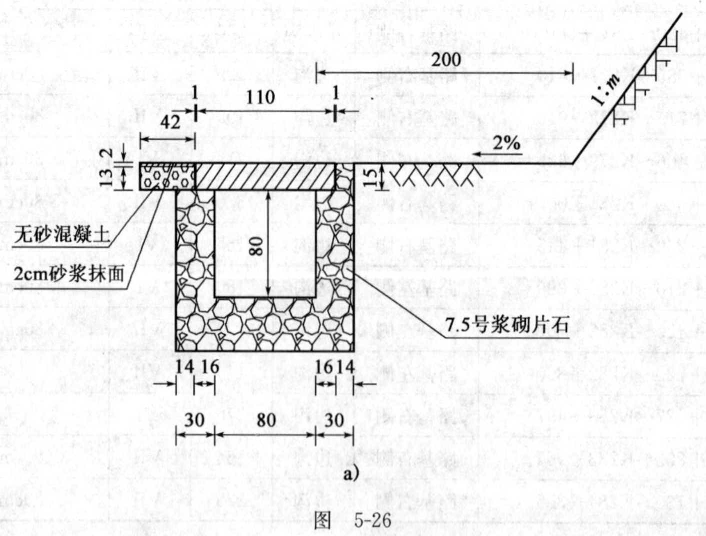

图 5-26

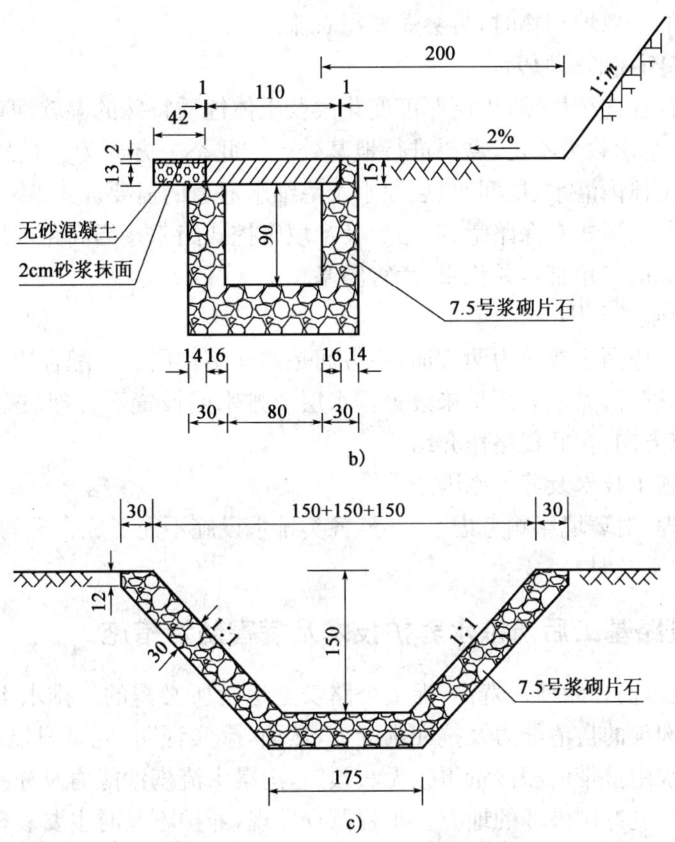

图 5-26 HY-14、HY-15、HY-17、HY-19 标段部分调整方案断面(尺寸单位:cm)

a)80cm×80cm 矩形盖板沟;b)80cm×90cm 矩形盖板沟;c)IV-I 型排水沟

第五节 黄土沟壑路段路基工后防排水养护技术及病害防治

一、黄土沟壑路段路基防排水病害类型及原因分析

1.路基防排水病害类型

水是造成各种公路病害的主要原因,黄土沟壑区由于其特殊的地形、地质及气候条件,决定了该区公路较一般地区公路更易产生防排水病害。不仅如此,黄土沟壑区也是水土流失最为严重的地区,虽然年均降水量不大,但多以暴雨形式出现,短时间内降雨量集中且雨强很大,雨中又多含泥沙,破坏力极强。根据对多条黄土沟壑区已建公路的调查表明,黄土沟壑区工后防排水常见病害主要有以下几类。

(1)路基失稳类

这类病害主要表现为路基沉陷,半幅路堤坍塌、陷穴、滑移等。

(2)路面破坏类

这类病害主要表现为路面裂缝、沉陷、波浪、鼓包、坑槽、翻浆、唧泥等。

(3)边坡冲刷失稳类

这类病害主要表现为边坡冲沟、滑塌(滑坡)、剥落、泥流、崩塌等。

2.路基防排水病害原因分析

(1)地形、地貌原因

黄土沟壑区地形支离破碎,沟间地与沟谷地纵横交错,新老黄土同时暴露,地质及土质问题非常复杂。

(2)气象原因

黄土沟壑区年降雨量较少,但多以暴雨形式出现,雨强大,易形成山洪,雨季集中在 6~9 月之间,当沟道上游和两侧有充足的松散堆积物时,常会爆发泥石流。

(3)地基土质及路基断面形式原因

黄土沟壑路段普遍存在连续性差,土层厚度变化大及土体性质特殊的湿软性黄土或过湿黄土,在高路堤及重交通情况下,地基承载力不足,需要进行地基处理。此举一方面为满足地基承载力的要求,另一方面也是排除或隔断土体内潜水、层间水、裂隙水及毛细水通道的需要。

黄土沟壑地段路基断面形式有深路堑、高路堤及半填半挖式路基。当高路堤压占沟道时,路堤边坡与自然沟道边坡之间形成的三角带容易积水,危害路基。

(4)路面结构设计及施工原因

路面结构设计及施工原因主要分为两方面:一方面是路面结构层材料配合比不合理,碾压不均匀或压实度不足,集料强度不够等;另一方面是未设置排水层或排水层设置不合理(这方面国内外已有不少成果,考虑到本文的研究方向,在此仅略作介绍)。

(5)排水设施设计、施工技术及养护原因

排水设施设计不合理,对环境影响考虑不充分,各类排水设施不能形成合理的排水系统。排水设施施工质量控制不严,养护不及时。

二、黄土沟壑路段路基工后防排水养护技术及病害防治措施

必要、及时的养护是提高公路使用寿命,保证公路安全运营所必需的。排水沟渠设计时,尽管在沟渠纵坡设计上已考虑了沟渠的自清能力及抗冲刷能力,然而,事实证明,此举只能减轻而不能免除淤积或冲刷。这主要是因为水中携带的泥沙量事先无法预知,沟渠水流携沙能力及冲刷力无法预估,因此必须借助养护措施清淤或修复冲刷破坏的地方。工程调查发现,养护不及时主要表现在以下几方面:

(1)路面浸水破坏。当雨水进入沥青面层或基层的空隙和裂缝中时,如果排泄不畅,就会使这此空隙和裂缝里充满自由水,在行车荷载作用下,自由水变成有压水,向四周高速流动,将基层表面和空隙中的细料冲出、冲走。细料在移动一段距离后沉积在空隙或裂缝中,造成水对基层的冲刷。

(2)对涵洞、边沟淤塞清理不及时。淤塞造成上、下游不通,不畅;有些边沟淤积引起排水不利,易形成积水,造成路基路面不稳定。

(3)对黄土路肩、路堑、路堤边坡出现的陷穴,坑槽未及时修复。

(4)养护管理人员暴雨时未上路察看水情,改水堵渗,雨前、雨后对排水设施检查,整修跟不上,小洞不治,酿成大患的事例时有发生。

黄土沟壑路段防排水养护应在遵循现行规范的基础上,根据其特点进行针对性养护。主要有以下几方面:

1.日常养护措施

根据《公路养护技术规范》(JTG H10—2009),排水设施的日常养护主要是清除沟渠内的杂物和淤泥,修补破损的渠道。对于黄土沟壑区的排水设施除做好一般养护工作外,还要特别注意沟渠裂缝修补工作。根据对目前黄土沟壑区公路排水设施中采用较多的浆砌片石衬砌的调查发现,许多片石表面粗糙,片石之间的接缝不规则,过密或者过大,砌筑砂浆不饱满或不连续。由于黄土沟壑区降雨集中且雨中含较多泥沙,冲刷力很强(有关研究表明,含沙水流的对过流表面的压力大于清水,且随含沙量的增加而增大),如果片石之间的砂浆砌筑不饱满,容易被陶蚀,引起渗漏。因此,日常养护巡视要注意这类细节,发现问题及时处理。可采用聚氯乙稀胶泥、焦油塑料胶泥或沥青麻絮填缝。填缝前应注意将接缝内清理干净,以保证填料与两侧黏牢。当渗漏部位下的土体已被水浸泡,应设法疏干。对于渗漏严重的地段,要将沟渠翻挖,晾晒浸湿的土体,必要时铺筑排水垫层。

黄土沟壑区路基地表排水设施主要有边沟、排水沟、截水沟、急流槽等,地下排水设施主要用渗井、渗沟、仰斜排水孔等。各项排水设施的养护内容主要是疏通、改善及铺砌等,在春融前,应仔细全面进行检查和疏浚,雨中必须上路巡查,及时排除淤塞、疏导水流,保持水流通畅,并防止水流集中,冲坏路基。暴雨后

应重点检查，如有冲刷、破坏，须及时修理加固，如有堵塞应立即清除。具体排水设施又因设置位置及功能要求等不同特点，其日常养护措施还有一定的侧重。

(1)边沟(排水沟)日常养护措施。边沟的日常养护应与边坡养护相结合，经常注意路堑边坡上的危石、浮石、滑塌体的变动，一旦发现问题应及时处理，避免堵塞路基边沟。当边坡出现裂缝时，可用黏性土堵塞捣实，以防止表层水渗入路基体内。

(2)截水沟日常养护措施主要是防冲防渗，黄土沟壑区截水沟受地形限制，纵坡多数较陡，遇有暴雨时容易产生冲刷，形成冲沟或陷穴。

(3)急流槽(跌水)日常养护内容是检查有无裂缝、冲刷破坏，与周围土体有无分离现象，对小裂缝用不低于砌筑砂浆标号的砂浆抹面。对大裂缝灌注水泥浆，周围土体的裂缝应进行封闭处理。急流槽出口出现冲刷破坏时，应适当铺砌。

(4)护坡道排水沟养护。由于路堑边坡一般较陡，护坡道的维修养护较为困难，所以边坡两侧应设养护通道。

(5)矩形盖板边沟的日常养护主要是清淤，清理盖板表面的枯枝落叶。因盖板设计时考虑了承受车辆等临时荷载作用，盖板自重较大，人工搬动较困难，必要时需借助机械搬动，清淤也可借助专用的小型器具。

(6)渗沟养护内容：

①经常进行检查，如发现沟口长草堵塞，应及时清除冲洗，确保渗沟的畅通。

②如发现碎(砾)石层淤塞而不通时，应及时组织人员来翻修，并剔除其中颗粒较小的砂石，以保持空隙，利于排水，并保证其翻修质量。

③若认为渗沟所在位置不妥，不能将地下水全部排至路基外，此时，应根据具体情况另行修建渗沟。

(7)渗井的养护。经常检查路基周围有无渗漏现象，仔细检查渗井内有无淤泥，并及时排除淤泥，如发现渗井位置不妥，可以考虑改修渗井。

2. 汛期养护措施

(1)坚持汛前检查。汛前应仔细全面地检查和疏浚，主要是检查桥涵等构造物基础有无外露、冲空或损坏。边沟、排水沟等排水系统有无淤塞。浆砌圬工勾缝有无脱落、裂缝、断裂、空洞现象。急流槽有无淘空和下沉现象等。

(2)坚持雨中查路。汛期开展雨中查路，特别是在较强降雨中，意义重大。发现小型水毁隐患要及时处理，若及时发现较大隐患，因为抢修争取了时间，减少了公路水毁损失。

(3)雨后巡查。每次降雨后，养护部门应进行巡查，疏通沟渠淤泥堵塞路段；及时回填路基缺口；重点检查截水沟、急流槽，如有冲刷、损坏必须及时修补加固；及时修复水毁构造物；对于伸缩缝脱落、勾缝脱落处，及时填筑修复；淤塞的涵洞及时清淤，确保排水系统功能正常。

汛期应进行必要的水文观测，掌握洪水动态，并与当地气象、水文部门密切联系，及时收集水、雨情况预报资料。同时，应注意积累和保存观测资料，作为排水设施改善和加固的依据。对于日常巡视发现冲刷破坏的沟渠，汛期应进行流速及水位观测，为采取适当的加固措施提供依据。

3. 维修及补救措施

日常养护和汛期养护主要是预防性养护，当排水设施破坏程度较严重，采取预防性养护不能保证排水设施正常使用功能时，应采取维修及补救措施。这些措施主要有以下几种：

(1)急流槽损坏的地方，可考虑水泥混凝土预制管，为防止破裂可适当配置钢筋。

(2)《公路排水设计规范》(JTJ 018—1997)规定，纵坡坡率陡于1∶1.5时急流槽宜采用金属管。在坡度较陡，黄土节理发育，以及涵洞出口位于陡坎上时，采用管道排水能减少水毁隐患，其综合成本较低。

管道的稳定靠管道外壁同土体的摩擦力，因此管道填土应压实。

管道的泄洪能力由下式计算(自由出流)：

$$Q=\varphi\omega\sqrt{2gh_0} \tag{5-50}$$

式中：Q——设计泄洪流量(m^3/s)；

ω——管道过流面积(m^2)；

h_0——上游允许水位高(m)(以下游出口最低点为基准点)；

φ——流速系数，可查水力学手册。

(3)蒸发渗水池。黄土地区干旱少雨，蒸发量大，蒸发渗水池符合“就地拦蓄”的水土保持方针，是适合黄土区的有效排水设施。

蒸发池可利用取土坑或不便耕种的土地修建，蒸发池边缘距路基边沟不小于5m，用挖池子的土围筑土堤以增加蓄水量。

蒸发池容积按规定20年一遇，连续2h暴雨汇流量计算，并预留20cm安全高度。池子形状可根据实际地形合理选择，不一定是矩形。

(4)水窖。水窖最初的目的是用以解决缺水问题，用于公路排水中可作为储水的设备。在降雨时水窖将周围汇水储存起来，平时可用于公路绿化，一举两得。

(5)灌浆处理。灌浆的目的是加固土体，提高土的水稳性及结构强度。灌浆的适用范围广泛，用于排水设施养护方面如：排水设施处于湿软性黄土等不良地质地段时，由于不均匀沉降导致沟渠开裂、断板、沉陷，可以采取灌浆对沉陷处进行局部处理；排水构造物与土体接触带出现裂缝时，可对裂缝进行灌浆处治等。

(6)养护中发现由于排水系统的不完善而导致病害产生的情况，可通过增修排水沟、截水沟、急流槽、挡墙以及植被防护相结合的方法进行处治。边坡冲刷严重的散排地段，可增设拦水带、排水沟，同时对进行坡脚进行防护。

(7)截水沟、排水沟、边沟、急流槽，小桥涵等构造物都免不了与黄土直接接触，调查发现，黄土与排水构造物接触带容易受到冲蚀。

第六节　小　　结

黄土沟壑区的公路处于复杂的地质地貌系统中，其路基防排水受到地形、地貌、地质、气候条件及公路自身条件等因素的影响，其防排水设计尚处于经验积累阶段。本研究对黄土沟壑路段公路水毁的环境因素、发生特点与规律、主要影响因素、路基防排水设计评价及优化计算分析、路基防排水施工评价及养护防治对策等方面进行了研究，得出了如下结论：

(1)黄土沟壑区路基排水最重要的问题是防冲刷、防渗漏。排水设计应防排并重，遵循分散径流、降低流速、加固沟渠、迅速引离的原则。

(2)对现行规范和有关手册中路基排水计算方法进行了评价，并针对其中存在的问题，结合依托工程，提出参数建议值。

(3)对黄土沟壑路段路基地表及地下排水的设计与施工，进行了一般评价和模糊综合评价，提出了具体的技术要求。

(4)结合黄土沟壑区特殊环境条件，对沟底纵坡、设计降雨重现期、冲淤要求、沟渠安全高度及明沟最大允许流速修正系数等设计参数进行了分析论证。

(5)根据黄土沟壑区的自然条件、沟渠结构重要性，修复的难易程度等特点和使用要求，提出了黄土沟壑区路界表面排水设施的设计降雨重现期建议值。并对渗沟计算方法进行了补充和完善。

(6)提出了黄土沟壑区各级公路不同排水设施的安全高度建议值。

(7)提出了考虑沟渠材料性质、断面形式及水深的明沟最大允许流速修正系数的计算公式，该式可根据渠道的水力半径和壁面的粗糙系数，直接计算修正系数的值。

(8)对设计径流量计算中降雨强度和汇流时间的耦合问题进行了分析，并提出了相关参数建议。

(9)拟合出延安地区的降雨强度公式。通过降雨强度计算表明：$q_{理论公式} > q_{规范公式} > q_{拟合公式} > q_{经验公式}$。其中，用理论公式计算时，忽略了一些具体的地形条件，经验公式和拟合公式因受到了采集数据局限性的制约而出现一些不确定性，因此，建议降雨强度计算时最好采用规范法。

(10)根据坡面流理论，推导出坡面产流公式：$\omega=\xi qL$。该公式充分考虑了坡面产流的地形地貌条件，弥补了规范法的不足，使结果更符合实际，建议采用该方法计算坡面径流量。

(11)对现有渗沟埋置深度的确定公式进行了分析评价，提出了考虑荷载作用深度的单渗沟、双渗沟的埋深计算公式。此外，渗沟埋深和间距的确定还应综合考虑邻近地面高程和公路纵横断面情况。

(12)对现有渗沟流量计算公式进行了分析评价，根据地下水动力学原理，提出了考虑地表坡度的流量计算公式。由于地下实际情况复杂，计算参数的获取困难，而且精度不高。因此，设计渗流量计算宜采用较大的安全系数。

(13)在总结现有公路、水利行业设计方法的基础上，提出了一套反滤设计的准则和方法。

(14)总结土工合成材料的应用成果和经验，针对黄延公路应用现状，阐明土工合成材料用于路基防排水的技术要求。

(15)在综合分析黄土沟壑路段路基防排水现有解决方案的基础上，结合各种新技术、新材料、新方法，根据黄土沟壑区地形、地貌及土质特征，对路基防排水方案进行分类、归纳、汇总，提出具体的建议方案，并提出黄土沟壑路段工后防排水养护技术及病害防治措施。

第六章

黄土边坡偏心预应力锚索抗滑桩技术

黄延高速公路施工开挖中可能引起老滑坡复活或路线经过新滑坡地段，滑坡稳定性必须得到及时有效整治。但黄土滑坡与其他岩质滑坡差异较大，以黄延公路上的K224滑坡为例，进行偏心桩的治理研究，结合室内大比例模型模拟试验研究结果，通过现场测试，提出一套合理的滑坡整治方案，以对其他类似滑坡整治提供参考。

第一节　黄延高速K224滑坡发生机理

一、基本地质概况

本滑坡拟采用传统工程地质分析和有限元分析相结合的研究方法，深入研究并反演滑坡三种工况（天然状态、开挖状态和支挡状态）下的稳定变形特点。

1.滑坡概况

本滑坡位于专茬沟左岸，滑坡体长115m、宽150m，平均厚度10m，总体积10万m^3，属于大型推移式黄土滑坡。

2.滑坡区工程地质条件

(1)地形地貌

专茬沟为"U"形谷，沟底宽30～40m，沟深100m。西侧谷坡为折线形，上部坡度20°～30°、下部坡度40°～51°，冲沟、切沟发育。

(2)地层岩性

据钻探及调绘资料，滑坡区地层分为第四系风积黄土及第三系黏土岩，岩性特征分述如下。

新黄土(Q_3^{eol})：浅黄色，干燥～稍湿，中密，较坚硬，含有姜石层，无层理。本层黄土厚5～16m，主要分布在山谷和谷坡表面。

老黄土(Q_2^{eol})：灰黄色，稍湿，中密，坚硬，垂直节理发育，夹多层古土壤，层厚65～70m。

黏土岩(N_2^b)：棕红色，湿～饱水，密实，坚硬，揭露层厚10m。

(3)水文地质条件

滑坡区地下水为黄土裂隙水（上层滞水和潜水），受大气降雨补给，通过孔隙、裂隙、裂缝等透过上部新老黄土，到达黏土岩顶部时受阻形成隔水层，沿其顶面向沟谷排泄。

3.滑坡稳定性分析及推力计算

从勘察剖面图可以看出，滑坡物质主要在前部，由于前缘反翘现象而产生抗滑力，后部滑体相对较薄，推力不大，天然状态下滑坡处于稳定状态。公路在滑体前部阻滑段通过，开挖坡度1∶1，开挖深度17.5m，筑路切坡减小了抗滑力，使老滑坡复活。

滑坡中后部未见水，前部仅见地下水，所以中后部采用天然直剪强度$c=14.2$kPa、$\varphi=16°$的滑体土，前部采用饱和残剪强度$c=13.8$kPa、$\varphi=12.3°$的滑体土。滑体天然平均重度18.6kN/m^3。按天然和工程两种工况计算，天然条件下稳定系数1.63，工程条件下稳定系数1.04。当安全系数取1.25时，剩余下滑力为 203kN/m，抗滑桩处的推力为 825kN/m（安全系数取 1.2，c=14.2kPa、φ=21.04°）。

4. 滑坡的形成机理

该滑坡的复活变形经历了一定的发育形成过程，由于坡边陡坎高达百米，上覆黄土对下部滑床形成较大压力。黄土中存在较发育的大孔隙和垂直节理，钙质胶结，垂直渗透系数远大于水平渗透系数，有利于地下水垂直渗入，黄土下伏棕红色黏土岩相对隔水，上部农业用水和雨水的下渗在此处相对隔水，从而软化其底部黄土层，使其胶结强度大大降低，易于形成滑动面。加上黄土沟边季节性洪水的长期冲蚀因素，从而导致该滑坡的产生。

5. 滑坡的工程措施

首先对坡体卸载，开挖两级边坡，一级边坡坡高 8m，平台宽度 8m。然后在开挖平台上设置一排抗滑桩，截面面积为 2.0m×3.0m。在平台上及滑体周围设置截排水沟，减少地表水对滑体的影响。本滑坡治理工程措施由于地下排水不畅，暂不考虑对地下水的治理，建议在路基设计中做路基处理。

二、K224＋360～K224＋460 滑坡有限元数值分析

1. 有限元模型的建立

(1)基本说明

分析中按照天然状态、开挖状况及支挡状态三种工况进行研究。采用大型通用有限元软件 ANSYS 进行数值分析，以滑坡Ⅱ断面为计算模型的原型，按 1∶1 建模并进行平面应力下有限元计算，建立有限元模型。计算范围定为：X 方向坡体及外围 10.0m，Y 方向滑面下 10.0m。约束上，根据实际条件，遵循左右边界 X 向约束为主、底部边界 Y 向约束为主的原则有限元分析主要步骤为：定义单元属性→建模→单元划分→加载→求解。

(2)计算要点说明

在程序计算中，无论是岩块材料还是软弱夹层材料，岩土体的本构关系均采用 Drucker-Prager 屈服准则，其屈服面不随材料的逐渐屈服而改变，因此没有强化准则，然而其屈服强度随着侧限压力（静水压力）的增加而相应增加，其塑性行为被假定为理想弹塑性。

在有限元计算模型中，大部分区域的岩体采用四结点四边形单元来模拟，在不同的土体交界处所形成的极不规则区域的土体采用六结点三角形单元来模拟。

有限元建模过程中，对于裂隙密集的岩体区域采用等效的岩体模型代替；对于岩体的软弱夹层（即滑带），在滑带厚度区域范围内用较规则平面四结点四边形单元进行模拟，网格的划分较岩体区域而言要更加密集。

(3)计算过程

无论自然状态下坡体计算还是加支挡结构后坡体的计算，根据模型试验的工况顺序，在有限元数值模拟计算中均按以下三个工况进行计算，各参数取值见表 6-1。

工况 1：天然状态下坡体的变形、应力场状况。

工况 2：开挖状态下坡体的变形、应力场变化，评估坡体在开挖下的稳定状态。

工况 3：支挡状态下的坡体变化，评估支挡工程的效果。

各工况下岩土体参数　　表 6-1

工 矿 状 态	弹性模量 E (Pa)	泊松比 μ	重度 γ (kN/m³)	黏聚力 c (kPa)	内摩擦角 φ (°)
工况 1	8.7(37.6)×10^6	0.25	18.60	14	16
工况 2	8.7(37.6)×10^6	0.25	18.60	14	21
工况 3	8.7(37.6)×10^6	0.25	18.60	14	21

2.坡体在自然状态下数值计算结果分析

以下数值计算过程中 SMN、SMX 分别代表计算结果的最小值、最大值，而其他如 DMX 参数为软件本身计算参数。

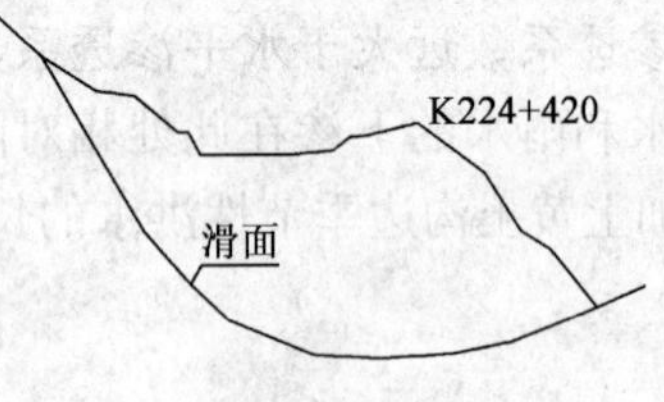

图 6-1　天然状态断面

(1)概况

该处山体属于已有老滑坡，但因公路未开挖，属于稳定体。所以建模以原始老滑坡体为基本结构，天然状态断面如图 6-1 所示。

(2)对坡体进行分析

①建模，如图 6-2 所示。

②网格化(最小长度 2.0m)，如图 6-3 所示。

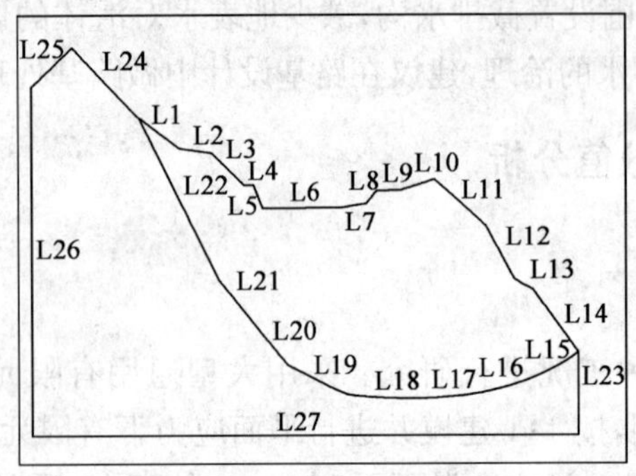

图 6-2　天然状态断面线段

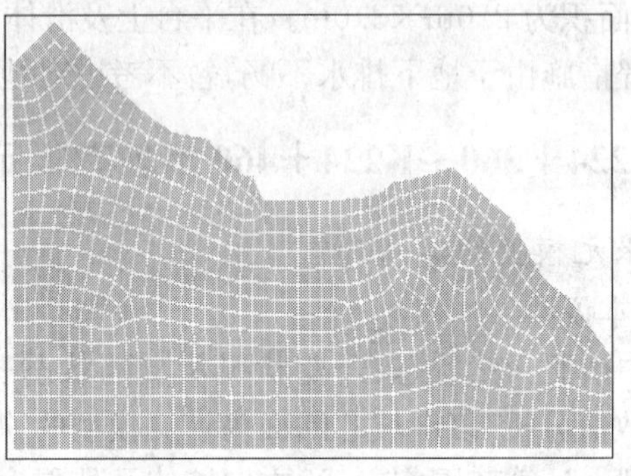

图 6-3　天然状态单元网格化

③加载。先加约束：将模型的三边[即坡体前部地下、坡体后部足够远处(外围 10m)、坡体足够深处(距滑面 10m)]全面约束(即 UX、UY 方向约束)。然后施加重力荷载，重力加速度取 9.8m/s^2。

④运算求解。通过 ANSYS 进行运算，运算结果如图 6-4～图 6-11 所示。

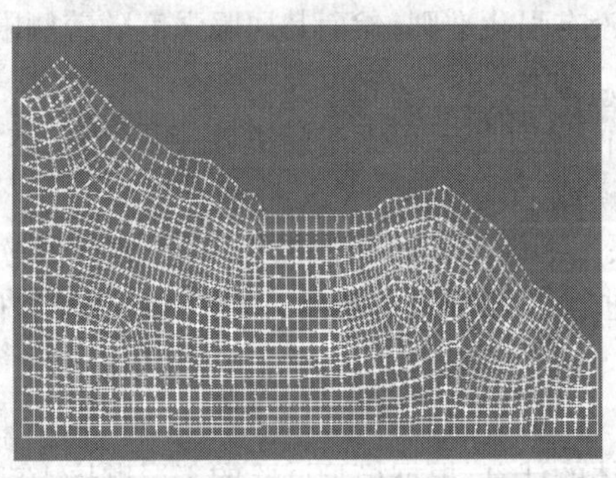

图 6-4　天然状态坡体变形图

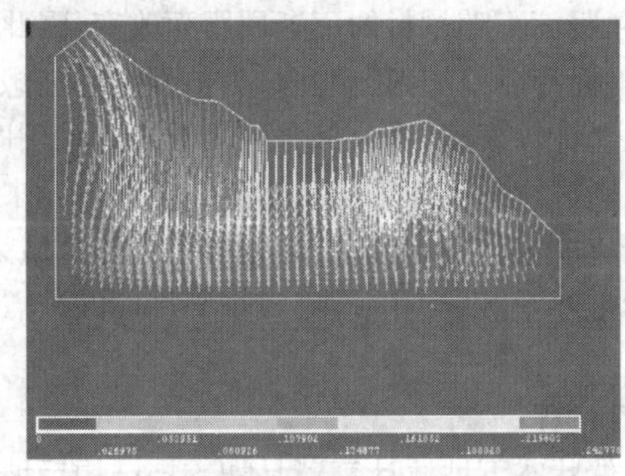

图 6-5　天然状态坡体变形矢量图

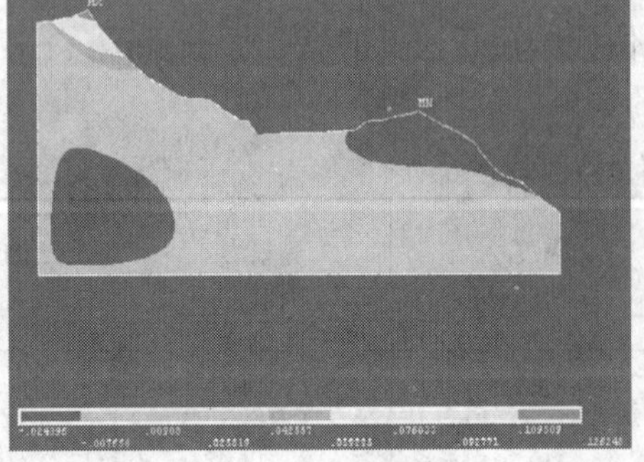

图 6-6　天然状态坡体水平方向位移量

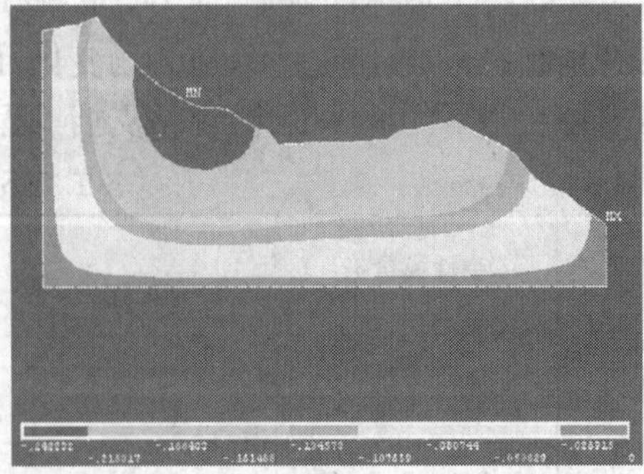

图 6-7　天然状态坡体竖向位移图

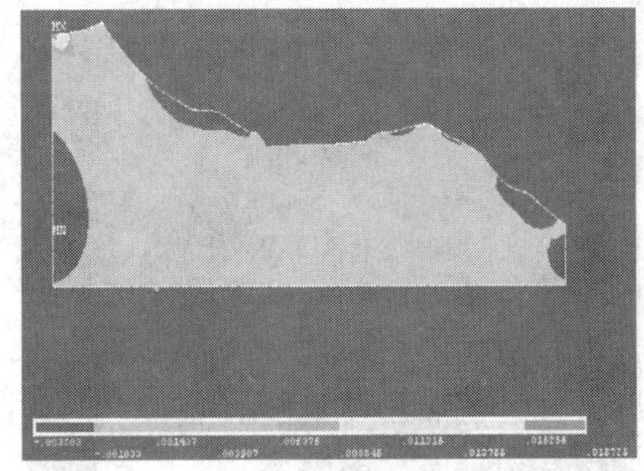
图 6-8　天然状态坡体水平方向应变图

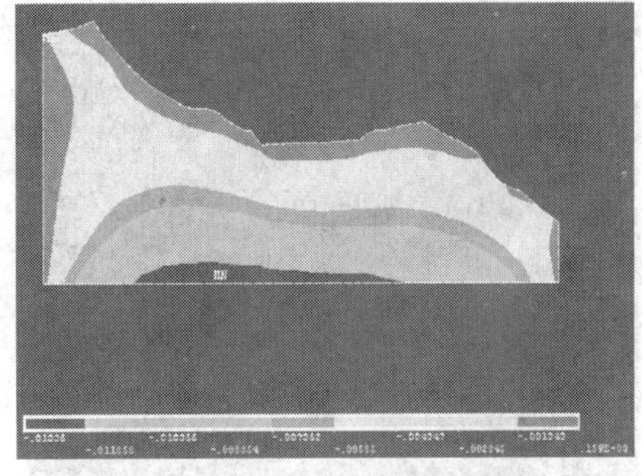
图 6-9　天然状态坡体竖向应变图

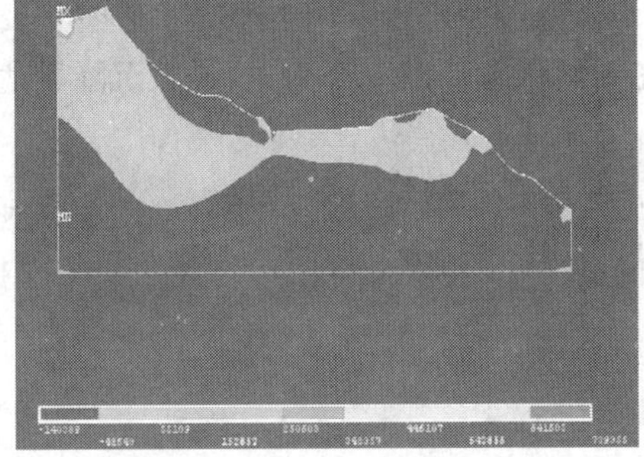
图 6-10　天然状态坡体水平应力图

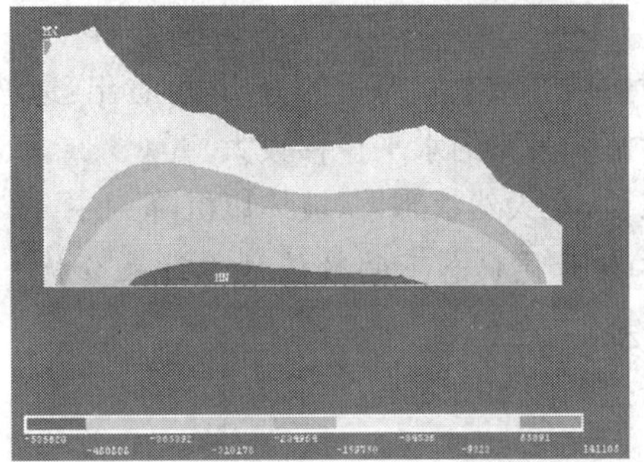
图 6-11　天然状态坡体竖向应力图

(3)对潜在滑坡体进行分析

在公路未开挖的情况下,无"滑坡"产生,而只有开挖后,才有可能产生滑坡。因此对潜在滑坡进行分析,有重要的参考作用。

①建模,如图 6-12 所示

②网格化(最小单元边长为 2.0m),如图 6-13 所示。

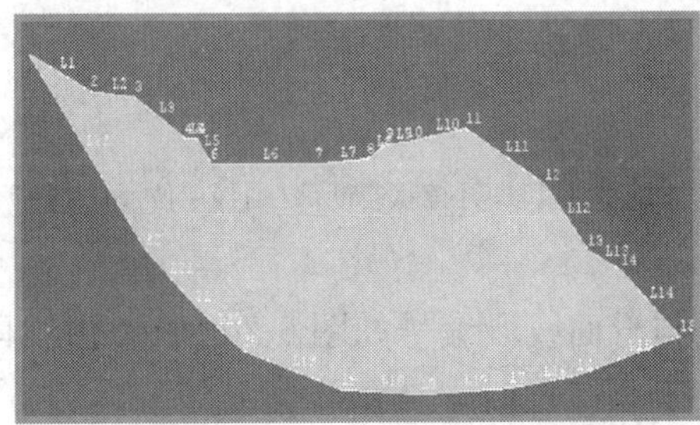
图 6-12　天然状态潜在滑坡体建模

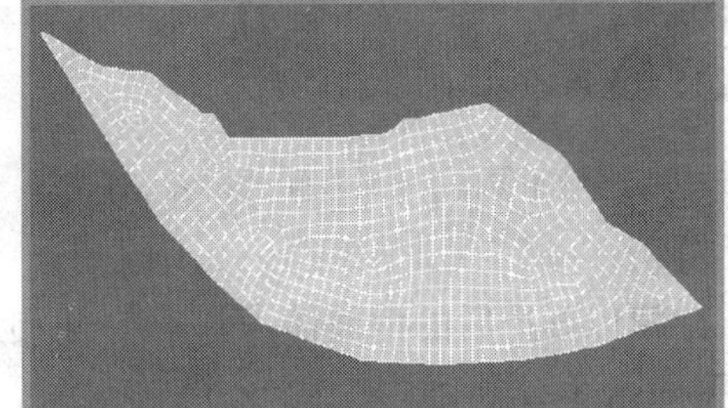
图 6-13　天然状态潜在滑坡体单元网格化

③加载。主要对滑面进行约束,根据实际情况,靠山侧向山一面施加 UY、UX 约束,临河一侧只施加 UY 约束。加重力荷载,重度 18.6kN/m^3,重力加速度取 9.8m/s^2。

④计算。运算结果如图 6-14～图 6-18 所示。

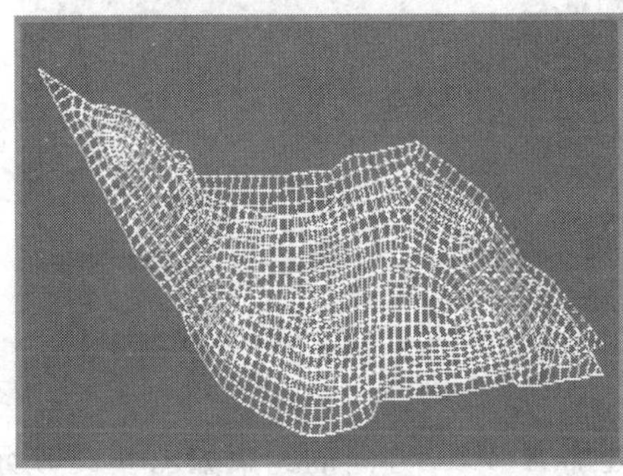
图 6-14　天然状态潜在滑坡体变形图

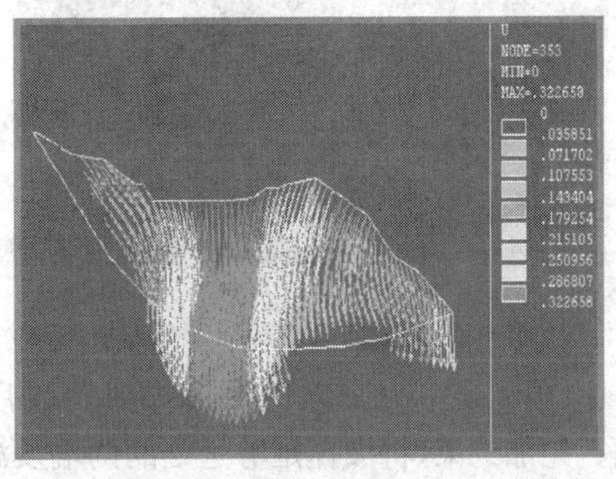

图 6-15　天然状态潜在滑坡体变形矢量图

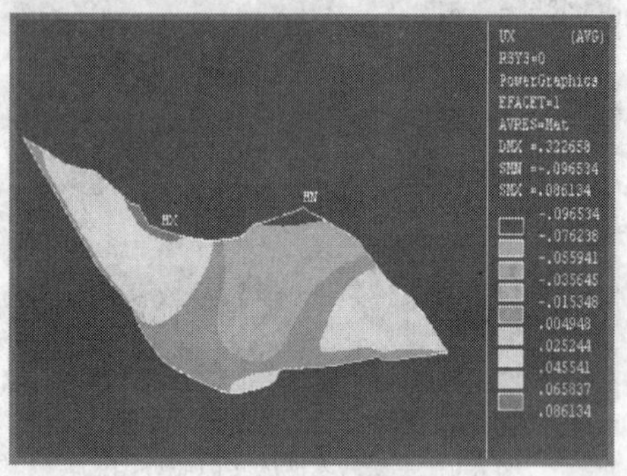

图 6-16　天然状态潜在滑坡体水平位移

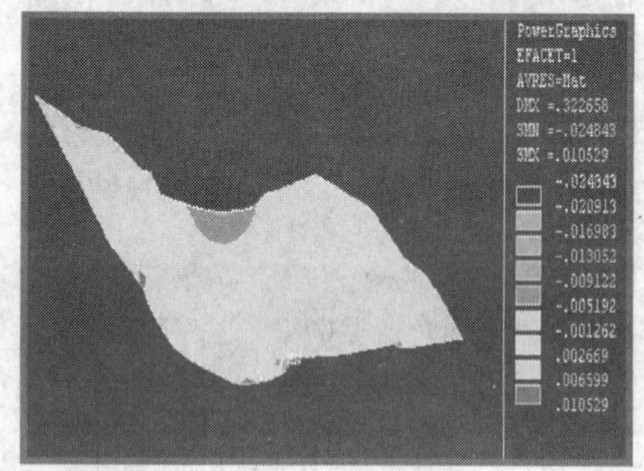

图 6-17　天然状态潜在滑坡体水平应变图

通过对边坡在天然状态下的分析，可看出：边坡在天然状态下以沉降为主，最大沉降量达 0.24m，局部地段产生沉降带来的水平位移较大。

总的来说，在天然状态下，坡体以沉降为主，没有产生滑移趋势，坡体稳定。

3. 坡体在开挖状态下的数值计算结果分析

(1)开挖状态分析

具体开挖断面如图 6-19 所示。

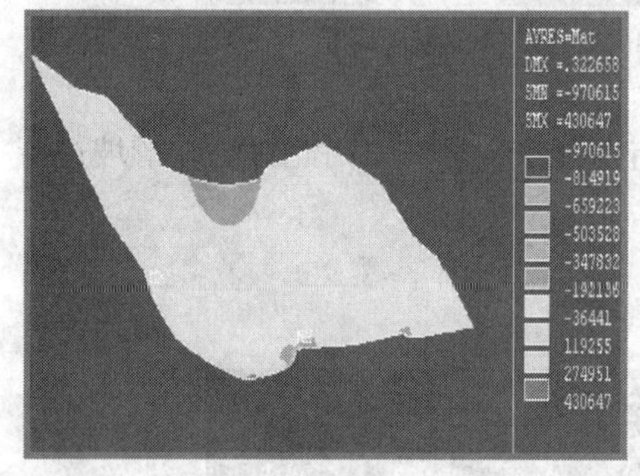

图 6-18　天然状态潜在滑坡体水平应力图

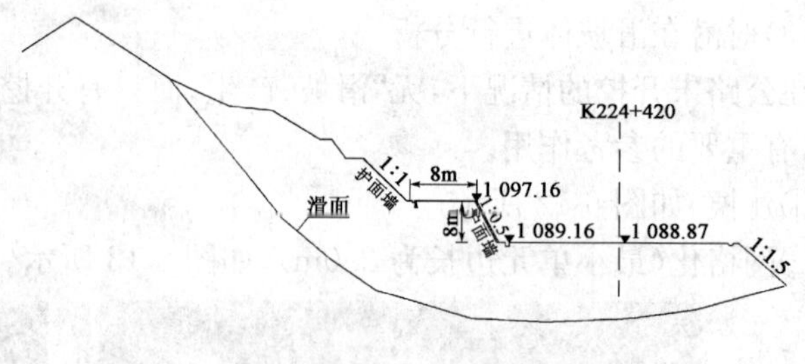

图 6-19　开挖状态断面(高程单位:m)

(2)坡体分析

①建模：建模以开挖后的滑坡体为基本结构，地表与滑面线段编号如图 6-20 所示，由线段建立开挖状态断面模型如图 6-21 所示。

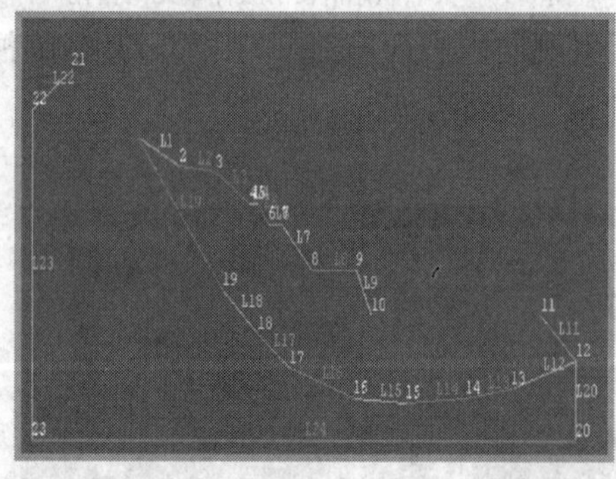

图 6-20　建立开挖状态断面线段编号

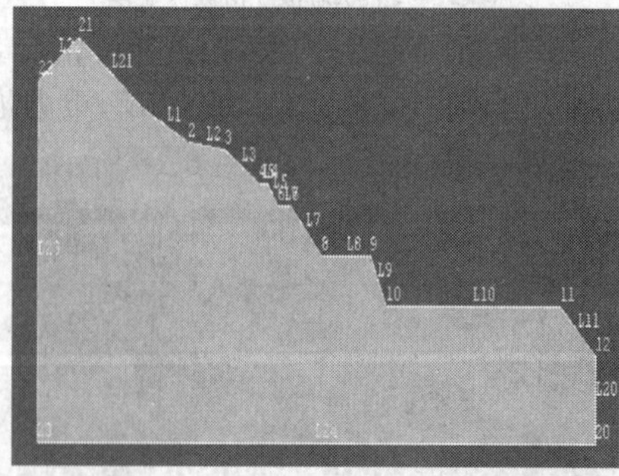

图 6-21　由线段建立开挖状态断面模型

②网格化(单元最小边长为 3.0m)，如图 6-22 所示。

③加载。先加约束，将坡体足够远处的两端及深处加 X、Y、Z 方向的约束如图 6-23 所示。再加重力荷载，如图 6-24 所示，重度 18.6kN/m^3，重力加速度取 9.8m/s^2。

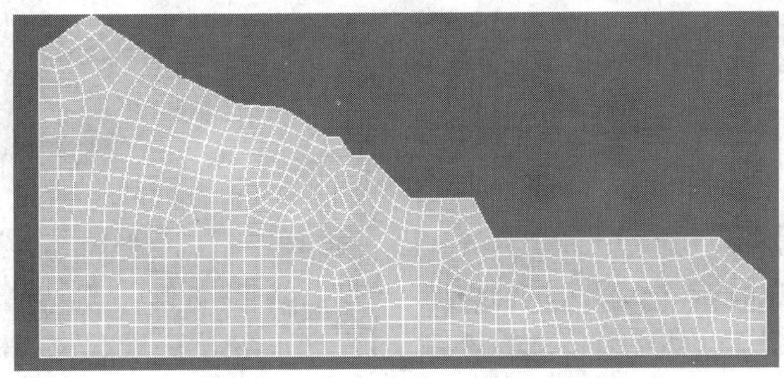

图 6-22 开挖状态坡体单元网格化

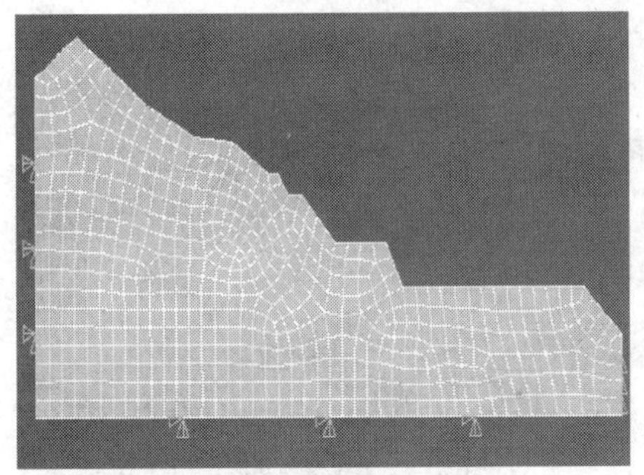

图 6-23 开挖状态坡体约束

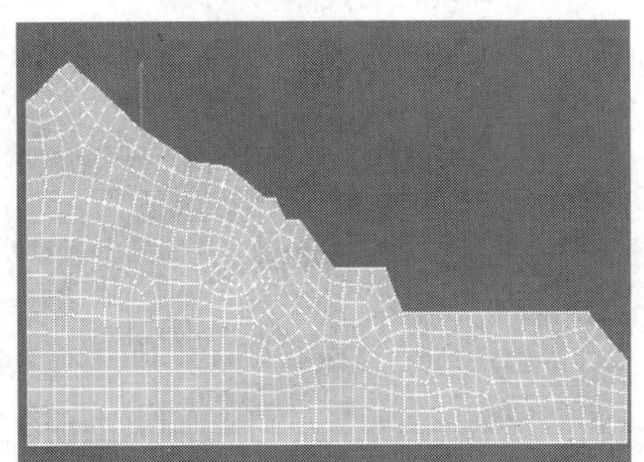

图 6-24 开挖状态坡体重力荷载

④计算。运算结果如图 6-25～图 6-32 所示。

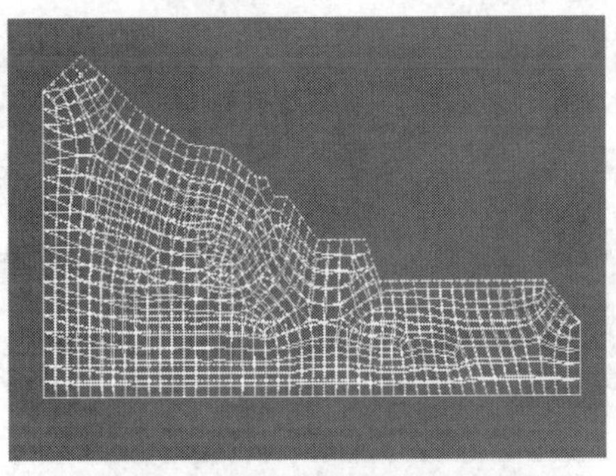

图 6-25 开挖状态坡体变形图

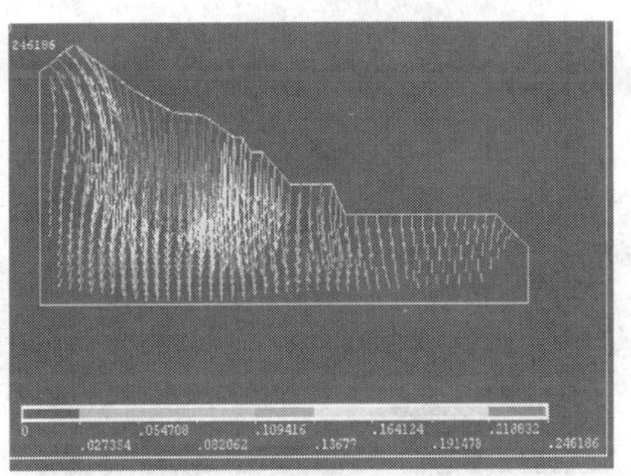

图 6-26 开挖状态坡体变形矢量图

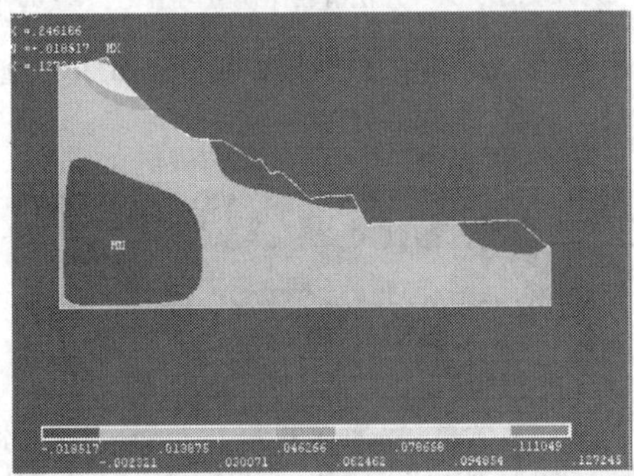

图 6-27 开挖状态坡体水平位移量

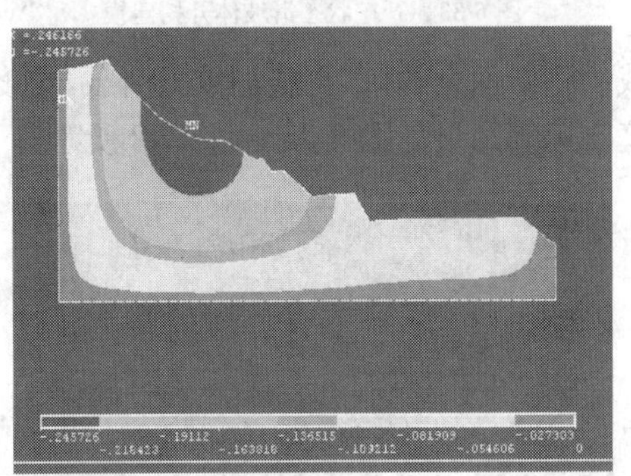

图 6-28 开挖状态坡体竖向位移量

(3)滑坡体分析

①建模，如图 6-33 所示。

②网格化，如图 6-34 所示。

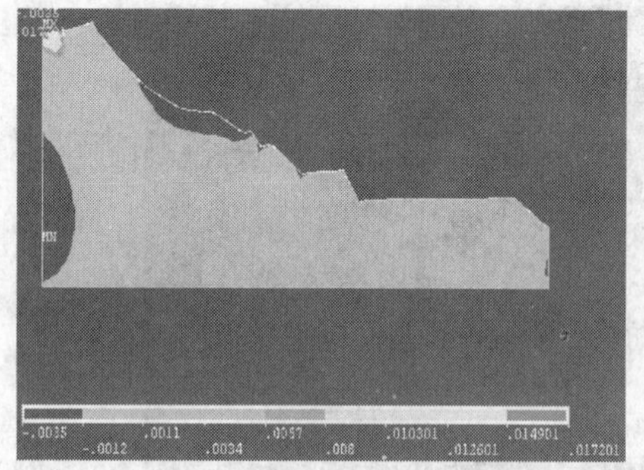

图 6-29　开挖状态坡体水平应变

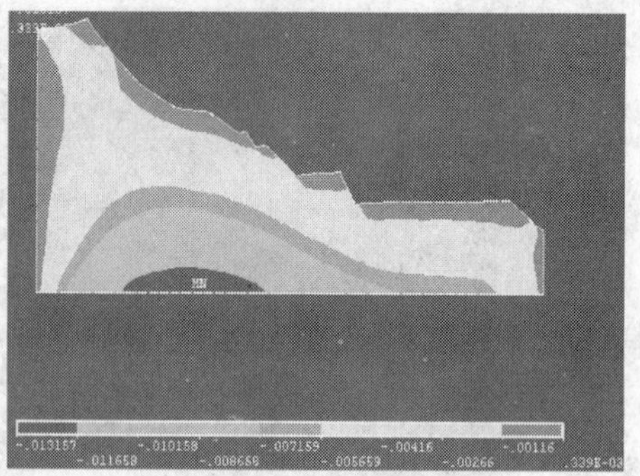

图 6-30　开挖状态坡体竖向应变

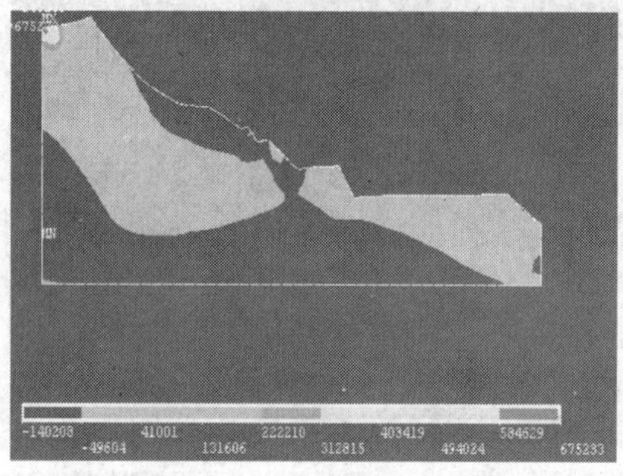

图 6-31　开挖状态坡体水平应力

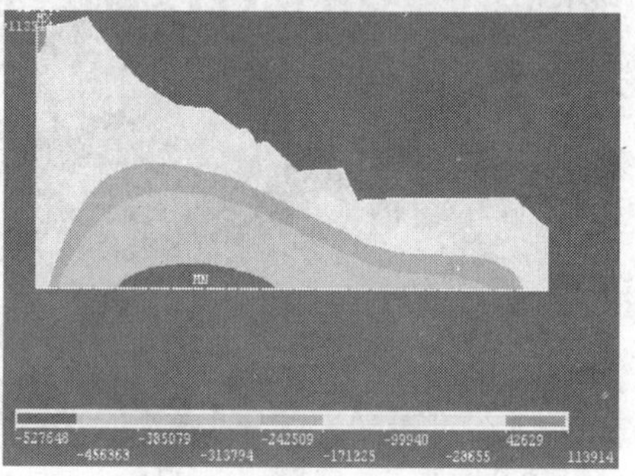

图 6-32　开挖状态坡体竖向应力

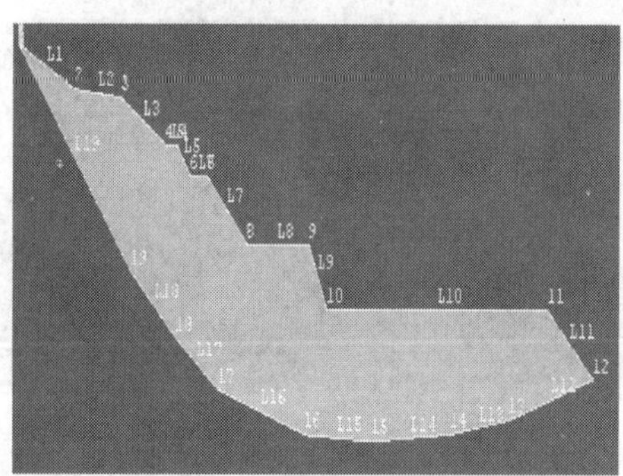

图 6-33　开挖状态滑坡体开挖建模

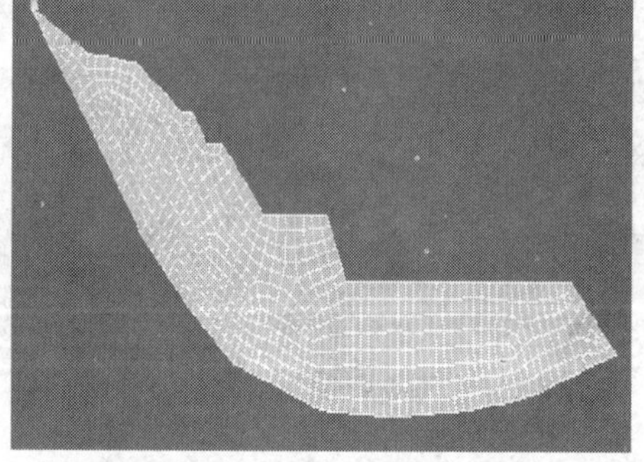

图 6-34　开挖滑坡体模型网格化

③加载。将滑面全约束，再施加重力荷载，重度 18.6kN/m^3，重力加速度取 9.8m/s^2。

④计算。运算结果如图 6-35～图 6-42 所示。

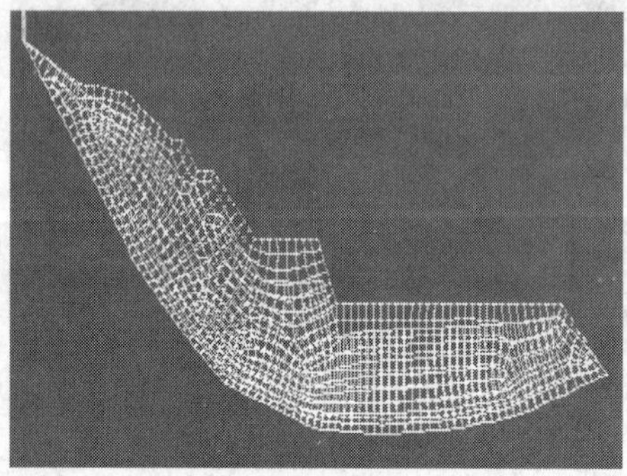

图 6-35　开挖后滑坡体变形图

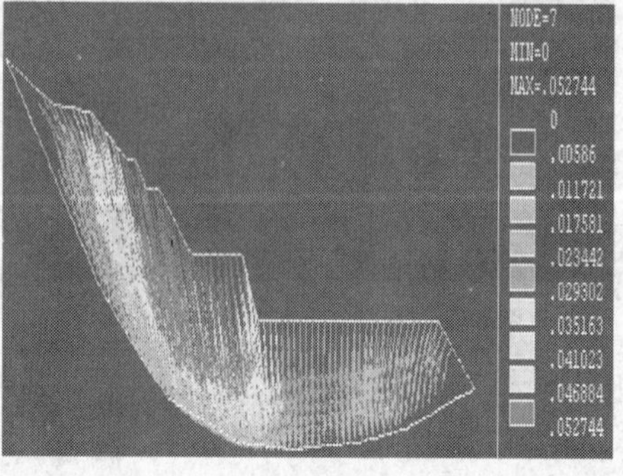

图 6-36　开挖后滑坡体变形矢量图

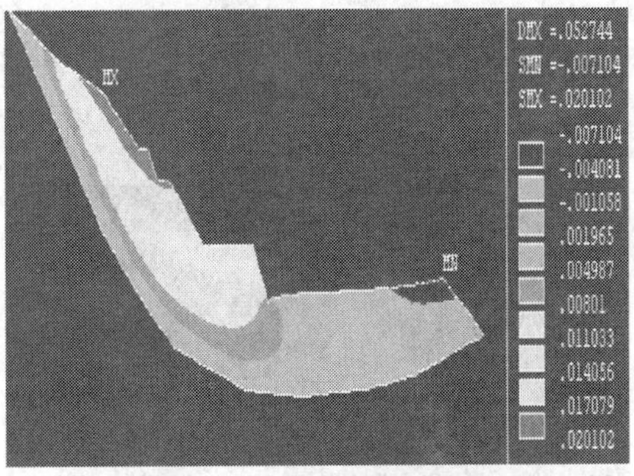

图 6-37 开挖后滑坡体水平位移量

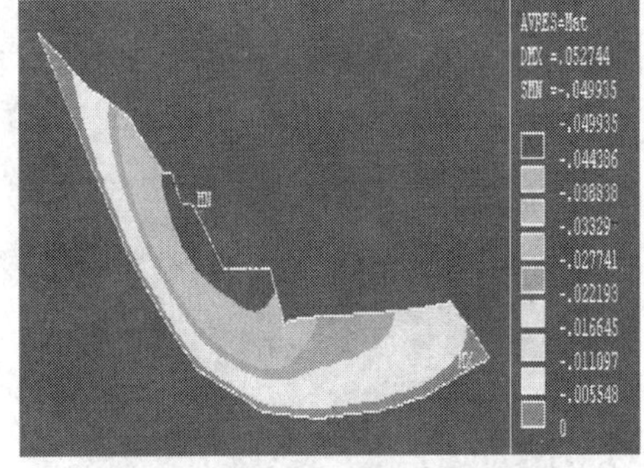

图 6-38 开挖后滑坡体竖向位移量

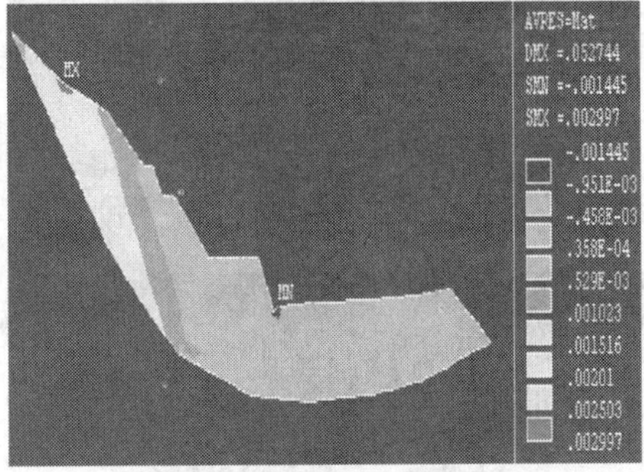

图 6-39 开挖后滑坡体水平应变图

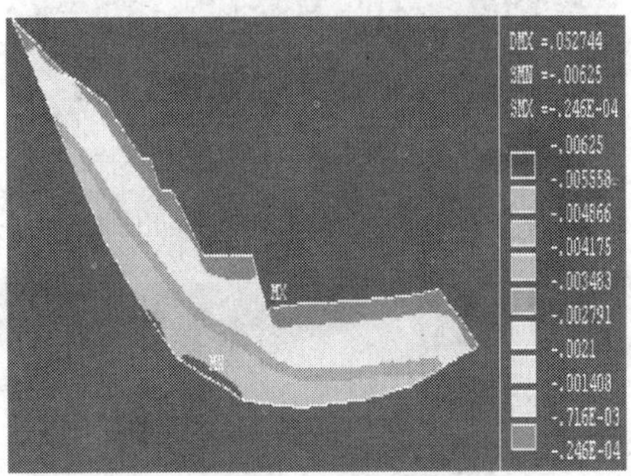

图 6-40 开挖后滑坡体竖向应变图

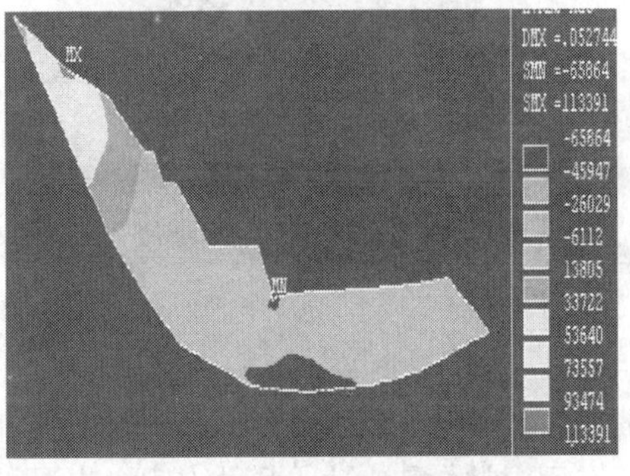

图 6-41 开挖后滑坡体水平应力

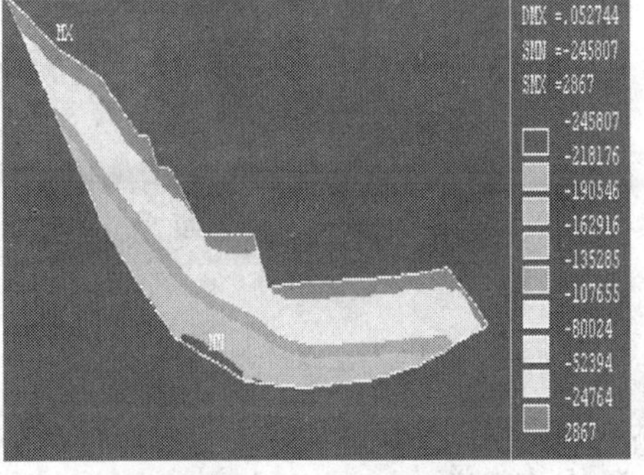

图 6-42 开挖后滑坡体竖向应力

计算结果表明公路开挖存在导致老滑坡体复活的危险，需要采取加固措施来防止滑坡的产生及对路基的滑移破坏。这也从侧面表明布置抗滑桩工程的合理性。

4.坡体在支挡状态下的数值计算结果分析

(1)支挡状态分析

支挡状态下滑坡体的模拟以偏心桩为界，分别对桩前、后的坡体进行模拟，以分析各自的稳定性。坡体分别称后部滑坡体、前部滑坡体(或桩背滑坡体、桩前滑坡体)。支挡状态断面如图 6-43 所示。

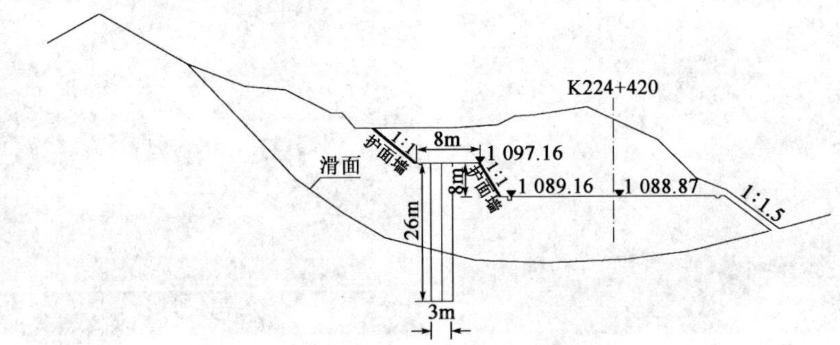

图 6-43 支挡状态断面(高程单位:m)

(2)桩背滑坡体的模拟

桩背滑坡体的模拟分析,单就对工后滑坡体进行模拟。

①建模,如图 6-44 和图 6-45 所示。

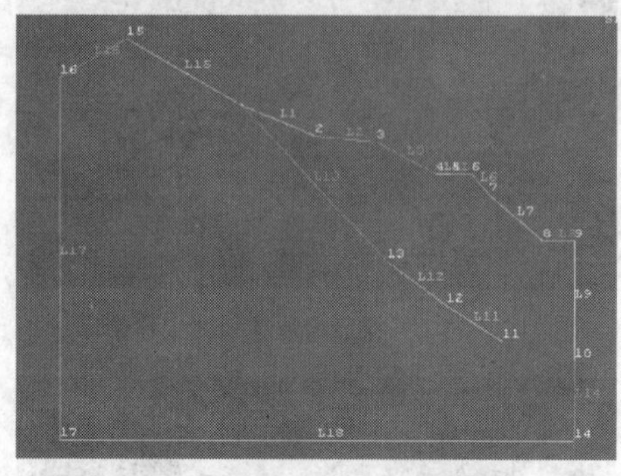

图 6-44 桩后滑坡体断面线段

图 6-45 桩后滑坡体模型

②单元网格化(最小长度为 2.0m),如图 6-46 所示。

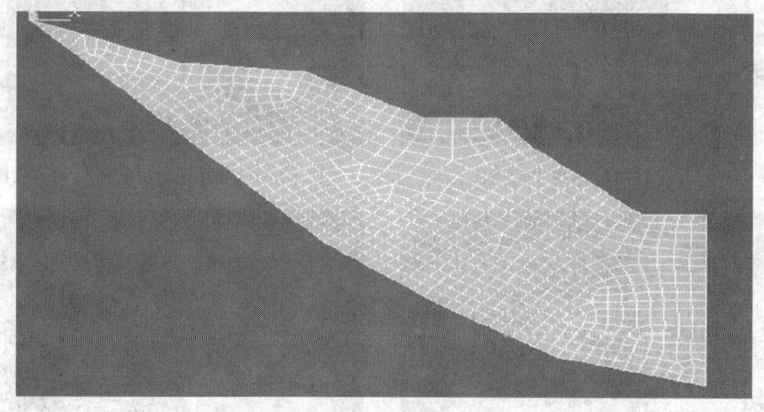

图 6-46 桩后滑坡体单元网格化

③施加荷载。根据实际情况对模型施加荷载。先施加约束:对滑面施加 X、Y 方向的约束。再加重力荷载。在滑体前部增加抗滑工程后,由于滑坡推力作用,桩体受被动土压力作用,抗滑桩随之变形。在滑坡体前施加 X 方向与推力相当的三角形压力代替抗滑桩作用(三角形底边压力为 116kPa,被动土压力)。

④计算结果。运算结果如图 6-47～图 6-51 所示。

从变形矢量图看,实施支挡工程后,在滑坡推力作用下,抗滑桩变形后产生抗力(桩顶位移量为 2mm)。抗滑桩在变位后产生抗力,抵抗滑坡发展,使滑体变形位移由水平向竖直方向转变,有效地抑制了滑坡的发展。

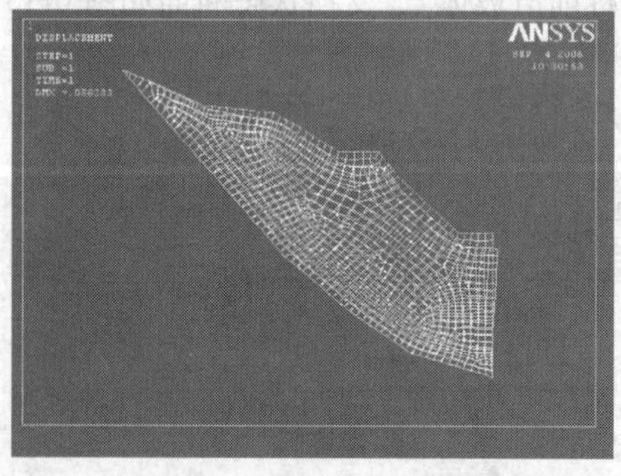

图 6-47 桩后滑坡体变形图(最大为 5.8mm)

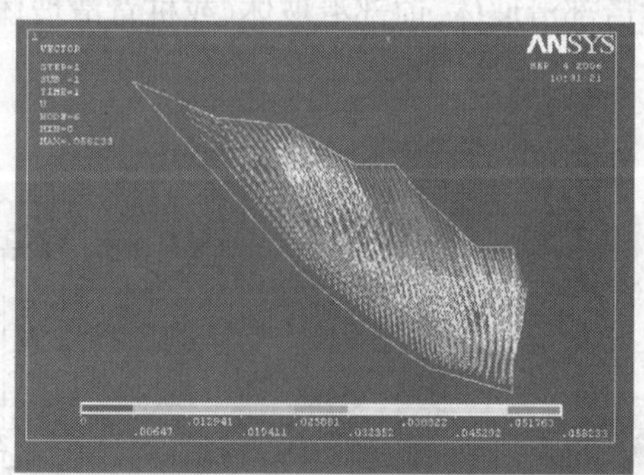

图 6-48 桩后滑坡体变形矢量图

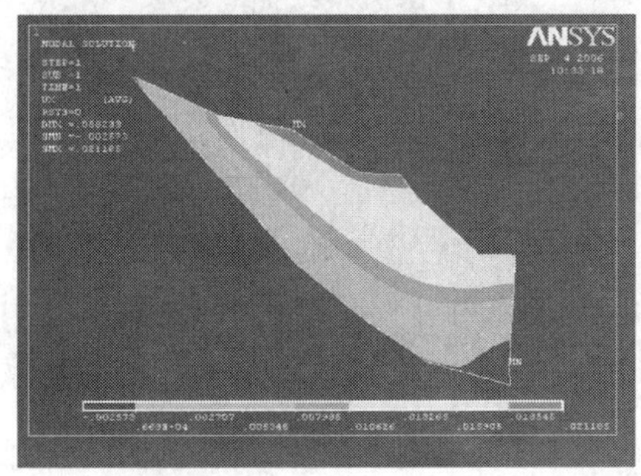

图 6-49　桩后滑坡体水平位移图

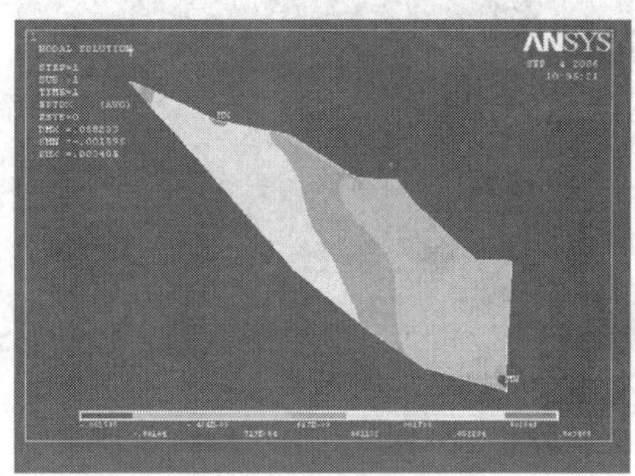

图 6-50　支挡状态下后部滑坡体水平应变

模拟结果表明滑坡体在实施抗滑工程之后，经过抗滑桩的变形协调受力，使滑坡体趋向稳定，抗滑桩工程行之有效。

(3)桩前滑坡体的模拟分析

①建模。桩前滑坡体断面线段如图 6-52 所示，桩前滑坡体建模如图 6-53 所示。

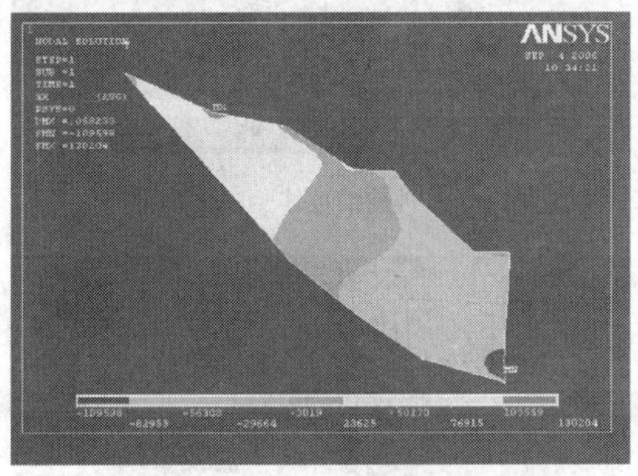

图 6-51　桩后滑坡体水平应力

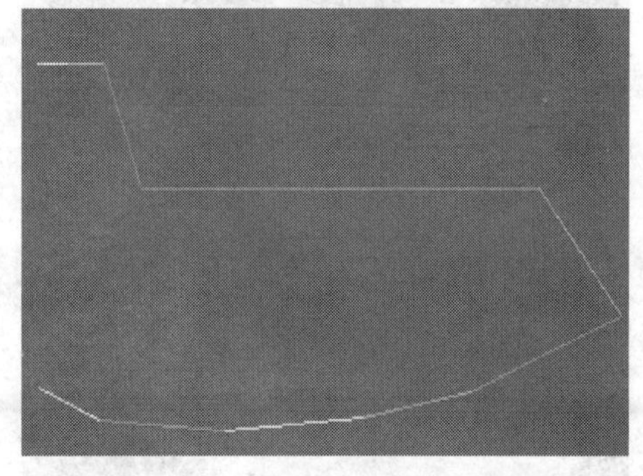

图 6-52　桩前滑坡体断面线段

②网格化(最小边缘长度为 2.0m)，如图 6-54 所示。

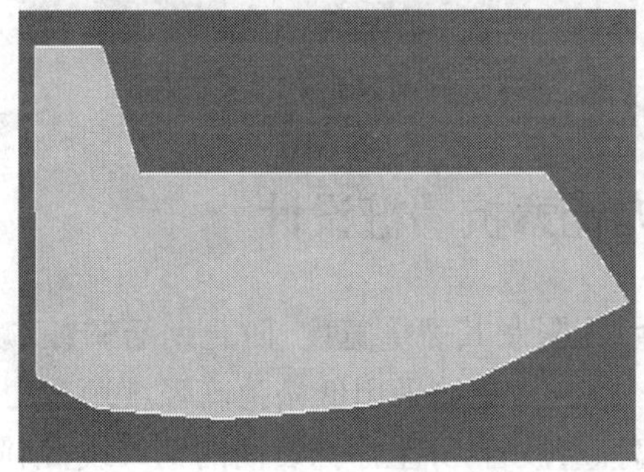

图 6-53　桩前滑坡体建模

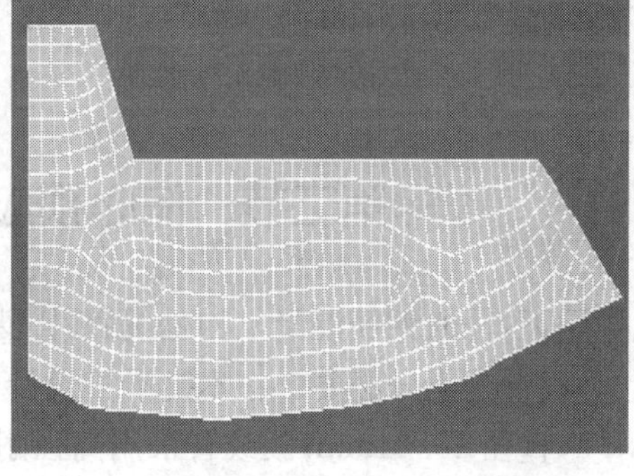

图 6-54　桩前滑坡体网格化(最小边缘长度 2.0m)

③施加约束、荷载。根据实际情况分析，在抗滑桩抵抗住前级坡体之后，桩前坡体相对独自成一体，对其进行天然状态的分析。对桩前边缘及原滑面施加三向 UX、UY、UZ 全约束，对滑坡体施加重力荷载。

④计算。运算结果如图 6-55～图 6-60 所示。

从变形矢量图及水平、竖向位移图中可以看出，桩前滑坡体最大水平位移量＜1mm，无明显滑动迹象，以竖向沉降为主，滑坡体是稳定的。

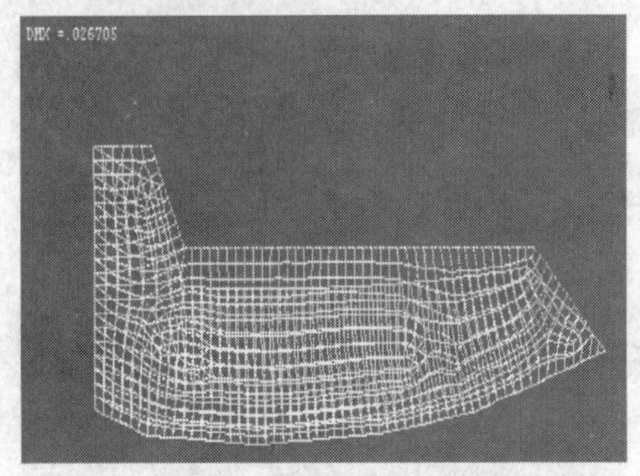

图 6-55　桩前滑坡体变形图(最大量 2.7mm)

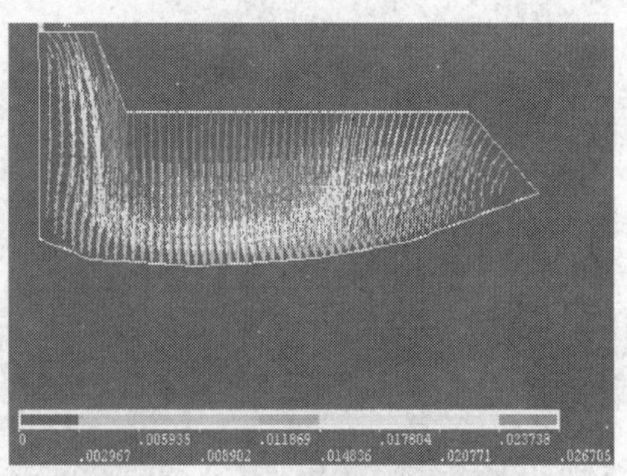

图 6-56　桩前后滑坡体变形矢量图

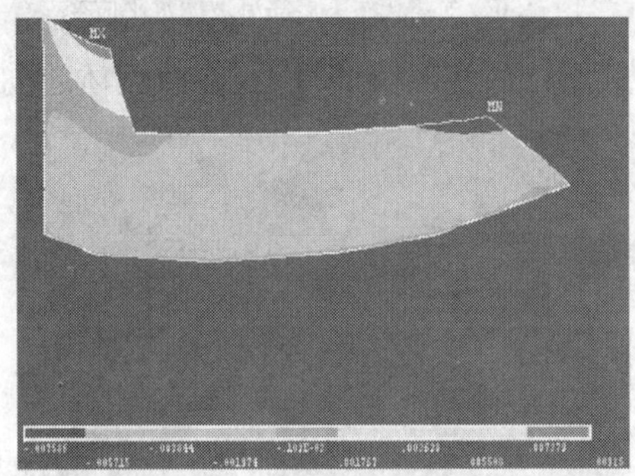

图 6-57　桩前滑坡体水平位移图

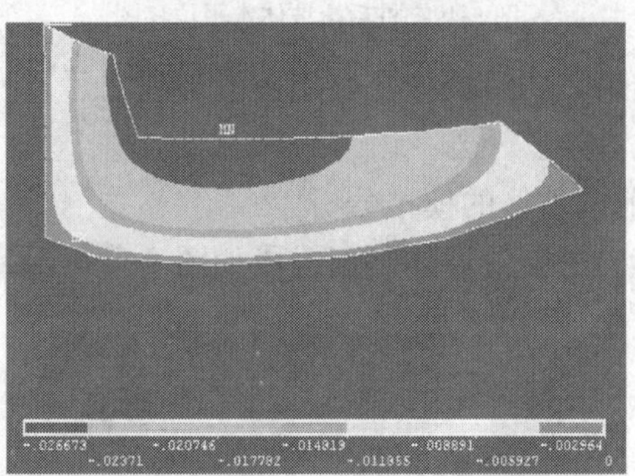

图 6-58　桩前滑坡体竖向位移量图

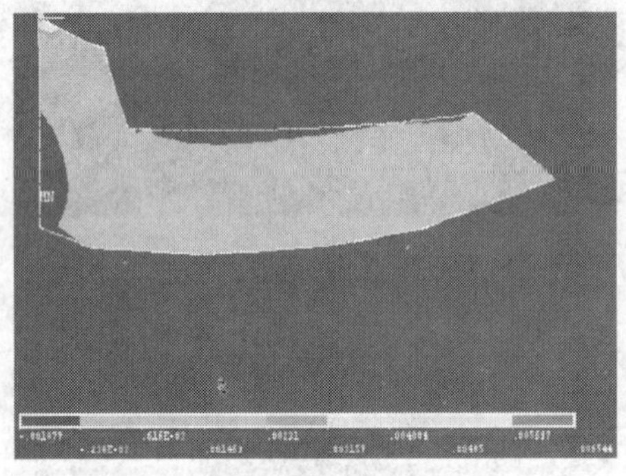

图 6-59　桩前滑坡体水平应变图

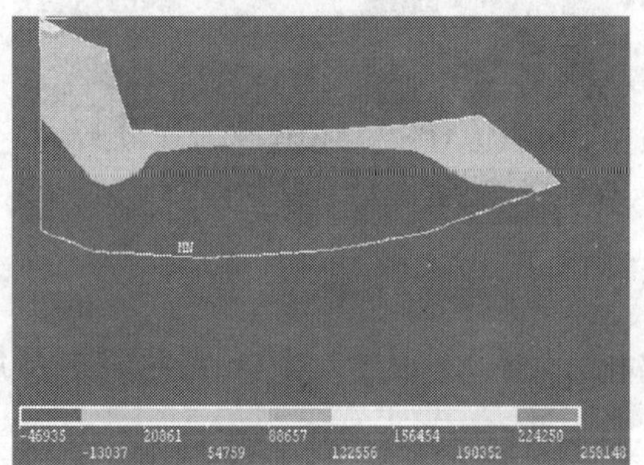

图 6-60　桩前滑坡体水平应力图

第二节　偏心预应力锚索抗滑桩设计

在荷载作用下，普通钢筋混凝土构件易产生裂缝，为限制其裂缝宽度，防止钢筋锈蚀，减小构件挠度，进行预应力设计是十分必要。在本抗滑桩设计中，预应力钢筋采用低松弛高强度预应力钢绞线，强度为 1 860MPa，直径 15.24mm；波纹管采用高强耐腐蚀塑波管，穿上涂抹黄油的钢绞线；钢筋采用主筋为 ϕ32mm 螺纹钢，箍筋为 ϕ14mm 圆钢。

一、设计原理

1. 基本假定

在偏心预应力抗滑桩的设计过程中，假定截面应变保持平面、不考虑混凝土的抗拉强度。

混凝土受压的应力和应变关系曲线按下列规定选取：

(1)当 $\varepsilon_c < \varepsilon_0$ 时

$$\sigma_c = f_c[1-(1-\varepsilon_c/\varepsilon_0)^n]$$

(2)当 $\varepsilon_0 < \varepsilon_c \leqslant \varepsilon_{cu}$ 时

$$\sigma_c = f_c$$

$$n = 2 - (f_{cuk} - 50)/60$$

$$\varepsilon_0 = 0.02 + 0.5(f_{cuk} - 50) \times 10^{-5}$$

$$\varepsilon_{cu} = 0.003 - 0.5(f_{cuk} - 50) \times 10^{-5}$$

式中:σ_c——混凝土压应变为 ε_c 时的混凝土压应力;

f_c——混凝土轴心抗压强度设计值;

ε_0——混凝土压应力刚好达到 f_c 时的混凝土压应变;

ε_c——混凝土受压应变;

ε_{cu}——正截面的混凝土极限压应变;

f_{cuk}——混凝土立方体抗压强度标准值;

n——系数,当计算的 n 值大于 2.0 时,取 2.0。

2. 基本计算公式

(1)受弯截面计算公式

矩形截面受弯构件的正截面受弯承载力计算简图如图 6-61 所示。

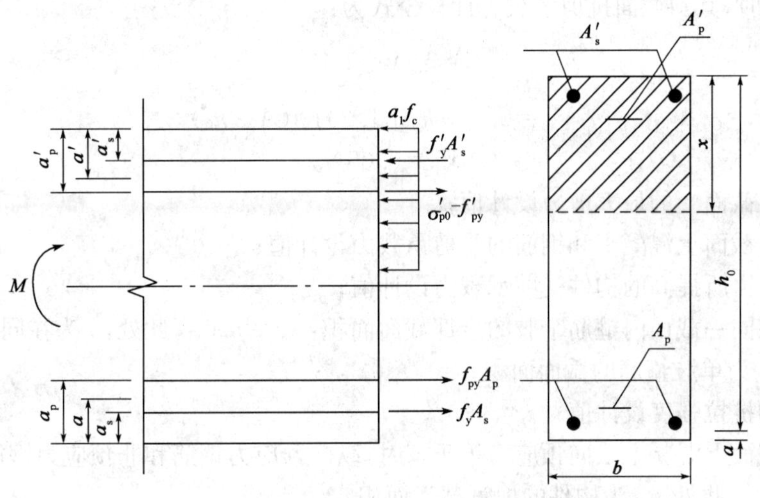

图 6-61 矩形截面受弯构件正截面承载力计算图

由 $\sum M=0$ 和 $\sum X=0$,得出:

$$M = \alpha_1 f_c bx\left(h_0 - \frac{x}{2}\right) + f'_y A'_s(h_0 - a'_s) - (\sigma'_{p0} - f'_{py})A'_p(h_0 - a'_p)$$

$$\alpha_1 f_c bx = f_y A_s - f'_y A'_s + f_{py} A_p + (\sigma'_{p0} - f'_{py})A'_p$$

混凝土受压区高度符合: $2a \leqslant x \leqslant \xi_b h_0$

式中:M——弯矩设计值;

α_1——与矩形截面应力图的应力值有关的系数;

f_c——混凝土轴心抗压强度设计值;

A_s、A'_s——受拉区、受压区纵向普通钢筋的截面面积;

A_p、A'_p——受拉区、受压区纵向预应力钢筋的截面面积;

f_y、f'_y——受拉区、受压区纵向普通钢筋的强度设计值;

f_{py}、f'_{py}——受拉区、受压区纵向预应力钢筋的强度设计值;

σ'_{p0}——受压区纵向预应力钢筋合力点处混凝土法向应力等于零时的预应力钢筋应力;

b——矩形截面的宽度；

h_0——截面有效高度；

a'_p——受压区预应力钢筋合力点至截面受压边缘的距离；

a'——受压区全部纵向钢筋合力点至截面受压边缘的距离，当受压区未配置纵向预应力或受压区纵向预应力钢筋应力（$\sigma'_{p0}-f'_{py}$）为拉应力时，公式中的 a' 用 a'_s 代替。

(2)斜截面抗剪承载力计算

斜截面受剪承载力计算简图如图 6-62 所示。

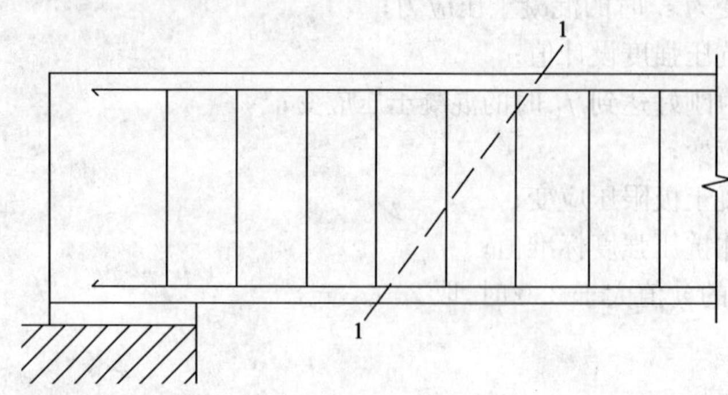

图 6-62　斜截面受剪承载力计算简图

当仅配置箍筋时，其斜截面抗剪承载力计算公式为：

$$V \leqslant V_{cs} + V_p$$

$$V_{cs} = 0.7f_t b h_0 + 1.25 f_{yv}(A_{sv}/h_0)$$

$$V_p = 0.05N_{p0}$$

式中：V——构件斜截面上的最大剪力设计值；

V_{cs}——构件斜截面上混凝土和钢筋的受剪承载力设计值；

V_p——由预加力所提高的构件受剪承载力设计值；

A_{sv}——配置在同一截面内箍筋个肢的全部截面面积：$A_{sv}=nA_{sv1}$，此处，n 为在同一截面内箍筋的肢数，A_{sv1} 为单肢箍筋的截面面积；

f_{yv}——箍筋的抗拉强度设计值；

N_{p0}——计算截面上混凝土法向预应力等于零时，纵向预应力钢筋和非预应力钢筋的合力；当 $N_{p0}>0.3f_cA_0$，此处 A_0 为构件的换算截面面积。

(3)预应力损失计算

①锚具变形和预应力内缩引起的预应力损失值可按下列公式计算：

$$\sigma_{l1} = (a/L)E_s$$

式中：a——张拉端锚具变形和钢筋内缩值(mm)；

L——张拉端至锚固端之间的距离(mm)。

②预应力钢筋与孔道壁间摩擦引起的预应力损失值宜按下列公式计算：

$$\sigma_{l2} = \sigma_{con}[1-1/(e^{kx+\mu\theta})]$$

当 $kx+\mu\theta \leqslant 0.2$ 时

$$\sigma_{l2} = (kx+\mu\theta)\sigma_{con}$$

式中：x——张拉端至计算截面的孔道长度(m)，可近似取该段孔道在纵轴上的投影长度；

θ——张拉端至计算截面曲线孔道部分切线的夹角(rad)；

k——考虑孔道每米长度局部偏差的摩擦因数；

μ——预应力钢筋与孔道壁之间的摩擦因数。

③混凝土收缩、徐变引起受拉、压区预应力钢筋的预应力损失值 σ_{l3}、σ'_{l3} 可按下列方法确定：

先张拉构件

$$\sigma_{l3}=[45+280(\sigma_{pc}/f'_{cu})]/(1+15\rho)$$

$$\sigma'_{l3}=[45+280(\sigma'_{pc}/f'_{cu})]/(1+15\rho')$$

后张拉构件法

$$\sigma_{l3}=[35+280(\sigma_{pc}/f'_{cu})]/(1+15\rho)$$

$$\sigma'_{l3}=[35+280(\sigma'_{pc}/f'_{cu})]/(1+15'\rho)$$

式中：σ_{pc}、σ'_{pc}——在受拉区、受压区预应力钢筋合力带内的混凝土法向压应力；

f'_{cu}——施加预应力时的混凝土立方体抗压强度；

ρ、ρ'——受拉区、受压力预应力钢筋和非预应力钢筋的配筋率：对先张拉法构件，$\rho=(A_p+A_s)/A_0$，$\rho'=(A'_p+A'_s)/A_0$；对后张拉法构件，$\rho=(A_p+A_s)/A_n$，$\rho'=(A'_p+A'_s)/A_n$；对于对称配置预应力钢筋和非预应力钢筋的构件，配筋率 ρ、ρ' 应按钢筋总截面面积的一半计算。

(4)最大裂缝宽度计算

在矩形、T 形、倒 T 形、和 I 形截面的钢筋混凝土受拉、受弯和偏心受压构件及预应力混凝土轴心受拉和受弯构件中，按荷载效应的标准组合并考虑长期作用影响的最大裂缝宽度(mm)可按下列公式计算：

$$w=a_{cr}\Psi(\sigma_{sk}/E_s)/[1.9c+0.08(d_{eq}/\rho_{te})]$$

$$\Psi=1.1-0.65(f_{tk}/\rho_{te}\sigma_{sk})$$

$$d_{eq}=(\sum n_i d_i^2/\sum n_i v_i d_i)$$

$$\rho_{te}=(A_s+A_p)/A_{te}$$

式中：a_{cr}——构件受力特征系数；

Ψ——裂缝间纵向受拉钢筋应变不均匀系数：当 $\Psi<0.2$ 时，取 $\Psi=0.2$；当 $\Psi>1$ 时，取 $\Psi=1$；对直接承受重复荷载的构件，取 $\Psi=1$；

σ_{sk}——按荷载效应的标准组合计算钢筋混凝土构件纵向受拉钢筋的应力和预应力混凝土构件纵向受拉钢筋的等效应力；

E_s——钢筋弹性模量；

c——最外层纵向受拉钢筋外边缘至受拉区底边的距离(mm)，当 $c<20$mm 时，取 $c=20$mm；当 $c>65$mm 时，取 $c=65$mm；

ρ_{te}——按有效受拉混凝土截面面积计算的纵向受拉钢筋配筋率；在最大裂缝宽度计算中，当 $\rho_{te}<0.01$ 时，取 $\rho_{te}=0.01$；

A_{te}——有效受拉混凝土截面面积，对轴心受拉构件，取构件截面面积；对受弯、偏心受压和偏心受拉构件，取 $A_{te}=0.05+(b_f-b)h_f$，此处，b_f、h_f 为受拉翼缘的宽度、高度；

A_s——受拉区纵向非预应力钢筋截面面积；

A_p——受拉区纵向预应力钢筋截面面积；

d_{eq}——受拉区纵向钢筋的等效直径(mm)；

d_i——受拉区第 i 种纵向钢筋的公称直径(mm)；

n_i——受拉区第 i 种纵向钢筋的根数；

v_i——受拉区第 i 种纵向钢筋的相对黏结特性系数。

二、偏心桩设计计算

偏心抗滑桩，简称偏心桩，在抗滑桩桩头偏心受拉侧对纵向受拉筋(或钢绞线)施加预应力，以达到增加滑坡作用下抗滑桩受拉区混凝土的抗裂性能，进而提高整个抗滑桩的抗滑性能。偏心抗滑桩的简图如图 6-63 所示。

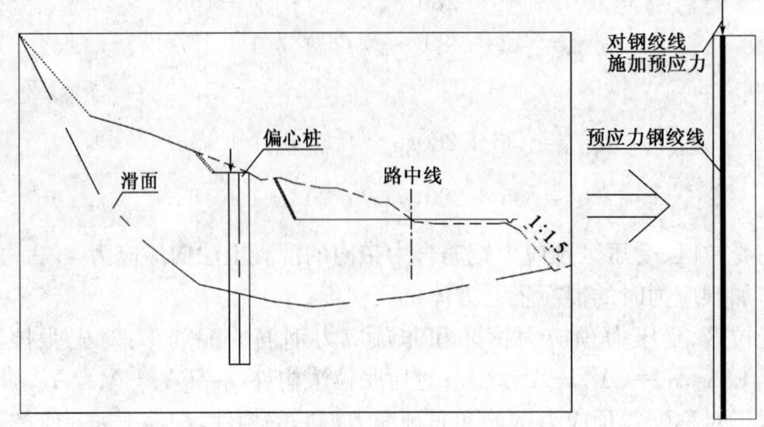

图 6-63　偏心桩示意简图

1. 概述

桩身内力计算：偏心桩主要是在桩身内部结构上改进，受力及变形状态较复杂，如图 6-64 所示。桩在受力状态下，产生变形变位，而这些变形变位是抗滑桩内力计算的依据。抗滑桩在滑坡推力作用下的变形是力学平衡的过程。经过调整，最终滑坡推力、桩抵抗力、桩前岩土体抗力三者受力达到平衡，根据此可通过平衡原理来计算抗滑桩。

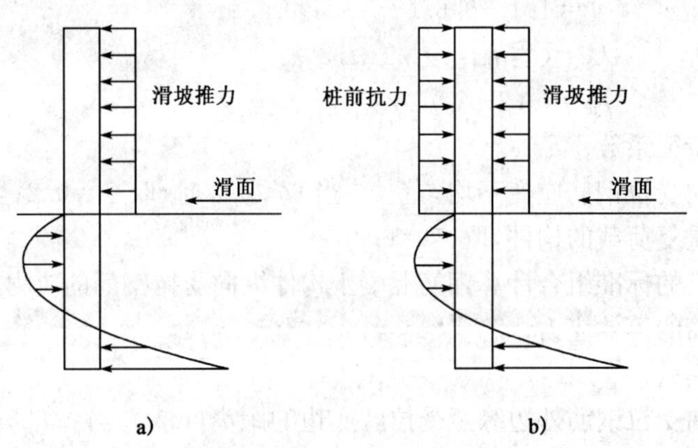

图 6-64　抗滑桩受力状态简图

a)无桩前抗力；b)有桩前抗力

在正常使用状态下，把预应力看成外荷载，而这一外荷载对偏心桩截面形心产生一弯矩 M_p，$M_p=\sigma_p A_p \times h/2$（$h$ 为桩截面高度），偏心桩弯矩等于普通桩的弯矩再加上预应力产生的弯矩。

偏心桩内力＝普通桩内力＋预应力产生的内力。

2. 确定桩的计算模式

地基系数不变的（即 K 法），取系数：

$$\alpha=\sqrt[4]{\frac{C'B_p}{4EI}}$$

地基系数随深度变化的（即 M 法），取系数：

$$\alpha=\sqrt[5]{\frac{mB_p}{EI}}$$

式中：α——桩的变形系数；

m——侧向地基系数随深度变化的比例系数（kN/m^4）；

B_p——桩的计算宽度(m),矩形桩 $B_p=B+1$,圆形桩 $B_p=0.9(d+1)$;

I——矩形桩截面惯性矩,矩形桩 $I=\frac{bh^3}{12}$;

EI——桩的抗弯刚度;

C'——侧向地基系数。

下面计算中统一用 Δ_y 或 x_y 表示桩的水平位移,ϕ_y 表示桩的转角,M_y 代表桩的弯矩,Q_y 表示桩的剪力,下标 y 表示桩的深度。其中 x_{H_0} 或 x_0 表示滑面处的位移,φ_0 或 φ_{H_0} 表示滑面处的转角。

如果,$h>2.5$ 时,桩按弹性桩计算;$h\leqslant 2.5$ 时,则按刚性桩计算。两种不同的算法代表了桩的不同变形特征。

3. 偏心桩的内力计算

1)弯矩计算

在正常使用状态下,把预应力看成外荷载,而这一外荷载对偏心桩截面形心产生一弯矩 M_p:

$$M_p=\sigma_p A_p\times h/2$$

式中:h——桩截面高度。

(1)按刚性桩算

①K 法。

假设地基系数 k 值不变,桩截面为 $b\times h$,长 l,滑面深 H_0,轴绕 O 点旋转了 ϕ 角,O 点距滑面 y_0,a、b 为滑坡推力分布的滑坡体坡顶、坡底的比例系数,E_x 为滑坡推力。

第一种情况:$y<H_0$。

$$Q_y=\frac{S_y}{S}E_x=\frac{\frac{a+a+y(b-a)/H_0}{2}y}{\frac{a+b}{2}H_0}E_x=\frac{2aH_0+y(b-a)}{H_0^2(a+b)}yE_x$$

$$M_y=\frac{E_x y^2}{3(a+b)H_0^2}(3aH_0+by-ay)-\sigma_p A_p h/2$$

第二种情况:$H_0<y<H_0+y_0$。

$$\Delta=\phi(H_0+y_0-y)$$

$$R_h=K_h\phi(H_0+y_0-h),(H_0<h<y)$$

$$Q_y=Q_0-\frac{1}{2}kB_p\phi(2y_0+H_0-y)(y-H_0)$$

$$M_y=M_0+Q_0(y-H_0)-kB_p\phi\left[\frac{1}{2}(y_0+H_0)y^2-\frac{1}{6}y^3-\left(\frac{1}{2}yH_0^2+yy_0H_0-\frac{1}{2}y_0H_0^2-\frac{1}{6}H_0^3\right)\right]-\sigma_p A_p h/2$$

第三种情况:$H_0+y_0<y<l$。

$$\Delta=\phi(y_0-H_0-y)$$

$$R_h=K_h\phi(h-y_0-H_0),(H_0+y_0<h<1)$$

$$Q_y=Q_0-\frac{1}{2}kB_p\phi\left[\frac{1}{2}y^2-H_0y-y_0y+\frac{1}{2}(y_0+H_0)^2\right]-\frac{1}{2}kB_p\phi {y_0}^2$$

$$M_y=M_0+Q_0(y-H_0)-M_{R-y}+kB_p\phi\left[\frac{1}{2}(y_0+H_0)y^2-\frac{1}{6}y^3+\frac{1}{6}(y_0+H_0)^3\right]-\sigma_p A_p h/2$$

$$M_{R-y}=\frac{1}{2}kB_p\phi {y_0}^2\cdot\left(y-H_0-\frac{1}{3}y_0\right)$$

这样,最终解出整个桩身内力,可进行下一步配筋计算。实际设计过程中,可编制相应的表格,只要输入参数，便可得桩的内力。

②M 法：设滑面下地基系数 $Ky=A+my$。

第一种情况：$y<H_0$。

$$\Delta=\phi(y_0+H_0-y)$$

$$Q_y=\frac{2aH_0+y(b-a)}{H_0{}^2(a+b)}yE_x$$

$$M_y=\frac{E_xy^2}{3(a+b)H_0{}^2}(3aH_0+b-ay)-\sigma_pA_ph/2$$

第二种情况：$H_0<y<H_0+y_0$。

$$\Delta=\phi(y_0+H_0-y)$$

$$Q_y=Q_0-\frac{1}{2}B_p\phi A(y-H_0)(2y_0-y+H_0)-\frac{1}{6}B_pm\phi(y-H_0)^2(3y_0-2y+2H_0)$$

$$M_y=M_0+Q_0(y-H_0)-\frac{1}{6}B_p\phi A(y-H_0)^2(3y_0-y+H_0)-$$

$$\frac{1}{12}B_pm\phi(y-H_0)^2(2y_0-y+H_0)-\sigma_pA_ph/2$$

第三种情况：$H_0+y_0<y<l$。

$$\Delta=\phi(y-y_0-H_0)$$

$$Q_y=Q_0-\frac{1}{2}B_p\phi Ay_0{}^2-\frac{1}{6}B_pm\phi(y-H_0)^2(3y_0-2y+2H_0)+\frac{1}{2}B_p\phi A(y-H_0-y_0)^2$$

$$M_y=M_0+Q_0(y-H_0)-\frac{1}{6}B_p\phi Ay_0{}^2(3y-3H_0-y_0)+\frac{1}{6}B_p\phi A(y-H_0-y_0)^2-$$

$$\frac{1}{12}B_pm\phi(y-H_0)^2(2y_0-y+H_0)+\sigma_pA_ph/2$$

(2)按弹性桩算

①K 法。

第一种情况：$y<H_0$。

$$Q_y=\frac{S_y}{S}E_x=\frac{\dfrac{a+a+y(b-a)/H_0}{2}y}{\dfrac{a+b}{2}H_0}E=\frac{2aH_0+y(b-a)}{H_0^2(a+b)}yE_x$$

$$M_y=\frac{E_xy^2}{3(a+b)H_0^2}[3aH_0+(b-a)y]-\sigma_pA_ph/2$$

$$\phi_y=\phi_{H_0}-\frac{E_xH_0{}^2}{12EI(a+b)}(3a+b)+\frac{E_x}{3EI(a+b)H_0{}^2}\left[aH_0y^3+\frac{1}{4}(b-a)y^4\right]$$

$$\Delta_y=x_{H_0}-\phi_{H_0}(H_0-y)+\frac{E_0}{60EI(a+b)H_0{}^2}[5aH_0y^4+(b-a)y^5-(15H_0{}^4a+5H_0{}^4b)y+$$

$$(11a+4b)H_0{}^5]$$

第二种情况：$H_0<y<l$。

$$w(y')=x_{H_0}\varphi_1+\frac{\varphi_0}{\beta}\varphi_2+\frac{M_0}{\beta^2EI}\varphi_3+\frac{Q_0}{\beta^3EI}\varphi_4$$

$$\varphi_{y'}=w'(y')=\beta\left(-4x_{H_0}\varphi_4+\frac{\varphi_0}{\beta}\varphi_1+\frac{M_0}{\beta^2EI}\varphi_2+\frac{Q_0}{\beta^3EI}\varphi_3\right)$$

$$M_{y'}=EIw''(y')=EI\beta^2\left(-4x_{H_0}\varphi_3-\frac{4\varphi_0}{\beta}\varphi_4+\frac{M_0}{\beta^2EI}\varphi_1+\frac{Q_0}{\beta^3EI}\varphi_2\right)-\sigma_pA_ph/2$$

$$Q_{y'}=M'(y')=EI\beta^3\left(-4x_{H_0}\varphi_2-\frac{4\varphi_0}{\beta}\varphi_3-\frac{4M_0}{\beta^2EI}\varphi_4+\frac{Q_0}{\beta^3EI}\varphi_3\right)$$

②M 法：

第一种情况：$y<H_0$，计算公式同 K 法。

第二种情况：$H_0<y<l$。

$$w(y')=x_{H_0}A_1+\frac{\varphi_0}{\alpha}B_1+\frac{M_0}{\alpha^2 EI}C_1+\frac{Q_0}{\alpha^3 EI}D_1$$

$$\varphi_{y'}=w'(y')=\alpha\left(x_{H_0}A_2+\frac{\varphi_0}{\alpha}B_2+\frac{M_0}{\alpha^2 EI}C_2+\frac{Q_0}{\alpha^3 EI}D_2\right)$$

$$M_{y'}=EIw''(y')=EI\alpha^2\left(x_{H_0}A_3+\frac{\varphi_0}{\alpha}B_3+\frac{M_0}{\alpha^2 EI}C_3+\frac{Q_0}{\alpha^3 EI}D_3\right)-\sigma_p A_p h/2$$

$$Q_{y'}=M'(y')=EI\alpha^3\left(x_{H_0}A_4+\frac{\varphi_0}{\alpha}B_4+\frac{M_0}{\alpha^2 EI}C_4+\frac{Q_0}{\alpha^3 EI}D_4\right)$$

2)偏心桩内力计算

偏心桩内力计算如图 6-65 所示。

4. 偏心桩的配筋计算

配筋计算，即钢绞线的用量计算。设滑坡推力 E，滑面深 h_0，桩长 L，地基系数 $m(y)$。钢绞线预应力的施加，只对弯矩起作用，对剪力不起作用。剪力 $Q(y)$ 箍筋的配置与普通桩配置方法相同。控制弯矩 $M(y)$ 的纵向钢绞线配置参照预应力抗弯构件。

(1)受弯预应力钢绞线的配置

按以下公式计算：

$$M(y)-\sigma_p A_p h/2=\alpha_1 f_0 bx\left(h_0-\frac{x}{2}\right)=f_{py}A_p\left(h_0-\frac{x}{2}\right)$$

$$\alpha_1 f_0 bx=f_{py}A_p$$

式中：$M(y)$——护坡作用的弯矩。

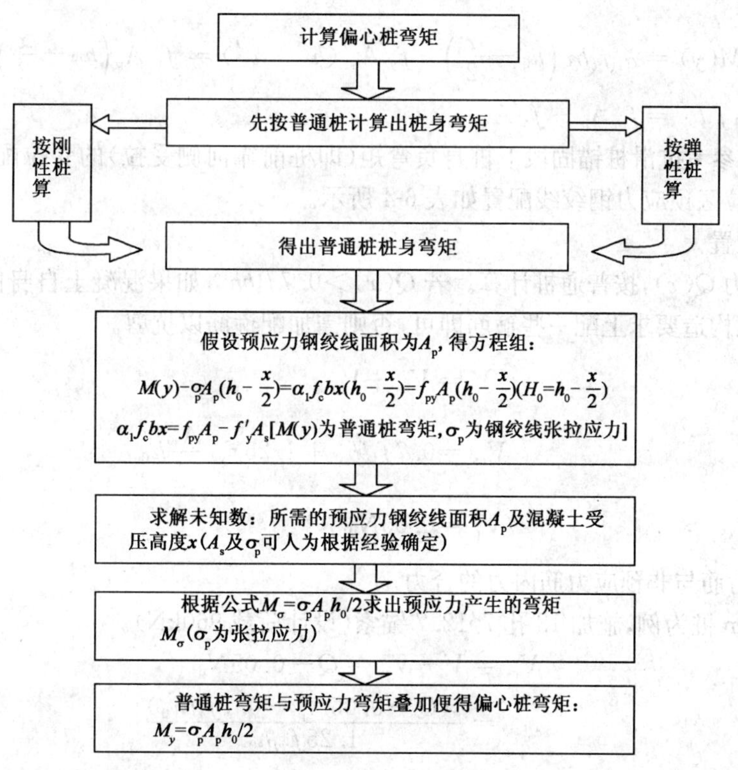

图 6-65 偏心桩内力计算程序

编制成 EXCEL，如表 6-2 所示。

EXCEL 数据表 表 6-2

$\alpha_1=$	1	f_c(Pa)=	1.19×10^7	f_{py}(Pa)=	1.32×10^9	σ_y(Pa)=	7.19×10^8
B(m)=	2	h_0(m)=	2.8	M_c(kN·m)	93 296.00	$M(y)$(kN·m)=	50 000
$a=$	-1.19×10^7	$b=$	8.48×10^7	$c=$	-5.00×10^7		
$x_1=$	0.65	$x_2=$	6.48				

根据受压区高度进行钢绞线配置：

$$\alpha_1 f_c bx = f_{py} A_p$$

得

$$A_p = \frac{\alpha_1 f_c bx}{f_{py}}$$

编制表格：以 5 000kN·m 普通桩弯矩为例，2m×3m 桩截面。

计算不同深度的桩截面配筋，如表 6-3 所示。

不同深度桩截面配筋 表 6-3

$\alpha_1=$	1	f_c(Pa)=	1.19×10^7	f_{py}(Pa)=	1.32×10^9	σ_y(Pa)=	1.08×10^9
B(m)=	2	h_0(m)=	2.8	M_c(kN·m)	93 296.00	$M(y)$(kN·m)=	50 000
$a=$	−11 900 000	$b=$	9.39×10^7	$c=$	-5.00×10^7		
$x_1=$	0.574 419 247	$x_2=$	7.314 658 582				
f_{py}(Pa)			1 320 000 000	ϕ15.24(m^2)		0.000 139	
A_p(m^2)			1.04×10^2	8ϕ15.25(m^2)		0.001 112	
需锚索孔数						9.313 806 73	
预应力弯矩 $\sigma_y A_p h_0/2$(kN·m)						15 647.20	

(2)受压区配筋

$$M(y) = \alpha_1 f_c bx\left(h_0 - \frac{x}{2}\right) - f_y{}' A_s{}'(h_0 - a_s{}') = f_{py} A_p\left(h_0 - \frac{x}{2}\right)$$

$$\alpha_1 f_c bx = f_{py} A_p - f_y{}' A_s{}'$$

$A_s{}'$的计算主要参考抗滑桩锚固段下桩身负弯矩(即桩前靠河侧受拉)的受拉配筋数及有关钢筋构造要求。偏心桩受拉区预应力钢绞线配置如表 6-4 所示。

(3)受剪箍筋配置

计算出桩身剪力 $Q(x)$，按普通桩计算。若 $Q(x)>0.7f_t bh_0$，如果混凝土自身能抵抗剪力，则不需另配受剪箍筋，仅从构造要求上配一些箍筋即可，否则需加配箍筋以抗剪。

$$V = V_{cs} + V_p$$

$$V_{cs} = 0.7 f_t bh_0 + 1.25 f_{yv}\frac{A_{sv}}{s}h_0$$

$$V_p = 0.05 N_p$$

式中：N_p——预应力筋与非预应力筋内力的合力。

以 2.0m×3.0m 桩为例，施加 18 孔 7ϕ12.7 锚索(设计荷载 960kN)。

$$V_{cs} = V - V_p = Q - 0.05N_p$$

$$A_{sv} = \frac{s(Q - 0.05N_p - 0.7f_t bh_0)}{1.25 f_{yv} h_0}$$

对于后张法构件：

$$N_p = \sigma_{pe} A_p + \sigma'_{pe} A'_p - \sigma_{l5} A_s - \sigma'_{l5} A'_s$$

偏心桩受拉区预应力钢绞线配置计算表

表 6-4

α_1=	1	f_c(Pa)=	1.19×10⁷	f_{py}(Pa)=	1.32×10⁹	σ_y(Pa)=	1.08×10⁹
B(m)=	2	h_0(m)=	2.8	M_c(kN·m)	93 296.00	$M(y)$(kN·m)=	50 000
a=	−1.2×10⁷	b=	9.39×10⁷	c=	−5.00×10⁷		
x_1=	0.574 419	x_2=	7.314 659				
f_{py}(Pa)			1.32×10⁹	ϕ15.24(m²)		0.000 139	
A_p(m²)			1.04×10²	8ϕ15.25(m²)		0.001 112	
需锚索孔数					9.313 806 73		
预应力弯矩 $\sigma_y A_p h_0/2$(kN·m)					15 647.20		

实际计算

深度 y (m)	普通桩弯矩 (kN·m)	a 参数	b 参数	c 参数	受压区高度 x (m)	A_p (m²)	8ϕ15.2 锚索孔数	预应力弯矩 (kN·m)	偏心桩弯矩 (kN·m)	弯矩比值 (%)
0.0	0	−1.19×10⁷	84 800 017	0	0.000 00	0	0	0	0	
0.5	0.810 55	−1.19×10⁷	84 800 017	−810.55	0.000 01	1.72×10⁻⁷	0.000 155	0.173 478	0.637 072	78.60
1.0	6.484 4	−1.19×10⁷	84 800 017	−6 484.4	0.000 08	1.38×10⁻⁶	0.001 24	1.387 837	5.096 563	78.60
1.5	21.885	−1.19×10⁷	84 800 017	−21885	0.000 26	4.65×10⁻⁶	0.004 185	4.684 101	17.200 9	78.60
2.0	51.875	−1.19×10⁷	84 800 017	−51 875	0.000 61	1.1×10⁻⁵	0.009 92	11.103 49	40.771 51	78.60
2.5	101.32	−1.19×10⁷	84 800 017	−101 320	0.001 20	2.15×10⁻⁵	0.019 376	21.688 63	79.631 37	78.59
3.0	175.08	−1.19×10⁷	84 800 017	−175 080	0.002 07	3.72×10⁻⁵	0.033 486	37.482 32	137.597 7	78.59
3.5	278.02	−1.19×10⁷	84 800 017	−278 020	0.003 28	5.91×10⁻⁵	0.053 184	59.530 56	218.489 4	78.59
4.0	415	−1.19×10⁷	84 800 017	−415 000	0.004 90	8.83×10⁻⁵	0.079 405	88.881 36	326.118 6	78.58
4.5	590.89	−1.19×10⁷	84 800 017	−590 890	0.006 97	0.000 126	0.113 093	126.589	464.301	78.58
5.0	810.55	−1.19×10⁷	84 800 017	−810 550	0.009 57	0.000 173	0.155 191	173.711 1	636.838 9	78.57
5.5	1078.8	−1.19×10⁷	84 800 017	−1 078 800	0.012 74	0.000 23	0.206 643	231.303 6	847.496 4	78.56

续上表

深度 y (m)	普通桩弯矩 (kN·m)	a 参数	b 参数	c 参数	受压区高度 x (m)	A_p (m^2)	8ϕ15.2 锚索孔数	预应力弯矩 (kN·m)	偏心桩弯矩 (kN·m)	弯矩比值 (%)
6.0	1 400.6	-1.19×10^7	84 800 017	−1 400 600	0.016 55	0.000 298	0.268 427	300.461 1	1 100.139	78.55
6.5	1780.8	-1.19×10^7	84 800 017	−1 780 800	0.021 06	0.000 38	0.341 51	382.265 1	1 398.535	78.53
7.0	2224.1	-1.19×10^7	84 800 017	−2 224 100	0.026 32	0.000 475	0.426 839	477.777 4	1 746.323	78.52
7.5	2735.6	-1.19×10^7	84 800 017	−2 735 600	0.032 41	0.000 584	0.525 454	588.160 9	2 147.439	78.50
8.0	3320	-1.19×10^7	84 800 017	−3 320 000	0.039 37	0.000 71	0.638 332	714.509 6	2 605.49	78.48
8.5	3 982.2	-1.19×10^7	84 800 017	−3 982 200	0.047 27	0.000 852	0.766 507	857.981 1	3 124.219	78.45
9.0	4 727.1	-1.19×10^7	84 800 017	−4 727 100	0.056 19	0.001 013	0.911 035	1 019.757	3 707.343	78.43
9.5	5 559.5	-1.19×10^7	84 800 017	−5 559 500	0.066 17	0.001 193	1.072 976	1 201.024	4 358.476	78.40
10.0	6 484.4	-1.19×10^7	84 800 017	−6 484 400	0.077 31	0.001 394	1.253 456	1 403.043	5 081.357	78.36
10.5	7 506.5	-1.19×10^7	84 800 017	−7 506 500	0.089 65	0.001 616	1.453 577	1 627.046	5 879.454	78.32
11.0	8 630.7	-1.19×10^7	84 800 017	−8 630 700	0.103 27	0.001 862	1.674 512	1 874.347	6 756.353	78.28
11.5	9 861.9	-1.19×10^7	84 800 017	−9 861 900	0.118 26	0.002 132	1.917 479	2 146.309	7 715.591	78.24
12.0	11 205	-1.19×10^7	84 800 017	-1.1×10^7	0.134 68	0.002 428	2.183 739	2 444.345	8 760.655	78.19
12.5	12 665	-1.19×10^7	84 800 017	-1.3×10^7	0.152 62	0.002 752	2.474 628	2 769.948	9 895.052	78.13
13.0	14 246	-1.19×10^7	84 800 017	-1.4×10^7	0.172 15	0.003 104	2.791 36	3 124.479	11 121.52	78.07
13.5	15 954	-1.19×10^7	84 800 017	-1.6×10^7	0.193 38	0.003 487	3.135 599	3 509.799	12 444.2	78.00
14.0	17 793	-1.19×10^7	84 800 017	-1.8×10^7	0.216 39	0.003 902	3.508 681	3 927.405	13 865.6	77.93
14.5	19 768	-1.19×10^7	84 800 017	-2×10^7	0.241 28	0.004 35	3.912 232	4 379.115	15 388.89	77.85
15.0	21 885	-1.19×10^7	84 800 017	-2.2×10^7	0.268 17	0.004 835	4.348 183	4 867.092	17 017.91	77.76
15.5	24 147	-1.19×10^7	84 800 017	-2.4×10^7	0.297 14	0.005 358	4.817 959	5 392.931	18 754.07	77.67

续上表

深度 y (m)	普通桩弯矩 (kN·m)	a 参数	b 参数	c 参数	受压区高度 x (m)	A_p (m^2)	8ϕ15.2 锚索孔数	预应力弯矩 (kN·m)	偏心桩弯矩 (kN·m)	弯矩比值 (%)
16.0	26 560	-1.19×10^7	84 800 017	-2.7×10^7	0.328 34	0.005 92	5.323 734	5 959.064	20 600.94	77.56
16.5	29 050	-1.19×10^7	84 800 017	-2.9×10^7	0.360 84	0.006 506	5.850 813	6 549.044	22 500.96	77.46
17.0	28 362	-1.19×10^7	84 800 017	-2.8×10^7	0.351 83	0.006 344	5.704 644	6 385.432	21 976.57	77.49
17.5	25 687	-1.19×10^7	84 800 017	-2.6×10^7	0.317 02	0.005 716	5.140 188	5 753.614	19 933.39	77.60
18.0	21 947	-1.19×10^7	84 800 017	-2.2×10^7	0.268 96	0.004 849	4.361 004	4 881.443	17 065.56	77.76
18.5	17 819	-1.19×10^7	84 800 017	-1.8×10^7	0.216 72	0.003 908	3.513 974	3 933.329	13 885.67	77.93
19.0	13 768	-1.19×10^7	84 800 017	-1.4×10^7	0.166 24	0.002 997	2.695 407	3 017.075	10 750.92	78.09
19.5	10 089	-1.19×10^7	84 800 017	-1×10^7	0.121 03	0.002 182	1.962 411	2 196.603	7 892.397	78.23
20.0	6 940.8	-1.19×10^7	84 800 017	−6 940 800	0.082 81	0.001 493	1.342 729	1 502.969	5 437.831	78.35
20.5	4 387.6	-1.19×10^7	84 800 017	−4 387 600	0.052 12	0.000 94	0.845 118	945.974 1	3 441.626	78.44
21.0	2 423.7	-1.19×10^7	84 800 017	−2 423 700	0.028 70	0.000 517	0.465 301	520.829 2	1 902.871	78.51
21.5	1 000.9	-1.19×10^7	84 800 017	−1 000 900	0.011 82	0.000 213	0.191 696	214.573 4	786.326 6	78.56
22.0	46.66	-1.19×10^7	84 800 017	−46 660	0.000 55	9.92×10^{-6}	0.008 922	9.987 166	36.672 83	78.60
22.5	−521.86	-1.19×10^7	84 800 017	−521 860	0.006 16	0.000 111	0.099 869	111.787 6	−633.648	121.42
23.0	−788.67	-1.19×10^7	84 800 017	−788 670	0.009 31	0.000 168	0.150 996	169.015 8	−957.686	121.43
23.5	−833.18	-1.19×10^7	84 800 017	−833 180	0.009 84	0.000 177	0.159 53	178.567 7	−1 011.75	121.43
24.0	−727.58	-1.19×10^7	84 800 017	−727 580	0.008 59	0.000 155	0.139 286	155.908 1	−883.488	121.43
24.5	−536.29	-1.19×10^7	84 800 017	−536 290	0.006 33	0.000 114	0.102 633	114.881 4	−651.171	121.42
25.0	−316.83	-1.19×10^7	84 800 017	−316 830	0.003 74	6.74×10^{-5}	0.060 612	67.845 05	−384.675	121.41
25.5	−121.62	-1.19×10^7	84 800 017	−121 620	0.001 43	2.59×10^{-5}	0.023 259	26.034 93	−147.655	121.41
26.0	0	-1.19×10^7	84 800 017	0	0.000 00	0	0	0	0	—

式中：s——箍筋间距；

σ_{pe}、σ'_{pe}——受拉区、受压区预应力筋的有效预应力；

A_p、A'_p——受拉区、受压区预应力筋的截面面积；

σ_{l5}、σ'_{l5}——受拉区、受压区预应力筋的预应力损失值；

A_s、A'_s——受拉区、受压区非预应力筋的截面面积。

编制表格对桩身箍筋进行配置，如表 6-5 所示。

箍筋配置计算表格 表 6-5

f_t(MPa)	1.27	b(m)＝	2.0	h_0(m)＝	2.8
f_{yv}(MPa)	235				
实际计算					
深度 y(m)	剪力 $Q(y)$ (kN)	箍筋间距 s (mm)	预应力钢绞线拉力 N_p(kN)	箍筋面积 A_{sv} (mm^2)	肢数
1.0	5 500	1 000.0	960	575.805 471	3.740 504 669
2.0	5 600	1 000.0	960	697.386 018	4.530 307 175
3.0	5 700	1 000.0	960	818.966 565	5.320 109 682
4.0	5 800	1 000.0	960	940.547 112	6.109 912 188
5.0	5 900	1 000.0	960	1 062.127 66	6.899 714 694
6.0	6 000	1 000.0	960	1 183.708 21	7.689 5172
7.0	6 100	1 000.0	960	1 305.288 75	8.479 319 706
8.0	6 200	1 000.0	960	1 426.869 3	9.269 122 212
9.0	6 300	1 000.0	960	1 548.449 85	10.058 924 72
10.0	6 400	1 000.0	960	1 670.030 4	10.848 727 22
11.0	6 500	1 000.0	960	1 791.610 94	11.638 529 73
12.0	6 600	1 000.0	960	1 913.191 49	12.428 332 24
13.0	6 700	1 000.0	960	2 034.772 04	13.218 134 74
14.0	6 800	1 000.0	960	2 156.352 58	14.007 937 25
15.0	6 900	1 000.0	960	2 277.933 13	14.797 739 76
16.0	7 000	300.0	960	719.854 103	4.676262679
17.0	7 100	300.0	960	756.328 267	4.91320343
18.0	7 200	300.0	960	792.802 432	5.150144182
19.0	7 300	300.0	960	829.276 596	5.387 084 934
20.0	7 400	300.0	960	865.750 76	5.624 025 686
21.0	7 500	300.0	960	902.224 924	5.860 966 438
22.0	7 600	300.0	960	938.699 088	6.097 907 19
23.0	7 700	300.0	960	975.173 252	6.334 847 941
24.0	7 800	300.0	960	1 011.647 42	6.571 788 693
25.0	7 900	300.0	960	1 048.121 58	6.808 729 445
26.0	8 000	300.0	960	1 084.595 74	7.045 670 197
27.0	8 100	300.0	960	1 121.069 91	7.282 610 949

5. 偏心桩的有限元计算

用有限元计算抗滑桩在滑坡推力荷载下的桩身内力及变形时，假定结构在荷载范围内未发生破坏；结构只发生弹性变形，无塑性变形。

(1)杆系有限元分析方法的基本原理

杆系有限元分析方法的基本思路和原理如下：

①单元刚度矩阵

局部坐标下，单元结点位移分量和结点的正方向如图 6-66 所示。

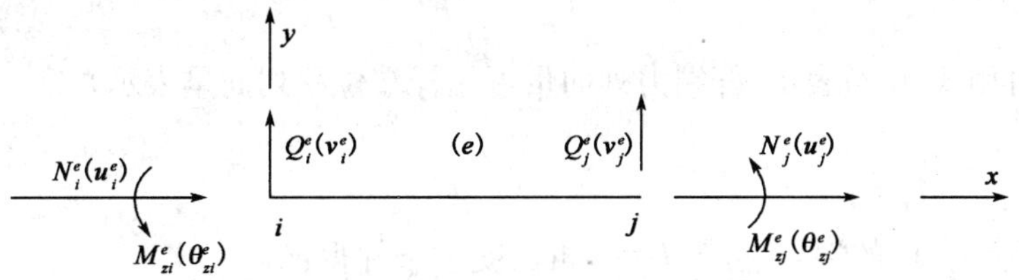

图 6-66 单元结点位移分量和正方向

承受轴向压力(拉力)的弯曲构件，由于存在轴向力，弯曲产生的横向挠度将在构件中引起附加弯矩，当轴力达到一定程度时，这种轴向力与弯曲变形的相互作用将不容忽视。在此研究中，不考虑这种相互作用，即假定轴向力远小于构件的抗拉临界荷载，轴向力的作用仅使构件产生轴向变形。

建立杆端力与杆端位移间的关系，即用矩阵形式来表示转角位移方程。根据叠加原理有(轴力以 x 轴为正，剪力以 y 轴为正，弯矩以逆时针为正)：

$$F'^{e}_{Ni}=\frac{EA}{l}u'^{e}_{i}-\frac{EA}{l}u'^{e}_{j}$$

$$F'^{e}_{Si}=\frac{12EA}{l^3}v'^{e}_{i}+\frac{6EI}{l^2}\varphi'^{e}_{i}-\frac{12EA}{l^3}v'^{e}_{j}+\frac{6EI}{l^2}\varphi'^{e}_{j}$$

$$M'^{e}_{i}=\frac{6EI}{l^2}v'^{e}_{i}+\frac{4EI}{l}\varphi'^{e}_{i}-\frac{6EI}{l^2}v'^{e}_{j}+\frac{2EI}{l}\varphi'^{e}_{j}$$

$$F'^{e}_{Nj}=-\frac{EA}{l}u'^{e}_{i}+\frac{EA}{l}u'^{e}_{j}$$

$$F'^{e}_{Si}=-\frac{12EA}{l^3}v'^{e}_{i}-\frac{6EI}{l^2}\varphi'^{e}_{i}+\frac{12EA}{l^3}v'^{e}_{j}-\frac{6EI}{l^2}\varphi'^{e}_{j}$$

$$M'^{e}_{j}=\frac{6EI}{l^2}v'^{e}_{i}+\frac{4EI}{l}\varphi'^{e}_{i}-\frac{6EI}{l^2}v'^{e}_{j}+\frac{2EI}{l}\varphi'^{e}_{j}$$

即得两端承受弯矩、剪力的平面梁单元在局部坐标系下的单元平衡方程，写成分块形式如下：

$$\begin{bmatrix}\boldsymbol{F}_i^e\\ \boldsymbol{F}_j^e\end{bmatrix}=\begin{bmatrix}\boldsymbol{K}_{ii}^e & \boldsymbol{K}_{ij}^e\\ \boldsymbol{K}_{ji}^e & \boldsymbol{K}_{jj}^e\end{bmatrix}\begin{bmatrix}\boldsymbol{\delta}_i^e\\ \boldsymbol{\delta}_j^e\end{bmatrix}$$

每个子矩阵 $\boldsymbol{K}_{ii}^e$、…、$\boldsymbol{K}_{jj}^e$ 都是一个三阶子块。把 $\boldsymbol{K}_{ii}^e$ 简称为 e 号杆 i 端的近端刚度，$\boldsymbol{K}_{ij}^e$ 简称为 i 端的远端刚度。同样，对 e 号杆 j 端而言，$\boldsymbol{K}_{jj}^e$ 为其近端刚度，$\boldsymbol{K}_{ji}^e$ 为其远端刚度。进行一般性分析，上式往往比较简单，也具有明确的物理意义。F^e、δ^e 分别称为单元杆力列向量和杆端位移向量，$\boldsymbol{K}^e$ 称为单元刚度矩阵(以下简称单刚)。单元刚度矩阵每一元素的物理意义是：所对应的杆端位移分量等于 1(其余杆端位移为 0)时所引起的其所在行对应的杆端力分量的数值。

在前面的讨论当中，结点总数 NJ 包括支承约束的结点个数，因此，所建立的结点平衡方程组是无约束结构平衡方程组。

②结构刚度矩阵

在结构中，给每根杆件编号，并对每结点编号。每个结点的位移为 $\boldsymbol{\Delta}_i$，每个结点的力为 $\boldsymbol{F}_i$，考虑结构的平衡条件和变形连续条件(主要是结点处)。

由平衡条件得矩阵：

$$\begin{bmatrix} F_{xi} \\ F_{yi} \\ M_i \end{bmatrix} = \sum \begin{bmatrix} F_{xi}^j \\ F_{yi}^j \\ M_i^j \end{bmatrix}$$

可简写成：

$$\boldsymbol{F}_i = \sum_j F_i^j \tag{6-1}$$

而上式中 F_i^j 可用式(6-2)表示(杆端力列向量可用杆端位移列向量表示)：

$$F_i^j = \sum_h k_{ih} \delta_h \tag{6-2}$$

h 与 i 结点为同一杆件的端点，可令 $h=i$，再由变形条件得：

$$\boldsymbol{\Delta}_i = \sum \delta_i^j \tag{6-3}$$

将式(6-2)和式(6-3)代入式(6-1)中，将结构中所有结点写成矩阵：

$$\boldsymbol{F} = \boldsymbol{K\Delta}$$

式(6-3)称为结构的原始刚度方程，$\boldsymbol{K}$ 为结构的原始刚度矩阵，也称总刚度矩阵，与单位矩阵一样，具有对称性、奇异性。总刚中的主子块 k_{ii} 由结点 i 相关单元的主子块叠加而成，即：$k_{ii} = \sum_j jk_{ii}$。总刚中的副子块 k_{ij}，当为相关结点时，则联结它们单元的相应副子块 $k_{im} = k_{mi}^j$，否则为 0。

③根据已知约束求解结构刚度矩阵

处于静力平衡的无约束结构可以发生任意的刚体位移。与单元刚度矩阵是奇异矩阵的理由一样，无约束的结构刚度矩阵 $\boldsymbol{K}$ 也是奇异矩阵，即矩阵 $\boldsymbol{K}$ 的行列式为零。

一般的工程结构例如抗滑桩，都是几何不变体系，即都有足够的支承约束条件，排除了发生任何刚体位移的可能性。为了引入支座约束条件，把公式 $\boldsymbol{\delta}=[\delta_1,\cdots,\delta_m]^{\mathrm{T}}$ 所表示的结点的总位移量 $\boldsymbol{\delta}$ 分为两部分。一部分是不受约束的位移分量，记为 $\boldsymbol{\delta}_{\mathrm{f}}$；另一部分是受约束刚性支承约束的位移分量，记为 $\boldsymbol{\delta}_{\mathrm{r}}$。

假设第 1 号到第 N 号位移分量是不受约束的，其余 N_{r} 个位移分量是受有刚性支承约束的，即(注意 $N+N_{\mathrm{r}}=m$)：

$$\boldsymbol{\delta}_{\mathrm{f}} = [\delta_1, \delta_2, \cdots, \delta_N]^{\mathrm{T}}$$

$$\boldsymbol{\delta}_{\mathrm{r}} = [\delta_{N+1}, \delta_{N+2}, \cdots, \delta_{N+N_{\mathrm{r}}}]^{\mathrm{T}}$$

显然，未知结点位移总数为 N，把方程组的系数矩阵即结构刚度矩阵 $\boldsymbol{K}$ 以及总荷载矢量 $\boldsymbol{P}$ 也相应地予以分割，就有：

$$\begin{bmatrix} \boldsymbol{K}_{\mathrm{ff}} & \boldsymbol{K}_{\mathrm{fr}} \\ \boldsymbol{K}_{\mathrm{rf}} & \boldsymbol{K}_{\mathrm{rr}} \end{bmatrix} \begin{bmatrix} \boldsymbol{\delta}_{\mathrm{f}} \\ \boldsymbol{\delta}_{\mathrm{r}} \end{bmatrix} = \begin{bmatrix} \boldsymbol{P}_{\mathrm{f}} \\ \boldsymbol{P}_{\mathrm{r}} \end{bmatrix}$$

由受刚性支承约束的位移分量等于零，整理得：

$$\boldsymbol{K}_{\mathrm{ff}}\boldsymbol{\delta}_{\mathrm{f}} = \boldsymbol{P}_{\mathrm{f}} \text{ 和 } \boldsymbol{K}_{\mathrm{rf}}\boldsymbol{\delta}_{\mathrm{f}} = \boldsymbol{P}_{\mathrm{r}}$$

可解出全部未知结点的位移：

$$\boldsymbol{\delta}_{\mathrm{f}} = \boldsymbol{K}_{\mathrm{ff}}^{-1}\boldsymbol{P}_{\mathrm{f}}$$

再由解出的 $\boldsymbol{\delta}_{\mathrm{f}}$ 求出支座反力：

$$\boldsymbol{P}_{\mathrm{r}} = \boldsymbol{K}_{\mathrm{rf}}\boldsymbol{K}_{\mathrm{ff}}^{-1}\boldsymbol{P}_{\mathrm{f}}$$

至此所有结点的位移 $\boldsymbol{\delta}$ 及荷载 $\boldsymbol{P}$ 均已求出，结构的位移及内力也相应求得。上式中，$\boldsymbol{K}_{\mathrm{ff}}^{-1}$ 表示矩阵 $\boldsymbol{K}_{\mathrm{ff}}$ 的逆矩阵。

(2)杆系有限元法的计算步骤

综上所述，杆系结构有限元的主要步骤如下：

①结构离散化

划分单元，对结点和单元予以编号。

②结构描述

选定整体坐标系。输入确定结构几何、材料、荷载和支座支承条件的全部数据。主要是:结点坐标、单元信息、荷载信息、约束信息以及有关的控制变量。

③单元特性计算

根据各单元两端结点号码和结点坐标等信息算出:局部坐标系下的单元刚度矩阵 $\boldsymbol{K}_{\mathrm{E}}^{e}$、单元等效结点荷载 $\boldsymbol{P}_{\mathrm{q}}^{e}$ 以及由温度变化引起的等效结点荷载 $\boldsymbol{P}_{\mathrm{T}}^{e}$;整体坐标系下的单元刚度矩阵 $\boldsymbol{K}^{e}$、单元等效结点荷载 $\overline{\boldsymbol{P}}_{\mathrm{q}}^{e}$ 和 $\overline{\boldsymbol{P}}_{\mathrm{T}}^{e}$:

$$\left.\begin{aligned}\boldsymbol{K}^{e} &= \boldsymbol{R}^{\mathrm{T}}\boldsymbol{K}_{\mathrm{E}}^{e}\boldsymbol{R}\\ \overline{\boldsymbol{P}}_{\mathrm{q}}^{e} &= \boldsymbol{R}^{\mathrm{T}}\boldsymbol{P}_{\mathrm{q}}^{e}\\ \overline{\boldsymbol{P}}_{\mathrm{T}}^{e} &= \boldsymbol{R}^{\mathrm{T}}\boldsymbol{P}_{\mathrm{T}}^{e}\end{aligned}\right\}$$

④组集结构总刚度矩阵 $\boldsymbol{K}$

把所有单元膨胀后的整体坐标系下的单元刚度矩阵叠加起来,就得到结构刚度矩阵 $\boldsymbol{K}$,即:

$$\boldsymbol{K} = \sum_{e=1}^{NE}\boldsymbol{K}^{e}$$

式中:NE——单元总数。

⑤组集结点荷载总矢量 $\boldsymbol{P}$

$$\boldsymbol{P} = \overline{\boldsymbol{P}}_{\mathrm{c}} + \overline{\boldsymbol{P}}_{\mathrm{q}} + \overline{\boldsymbol{P}}_{\mathrm{T}}$$

式中:$\overline{\boldsymbol{P}}_{\mathrm{q}} = \sum\limits_{e=1}^{NE}\overline{\boldsymbol{P}}_{\mathrm{q}}^{e}$;

$\overline{\boldsymbol{P}}_{\mathrm{T}} = \sum\limits_{e=1}^{NE}\overline{\boldsymbol{P}}_{\mathrm{T}}^{e}$。

⑥求解结点静力平衡方程组

根据约束解结点位移解方程组:$\boldsymbol{K}_{\mathrm{f}}\boldsymbol{\delta}_{\mathrm{f}} = \boldsymbol{P}_{\mathrm{f}}$,算出全部未知结点位移 $\boldsymbol{\delta}_{\mathrm{f}}$。

⑦根据结点位移及刚度矩阵计算杆端内力

设 e 号单元两端结点号为 i 和 j。它们在整体坐标系下的位移记为:$\boldsymbol{\delta}^{e} = \begin{bmatrix}\delta_i\\ \delta_j\end{bmatrix}$,局部坐标系下 e 号单元结点力即杆端内力为:$\boldsymbol{F}_{\mathrm{E}}^{e} = \boldsymbol{K}_{\mathrm{E}}^{e}\boldsymbol{\delta}_{\mathrm{E}}^{e}$,因为 $\boldsymbol{\delta}_{\mathrm{E}}^{e} = \boldsymbol{R}\boldsymbol{\delta}^{e}$,故 $\boldsymbol{F}_{\mathrm{E}}^{e} = \boldsymbol{K}_{\mathrm{E}}^{e}\boldsymbol{R}\boldsymbol{\delta}^{e}$。

式中:$\boldsymbol{R}$——坐标变换矩阵。

若 e 号单元内还作用有跨间荷载以及给定的温度分布,它们在局部坐标系下的单元等效结点荷载分别记为 $\boldsymbol{P}_{\mathrm{q}}^{e}$ 和 $\boldsymbol{P}_{\mathrm{T}}^{e}$,则:

$$\boldsymbol{F}_{\mathrm{E}}^{e} = \boldsymbol{K}_{\mathrm{E}}^{e}\boldsymbol{R}\boldsymbol{\delta}^{e} - \boldsymbol{P}_{\mathrm{q}}^{e} - \boldsymbol{P}_{\mathrm{T}}^{e}$$

这样,所有单元位移 $\boldsymbol{\delta}^{e}$ 及内力 $\boldsymbol{F}^{e}$ 均以求得,进而求得整个结构(抗滑桩)的位移和内力。

(3)抗滑桩有限元计算

抗滑桩属于杆系结构,有限元计算按上述的杆系有限元计算。与其他杆系结构不同的是,抗滑桩不考虑轴向力,荷载为滑坡推力(分布荷载)。根据给定的约束条件,计算出抗滑桩周的岩土反力、桩身变形及桩身内力。运用大型通用有限元程序编制程序,计算同程序自动完成。

(4)有限元程序计算

用 ANSYS8.1 编制程序进行计算,步骤如下:

先启动 ANSYS8.1 软件,运行程序。

①输入各参数。

如:推力大小、滑面深度、桩截面大小等。

②建立单元类型。

即运用何种单元来模拟,抗滑桩采用 BEAM3 单元,每 0.5m 作为 1 个单元。锚索采用 LINK10 单元,每 1.0m 作为 1 个单元。地基反力采用 COMBIN14 单元,每 1.0m 作为 1 个单元。

③输入单元材料参数。

梁单元：弹性模量 $E_x=3\times10^{10}$，泊松比 PRXY＝0.25，密度 Dens＝2 500kg/m^3；

锚索链杆单元：弹性模量 $E_x=1.90\times10^{11}$，泊松比 PRXY＝0.33；

地基反力的弹簧单元：变形模量＝2.55×10^{10}。

④建模：直接建模的方法，建立结点，由结点生成单元。

⑤定义 UX、UY 约束。

⑥加载。

⑦求解。

以上④～⑦等步骤由程序自动完成。

计算程序如下：

```
！＊＊＊＊＊＊＊＊＊＊＊＊＊＊＊＊＊程序开始＊＊＊＊＊＊＊＊＊＊＊＊＊
本文件为抗滑桩有限元计算程序，可算三种抗滑桩类型，一种为普通桩；第二种为桩头、桩中各设计两排锚索；第三种为桩头3排锚索，桩中2排。计算既有结构物(抗滑桩)的抗力R及在荷载下的变形变位情况。先设计好抗滑桩桩长与截面，用此程序算出抗滑桩各处的弯矩、剪力，再据之进行配筋。
此有限元程序是以ANSYS8.1为基础编写而成，采用直接建模的方式，用于ANSYS软件上。
/filename,DengANSYS
/units,SI
/PREP7
！说明，梁单元以0.5m作一单元；锚索以1.0m作一单元，默认为8束15.2钢绞线锚索。
！＊＊＊＊＊＊＊＊＊＊＊＊＊以下为输入基本参数，如桩长等＊＊＊＊＊＊＊＊＊＊
MULTIPRO,'Start',4
  *cset,1,3,H,'滑面深度(m)：',16
  *cset,4,6,E_PERMETER,'单宽推力(单位t,有正负号)：',-83
  *cset,7,9,a,'推力分布形式滑体上部比例系数(w1)：',0
  *cset,10,12,b,'推力分布形式滑体下部比例系数(w2)：',10
MULTIPRO,'end'
MULTIPRO,'Start',5
  *cset,1,3,RH,'设计桩长(单位m,不小于滑面高度)：',26
  *cset,4,6,BEAM_H,'桩横截面高(m)：',3
  *cset,7,9,BEAM_B,'桩横截面宽(m)：',2
  *cset,10,12,DISTANCE_BEAM,'输入桩间距(m)',6
  *cset,13,15,K_Value,'地基系数(N/m3)',1.04e10
MULTIPRO,'end'
E_LANDSLIDE=E_PERMETER*10000*DISTANCE_BEAM    ！总推力(N)
AREA=BEAM_H*BEAM_B                            ！梁的横截面积
Iyy=BEAM_B*BEAM_H*BEAM_H*BEAM_H/12            ！梁的横截面惯性矩
！＊＊＊＊＊＊＊＊＊以下为定义单元类型及相关参数＊＊＊＊＊＊＊＊＊＊＊＊＊
et,1,beam3,              ！定义第一种单元
R,1,AREA,Iyy,BEAM_H      ！8.64为梁面积，9.331为梁的横截面惯性矩，3.6为截面高
MP,Ex,1,3e10
MP,PRXY,1,0.25
MP,Dens,1,2500
ET,2,LINK10                                   ！定义锚索单元
R,2,987E-6,5.72E-3
```

```
R,3,987E-6,5.72E-3
MP,Ex,2,1.90e11
MP,PRXY,2,0.33
ET,3,COMBIN14,,,2                          ! 定义弹簧单元
R,4,K_Value,
! * * * * * * * * * 抗滑桩建模开始 * * * * * * * * * * * * * * *
:PType1                                    ! 第一种抗滑桩类型
Nods_BEAM=2*RH+1                           ! 梁需要的结点数及单元数
BNod_BEAM=1                                ! 梁开始结点号
ENod_BEAM=2*RH+1                           ! 梁最后一个结点号
Eles_BEAM=2*RH                             ! 梁的单元数
BEle_BEAM=1                                ! 梁开始单元号
EEle_BEAM=2*RH                             ! 梁最后一个单元号
Nods_COMBIN=2*(RH-H)+1                     ! 弹簧单元需要的结点数及单元数
BNod_COMBIN=ENod_BEAM+1
ENod_COMBIN=ENod_BEAM+Nods_COMBIN
Eles_COMBIN=2*(RH-H)+1
BEle_COMBIN=EEle_BEAM+1
EEle_COMBIN=EEle_BEAM+Eles_COMBIN
              ! * * * * * 建立单元结点 * * * * * * * *
N,BNod_BEAM,0,0,0                          ! 建立梁单元结点
N,ENod_BEAM,0,RH,0
Fill,BNod_BEAM,ENod_BEAM
N,BNod_COMBIN,1,0,0                        ! 建立弹簧单元结点
N,ENod_COMBIN,1,RH-H,0
FILL,BNod_COMBIN,ENod_COMBIN
! * * * * * * * * * * * * * * 以下为创建单元 * * * * * * * * * * * * * *
TYPE,1                                     ! 梁单元
MAT,1
REAL,1
E,1,2
EGEN,Eles_BEAM,1,1,1,1
! * * * * * * * * * * * * * * * * * * * * * * * * * * * * * * * * * * * *
TYPE,3                                     ! 弹簧单元
REAL,4
E,BNod_BEAM,BNod_COMBIN                    ! 起点单元 BEle_COMBIN
EGEN,2*(RH-H),1,BEle_COMBIN,BEle_COMBIN,1 ! 最后一个单元 EEle_COMBIN
! * * * * * * * * * * * * * * * * * * * * * * * * * * * * * * * * * * * *
FINISH
! * * * * * * * * * * * * * * * * * * 以下为加载 * * * * * * * * * * * * * * * * *
/SOLVE
D,1,UY
*DO,i,BNod_COMBIN,ENod_COMBIN,1             ! 施加弹簧单元约束
```

```
  nsel,s,node,,i
  D,i,UX,0,,,,,,UY,UZ
 *ENDDO
EPLOT
                                                       ! 施加荷载(滑坡推力)
 *set,pa,2*E_LANDSLIDE*a/(H*(a+b))               ! 顶部的压力集度值(W1)
 *set,pb,2*E_LANDSLIDE*b/(H*(a+b))               ! 底部滑面处的荷载集度值(W2)
 *set,p1,pb
 *set,dp,-2*E_LANDSLIDE*(b-a)*0.5/(H*H*(a+b))       ! 同一单元(0.5m)上的上
结点J与下结点的压力差值
 *DO,i,2*(RH-H)+1,2*RH,1
  p2=p1+dp
  esel,s,elem,,i
  sfbeam,i,1,pres,p1,p2
  p1=p2
 *enddo
! ************抗滑桩计算建模结束****************
! **************求解部分**********
allsel
solve
finish
/post1
! **************以下为求解结果的处理,如定义图表等*******
ETABLE,IMOMENT,SMISC,6
ETABLE,JMOMENT,SMISC,12
ETABLE,ISHEAR,SMISC,2
ETABLE,JSHEAR,SMISC,2
PRETAB
/TiTLE,SHEAR FORCE DIAGRAM
PLLS,ISHEAR,JSHEAR
/TITLE,BENDING MOMENT DIAGRAM
PLLS,IMOMENT,JMOMENT
! ***************程序结束***********
```

将以上计算结果中的内力减去预应力产生的内力,即可得偏心桩的内力,可在EXCEL表格里完成。

第三节 偏心预应力锚索抗滑桩室内模型试验

一、室内试验概况

1.抗滑桩室内试验目的

偏心预应力锚索抗滑桩室内测试,首先要进行1:5大型模型试验,可以反演滑坡整治工程措施的极限状态,测定偏心预应力锚索抗滑桩与普通抗滑桩的水平承载力,确定各级荷载下偏心桩与普通桩的变形特征以及破坏形态,对比各项技术经济指标,研究偏心桩的变形规律以及与普通桩的异同,进行有关

经济技术指标分析。通过室内的实际监测，验证治理工程设计的合理性，并进一步对支挡结构的设计计算理论进行检验，最终达到优化设计、指导施工、降低工程造价、确保治理工程稳定与安全的目的。

2. 试验方法

试验方法为在抗滑桩与反力平台之间用千斤顶分级加荷进行水平推桩试验。根据室内模型试验方案有关要求：室内试验中，抗滑桩放置、仪器安置、水平加载试验及资料整理等工作均按现行有关规范、规程标准要求进行。

二、室内模型试验

试验场地设在中国有色金属工业西安勘察设计研究院5号库房内，场区地形平坦，填土主要由人工填土和新黄土组成。根据计算设计出试验平台，该平台采用C30钢筋混凝土，用于试验桩的承载能力。

1. 抗滑桩试验

(1)试验参数

测试工作共选择3根普通桩、3根偏心桩进行测试，选取适当的相似比例因子(实际选用1∶5大比例尺)，模拟实际抗滑桩，通过计算确定滑坡推力，并根据桩体受力相等的原理，进行偏心桩配筋(选用高强度低松弛预应力锚索)。偏心试验桩配筋如图6-67所示，试验平台装置平面如图6-68所示。

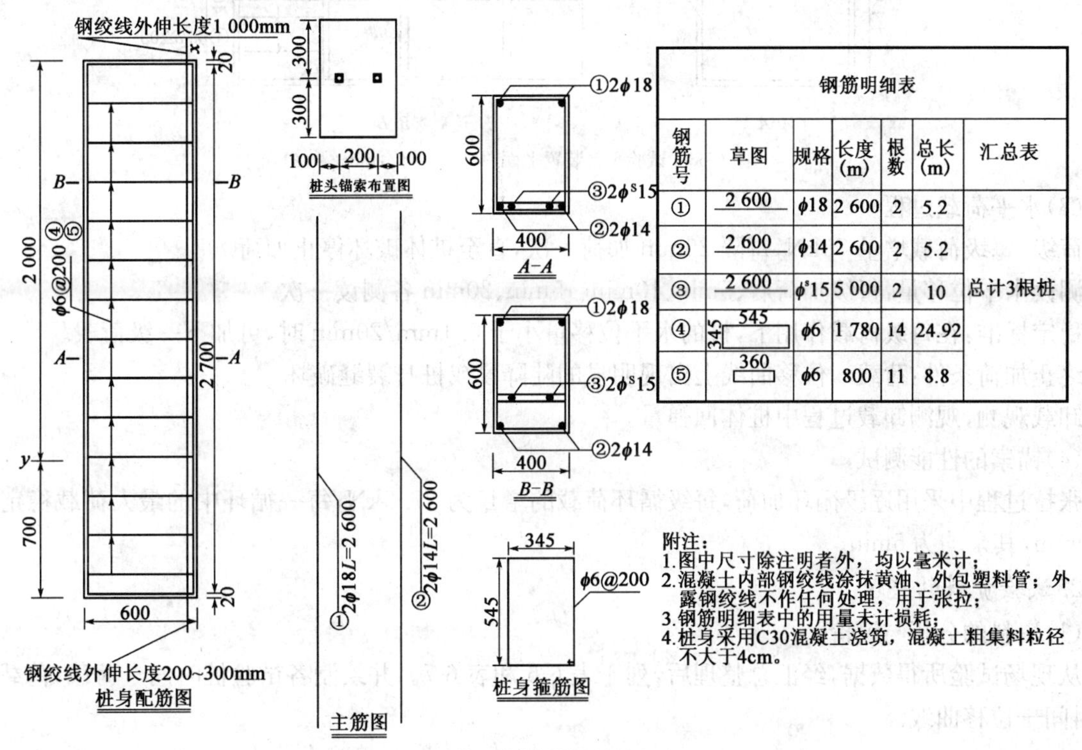

钢筋号	草图	规格	长度(m)	根数	总长(m)	汇总表
①	2 600	ϕ18	2 600	2	5.2	总计3根桩
②	2 600	ϕ14	2 600	2	5.2	
③	2 600	ϕs15	5 000	2	10	
④	545 345	ϕ6	1 780	14	24.92	
⑤	360	ϕ6	800	11	8.8	

图6-67 偏心试验桩配筋图

锚索选用极限抗拉强度1 860MPa，弹性模量E_s=1.95×10^5MPa，泊松比μ_s=0.25；桩选用C30钢筋混凝土，f_c=14.3MPa，E_c=3.0×10^4MPa，μ_c=0.20；锚索注浆材料选用水泥砂浆。根据以上参数进行相似材料配比试验，满足相似比的要求。混凝土保护层厚度为30mm。

(2)试验桩设计

$m=4\times10^5\text{kN/m}^3$，混凝土的弹性模量：$E=3.0\times10^7\text{kN/m}^2$；

桩的截面惯性矩：$I=\frac{1}{12}bh^3=7.2\times10^{-3}\text{m}^4$；

相对刚度系数：$k=0.8EI=155\ 520\text{kN/m}^2$；

桩的计算宽度：$B_p=1.5b+0.5=1.1\text{m}$；

桩的变形系数：$\alpha=\sqrt[5]{\frac{mB_p}{EI}}=1.2312(m^{-1})$；

$\alpha h=0.985<2.5$，按刚性桩设计。

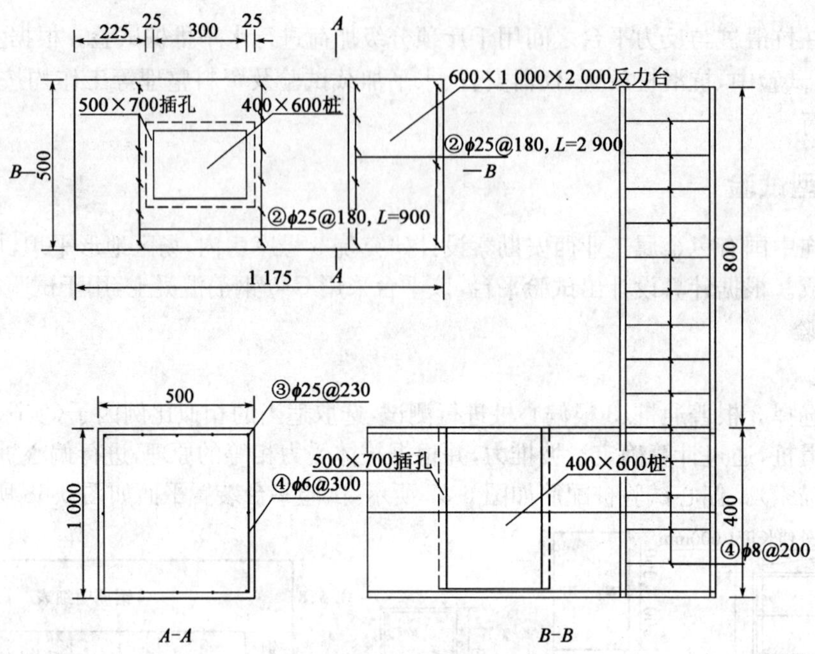

图6-68 试验平台装置平面图（尺寸单位：mm）

(3)水平荷载过程

荷级：每级荷载增量70kN，每隔20min加荷一次，直至桩体破坏停止加荷。

测读水平位移量：每级加荷后、5min、10min、15min、20min各测读一次。

稳定标准：在每级荷载作用下，桩的水平位移量小于0.1mm/20min时，可加下一级荷载。

终止加荷条件：荷载—位移曲线上出现明显的陡降段或桩身裂缝破坏。

卸载观测，观测卸载过程中桩体回弹量。

(4)锚索的性能测试

张拉过程中采用逐级循环加荷，每级循环荷载的增量为37.5kN，每一循环中的最大荷载稳定时间为10min，其余均为5min。

2.试验资料的整理

(1)资料的分析与评价

从现场试验所得数据，经汇总整理后，列于表6-6和表6-7。并绘制各试验桩时间—荷载，荷载—位移，时间—位移曲线。

普通桩试验数据一览表 表6-6

编号	荷级	时间(min)	应力(MPa)	水平推力(kN)	水平位移(cm)		千斤顶位移(cm)	延续时(min)	备注
					初始读数	终止读数			
T_1	1	0:00	5.80	91.06	0.00	7.50	8.50	20	
	2	0:20	10.00	157.00		11.50	13.00	40	桩体变形
	3	0:40	16.00	251.20		16.50	17.30	60	桩体破坏
T_2	1	0:00	4.00	62.80	0.00	6.20	7.60	20	
	2	0:20	8.00	125.60		12.60	16.00	40	
	3	0:40	10.00	157.00		19.30	18.70	60	桩体变形
	4	1:00	16.00	251.20		31.40	19.90	80	桩体破坏

续上表

编 号	荷 级	时间(min)	应力(MPa)	水平推力(kN)	水平位移(cm)		千斤顶位移(cm)	延续时(min)	备 注
					初始读数	终止读数			
T_3	1	0:00	6.00	94.20	0.00	4.90	5.80	20	
	2	0:20	10.00	157.00		8.70	9.00	40	桩体变形
	3	0:40	16.00	251.20		12.60	12.60	60	桩体破坏

偏心桩试验数据一览表

表 6-7

编 号	荷 级	时间(min)	应力(MPa)	水平推力(kN)	水平位移(cm)		千斤顶位移(cm)	延续时(min)	备 注
					初始读数	终止读数			
X_1	1	0:00	5.00	78.50	0.00	5.60	5.00	20	
	2	0:20	10.00	157.00		8.10	7.60	40	桩体变形
	3	0:40	15.00	235.50		16.60	15.00	60	桩体破坏
X_2	1	0:00	5.00	78.50	0.00	6.50	6.60	20	
	2	0:20	10.00	157.00		8.10	8.40	40	桩体变形
	3	0:40	14.60	229.22		16.50	15.20	60	桩体破坏

(2)理论承载力计算

室内模型数据计算参见表 6-8。

普通桩、偏心桩理论计算

表 6-8

b(mm)	400.00	h(mm)	600.00	h_0(mm)	580.00	a(mm)	20.00
a'(mm)	20.00	α	1.00	f_y(MPa)	300.00	f_y'(MPa)	300.00
f_c(MPa)	14.30	f_{py}(MPa)	1 320.00	f_{yv}(MPa)	210.00	f_t(MPa)	1.43
N_{p0}(N)	102 000.00	A_{s1}(mm^2)	1 570.80	A_p(mm^2)	280.00	A_s'(mm^2)	508.94
A_{s2}(mm^2)	307.72	A_{sv}(mm^2)	56.55	s(mm)	200.00		
普通桩		x(mm)	82.38	M(kN·m)	253.91	V_{cs}(kN)	275.28
偏心桩		x(mm)	54.06	M(kN·m)	222.69	V_{cs}(kN)	280.38

(3)配筋率计算

普通桩:$\rho=0.69\%$;

单筋矩形梁的经济配筋为 0.6%~1.5%,本次试验桩选择下限,已满足要求。

偏心桩:$\rho'=0.12\%$(钢绞线);

根据国外的经验,最小配筋率为 0.15%,虽然试验桩配筋率较小,试验结果仍然与普通桩相近。考虑安全因素,实际设计时可以选取 0.15%~0.2%的配筋率。

受拉侧:$\rho=0.13\%$(钢筋);

根据规范要求,受拉侧最小配筋率为 0.2%,考虑滑坡受力特点以及本次试验结果,可以选择 0.15%左右的配筋率。

3. 结构试验的数值模拟

(1)对普通桩进行数值模拟(表 6-9 及图 6-69~图 6-72)

普通桩模拟数值

表 6-9

荷级	水平推力(kN)	桩顶水平位移(mm)	备 注
1	91.06	2.4	抗滑桩中部受拉侧表面及锚固段出现微裂缝
2	157.00	4.8	桩身内均出现内部小裂缝,裂缝未贯通,但向桩截面深度发展,已穿过截面中部。滑面处也出现小裂缝。裂缝以平行横截面为主,尤其以 2.55m 处及滑面处出现裂缝奇异点
3	251.20	7.7	桩体 2.55m 处及滑面处裂缝贯穿整个横截面,桩身可能产生破坏

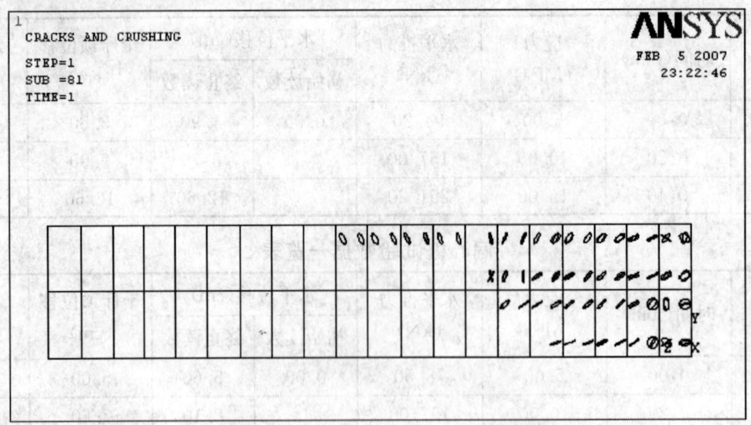

图 6-69　普通桩 92kN 下裂缝分布图

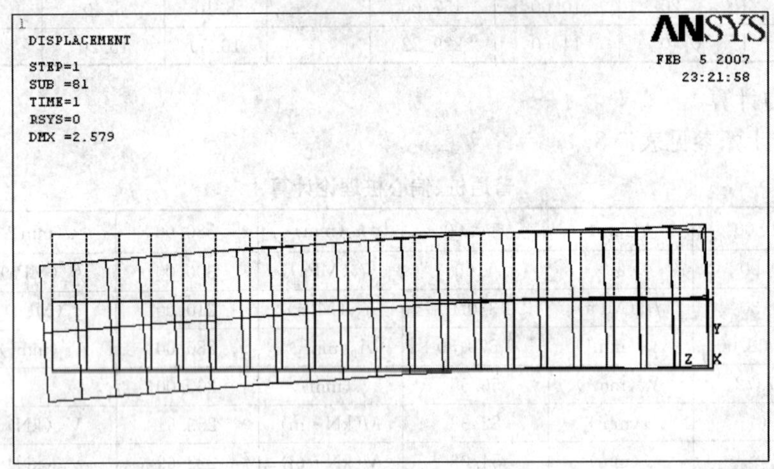

图 6-70　普通桩 92kN 下桩体变形图

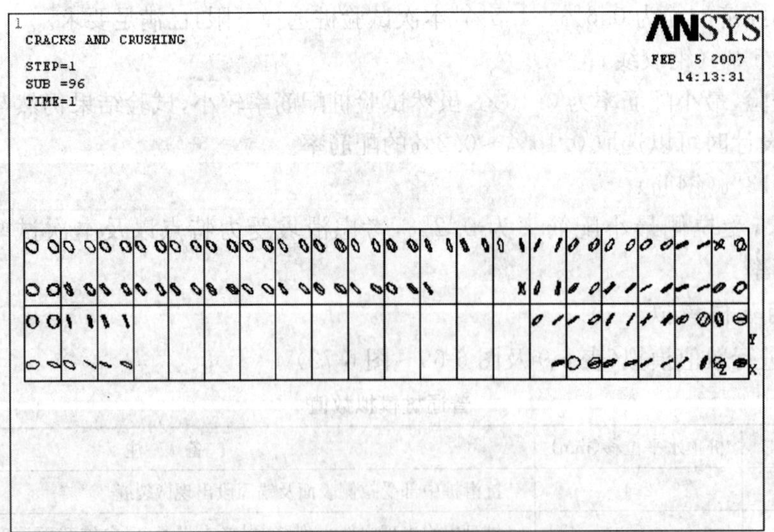

图 6-71　普通桩 157kN 下裂缝分布图

(2)对偏心桩进行模拟数值(表 6-10 及图 6-73～图 6-76)

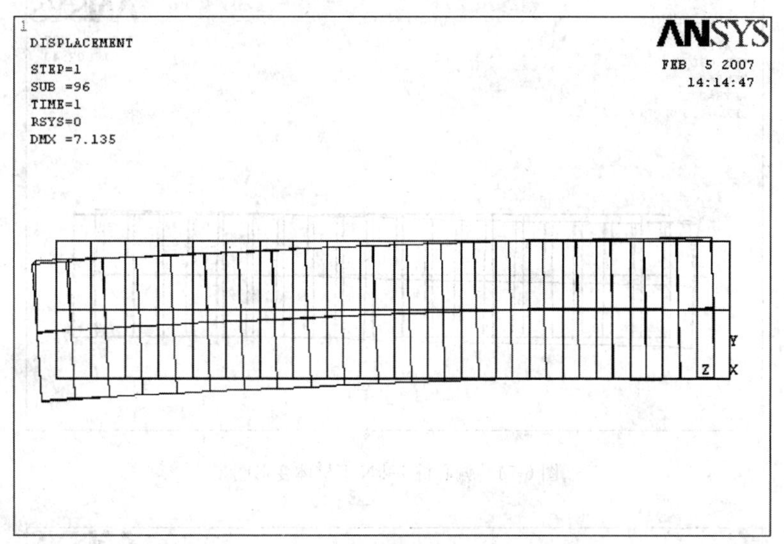

图 6-72　普通桩 157kN 下桩体变形图

偏心桩模拟数值　　表 6-10

荷级	水平推力(kN)	水平位移(cm)	备　注
1	78.50	1.4	桩体 2.4～3.0m 出现微裂缝，锚固段也产生裂缝，预应力在靠河侧产生少量拉张裂缝
2	157.00	3.2	桩体 2.4～3.0m 裂缝增多，向横截面靠河侧发展，穿过形心。锚固段裂缝也增大增多。从变形数据分析，有贯通裂缝产生
3	235.50	7.9	裂缝急剧增多，特别是 2.4～3.0m 及锚固段，裂缝已布满整个横截面，有垂直横截面的裂缝产生，预示桩身已遭到破坏

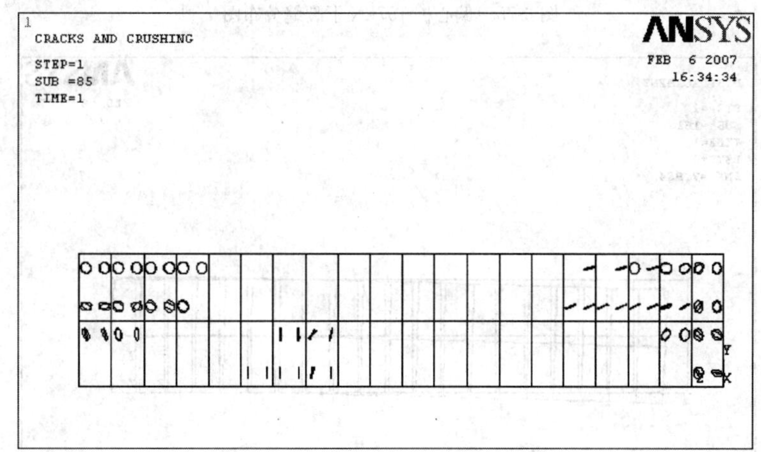

图 6-73　偏心桩 79kN 下裂缝分布图

4. 两类桩的破坏比较

普通桩仅仅受到外荷载的作用，桩体内(山)侧受拉，外(河)侧受压。偏心桩在预应力作用下，桩处于反拱状态。桩体内(山)侧受到一定的压力作用，外(河)侧受到一定的拉力作用，桩体混凝土内侧受拉变形减小；外侧受压变形也相应减小。

当外荷载继续增加时，两种桩内侧受拉区混凝土开始出现裂缝。此后一段时间不断出现新的裂缝。随着裂缝的出现和发展，桩的刚度开始减小。荷载再继续增加，导致裂缝迅速开展并延伸，形成若干条主裂缝。混凝土出现压碎现象，荷载读数不再增加，桩即发生破坏(图6-77～图 6-81)。

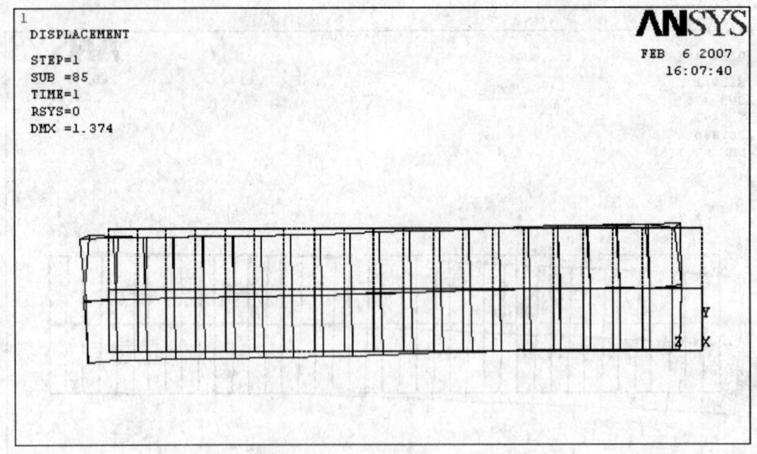

图 6-74 偏心桩 79kN 下桩体变形图

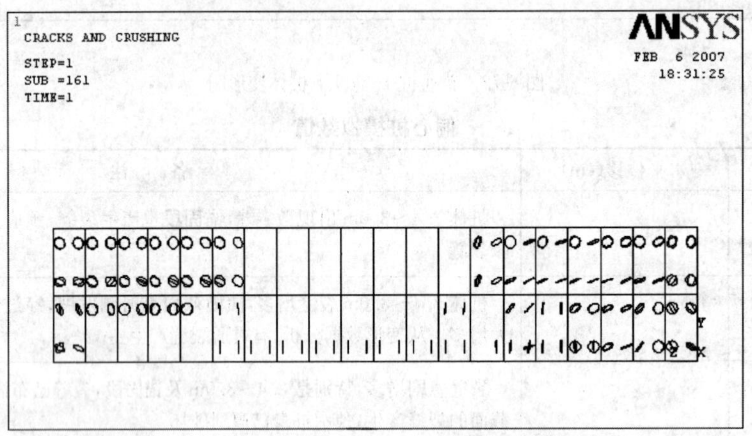

图 6-75 偏心桩 157kN 下裂缝分布图

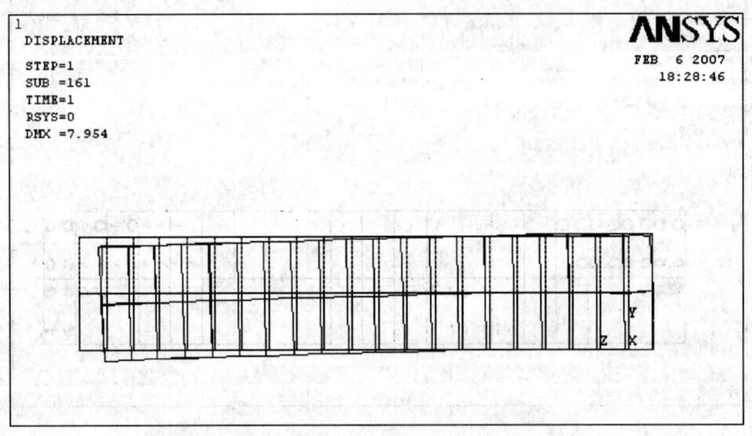

图 6-76 偏心桩 157kN 下桩体变形图

(1)三个普通桩 T_1、T_2、T_3 比较

桩的承载力：三种桩的受力情况一样，最大承载力都是 251.2kN。

桩的破坏状态：T_1 桩的内侧裂缝最多，裂缝宽度最大为 12mm，最小为 1mm。桩的破坏面积占整体 50%，碎块大小为 3～15cm。破坏后的抗滑桩桩长 2.74m，起拱高度为 3.5cm。

T_2 桩内侧的裂缝次之，裂缝宽度为 2～10mm。桩的破坏面积占整体面积的 35%，碎块大小为 2～15cm。破坏后的抗滑桩桩长 2.70m，拱起高度为 4cm。

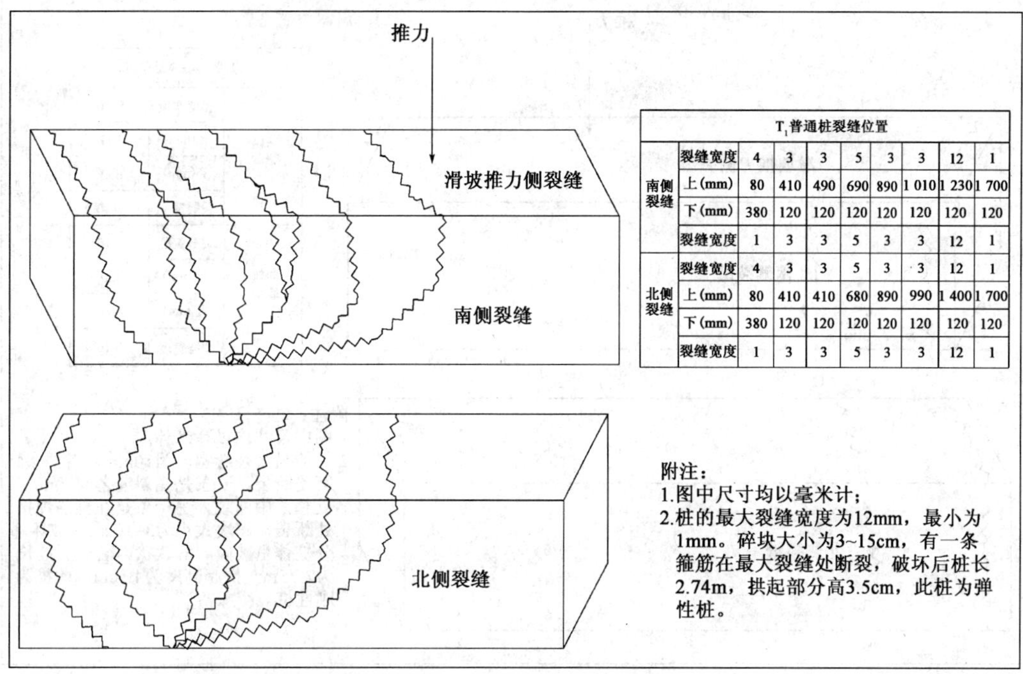

T_1普通桩裂缝位置									
南侧裂缝	裂缝宽度	4	3	3	5	3	3	12	1
	上(mm)	80	410	490	690	890	1 010	1 230	1 700
	下(mm)	380	120	120	120	120	120	120	120
	裂缝宽度	1	3	3	5	3	3	12	1
北侧裂缝	裂缝宽度	4	3	3	5	3	3	12	1
	上(mm)	80	410	410	680	890	990	1 400	1 700
	下(mm)	380	120	120	120	120	120	120	120
	裂缝宽度	1	3	3	5	3	3	12	1

图 6-77　T_1 普通桩裂缝位置图

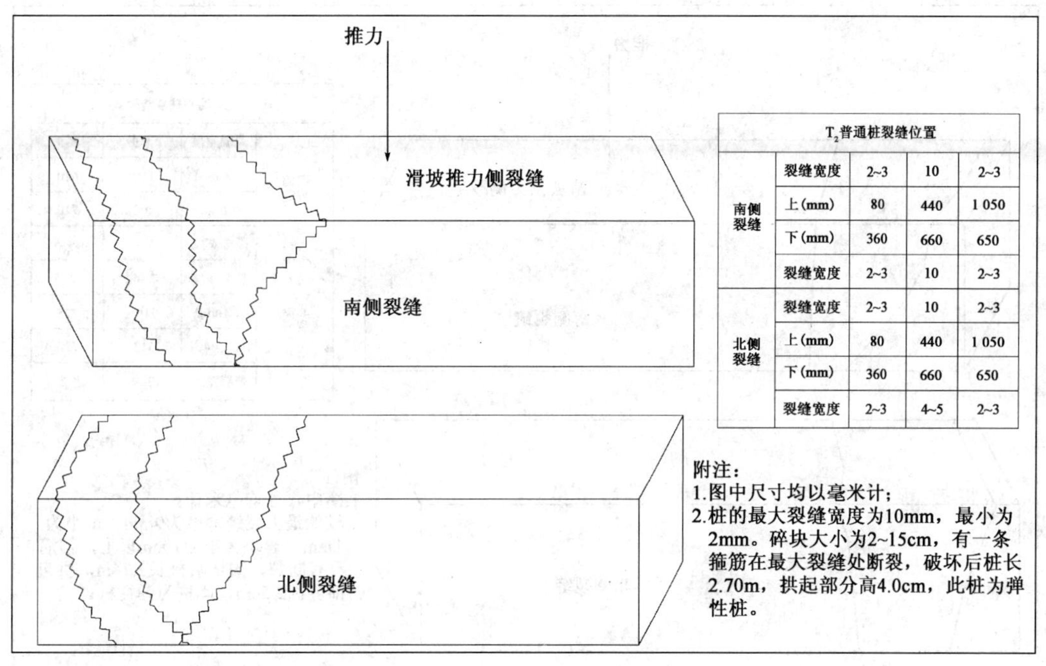

T_2普通桩裂缝位置				
南侧裂缝	裂缝宽度	2~3	10	2~3
	上(mm)	80	440	1 050
	下(mm)	360	660	650
	裂缝宽度	2~3	10	2~3
北侧裂缝	裂缝宽度	2~3	10	2~3
	上(mm)	80	440	1 050
	下(mm)	360	660	650
	裂缝宽度	2~3	4~5	2~3

图 6-78　T_2 普通桩裂缝位置图

T_3 桩内侧的裂缝最少，裂缝宽度为 5～10mm。桩的破坏面积占整体面积的 25%，碎块大小为 2～10cm。破坏后的抗滑桩桩长 2.75m，拱起高度为 4.5cm。

从桩的时间—位移、位移—荷载曲线来看，T_3 桩的水平位移变化比较大，T_1、T_2 位移变化较小，三种桩的变化趋势基本一致。

(2)三个偏心桩 X_1、X_2、X_3 比较

桩的承载力：X_2 的承载力较大，为 235.50kN；X_1 的承载力为 229.22kN；X_3 没有进行水平荷载推桩试验。

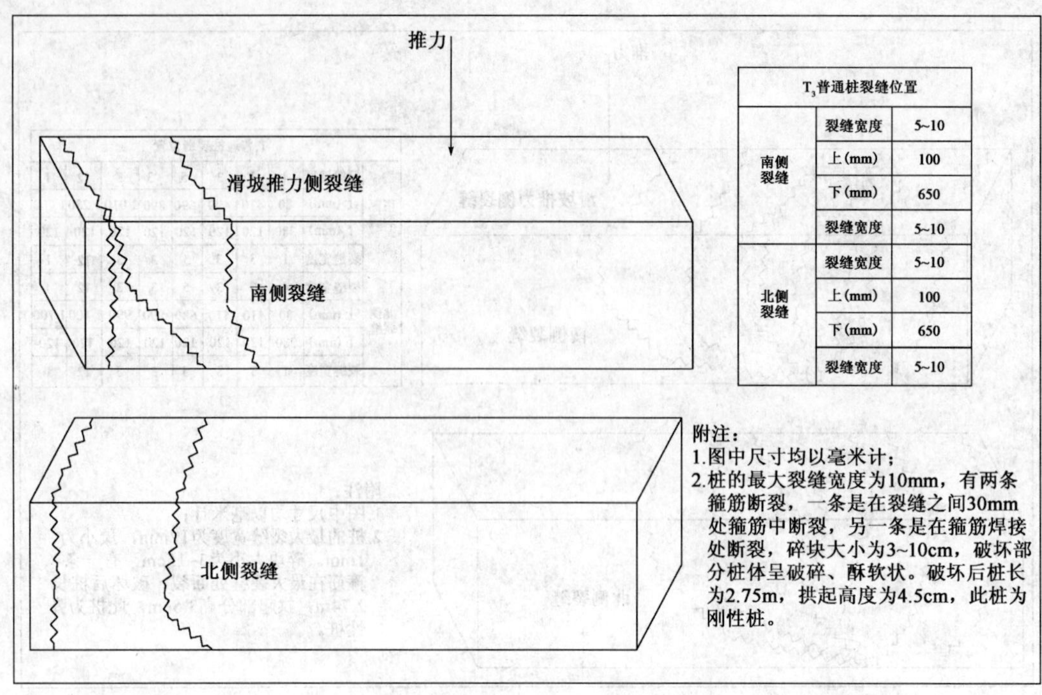

图 6-79　T_3 普通桩裂缝位置图

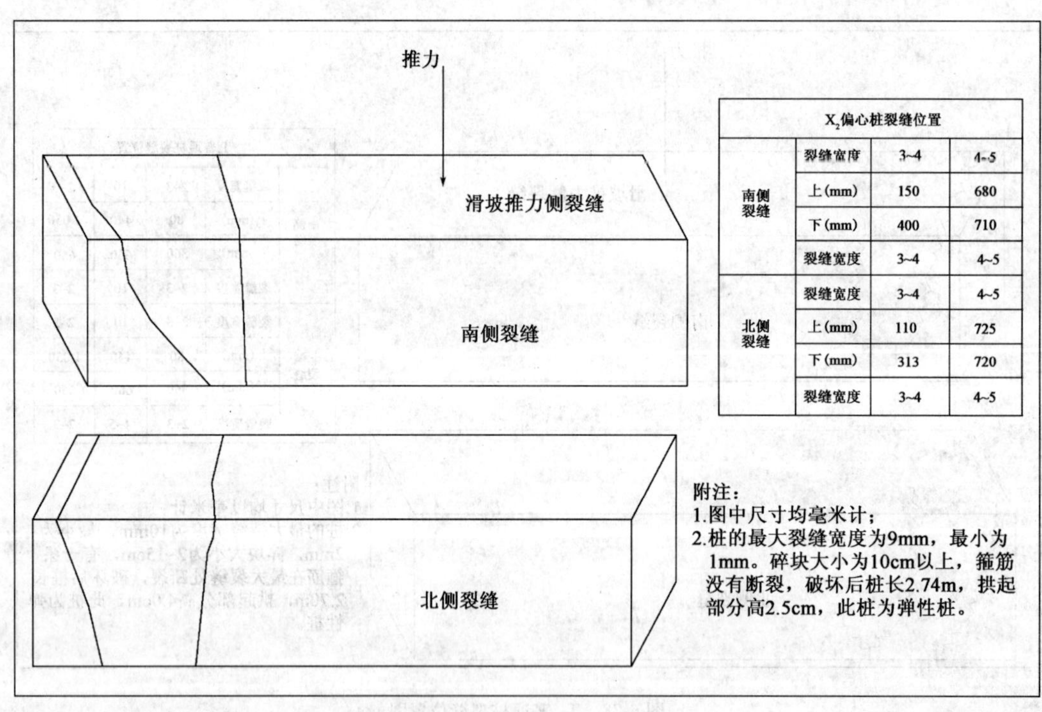

图 6-80　X_2 偏心桩裂缝位置图

桩的破坏状态：X_1 桩内侧只有两条裂缝，裂缝宽度最大为 9mm，最小为 1mm。桩体破坏面积占整体面积的 25%，碎块大小都在 10cm 以上，钢筋都完好无缺，没有断裂，破坏后的抗滑桩拱起高度为 2.5cm。

X_2 桩内侧也只有两条裂缝，裂缝宽度最大为 5mm，最小为 2mm。桩体破坏面积占整体面积的 25%，碎块大小都在 10cm 以上，钢筋都完好无缺，没有断裂，破坏后的抗滑桩拱起高度为 2.5cm。

从桩的时间—位移、荷载—位移曲线来看，X_1、X_2 两种桩的水平一致。

普通桩与偏心桩的比较从桩承载力来看，普通桩与偏心桩的极限承载力相当。

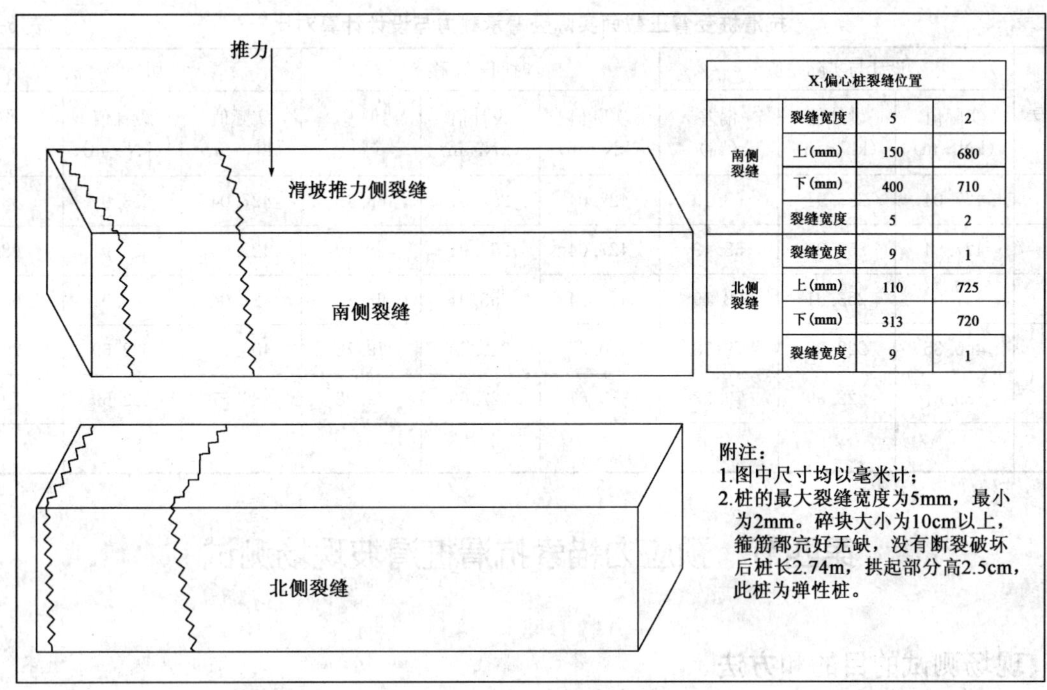

图 6-81　X_1 偏心桩裂缝位置图

从破坏程度来看，普通桩的破坏比较严重(桩的试验记录表如表 6-9 和表 6-10 所示)。

从时间—位移、荷载—位移曲线来看，普通桩与偏心桩变化趋势无明显区别。

表 6-11 表明，在相同的水平位移量下，偏心桩承受的水平推力比普通桩大。

偏心桩与普通桩水平位移对比(推力为 157kN)　　表 6-11

编　号	普 通 桩	偏 心 桩	(T－X)/T
1	11.5	8.1	29.6%
2	19.3	8.1	58.0%
3	8.7		6.9%
平均值			31.5%

通过计算，桩的极限水平承载力与理论计算对比结果列于表 6-12，抗滑桩承受弯矩值与理论计算对比结果列于表 6-13。

抗滑桩受弯斜截面的实际承载力与设计计算值对比　　表 6-12

试验桩号	拐 点 法			时间一位移			切 线 法		
	实际值(kN)	设计值(kN)	偏差(%)	实际值(kN)	设计值(kN)	偏差(%)	实际值(kN)	设计值(kN)	偏差(%)
T_1	251.20	275.28	－8.75	251.20	275.28	－8.75	251.20	275.28	－8.75
T_2	251.20	275.28	－8.75	251.20	275.28	－8.75	251.20	275.28	－8.75
T_3	251.20	275.28	－8.75	251.20	275.28	－8.75	251.20	275.28	－8.75
X_1	235.50	280.38	－16.00	275.50	280.38	－16.00	275.50	280.38	－16.00
X_2	229.22	280.38	－18.24	279.22	280.38	－18.24	279.22	280.38	－18.24
X_3									

抗滑桩受弯正截面实际受弯承载力与设计计算对比　　表 6-13

试验桩号	设计与实际差值			时间—位移			切　线　法		
	实际值（kN·m）	设计值（kN·m）	偏差（%）	实际值（kN·m）	设计值（kN·m）	偏差（%）	实际值（kN·m）	设计值（kN·m）	偏差（%）
T_1	427.04	253.91	68.19	427.04	253.91	68.19	427.04	253.91	68.19
T_2	427.04	253.91	68.19	427.04	253.91	68.19	427.04	253.91	68.19
T_3	427.04	253.91	68.19	427.04	253.91	68.19	427.04	253.91	68.19
X_1	400.35	222.69	79.78	400.35	222.69	79.78	400.35	222.69	79.78
X_2	389.67	222.69	79.98	389.67	222.69	79.98	389.67	222.69	79.98
X_3									

第四节　预应力锚索抗滑桩滑坡现场测试

一、现场测试的目的和方法

1. 测试目的

抗滑桩测试是现场研究的关键，主要针对新型抗滑结构偏心桩的受力特点，并与普通桩、锚索桩测试结果进行分析对比。

2. 测试的方法

(1)测试元件及其方法

不同类型的测试采用不同的测试方法及不同的测试元件，即采用钢筋计测试桩内钢筋应力，土压力盒测试桩背推力分布和桩前抗力分布情况，三弦式荷载传感器测试预应力损失情况。

(2)抗滑桩钢筋受力状态测试

用⌀ 32 钢筋计测定抗滑桩内的钢筋受力，以分析了解抗滑桩的受力状态。钢筋计测试原理与三弦式荷载传感器一致，也是通过内部钢弦的振动频率来测定受力值。根据钢弦振荡频率的变化，通过下列计算公式，计算出钢筋计的受力值：

$$F = af^2 + b$$

式中：F——钢筋计受力值(N)；

a——钢筋计的标定系数；

f——钢筋计的测试频率(Hz)；

b——标定参数。

(3)抗滑桩剪力及抗力受力状态测试

采用土压力盒进行测量。根据钢弦振荡频率的变化，通过下列计算公式计算出应力：

$$F = af^2 + b$$

式中：F——土压盒受力值(N)；

a——土压盒的标定系数；

f——土压盒的测试频率(Hz)；

b——标定参数。

(4)预应力损失测试

详见本章第五节内容。

二、现场测试

1.测试元件的布设

在1号、2号、3号抗滑桩内埋设了共30个钢筋计进行钢筋受力测试。钢筋计按靠山侧和靠河侧成对布置钢筋计，竖向每两个钢筋计间中一中距离为4.0m，钢筋计间用截好的3.67m长的钢筋焊接，顶底钢筋计各距抗滑桩桩顶底3.0m。钢筋计布置如图6-82所示。

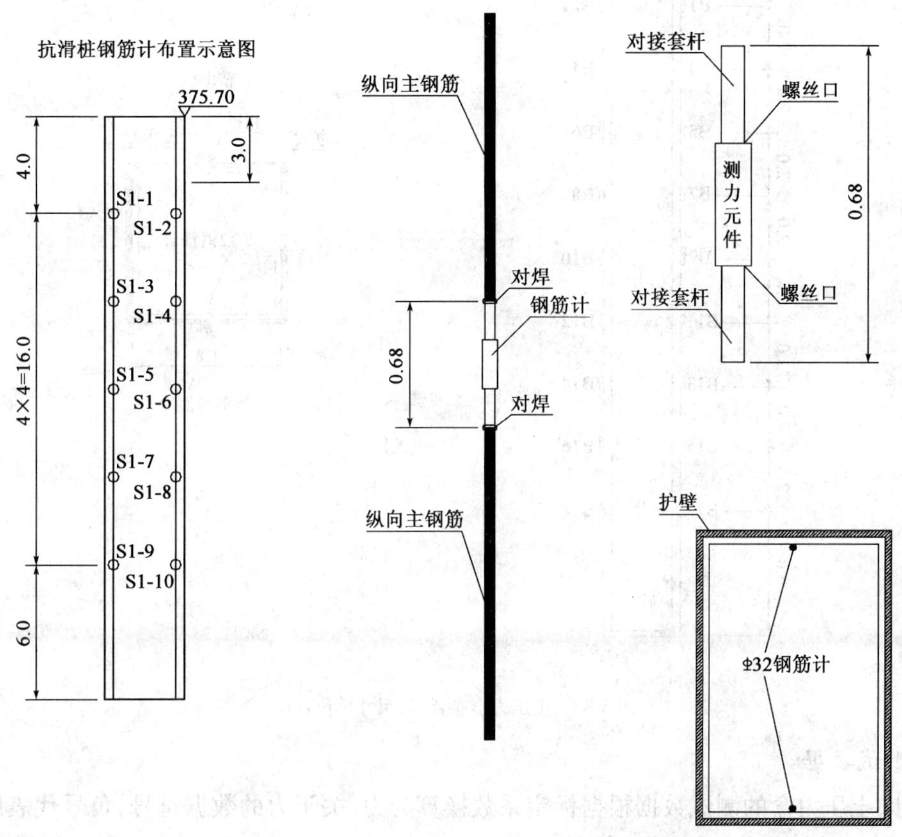

图6-82 钢筋计布置图(尺寸单位:m;高程单位:m)

抗滑桩中钢筋计及传感器安装好后用导线引至桩顶集中放置。导线要防水，紧贴护壁。

钢筋的重度是7 850kN/m³，每延米压应力为76.982kPa，随深度呈线性增加的，如表6-14所示。

抗滑桩钢筋初始应力(kN) 表6-14

位置(m)	钢筋自重引起的钢筋初始应力	锚索垂直分力引起的钢筋初始应力	合计钢筋初始应力
3.0	0.19	1.85	2.04
7.0	0.43	1.69	2.13
11.0	0.68	1.54	2.22
15.0	0.93	1.38	2.31
19.0	1.18	1.22	2.40
23.0	1.42	1.06	2.49
27.0	1.67	0.91	2.58

除了上述钢筋安装造成的初始压力外，滑坡推力的垂直分力也会增加钢筋的初始应力，垂直分力的大小与滑坡推力的大小及滑动面的倾角有关。

此外，浇筑混凝土时对钢筋计有摩擦力，会产生额外应力。选取混凝土凝固稳定后的第一次测试数据作为初始数据，这样可消除钢筋自重及滑坡推力、混凝土摩擦力对钢筋计产生的额外应力。土压力盒布置如图 6-83 所示。

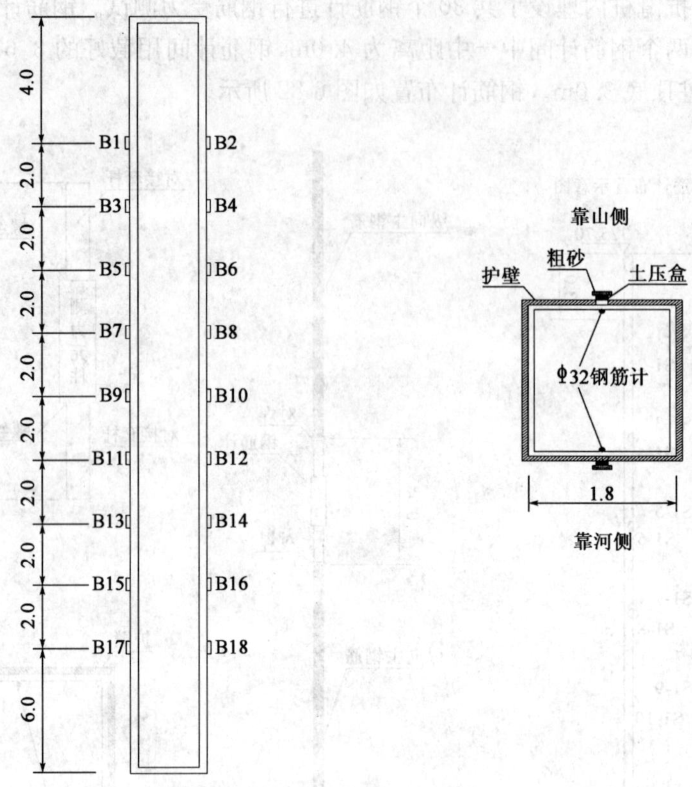

图 6-83 土压力盒布置图（尺寸单位：m）

2. 现场测试数据

将钢筋计、土压力盒的测试数据根据标定系数换算为力，关于力的数据符号，负号代表压力，正号代表拉力。

(1)1 号普通桩测试

①钢筋计测试

1 号普通桩共安装了 10 个钢筋计，靠山侧、靠河侧对称分布各 5 个，钢筋计纵向间距 4m，距桩顶底面分别为 4m 和 6m。共测试 3 次，测试时间为 2005 年 5 月 29 日至 2005 年 9 月 8 日。测试数据如表 6-15和表 6-16 所示，1 号普通桩钢筋受力如图 6-84 所示。

1 号普通桩靠山侧钢筋计测量值(kN) 表 6-15

年份	2005 年		
深度(m)	5 月 29 日	6 月 21 日	9 月 8 日
4.00	−0.5	−0.5	−0.5
8.00	−1.03	−1.03	−1.03
12.00	0.00	0.00	0.00
16.00	3.55	3.55	3.55
20.00	0.00	0.00	0.00

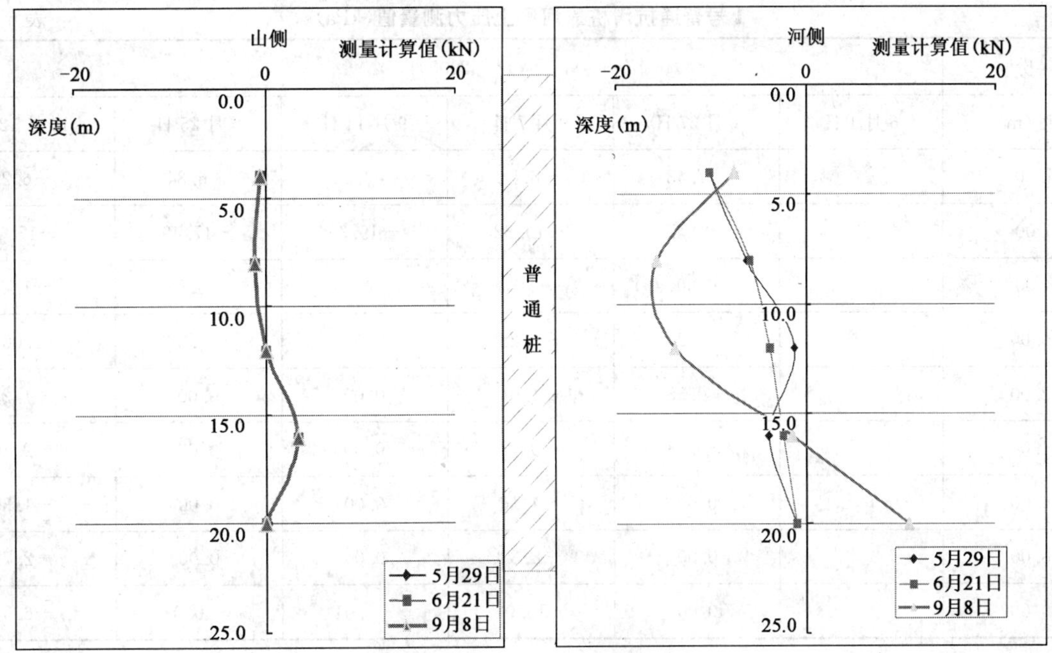

图 6-84 1 号普通桩钢筋计受力图

1 号普通桩靠河侧钢筋计测量值(kN) 表 6-16

年份	2005 年		
深度(m)	5 月 29 日	6 月 21 日	9 月 8 日
4.00	−10.24	−10.24	−7.60
8.00	−6.28	−5.91	−15.78
12.00	−1.16	−3.93	−212.16
16.00	−3.96	−328.95	−328.95
20.00	−0.94	−0.94	10.99

数据表明,钢筋计受力增大后稳定,与理论有一定差异,是监测器件损坏造成的。

②土压力测试

1 号普通桩共安装了 18 个土压力盒,靠山侧、靠河侧对称分布各 9 个,纵向间距 2m,距桩顶底面分别为 4m 和 6m。共测试 10 次,测试时间为 2005 年 6 月 1 日至 2005 年 10 月 12 日。选取 6 次测试数据如表 6-17 和表 6-18 所示,1 号普通桩土压力如图 6-85 所示。

1 号普通抗滑桩靠山侧土压力测量值(kPa) 表 6-17

年份	2005 年					
深度(m)	6 月 1 日	8 月 27 日	9 月 7 日	9 月 14 日	9 月 25 日	10 月 12 日
4.00	−0.01	−13.17	−11.72	−17.50	−14.61	−12.68
6.00	−2.15	−3.99	−3.68	−4.60	−3.68	−3.68
8.00	0.00	−12.51	−12.97	−10.21	−8.37	−6.98
10.00	−1.71	−1.42	−1.70	−6.53	−5.46	−4.49
12.00	−3.41	0.00	−0.29	−2.84	−2.56	−1.99
14.00	−7.93	−7.47	−8.39	−8.86	−8.39	−4.06
16.00	−12.46	−13.95	−14.25	−9.15	−7.94	−6.12
18.00	0.00	0.00	0.00	0.00	0.00	0.00
20.00	0.00	0.00	0.00	0.00	0.00	0.00

1 号普通抗滑桩靠河侧土压力测量值(kPa) 表 6-18

年份	2005 年					
深度(m)	6 月 1 日	8 月 27 日	9 月 7 日	9 月 14 日	9 月 25 日	10 月 12 日
4.00		−7.43	−6.84	−7.14	−6.84	−6.25
6.00		−19.82	−19.82	−19.36	−17.49	−17.03
8.00		0.00	0.48	−4.79	−3.36	−1.44
10.00		−0.28	−0.28	0.00	−0.28	0.00
12.00		−0.56	−1.04	0.00	0.00	−1.23
14.00		−0.28	−0.52	0.00	0.00	−2.46
16.00		0.00	−4.16	0.00	0.00	−1.36
18.00		0.00	−8.33	0.00	0.00	−2.72
20.00		0.00	−13.01	−1.01	−10.03	−6.54

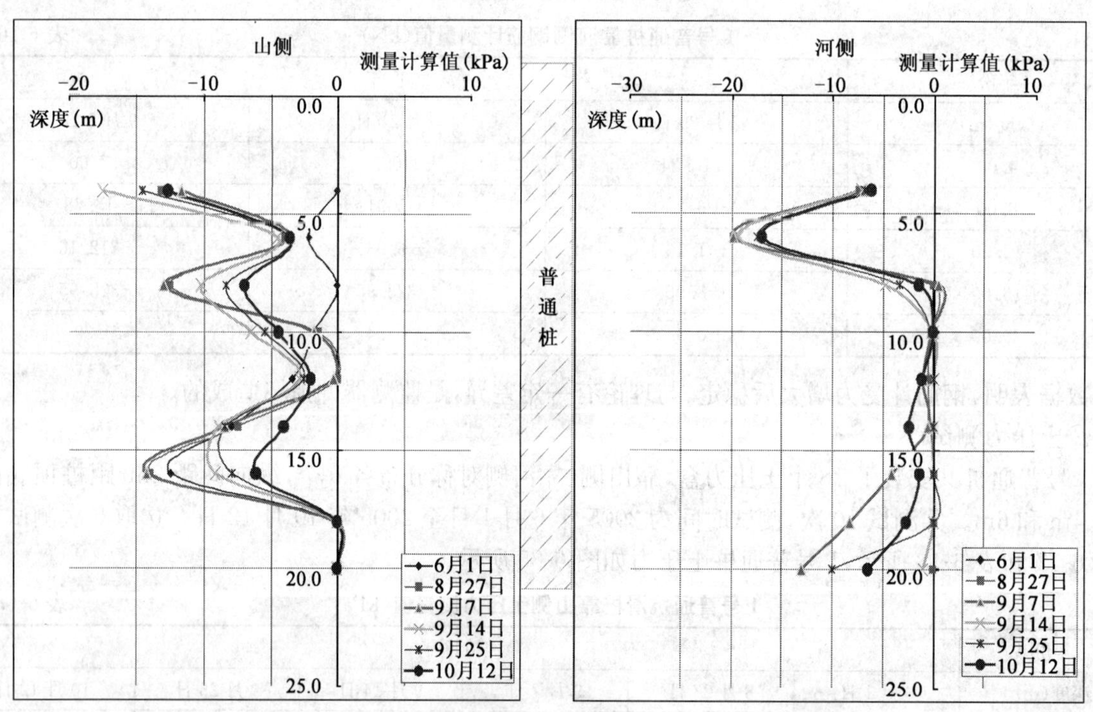

图 6-85 1 号普通桩土压力图

数据表明,成桩后靠山侧土压力迅速增加,之后基本稳定。靠山侧土压力的分布基本呈折线形分布。靠河侧土压力分布一般都比较小,小于主动土压力,表明桩滑坡工后较稳定。

(2)2 号预应力锚索桩测试

①钢筋计测试

2 号预应力锚索桩共安装了 10 个钢筋计,靠山侧、靠河侧对称分布各 5 个,钢筋计纵向间距 4m,距桩顶底面分别为 4m 和 6m。共测试 3 次,时间为 2004 年 11 月 7 日至 2005 年 9 月 8 日。测试数据如表 6-19 和表 6-20 所示,2 号锚索桩钢筋计受力如图 6-86 所示。

2 号锚索桩靠山侧钢筋计测量值(kN) 表 6-19

年份	2004 年	2005 年	
深度(m)	11 月 7 日	6 月 21 日	9 月 8 日
4.00	0.74	1.48	12.64
8.00	0.36	0.72	11.24
12.00	−0.01	0.55	9.58
16.00	−0.37	0.37	7.91
20.00	−1.13	0.37	7.91

2 号锚索桩靠河侧钢筋计测量值(kN) 表 6-20

年份	2004 年	2005 年	
深度(m)	11 月 7 日	6 月 21 日	9 月 8 日
4.00	2.24	2.99	0.00
8.00	−1.14	−0.76	2.70
12.00	−0.69	−0.35	2.09
16.00	−1.14	−1.14	4.14
20.00	−1.43	−1.43	7.41

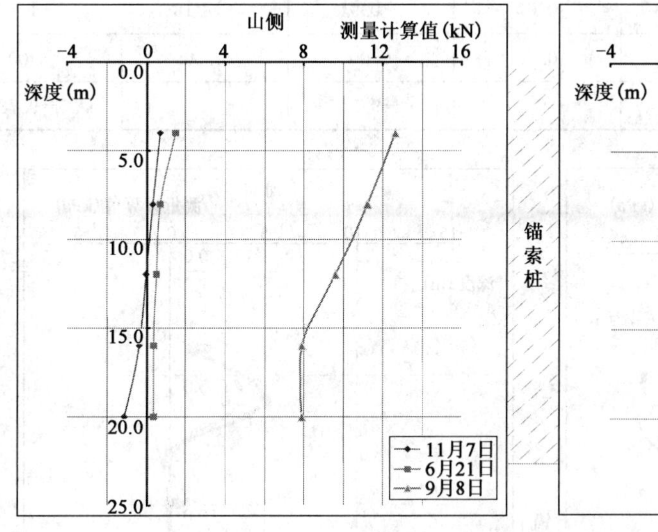

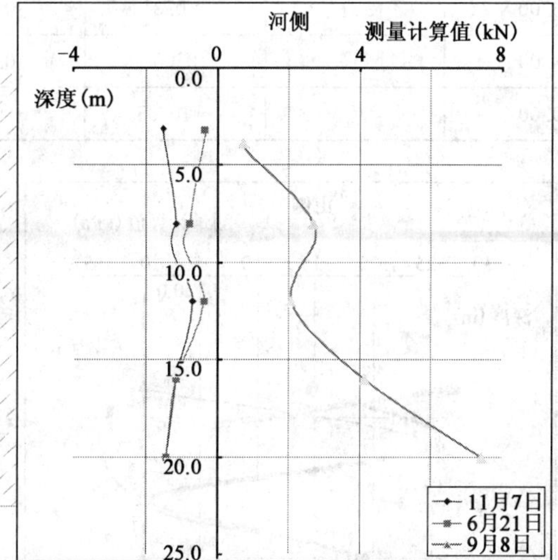

图 6-86 2 号锚索桩钢筋计受力图

②土压力测试

2 号预应力锚索桩共安装了 18 个土压力盒,靠山侧、靠河侧对称分布各 9 个,纵向间距 2m,距桩顶底面分别为 4m 和 6m。共测试 10 次,测试时间为 2005 年 6 月 1 日至 2005 年 10 月 12 日。选取 6 次测试数据如表 6-21 和表 6-22 所示,2 号锚索桩土压力如图 6-87 所示。

2 号锚索桩靠山侧土压力测量值(kPa) 表 6-21

年份	2005 年					
深度(m)	6 月 1 日	8 月 27 日	9 月 7 日	9 月 14 日	9 月 25 日	10 月 12 日
4.00	−0.01	−27.39	−25.95	−26.43	−26.91	−14.82
6.00	−24.96	0.00	2.57	−0.64	0.00	−25.87
8.00	0.00	0.00	0.00	0.00	0.00	0.00
10.00	−0.03	−18.27	−18.27	−18.75	−18.75	−19.00
12.00	−0.01	−11.09	−10.94	−11.03	−10.88	−11.00
14.00	0.00	−3.91	−3.61	−3.31	−3.01	−3.00

续上表

年份	2005 年					
深度(m)	6 月 1 日	8 月 27 日	9 月 7 日	9 月 14 日	9 月 25 日	10 月 12 日
16.00	−0.07	−3.91	−3.61	−3.31	−3.01	−3.00
18.00	0.00	0.00	0.00	0.00	0.00	0.00
20.00	−28.31	−4.01	−28.31	−0.07	−1.59	−2.00

2 号锚索桩靠山侧土压力测量值(kPa)　　表 6-22

年份	2005 年					
深度(m)	6 月 1 日	8 月 27 日	9 月 7 日	9 月 14 日	9 月 25 日	10 月 12 日
4.00		−2.07	−1.78	−2.37	−1.78	−1.19
6.00		−2.95	−3.75	−5.08	−4.82	−5.08
8.00		0.00	0.00	0.00	0.00	0.00
10.00		−0.48	−0.97	−1.45	−0.97	0.00
12.00		0.00	0.00	0.00	0.00	0.00
14.00		−1.00	−1.49	−1.00	−1.49	−1.99
16.00		−0.31	0.00	−0.94	−7.18	−1.57
18.00		0.00	0.00	0.00	0.00	0.00
20.00		−10.05	−9.24	−9.24	−8.71	−9.78

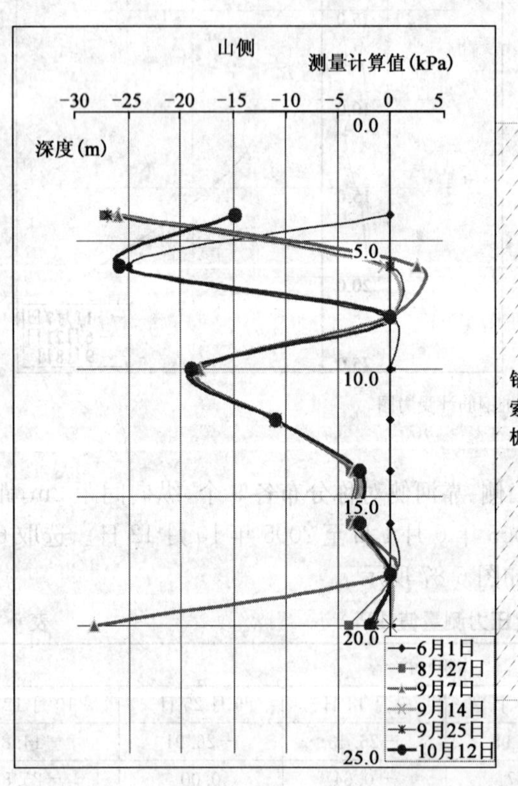

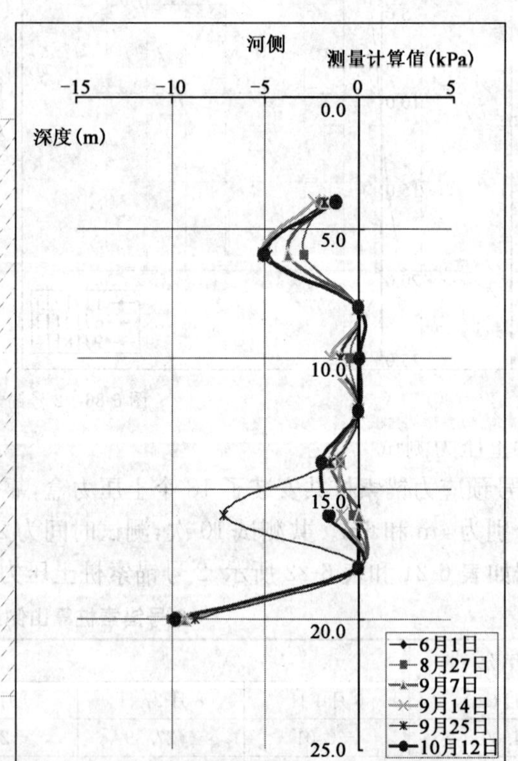

图 6-87　2 号锚索桩土压力图

(3)3 号偏心预应力锚索桩测试

①钢筋计测试

3 号偏心预应力锚索桩安装了 10 个钢筋计，靠山、靠河两侧对称分布各 5 个，钢筋计纵向间距 4m，距桩顶底面分别为 4m 和 6m。共测试 3 次，测试时间为 2005 年 5 月 29 日至 2005 年 9 月 8 日。测试数据如表 6-23 和表 6-24 所示，3 号偏心桩钢筋计受力如图 6-88 所示。

3 号偏心桩靠山侧钢筋计测量值(kN) 表 6-23

年份	2005 年		
深度(m)	5 月 9 日	6 月 21 日	9 月 8 日
4.00	−1.07	−1.07	4.07
8.00	−1.28	−1.28	1.29
12.00	−1.49	−1.49	−1.49
16.00	−3.36	−3.36	−0.37
20.00	−3.62	−3.98	4.03

3 号偏心桩靠河侧钢筋计测量值(kN) 表 6-24

年份	2005 年		
深度(m)	5 月 9 日	6 月 21 日	9 月 8 日
4.00	−0.75	−0.37	9.30
8.00	0.00	0.00	0.00
12.00	−0.36	−0.36	8.54
16.00	−1.44	−1.80	3.43
20.00	0.00	0.00	0.00

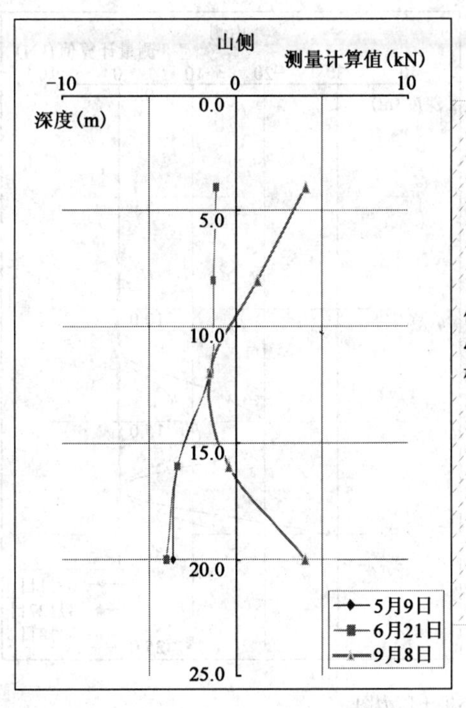

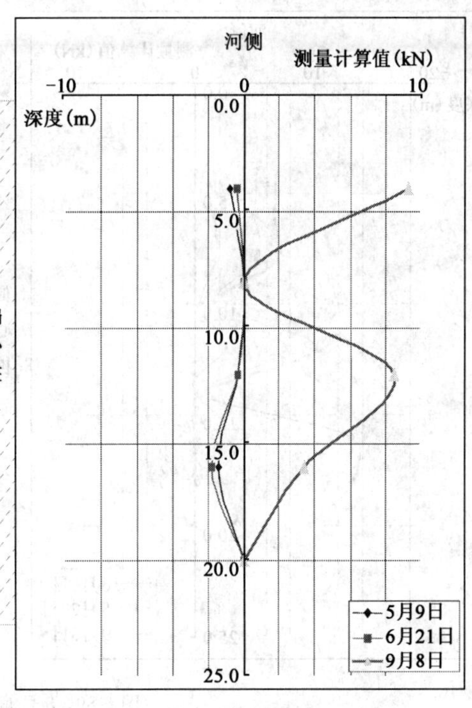

图 6-88 3 号偏心桩钢筋计受力图

②土压力测试

3 号偏心预应力锚索桩共安装了 18 个土压力盒，靠山侧、靠河侧对称分布各 9 个，纵向间距 2m，距桩顶底面分别为 4m 和 6m。共测试 10 次，测试数据如表 6-25 和表 6-26 所示，3 号偏心桩土压力如图 6-89 所示。

3号偏心桩靠山侧土压力测量值(kPa)　表6-25

年份	2005年		
深度(m)	5月9日	6月21日	9月8日
4.00	−1.07	−1.07	4.07
8.00	−1.28	−1.28	1.29
12.00	−1.49	−1.49	−1.49
16.00	−3.36	−3.36	−0.37
20.00	−3.62	−3.98	4.03

3号偏心桩靠河侧土压力测量值(kPa)　表6-26

年份	2005年		
深度(m)	5月9日	6月21日	9月8日
4.00	−0.75	−0.37	9.30
8.00	0.00	0.00	0.00
12.00	−0.36	−0.36	8.54
16.00	−1.44	−1.80	3.43
20.00	0.00	0.00	0.00

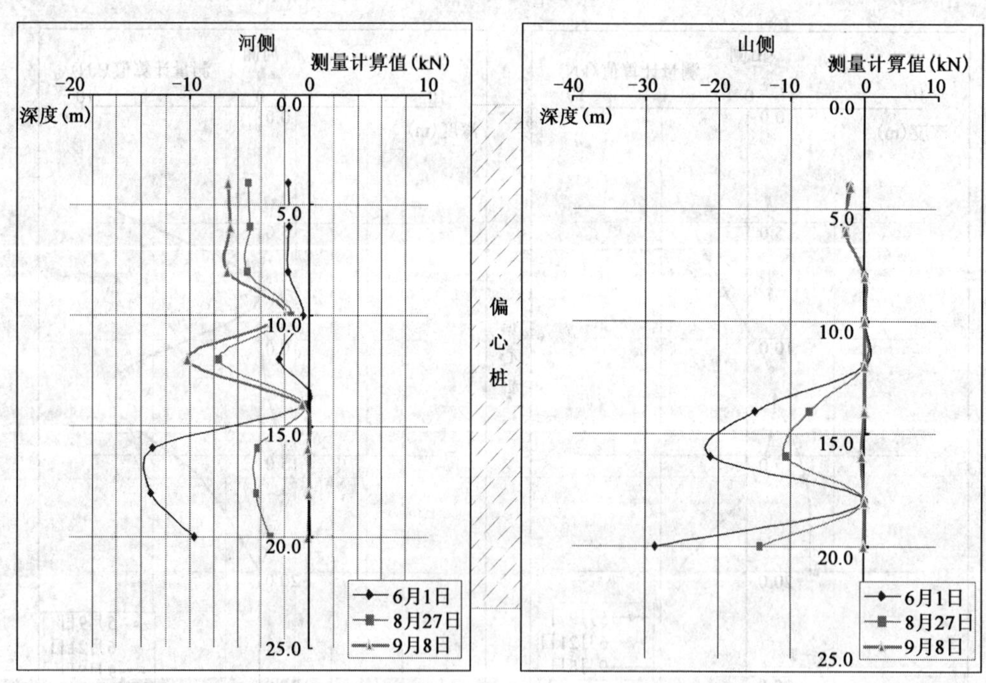

图6-89　3号偏心桩土压力图

三、现场测试数据分析

本部分主要分析抗滑桩上钢筋计及土压力的受力，研究3种桩的受力特征，通过实际对比，研究偏心桩的抗滑效果。分析3种桩在弯矩、剪力、抗力等方面的差异，分别如图6-90～图6-92所示。

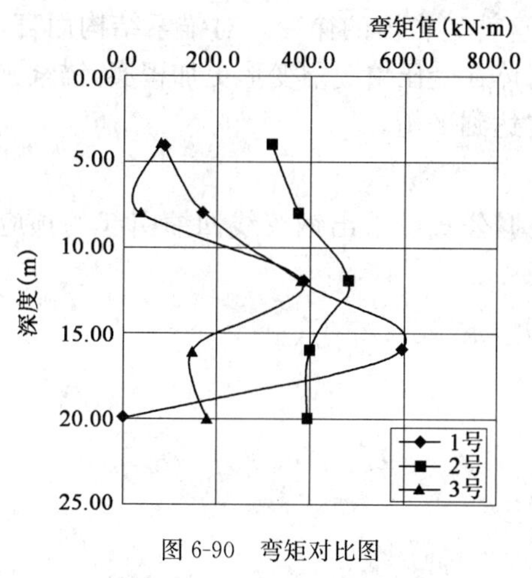

图 6-90　弯矩对比图

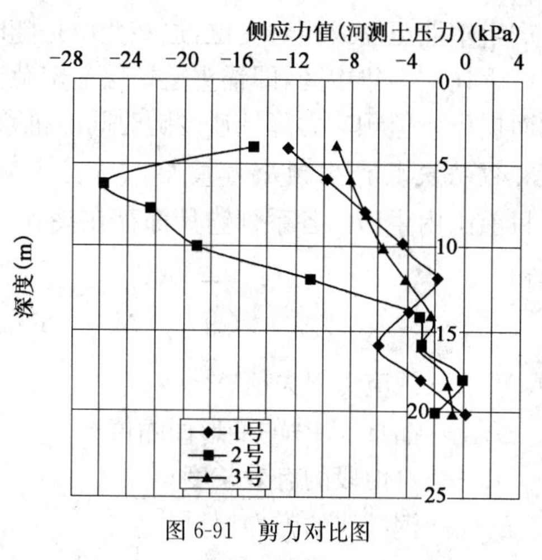

图 6-91　剪力对比图

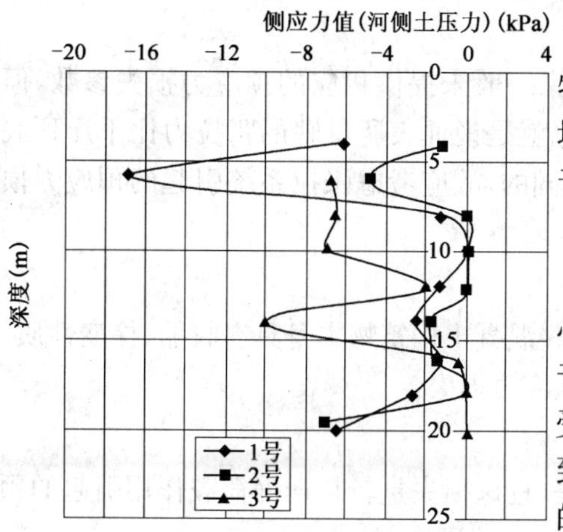

图 6-92　抗力对比图

1. 弯矩分析

从弯矩对比可看出 1 号普通桩的正弯矩最大，基本呈抛物线形，2 号锚索桩的弯矩次之，偏心桩的弯矩最小。虽然，滑坡逐步稳定，但弯矩结果对比说明，偏心桩的作用是较大，由于预应力的施加，能较大程度地降低弯矩。

2. 剪力、抗力分析

从剪力图上可以看出锚索桩的剪力最大，普通桩次之，偏心桩最小。偏心桩与普通桩均为被动受力结构，而偏心桩由于竖向预应力的施加，预应力抵消了部分剪力，所以比普通桩受到的剪力小。而锚索桩的剪力因受锚索预应力的施加而受到岩土体的主动抗力，因而测试出的剪力比普通桩及偏心桩的均大。

测试数据表明，偏心桩预应力的施加，有效地减小了抗滑桩的剪力，提高了抗滑桩的抗剪强度。

从抗力图上可看出普通桩的桩前抗力最大，偏心桩次之，锚索桩最小。普通桩变形最大，桩前土体反力也最大。锚索桩向河侧变形最小，抗力也最小。偏心桩向河侧变形介于两者中，抗力也处于中间。

第五节　预应力损失测试

一、影响锚索预应力损失的因素

影响预应力损失的因素很多也很复杂，既有材料性能、锚具、张拉设备引起的损失；也有地层、结构物的压缩和徐变引起的损失；另外还与张拉顺序、外界环境条件等有关。

1. 锚索材料对预应力损失的影响

由于锚索在巨大的初始应力作用下会发生变形，从而产生松弛损失。所谓松弛损失是指在预应力结构中，在钢绞线长度不变的情况下，内部应力随着时间增长而减少的现象。研究表明：不同型号类型的钢材，具有不同的损失值，但有以下共同性质：①松弛损失的大小，与张拉应力有关，张拉应力越大，松弛损失就越大。②松弛损失在张拉后初期几分钟内发展最快，在 24h 后将完成 80%，大约 20d 以后，基本已不再发展。③松弛损失与材料性能有关，与材料直径、环境温度也有关。④若在短时间内把钢绞线超张拉一下，并相应持荷一段时间，然后回到原来的张拉力值，则可大大减少钢绞线的松弛损失。

2. 地层岩体徐变引起预应力损失

由于岩体本身的不连续性和各向异性的存在，受荷区的岩体内部结构各个组成单元在应变力作用下将产生塑性压缩或相对变位，这些变位是随时间变化的，这就是岩体的徐变。对锚索结构而言，徐变主要产生在应力集中区，即锚头至地层一定范围内岩体。岩体在受压情况下变形更加密实，锚索预应力因此而损失。但预应力降低速度随时间的推移而减缓，最终达到平衡。

3. 锚头夹具产生预应力损失

目前国内生产的各系列锚具都存在夹片回缩问题。根据公式可求出钢绞线回缩引起的预应力损失值：

$$N_s = A \cdot \sigma_s = A \cdot \sum \Delta L \cdot E_y / L$$

式中：N_s——预应力损失值；

ΔL——锚具、夹片的变形回缩值；

L——自由段的有效长度；

E_y——钢绞线的弹性模量；

A——钢绞线的截面面积。

4. 张拉系统引起的预应力损失

锚索张拉系统包括油泵、油表、油管和千斤顶等部分。厂家一般未提供相应的预应力损失参数，但根据有关文献及其测试，张拉系统的摩阻损失为 2%～4%，也就是说油表所反映的张拉力比千斤顶底部钢绞线的受力大 2%～4%。一般张拉都是以油表读数为基础的，故应考虑张拉系统引起的预应力损失量。

5. 桩或框架混凝土的压缩及收缩产生的预应力损失

通常锚索的锚头端固定在抗滑桩、框架梁及锚垫墩上，这些混凝土构筑物本身具有收缩、徐变性质，且受到大吨位压力后也会产生一定量的压缩变形，进而引起预应力损失。

6. 振动或冲击力引起预应力损失

爆破、重型机械和地震力发生的冲击也会引起预应力损失，且该损失量较长期静荷载作用引起的预应力损失量大得多。

7. 张拉顺序引起预应力损失

当同一个结构物上有多孔锚索时，理论上讲最合理的张拉方式是同时同步张拉，但受设备的限制，通常是一台设备依次进行张拉，这样当张拉后面的锚索时，由于压应力增大，受荷区进一步产生压缩变形，此时前面已张拉的锚索预应力就会损失一部分。

二、锚索预应力随时间的变化规律

锚索预应力随时间有一个衰减过程，大致可分为三个阶段，即预应力迅速降低节段、缓慢降低阶段和稳定阶段。三个阶段分布如图 6-93 和图 6-94 所示。由图可知：

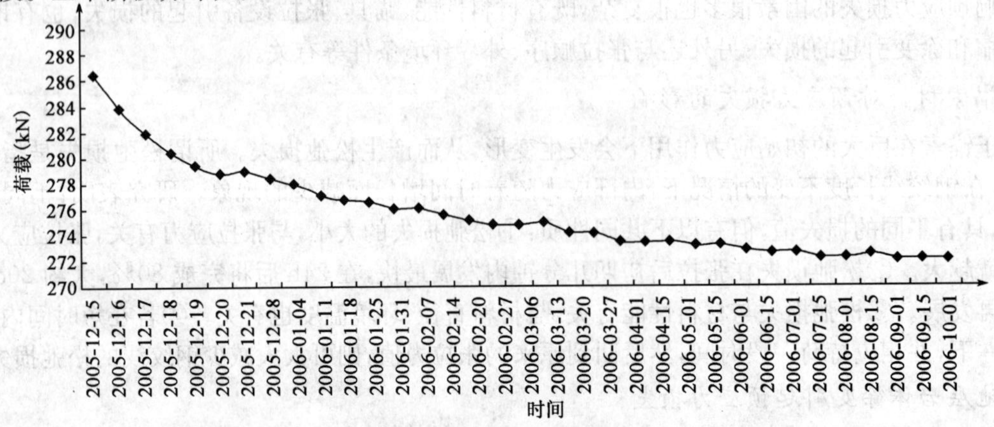

图 6-93　2 号锚索桩预应力损失图

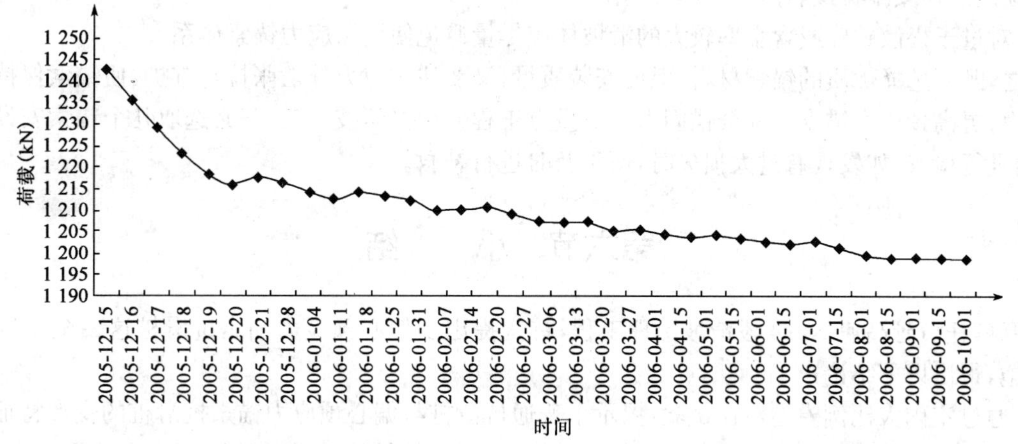

图 6-94　3 号偏心桩预应力损失图

(1)锚索桩与偏心桩的预应力损失趋势相近。

(2)从最初 5d 来看,预应力损失最大,其中锚索桩损失 2.79%,偏心桩损失 2.41%。

(3)经过 10 个月的最终监测,预应力损失走势图变化平缓,可以认为损失基本完成,锚索桩损失 5.23%,偏心桩损失 3.54%。

(4)可以看出,锚索桩预应力损失大于偏心桩预应力损失。

三、避免或减少预应力损失的方法

(1)锚索材料的优选。选用高强度低松弛钢绞线和与之配套的锚固体系。

(2)注重岩体性质的选择。将锚固段置于坚硬完整的岩体中,使锚索有稳定的根基。

(3)选择适宜的时间对锚索超张拉或补偿张拉。首先在锚索安装时,应进行超张拉,并相应的持荷一段时间。尤为重要的是在锚索施工后且部分初期应力损失完成后,进行补偿张拉,且张拉时间不宜拖得太久。预应力损失与时间关系如图 6-95 所示,二次张拉对预应力损失的补偿如图 6-96 所示。

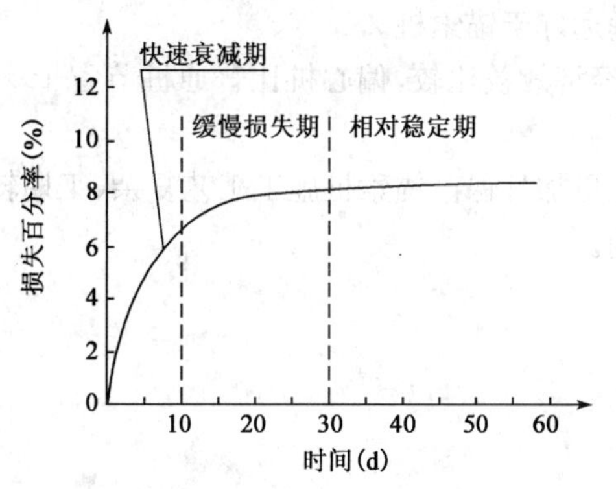

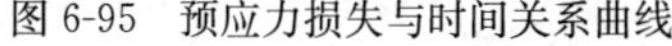
图 6-95　预应力损失与时间关系曲线

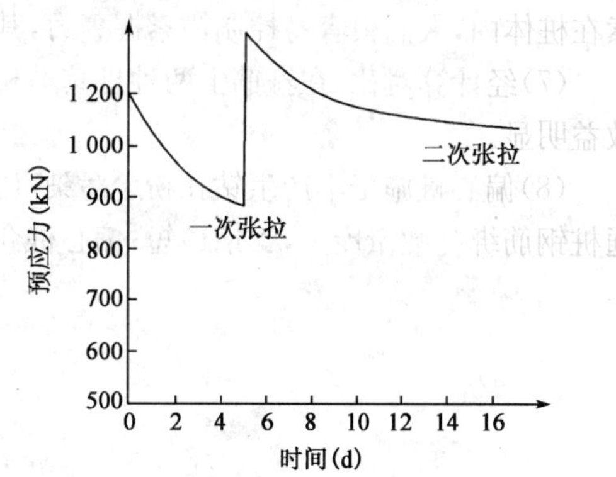

图 6-96　二次张拉对预应力损失的补偿作用

(4)由于预应力与张拉力成正比,张拉力越大,预应力损失越大,设计时尽量避免大吨位张拉。

(5)在结构强度许可的情况下,采用超张拉可使桩(锚梁、锚墩)后地层处于超压密、超固结状态,减少后期预应力损失。

(6)对大型滑坡或重要工程使用预应力锚索时,最好能在锚索上安装测试设备,定期监测锚索受力,发现预应力损失过大,及时进行补张拉。

(7)当同一个结构物上设置多个锚索时,张拉时最好使用多个千斤顶同时张拉,如果结构物对称,最好采取对称循环补张拉,以此最大限度的消除因张拉顺序引起的预应力损失。

(8)在锚索施工场地,尽量避免爆破和重型机械振动,若不得不使用时,尽量离锚索远一点,或将锚索张拉锁定工作安排在最后。

(9)对过于松散破碎或含水率较大的滑坡体应尽量避免使用预应力锚索体系。

总之,既要选择优质的锚索材料,保证安装质量,又要注重应力补偿张拉与维护,使锚索保持有足够的预应力,提高预应力锚索的综合锚固力。对重点工程使用锚索技术时,务必选取几个锚索安设测力装置,定期进行检查,如发现有过大损失时,便于及时进行补救。

第六节　小　　结

本章依托黄延高速 K224 段滑坡治理工程,首次提出了偏心预应力锚索抗滑桩这一全新抗滑防治工程措施,得出以下结论:

(1)通过室内大比例模型对比试验,揭示了普通抗滑桩与偏心预应力锚索抗滑桩的变形特征以及极限承载力特征,验证治理工程设计的合理性,并进一步对支挡结构的设计计算理论进行研究,最终达到优化设计、指导施工、降低工程造价并确保治理工程的稳定与安全的目的。

(2)试验结果表明:在相同水平推力下,偏心桩可减少位移量;偏心桩的配筋率小于普通桩;普通桩实际剪力与设计偏差为 8.75%,偏心桩则达到 16.00%~18.24%。说明偏心桩剪力设计远远大于普通桩剪力设计储备值,也反映出施加预应力对剪力值有较大的提高。

(3)利用有限元数值分析对滑坡的三种状态(即自然状态、开挖状态和支挡状态)进行了研究。反演滑坡在三种状态下的机理特征,结果与实际状态相一致。

(4)针对传统滑坡计算存在的问题,首次利用有限元进行滑坡内力分析计算,计算非常方便快捷,不用假定桩底约束,由程序根据给定的限制自动计算,计算方式更加合理,计算结果与实际情况更加吻合。

(5)通过理论计算和现场测试反映出偏心桩在滑坡作用下的弯矩比普通桩小,这表明偏心桩的竖向预应力加强了抗滑桩的抗弯作用,能有效地减小抗滑桩弯矩;在滑坡变形较小的情况下,偏心桩的桩前抗力比锚索桩的大但比普通桩的桩前抗力小;偏心桩的预应力,使桩的钢筋混凝土性能得到保护,抗滑性能更持久、可靠,且预应力的存在,增强抗滑桩本身的抗剪能力。

(6)偏心桩与锚索桩预应力损失的最大差异在于混凝土与岩土体的徐变差异。此外,由于偏心桩锚索在桩体内,人们很容易控制锚索握裹力,其防腐能力远远好于锚索桩。

(7)经计算对比,在箍筋上两种桩基本相同,其单桩经济效益比较,偏心桩比普通桩节省 15%,经济效益明显。

(8)偏心桩施工不产生钻孔粉尘污染,比锚索桩施工更加环保。锚索桩施工工艺复杂、工期较长;普通桩钢筋绑扎数量庞大,工期最短;偏心桩介于两者之间。

第七章

基于抗裂、抗冲刷耐久性要求的基层修筑技术

基层是沥青路面结构中的主要承重层，其强度、抗变形能力以及耐久性是影响路面使用性能的关键。半刚性基层强度高、稳定性好、刚度大，目前被广泛应用于高等级公路中。但因各种原因，半刚性基层在我国使用时往往因耐久性不足而成为最大的诟病，而沥青稳定碎石、级配碎石等柔性基层不仅具有较高的抗压强度、抗压模量而且拥有良好的抗弯拉、抗疲劳性能。从经济性、实用性、耐久性等角度出发，如何修筑好沥青路面基层显得非常重要。

第一节　半刚性基层材料组成设计

因温缩、干缩等原因，极易使半刚性基层产生收缩变形而使基层产生裂缝，使路面耐久性不足。影响半刚性基层开裂的因素主要有内因与外因两方面，其中外因有环境温度、相对湿度等，内因则与半刚性基层材料组成有关。同样，半刚性基层材料的抗冲刷能力不足也是导致路面使用寿命迅速缩短的主要的原因。众所周知，(底)基层顶(底)面滞留水分和动载作用是产生冲刷的外部因素。半刚性基层抗冲刷能力强弱也与其材料组成有关。为此，如何设计半刚性基层材料对其抗裂、抗冲刷能力均有关。

一、骨架密实型半刚性基层材料组成设计理念

半刚性基层材料结构组成按材料结构特点的不同，可分为均匀密实结构、悬浮密实结构、骨架密实结构和骨架空隙结构四类。其中均匀密实结构主要指无机结合料稳定细粒土类材料组成的混合料。

众所周知，半刚性基层材料强度主要来源于集料颗粒的内摩阻力和填充料的黏结力两方面。除了使半刚性基层材料中的粗集料紧密排列，形成良好的骨架结构之外，密实的二灰砂浆或者水泥砂浆应填满骨架间隙，并将骨架黏结成整体。这样的结构形式是半刚性基层充分发挥优良路用性能的必要条件，也是进行半刚性基层材料组成设计的指导思想。

1. 粗集料级配的确定

为了能够在室内较好地模拟施工现场振动压路机对道路材料的压实作用，在确定粗集料级配时，可利用插捣法、击实法或振动台振实法等来进行试验研究。大量研究表明，采用振实法与现场施工实际更相符，为此，本次试验采用振实法，通过逐级填充方法实现粗集料形成骨架结构。级配设计步骤如下：

(1)确定主集料规格 D_0(一般为 19～31.5mm)。为了模拟现场振动压路机在材料表面的作用状况，将一定质量此粒径集料分三次装入容量筒中，每次装料完毕后，将配重置于集料顶部，然后进行振实。振动时间事先通过试验确定，以集料体积基本不变为原则。振实完毕量测其振实后的高度，利用公式 $\rho=m/V$ 计算其击实密度，并算出空隙率。

(2)D_0 的用量为 100，D_0 的下一级粒径记为 D_1(9.5～19mm)，以 D_0 用量的 5%为步长，将粒径为 D_1 的集料掺入到 D_0 中。每次掺入后，振实，测定振实密度，建立填充数量与振实密度关系曲线。在振实密度关系曲线上选取振实密度最大的一组或几组 D_1 用量，作为 D_1 用量。

(3)D_1 的下一级粒径记为 D_2(4.75～9.5mm)，同样以 D_0 用量的 5%为步长，将粒径为 D_2 的集料

与粒径为 D_0、D_1 的混合料拌和均匀后进行振实，测定振实后的体积并计算其振实密度，建立填充数量与振实密度关系曲线。同样，在振实密度关系曲线上选取振实密度最大的一组或几组 D_2 用量，作为 D_2 用量。

(4)依次类推，进行多级填充，最后分别得到各级粒径的最佳填充比例，即粗集料的级配。

2. 细集料级配的确定

细集料在混合料中主要的功能是填充粗集料空隙，从而影响着混合料成型后的强度和其他路用性能，同时为了便于操作，确定细集料的级配可着重考虑其强度。对于细集料级配确定，除了采用上述粗集料逐级填充法之外，还可采用 i 法或 k 法并结合室内试验加以确定。

i 法或 k 法确定细集料级配具体做法是：把水泥、细集料和水组成的混合料称为水泥砂浆，或者石灰、粉煤灰、细集料和水组成的混合料称为二灰砂浆。固定水泥掺量(如5%)或二灰掺量，通过变化 i 或 k 值，考察砂浆7d无侧限饱水抗压强度、CBR、温度收缩系数和干燥收缩系数等，最终确定 i 或 k 值，并由此确定细集料的级配。

3. 砂浆与粗集料比例的确定

按照前述的设计思想，在二灰或水泥稳定碎石中，以粗集料形成骨架嵌挤，使其空隙率最小，以二灰或水泥砂浆填充集料的空隙，形成密实结构，使整体混合料获得最大的密实度。因此，可采用体积法计算二灰或水泥砂浆的用量，试验中采用如下方法确定砂浆与粗集料的比例。

将试验确定粗集料的级配，在不加结合料及细集料的情况下，量测不同状态(堆积、捣实、振实)下的粗集料的松方干密度 ρ_{Dry}，计算其空隙率：

$$n=\left(1-\frac{\rho_{Dry}}{\rho_s}\right)\times 100$$

$$\rho_s=\frac{100}{\frac{A_1}{\rho_1}+\frac{A_2}{\rho_2}+\frac{A_3}{\rho_3}+\cdots+\frac{A_6}{\rho_6}}$$

式中：n——二灰或水泥稳定碎石混合料中的粗集料形成的空隙率(%)；

ρ_{Dry}——二灰或水泥稳定碎石混合料中的粗集料的松方干密度(g/cm³)；

ρ_s——二灰或水泥稳定碎石混合料中的碎石有效湿密度(g/cm³)；

A_1、A_2、…、A_6——组成中各档集料的质量百分率(%)；

ρ_1、ρ_2、…、ρ_6——各档集料的视密度(g/cm³)。

则二灰或水泥砂浆的用量为：

二灰或水泥砂浆用量＝试件的总体积×空隙率×砂浆的最大干密度

二、二灰稳定碎石组成设计

1. 集料级配研究

(1)I级填充振实试验

按照前述方法进行粗集料的振实试验，取 D_0 集料2.5kg，将 D_1 集料按 D_0 集料用量的5%逐级递增，填充到 D_0 集料中，试验结果如图7-1所示。

由图7-1可知，当 D_1 用量为 D_0 用量的20%时，混合集料振实密度达到最大值。

(2)II级填充振实试验

根据填充振实密度较大原则，选取 D_0、D_1 的用量比为100∶20进行II级填充(D_0 取2.5kg，D_1 取500g)，D_2 用量按 D_0 用量的5%逐级递增，振实三档集料的混合料，确定其振实密度，结果如图7-2所示。

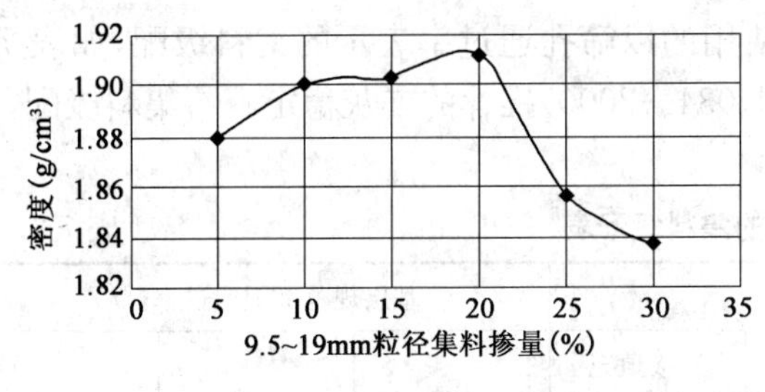

图 7-1 I级填充振实试验结果

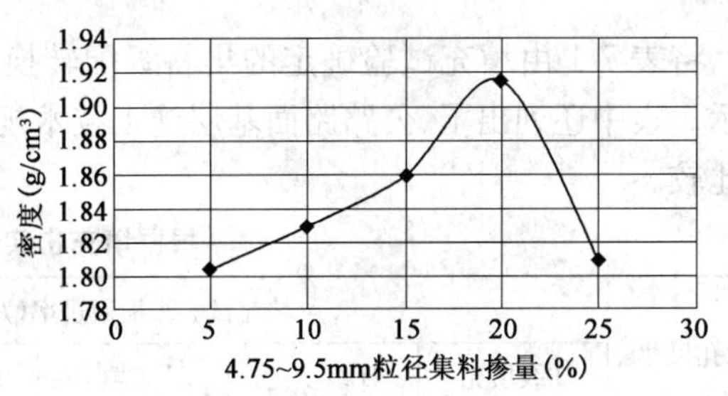

图 7-2 II级填充振实试验结果(I级的 20%)

由图 7-2 可知,对于 D_0 集料,当其填充了 20%的 D_1 集料后,再填充 20%的 D_2 集料,其振实密度达到最大。

(3)III级填充振实试验

取 D_0、D_1、D_2 的用量比为 100∶20∶20 进行 III 级填充(D_0 取 2.5kg,D_1 取 500g,D_2 取 500g),D_3 用量按 D_0 用量的 5%逐级递增,振实四档集料的混合料,测定振实密度,结果如图 7-3 所示。

由图 7-3 可知,对于 D_0 集料,当其分别填充了 20%的 D_1 集料和 20%的 D_2 集料后,再填充 20%的 D_3 集料,其振实密度达到最大。

(4)IV级填充振实试验

取 D_0、D_1、D_2、D_3 的用量分别为 2 000g、400g、400g、400g,D_4 用量按 D_0 用量的 5%逐级递增,五档集料的混合料测定振实密度如图 7-4 所示。

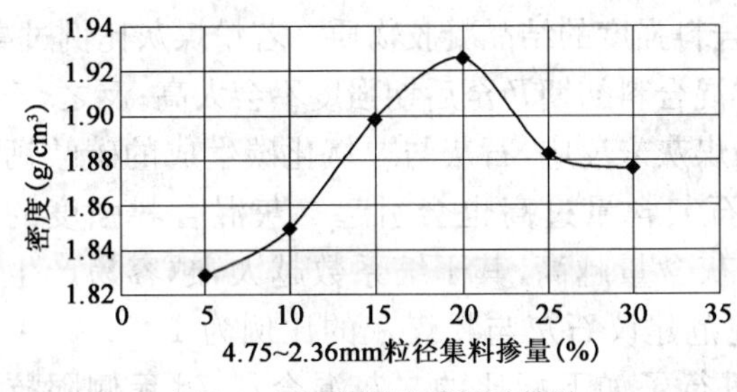

图 7-3 III级填充振实试验结果

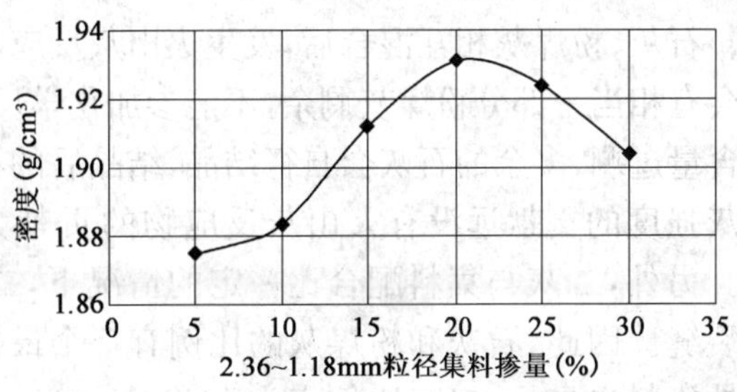

图 7-4 IV级填充振实试验结果

由图 7-4 可知,在最佳 III 级填充的基础上,填充 20%的 IV 级填充料 D_4(2.36~1.18mm),其填充效果最佳。

(5)V级填充振实试验

取 D_0、D_1、D_2、D_3、D_4 的用量分别为 2 000g、400g、400g、400g、400g,D_5 用量按 D_0 用量的 5%逐级递增,六档集料的混合料测定振实密度如图 7-5 所示。

由图 7-5 可知,V级填充(1.18~0.6mm 粒径颗粒)的最佳填充量为 10%。

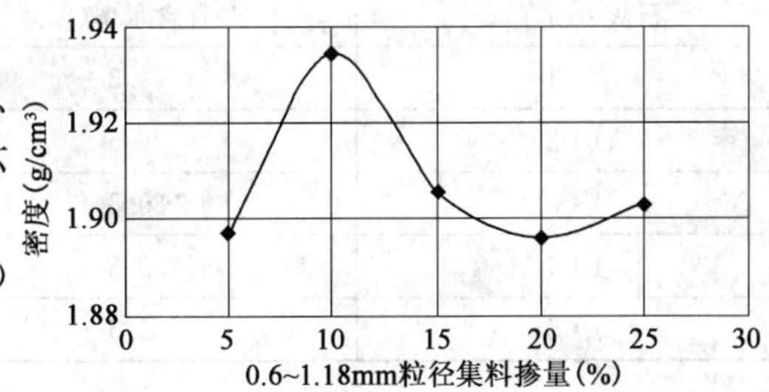

图 7-5 V级填充振实试验结果(I级 35%)

(6)集料级配

根据逐级填充试验结果,不同填充水平下的二灰稳定碎石主集料级配如表 7-1 所示。

嵌挤骨架主集料级配 表 7-1

填充级别	31.5~19mm	19~9.5mm	9.5~4.75mm	4.75~2.36mm	2.36~1.18mm	1.18~0.6mm
I	83	17	—	—	—	—
II	71	15	14	—	—	—
III	63	13	12	12	—	—
IV	56	11	11	11	11	—
V	53	11	10	11	10	5

将表 7-1 由填充试验确定的集料级配转换为日常使用的以筛孔通过率表示的集料级配，如表 7-2 所示。表中还列出了《公路路面基层施工技术规范》(JTJ 034—2000)推荐的二灰稳定碎石集料级配，以利比较。

根据填充击实试验确定的集料级配表 表 7-2

筛孔尺寸(mm)	填充试验级配通过率(%)					基层规范级配通过率(%)		
	Ⅰ级填充 级配 1	Ⅱ级填充 级配 2	Ⅲ级填充 级配 3	Ⅳ级填充 级配 4	Ⅴ级填充 级配 5	上限	中值	下限
31.5	100	100	100	100	100	100	100	100
19	17	29	37	44	47	98	89.5	81
9.5	0	14	24	33	36	70	61	52
4.75	0	0	12	22	26	50	40	30
2.36	0	0	0	11	15	38	28	18
1.18	0	0	0	0	5	27	18.5	10
0.6	0	0	0	0	0	20	13	6
0.075	0	0	0	0	0	7	3.5	0

2. 石灰、粉煤灰最佳比例研究

石灰、粉煤灰相互混合后，发生火山灰反应，生成混合料强度的结晶凝胶物质。若粉煤灰比例过高，将会有相当一部分粉煤灰剩余，不能参加化学反应，这样混合料初期乃至后期强度不会太高；反之，若石灰含量过剩，多余的石灰会自行结晶，结晶后的石灰与粉煤灰未反应，石灰与二氧化碳生成的碳酸钙对二灰强度的贡献远没有火山灰反应物的贡献大，因此石灰含量过高也会引起二灰混合料强度的下降。另外，二灰与集料配合比一定的情况下，二灰中石灰含量越高，其干缩系数越大，越容易产生干缩裂缝。因此，石灰和粉煤灰的比例有一个最佳值。规范建议石灰与粉煤灰的比例为 1∶2～1∶4，国外资料也显示，二灰比例宜为1∶2～1∶3。本研究进行了如下配比的二灰混合料 7d 无侧限抗压强度试验，试验结果如表 7-3 所示。

不同配比二灰混合料的试验结果 表 7-3

石灰∶粉煤灰	最佳含水率(%)	最大干密度(g/cm³)	7d 抗压强度(MPa)
1∶1	29.2	1.22	1.44
1∶2	26.5	1.20	1.67
1∶3	29.8	1.14	1.26
1∶4	28.5	1.13	0.98
1∶5	33.5	1.07	0.66

结果表明，随着粉煤灰含量的增加，二灰混合料抗压强度随之减小。《公路路面基层施工技术规范》(JTJ 034—2000)规定，对于高速公路、一级公路，二灰混合料 7d 饱水无侧限抗压强度标准为 0.8～1.1MPa。根据经济、实用的原则，初步选定石灰∶粉煤灰为 1∶2～1∶3，具体试验采用 1∶2 及 1∶2.5 两种比例，最终选取最优比例进行混合料试验。

3. 二灰与集料最佳比例研究

二灰稳定碎石混合料通常有两种类型，一种是骨架密实型的，即碎石含量约占混合料质量的75%～80%，同时碎石具有良好的级配，二灰含量为 20%～12%，起填充粒料空隙和黏结作用；另一种是悬浮密实型的，碎石含量一般小于 65%，不要求碎石具有一定的级配，颗粒悬浮在石灰和粉煤灰混合料之间。对于悬浮型的二灰稳定碎石，因混合料集料之间不能形成嵌锁作用，所以集料含量与级配对混合料强度影响不大。但对于骨架密实型的二灰稳定碎石，集料应具有一定的级配，能形成嵌锁作用。

另外，二灰结合料与集料的比例应适宜，若集料含量过多，相应地要减少二灰填充结合料的数量，混合料整体强度将会下降；但若结合料含量过多，必然造成集料不能形成骨架，二灰仅起凝胶作用而不起填充作用，因而是悬浮型混合料，这种混合料易开裂，抗冲刷能力不强。因此对于密实型二灰稳定碎石，二灰含量有最佳值。

要确定二灰稳定碎石混合料中二灰含量，首先应求得级配集料的密度指标。而试验室测定集料密度主要有三种方法，即堆积密度、振实密度及捣实密度。用何种密度指标来计算混合料中二灰含量，使得二灰稳定碎石混合料路用性能最佳，是值得深入研究的。

(1)集料密度试验

为考察不同的测定方法对集料密度的影响，采用堆积、振实、捣实三种方法分别测定填充击实试验所确定的五种级配的密度。试验结果如表7-4所示。

不同测定方法得到的集料密度 表7-4

填充类型	堆积密度(g/cm^3)	振实密度(g/cm^3)	捣实密度(g/cm^3)
I	1.380	1.537	1.487
II	1.410	1.583	1.500
III	1.564	1.679	1.601
IV	1.589	1.702	1.671
V	1.642	1.756	1.701

由表7-4可以看出，不同的测定方法对集料的密度影响很大，其中振实法测得的密度最大，堆积法测得的密度最小，而捣实法测得的密度介于堆积法和振实法之间。

高等级公路施工中重型压路机使用普遍，集料占有量可以较松装密度更多一些。但如果集料含量太高，结合料可能不足，在试验室虽可成型，在工地则难以拌和均匀，强度反而下降。故集料的占有量在任何情况下都不得超过集料紧装状态的量。考虑到这一点，在确定二灰与集料比例时采用捣实密度更为合理。根据集料的空隙率和二灰结合料的干密度，便可通过计算，确定二灰结合料的用量。

(2)试验室配合比确定

通过前述研究发现，堆积密度对于模拟现场压实程度过小，而振实密度对于模拟现场压实效果太大。资料显示，在级配相同的条件下，按照松装、振实及捣实三种方法得到的二灰稳定碎石混合料制作的试件，其7d抗压强度捣实试验确定的混合料配合比制作的试件强度最大。因此本文应用捣实确定的二灰结合料含量，按照I级～V级填充结果决定的集料级配制作试件。测定7d无侧限抗压强度，其试验结果列于表7-5。

不同填充状态二灰稳定碎石7d无侧限抗压强度(MPa)试验结果 表7-5

填充状态		I 级	II 级	III 级	IV 级	V 级
二灰：集料		25：75	24：76	21：79	19：81	19：81
石灰：粉煤灰	1：2	0.65	0.83	1.10	0.89	0.76
	1：2.5	0.71	0.91	1.11	1.10	0.89

由试验结果可以看出，II级、III级、IV级三种级配制作的试件其7d无侧限抗压强度均满足规范的要求。其中在石灰：粉煤灰＝1：2及1：2.5的情况下，III级填充试件强度最高。因此，选取III级填充试验结果作为本文的集料级配，采用集料在捣实状态下的各指标作为决定二灰稳定碎石混合料配合比计算的基础。

4.工地集料级配确定

考虑施工方便性和经济性，避免摊铺过程中出现离析现象，在III级填充试验结果的基础上对集料级配进行适当的调整，调整后的建议级配如表 7-6 与图 7-6 所示。

建 议 级 配 表 7-6

筛孔尺寸(mm)	逐级填充试验(III 级)(%)	通过率(%)					
		基层规范值			建议级配		
		上限(%)	中值(%)	下限(%)	上限(%)	中值(%)	下限(%)
31.5	100	100	100	100	100	97.5	95
19	37	98	89.5	81	68	59	50
9.5	24	70	61	52	35	28	21
4.75	12	50	40	30	15	11	7
2.36	0	38	28	18	7	3.5	0
1.18	—	27	18.5	10	—	—	—
0.6	—	20	13	6	—	—	—
0.075	—	7	3.5	0	—	—	—

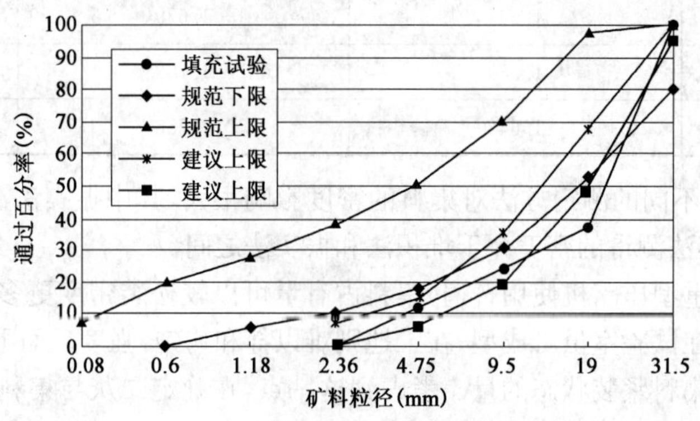

图 7-6 二灰稳定碎石建议级配

对于结合料—二灰的用量，采用 III 级填充级配所确定的用量(表 7-6)，二灰：集料＝21：79，即以石灰：粉煤灰：集料＝6：15：79 作为施工配合比。

三、水泥稳定碎石组成设计

1. 粗集料级配研究

(1)I 级振实试验

取 D_0(31.5～19mm)集料 20kg，将 D_1(19～9.5mm)集料按 D_0 集料用量的 5%逐级递增，掺到 D_0 集料中进行振实试验。试验结果如图 7-7 所示。

由图 7-7 可以看出，D_1 以 D_0 用量的 5%为步长进行逐级填充，当 D_0 用量与 D_1 用量的比例为 60：40 时，混合集料的振实密度达到最大值，当 D_0 用量与 D_1 用量的比例为 55：45 时，振实密度变小，说明添加 D_1 用量超过 40%时已经破坏了 D_0 形成的骨架结构。

(2)II 级振实试验

在 I 级填充的基础上，进行 II 级填充。分别以 D_0、D_1 比例为 70：30、65：35 和 60：40 作为 II 级振实试验的主体，变化 D_2(9.5～4.75mm)集料的用量，分别可得 D_2 集料的用量与振实密度关系，结果如图 7-8 所示。

由图 7-8 可知，不同组合的粗集料经振动后，其振实密度在各组都会出现一个峰值。当 D_0 与 D_1 粒径集料的用量比例分别为 70：30、65：35、60：40 时，达到最大振实密度，其所对应 D_2 粒径集料用量

分别为 D_0 和 D_1 总量的 40%、35%和 30%。这说明粗集料为某个组合时，能够在振动的过程中相互运动并在相互嵌挤作用达到最大时停止运动，此时粗集料的振实密度达到最大。根据Ⅱ级振动试验的结果，$D_0:D_1:D_2$ 为 70∶30∶40 时，混合集料的振实密度为最大，也是集料之间相互嵌挤作用最强的组合。因此，粗集料的级配比例确定为 70∶30∶40。

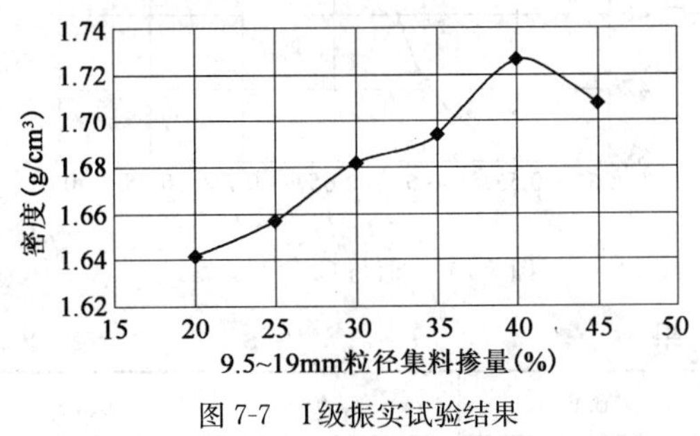

图 7-7 Ⅰ级振实试验结果

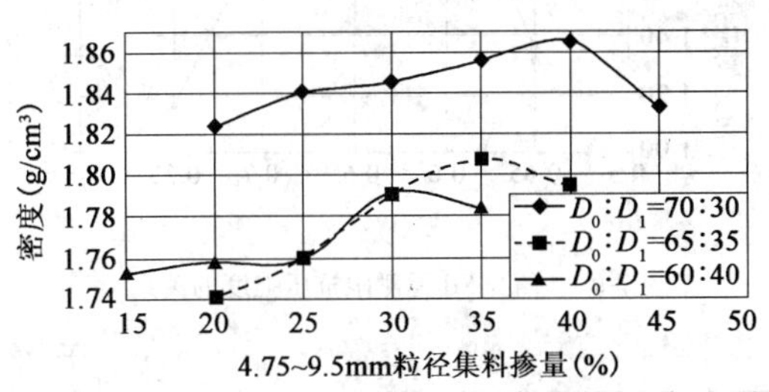

图 7-8 Ⅱ级填充振实试验结果

为了比较通过振实试验确定的粗集料级配与《公路路面基层施工技术规范》(JTJ 034—2000)推荐的粗集料级配，表 7-7 列出了本文设计的粗集料级配和规范级配在各筛孔的通过率。

试验级配及规范中值集料在各粒径的通过率 表 7-7

级配来源	级配编号	集料通过下列筛孔(mm)的质量百分比(%)				备注
		31.5	19	9.5	4.75	
规范级配	GF	100	82.5	35	0	规范中级配中值
试验级配	SY	100	50	28.6	0	70∶30∶40

由表 7-7 可以看出，通过振实试验得出的粗集料级配中，D_0 粒径集料的用量明显高于《公路路面基层施工技术规范》(JTJ 034—2000)推荐级配中该档集料的用量，这为水泥稳定碎石混合料中的粗集料形成骨架结构并使其具有优良的路用性能奠定了良好的基础。

2. 细集料级配研究

细集料在混合料中的主要功能为填充粗集料空隙，从而影响着混合料成型后的强度和收缩性。因此，本文的细集料级配主要采用 i 法和室内试验相结合的方法，通过着重考虑其强度和收缩性而定。根据国内外经验，为了能精确地找到最佳 i 值，本文扩大了 i 值的取值范围($i=0.55\sim0.75$)，具体级配如表 7-8 所示。

细集料级配 表 7-8

i 值	集料通过下列筛孔(mm)的质量百分率(%)						
	4.75	2.36	1.18	0.6	0.3	0.15	0.075
0.55	100	55	30.3	16.6	9.2	5	2.8
0.60	100	60	36	21.6	13	7.8	4.7
0.65	100	65	42.3	27.5	17.9	11.6	7.5
0.70	100	70	49	34.3	24	16.8	11.8
0.75	100	75	56.3	42.2	31.6	23.7	17.8

在细集料级配研究中，水泥砂浆中水泥的掺量按内掺法固定为 5%，根据表 7-8 中不同 i 值所对应细集料级配，通过重型击实试验，确定混合料的最大干密度和最佳含水率，并成型 ϕ10cm×10cm 的圆柱体试件和 5cm×5cm×24cm 的小梁试件。水泥砂浆对水泥稳定碎石混合料的强度和收缩影响较大，所以在研究细集料级配时，主要通过考察其 7d 无侧限饱水抗压强度、CBR 值、干燥收缩系数和 90d 的温度收缩系数，试验结果如图 7-9、图 7-10 和表 7-9、表 7-10 所示。

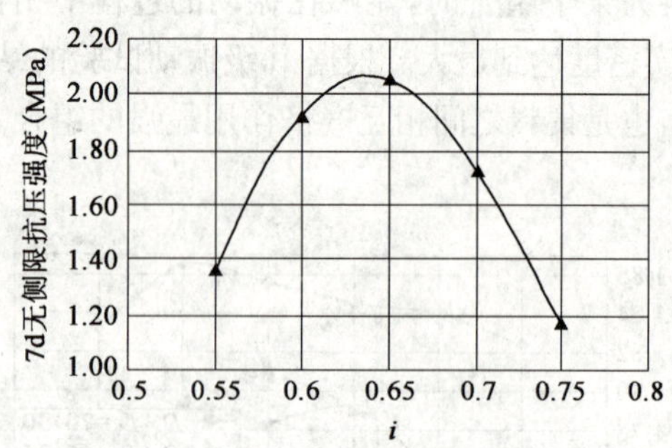

图 7-9 i 值与 7d 无侧限抗压强度的关系

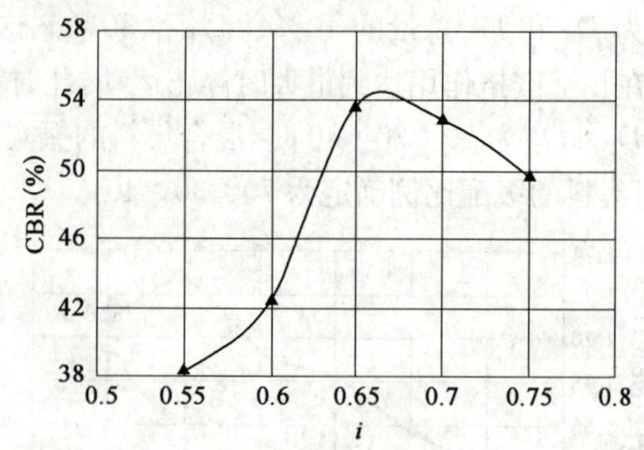

图 7-10 i 值与 CBR 的关系

干缩试验结果 表 7-9

i 值	0.55	0.60	0.65	0.70	0.75
平均干缩应变 α_d（$\times10^{-6}$）	302.1	265.6	231.3	295.0	348.8
试件失水率 $\Delta\alpha_w$（%）	4.4	3.7	4.4	5.5	5.9
干缩系数 α_d（$\times10^{-6}$）	68.5	72.6	52.7	53.5	59.6

温缩试验结果 表 7-10

i 值	0.55	0.60	0.65	0.70	0.75
平均温缩系数 α_{dmax}（$\times10^{-6}$）	9.9	10.1	8.6	9.8	11.6

可以看出，7d 无侧限抗压强度和 CBR 值出现峰值、收缩系数值为较小值时，i 值都在 0.65 附近。因此，细集料的级配按 i 法确定时，i 值取为 0.65。

3. 粗集料与细集料最佳比例研究

采用前文已经确定的细集料级配和水泥剂量为 5%（内掺法）的水泥砂浆为基体，在其中掺入不同量的粗集料，观察其因粗集料变化而引起的水泥稳定碎石混合料强度的变化趋势，以确定水泥稳定碎石混合料中粗集料与细集料的最佳比例。不同粗细集料比例对水泥稳定碎石 7d 抗压强度试验结果如图 7-11 所示。

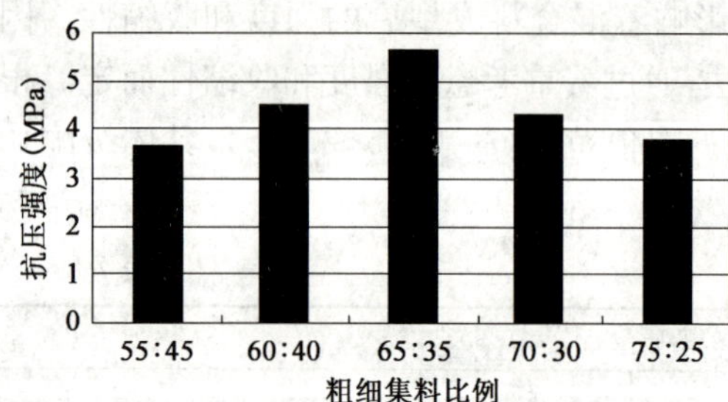

图 7-11 抗压强度与粗细集料比例的关系

由图 7-11 可以看出，在水泥砂浆基体中加入粗集料，随着粗集料的增加，水泥稳定碎石混合料的强度逐渐增大。当其含量增大到 65%时，强度达到最大值。当继续增加粗集料的含量，水泥稳定碎石强度又有所下降。

众所周知，构成水泥稳定碎石混合料强度主要来源于粗集料颗粒之间的内摩阻力和水泥砂浆的黏结力。随着粗集料的增加，混合料结构从悬浮密实结构（图 7-12）到骨架密实结构（图 7-13）再到骨架空隙结构（图 7-14），对于不同性质的粗集料，粗集料最佳含量是不一样的，它主要与粗集料松散堆积时的空隙率有关。

图 7-12 悬浮密实结构

图 7-13 骨架密实结构

图 7-14 骨架空隙结构

根据试验结果和成型试件的密实情况，本文设计级配如表 7-11 所示。

集料级配组成表 表 7-11

级配来源	级配编号	集料通过下列筛孔(mm)的质量百分比(%)							
		31.5	19	9.5	4.75	2.36	1.18	0.6	0.075
设计级配	SJ	100	62	50	35	29	21	16	3
规范级配	GF	100	80.5	57	39	26	—	15	3.5

4. 基于贝雷法的级配调整

根据贝雷法对混合料嵌挤状况的评价方法，对上述试验确定的级配进行适当调整，调整后的级配见表 7-12。表中 A 是施工技术规范中推荐级配，F、L、M 为基于上述振实试验结果根据贝雷法调整而得。

水泥稳定碎石集料级配范围及贝雷法参数 表 7-12

编号	通过下列筛孔的质量百分率(%)							贝雷法参数		
	31.5	19.0	9.5	4.75	2.36	0.6	0.075	CA	FA_C	FA_F
A	100	72～89	47～67	29～49	17～35	8～22	0～7	0.64～1.09	0.38～0.54	0.01～0.28
F	100	63～77	35～49	27～37	18～26	8～16	0～8	0.35～0.57	0.42～0.52	0.01～0.43
L	95～100	72～86	42～56	26～36	16～28	10～20	0～7	0.55～0.89	0.46～0.59	0.01～0.34
M	95～100	70～84	41～55	28～38	16～28	10～20	0～7	0.51～0.84	0.43～0.60	0.02～0.32

由表 7-12 可知所有的级配类型，其 FA_C 和 FA_F 都在建议范围之内，说明其细集料均符合嵌挤结构。

第二节　半刚性基层材料路用性能研究

一、二灰稳定碎石路用性能

1. 原材料性质及混合料组成

石灰选用西安石灰。其有效 CaO＋MgO 含量为 89.44%；粉煤灰为西安市霸桥电厂粉煤灰，其 $SiO_2+Fe_2O_3+Al_2O_3$ 的含量为 82.5%，烧失量为 11.09%；碎石压碎值 16.1%，浸水压碎值 17.2%，冻融压碎值(25 次)17.4%，均满足规范要求。

混合料组成建议级配与规范级配如表 7-13 所示，试验中采用级配中值。为了便于比较，两种级配的配合比统一取为石灰∶粉煤灰∶碎石＝6.0∶15.0∶79.0，同时将石灰∶粉煤灰∶碎石(建议级配)＝7.0∶14.0∶79.0 作为对比试验。

推荐级配及规范级配表 表 7-13

筛孔尺寸(mm)	通过率(%)					
	基层规范值			建议级配		
	上限	中值	下限	上限	中值	下限
31.5	100	100	100	100	97.5	95
19	98	89.5	81	68	59	50
9.5	70	61	52	35	28	21
4.75	50	40	30	15	11	7
2.36	38	28	18	7	3.5	0

续上表

筛孔尺寸(mm)	通过率(%)					
	基层规范值			建议级配		
	上限	中值	下限	上限	中值	下限
1.18	27	18.5	10	—	—	—
0.6	20	13	6	—	—	—
0.075	7	3.5	0	—	—	—
配合比	基层规范		石灰：粉煤灰：碎石＝6.0：15.0：79.0			
	建议级配	A	石灰：粉煤灰：碎石＝6.0：15.0：79.0			
		B	石灰：粉煤灰：碎石＝7.0：14.0：79.0			

2.力学性能

(1)无侧限抗压强度

抗压强度是路面结构分析的重要参数，也是评价半刚性基层材料路用性能的一个重要指标。《公路路面基层施工技术规范》(JTJ 034—2000)中对半刚性基层材料应用于各级公路唯一的指标就是混合料7d无侧限饱水抗压强度，没有采用其他指标，将其作为基层的受力特性是必要的，也是必需的。在大致相同的环境温度下，半刚性基层材料的强度都随龄期增长，且增长幅度存在差异。所以，不但要了解其早期强度，还需要了解其发展规律，掌握其潜能，从而才能够真正发挥半刚性基层材料的优点。

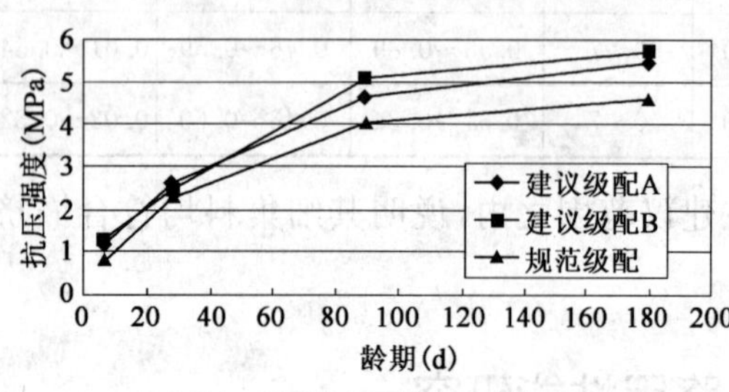

图 7-15 无侧限抗压强度与龄期关系

为了充分比较不同级配的二灰稳定碎石的强度发展规律，对两种级配三种配合比的二灰稳定碎石进行了不同龄期的强度试验，其结果如表7-14所示，强度随龄期增长的关系如图7-15所示。

不同级配二灰稳定碎石混合料抗压强度 表 7-14

龄期(d)		7	28	90	180
强度(MPa)	建议级配 A	1.17	2.58	4.64	5.39
	建议级配 B	1.25	2.42	5.07	5.68
	规范级配	0.78	2.30	4.09	4.57

由表7-14可以看出，两种不同级配的二灰稳定碎石混合料无侧限抗压强度均随着龄期的增长而增大。且不同龄期建议级配二灰稳定碎石混合料抗压强度均大于规范级配的抗压强度。

(2)劈裂强度

一种良好的基层材料，不仅要求有较高的抗压强度，还必须具有较高的抗拉强度，其中劈裂强度是目前用来评价抗拉强度的基本指标之一。两种级配二灰稳定碎石混合料不同龄期的劈裂强度试验结果如表7-15所示。

不同级配二灰稳定碎石混合料劈裂强度 表 7-15

龄期(d)		7	28	90	180
强度(MPa)	建议级配 A	0.0798	0.2628	0.5299	0.5849
	规范级配	0.0256	0.2127	0.4456	0.4963

由表7-15可以看出，建议级配二灰稳定碎石混合料各龄期的劈裂强度均大于规范级配相应龄期的劈裂强度，而且强度发展快。这主要在于建议级配具有良好的骨架嵌挤作用和最大的密实结构。

(3)抗压模量

基层作为路面的主要承重层，必须具有足够的强度和刚度才能抵抗行车荷载的作用，避免产生过大的变形与破坏。然而,如果基层与面层刚度差别太大又容易使结构产生过大的拉应力,特别是在湿度减小和温度降低的情况下出现裂缝,影响路面的使用性能。大量试验表明,二灰稳定碎石具有较高的强度和刚度,能够适应不同类型的面层。

不同级配二灰稳定碎石混合料抗压回弹模量测试结果如表 7-16 所示。

不同级配二灰稳定碎石混合料抗压回弹模量　　表 7-16

龄期(d)		28	90
强度(MPa)	建议级配 A	1 325.13	1 972.39
	规范级配	802.54	1 652.32

由表 7-16 可以看出,建议级配二灰稳定碎石混合料各龄期的抗压回弹模量均比规范级配二灰稳定碎石混合料抗压回弹模量大一些。这种关系与强度关系是一致,也就是说,一般情况下,强度大,模量也大。模量大既有有利的一面,又有不利的一面,特别是对抗裂性能,因而半刚性基层应具有适宜的刚度。

3. 收缩性能

(1)干燥收缩性能

二灰稳定碎石的干燥过程是由表面逐步扩展到内部的过程,在二灰稳定碎石中呈现出一定的水力梯度,因此产生表面收缩大、内部收缩小的不均匀收缩,致使二灰稳定碎石表面承受拉应力,内部承受压应力,当表面所受的拉应力超过其抗拉强度时,就会产生裂缝。两种级配二灰稳定碎石混合料的干缩试验结果如表 7-17 所示。

不同级配二灰稳定碎石混合料干缩试验结果　　表 7-17

级配类型	试验指标	0h	2h	4h	8h	12h	24h	48h
规范级配	干缩应变	−4	108	141	170	234	260	339
	含水率(%)	7.9	7.6	7.4	7.0	5.6	2.5	1.9
	干缩系数($\times10^{-6}$)	—	373.33	165.00	72.50	45.71	8.38	131.66
	平均系数($\times10^{-6}$)	132.767						
建议级配 A	干缩应变	0	49	64	74	114	131	266
	含水率(%)	7.800	7.600	7.200	6.900	5.700	3.500	1.800
	干缩系数($\times10^{-6}$)	—	245.00	37.50	33.33	33.33	7.72	79.41
	平均系数($\times10^{-6}$)	72.718						

由试验结果可以看出,无论是最大干缩应变还是平均干缩系数,建议级配都比规范级配小,这说明建议级配的抗干缩性能比规范级配的好。

(2)温度收缩试验

温度收缩是指混合料因温度降低而产生的整体体积缩小现象。温度收缩裂缝可分为两种,一是在较大温度差下收缩应变超过极限拉应变时出现的裂缝;二是在温度差的反复作用下形成的温度疲劳开裂。两种级配二灰稳定碎石混合料的温缩试验结果见表 7-18。

不同级配二灰稳定碎石混合料温缩试验结果　　表 7-18

级配类型	温度(℃)	60	50	40	35	30	25	20	15
建议级配 A	温缩应变	−16	129	145	195	237	304	324	342
	温缩系数($\times10^{-6}$)		15.02	2.12	10.52	8.92	13.92	4.52	4.12
规范级配	温缩应变	8	263	272	326	372	427	470	476
	温缩系数($\times10^{-6}$)		26.02	1.42	11.32	9.72	11.52	9.12	1.72

续上表

级配类型	温度(℃)	10	5	0	−5	−10	−15	−20	−30
建议级配 A	温缩应变	374	416	452	516	604	673	753	807
	温缩系数(×10⁻⁶)	6.92	8.92	7.72	13.32	18.12	14.32	16.52	5.92
规范级配	温缩应变	499	552	582	646	770	870	959	1 018
	温缩系数(×10⁻⁶)	5.12	11.12	6.52	13.32	25.32	20.52	18.32	6.42

由试验结果可以看出:建议级配的二灰稳定碎石混合料的温缩系数在任何温度区间都小于规范级配的温缩系数,这充分证明建议级配二灰稳定碎石混合料抵抗温度收缩能力强于规范级配二灰稳定碎石混合料。

总而言之,在二灰稳定碎石中,粗集料形成骨架,能够抑制收缩开裂,细集料的加入,也会抑制"富余"二灰的收缩,过多的水分容易引起二灰稳定碎石的早期收缩开裂,因此,必须严格控制二灰稳定碎石混合料中的含水率,通过调整集料、石灰、粉煤灰及水的组成配比,将二灰稳定碎石的收缩量控制在最低。

4. 冲刷性能

国内外的调查研究表明,基层材料的冲刷与半刚性基层材料组成特性有关,同时冲刷量随行车反复作用次数而增加。在相同条件下,路面结构层的冲刷作用随其与面层表面距离的增加而减弱。因此要求半刚性基层材料具有一定的抗冲刷性能。

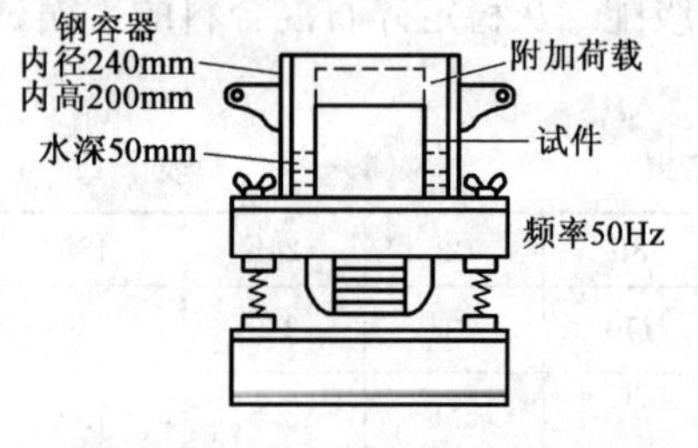

图 7-16　用于测量抗冲刷性能的振动台

采用 ϕ15cm×15cm 的试件,在标准环境下养生 90d。试验时将试件在养生到期的前一天浸水,饱水 24h,然后取出放在钢容器中,向钢容器中加水至 50mm,然后开动振动台,测定不同时间的冲刷量。冲刷后将钢容器中残留物收集到容器中,然后将残留物烘干,称其质量,并计算冲刷量。冲刷试验的装置如图 7-16 所示。

按照上述试验方法,进行了建议级配及规范级配二灰稳定碎石混合料的冲刷试验,试验结果如表 7-19 所示。

不同级配二灰稳定碎石冲刷试验结果　　表 7-19

冲刷时间(min)	累计冲刷量(g)	
	建议级配 A	规范级配
3	12.695	30.259
8	89.351	126.354
13	268.651	254.569
18	312.856	305.686
23	365.234	449.862
28	417.060	520.710

由表 7-19 可知,随着冲刷时间的增长,冲刷量也在增加。虽然两种级配的混合料在冲刷时间内冲刷量数据有交叉,但总体看来,建议级配二灰稳定碎石混合料抗冲刷性能优于规范级配二灰稳定碎石混合料的抗冲刷性能。一般认为,抗冲刷性能与其强度有直接关系,也与混合料级配类型,特别是细颗粒材料的含量有关,因而建议级配具有良好的抗冲刷性能。

5. 稳定性能

(1)水稳性

不同级配二灰稳定碎石水稳性试验结果如表 7-20 和表 7-21 所示。

不同级配二灰稳定碎石抗压软化系数 表 7-20

龄期(d)		7	28	90	180
建议级配 A	未饱水强度(MPa)	1.79	3.47	5.49	6.14
	饱水强度(MPa)	1.17	2.58	4.64	5.39
	软化系数	0.654	0.744	0.845	0.878
规范级配	未饱水强度(MPa)	1.25	3.27	4.96	5.38
	饱水强度(MPa)	0.78	2.30	4.09	4.57
	软化系数	0.624	0.703	0.825	0.849

不同级配二灰稳定碎石劈裂软化系数 表 7-21

龄期(d)		7	28	90	180
建议级配 A	未饱水劈裂强度(MPa)	0.107 7	0.330 2	0.628 6	0.683 3
	饱水劈裂强度(MPa)	0.079 8	0.262 8	0.529 9	0.584 9
	软化系数	0.741	0.796	0.843	0.856
规范级配	未饱水劈裂强度(MPa)	0.033 6	0.273 4	0.546 1	0.593 0
	饱水劈裂强度(MPa)	0.025 6	0.212 7	0.445 6	0.496 3
	软化系数	0.762	0.778	0.816	0.837

由表 7-20 和表 7-21 可知，二灰稳定碎石混合料抗压软化系数和劈裂软化系数随龄期的增长而增长，这是因为随着龄期的增长，石灰与粉煤灰的火山灰反应逐渐变强，石灰碳化结晶作用也不断加强，碳酸钙晶体沉积在二灰稳定碎石混合料间隙中，产生一定的胶结强度，同时在劈裂条件下抗水损害能力增强。

(2)冻稳性

不同级配二灰稳定碎石冻稳性试验结果如表 7-22 和表 7-23 所示。

不同级配二灰稳定碎石抗压耐冻系数 表 7-22

龄期(d)		28	90	180
建议级配 A	饱水抗压强度(MPa)	2.58	4.64	5.39
	冻融抗压强度(MPa)	1.91	3.77	4.60
	耐冻系数	0.740	0.813	0.854
规范级配	饱水抗压强度(MPa)	2.30	4.09	4.57
	冻融抗压强度(MPa)	1.61	3.22	3.76
	耐冻系数	0.700	0.787	0.823

不同级配二灰稳定碎石劈裂耐冻系数 表 7-23

龄期(d)		28	90	180
建议级配 A	饱水劈裂强度(MPa)	0.262 8	0.529 9	0.584 9
	冻融劈裂强度(MPa)	0.189 2	0.402 7	0.479 3
	耐冻系数	0.720	0.760	0.819
规范级配	饱水劈裂强度(MPa)	0.212 7	0.445 6	0.496 3
	冻融劈裂强度(MPa)	0.142 5	0.332 0	0.397 0
	耐冻系数	0.670	0.745	0.800

由表 7-22 和表 7-23 可以看出，两种级配的二灰稳定碎石混合料冻稳性均随着龄期的增长而增强，且从总体来看，建议级配二灰稳定碎石混合料冻稳性优于规范级配二灰稳定碎石混合料。

6.疲劳性能

二灰稳定碎石混合料具有很大的刚度和整体性，其抗压强度高，但有可能在远小于其极限强度的荷载反复作用下，经受反复挠曲而最终导致疲劳断裂。这也是半刚性基层设计仍以抗疲劳为主的重要原因。为设计出性能优良的二灰稳定碎石混合料，避免基层在服务年限内因疲劳而破坏，有必要对二灰稳定碎石混合料的疲劳性能进行评价。

影响二灰稳定碎石混合料疲劳性能因素众多，主要有荷载因素（如应力、应变水平、加载时间、波形、频率、荷载间歇时间等）、材料本身因素（如试件强度、试件密度、压实度、混合料配合比、集料特性和级配等）。可见疲劳是一种较为复杂的破坏现象。本文对两种级配的二灰稳定碎石混合料疲劳特性进行了研究。试验结果如图 7-17 所示。

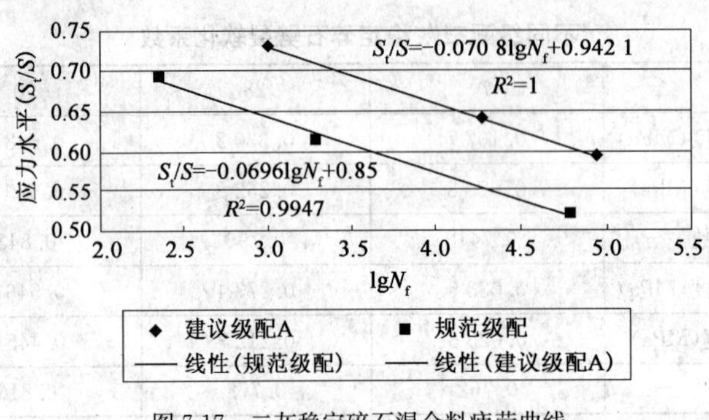

图 7-17 二灰稳定碎石混合料疲劳曲线

由图 7-17 可以看出，建议级配二灰稳定碎石混合料的疲劳曲线位于规范级配二灰稳定碎石混合料疲劳曲线之上。说明建议级配二灰稳定碎石混合料在相同的应力水平下，能承受更多的荷载反复作用次数。因此，建议级配二灰稳定碎石混合料抗疲劳性能优于规范级配二灰稳定碎石混合料。

二、水泥稳定碎石路用性能

为了比较不同配合比对水泥稳定碎石混合料路用性能的影响，试验中采用四种级配，如表 7-24 所示。其中 F、L 和 M 是本文试验确定的级配，A 是《公路路面基层施工技术规范》(JTJ 034—2002)推荐级配的中值。混合料击实试验结果如表 7-25 所示。

集料级配组成表

表 7-24

类型 \ 筛孔	各档集料在不同筛孔(mm)的通过率(%)								备注
	31.5	26.5	19	9.5	4.75	2.36	0.6	0.075	
A	100	95	80.5	57	39	26	15	3.5	规范级配
F	100	—	70	42	32	22	12	4	设计级配
L	100	—	79	49	29	24	14	3.5	设计级配
M	100	—	79	47	31	22	14	3.5	设计级配

水泥稳定碎石混合料最大干密度及最佳含水率

表 7-25

级配类型	水泥：集料	最大干密度(g/cm^3)	最佳含水率(%)
A	4.5：100	2.38	4.6
F	4.5：100	2.40	5.0
L	4.5：100	2.40	5.2
M	4.5：100	2.41	5.0

同二灰稳定碎石一样，分别对上述四种水泥稳定碎石级配进行力学性能、稳定性能、冲刷性能、收缩性能的研究试验，部分结果如图 7-18～图 7-20、表 7-26～表 7-29 所示。

水泥稳定碎石抗压回弹模量 表 7-26

级配类型	不同龄期的抗压回弹模量(MPa)		
	28d	90d	180d
A	1 340	1 690	1 879
F	1 459	1 730	1 994
L	1 496	1 721	2 203
M	1 549	1 752	2 125

不同龄期水泥稳定碎石的软化系数 表 7-27

龄期(d)	28				90			
级配类型	A	F	L	M	A	F	L	M
未饱水强度(MPa)	6.48	6.48	6.70	6.83	7.03	7.04	7.65	7.59
饱水强度(MPa)	6.03	6.14	6.24	6.48	6.67	6.89	7.42	7.58
软化系数	0.931	0.947	0.931	0.948	0.949	0.979	0.969	0.999

水泥稳定碎石的耐冻系数 表 7-28

级配类型	不同龄期的(d)耐冻系数(%)	
	28	90
A	0.88	0.84
F	0.90	0.86
L	0.91	0.87
M	0.93	0.89

水泥稳定碎石的冲刷试验结果(冲刷次数 6 000 次) 表 7-29

级配	7d 冲刷量(g)	28d 冲刷量(g)	60d 冲刷量(g)	90d 冲刷量(g)
A	17.6	14.1	12.4	11.3
F	14.5	10.8	9.6	7.7
L	9.3	8.9	6.2	4.6
M	10.0	8.6	6.3	5.8

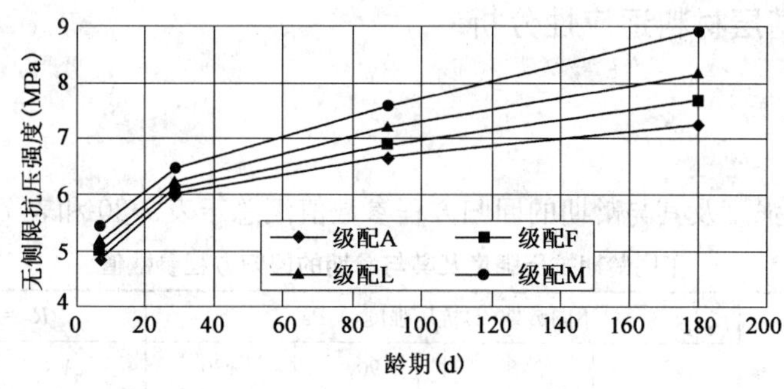

图 7-18 无侧限抗压强度随龄期增长规律

以上结果表明:

(1)各种级配的水泥稳定碎石混合料的抗压强度、劈裂强度、抗压回弹模量均随龄期的增长而增加,因为随着龄期的增长,水泥发生水化反应,生成的水化产物逐渐增多,形成具有一定强度的空间网状结构,宏观上就是强度的增加,强度排序为:M>L>F>A。

(2)水泥稳定碎石混合料软化系数随着龄期的增长而增加。90d 软化系数的排序为:M>F>L>A,软化系数与水泥稳定碎石混合料组成结构有极大关系。

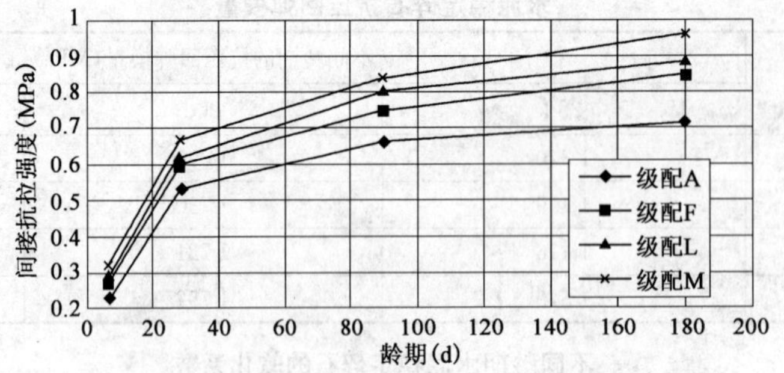

图 7-19　水泥稳定碎石劈裂强度随龄期增长规律

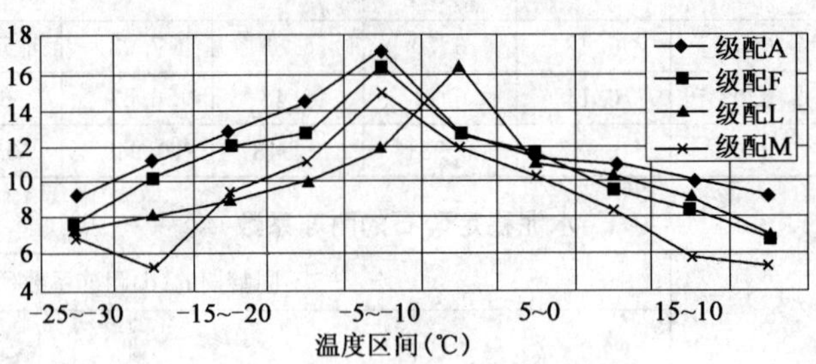

图 7-20　温度收缩系数试验结果

(3)在 28d 的冻融试验中,由于强度的增长,冻融造成的破坏不是很明显。骨架密实结构混合料,试件空隙较少,饱水以后其含水率较常规组成少,因而水结冰引起体积膨胀对空壁所产生的应力也相对较少,所以强度下降不太大。

(4)各种级配抗冲刷能力排序为:L>M>F>A。当水泥剂量相当时,骨架密实结构水泥稳定碎石的冲刷量小于悬浮密实结构水泥稳定碎石的冲刷量;混合料中细集料的含量越多,基层的冲刷现象越明显。

(5)在结合料剂量相同和养生条件一致的条件下,不同级配的混合料温度收缩性能明显不同,骨架密实型级配的混合料整体收缩性能要小于悬浮密实型级配混合料,从平均温度收缩系数来比较优劣:M>L>F>A。这也反映了混合料中的细集料含量越多,温缩系数越大。

三、两类半刚性基层材料适应性分析

1. 路用性能分析

(1)力学性能

各类材料不同龄期强度及其与龄期的回归方程参数值汇总于表 7-30 和表 7-31。

不同龄期抗压强度及其与龄期的回归方程参数值　　表 7-30

级配类型		不同龄期(d)抗压强度(MPa)				$R_c = A\ln T + B$ 方程的参数		
		7	28	90	180	A	B	R^2
二灰稳定碎石	建议级配 A	1.17	2.58	4.64	5.39	1.344 9	−1.588 7	0.99
	建议级配 B	1.25	2.42	5.07	5.68	1.454 9	−1.840 3	0.96
	规范级配	0.78	2.30	4.09	4.57	1.214 9	−1.611 9	0.99
水泥稳定碎石	A	4.82	6.03	6.67	7.26	0.731 5	3.457 3	0.99
	F	5.02	6.14	6.89	7.67	0.790 2	3.472 6	0.99
	L	5.16	6.24	7.19	8.16	0.896 4	3.332 5	0.98
	M	5.39	6.48	7.58	8.88	1.032 7	3.217 5	0.97

不同龄期劈裂强度及其与龄期的回归方程参数　　表 7-31

级配类型		不同龄期(d)劈裂强度(MPa)				方程为 $R_i = A\ln T + B$ 参数		
		7	28	90	180	A	B	R^2
二灰稳定碎石	建议级配 A	0.079 8	0.262 8	0.529 9	0.584 9	0.164 3	−0.250 8	0.98
	规范级配	0.025 6	0.212 7	0.445 6	0.496 3	0.152 1	−0.274 2	0.98
水泥稳定碎石	A	0.23	0.53	0.66	0.71	0.147 9	−0.021 2	0.95
	F	0.27	0.60	0.75	0.85	0.176 0	−0.041 3	0.98
	L	0.30	0.62	0.80	0.88	0.179 2	−0.020 7	0.98
	M	0.32	0.67	0.84	0.96	0.194 0	−0.028 5	0.98

由表 7-30 和表 7-31 中数据看出，不同结构类型的同类混合料中，骨架密实型混合料强度普遍高于悬浮密实型结构；同类结构不同混合料中，水泥稳定碎石强度要高于二灰稳定碎石。参数 A 反应材料强度随龄期的增长率，从表 7-30 中数据可以看出，二灰稳定碎石的 A 普遍大于水泥稳定碎石，说明二灰稳定碎石早期强度较低，但后期强度较高。

(2)水稳定性能

各类材料不同龄期水稳定性能汇总于表 7-32。

各材料不同龄期抗压软化系数　　表 7-32

混合料类型	级配类型	不同龄期(d)下抗压软化系数			
		7	28	90	180
二灰稳定碎石	建议级配 A	0.654	0.744	0.845	0.878
	规范级配	0.624	0.703	0.825	0.849
水泥稳定碎石	A	—	0.931	0.949	—
	F	—	0.947	0.979	—
	L	—	0.931	0.969	—
	M	—	0.948	0.999	—

由表 7-32 中数据可知，不同结构类型的同类混合料中，骨架密实型混合料的水稳性优于悬浮密实型结构；同类结构不同混合料中，水泥稳定碎石的水稳性明显优于二灰稳定碎石。

(3)抗冻性能

各类材料不同龄期抗冻性能汇总于表 7-33。

各材料不同龄期抗压耐冻系数　　表 7-33

混合料类型	级配类型	不同龄期(d)下抗压耐冻系数		
		28	90	180
二灰稳定碎石	建议级配 A	0.74	0.81	0.85
	规范级配	0.70	0.79	0.82
水泥稳定碎石	A	0.88	0.84	—
	F	0.90	0.86	—
	L	0.91	0.87	—
	M	0.93	0.89	—

由表 7-33 中数据可知，结构类型对材料抗冻性能影响不大，而不同类型混合料抗冻性能有所差别，尤其是含与不含水泥对抗冻性能影响较为明显。两类材料中，水泥稳定碎石抗冻性能优于二灰稳定碎石。

(4)抗裂性能

在评价材料抗干缩开裂性能时，龄期选择为 7d，在评价抗温缩开裂性能时，龄期选择为 90d。按温

缩抗裂系数 t 和干缩抗裂系数 w 分别来评价温缩抗裂性能和干缩抗裂性能，利用劈裂强度、劈裂模量、最大失水量、温差和最大干缩、温缩应变，可求得各材料抗裂系数，如表 7-34 所示。

各材料抗裂性能 表 7-34

材料类型	级配类型	90d 龄期		7d 龄期	
		平均温缩系数 (με/℃)	温缩抗裂系数 t(℃)	平均干缩系数 (με/%)	干缩抗裂系数 w(%)
二灰稳定碎石	建议级配 A	10.06	5.98	40.9	5.36
	规范级配	11.83	4.16	58.3	4.69
水泥稳定碎石	A	9.20	1.36	63.08	2.13
	F	7.60	3.16	50.87	3.97
	L	7.80	3.21	43.73	3.25
	M	6.80	4.36	44.83	4.16

表 7-34 中 t 或 w 的大小反映材料的抗温度或湿度收缩相对能力的大小，其值越大，表明材料抗温度或湿度收缩性能越好，反之亦然。从表 7-34 中数据可以看出二灰稳定碎石抗裂性能较好，这与基层中含粉煤灰有一定关系。

(5)抗冲刷性能

二灰稳定碎石和水泥稳定碎石 90d 龄期的抗冲刷性能如表 7-35 所示。

二灰稳定碎石和水泥稳定碎石的抗冲刷性能 表 7-35

级配类型	二灰稳定碎石		水泥稳定碎石			
	建议级配 A	规范级配	A	F	L	M
平均冲刷率(g/min)	14.05	16.78	2.034	1.386	0.828	1.035

由表 7-35 可以看出，与水泥稳定碎石基层相比，二灰稳定碎石抗冲刷性能较差。这与二灰稳定碎石中含有大量粉煤灰及细集料有关。

2. 经济性分析

对于高速公路和一级公路，为确保平整度，基层施工一般都要求采用机械摊铺，因此二灰稳定碎石基层、水泥稳定碎石基层施工方法是一致的，造价的不同主要在于水泥和石灰的价格不同及用量的不同。对基层材料进行单价计算，结果见表 7-36。

基层材料单价计算表 表 7-36

材料类型	配合比	单价(元/t)
二灰稳定碎石	3:17:80	51.5
	8:12:80	54.0
	6:14:80	53.0
	8:17:75	54.0
	10:20:70	55.0
	5:15:80	52.5
	6:12:82	53.0
	5:15:80	52.5
	4:16:80	52.0
水泥稳定碎石	4:96	60.0
	5:95	62.5
	6:94	65.0

由表7-36可知，从单价上比较，水泥稳定碎石单价大于二灰稳定碎石单价。一般对于水泥稳定碎石，水泥用量5%～6%，而对于二灰稳定碎石，石灰用量约6%，设二灰稳定碎石单价为1，则水泥稳定碎石单价为1.13～1.24。如采取早强措施提高二灰稳定碎石早期强度，设掺入常用的Na_2CO_3，剂量为0.2%，单价为1 500元/t，则二灰稳定碎石的单价每吨将增加3元左右。如考虑到水泥稳定碎石强度以及路面结构厚度，按等效折算，则水泥稳定碎石经济性要略优于二灰稳定碎石。

3.适用性分析及建议

通过技术经济性能的分析，可以得出如下结论：

(1)从抗裂性能、冲刷性能考虑，由于北方地区气候寒冷，雨水相对于南方地区要小，故主要矛盾在于温度收缩裂缝，因此，北京地区优先考虑二灰稳定碎石。相反，南方地区冲刷更为严重，应优先考虑水泥稳定碎石。

(2)基层材料的早期强度对工程的施工进度安排以及施工季节气温等具有重要意义。因此，对工期要求比较紧迫的工程，宜考虑采用水泥稳定碎石基层。

四、半刚性基层材料强度形成机理分析

1.二灰稳定碎石强度形成机理分析

(1)二灰稳定碎石混合料强度形成机理

二灰稳定碎石组成三相体系后，先由石灰在液相中溶解并解离，产生二价的钙离子和镁离子，提供较高的碱性环境。由于粉煤灰硅铝玻璃体的活性氧化硅、氧化铝成分在碱性环境下被溶蚀，在固液界面上或液相中与钙离子作用，发生火山灰反应，生成水化硅酸钙、水化铝酸钙等系列胶结性物质。随着火山灰反应的进行，并伴随着石灰的自结晶作用和吸收空气中二氧化碳的碳化作用，以火山灰反应产物为主的胶结性物质，在固相间隙中形成网状结构，连接固相成一整体，发展成具有很高强度的二灰稳定碎石材料。

(2)提高二灰稳定碎石混合料早期强度的措施

二灰稳定碎石混合料应用于道路工程是利用粉煤灰资源的有效途径之一。二灰稳定碎石作为路面基层，除了来源广、经济等优点外，更具有强度高、水稳性好等特点。但是，此类材料的固有缺点是早期强度低、施工时对气温有一定的要求，基层铺筑后不能及时开放交通，并且受施工季节的限制。这在一定程度上影响了此类基层的应用。因此，如何改善和提高二灰稳定碎石混合料早期强度就成为此类材料广泛应用的关键。

国内外一些学者曾在提高二灰稳定类材料的早期强度方面进行了探索和研究，综合各家的研究状况，基本上可以归纳为化学方法和物理方法。

①化学方法：以石灰和石膏为激发剂提高粉煤灰活性；以石灰或水泥为激发剂在高温养生下激发粉煤灰活性；以食盐等化学早强剂间接激发粉煤灰活性。

②物理方法：加热混合料；磨细粉煤灰。

2.水泥稳定碎石强度形成机理分析

水泥稳定碎石基层成型初期的强度主要由碎石与碎石的嵌挤力提供，随着龄期的增加，水泥水化、凝结和硬化反应的不断进行，水泥石不断生成；水泥稳定碎石基层后期强度则由碎石与水泥石的黏结力和嵌挤力、碎石与碎石的嵌挤力以及水泥石的强度等整体提供。

(1)微观结构分析

在水泥稳定碎石中，首先发生水泥自身的水化反应，从而产生出具有胶结能力的水化产物，这是水泥稳定碎石强度的主要来源。水泥水化生成的水化产物，在碎石的空隙中相互交织搭接起来，将碎石颗

粒包覆起来，且随着水化产物的增加，混合料逐渐坚固起来。

利用电子显微镜对不同龄期的水泥稳定碎石材料放大至 3 000 倍后扫描成照片，如图7-21所示，从微观结构上对其力学性能形成机理进行分析。

a)

b)

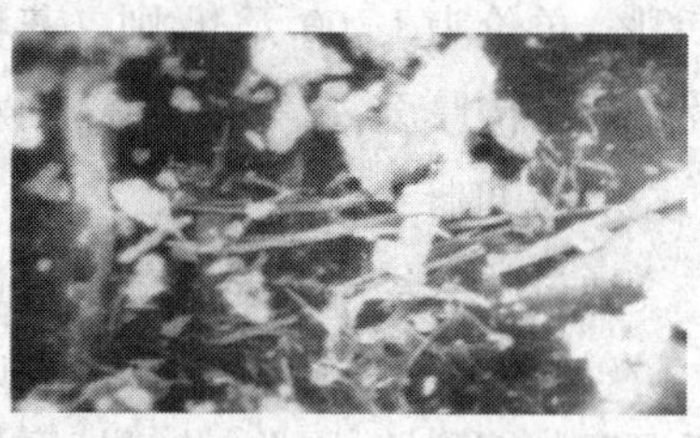
c)

图 7-21　电子扫描照片

a)7d 龄期；b)28d 龄期；c)90d 龄期

由图 7-21 电子显微镜照片可知，不同龄期的微观结构变化规律再次很好地解释了其对应材料强度刚度增长规律。水泥稳定碎石随着龄期的增长其颗粒间的凝胶物与结晶体也随之增加，它们以纤维状、棒状或片状形态出现，相互交织，缔结形成空间网架结构，从而提高了材料的强度和稳定性。

(2)物理化学作用主要包括水泥的水化作用、离子交换作用、化学激发作用和碳酸化作用。

第三节　半刚性基层施工质量控制技术研究

一、施工变异因素对强度影响分析

1.正交试验方案

以最大干密度 2.27g/cm^3、最佳含水率 6.0％为基准成型试件，进行水泥稳定碎石施工参数变异性对比试验。选取水泥剂量、含水率、压实度和级配为影响因素，每个因素分别取三个水平，因素与水平的安排如表 7-37 所示。考察指标为 7d 无侧限抗压强度和 90d 劈裂强度。

因 素 水 平　　表 7-37

因素A	4.75mm 筛孔通过率(％)	33	39	28
因素 B	水泥剂量(％)	5.0	6.5	4.0
因素 C	含水率(％)	6.0	7.2	5.0
因素 D	压实度(％)	98	100	96

本试验选用 $L_9(3^4)$正交表，即三个水平，四个因素，具体各个因素之间的搭配如表 7-38 所示，正交表如表 7-39 所示。

各个因素之间的搭配　　表 7-38

4.75mm 筛孔通过率(％)	水泥剂量(％)	含水率(％)	压实度(％)
1(33)	1(5.0)	1(6.0)	1(98)
2(39)	2(6.5)	2(7.2)	2(100)
3(28)	3(4.0)	3(5.0)	3(96)

$L_9(3^4)$正交试验安排表　　表 7-39

试验号	列号				考察指标	
	A	B	C	D	7d 抗压强度（MPa）	90d 劈裂强度（MPa）
1	1	1	1	1	1	1
2	1	2	2	2	2	2
3	1	3	3	3	3	3
4	2	1	2	3	4	4
5	2	2	3	1	5	5
6	2	3	1	2	6	6
7	3	1	3	2	7	7
8	3	2	1	3	8	8
9	3	3	2	1	9	9

2. 正交试验结果

为了提高试验精度减少试验误差的干扰，进行了两次平行试验，结果如表 7-40 所示。

强度试验结果　　表 7-40

试验号		7d 无侧限抗压强度			90d 劈裂强度		
		平均值（MPa）	标准偏差（MPa）	变异系数（%）	平均值（MPa）	标准偏差（MPa）	变异系数（%）
1	第一次	4.88	0.60	12.38	0.79	0.07	8.95
	第二次	4.55	0.32	6.95	0.75	0.05	6.75
2	第一次	4.98	0.67	13.44	0.84	0.11	13.61
	第二次	5.01	0.52	10.48	0.69	0.09	12.58
3	第一次	3.21	0.31	9.70	0.54	0.06	10.92
	第二次	3.27	0.27	8.25	0.56	0.04	7.96
4	第一次	4.58	0.53	11.51	0.84	0.10	11.70
	第二次	4.58	0.48	10.41	0.87	0.09	10.13
5	第一次	5.68	0.49	8.71	0.82	0.11	13.71
	第二次	5.38	0.33	6.12	0.89	0.09	9.69
6	第一次	4.35	0.40	9.14	0.56	0.03	5.69
	第二次	4.27	0.30	7.10	0.60	0.05	7.65
7	第一次	4.56	0.58	12.65	0.50	0.05	9.82
	第二次	4.80	0.43	8.87	0.48	0.05	10.19
8	第一次	5.40	0.44	8.23	0.80	0.06	7.94
	第二次	5.18	0.56	10.73	0.83	0.09	10.33
9	第一次	4.08	0.30	7.30	0.53	0.03	5.22
	第二次	4.04	0.27	6.73	0.49	0.04	7.33

3. 正交试验结果方差分析

为了评价各次试验数据的波动大小，首先从各个试验数据中减去平均值计算偏差，一般可写成：$\chi_{ij}-\overline{\chi}_i(i=1,2,\cdots,9;j=1,2,\cdots,6)$。偏差的平均值总是等于零，因此，将各偏差平方再取平均，这时所得到的偏差的平方和叫做偏差平方和，用符号 Q 表示，第 i 次的偏差平方和为：

$$Q_i=\sum_{j=1}^{n}(\chi_{ij}-\overline{\chi}_i)^2$$

计算“偏差的平方”的平均值，可以将平方和Q除以自由度$f=n-1$，这样得到的“偏差的平方”的代表值，称作方差，用V表示，$V=Q/f$。方差的平方根就是“偏差”的代表值称作标准偏差，用符号s表示，$s=\sqrt{V}$。

各因素的水平总值计算结果如表 7-41 所示。

强度分析计算表 表 7-41

试验号	A	B	C	D	7d 无侧限抗压强度 y(MPa)		90d 劈裂强度 x(MPa)	
					第一次	第二次	第一次	第二次
1	1	1	1	1	4.88	4.55	0.79	0.75
2	1	2	2	2	4.98	5.01	0.84	0.69
3	1	3	3	3	3.21	3.27	0.54	0.56
4	2	1	2	3	4.58	4.58	0.84	0.87
5	2	2	3	1	5.68	5.38	0.82	0.89
6	2	3	1	2	4.35	4.27	0.56	0.6
7	3	1	3	2	4.56	4.8	0.50	0.48
8	3	2	1	3	5.40	5.18	0.80	0.83
9	3	3	2	1	4.08	4.04	0.53	0.49
7d 无侧限抗压强度(MPa)								
T_{i1}	28.84	27.95	28.63	28.61	$T=\sum_{z=1}^{n}\sum_{k=1}^{r}y_{zk}=82.8$			
T_{i2}	28.06	31.63	27.27	27.97				
T_{i3}	25.9	23.22	26.9	26.22				
90d 劈裂强度(MPa)								
T_{i1}	4.17	4.23	4.33	4.44			$T=\sum_{z=1}^{n}\sum_{k=1}^{r}x_{zk}=12.38$	
T_{i2}	4.58	4.87	4.26	4.27				
T_{i3}	3.63	3.28	3.79	3.67				

以 7d 无侧限抗压强度为例，统计量计算过程如下：

$$P=\frac{1}{nr}\left(\sum_{z=1}^{n}\sum_{k=1}^{r}y_{zk}\right)^2=\frac{1}{9\times2}(82.8)^2=380.88$$

$$R_A=\frac{1}{a_A r}\sum_{j=1}^{b_A}T_{Aj}^2=\frac{1}{3\times2}(25.9^2+28.84^2+28.06^2)=381.65$$

$$R_B=\frac{1}{a_B r}\sum_{j=1}^{b_B}T_{Bj}^2=\frac{1}{3\times2}(27.95^2+31.63^2+23.22^2)=386.80$$

$$R_C=\frac{1}{a_C r}\sum_{j=1}^{b_C}T_{Cj}^2=\frac{1}{3\times2}(28.63^2+27.27^2+26.9^2)=381.16$$

$$R_D=\frac{1}{a_D r}\sum_{j=1}^{b_D}T_{Dj}^2=\frac{1}{3\times2}(28.61^2+27.97^2+26.22^2)=381.39$$

$$W=\sum_{z=1}^{n}\sum_{k=1}^{r}y_{zk}^2=388.52$$

则：

$$Q_T=W-P=388.52-380.88=7.64$$

$$Q_A=R_A-P=381.65-380.88=0.77$$

$$Q_B=R_B-P=386.80-380.88=5.92$$

$$Q_C=R_C-P=381.16-380.88=0.28$$

$$Q_D=R_D-P=381.39-380.88=0.51$$

$$Q_E=\sum_{z=1}^{n}\sum_{k=1}^{r}y_{zk}^2-\frac{1}{r}\sum_{z=1}^{n}(\sum_{k=1}^{r}y_{zk})^2=388.52-388.36=0.16$$

$$f_E=n(r-1)=9$$

7d 无侧限抗压强度方差分析计算结果如表 7-42 所示。

无侧限抗压强度方差分析表

表 7-42

方差来源	偏差平方和	自由度	方差估计值	F 值	$F_{0.01}$	$F_{0.05}$
因素 A	0.77	2	0.387	21.9	8.02	4.26
因素 B	5.92	2	2.962	168.0	8.02	4.26
因素 C	0.28	2	0.138	7.8	8.02	4.26
因素 D	0.51	2	0.255	14.5	8.02	4.26
误差	0.16	9	0.018			
总和	7.64	17				

同理，90d 劈裂强度方差分析计算结果如表 7-43 所示。

劈裂强度方差分析表

表 7-43

方差来源	偏差平方和	自由度	方差估计值	F 值	$F_{0.01}$	$F_{0.05}$
因素 A	0.08	2	0.0400	18.2	8.02	4.26
因素 B	0.21	2	0.1050	47.7	8.02	4.26
因素 C	0.03	2	0.0150	6.8	8.02	4.26
因素 D	0.06	2	0.0300	13.6	8.02	4.26
误差	0.02	9	0.0022			
总和	0.40	17				

从表 7-42 和表 7-43 可以看出，在试验选择的因素水平变化范围内，四个因素对 7d 抗压强度和 90d 劈裂强度影响具有相同的趋势，即四个因素对 7d 抗压强度和 90d 劈裂强度影响次序为：水泥剂量＞4.75mm筛孔通过率＞压实度＞含水率。

4. 单因素对强度的影响分析

各个因素不同水平试验点观察值的确定方法：以因素 B 为例说明，因素 B 放在 $L_9(3^4)$ 正交表的第二列上，共有三个一水平，三个二水平，三个三水平。用因素 B 的一水平对指标的平均影响 $T_{21}/3$，代替各个一水平（共三个）对指标的影响；用因素 B 的二水平对指标的平均影响 $T_{22}/3$，代替各个二水平（共三个）对指标的影响；同理，用 $T_{23}/3$ 代替各个三水平对指标的影响，根据正交表的综合可比性，$T_{21}/3$、$T_{22}/3$、$T_{23}/3$ 这三个平均值可以相互比较，且它们反映因素 B 的三个水平间的差异。

(1) 水泥剂量与强度的关系

水泥剂量与强度的关系如图 7-22 和图 7-23 所示。

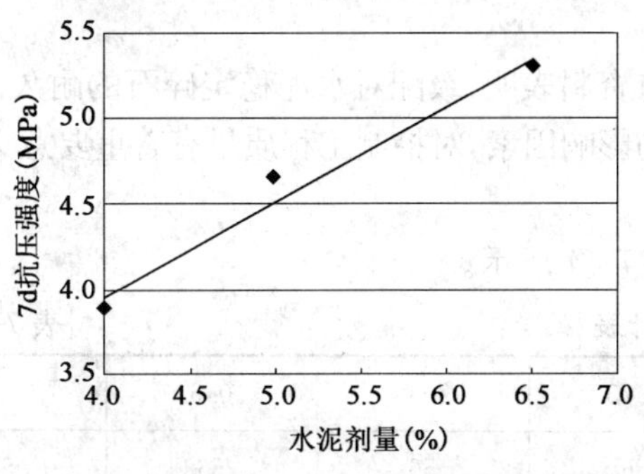

图 7-22　水泥剂量与 7d 抗压强度的关系

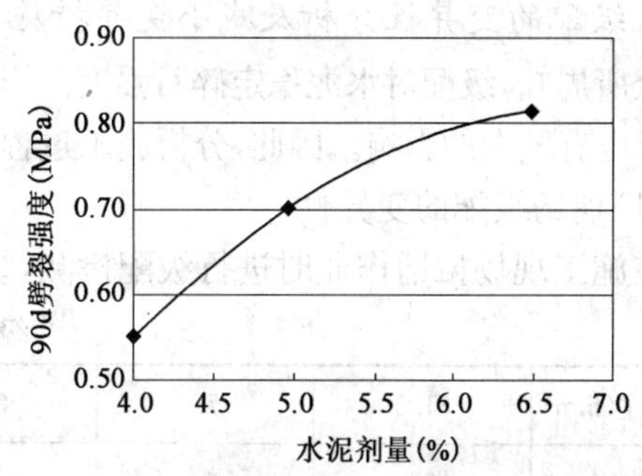

图 7-23　水泥剂量与 90d 劈裂强度的关系

从图 7-22 和图 7-23 可以看出，随着水泥剂量的增加，强度也几乎呈线性增加，但 7d 抗压强度增长速率比 90d 劈裂强度的要大。

(2)4.75mm 筛孔通过率与强度的关系

4.75mm 筛孔通过率与强度的关系如图 7-24 和图 7-25 所示。

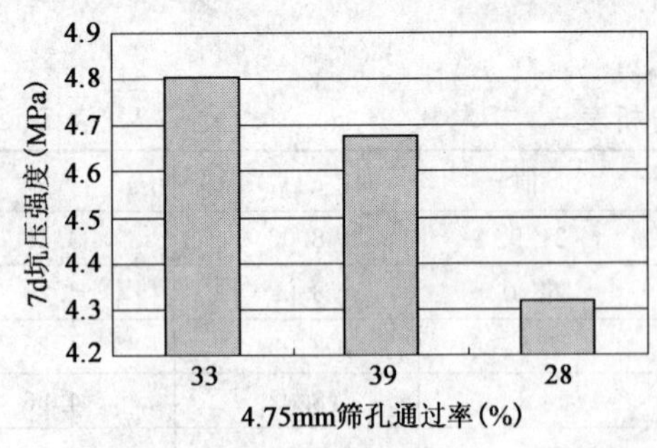

图 7-24　4.75mm 通过率与 7d 抗压强度的关系

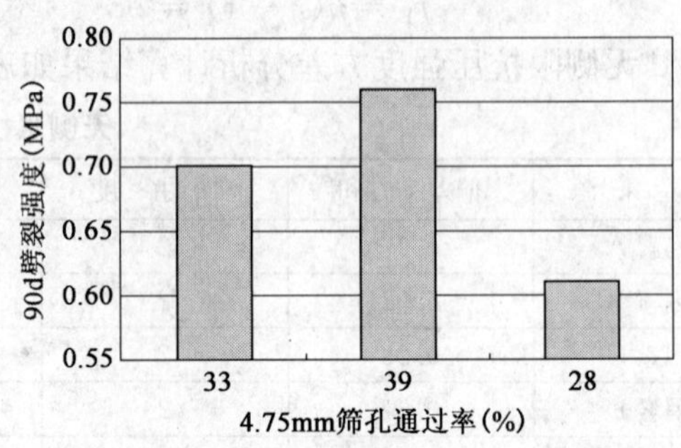

图 7-25　4.75mm 通过率与 90d 劈裂强度的关系

从图 7-24 可以看出,4.75mm 筛孔通过率处于规定中值时 7d 抗压强度比统计下限时高约 12%,比统计上限时高约 3%;当其通过率低于中值时 7d 抗压强度的变化斜率大于其通过率高于中值时的斜率,因此,施工时 4.75mm 筛孔通过率不应低于规定中值。从图 7-25 可以看出,4.75mm 筛孔通过率处于统计上限时 90d 劈裂强度比统计下限时高约 26%,比规定中值时高约 10%,所以,级配在规定范围内偏细时的 90d 劈裂强度要高于偏粗时的劈裂强度。

(3)含水率与强度的关系

含水率与强度的关系如图 7-26 和图 7-27 所示。

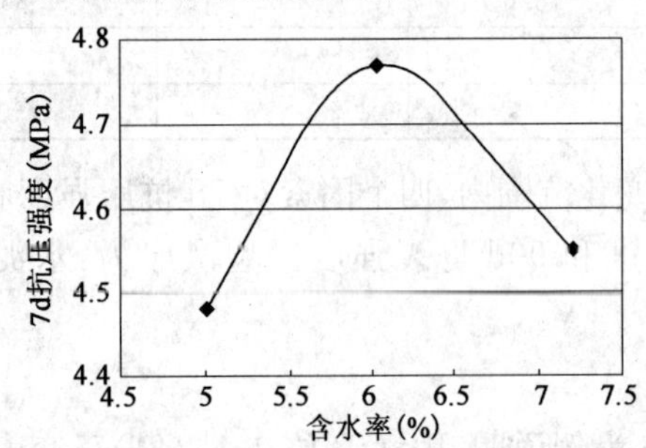

图 7-26　含水率与 7d 抗压强度的关系

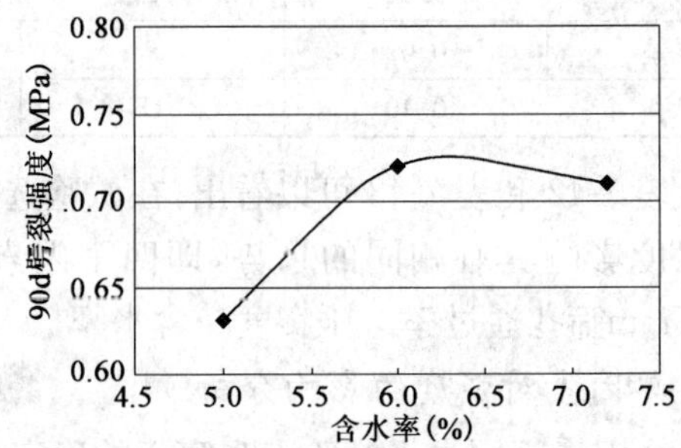

图 7-27　含水率与 90d 劈裂强度的关系

从图 7-26 可以看出,含水率处于最佳值时 7d 抗压强度最大,从总体上看,含水率对抗压强度的直接影响很小。从图 7-27 可以看出,当含水率在 6.0%～6.5%范围之内时,劈裂强度最大,当含水率超出该范围时劈裂强度有所降低,从总体上看,含水率对劈裂强度直接影响也很小。

二、施工变异性分析及减少变异措施研究

1.级配的变异性分析及减小变异措施

众所周知,级配对水泥稳定碎石强度的影响较大。另有资料表明,级配对水泥稳定碎石的耐久性和施工性能也有较大的影响。因此,分析施工过程中级配变异的影响因素,对控制工程质量有着重要意义。

(1)现场级配的变异性

在施工现场摊铺作业时进行级配检测,统计结果如表 7-44 所示。

级配变异系数统计表　　表 7-44

筛孔尺寸(mm)	31.5	19	9.5	4.75	2.36	0.6	0.075
样本数(个)	56	56	56	56	56	56	56
标准偏差(%)	0.922	2.297	2.687	4.100	2.579	2.471	1.749
变异系数(%)	0.94	2.91	5.36	11.65	11	17.33	43.13

从表 7-44 可以看出，现场级配存在不同程度的变异，其中细集料的变异大于粗集料的变异。

(2)减小级配变异措施

①料场集料的管理和控制，例如矿料进场一定要加强检测和控制；不同种类集料的料堆之间应严格隔离。

②施工过程中的控制：在拌和过程中，每天应对拌和的混合料和料场集料进行抽检，根据级配变化调整拌和机的配比，同时严格控制拌和时间；减小拌和机进料偏差，进料偏差主要发生于细集料部分，一方面要对细集料加强防雨覆盖，另一方面在拌和机进料口安装格栅，减少细集料结团阻塞进料口；运料车在装料时，为避免一次装料造成离析，应前后移动不少于 3 次；严格控制摊铺机的铺筑宽度，铺筑宽度不宜超过 6～8m，并确保摊铺机连续、慢速、均匀作业，避免因供料不足造成摊铺机分料不均匀。

2.含水率的变异性分析及减小变异措施

施工时混合料含水率的变异不仅对压实度有重要影响，而且对基层的收缩性能也有较大影响。由于施工时混合料含水率变异性的存在，基层局部混合料的含水率就可能过大，从而使基层裂缝出现的机会增大。

(1)含水率的变异性

将施工时混合料的含水率作为统计量，统计 17d 内每一天不同时段拌和后和碾压时混合料的含水率，统计时段的施工时间是 7 月份，白天最高温度达到 38℃左右，夜晚最低温度在 20℃左右，昼夜温差很大，白天不同时段气温也存在差异。统计结果如表 7-45 和表 7-46 所示。

拌和后混合料含水率变异统计表 表 7-45

统计时段	早上 7 点	上午 10 点	下午 2 点	晚上 8 点	晚上 12 点
数据个数(个)	17	17	17	17	17
平均值(%)	7.39	6.82	7.28	6.86	6.60
标准偏差(%)	0.73	0.78	1.02	0.65	0.81
变异系数(%)	9.88	11.43	14.02	9.48	12.27

碾压时混合料含水率变异统计表 表 7-46

统计时段	早上 7 点	上午 10 点	下午 2 点	晚上 8 点	晚上 12 点
设计值(%)	6.0	6.0	6.0	6.0	6.0
数据个数(个)	17	17	17	17	17
平均值(%)	6.90	6.18	6.13	6.24	6.49
标准偏差(%)	0.76	0.84	1.11	0.70	0.98
变异系数(%)	11.01	13.60	18.10	11.21	15.10

从表 7-45 和表 7-46 可以看出，混合料的含水率在拌和后和碾压时都存在变异，且拌和后混合料含水率的平均值高于碾压时混合料含水率的平均值。从表中数据可知，混合料含水率的变异一方面受温度的影响，另一方面受运距的影响。

(2)减小含水率变异措施

减小集料含水率的影响；合理弥补施工过程混合料水分损失；减小供水控制方式的影响。

3.压实度的变异性分析及减小变异措施

压实是保证工程质量的重要手段之一。压实度包含了原材料品质、混合料配合比误差、摊铺和碾压工艺缺陷等众多信息，在施工过程中应该加以跟踪检测，发现异常立即找出原因并制订整改措施。

(1)压实度的变异性

现场压实度的检测数据统计结果如表 7-47 所示。

现场压实度变异分析表 表 7-47

项目	样本数(个)	最大值(%)	最小值(%)	平均值(%)	标准偏差(%)	变异系数(%)
数值	134	102.1	96.1	99.3	1.71	1.72

从表 7-47 可以看出,压实度的变异系数为 1.72%,平均值在 98%~100%之间。最小值小于规范要求。另外,由于子样数目较大,即使是 1.72%的变异系数压实度实测值也可能超出规定范围。

(2)减小压实度变异措施

①确保碾压时混合料的含水率

在碾压方式不变的情况下,保证碾压时混合料的含水率在一定的范围是减小压实度变异的重要措施。

②确定合适的碾压组合

根据碾压机械和摊铺层厚度,通过试验确定适宜的碾压组合,在保证压实度合格的前提下,减小压实度的变异。

③确保碾压方式的一致性

碾压方式确定以后应严格按照要求施工,在施工机械、材料和碾压厚度不变的情况下,应该保证碾压方式的一致性。碾压时要保证碾压遍数不变,还要保证匀速碾压。

④控制混合料从加水拌和到碾压成型的时间

控制混合料从加水拌和到碾压成型的时间,能够减小混合料的延迟时间对压实度变异的影响。

⑤确保混合料级配接近设计级配的中值

压实度与混合料级配存在一定相关性,施工时要特别注意 4.75mm 以下筛孔的通过率,细集料的通过率应该靠近设计级配或规定级配中值。

⑥保证摊铺层厚度的均匀性

在保证厚度满足要求的前提下,还要保证厚度的均匀性,这样才能保证不会因厚度的不均引起压实度的变异。

4. 水泥剂量的变异性分析及减小变异措施

水泥剂量不仅影响水泥稳定碎石的强度,而且还影响其收缩特性。一般对水泥剂量的控制往往是对水泥计量精度的控制,而忽视了对混合料中水泥均匀性的控制,同时由于水泥剂量控制方法适应性的问题会导致施工过程中水泥剂量的变异。

(1)水泥剂量的变异性

水泥剂量变异性的统计分析结果如表 7-48 所示。

水泥剂量变异分析表 表 7-48

项目	样本数(个)	最大值(%)	最小值(%)	平均值(%)	标准偏差(%)	变异系数(%)
数值	58	7.5	4.0	5.72	0.84	14.63

从表 7-48 可以看出,水泥剂量的变异比较大。实际水泥用量的不稳定,可能导致基层强度不足或裂缝数量增加和密度的增大。

(2)减小水泥剂量变异措施

①提高混合料拌和的均匀性

混合料拌和均匀性与拌和设备、集料组成有关,在拌和过程中要避免拌和缸超额拌和,若按照规定的拌和时间不能达到均匀拌和,则应该通过试拌确定拌和时间。

②减小水泥剂量检测误差的影响

本文推荐的取样方法是从新拌的混合料中称取 4 000g,并过 4.75mm 筛,再从过筛后的混合料中通过四分法取两份各 300g 用于滴定。

第四节　沥青稳定碎石基层性能分析与级配设计

一、沥青稳定碎石基层性能分析

1. 力学性能分析

参考国内部分试验路路面结构形式及规范材料设计参数，对沥青稳定碎石基层层底受力进行力学计算，采用 Bisar 软件计算，以双圆均布荷载作用下的多层弹性体系为计算模型，双圆均布荷载压强为 0.7MPa、半径为 10.65cm，层间接触为完全连续，层底面应力计算点的横向位置选轮隙中心（A 点）和单圆荷载中心（D 点），并外加单圆半径的 1/2 处（C 点）与单圆内侧边缘（B 点），如图 7-28 所示。

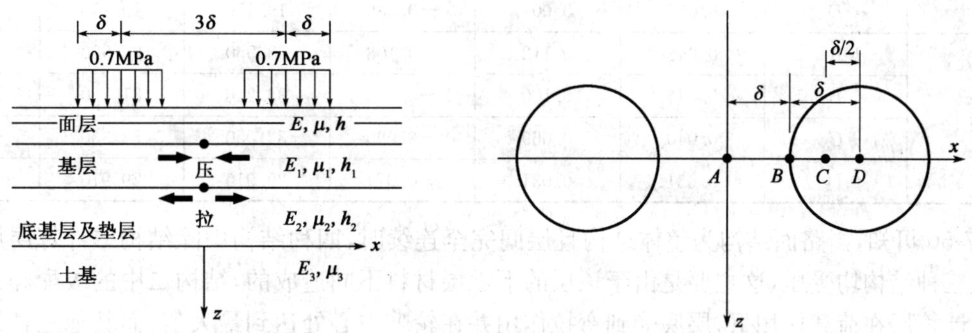

图 7-28　多层弹性体系及计算点

计算时，半刚性基层的模量考虑两种情况，半刚性基层完好和半刚性基层出现开裂或破坏后。计算结果如表 7-49 和表 7-50 所示。

半刚性基层完好时沥青稳定碎石层底应力　　表 7-49

计算点		x 方向应力 (MPa)	y 方向应力 (MPa)	z 方向应力 (MPa)	x 方向应变 (μ)	y 方向应变 (μ)	z 方向应变 (μ)
结构一	A	−0.075	−0.060	−0.163	−13.530	−0.218	−92.25
	B	−0.071	−0.058	−0.150	−13.300	−2.306	−83.97
	C	−0.061	−0.055	−0.118	−12.710	−7.188	−63.37
	D	−0.049	−0.049	−0.080	−12.030	−12.030	−39.39
结构二	A	0.133	0.286	−0.106	62.760	199.500	−150.50
	B	0.128	0.256	−0.100	63.820	177.900	−140.10
	C	0.117	0.183	−0.085	65.900	125.300	−114.20
	D	0.102	0.102	−0.067	66.630	66.630	−84.12
结构三	A	−0.074	−0.059	−0.171	−11.660	1.318	−98.19
	B	−0.070	−0.058	−0.158	−11.510	−0.729	−90.23
	C	−0.061	−0.055	−0.127	−11.150	−5.624	−70.14
	D	−0.050	−0.050	−0.090	−10.770	−10.770	−46.09
结构四	A	−0.061	−0.050	−0.149	−7.820	1.785	−86.85
	B	−0.058	−0.049	−0.140	−7.778	0.260	−80.75
	C	−0.051	−0.047	−0.116	−7.687	−3.478	−65.04
	D	−0.043	−0.043	−0.085	−7.620	−7.620	−45.45

半刚性基层破坏时沥青稳定碎石层底应力　　表 7-50

计算点		x 方向应力(MPa)	y 方向应力(MPa)	z 方向应力(MPa)	x 方向应变(μ)	y 方向应变(μ)	z 方向应变(μ)
结构一	A	0.045	0.137	−0.119	28.730	111.200	−117.500
	B	0.042	0.120	−0.113	28.970	98.140	−109.400
	C	0.036	0.077	−0.096	29.280	65.750	−88.830
	D	0.029	0.029	−0.075	28.720	28.720	−63.960
结构三	A	0.021	0.105	−0.133	19.930	95.280	−117.800
	B	0.019	0.090	−0.127	20.030	83.280	−109.800
	C	0.014	0.051	−0.109	19.990	53.500	−89.360
	D	0.007	0.007	−0.086	19.150	19.150	−64.190
结构四	A	0.048	0.112	−0.108	33.560	90.900	−105.600
	B	0.046	0.100	−0.103	33.210	81.720	−99.560
	C	0.040	0.069	−0.090	32.050	58.330	−83.820
	D	0.031	0.031	−0.074	29.910	29.910	−63.710

从表 7-50 可知，当路面结构为整体结构且层间完全连续时，四种结构中除结构二计算层层底受拉以外，其他三种结构均受压，这主要是由于该层的下承层材料不同造成的，结构二中的级配碎石模量较上层低，使计算层在荷载作用下，层底受到弯拉作用并在轮隙中心处达到最大值，而其他三种结构采用水泥稳定碎石，其模量较高，能够对路面提供足够的承重能力，故计算层层底处于受压状态，而当该水泥稳定碎石基层出现破坏后，该层的抗压模量将急剧减小至 300～500MPa，导致沥青稳定碎石层底受拉。

比较表 4-79 和表 7-50 可以发现：

(1)当半刚性基层模量下降后，沥青稳定碎石基层层底由压应力变为拉应力。

(2)所产生的拉应力大小与计算点的深度成反比，计算点越深拉应力越小。

(3)各结构计算点所受到的压应力大小基本没有变化。

由表 7-50 可知，当沥青稳定碎石基层的下承层为级配碎石时，该层同样处于受压和受拉状态，沥青稳定碎石基层不仅要克服荷载轴向作用的压应力，而且要经受住层底的弯拉疲劳破坏，为了满足这两种主要的力学要求，同样需要沥青稳定碎石具有足够的抗压强度和抗弯拉强度。

2. 路用性能分析

(1)沥青稳定碎石的特点

沥青稳定碎石基层属柔性结构材料，它具有较高的抗剪强度和耐疲劳特性，与半刚性基层相比，不易产生收缩开裂，并且采用沥青稳定碎石基层的路面具有修筑时间短、路面结构受力均匀、受水与冰冻影响较小、维修费用低、路面材料能够全部被重复利用和使用寿命延长等优点。

(2)沥青稳定碎石路用性能要求

沥青稳定碎石作为沥青混合料的一种，也是一种典型的弹、黏、塑性综合体，在低温温度范围中，沥青路面的破坏主要是由于温度降低过快，沥青混合料收缩产生的应力来不及松弛而产生积聚，当收缩应力超过破坏强度或破坏应变、破坏劲度模量时而产生开裂。温缩裂缝也可以是温度反复降温的温度疲劳所致，这是低温破坏模式。在通常温度的过渡范围内，沥青混合料表现为黏弹性体，其模量值既不太高，又不太低，荷载反复作用造成的弯拉疲劳破坏成为沥青路面的主要破坏模式。在高温温度范围中，沥青混合料表现为黏塑性体，具有较低的劲度模量，此时的沥青混合料破坏模式主要是抗剪破坏，路面发生失稳流动变形产生车辙。

针对沥青稳定碎石基层所面临的荷载条件和温度状况，以及结构功能的要求，为保证沥青路面具有优良的技术性能，沥青稳定碎石基层需要具有足够的强度和刚度，在高温条件下不易出现过大的竖向变性，在低温条件下不易产生开裂破坏，在重复荷载的作用下不致出现疲劳开裂，同时还应具有良好的水稳定和施工和易性。

二、沥青稳定碎石级配设计

1. 国内外沥青稳定碎石级配分析

各国在长期的使用和试验的基础上，提出了一系列的适合本国特点的沥青稳定碎石级配。总体来说，沥青稳定碎石粒径较大，细集料、矿粉用量偏少，相应的沥青用量较低，表 7-51 是部分国家沥青稳定碎石级配情况。

国 外 有 关 级 配 表 7-51

类 型	通过下列筛孔(mm)的百分率(%)										
	53	37.5	31.5	26.5	19	9.5	4.75	2.36	0.6	0.3	0.075
俄亥俄州	100	85～100	80～96	68～88	56～80	37～60	22～45	14～35	6～18	4～13	2～6
英国 40	100	100	80～96	68～92	62～84	50～68	38～54	28～42	14～28	8～21	2～8
英国 20	100	100	100	88～96	70～94	52～72	38～54	28～42	14～28	8～21	2～8
日本 I 型	100	95～100	70～100	60～100	55～90	30～70	17～55	10～42	5～28	3～22	1～10
日本 II 型	100	95～100	70～100	60～100	55～100	30～100	17～100	10～100	5～40	3～25	1～10

从表 7-51 中可以看出，俄亥俄州的级配范围与我国的 ATB-40 级配范围相近，而英国 40 型级配范围明显较我国级配偏细，0.075mm 筛孔的通过率范围较大，尤其是 4.75mm 筛孔的通过范围基本位于我国级配之上。日本 I、II 型级配范围最大，基本包含其他国家的级配范围。总体可以认为沥青稳定碎石级配范围是较宽的，对级配选择的自由空间较大。

国内对沥青稳定碎石级配和性能进行了较为广泛的试验研究，具有代表性的级配如表7-52所示。

国内沥青稳定碎石研究选用的级配 表 7-52

类型	通过下列筛孔(mm)的百分率(%)														
	53	37.5	31.5	26.5	19	16	13.2	9.5	4.75	2.36	1.18	0.6	0.3	0.15	0.075
东南 N		100		95	82.5	70	65	62	47.5	35	21	15	10		5
东南 I		100		97.5	90	84	69	66	40	25	17	12	9		6
东南 B		100	100	90	75	67	58	50	35	25	17	12	9	7.5	6
东南 S		100	90	78	69	60	52	44	37	30	23	17	12	8	6
东南 5 号		100	99.7	87.6	60.8	46.7	39.2	31.3	15.1	9.1	7.3	6.7	5.6	4.7	3.7
东南 6 号		100	95	80.3	57.5	48	42.6	35.2	25	17.2	13	9.1	6.9	5.7	5
长沙		100	94	81	70	51	40	25	21	19	18	13	10	7	5
长安 N		100	90	68	55	49	42	38	30	23	18	13	10	7	4
长安 I		100	90	78	69	60	52	44	35	28	22	16	12	8	4
长安 B		100	90	68	55	49	42	38	36	29	22	16	10	7	4
哈 37.5	100	95	90	76	55	50	43	33	26		22	15	11	7	4.5
哈 31.5		100	90		55	48	41	31	26		22	17	11	7	4.5
哈 26.5			100	94	82	70	54	43	27		24.5	18	12.5	9	5.5
ATB-25			100	90～100	60～80	48～68	42～62	32～52	20～40	15～32	10～25	8～18	5～14	3～10	2～6
ATB-30		100	90～100	70～90	53～72	44～66	39～60	31～51	20～40	15～32	10～25	8～18	5～14	3～10	2～6
ATB-40	100	90～100	75～92	65～85	49～71	43～63	37～57	30～50	20～40	15～32	10～25	8～18	5～14	3～10	2～6

2. ATB-30 型沥青稳定碎石级配设计

1)n 法级配设计

最初 n 法由 Fuller 依据粒子干涉理论提出，在 Talbol 公式中得到发展，最后于 1962 年由 Goode 和 Lufsey 根据 Nijboer 的成果提出以 0.45 次方级配曲线图为标准级配图，通常情况下 n 值为 0.3～0.6。为分析 n 法的特点，故将不同 n 值的 ATB-30 型级配和 n 值为 0.45 的不同公称最大粒径的级配列于表 7-53 和表 7-54。

不同 n 值对应的 ATB-30 型级配

表 7-53

n 值	通过下列筛孔(mm)的质量百分率(%)													
	37.5	31.5	26.5	19	16	13.2	9.5	4.75	2.36	1.18	0.6	0.3	0.15	0.075
0.3	100.0	94.9	90.1	81.5	77.5	73.1	66.2	53.8	43.6	35.4	28.9	23.5	19.1	15.5
0.4	100.0	93.3	87.0	76.2	71.1	65.9	57.7	43.8	33.1	25.1	19.1	14.5	11.0	8.3
0.45	100.0	92.5	85.5	73.6	68.2	62.5	53.9	39.5	28.8	21.1	15.6	11.4	8.3	6.1
0.5	100.0	91.7	84.1	71.2	65.3	59.3	50.3	35.6	25.1	17.7	12.6	8.9	6.3	4.5
0.6	100.0	90.1	81.2	66.5	60.0	53.4	43.9	28.9	19.0	12.6	8.4	5.5	3.6	2.4

不同公称最大粒径 ATB 的级配

表 7-54

n 值	最大粒径	通过下列筛孔(mm)的质量百分率(%)												
		31.5	26.5	19.0	16.0	13.2	9.5	4.75	2.36	1.18	0.6	0.3	0.15	0.075
0.45	26.5	100.0	92.5	79.7	73.7	67.6	58.3	42.7	31.2	22.8	16.8	12.3	9.0	6.6
0.45	19.0		100.0	86.1	79.7	73.1	63.0	46.1	33.7	24.7	18.2	13.3	9.7	7.1
0.45	16.0			100.0	92.6	84.9	73.2	53.6	39.1	28.6	21.1	15.5	11.3	8.3
0.45	13.0				100.0	91.7	79.1	57.9	42.3	30.9	22.8	16.7	12.2	9.0
0.45	9.5					100.0	86.2	63.1	46.1	33.7	24.9	18.2	13.3	9.8

从表 7-53 和表 7-54 可以看出，采用 n 法计算某一最大粒径的级配时，级配中 4.75mm 和 0.075mm 通过率随 n 值的增大而减小，而 n 值不变时，4.75mm 和 0.075mm 筛孔的通过率随最大粒径的增大而减小。

因此根据沥青稳定碎石级配特点的分析，并参考我国的规范级配，选取 n 值为 0.45 时的级配，并将该筛孔通过率调至规范上限，其他各筛孔结合规范上限做相应调整，以设计级配可作为目标级配范围的上限为调整目的；以马歇尔试件的 VMA 值尽量满足最小 VMA 值为调整依据。但由于级配较细密，VMA 较难满足规范要求，为保证 n 法设计的体积特点，故选择与 n 法设计级配 VMA 最大值最为接近的级配作为 n 法调整后的目标级配。经多次试验调整，最后选定如表 7-55 所示的级配为备选级配，并记为 ATB30-N 级配(以下简称 N 级配)。

ATB30-N 级配

表 7-55

筛孔(mm)	37.5	31.5	26.5	19	16	13.2	9.5	4.75	2.36	1.18	0.6	0.3	0.15	0.075
通过率(%)	100	100	90.0	72.0	64.0	59.5	50.0	38.2	28.8	21.7	17.3	13.2	9.1	6.0

2)i 法级配设计

1970 年，同济大学林绣贤教授提出直接以通过率递减系数 i 为参数的级配计算理论。该法能够设计出充分满足 Superpave 级配要求和贝雷法检验标准的矿料级配，而且使用方便。表 7-56 为 i 法设计的 ATB-30 级配。

不同 i 值和 p_0 值的 ATB-30 级配　　表 7-56

i 值	通过下列筛孔(mm)的质量百分率(%)													
	37.5	31.5	26.5	19	16	13.2	9.5	4.75	2.36	1.18	0.6	0.3	0.15	0.075
0.60	100	100.0	88.0	68.9	60.7	52.7	41.4	24.8	14.8	8.9	5.4	3.2	1.9	1.2
0.68	100	100.0	90.8	75.5	68.6	61.7	51.3	34.9	23.7	16.1	11.1	7.5	5.1	3.5
0.69	100	100.0	91.2	76.3	69.6	62.8	52.7	36.3	25.0	17.3	12.0	8.3	5.7	3.9
0.70	100	100.0	91.5	77.1	70.6	63.9	54.0	37.8	26.4	18.5	13.0	9.1	6.4	4.5
0.71	100	100.0	91.8	77.9	71.6	65.1	55.3	39.3	27.8	19.8	14.1	10.0	7.1	5.1
0.72	100	100.0	92.1	78.7	72.6	66.2	56.7	40.8	29.3	21.1	15.3	11.0	7.9	5.7
0.80	100	100.0	94.6	85.0	80.4	75.6	68.0	54.4	43.4	34.8	28.0	22.4	17.9	14.3
0.68	100	95.0	86.3	71.7	65.2	58.6	48.8	33.2	22.5	15.3	10.5	7.1	4.9	3.3
0.69	100	95.0	86.6	72.5	66.1	59.7	50.0	34.5	23.7	16.4	11.4	7.9	5.4	3.8
0.70	100	95.0	86.9	73.3	67.1	60.7	51.3	35.9	25.1	17.5	12.4	8.7	6.1	4.3
0.71	100	95.0	87.2	74.0	68.0	61.8	52.6	37.3	26.4	18.8	13.4	9.5	6.8	4.8
0.72	100	95.0	87.5	74.8	68.9	62.9	53.8	38.8	27.8	20.0	14.6	10.5	7.5	5.4
0.75	100	95.0	88.4	77.0	71.7	66.2	57.8	43.3	32.4	24.3	18.4	13.8	10.3	7.8
0.68	100	97.0	88.1	73.2	66.6	59.8	49.8	33.9	23.0	15.6	10.7	7.3	5.0	3.4
0.69	100	97.0	88.4	74.0	67.5	60.9	51.1	35.3	24.2	16.7	11.7	8.0	5.6	3.8
0.70	100	97.0	88.7	74.8	68.5	62.0	52.4	36.7	25.6	17.9	12.7	8.9	6.2	4.3
0.71	100	97.0	89.1	75.6	69.4	63.1	53.7	38.1	27.0	19.2	13.7	9.7	6.9	4.9
0.72	100	97.0	89.4	76.3	70.4	64.2	55.0	39.6	28.4	20.5	14.9	10.7	7.7	5.5
0.73	100	97.0	89.7	77.1	71.3	65.4	56.3	41.1	29.9	21.9	16.1	11.7	8.6	6.3

从表 7-56 中可以看出：i 法在进行级配设计时，涉及两个控制参数——公称最大粒径的通过率和 i 值，并且在级配设计中，各筛孔的通过率随 i 值增大而增大，随公称最大粒径通过率的增大而增大。而且各级筛孔的通过率因筛孔的级数的变化而变化，当级数越大 i 值不变时，最末一级的通过率递减的越多。因此采用此法随意性较大，但可以通过控制重要筛孔的通过率而设计出连续级配。最后选择参数分别为：$p_0=98\%$，$i=0.71$，同时参考规范级配，经微调最后选定如表 7-57 所示的级配作为备选级配，记为 ATB30-I 级配(以下简称 I 级配)。

ATB30-I 级配　　表 7-57

筛孔(mm)	37.5	31.5	26.5	19	16	13.2	9.5	4.75	2.36	1.18	0.6	0.3	0.15	0.075
通过率(%)	100	98.0	86.0	68.0	60.0	54.0	45.0	32.5	24.0	16.5	12.0	8.5	6.5	5.0

3)贝雷法级配设计

贝雷法是由 RobertBailey 于 20 世纪末期开发的一种级配设计方法，贝雷法是一种系统地用于级配设计和检验的方法。

(1)级配设计步骤

矿质混合料级配的设计步骤如下：

①确定粗集料的设计密度(g/cm^3)。

②计算粗集料在设计密度下的空隙体积。

③用细集料的干捣密度确定填充粗集料空隙所需的细集料。

④利用粗、细集料各组分密度，确定矿质混合料的单位体积总重，并根据各级粗集料体积＋各级细

集料体积=单位体积,确定各集料的合成质量百分比。

⑤根据粗集料中所含的部分细集料以及细集料中所含的部分粗集料,分别修正粗、细集料的质量百分比。

⑥若使用矿质填料或回收粉尘,则需调整部分细集料的百分含量。

⑦确定经修正后各集料最终的质量百分含量。

⑧合成级配的分析。

设计密度是贝雷法中的一个重要参数,反映混合料中粗集料的紧密程度。一般取松装密度的95%~105%,根据本文所用的集料,设计密度分别取为松装密度的100%、103%和105%,由于篇幅有限,在这里仅以BB级配(取松装密度的105%)为例,说明贝雷法级配设计。

(2)集料试验

选用四种规格的粗集料(分别记为CAN、CAI、CAB和CAS),一种规格的细集料(记为FA)以及填料(记为MF)。密度试验和筛分结果如表7-58和表7-59所示。

集料密度(g/cm^3)　　表7-58

项　目	CAN	CAI	CAB	CAS	石屑
毛体积密度	2.729	2.723	2.701	2.688	2.676
表观密度	2.759	2.752	2.746	2.749	2.752
松装密度	1.568	1.570	1.573	1.584	
干捣密度	1.663	1.656	1.652	1.669	1.901

集料筛分结果(%)　　表7-59

筛孔(mm)	37.5	31.5	26.5	19	16	13.2	9.5	4.75	2.36	1.18	0.6	0.3	0.15	0.075
CAN	100	86.26	27.09	0.10	0.04	0.04	0.04	0.04	0.04	0.04	0.04	0.04	0.04	0.04
CAI	100	100	95.27	21.64	3.74	0.24	0.08	0.08	0.08	0.08	0.08	0.08	0.08	0.08
CAB	100	100	100	100	75.72	45.24	4.44	0.11	0.11	0.11	0.07	0.07	0.07	0.05
CAS	100	100	100	100	100	100	91.79	9.28	0.52	0.23	0.23	0.23	0.05	0.05
石屑	100	100	100	100	100	100	88.72	78.21	60.29	38.98	26.71	18.78	13.56	4.47
矿粉	100	100	100	100	100	100	100	100	100	100	100	100	96.00	87.23

(3)计算过程

①初步计算粗细集料比例。

经过试算,四档粗集料(CAN、CAI、CAB和CAS)按40:30:15:15的比例混合,通过计算每立方体积内各粗集料含量得到粗集料间隙率为:

$$\mathrm{VCA}=\left(1-\frac{1.568\times105\%}{2.729}\right)\times40\%+\left(1-\frac{1.570\times105\%}{2.723}\right)\times30\%+$$

$$\left(1-\frac{1.573\times105\%}{2.706}\right)\times15\%+\left(1-\frac{1.584\times105\%}{2.688}\right)\times15\%=39.3\%$$

通过细集料和单位体积粗细集料总量得到粗细集料初步配合比为:

CAN:CAI:CAB:CAS:FA=27.5:20.6:10.4:10.4:31.1

②考虑粗料中含细料和细料中含粗料对配合比进行调整。

设计ATB-30型级配,最大公称粒径NMPS=31.5mm,则粗细料划分界限(PCS)取4.75mm,由于CAN、CAI、CAB三档粗料中所含细料均为小于0.075mm粉尘料且含量极少,故在计算中略去,仅考虑CAS对配合比的调整。

经计算,细料调整结果为:FA为36.9%。

③考虑 0.075mm 通过率对配合比进行调整。

填料用量按下式计算：

$$MF = \frac{P_{0.075设计} - P_{0.075合成}}{P_{0.075填料}}$$

式中：$P_{0.075填料}$——填料中 0.075mm 筛孔的通过率；

$P_{0.075设计}$——通过 0.075mm 筛孔的集料含量，取值为 4%。

经过计算得

$$MF = 2.8\%$$

因填料 MF 中不含 4.75mm 以上部分，所以粗料不需调整，细料调整为：

$$FA = 36.9\% - 2.8\% = 34.1\%$$

最后各档料比例为：

$$CAN : CAI : CAB : CAS : FA : MF = 24.8 : 18.6 : 9.3 : 10.4 : 34.1 : 2.8$$

根据上述配合比以及各集料与填料的筛分结果，即可得到设计密度为 105% 的贝雷法级配。

另选择设计密度为松装密度的 100%、103% 进行配合比设计，发现随着所选设计密度的减小，各筛孔的通过率有增大的趋势，这是因为设计密度的减小造成粗集料矿料间隙率增大，而增大的间隙率就需要更多的填料来进行填充，必然导致各筛孔通过率的增大。由于粗集料用量接近 70% 时，才能满足 $VCA_{mix} = VCA_{DRC}$ 的要求，而贝雷法的设计目的就是要形成松排骨架结构，所以选择粗集料用量最接近 70% 的级配作为设计级配，最后选定设计密度为松装密度 105% 的级配为备选级配，记为 ATB30-B 级配（以下简称 B 级配），如表 7-60 所示。

ATB30-B 级配 表 7-60

筛孔(mm)	37.5	31.5	26.5	19	16	13.2	9.5	4.75	2.36	1.18	0.6	0.3	0.15	0.075
通过率(%)	100	96.6	81.1	60.6	55.0	51.5	43.0	30.5	23.5	16.2	12.0	9.3	7.3	4.0

4) Superpave 法级配设计

Superpave 沥青混合料体积设计方法主要由四部分组成：材料的选择；确定级配结构；确定最佳沥青用量；验证在最大压实次数下的密实度参数并评估其水敏感性。

(1) Superpave 体积法级配设计

设计级配阶段的主要任务有：确定初始级配、对试件进行压实并测量高度、测试松散混合料的理论最大密度、确定压实试件的毛体积密度和体积参数、确定级配与初始沥青用量。

Superpave 体积设计法给定了级配控制点和级配限制区。在应用 Superpave 技术的过程中，选择的级配大体走向有三种：穿过禁区、禁区上和禁区下。对于 31.5mm 的最大公称粒径，并不在 Superpave 定义的级配之中。因此本文依据 Superpave 体积对最大公称粒径分别为 37.5mm 和 26.5mm 的级配设定的控制点和禁区进行插值，得出 31.5mm 级配的控制点和禁区。

根据以上分析，本文选择三个级配进行试验，其中：1 号级配通过禁区；2、3 号级配均沿禁区下沿。各级配通过率如表 7-61 所示。

所确定的各级配通过率(%) 表 7-61

筛孔(mm)	37.5	31.5	26.5	19.0	16.0	13.2	9.5	4.75	2.36	1.18	0.6	0.3	0.15	0.075
1号	100.0	95.0	80.0	62.5	55.0	49.5	41.0	30.0	23.5	17.5	13.0	9.5	6.5	4.0
2号	100.0	94.1	79.5	60.2	52.1	45.7	36.0	25.9	17.2	12.3	9.1	6.3	4.2	3.0
3号	100.0	90.0	70.0	53.0	44.0	39.0	31.0	20.0	15.0	10.0	8.0	5.0	3.0	2.0

(2) 确定压实次数

Superpave 法要求在设计集料结构阶段，应根据预测交通量选择设计压实次数 $N_{设计}$，并根据设计 $N_{设计}$ 确定初始 $N_{初始}$ 和最大 $N_{最大}$，在压实过程中还要检验沥青混合料是否满足密实度的要求，即：

$N_{初始}<89\%$，$N_{设计}=96\%$，$N_{最大}<98\%$(其中，N表示相应压实次数下混合料的密度与最大理论密度的比值)。

针对高速公路，累计单轴轴载按大于30×10^6确定，根据AASHTOPP28-00规范要求最后选择：$N_{初始}=9$；$N_{设计}=125$；$N_{最大}=205$。

(3)估算初始沥青含量

①确定混合物的有效相对密度，按式(7-1)计算。

$$G_{se}=G_{sb}+0.8(G_{sa}-G_{sb}) \tag{7-1}$$

式中：G_{se}——集料混合物的有效相对密度；

G_{sb}——集料混合物的毛体积相对密度；

G_{sa}——集料混合物的表观相对密度。

②确定被集料孔隙吸收的沥青结合料体积V_{ba}，由式(7-2)估算。

$$V_{ba}=\frac{P_s\times(1-V_a)}{\left(\frac{P_b}{G_b}+\frac{P_s}{G_{se}}\right)}\times\left(\frac{1}{G_{sb}}-\frac{1}{G_{se}}\right) \tag{7-2}$$

式中：V_{ba}——被吸收的沥青体积；

P_b——沥青百分含量(据经验本文假定为0.04)；

P_s——集料百分率，$P_s=0.96$；

G_b——沥青相对密度；

V_a——空隙体积，假定$V_a=0.04$。

③计算有效沥青体积(V_{be})，V_{be}由式(7-3)确定。

$$V_{be}=0.176-0.0675\lg(S_n) \tag{7-3}$$

式中：S_n——集料混合物的最大公称粒径(mm)。

④由式(7-4)计算初始试验沥青含量。

$$P_{bi}=\frac{G_b\times(V_{be}+V_{ba})}{[G_b\times(V_{be}+V_{ba})]+W_s}\times100 \tag{7-4}$$

式中：P_{bi}——沥青占沥青混合料的质量百分率；

W_s——集料的质量。

按式(7-1)～式(7-4)进行沥青用量预估，结果如表7-62所示。

各级配的初始沥青用量 表7-62

级配	G_{sb}	G_{se}	P_s	P_b	G_b	V_a	V_{ba}	V_{be}	P_{bi}
1号	2.707	2.747	0.96	0.04	1.033	0.04	0.013	0.075	3.66
2号	2.709	2.748	0.96	0.04	1.033	0.04	0.012	0.075	3.64
3号	2.716	2.753	0.96	0.04	1.033	0.04	0.012	0.075	3.61

(4)在初始沥青用量下计算混合料VMA

在确定初始沥青用量后，对三个级配在初始用量下进行旋转压实成型试件，压实次数为$N_{设计}$，测定试件的理论最大密度。而后测定其毛体积相对密度，并计算其各物理指标，结果列于表7-63。

各级配体积参数 表7-63

级　配	沥青含量(%)	毛体积相对密度	理论最大密度	空隙率(%)	矿料间隙率(%)	沥青饱和度(%)
1号	3.66	2.494	2.575	2.9	11.2	73.79
2号	3.64	2.483	2.583	4.2	12.1	65.21
3号	3.61	2.469	2.589	4.6	12.5	62.92

(5)预估 VMA、VFA 和粉胶比 DP

由下式估算空隙率为 4%的沥青含量。

$$P_{b估算} = P_{bi} - 0.4 \times (4 - V_a) \tag{7-5}$$

式中：$P_{b估算}$——在空隙率 4%时估算的沥青含量；

P_{bi}——初始沥青含量，占混合料总质量百分率；

V_a——初始沥青用量空隙率(%)。

由下列公式估算 VMA、VFA 和粉胶比。

$$VMA_{估算} = VMA_{初始} + C \times (4 - V_a) \tag{7-6}$$

式中：$VMA_{初始}$——由初始沥青含量得到的 VMA；

C——常数，如 $V_a<4\%$，为 0.1；如 $V_a>4\%$，为 0.2。

$$VFA_{估算} = 100 \times \frac{VMA_{估算} - 4.0}{VMA_{估算}} \tag{7-7}$$

$$DP = P_{0.075}/P_{be} \tag{7-8}$$

式中：$P_{0.075}$——通过 0.075mm 筛孔的集料含量，以集料质量的百分率表示；

P_{be}——有效沥青含量。

由此即得各级配 VMA、VFA 和粉胶比，如表 7-64 所示。

估算 VMA、VFA 和粉胶比 DP 表 7-64

级　配	$VMA_{估算}$(%)	$VFA_{估算}$(%)	P_{be}(%)	DP
1号	11.3	64.6	3.23	1.2
2号	12.1	66.9	3.73	0.8
3号	12.4	67.7	3.86	0.5
Superpave 标准	>11.5	55～70		0.6～1.2

从表 7-64 可以看出，仅 2 号级配完全符合 Superpave 规范要求，因此确定 2 号级配为Superpave法的备选级配，并记为 ATB30-S(以下简称 S 级配)。

5)级配评价与级配设计方案

最后将设计的四个级配及相应 VMA 预估值列于表 7-65，级配曲线如图 7-29 所示。从图 7-29 可看出，四个级配的 4.75mm 筛孔通过率均小于 40%，按 4.75mm 筛孔通过率大小来分，由大至小的排列顺序依次为 N 级配、I 级配、B 级配和 S 级配。N 级配在 1.18mm 及 2.36mm 筛孔处有不同程度的穿越禁区，这样的穿越有可能产生"驼峰形"。其他 3 个级配均沿禁区下沿通过，并成微弓形。

各 级 配 汇 总 表 7-65

级配	$VMA_{预估}$(%)	通过下列筛孔(mm)的质量百分率(%)													
		37.5	31.5	26.5	19	16	13.2	9.5	4.75	2.36	1.18	0.6	0.3	0.15	0.075
N级配	12.44	100	100	90.0	72.0	64.0	59.5	50.0	38.2	28.8	21.7	17.3	13.2	9.1	6.0
I级配	12.26	100	98.0	86.0	68.0	60.0	54.0	45.0	32.5	24.0	16.5	12.0	8.5	6.5	5.0
B级配	12.96	100	96.6	81.1	60.6	55.0	51.5	43.0	30.5	23.5	16.2	12.0	9.3	7.3	4.0
S级配	12.46	100	94.1	79.5	60.2	52.1	45.7	36.0	25.9	17.2	12.3	9.1	6.3	4.2	3.0

3. *ATB-25 型沥青稳定碎石级配设计*

同 ATB-30 一样，分别用 n 法、i 法、贝雷法和 Superpave 法设计了 ATB-25 型沥青稳定碎石四组级配，结果见表 7-66 所示。

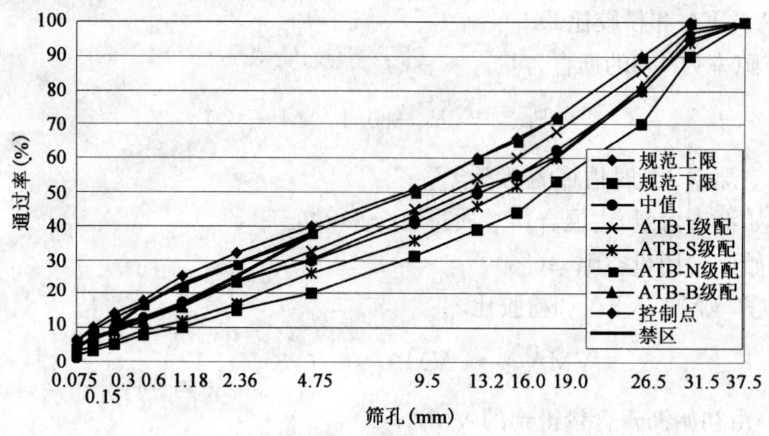

图 7-29　级配曲线

ATB-25 型备选级配　　表 7-66

级　配	通过下列筛孔(mm)的质量百分率(%)												
	31.5	26.5	19	16	13.2	9.5	4.75	2.36	1.18	0.6	0.3	0.15	0.075
级配 1	100	94.0	75.7	59.6	51.4	43.5	30.2	24.0	16.4	11.3	7.7	5.3	3.6
级配 2	100	95.0	75.0	67.0	58.0	50.0	35.0	25.0	17.0	15.0	9.0	7.5	5.5
级配 3	100	95.3	74.0	56.3	51.7	40.0	33.6	18.7	14.4	10.3	7.0	6.4	4.8
级配 4	100	94.0	69.9	58.5	49.5	36.6	27.4	21.3	14.2	9.6	6.3	5.0	3.0

由表 7-66 可知，不同方法设计的四组备选级配，虽然都属于粗级配，但差别是较大的，主要反映在级配的粗细程度上。相对而言，级配 2 最细，4.75mm 的通过率为 35%，0.075mm 的通过率达到了 5.5%，级配 4 最粗，4.75mm 筛孔的通过率为 27.4%，0.075mm 的通过率只有 3.0%。级配的粗细程度对混合料性能的影响可以通过后文的路用性能试验结果来分析。

4. *沥青稳定碎石级配特点分析*

以往沥青稳定碎石一般指最大公称粒径较大，细集料相对较少，沥青用量也相对较少，而空隙率比较大的沥青混合料，但是现阶段基层采用的沥青稳定碎石多是密级配沥青混合料，规范规定的空隙率与沥青混凝土空隙率差不多，细集料用量与沥青混凝土不相上下。那么，两者之间有何差别，在此作一简要分析。

总的来看，各国提出的有关 ATB 的设计规范对其材料组成设计要求没有沥青混凝土严格。表7-51 列出了一些国家的 ATB 级配，表 7-52 列出了《公路沥青路面施工技术规范》(JTG F40—2004)中 ATB-40、ATB-30 和 ATB-25 级配，表 7-67 则列出了我国以往采用的 AM-30 级配、AC-30I 级配、AC-30II 级配。

国内有关级配组成　　表 7-67

筛孔(mm)	通过下列筛孔(mm)的质量百分率(%)									
	53	37.5	31.5	26.5	19.0	9.5	4.75	2.36	0.6	0.3	0.075
AM-30	100	100	90～100	50～80	38～65	17～42	8～30	2～20	0～10	0～8	0～4
AC-30I	100	100	90～100	79～92	66～82	43～63	32～52	25～42	13～25	8～18	3～7
AC-30II	100	100	90～100	65～85	52～70	30～50	18～38	12～28	4～14	3～11	1～5
ATB-25	100	100	100	90～100	60～80	32～52	20～40	15～32	8～18	5～14	2～6
ATB-30	100	100	90～100	70～90	53～72	31～51	20～40	15～32	8～18	5～14	2～6
ATB-40	100	90～100	75～92	65～85	49～71	30～50	20～40	15～32	8～18	5～14	2～6

从表 7-51、表 7-52 和表 7-67 可以看出，沥青稳定碎石基层的级配范围相对较宽，这说明进行沥青稳定碎石基层设计时，更多的集料可被使用。并且，我国 AM-30 级配中细集料含量过低，空隙率过大，不适宜作基层；而 ATB-30 介于 AM-30 和 AC-30I 两者之间，具有粗集料含量大、细集料含量多的特点。在沥青稳定碎石组成设计中，必须采用连续级配，以保证足够的细集料数量，并且考虑施工的方便，颗粒不宜过大（最大粒径一般不超过 53mm）。以沥青下面层常用的 AC-25 型沥青混凝土和 ATB-25 型沥青稳定碎石为例加以说明。两种级配曲线如图 7-30 所示。

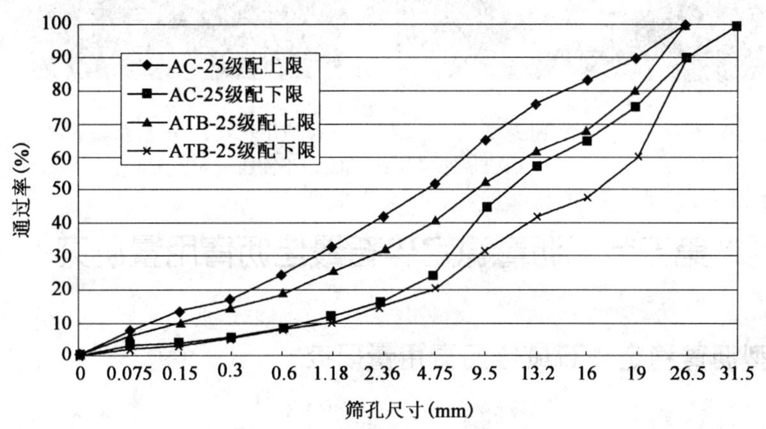

图 7-30　ATB-25 型与 AC-25 型级配曲线

从图 7-30 级配曲线中可以看出，ATB-25 型沥青稳定碎石和 AC-25 型沥青混凝土，其级配范围有着较大的差别。大于 9.5mm 的粗集料，AC-25 的下限与 ATB-25 型的上限非常接近；而小于 9.5mm 的集料，AC-25 型级配的下限急剧变陡，接近 ATB-25 型级配的下限。由此可见，AC-25 型的细集料范围比 ATB-25 型要宽，一般的 AC-25 型级配比 ATB-25 型级配要细。表 7-68 为实体工程应用级配，相应的级配曲线如图 7-31 所示。

ATB-25 和 AC-25 合成级配通过率（%）　　表 7-68

筛孔（mm）	31.5	26.5	19	16	13.2	9.5	4.75	2.36	1.18	0.6	0.3	0.15	0.075
ATB-25	100	99.7	74.1	65.6	59.3	48.7	35	27.9	18.3	14.4	9.9	7.3	5.9
AC-25	100	99.9	84.4	75.2	66.6	52.6	38.7	28.1	18.1	13.9	8.3	5.7	5.0

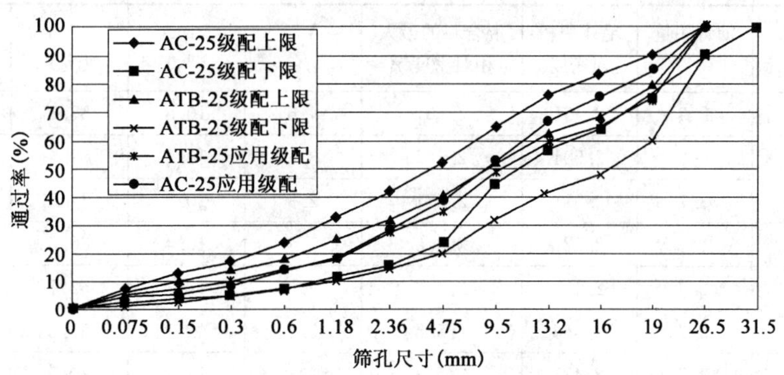

图 7-31　ATB-25 型与 AC-25 型应用级配曲线

从表 7-68 和图 7-31 可以看出，这两个级配 4.75mm 以下的细集料含量很接近，主要的区别在于粗集料上，而最主要的差别在于最大公称粒径以下两级集料，也就是说 19mm 和 16mm 的含量是两种混合料的最大不同。因此，可以认为粗集料的含量差别是区分沥青稳定碎石和沥青混凝土的主要指标。两种沥青混合料在工程中应用效果如图 7-32 所示，由此可以看出两种沥青混合料的不同。

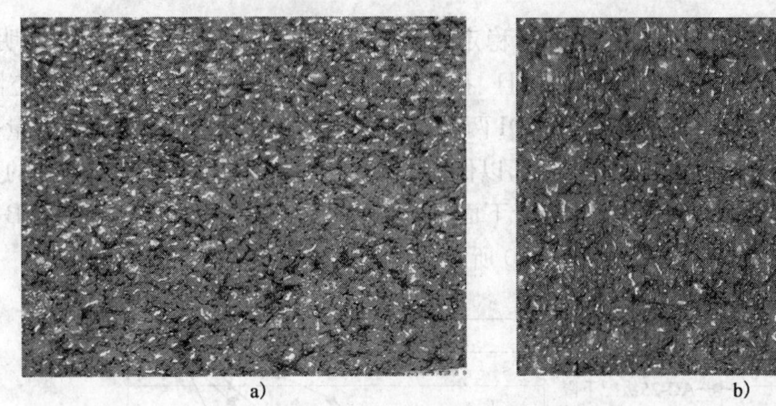

图 7-32　ATB-25 和 AC-25 应用效果

a)ATB-25 基层；b)AC-25 下面层

第五节　沥青稳定碎石最佳沥青用量研究

一、ATB-30 型沥青稳定碎石最佳沥青用量研究

1.马歇尔法

马歇尔击实成型方法依据沥青混合料最大公称粒径的大小分为两种：标准马歇尔击实法和大型马歇尔击实法，大型马歇尔击实试验比标准马歇尔试验有明显的改善，本研究采用大型马歇尔击实试验进行研究。

(1)最佳沥青用量的确定

马歇尔试验方法在确定最佳沥青用量时，采用体积指标作为其主要的评价体系，通过成型不同油石比的马歇尔试件，测定其相应的空隙率、矿料间隙率、饱和度三个体积指标及密度、稳定度和流值来对不同油石比下的沥青混合料进行综合评价。选取油石比范围为：3.0%～4.2%，并以 0.4%为间隔，采用双面击实 112 次。

根据以上确定的试验方法进行大型马歇尔试验，结果如表 7-69 所示。图 7-33 为Ⅰ级配的马歇尔试验指标与油石比的关系图。

大型马歇尔试验结果　　表 7-69

级配	油石比(%)	沥青用量(%)	毛体积相对密度	混合料的最大相对密度 γ_t	VV(%)	VMA(%)	VFA(%)	稳定度(kN)	流值(0.1mm)
N	3	2.9	2.481	2.601	4.6	10.8	57.1	35.1	43
	3.4	3.3	2.504	2.585	3.1	10.2	69.4	35.4	51
	3.8	3.7	2.511	2.571	2.3	10.3	77.8	30.9	46
	4.2	4	2.521	2.556	1.4	10.4	86.6	27.8	57
I	3	2.9	2.457	2.603	5.6	11.7	52.1	27.8	38
	3.4	3.3	2.456	2.588	5.1	12.1	57.8	26.2	36
	3.8	3.7	2.487	2.573	3.3	11.3	70.5	24	36
	4.2	4	2.481	2.559	3	11.9	74.5	23.5	45
B	3	2.9	2.445	2.601	6	12	50.7	24.6	32
	3.4	3.3	2.456	2.585	5	12	58.2	26.3	34
	3.8	3.7	2.47	2.571	3.9	11.8	66.9	25.8	41
	4.2	4	2.488	2.556	2.7	11.5	76.9	22.4	35

续上表

级配	油石比(%)	沥青用量(%)	毛体积相对密度	混合料的最大相对密度 γ_t	VV(%)	VMA(%)	VFA(%)	稳定度(kN)	流值(0.1mm)
S	3	2.9	2.434	2.608	6.7	12.8	47.7	19.8	51
	3.4	3.3	2.439	2.593	6	13	54	20.2	48
	3.8	3.7	2.441	2.578	5.3	13.2	59.7	22.5	54
	4.2	4	2.46	2.563	4	12.9	68.7	20.3	56

由表 7-69 和图 7-33 确定的沥青稳定碎石混合料最佳油石比，结果见表 7-70。

各级配的最佳油石比及对应体积参数(%) 表 7-70

级配	a_1	a_2	a_3(OAC$_1$)	a_4	OAC$_2$	OAC	VV	VMA	VFA
N 级配		3.3	3.1	3.3	3.2	3.2	3.9	10.7	63.0
I 级配	3.9		3.55	3.6	3.55	3.55	4.3	11.8	63.6
B 级配		3.6	3.6	3.6	3.7	3.65	4.2	11.8	64.3
S 级配		3.8	4.0	4.0	3.85	3.91	4.8	12.9	63.2

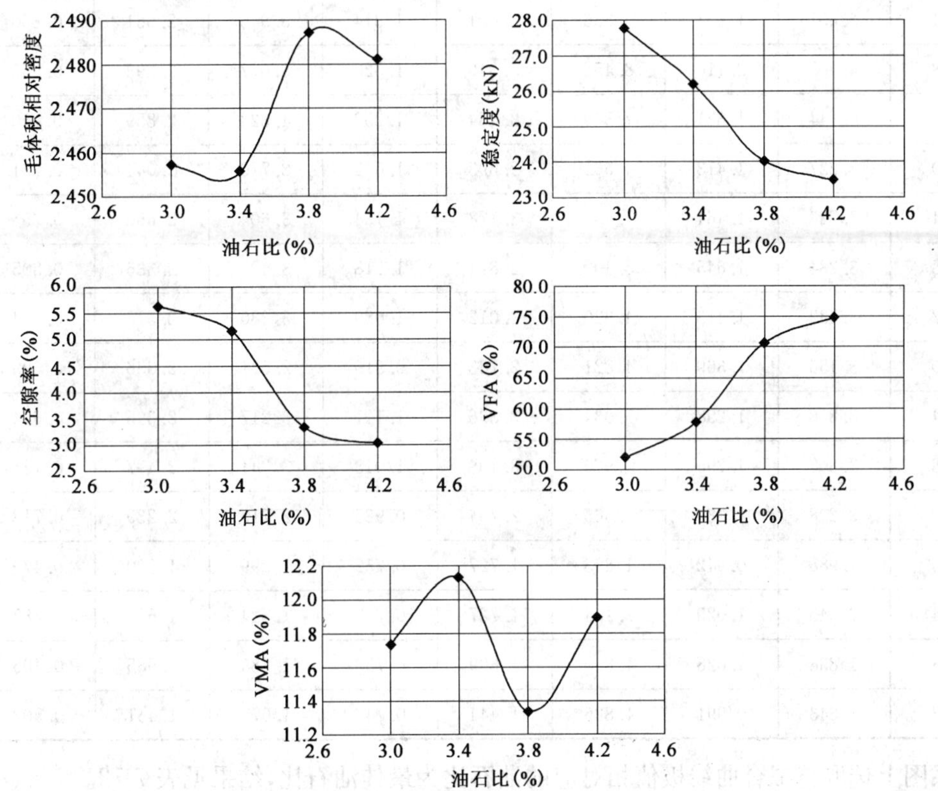

图 7-33 各参数与油石比的关系图

从表 7-70 可以看出，除 N 级配由于空隙率小于目标空隙率以外，其他各级配 VV 值均与目标设计指标(VV=4.5%)相接近，VFA 都在规范要求范围内。

(2)试验结果分析

由试验结果可知，除 B 级配的 VMA 值随油石比的增大而稍有减小外，其他各级配均处于浮动变化状态，而此时的空隙率则逐渐减小，必然导致密度的增大但未出现峰值，从而无法确定最大毛体积密度下的沥青用量。另外，N 级配最为密实，VMA 小于规范要求，导致其在试验油石比范围内空隙率较低饱和度较高，而由于其细料较多能够将沥青均匀分布，使得 N 级配混合料的稳定度较其他级配的大。相反 S 级配的 VMA 值较大，级配粗化，而为了满足沥青稳定碎石空隙率、饱和度一系列要求，就必然导致采用更多的沥青对其进行填充。将各级配试验所得的 VMA 值与先前预估值进行比较，发现试验值与预估值数值上还是有很大差异，说明预估法已经和现今的试验方法相脱节。

2. 力学指标法

力学指标法以寻求使混合料内摩阻力和黏结力综合最优的油石比为设计目标。本文采用静压成型试件进行无侧限抗压强度试验，采用大型马歇尔试件进行劈裂强度试验，沥青用量分级同马歇尔法。并分别进行 15℃、20℃、25℃下的抗压强度和劈裂强度试验，最后通过两种强度的乘积来综合评价选择具有最佳黏结力的沥青用量，从而提出合适的试验温度及相应的沥青用量。

按试验规范要求分别进行无侧限抗压强度和劈裂强度试验，试验结果如表 7-71 所示，图 7-34 为 20℃时抗压强度、劈裂强度、两者乘积值与油石比关系图以及拟合曲线。

抗压强度和劈裂强度试验结果 表 7-71

级配	温度	15℃			20℃			25℃		
	油石比(%)	R(MPa)	r(MPa)	$R\times r$	R(MPa)	r(MPa)	$R\times r$	R(MPa)	r(MPa)	$R\times r$
N	3.0	3.567	1.781	6.354	2.972	1.371	4.075	2.491	0.856	2.132
	3.4	3.601	1.621	5.836	3.001	1.314	3.943	2.661	0.850	2.262
	3.8	4.008	2.110	8.458	3.340	1.520	5.077	2.293	0.965	2.213
	4.2	4.144	1.821	7.549	3.454	1.252	4.324	2.859	0.810	2.316
I	3.0	3.227	1.413	4.561	2.693	1.032	2.779	2.044	0.731	1.494
	3.4	3.723	1.461	5.437	3.178	1.134	3.604	2.660	0.756	2.011
	3.8	3.284	1.645	5.402	2.871	1.218	3.497	2.336	0.805	1.880
	4.2	3.482	1.413	4.920	3.012	1.089	3.280	2.578	0.714	1.841
B	3.0	3.156	1.369	4.321	2.763	0.916	2.531	2.336	0.699	1.633
	3.4	3.878	1.298	5.034	2.896	1.111	3.217	2.395	0.654	1.566
	3.8	3.808	1.295	4.929	3.199	1.013	3.241	2.437	0.726	1.769
	4.2	3.298	1.384	4.565	2.754	0.985	2.713	2.239	0.718	1.608
S	3.0	1.988	0.942	1.873	1.727	0.752	1.299	1.500	0.479	0.719
	3.4	2.045	1.029	2.104	1.727	0.767	1.324	1.614	0.487	0.786
	3.8	1.838	1.028	1.889	1.699	0.759	1.289	1.585	0.495	0.785
	4.2	1.843	0.991	1.826	1.444	0.746	1.077	1.461	0.502	0.733

在关系图上选取与拟合曲线极值相对应的油石比为最佳油石比，结果见表 7-72。

采用强度指标法确定的最佳油石比 表 7-72

级配	油石比(%)	VV(%)	VMA(%)	VFA(%)
N	3.85	2.4	10.6	77.6
I	3.5	4.6	11.9	61.1
B	3.6	4.2	11.6	64
S	3.4	6	13	54

试验结果分析如下：

(1)在25℃条件下各强度值随油石比变化没有15℃和20℃的明显，而且15℃和20℃温度下最佳油石比较接近，故认为采用15℃或20℃作为力学指标法的试验温度较为合理，考虑到我国沥青混合料试验规程中规定抗压强度的试验温度为20℃，并且方便与国内相关类似试验进行比较，最后选择20℃为最佳油石比和性能试验的试验温度。

(2)温度对抗压强度影响的大小与级配的特点有关，级配越细，混合料的强度对沥青的依赖性就越大，温度对强度的影响实际就是对胶结料的影响，胶结料对温度越敏感，强度随温度变化的幅度也就越大。

(3)随着温度的升高劈裂强度下降幅度较为均匀，而温度的变化仅能影响沥青的黏滞度，说明劈裂试验能够较好的反应混合料内部沥青作用力的大小。

(4)N级配在所选的油石比范围内具有较大抗压强度和劈裂强度；I级配和B级配具有较高的抗压强度以及一定的劈裂强度；S级配的强度均劣于前三种级配。

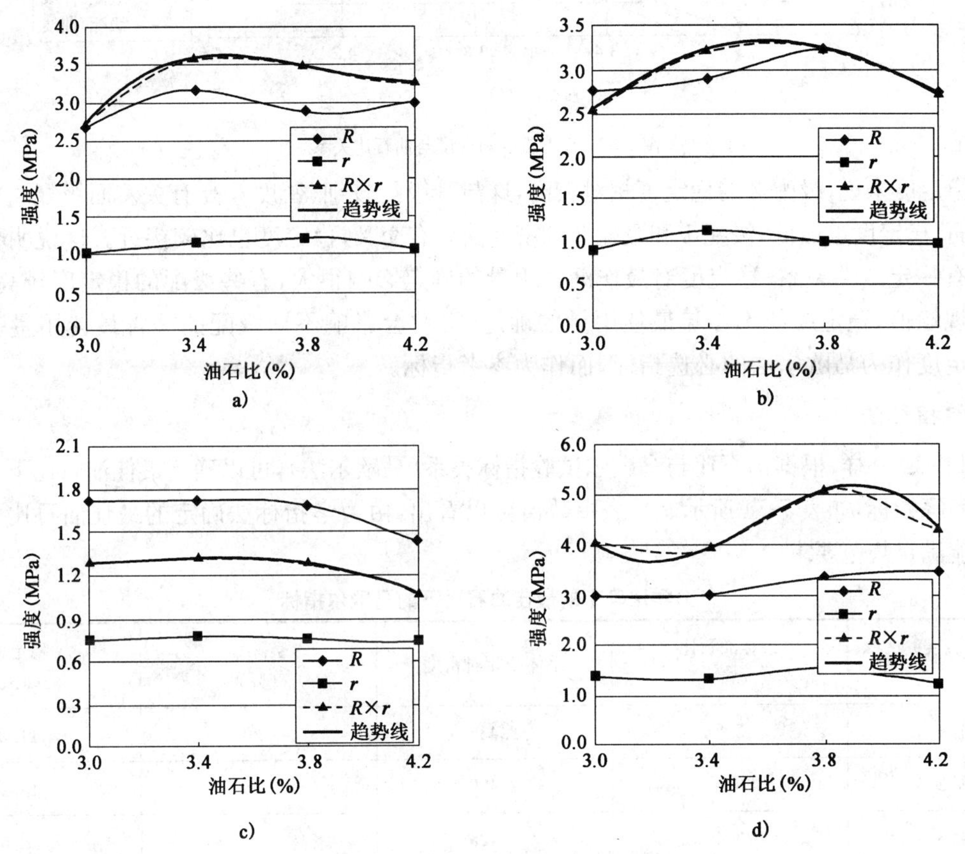

图7-34　各级配抗压、劈裂强度及乘积与油石比的关系

a)B级配；b)I级配；c)N级配；d)S级配

二、ATB-25型沥青稳定碎石最佳沥青用量研究

1.马歇尔法

采用ATB-30型沥青稳定碎石确定的试验标准和试验材料，对四组级配进行马歇尔试验，并根据马歇尔试验结果，绘制沥青用量与各物理指标关系图。并以此确定最佳油石比，结果见表7-73。画出沥青混合料密度与油石比关系曲线，如图7-35所示。

最 佳 油 石 比 表 7-73

级配	a_1	a_2	a_3	a_4	OAC_1	OAC_{min}	OAC_{max}	OAC_2	OAC
级配 1			3.38%		3.38%	3.1%	3.85%	3.475%	3.43%
级配 2	3.95%	3.4%	3.25%	3.3%	3.475%	3.1%	3.75%	3.425%	3.45%
级配 3	4.1%	3.9%	3.48%	3.5%	3.745%	3.3%	3.6%	3.45%	3.60%
级配 4			3.56%		3.56%	3.38%	4.0%	3.69%	3.63%

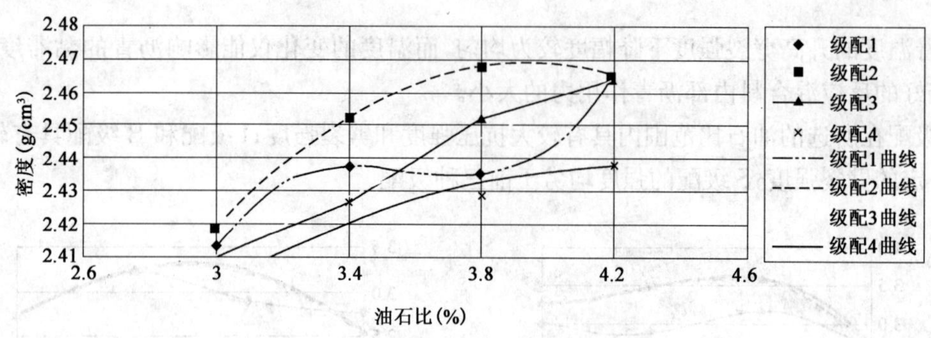

图 7-35 沥青混合料密度与油石比关系

对于稳定度来说，级配 2 的稳定度相对较高，这与其级配较细、密度较高有关。而级配 4 密度曲线位于最下面，稳定度也最低，级配 1 和级配 3 的密度曲线有交叉，稳定度也比较接近。这说明稳定度和密度之间有一定线性关系，稳定度对最佳沥青用量的确定影响很大，有些级配的稳定度较高，但是因为没有出现峰值，稳定度便不参与最佳用量的确定，由此会影响不同级配的沥青最佳用量。因此建议不把稳定度作为马歇尔法的必选指标，而作为参考指标。

2. 力学指标法

同 ATB-30 一样，根据油石比与马歇尔试验指标关系（马歇尔法），可以确定最佳油石比下相应的密度和空隙率等指标，如表 7-74 所示。从表中数值可以看出，由力学指标法确定的最佳油石比下的马歇尔指标均能满足规范要求。

力学法确定的最佳油石比下的马歇尔指标 表 7-74

级 配	最佳油石比 (%)	毛体积相对密度	空隙率 (%)	稳定度 (kN)
级配 1	3.7	2.436	4.0	11.2
级配 2	3.6	2.462	3.8	14.2
级配 3	3.4	2.426	5.3	11.45
级配 4	3.6	2.428	4.7	9.6

3. Superpave 法

制备试件时先采用《公路沥青路面施工技术规范》(JTG F40—2004)中的沥青用量估算方法，取 3.0%、3.5%、4.0%、4.5%四个油石比，再通过试验确定每种级配的最佳沥青用量。试验采用 ϕ150mm ×115mm 的试件。

试验结果共有三部分，压实试件实测的各项指标、从旋转压实机导出的压实次数与试件高度的关系、混合料的最大理论密度。各级配试件不同油石比下的实测密度、理论最大密度以及压实次数为 9 次和 125 次时的高度如表 7-75 所示。

SGC 试件及理论密度测试结果 表 7-75

级配	油石比（%）	试件编号	毛体积相对密度	理论最大密度	H_9（cm）	H_{125}（cm）	$N_{初始}$（%）	平均（%）	$N_{设计}$（%）	平均（%）
级配 1	3.0	1	2.399	2.550	126.1	113.9	85.0	84.7	94.1	93.7
		2	2.381	2.550	125.5	113.4	84.4		93.37	
	3.5	1	2.408	2.551	126.1	113.2	84.7	85.0	94.41	94.6
		2	2.416	2.551	126.5	114.0	85.3		94.7	
	4.0	1	2.427	2.539	125.1	112.1	85.7	85.9	95.59	95.4
		2	2.418	2.539	123.6	111.7	86.1		95.23	
	4.5	1	2.429	2.533	125.8	113.2	86.3	86.4	95.9	95.6
		2	2.415	2.533	125.2	113.7	86.6		95.32	
级配 2	3.0	1	2.367	2.579	128.1	115.0	83.1	83.0	92.55	92.4
		2	2.396	2.579	125.8	113.1	83.5		92.92	
	3.5	1	2.414	2.564	126.1	114.4	85.4	85.5	94.17	94.3
		2	2.419	2.564	124.6	113.1	85.6		94.33	
	4.0	1	2.438	2.545	124.3	112.3	86.6	86.9	95.81	96.3
		2	2.461	2.545	124.7	112.5	87.2		96.69	
	4.5	1	2.427	2.525	126.0	114.0	87.0	87.1	96.12	96.5
		2	2.447	2.525	124.6	112.1	87.2		96.89	
级配 3	3.0	1	2.419	2.581	127.1	114.2	84.2	84.3	93.72	93.8
		2	2.424	2.581	125.7	113.0	84.5		93.92	
	3.5	1	2.434	2.570	126.1	113.6	85.3	85.6	94.71	94.9
		2	2.444	2.570	125.6	113.3	85.8		95.1	
	4.0	1	2.459	2.553	124.7	112.0	86.5	86.5	96.32	96.1
		2	2.450	2.553	124.2	111.9	86.5		95.97	
	4.5	1	2.473	2.536	125.9	113.4	87.8	87.5	97.52	97.1
		2	2.453	2.536	124.9	112.7	87.2		96.73	
级配 4	3.0	1	2.383	2.563	123.5	113.1	85.1	83.9	92.99	92.8
		2	2.375	2.563	125.3	111.9	82.8		92.66	
	3.5	1	2.410	2.537	125.9	112.5	84.9	85.2	94.99	95.1
		2	2.415	2.537	126.4	113.5	85.4		95.18	
	4.0	1	2.434	2.522	125.9	114.4	87.7	87.8	96.5	96.1
		2	2.412	2.522	124.2	114.1	87.8		95.66	
	4.5	1	2.425	2.512	125.1	113.8	87.8	88.1	96.54	96.7
		2	2.432	2.512	124.4	113.8	88.5		96.82	

注：H_9 和 H_{125} 分别为旋转压实达到初始压实次数 9 次和设计压实次数时的试件高度，$N_{初始}$ 为在初始压实次数时的估算密实度，$N_{设计}$ 为达到设计压实次数时的实测密实度。

由表7-75及有关公式可以得到不同沥青用量时的沥青混合料性能参数和集料性能参数，主要包括沥青用量、有效沥青用量、实测理论最大密度、集料混合物的有效密度，结果如表7-76所示，沥青用量与实测理论密度也列于表7-76。

各级配混合料和集料参数表

表7-76

级　配	P_b	P_{be}	$N_{设计}$	G_{mm}	G_{sb}	G_{sa}	G_{se}
级配1	3.0	2.91	2.390	2.550	2.700	2.741	2.721
	3.5	3.38	2.412	2.551	2.700	2.741	2.721
	4.0	3.84	2.423	2.539	2.700	2.741	2.721
	4.5	4.30	2.422	2.533	2.700	2.741	2.721
级配2	3.0	2.91	2.382	2.579	2.698	2.741	2.719
	3.5	3.38	2.417	2.564	2.698	2.741	2.719
	4.0	3.84	2.450	2.545	2.698	2.741	2.719
	4.5	4.30	2.437	2.525	2.698	2.741	2.719
级配3	3.0	2.91	2.422	2.581	2.702	2.742	2.722
	3.5	3.38	2.439	2.570	2.702	2.742	2.722
	4.0	3.84	2.455	2.553	2.702	2.742	2.722
	4.5	4.30	2.463	2.536	2.702	2.742	2.722
级配4	3.0	2.91	2.379	2.563	2.702	2.742	2.734
	3.5	3.38	2.412	2.537	2.702	2.742	2.734
	4.0	3.84	2.423	2.522	2.702	2.742	2.734
	4.5	4.30	2.429	2.512	2.702	2.742	2.734

经过计算，不同沥青用量下的V_a、VMA、VFA指标及试件在初始压实次数和设计压实次数下的密实度以及粉胶比列于表7-77。

沥青混合料和集料参数表

表7-77

级　配	P_b	V_a	VMA(%)	VFA(%)	$N_{初始}$	$N_{设计}$	DP
级配1	3.0	6.3	14.1	71.7	84.7	93.7	1.237
	3.5	5.4	13.8	63.7	85.4	94.6	1.065
	4.0	4.6	13.9	63.9	85.9	95.4	0.937
	4.5	4.4	14.3	65.1	86.4	95.6	0.837
级配2	3.0	7.6	14.4	65.2	83.3	92.4	1.890
	3.5	5.7	13.6	63.1	85.5	94.3	1.628
	4.0	3.7	12.8	61.1	86.9	96.3	1.431
	4.5	3.5	13.7	63.6	87.1	96.5	1.278
级配3	3.0	6.2	13.1	61.7	83.2	93.8	1.993
	3.5	5.1	12.9	61.2	85.1	94.9	1.717
	4.0	3.9	12.8	60.9	86.0	96.1	1.509
	4.5	2.9	12.9	61.4	87.0	97.1	1.348
级配4	3.0	7.2	14.6	65.7	83.9	92.8	1.032
	3.5	4.9	13.8	63.9	85.2	95.1	0.888
	4.0	3.9	13.9	64.1	87.8	96.1	0.781
	4.5	3.3	14.2	64.7	88.1	96.7	0.697

计算出不同沥青含量下试件混合料的各项参数后，可作出沥青用量和 V_a、VMA、VFA、$N_{初始}$、DP 的关系图，图 7-36 为级配 1 的沥青用量与混合料各项技术参数的关系图。

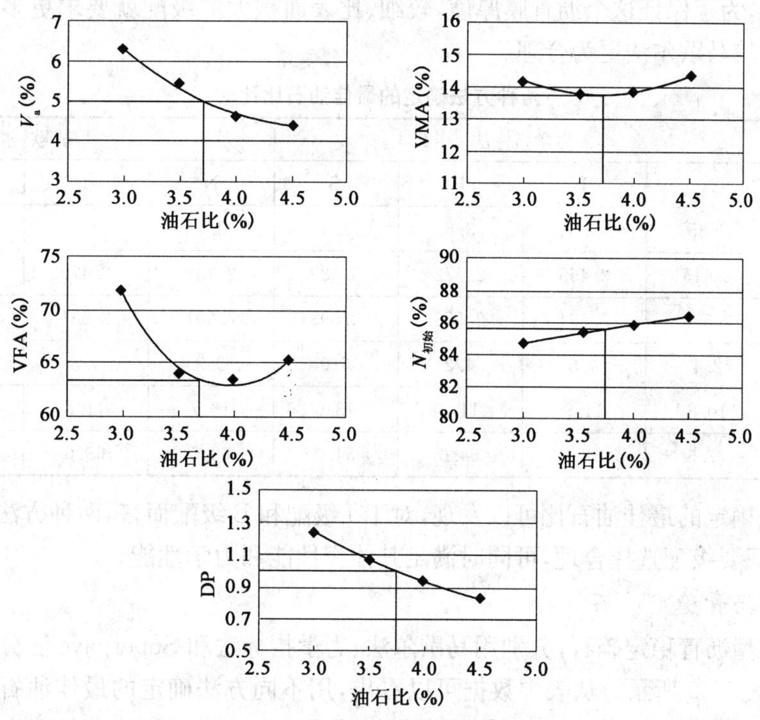

图 7-36 级配 1 沥青用量与各项参数的关系

沥青稳定碎石的目标空隙率为 5%，从图 7-36 中可以看出，对于级配 1，空隙率为 5%时，对应的油石比为 3.58%。在 3.58%的油石比下 VMA 为 13.8%，VFA 为 55.9%，9 次旋转压实下的最大理论密度百分数为 85.6%，粉胶比 DP=1.0。同理，可确定其余三个级配的最佳油石比和最佳油石下的各项参数，结果列于表 7-78。

最佳沥青用量参数表

表 7-78

级　配	P_b	V_a	VMA	VFA	$N_{初始}$	DP
级配 1	3.73	5	13.8	55.9	85.6	1.00
级配 2	3.63	5	13.2	62.0	86.0	1.57
级配 3	3.50	5	12.8	61.0	85.0	1.62
级配 4	3.55	5	13.9	64.1	85.8	1.09
标准			>13	65~75	<89	0.6~1.2

从表 7-78 可以看出，在目标空隙率为 5%的情况下，各级配的沥青最佳用量比较接近，在最佳沥青用量下估算的各项指标中，VMA 只有级配 3 比标准稍微低一些，其余都满足要求，但 VFA 都不满足 Superpave 标准要求，这主要是由于沥青稳定碎石的目标空隙率为 5%，矿料间的空隙较大，相应的沥青饱和度就要受到影响。而 Superpave 设计中都是按空隙率 4%为标准的，如若将空隙率定在 4%，则四个级配的 VFA 将分别变为 71.0%、69.6%、68.1%、71.5%，便会满足要求。

三、不同油石比确定方法分析

1. ATB-30 型沥青稳定碎石

将马歇尔法和力学指标法方法确定的油石比及相应参数列于表 7-79。由此可知，采用马歇尔法确定的油石比，能够使各级配混合料获得较为合理的空隙率和饱和度，马歇尔法在设计过程中主要追求满足体积性能的油石比，这样的选择方法就要求级配的油石比与其 VMA 成比，使所选择的油石比与级配的细密情况相背。而力学指标法选择油石比的依据是混合料的综合强度，所选的油石比则与级配粗细成正比，这可能是由于存在一个沥青膜厚范围，当沥青膜的厚度进入这个范围，就能使混合料强度增大。因此，为了保证这个沥青膜厚度，较细、比表面积大的级配就要求更多的沥青来填充。这也表明力学指标法较马歇尔法更为合理。

两种方法确定的最佳油石比比较 表 7-79

油石比确定方法	力学指标法				马歇尔法			
级配	N	I	B	S	N	I	B	S
油石比(%)	3.85	3.5	3.6	3.4	3.2	3.6	3.65	3.9
毛体积相对密度	2.515	2.465	2.472	2.439	2.498	2.470	2.468	2.452
最大相对密度 γ_t	2.576	2.584	2.578	2.593	2.601	2.581	2.576	2.574
VV(%)	2.4	4.6	4.2	6.0	3.9	4.3	4.2	4.8
VMA(%)	10.6	11.9	11.6	13.0	10.7	11.8	11.8	12.9
VFA(%)	77.6	61.1	64.0	54.0	63.0	63.6	64.3	63.2

对比两种方法确定的最佳油石比可以发现，对于I级配和B级配而言，两种方法确定的最佳油石比差别并不大，说明只要级配选择合理，可同时满足其体积性能和力学性能。

2. ATB-25 *型沥青稳定碎石*

对于 ATB-25 型沥青稳定碎石，分别用马歇尔法、力学指标法和 Superpave 法分别确定了四个级配的最佳油石比，如表 7-80 所示。从表中数据可以看出，用不同方法确定的最佳油石比差别不大。但是从同一种方法确定四个级配的油石比来看，力学指标法和 Superpave 法确定的四个级配的最佳油石比具有相同的大小顺序，级配 1>级配 2>级配 4>级配 3，由此可以得到验证，即马歇尔法在确定混合料最佳沥青用量时考虑的指标过多，结果容易受到过多指标的影响，因此在采用这种方法时往往需要凭借经验来判断。而力学指标法和 Superpave 法较马歇尔法更科学。

不同方法确定最佳油石比(%) 表 7-80

级配	级配 1	级配 2	级配 3	级配 4
马歇尔法	3.43	3.45	3.60	3.63
力学指标法	3.70	3.60	3.40	3.60
Superpave 法	3.73	3.63	3.50	3.55

第六节　沥青稳定碎石路用性能研究

要使沥青稳定碎石在外界不断变化的荷载和大气环境下保持良好的使用品质，就要求混凝土具有足够的强度、稳定性和耐久性等。要了解所设计的混合料是否符合这些性能要求，就要通过路用性能试验对其进行评价。

一、ATB-30 型沥青稳定碎石路用性能研究

1. *高温稳定性*

考虑到沥青稳定碎石粒径较大，为保证最大公称粒径与车辙板厚度相适应，需要将试验规程规定的 50mm 试板厚度增大，由于试板厚度对试验结果有较大影响，考虑到沥青稳定碎石的一般铺筑厚度为 10cm 左右，为使试验结果更接近于实际情况，因此车辙试板厚定为 10cm。选用两种方法确定的油石比。通过力学指标法确定的油石比下的 6cm 试板的车辙试验，与之对比分析。试验温度均为 60℃。

各级配试验结果如表 7-81 和表 7-82 所示。

6cm 试板车辙试验结果 表 7-81

级　配	油石比(%)	DS(次/mm)	变异系数(%)
N	3.85	1 215	19.4
I	3.5	3 000	18.7
B	3.6	2 635	19.6
S	3.4	1 271	16.4

10cm 试板车辙试验结果 表 7-82

级　配		油石比(%)	DS(次/mm)	变异系数(%)
力学指标法	N	3.85	934	13.2
	I	3.5	2574	13.5
	B	3.6	2931	17.2
	S	3.4	1271	16.4
马歇尔法	N	3.20	794	13.9
	I	3.6	2733	19.2
	B	3.7	2531	16.6
	S	3.9	991	17.0

(1)从试验结果中看,由力学指标法确定的最佳油石比下各级配的动稳定度由大至小依次为:B 级配、I 级配、S 级配和 N 级配,如图 7-37 所示。N 级通过禁区会导致混合料高温稳定性不足,而 S 级配动稳定度也不是很高。

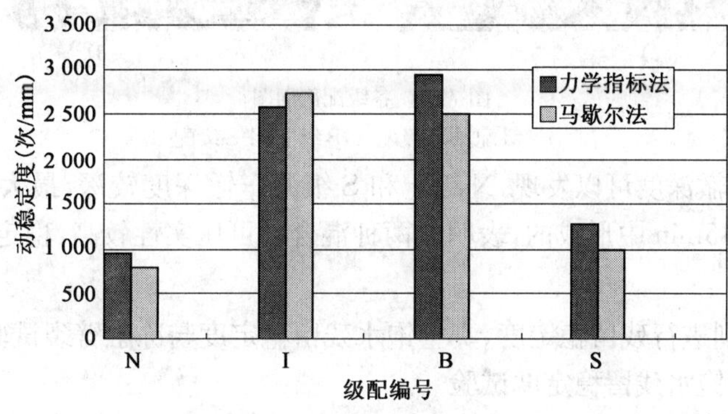

图 7-37　两种油石比下各级配的动稳定度

(2)对比 6cm 与 10cm 试板下各级配在相应油石比下的动稳定度,如图 7-38 所示,除 I 级配外,其他采用力学指标法选取的最佳油石比能够使各级配获得较好的高温稳定性,说明力学指标法更能反映沥青混合料的力学性能。

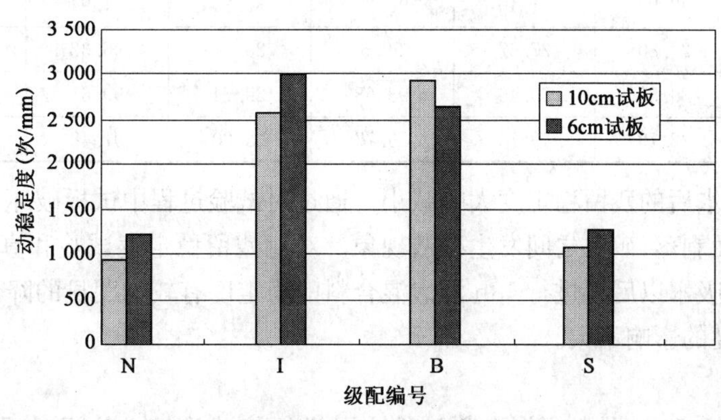

图 7-38　6cm 板厚与 10cm 板厚动稳定度的对比

(3)对比 6cm 及 10cm 试板的试验结果,如图 7-38 所示,除 B 级配外,6cm 试板所测定的动稳定度明显高于 10cm 试板,而且 10cm 试板的车辙深度也较 6cm 试板大,说明试板厚度的增大将导致动稳定度的下降。因此建议在进行沥青稳定碎石的车辙试验时最好按照混合料的设计厚度确定试板厚度。

(4)试验中 B 级配抗车辙能力最强。I 级配同样具有较好的高温稳定性。从各级配的剖面图(图 7-39)可以看出,I 级配、B 级配和 S 级配集料间距较为紧密,S 级配空隙较大(图 7-39 中黑圈处),而 N 级配的大集料则较分散游离,有出现离析的可能性。

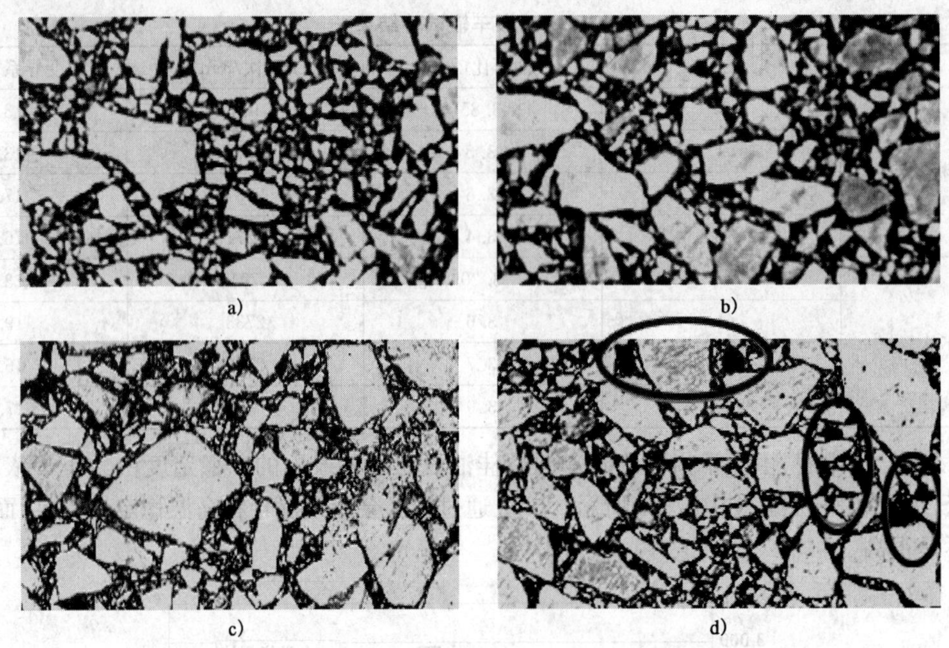

a) b) c) d)

图 7-39 各级配剖面图

a)N 级配;b)I 级配;c)B 级配;d)S 级配

(5)比较各级配的车辙深度可以发现,N 级配和 S 级配车辙深度较深,最大的超过了 7mm,这些变形都是在试验进行的前 45min 中形成的,表明此两种混合料可压实性较高,稳定性较差。

2. 水稳定性

本节对所选级配分别进行残留稳定度、真空饱水残留稳定度与冻融劈裂试验。

(1)残留稳定度真空饱水残留稳定度试验

残留稳定度和真空饱水残留稳定度试验结果如表 7-83 所示。

两种残留稳定度试验结果 表 7-83

级配	油石比(%)	浸水(60℃,1h)	浸水(60℃,48h)		浸水(60℃,72h)		真空饱水(60℃,48h)	
		稳定度(kN)	稳定度(kN)	残留(%)	稳定度(kN)	残留(%)	稳定度(kN)	残留(%)
N	3.85	32.96	31.40	95.27	30.30	91.94	25.13	76.26
I	3.50	27.80	27.67	99.5	26.50	95.32	21.16	76.09
B	3.60	29.85	29.46	98.68	29.74	99.61	22.39	74.99
S	3.40	22.78	19.76	86.77	22.20	97.48	14.90	65.42

结果表明,真空饱水后的残留稳定度大幅减小。通过对试验过程中试板破坏面的观察可以看出,已有部分沥青从矿料表面剥落,矿料之间发生松散现象。对比残留稳定度试验和真空饱水残留稳定度试验,可以发现经过真空吸水以后再进行 48h 浸泡混合料的稳定度有较为明显的降低,说明试板进行单纯的浸泡对混合料稳定度的影响不大。

(2)冻融劈裂试验

规范规定不大于 26.5mm 的粒径混合料试件方可进行该试验,故该试验仿照规范要求,试板成形时击实次数为双面击实 75 次，将成型试件冻融循环一次后按规范方法进行 25℃冻融劈裂强度试验，试验结果如表 7-84 所示。

冻融劈裂试验结果 表 7-84

级配		油石比(%)	对比试验			冻融劈裂			TSR(%)
			空隙率(%)	劈裂强度(MPa)	变异系数	空隙率(%)	劈裂强度(MPa)	变异系数	
力学指标法	N	3.85	4.1	0.848	7.1	4.3	0.679	8.2	80.1
	I	3.50	6.1	0.651	5.2	6.0	0.490	7.2	75.3
	B	3.60	5.8	0.628	6.2	6.0	0.493	9.8	78.5
	S	3.40	7.4	0.448	13.0	7.2	0.302	9.2	67.0
马歇尔法	N	3.20	5.4	0.732	9.8	5.6	0.548	11.2	74.9
	I	3.60	5.6	0.664	7.5	5.5	0.508	13.1	76.5
	B	3.65	5.8	0.607	8.4	5.5	0.467	12.0	76.9
	S	3.90	6.2	0.477	15.9	6.3	0.335	18.5	70.2

在冻融劈裂试验中，试件内部劈裂受拉，劈裂强度的大小较好地反映了混合料内部的黏结力情况。在试验过程中最主要的是所吸收的水分在内部结冰的过程，水分结晶膨胀将内在的空隙撑开降低黏结强度，被撑开的空隙在随后的融化过程中继续受到侵蚀作用，而且在试验中试件直接从－18℃环境进入60℃的水浴中，由于温度的骤变，在集料和沥青面上形成微裂缝，大大降低其黏结强度。所以空隙率的大小和冻融循环的次数均能影响试件的劈裂强度。

3. 低温抗裂性

应用小梁低温弯曲试验对沥青稳定碎石混合料的低温抗裂性能进行评价，小梁试件通过碾压成形板切割而成。ATB-30 型沥青稳定碎石混合料试件选用尺寸为 50mm×50mm×250mm 的小梁，由轮碾成型的车辙板试件并切割而成。根据试验规程的规定，试验温度为－10℃，试件应在空气中恒温 4～5h。试验加载速率采用 50mm/min。利用－10℃温度下的小梁抗弯曲试验，测定试件破坏荷载和破坏挠度，并由此计算弯拉强度 R_B、破坏时的梁底最大弯拉应变 ε_B 及破坏时的弯曲劲度模量 S_B。试验结果如表 7-85 所示。

－10℃小梁弯曲试验结果 表 7-85

方法	级配	油石比(%)	破坏荷载 P_B (N)	挠度(mm)	抗弯强度 R_B (MPa)	最大弯拉应变 $\varepsilon_B(\mu)$	劲度模量 S_B(MPa)
强度指标法	N	3.85	4 630	0.45	10.512	3 429	3 065.8
	I	3.50	4 255	0.41	9.684	3 093	3 130.4
	B	3.60	4 196	0.36	9.698	2 743	3 535.1
	S	3.40	3 862	0.48	8.890	3 643	2 440.2
大型马歇尔法	N	3.20	4 457	0.40	9.620	3 102	3 101.3
	I	3.60	4 302	0.44	9.504	3 379	2 812.6
	B	3.65	4 149	0.40	9.131	3 096	2 949.1
	S	3.90	4 038	0.50	9.062	3 818	2 373.7

试验结果分析表明：沥青稳定碎石的低温抗裂性能与级配有关，而小范围油石比浮动对混合料低温性能影响不大，四种级配的低温应变都满足规范要求。

4. 疲劳性能

国内一般采用小梁弯曲试验对沥青混合料进行疲劳性能评价。试验设备采用 MTS-810 材料试验机；试件为轮碾成型并切割成50mm×50mm×250mm的小梁，油石比采用力学指标法确定的最佳油石比；加载控制方式采用应力控制加载模式、10Hz荷载频率，荷载波形为半正矢波；应力水平分0.2、0.3、0.4、0.5四个等级；试验温度为15℃。15℃弯拉强度试验及疲劳试验结果如表7-86和表7-87所示。

15℃弯曲破坏强度

表7-86

级配类型	油石比(%)	15℃弯拉强度(MPa)	变异系数(%)
N	3.85	7.861	9.5
I	3.5	6.316	5.6
B	3.6	6.444	7.8
S	3.3	4.478	10.8

15℃疲劳试验结果

表7-87

级配	应力水平	应力σ_f(MPa)	$1/\sigma_f$	均值(次)	变异系数(%)	疲劳方程
N	0.2	1.572	0.636	18 066	10	$N_f=K(1/\sigma_f)^n$
	0.3	2.358	0.424	7 795	12.7	$K=83\,701$
	0.4	3.144	0.318	3 548	13.5	$n=2.953\,2$
	0.5	3.931	0.254	1 599	11.4	$R^2=0.971\,3$
I	0.2	1.263	0.792	21 587	13.1	$N_f=K(1/\sigma_f)^n$
	0.3	1.895	0.528	8 827	19.3	$K=48\,341$
	0.4	2.526	0.396	4 315	19	$n=2.790\,7$
	0.5	3.158	0.317	2 468	19.8	$R^2=0.962\,9$
B	0.2	1.289	0.776	16 570	12.8	$N_f=K(1/\sigma_f)^n$
	0.3	1.933	0.517	6 547	16.6	$K=38\,078$
	0.4	2.578	0.388	3 566	19.7	$n=2.759\,6$
	0.5	3.222	0.31	1 551	15.4	$R^2=0.979\,3$
S	0.2	0.916	1.091	10 488	12.7	$N_f=K(1/\sigma_f)^n$
	0.3	1.375	0.727	4 355	19	$K=9\,782$
	0.4	1.833	0.546	1 544	18.2	$n=3.388$
	0.5	2.291	0.436	524	13.7	$R^2=0.977\,7$

根据疲劳试验结果，绘制出破坏时的加载次数与加载应力倒数的关系图，并通过此关系图得出两者之间的回归方程：

$$N_f = K\left(\frac{1}{\sigma}\right)^n$$

式中：N_f——试件破坏时加载次数；

K、n——取决于沥青混合料成分和特性的常数；

σ——对试件每次施加的常量应力最大幅值。

沥青混合料疲劳性能主要通过两个参数K、n来反映。n值越大，疲劳曲线越陡，疲劳寿命对应力变化越敏感；而K值表示疲劳曲线线位的高低，K值越大，疲劳曲线线位越高，抗疲劳性能越好。各级配疲劳性能回归方程如表7-87所示，图7-40和图7-41分别为应力水平—疲劳次数关系图、$1/\sigma_f$—N_f关系图。

以上结果表明：

(1)在15℃条件下，N级配的弯拉强度最大，其他各级配强度关系由大至小依次为B级配、I级配和S级配。

(2)对疲劳寿命而言，依然发现N级配具有较好的抗疲劳性能，I级配、B级配和S级配依次降低。比较N级配和S级配的体积参数可以发现N级配的空隙率不足S级配的1/2，可认为空隙率的变化对混合料疲劳寿命的影响较大，空隙率越大疲劳寿命越低。

(3)B级配的疲劳次数小于I级配，而两者空隙率较为接近，说明相同密实程度下，级配的结构类型对其疲劳寿命也有一定的影响，越具有骨架结构的混合料疲劳寿命越低。

(4)比较各级配疲劳寿命的回归方程，S级配的 n 值最大，意味着应力比的变化对疲劳性能的影响较大，即外力作用对混合料疲劳性能的影响较明显。

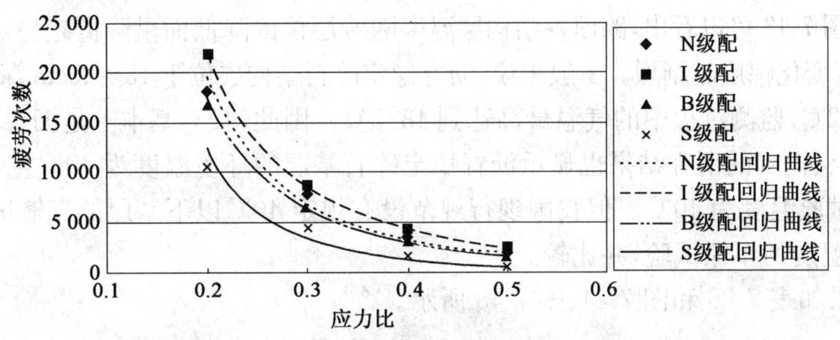

图7-40　应力水平—疲劳次数关系

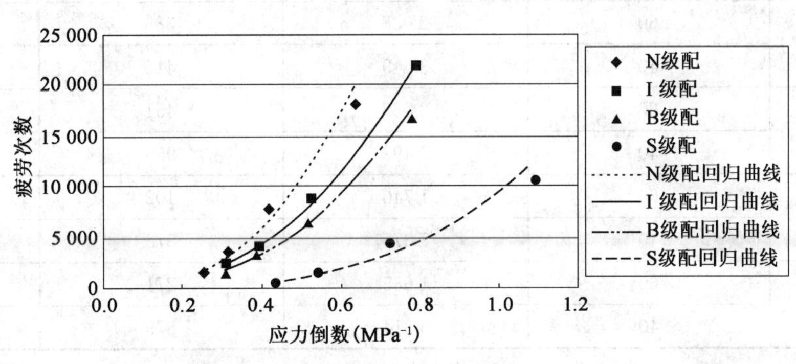

图7-41　$1/\sigma_f$—N_f 关系图

二、ATB-25型沥青稳定碎石路用性能研究

1.高温稳定性

本文对实体工程沥青面层及沥青稳定碎石基层的温度状况进行了监测，同时还监测了荷载作用下沥青稳定碎石基层的变形情况。时间为9月中旬某天早8:00～20:00，每隔2h采集一次，然后画出各层位和深度的温度随时间变化的曲线，如图7-42所示，图7-43为温度沿深度分布规律。

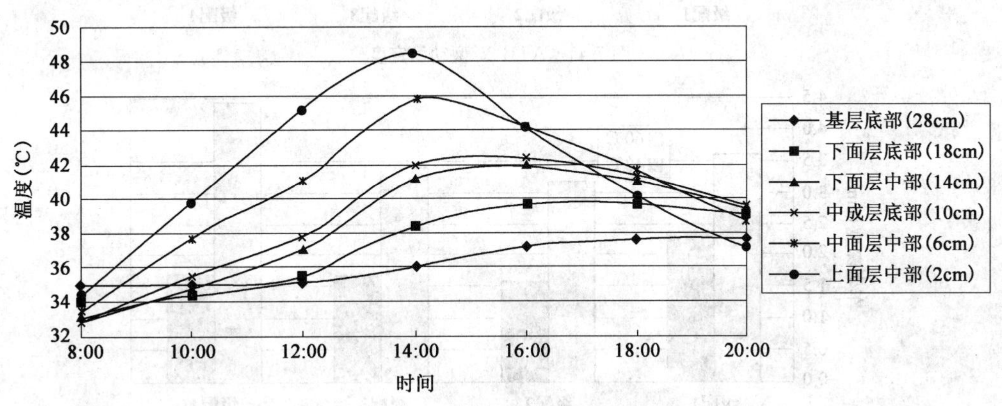

图7-42　各结构层高温分布曲线

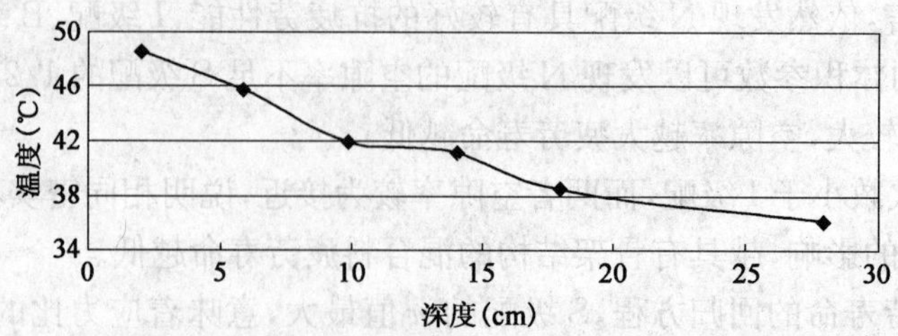

图 7-43　温度沿深度的分布规律(14:00 点)

由图 7-42 和图 7-43 可以看出,路面各结构层温度随着层位的降低而呈降低趋势,而且层位越往上在一天时间内的温度变化幅度越剧烈。一般来说,沥青稳定碎石结构层位于 15～20cm 深度处,由图可得,其最高温度为 40～42℃,监测过程中的气温最高达到 43.5℃。因此,40℃基本上是沥青稳定碎石结构层顶面的最高温度,前文提到的研究结果也显示沥青稳定碎石基层的环境温度为 40℃左右,因此,沥青稳定碎石基层的车辙试验温度为 40℃。但我国现行规范没有规定 40℃以下基层的车辙试验标准,故同时做 40℃和 60℃两个温度的车辙试验,并比较。

车辙试验结果如表 7-88 和图 7-44、图 7-45 所示。

车 辙 试 验 结 果　　　　表 7-88

级　配	试验温度(℃)	DS(次/mm)	标准差(次/mm)	变异系数(%)
级配 1	60	2 038	383	18.8
	40	3 449	418	12.1
级配 2	60	2 438	451	18.5
	40	5 493	950	17.3
级配 3	60	1 740	102	5.9
	40	7 075	873	12.3
级配 4	60	1 685	271	16.1
	40	5 814	879	15.1

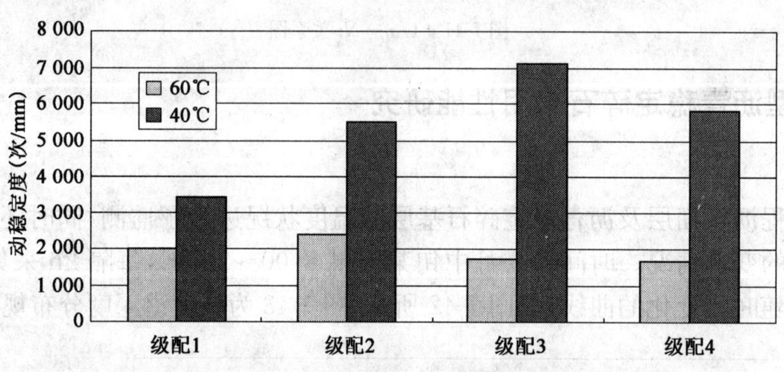

图 7-44　ATB-25 型动稳定度

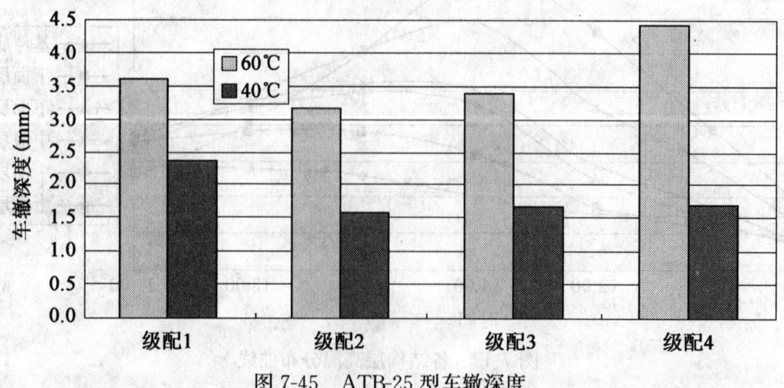

图 7-45　ATB-25 型车辙深度

试验结果表明：

(1)60℃动稳定度均满足要求，其顺序为级配2>级配1>级配3>级配4；40℃动稳定度值均有很大程度的提高，但顺序为级配3>级配2>级配4>级配1。

(2)级配3在不同温度下的动稳定度变化最大，说明其抗车辙性能对温度敏感性最大，这种混合料适宜用于年温差较小的地区。

(3)级配1在两个温度下不论动稳定度还是车辙深度差别最小，说明其抗车辙性能对温度的敏感性较小，适用于年温差较大的地区。

(4)40℃下的动稳定度值均远大于60℃的动稳定度，可见温度对动稳定度的影响是相当大的。

(5)级配1的结构组成均匀，性能稳定。

2. 低温抗裂性

采用弯曲和蠕变两种方法来评价ATB-25型沥青稳定碎石混合料低温抗裂性。

(1)抗弯拉强度

弯拉强度试验结果列于表7-89和图7-46、图7-47。

弯曲试验结果 表7-89

温　度	级　配	破坏荷载 P_B (N)	挠度 (mm)	抗弯强度 R_B (MPa)	最大弯拉应变 ε_B (%)	劲度模量 S_B (MPa)
−10℃	级配1	1 530	1.290	7.17	0.124 7	5 839
	级配2	1 608	1.932	7.54	0.139 1	5 575
	级配3	1 545	2.202	7.24	0.199 1	3 692
	级配4	1 270	2.651	5.95	0.171 9	3 478
0℃	级配1	1 505	1.174	7.06	0.1 557	4 526
	级配2	1 676	1.503	7.85	0.166 8	4 713
	级配3	1 641	1.362	7.69	0.193 1	4 440
	级配4	1 402	1.813	6.58	0.170 0	3 932
15℃	级配1	2 544	3.527	8.94	0.376	237 1
	级配2	2 916	3.157	13.67	0.485 9	2 840
	级配3	2 859	3.944	13.41	0.588 3	2 287
	级配4	2 360	3.789	11.06	0.683 4	1 384

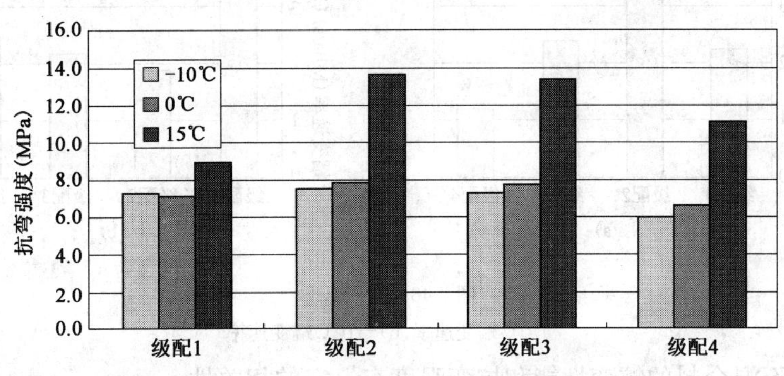

图7-46　不同温度下的抗弯强度

从表7-89及图7-46、图7-47可知：

①各级配的抗弯强度随着温度升高而增大的趋势很明显，−10℃和0℃的弯拉强度属于低温弯拉强度，0℃的抗弯强度比−10℃的抗弯强度要稍大一些，但是差别不大。15℃则属于常温领域，其弯拉强

度相对于低温的领域就比较大。

②通过级配组成对比发现，四个级配 4.75mm 以下细集料含量顺序与－10℃和 0℃时弯拉强度是一样的，由此可见，级配越细弯拉强度越大。

③在三种温度条件下，－10℃和 0℃时的弯拉应变比较接近，而 15℃时的弯拉应变有大幅度的提高。可见混合料在－10℃和 0℃时都处于刚性状态，而在 15℃时处于弹塑性状态。

④不同温度下的应变规律与抗弯强度相同，即 15℃时最大，－10℃时最小。

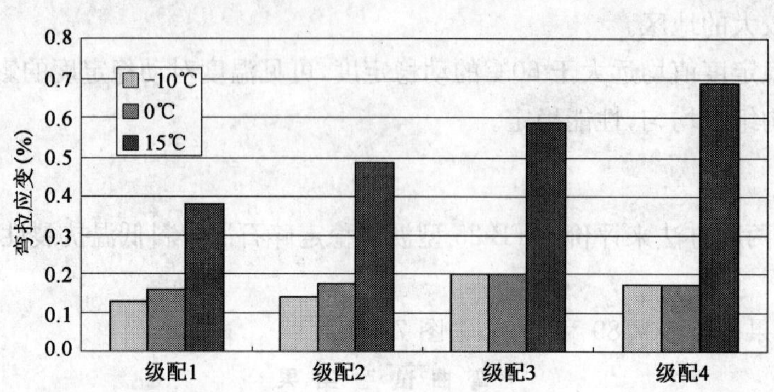

图 7-47　不同温度下的应变

(2)弯曲蠕变性能

弯曲蠕变试验结果如表 7-90 和图 7-48 所示。

弯曲蠕变速率结果　　　表 7-90

级配类型	0℃			－10℃		
	试验荷载(N)	应力水平(MPa)	蠕变速率(MPa/s)	试验荷载(N)	应力水平(MPa)	蠕变速率(MPa/s)
级配 1	151	0.71	2.21×10^{-6}	153	0.72	3.33×10^{-7}
级配 2	168	0.79	3.51×10^{-6}	161	0.75	1.86×10^{-7}
级配 3	164	0.77	2.35×10^{-6}	155	0.72	2.15×10^{-7}
级配 4	140	0.66	1.16×10^{-6}	127	0.60	2.48×10^{-7}

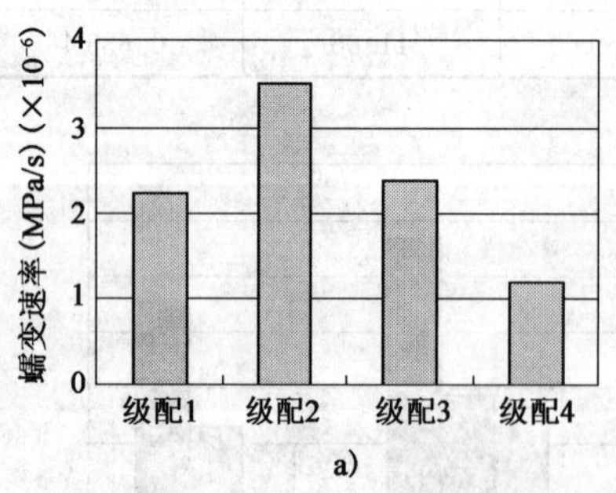

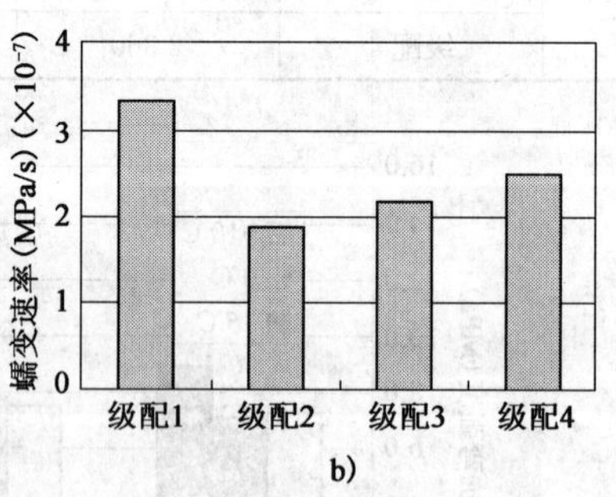

图 7-48　蠕变速率

a)0℃蠕变速率；b)－10℃蠕变速率

①沥青稳定碎石混合料的蠕变性能和抗弯强度有一定的相关性。

②在低温状态下，并不是级配越细混合料的蠕变速率就越大，这是因为在－10℃左右，混合料刚度将增大的缘故。

③综合弯拉强度和弯曲蠕变性能，四个级配的 0℃和－10℃弯拉强度与 0℃的蠕变速率的排列顺序是一样的，由此可以得出这四个级配的低温抗裂性能的顺序依次为级配 2＞级配 3＞级配 1＞级配 4。

3. 疲劳性能

在进行疲劳试验之前要先进行小梁弯拉试验，试验温度同样为15℃，结果如表7-89所示。

按表7-89的破坏荷载作为控制荷载P，进行不同应力水平下的疲劳试验，结果如表7-91所示。表7-91中还列出了回归方程，试件破坏时的加载次数与应力水平的关系如图7-49所示。

疲劳试验结果 表7-91

级配	应力水平	应力σ_f(MPa)	$1/\sigma_f$	疲劳寿命(次)	疲劳方程
级配1	0.15	1.34	0.75	17 294	$N_f=K(1/\sigma_f)^n$
	0.30	2.68	0.37	3 942	$K=47\,879$
	0.45	4.02	0.25	1 098	$n=2.835\,9$
	0.60	5.36	0.19	307	$R^2=0.973\,5$
级配2	0.15	1.54	0.65	13 846	$N_f=K(1/\sigma_f)^n$
	0.30	3.08	0.32	4 491	$K=95\,523$
	0.45	4.62	0.22	850	$n=2.927\,2$
	0.60	6.16	0.16	466	$R^2=0.986\,7$
级配3	0.15	1.41	0.71	21 506	$N_f=K(1/\sigma_f)^n$
	0.30	2.83	0.35	2 367	$K=81\,516$
	0.45	4.24	0.24	1 101	$n=3.429\,8$
	0.60	5.65	0.18	127	$R^2=0.946\,5$
级配4	0.15	1.25	0.80	12 836	$N_f=K(1/\sigma_f)^n$
	0.30	2.49	0.40	2 440	$K=23\,175$
	0.45	3.74	0.27	595	$n=2.610\,2$
	0.60	4.98	0.20	392	$R^2=0.989\,3$

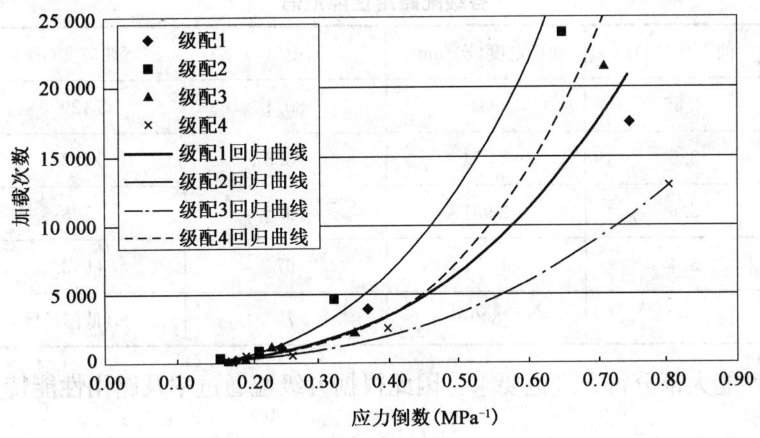

图7-49 疲劳破坏次数与应力关系图

由应力水平下的破坏次数与应力的关系，可以预估沥青稳定碎石基层在一定荷载应力下的疲劳寿命次数：

$$\lg N_f = A + \lg\sigma$$

式中：A——系数，$A=\lg K$。

疲劳寿命与荷载应力的关系如图7-50所示。

试验结果表明：

(1)四个级配的疲劳性能比较接近，级配2相对最好，疲劳性能的优劣顺序为：级配2>级配3>级配1>级配4。

(2)从疲劳回归方程来看,各级配中的 n 值大小顺序为级配 3>级配 2>级配 1>级配 4,说明级配 3 的抗疲劳性能对应力变化最敏感,级配 4 对应力变化相对不敏感。

(3)从疲劳试验结果来看,四个级配的疲劳寿命对应力变化都很敏感,从 0.15 应力水平到 0.6 应力水平,疲劳寿命次数从几万次急剧降到几百次,由此可见,沥青稳定碎石混合料由于其本身特性,对应力变化反应敏感。但是,由于沥青稳定碎石基层结构所处层位较低,应力也处于比较低的水平。应该说,四个级配的疲劳性能满足基层的要求。

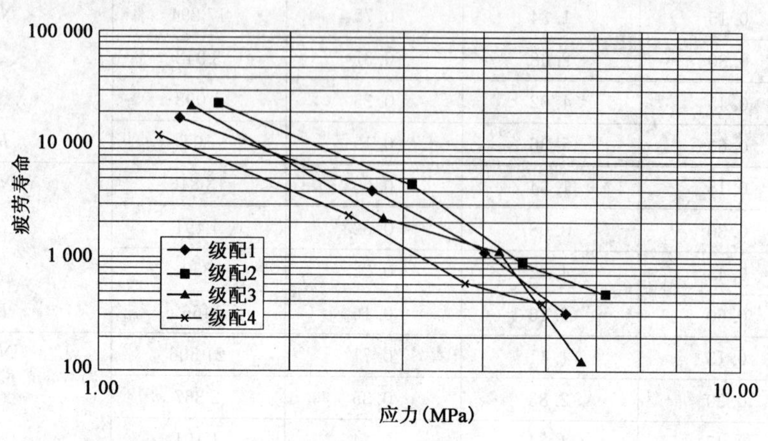

图 7-50 疲劳寿命曲线

三、各级配级推荐

1. ATB-30

将力学指标法确定的不同油石比下的各级配的路用性能进行汇总,如表 7-92 所示。

各级配路用性能汇总 表 7-92

级　配	油石比(%)	动稳定度(次/mm)	TSR(%)	弯曲应变(μ)	疲劳性能 K 值(次)
N	3.85	934	80.1	3 429	83 701
I	3.5	2 574	75.3	3 093	48 341
B	3.6	2 931	78.5	2 743	38 078
S	3.4	1 271	67	3 643	9 782
规范要求值	—	800	75	2 700(低温地区)	—

各级配的路用性能大部分符合规范要求。因此根据各级配通过率及路用性能特点推荐以下两个级配范围:

(1)基于高温性能的级配范围

基于高温性能,最后确定级配范围如表 7-93 所示。

基于高温性能的推荐级配范围 表 7-93

筛孔(mm)	37.5	31.5	26.5	19	16	13.2	9.5	4.75	2.36	1.18	0.6	0.3	0.15	0.075
级配上限(%)	100	98	86	68	60	54	45	32.5	24	16.5	12	9.3	7.3	5
级配下限(%)	100	94.1	79.5	60.2	52.1	45.7	36	25.9	17.2	12.3	9.1	6.3	4.2	3

(2)基于水稳定性的级配范围

基于水稳定性,最后确定级配范围如表 7-94 所示。

基于水稳定性的推荐级配范围 表 7-94

筛孔(mm)	37.5	31.5	26.5	19	16	13.2	9.5	4.75	2.36	1.18	0.6	0.3	0.15	0.075
级配上限(%)	100	100	90	72	64	59.5	50	38.2	28.8	21.7	17.3	13.2	9.1	6
级配下限(%)	100	96.6	81.1	60.6	55	51.5	43	30.5	23.5	16.2	12	8.5	6.5	4

2. ATB-25

对于 ATB-25 型沥青稳定碎石，综合考虑高温稳定性、低温稳定性、抗疲劳性等路用性能以及结构层层位功能、实体工程使用效果，确定如表 7-95 所示的级配。

ATB-25 型沥青稳定碎石推荐级配范围 表 7-95

筛孔(mm)	31.5	26.5	19	16	13.2	9.5	4.75	2.36	1.18	0.6	0.3	0.15	0.075
级配上限(%)	100	98.5	80.5	73.0	64.0	55.5	40.0	30.5	21.0	15.5	12.0	10.0	7.0
级配下限(%)	96.0	89.5	69.5	61.0	52.0	44.5	50.0	39.5	13.0	8.5	6.0	5.0	3.0

第七节 小 结

通过基层试验研究，可以发现：

(1)半刚性基层开裂机理分析表明：

①半刚性基层材料的宏观热胀缩性是固、液、气相热学性质相互作用综合效应的外观表现，半刚性基层材料中各形式的水通过“扩张作用”“毛细管张力作用”和“冰冻作用”三个作用过程对材料热胀冷缩产生极大的影响，且毛细管中水溶液冰点与溶液浓度成反比，与毛细管直径成正比，影响半刚性基层材料温缩性的主要因素是组成材料的矿物成分、含水率、最大干密度、孔隙率、龄期、结构强度等。

②半刚性基层材料的干燥收缩主要是通过“毛细管张力作用”“吸附水及分子间力作用”“层间水作用”和“碳化收缩作用”四个过程而引起的整体宏观体积的收缩，其干燥收缩值与材料的刚度成反比、与含水率成正比。适当控制含水率，可以控制收缩值的变化，所以在半刚性基层施工中，严格控制各原材料的含水率可以减少基层干缩裂缝的产生。

③半刚性基层非荷载型裂缝主要为温缩裂缝和干缩裂缝两大类。温暖季节修建的半刚性基层，在面层铺筑前收缩以干燥收缩为主，温度收缩作用为辅；而面层铺筑之后在低温季节主要以温度收缩为主。所以在基层施工完面层铺筑之前一定要注意基层的养生工作，保持基层有足够的水分，以免在初期发生干燥收缩裂缝。

④通过对半刚性基层缩裂机理分析可知，要使半刚性基层的收缩变形量减小，就必须尽可能地使二灰或者水泥浆存在于集料框架内，而集料是否能较好地形成框架，框架是否稳定，是否具有足够抵抗二灰或水泥浆收缩变形的能力，则成为减小半刚性基层材料收缩变形的先决条件。这正是本文研究骨架密实结构半刚性基层材料的出发点。

⑤半刚性基层材料可能由于拉应力比较弱而先出现应力破坏，也有可能由于拉应变比较弱而出现应变破坏，即可以说半刚性基层材料收缩破坏是应力和应变综合破坏作用的结果。材料应变能超过材料所能承受应变能时，材料就会破坏；应变能有效结合了应力和应变。为此，本文首次提出的基于劈裂模量的收缩应变能抗裂性评价指标，从而更为科学、合理地对半刚性基层材料抗裂性能做出评价。

(2)半刚性基层冲刷机理分析结果表明：

①冲刷破坏的过程是水分对基层材料的软化及冲刷损耗、胶结料与集料界面脱落、动水压力搬运的过程，产生唧泥的条件有三个方面：路面结构内处于自由水饱和状态、重型车辆荷载的频繁驶过和基层材料易磨损和冲刷。

②对于无机结合料稳定细粒土而言，要使材料不发生冲刷，对材料的强度应该有一个最低的要求，当材料强度高于此极限强度时，冲刷作用中的冲击力很难对材料表层造成损坏，材料冲刷的程度就会非

常的轻微，相反强度越低，发生冲刷的可能性越大，冲刷也会越严重。

③无机结合料稳定粗粒土的抗冲刷能力与细料之间的黏聚力及含量有关。通常细料越多，其抗冲刷能力越差。

(3)骨架密实结构半刚性基层材料组成设计方法研究表明：

①半刚性基层材料强度主要来源于两个方面，集料颗粒的内摩阻力和填充料的黏结力。理论上混合料不仅要有足够的粗集料形成空间骨架，而且要有一定数量的细集料填充于骨架间的空隙，使混合料具有较高的密实度并且形成为一种骨架密实结构，以获得较高的内摩阻力和黏结力。这是本文混合料组成设计方法研究的指导思想。

②采用试验与理论计算相结合方法，提出了骨架密实型半刚性基层材料组成设计方法：采用逐级填充方法使粗集料形成骨架结构；采用理论计算方法或者试验方法确定细集料级配；通过理论计算结合试验研究将细集料填充于粗集料中的空隙内，使组合后的混合料能够形成骨架密实结构。

③提出了骨架密实型二灰稳定碎石组成设计方法。该法分为三个层次：第一层次强调的是主集料的骨架作用；第二层次是通过试验确定石灰粉煤灰的最佳比例，以使石灰粉煤灰发生最佳效应；第三层次是利用石灰粉煤灰和细集料组成的砂浆来充分填充主集料骨架空隙，从而使骨架密实。在进行二灰砂浆的配比时，应用正交设计分析了影响二灰砂浆强度的主次因素及最佳的材料组成模式。

④提出了骨架密实型水泥稳定碎石组成设计方法：采用逐级振实方法确定粗集料级配；通过对不同I值时所对应级配的细集料进行强度、CBR、干燥收缩和温度收缩等试验，确定细集料的级配；对不同粗、细集料比的混合料进行强度试验，由试验结果和成型试件的密实情况并根据贝雷法参数，确定水泥稳定碎石的最终设计级配。

(4)半刚性基层材料的强度、刚度、抗冻性能、抗冲刷性能、收缩性能和抗疲劳性能研究结果表明：

①骨架密实型半刚性基层材料由于集料形成骨架结构互相嵌挤而具有较大的内摩擦角，结合料密实填充而具有较大的内聚力，因此骨架密实型半刚性基层材料具有高强度及抗压模量。

②骨架密实型半刚性基层材料由于集料紧密嵌挤，因此集料颗粒之间“富余”砂浆含量少，这使得温度与湿度变化对此种结构的半刚性基层材料的收缩影响小，从而具有好的抗裂性。

③骨架密实型半刚性基层材料内摩擦角对强度贡献较大，而内摩擦角对水的作用及冻融作用不敏感(即在水及冻融作用下内摩擦角降低较小)，因此骨架密实型半刚性基层材料具有好的水稳定性和冻稳定性。

④骨架密实型半刚性基层材料粗集料含量多，细集料含量少。而冲刷损失主要由细集料引起。因此骨架密实型半刚性基层材料具有好的抗冲刷能力。

⑤在分析冲刷机理基础上，对抗冲刷性能的评价方法进行了研究，首次提出了预冲刷的概念，也就是说，将冲刷试验的前 3min 作为预冲刷，其冲刷量应在总冲刷量中扣除，从而使半刚性基层材料抗冲刷性能的评价更加合理。

⑥骨架密实型半刚性基层材料结合料含量由理论计算结合试验确定，兼顾填充与最大密实原则，因此混合料内部微空隙与裂缝较少，从而骨架密实型半刚性基层材料具有较好的抗疲劳能力。

⑦从抗裂性能、冲刷性能考虑，北方地区主要矛盾在于温度收缩裂缝，应优先考虑抗裂性能较好的二灰稳定碎石；相反，南方地区冲刷更为严重，应优先考虑抗冲刷性能较好的水泥稳定碎石。

(5)由半刚性基层材料的强度形成机理可知：

①针对二灰稳定碎石混合料早期强度低的缺点，提出采用碳酸钠、硫酸钠及水泥作为提高二灰稳定碎石混合料早期强度的措施，具有良好的早强效果。

②从早强效果研究出发，认为二灰稳定碎石混合料在采用早强措施的前提下，应将抗裂指标作为二灰稳定碎石混合料设计的主要判据，以使二灰稳定碎石混合料强度、抗裂性能更为稳定。

③运用化学分析及扫描电镜方法，分析加入外掺剂能提高二灰稳定碎石混合料早期强度的机理。研究认为，外掺剂的加入，提高液相介质的 pH 值，促进了液相中硅酸的电离度，降低了氢离子浓度，促

进了火山灰反应和结晶体形成、生长，起到胶结密实二灰混合料的作用，从而使二灰稳定碎石混合料早期强度得以提高。

④分析了水泥稳定碎石强度形成机理，认为成型初期的强度主要靠集料与集料的嵌挤力提供，而随着龄期的增加，水泥水化、凝结和硬化反应的不断进行，水泥石的不断生成，水泥稳定集料基层后期强度则由集料与水泥石的黏结力和嵌挤力、集料与集料的嵌挤力以及水泥石的强度等整体提供。

(6)分析了水泥稳定碎石施工变异性及其影响因素，提出了减少施工变异的措施；通过室内正交试验，研究了水泥稳定碎石施工变异因素对强度的影响规律；结合实体工程，基于减少施工变异提出了施工质量控制方法。

①在分析级配变异性、含水率的变异性、压实度的变异性和水泥剂量的变异性及其影响因素的基础上，本文通过对施工前准备工作、试验段铺筑及施工工艺、离析控制及级配控制等方面的分析，提出了一套较为完善的骨架密实型半刚性基层施工技术。

②在分析引起半刚性基层材料离析原因的基础上，从减少原材料颗粒组成变异性及施工过程各环节的控制等方面，提出一整套离析控制技术，这对确保工程质量有着重要的意义。

③由于石料规格的多变性和多家料场进料，同一规格的石料也不完全相同，以往检验基层材料级配方法难以奏效，尤其在混合料从拌和场出料后其组成级配是否符合要求更是无从检测。因此检测半刚性基层材料出场后的材料级配，需有一套新的方法。本文通过大量分析，提出一套具有较强操作性的级配控制和检验方法。

④本文从确保半刚性基层质量稳定的各个施工环节进行分析，提出一套针对半刚性基层的施工过程质量控制方法，这对于确保工程质量稳定性有着重要的指导意义。

(7)从沥青稳定碎石基层的受力特点和性能要求出发，研究了沥青稳定碎石的组成设计方法，并分析了施工离析防治技术：

①以《公路沥青路面设计规范》(JTG D50—2006)和《公路沥青路面施工技术规范》(JTG F40—2004)为基础，应用 n 法、i 法、贝雷法和 Superpave 法等级配设计方法，对 ATB-30 型和 ATB-25 型沥青稳定碎石的级配进行了优化设计，分别设计了四个级配。研究了沥青稳定碎石级配特点，分析了沥青稳定碎石级配与沥青混凝土级配的差异。

②应用马歇尔法、力学指标法和 Superpave 法分别开展 ATB-30 型和 ATB-25 型沥青稳定碎石的最佳沥青用量的研究，形成了完整的沥青稳定碎石组成设计方法。研究表明力学指标法和 Superpave 法较马歇尔法更科学，更能体现其力学性能和路用性能，确定的最佳沥青用量更合理。研究过程中发现，以体积参数作为设计指标时，易导致级配越密实沥青用量越少的现象。

③针对设计的 ATB-30 型和 ATB-25 型沥青稳定碎石混合料，从高温稳定性、低温抗裂性、水稳定性和抗疲劳性等方面，研究 ATB-30 型和 ATB-25 型沥青稳定碎石的路用性能。表明所设计的 ATB-30 型和 ATB-25 型沥青稳定碎石混合料具有良好的路用性能，特别是贝雷法和 n 法设计的沥青稳定碎石具有更好的路用性能。根据路用性能试验结果推荐了不同条件下的沥青稳定碎石级配。

④沥青稳定碎石基层所能遇到的高温环境温度较沥青混凝土面层低。为此对实体工程沥青路面结构层(包括沥青混凝土面层和沥青稳定碎石基层)进行了温度监测，根据温度监测结果，分析了沥青稳定碎石混合料的车辙试验温度，建议沥青稳定碎石混合料车辙试验温度为 40℃。

第八章

基于骨架密实特性的沥青混合料面层修筑技术

高速公路沥青路面通常由三层组成，一般上面层需要有足够的抗剪切滑移能力来抵抗低温缩裂，抗车辙；中面层处于竖向压缩状态，是抗车辙的主要结构层；下面层在荷载作用下处于竖向受压状态或两向拉伸状态，承受着较大的竖向应力，易产生车辙，需要有抗车辙、抗疲劳能力。针对黄延公路的特点，有必要对如何使沥青面层破损少、耐温性好展开具体研究。

第一节　沥青混合料粗细集料分界标准与骨架特性

一、粗细集料分界标准研究

《公路工程集料试验规程》(JTG E42—2005)规定，在沥青混合料中，将2.36mm作为粗细集料的划分标准；SMA混合料中，普遍将4.75mm作为粗细集料的划分标准；贝雷法则以0.22*D*(*D*为公称最大粒径)作为粗细集料分界点。由此便产生了粗细集料划分标准的不统一问题，故需对此进行研究。

1.粗细集料分界的试验方法研究

本文采用马歇尔击实试验来确定粗细集料的分界粒径。试验目的是测试沥青混合料中骨架的受力破碎规律。当用不同粒径进行混合后，进行马歇尔击实试验，然后对击实后的结果进行筛分，可以推知形成骨架的颗粒由哪些粒径组成。如果沥青混合料是骨架密实型的级配，那么在击实时只有形成骨架的颗粒破碎；如果是悬浮密实型的级配，在击实时既有大粒径的颗粒破碎也有小粒径的颗粒破碎；当沥青混合料属于骨架空隙型的级配时，是形成骨架的颗粒破碎。

2.粗细集料分界标准研究

为了测试沥青混合料骨架的受力规律，对AC-13级配进行集料的混合，选取经验性能较好的级配进行研究。首先对粒径分别为13.2mm、9.5mm、4.75mm、2.36mm、1.18mm的集料进行单档击实试验，得到每一种石料的受力破碎规律。然后对于AC-13中的9.5～13.2mm，4.75～9.5～13.2mm，2.36～4.75～9.5～13.2mm，1.18～2.36～4.75～9.5～13.2mm进行不同比例混合，击实后筛分(只用了0.6mm以上的筛子)，结果如表8-1所示。

混合粒径击实的平均结果及其转化规律　　表8-1

粒径(mm)	9.5～13.2		4.75～9.5～13.2		2.36～4.75～9.5～13.2(I)		2.36～4.75～9.5～13.2(II)		1.18～2.36～4.75～9.5～13.2	
总质量(g)	1 050		1 000		1 200		1 200		1 260	
筛孔尺寸(mm)	击实	筛余	击实	筛余	击实	筛余	击实	筛余	击实	筛余(%)
16	—	—	—	—	—	—	—	—	—	—
13.2	130.3	12.41	67.7	6.77	74.9	6.24	66.6	5.55	56.4	4.48
9.5	810.9	77.23	393.6	39.36	386.7	32.23	320.4	26.70	245.4	19.48

续上表

粒径(mm)	9.5～13.2		4.75～9.5～13.2		2.36～4.75～9.5～13.2(I)		2.36～4.75～9.5～13.2(II)		1.18～2.36～4.75～9.5～13.2	
4.75	58.8	5.60	421.9	42.19	451.2	37.60	355.6	29.63	309.9	24.60
2.36	25.0	2.38	80	8.00	232.3	19.36	389.1	32.43	144.8	11.49
1.18	8.6	0.82	14.3	1.43	26.5	2.21	37.2	3.10	426.3	33.83
0.6	3.8	0.36	6	0.60	8.4	0.70	9.6	0.80	37.1	2.94
<0.6	12.6	1.20	16.5	1.65	20	1.67	21.5	1.79	40.1	3.18

注:配合比分别为:9.5～13.2mm为1∶4;4.75～9.5～13.2mm为1∶4∶5;2.36～4.75～9.5～13.2mm(I)为1∶4∶5∶2;2.36～4.75～9.5～13.2mm(II)为1∶4∶5∶5;1.18～2.36～4.75～9.5～13.2mm为1∶4∶5∶2∶6。

根据上面对单一粒径的击实筛分结果,可以间接推算出不同比例混合击实后的筛分结果。如对于三档料13.2～16mm,9.5～13.2mm,4.75～9.5mm颗粒用量比为1∶4∶5的组合,那么击实后在4.75mm筛上的筛余量为:100×3.70%+400×6.82%+500×83.22%=447.1(g)。

其他筛上的含量计算方法与之相同。按这种比例混合的推算结果与实际击实试验结果的对比如表8-2所示。

推算结果与实际击实结果对比 表8-2

混合范围(mm)	筛孔(mm)	13.2	9.5	4.75	2.36	1.18	0.6	<0.6
9.5～13.2	推算	133.4	803.7	65.1	23.9	8.1	3.9	12.0
	实际	130.4	810.9	58.8	25.0	8.6	3.8	12.6
	误差	−2.34%	0.90%	−9.61%	4.55%	6.41%	−1.69%	4.97%
4.75～9.5～13.2	推算	63.5	382.7	447.1	71.6	13.6	5.6	15.9
	实际	67.7	393.6	421.9	80.0	14.3	6	16.5
	误差	6.55%	2.85%	−5.63%	11.72%	4.94%	7.86%	3.89%
2.36～4.75～9.5～13.2(I)	推算	63.5	382.7	447.1	249.4	27.0	8.4	21.9
	实际	74.9	386.7	451.2	232.3	26.5	8.4	20.0
	误差	17.88%	1.05%	0.92%	−6.85%	−1.73%	0.09%	−8.87%
2.36～4.75～9.5～13.2(II)	推算	50.8	306.2	357.7	412.8	37.6	10.1	24.8
	实际	66.6	320.4	355.6	389.1	37.2	9.6	21.5
	误差	31.03%	4.65%	−0.58%	−5.75%	−1.02%	−5.04%	−13.42%
1.18～2.36～4.75～9.5～13.2	推算	44.5	267.9	313.0	174.6	385.3	35.8	39.1
	实际	56.4	245.4	309.9	144.8	426.3	37.1	40.1
	误差	26.81%	−8.39%	−0.98%	−17.05%	10.64%	3.69%	2.68%

对于13.2～16mm和9.5～13.2mm颗粒混合的推算结果与击实试验结果对比如图8-1所示。

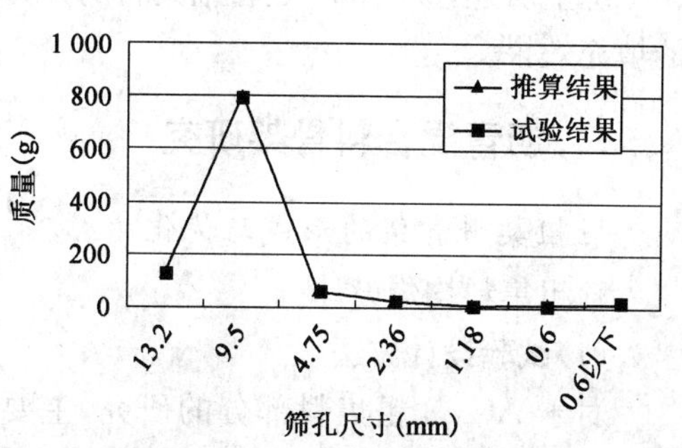

图8-1 9.5～13.2mm两档集料混合试验结果与推算结果对照图

由图8-1可见,13.2～16mm和9.5～13.2mm颗粒用量比按1∶4混合后,推算结果和试验结果吻合的相当好,两条曲线基本重合,相对误差最大的4.75～9.5mm颗粒为9.61%,但是该档绝对误差只有6.3g,因该档总量较多,所以绝对误差还是比较小的。其他档的颗粒相对误差都在5%左右,最小一档仅为0.90%。结果充分表明13.2～16mm和9.5～13.2mm颗粒的骨架作用明显,这些颗粒的受力状态与假设的受力状态一致。

13.2～16mm、9.5～13.2mm 和 4.75～9.5mm 颗粒混合的推算与击实结果如图 8-2 所示。

由图 8-2 可见，13.2～16mm、9.5～13.2mm 和 4.75～9.5mm 颗粒用量比按 1∶4∶5 混合后，推算结果和试验结果吻合的还是比较好的，两条曲线重合度较好，推算结果和试验结果的绝对和相对误差也均不大，相对误差最大的 4.75～9.5mm 颗粒为 11.72%，但是该档绝对误差仅为 8.4g，相对总量而言也是很小的。结果表明加入 4.75～9.5mm 颗粒后，骨架作用还是比较明显。

本次试验考查两种比例，定性的看 2.36～4.75mm 颗粒掺量对骨架的影响：①13.2～16mm、9.5～13.2mm、4.75～9.5mm 和 2.36～4.75mm 颗粒用量比为 1∶4∶5∶2；②13.2～16mm、9.5～13.2mm、4.75～9.5mm 和 2.36～4.75mm 颗粒用量比为 1∶4∶5∶5。

经试验证明，在 AC-13 中，2.36～4.75mm 颗粒应当作为粗集料（骨料）对待，这也与贝雷法 0.22D 划分粗细集料的结论相一致。

当 13.2～16mm、9.5～13.2mm、4.75～9.5mm、2.36～4.75mm 和 1.18～2.36mm 颗粒用量比按 1∶4∶5∶2∶6 混合后，推算结果和试验结果吻合程度明显降低，在很多档都拉开了较大差距。这说明加入 1.18～2.36mm 颗粒后，填充干涉作用明显加强，1.18～2.36mm 颗粒主要起填充作用，不再作为骨架受力。

为了进一步证实该结论，在固定13.2～16mm、9.5～13.2mm 和 4.75～9.5mm 颗粒用量比为 1∶4∶5后，2.36～4.75mm 颗粒取不同的比例进行重复试验。2.36～4.75mm颗粒用量与2.36mm累计筛余的关系图如图 8-3 所示。

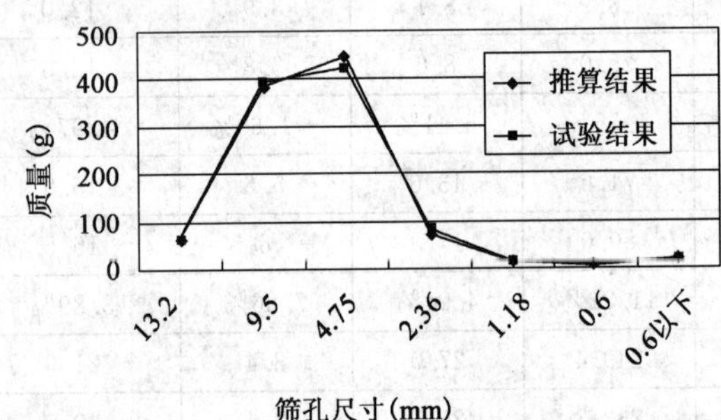

图 8-2　4.75～9.5～13.2mm 三档集料混合试验结果与推算结果对照图

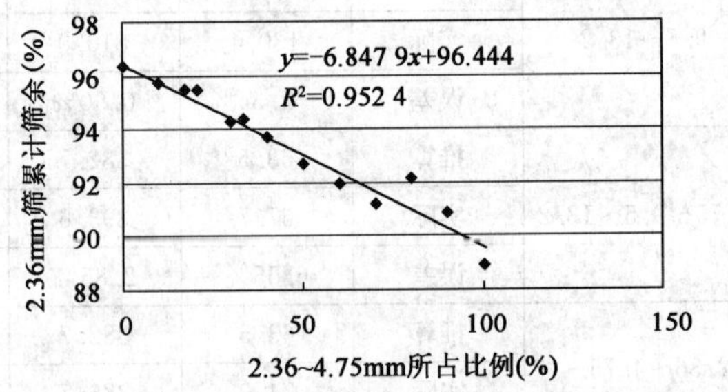

图 8-3　2.36～4.75mm 颗粒用量与 2.36mm 累计筛余的关系图

图 8-3 进一步表明，2.36～4.75mm 颗粒在粗集料骨架中主要起骨架作用。但 2.36～4.75mm颗粒也具有一定的填充特性，因为2.36～4.75mm 颗粒用量在达到 60%后，明显偏离了回归直线，并在个别档出现了累计筛余的回升。这表明随着 2.36～4.75mm 颗粒用量的不断增加其填充特性得到了加强，作为填充料不再参与受力破碎，因此 2.36mm 筛孔的累计筛余出现了回升。总之，对于 2.36～4.75mm 颗粒，既要看到它作为骨架颗粒受力的主要特征，也要看到它一定的填充特性。

综上所述，2.36mm 是粗细集料的分界点，2.36～4.75mm 颗粒主要起骨架作用，同时还具有一定的填充效果。

二、沥青混合料骨架研究

1.粗集料骨架的形成与优化

1)粗集料均匀设计

(1)试验设计方法

对于 AC-13 粗集料部分的研究，主要针对粒径为 13.2～16mm，9.5～13.2mm，4.75～9.5mm，2.36～4.75mm 这四档料进行研究，目标函数是粗集料间隙率 VCA，通过 VCA 的变化规律深入了解粗集料骨架密实性的影响因素。

本文采用均匀设计法安排试验，在均匀设计中，有四个因素 13.2～16mm，9.5～13.2mm，4.75～

9.5mm,2.36～4.75mm 颗粒,其用量分别以 X_1、X_2、X_3、X_4 表示。水平数 n=16,n 为粗集料含量。

16 水平 4 因素的均匀配方设计方案如表 8-3 所示。

粗集料配方均匀设计方案组成 表 8-3

序号 \ 粒径及比例	13.2～16mm X_1(%)	9.5～13.2mm X_2(%)	4.75～9.5mm X_3(%)	2.36～4.75mm X_4(%)
1	68.50	14.79	8.87	7.83
2	54.57	10.42	1.09	33.91
3	46.14	2.59	30.44	20.83
4	39.75	36.44	2.23	21.58
5	34.48	20.66	29.44	15.42
6	29.95	8.13	9.67	52.24
7	25.94	60.97	8.59	4.50
8	22.32	32.14	9.96	35.58
9	19.01	15.38	47.16	18.45
10	15.95	1.32	23.27	59.46
11	13.10	46.26	31.75	8.89
12	10.42	24.29	22.44	42.85
13	7.90	7.50	71.38	13.22
14	5.51	65.56	11.75	17.18
15	3.23	35.09	55.90	5.78
16	1.05	15.06	39.32	44.56

(2)粗集料均匀试验分析

具体进行试验时,为了考查全面,对各个水平进行了多种状态下的密度试验,主要包括以下几种密度:自然堆积密度 ρ_1、干捣实密度 ρ_2 和振实密度。而振实密度根据振实方法的不同,又可分为三种:颠击法得出的振实密度 ρ_3(筒底垫钢筋,分 3 次装料,左右颠击 25 次);无配重振实下得出的振实密度 ρ_4;配重振实下得出的振实密度 ρ_5。

配重选用 5kg,因为该配重下试验筛分结果显示,粗集料的破碎程度不严重,并且骨架紧密。以上 5 种状态下的密度、VCA 试验结果如表 8-4 和表 8-5 所示。

各种状态下的粗集料密度 表 8-4

序 号	粗集料毛体积密度 (t/m³)	自然堆积密度 ρ_1 (t/m³)	干捣实密度 ρ_2 (t/m³)	振实密度		
				颠击法 ρ_3 (t/m³)	无配重振实 ρ_4 (t/m³)	配重振实 ρ_5 (t/m³)
1	2.778	1.510	1.640	1.698	1.740	1.808
2	2.764	1.570	1.800	1.820	1.930	2.161
3	2.768	1.600	1.700	1.753	1.848	1.956
4	2.773	1.574	1.696	1.722	1.800	1.992
5	2.772	1.550	1.708	1.706	1.814	1.944
6	2.753	1.600	1.710	1.705	1.810	1.919
7	2.784	1.500	1.674	1.667	1.754	1.823
8	2.764	1.600	1.750	1.751	1.868	1.992
9	2.768	1.506	1.677	1.672	1.796	1.887
10	2.747	1.524	1.659	1.671	1.739	1.773

续上表

序　号	粗集料毛体积密度（t/m³）	自然堆积密度 ρ_1（t/m³）	干捣实密度 ρ_2（t/m³）	振实密度		
				颠击法 ρ_3（t/m³）	无配重振实 ρ_4（t/m³）	配重振实 ρ_5（t/m³）
11	2.778	1.534	1.670	1.685	1.800	1.879
12	2.758	1.540	1.706	1.712	1.830	1.885
13	2.768	1.486	1.649	1.646	1.700	1.825
14	2.777	1.500	1.698	1.698	1.771	1.955
15	2.776	1.515	1.666	1.666	1.746	1.831
16	2.755	1.511	1.658	1.676	1.763	1.809

粗集料均匀试验骨架间隙率 VCA　　表 8-5

序　号	粗集料间隙率 VCA(%)				
	自然 VCA_1	捣实 VCA_2	颠击振 VCA_3	无配重振 VCA_4	配重振 VCA_5
1	45.6	41.0	38.9	37.4	34.9
2	43.2	34.9	34.2	30.2	21.8
3	42.2	38.6	36.7	33.2	29.3
4	43.2	38.8	37.9	35.1	28.2
5	44.1	38.4	38.5	34.6	29.9
6	41.9	37.9	38.1	34.3	30.3
7	46.1	39.9	40.1	37.0	34.5
8	42.1	36.7	36.6	32.4	27.9
9	45.6	39.4	39.6	35.1	31.8
10	44.5	39.6	39.2	36.7	35.5
11	44.8	39.9	39.3	35.2	32.4
12	44.2	38.1	37.9	33.6	31.7
13	46.3	40.4	40.5	38.6	34.1
14	46.0	38.9	38.9	36.2	29.6
15	45.4	40.0	40.0	37.1	34.0
16	45.2	39.8	39.2	36.0	34.3

根据试验结果可对 5 种状态下的密度和 VCA 进行考查和分析：

各种状态下的 VCA 值差异明显，如自然态 VCA_1 变化范围为 41.9%～46.3%，捣实态 VCA_2 变化范围为 34.9%～41.0%，颠击振实 VCA_3、无配重振实 VCA_4 和配重振实 VCA_5 变化范围分别为34.2%～40.5%、30.2%～38.6%和 21.8%～35.5%。VCA 值随集料状态的由松到密而减小。

由表 8-5 可知，5 种状态下除自然堆积态外，水平 2 的 VCA 均明显低于其他水平。仔细分析发现，如果粗集料为 70%，则按水平 2 各档含量分别为 38.2%、7.3%、0.7%、23.8%，此时 VCA 达到最小值，即 4.75～9.5mm 颗粒用量基本上为 0 时，VCA 最小。这证明了间断级配(间断 4.75～9.5mm)比连续级配形成的粗集料骨架具有更好的密实度。根据上面的分析认为，4.75～9.5mm 颗粒用量与 VCA 呈现一定的线性关系，并且随着 4.75～9.5mm 颗粒用量的增加 VCA 不断增加，这也是 4.75～9.5mm 颗粒用量为 0 时 VCA 最小的原因所在。因此为了使得骨架更密实，可以适当控制 4.75～9.5mm 颗粒用量。但并不意味着 4.75～9.5mm颗粒用得越少越好，由于实际应用中，VCA 不是唯一的指标，VCA 只有在骨架形成的前提下才具有意义。因此粗集料 VCA 不是越小越好，还要保证留出沥青砂浆填充所需的足够空间。

对 13.2～16mm，9.5～13.2mm，4.75～9.5mm，2.36～4.75mm 颗粒各自用量与 VCA 的关系进行单因素分析，可以在一定程度上把握上述四档料对 VCA 影响的大小。

下面选择 3 种代表性的状态（自然态、捣实态、配重振实态）进行单因素分析。

图 8-4 为 13.2～16mm 颗粒用量与 VCA 的关系。

由图 8-4 可知，3 种状态下的 13.2～16mm 颗粒用量与 VCA 有着弱二次相关性，并且在颗粒含量为 40%左右存在最小值。

图 8-5 为 9.5～13.2mm 颗粒用量与 VCA 的关系。

由图 8-5 可知，3 种状态下的 9.5～13.2mm 颗粒用量与 VCA 相关性非常小，如果从控制 VCA 角度出发，则该档料用量的多少对 VCA 基本没有大的影响。

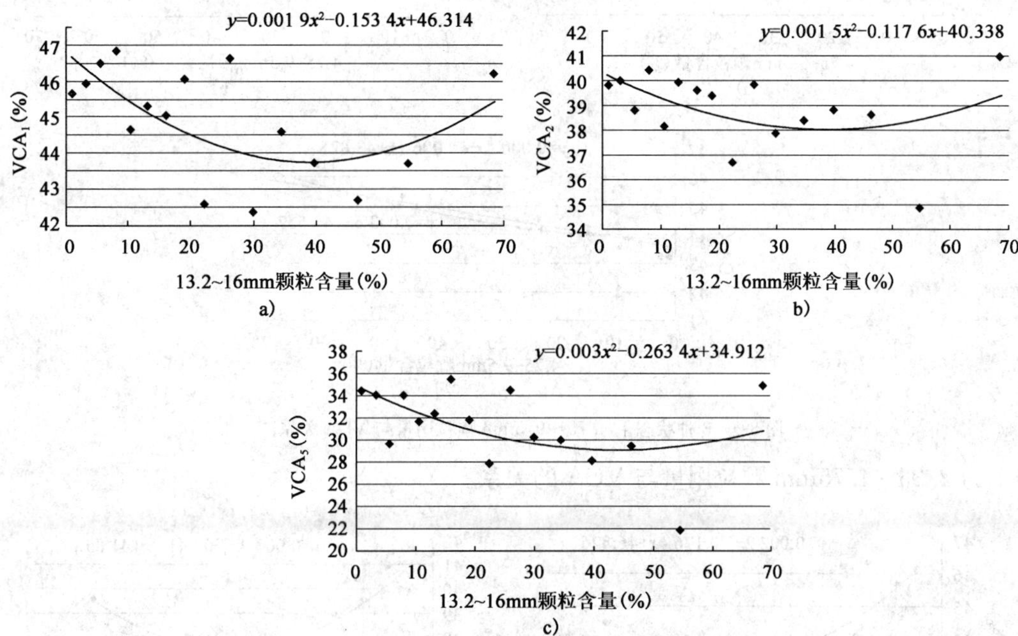

图 8-4　3 种状态下 13.2～16mm 颗粒用量与 VCA 的关系图

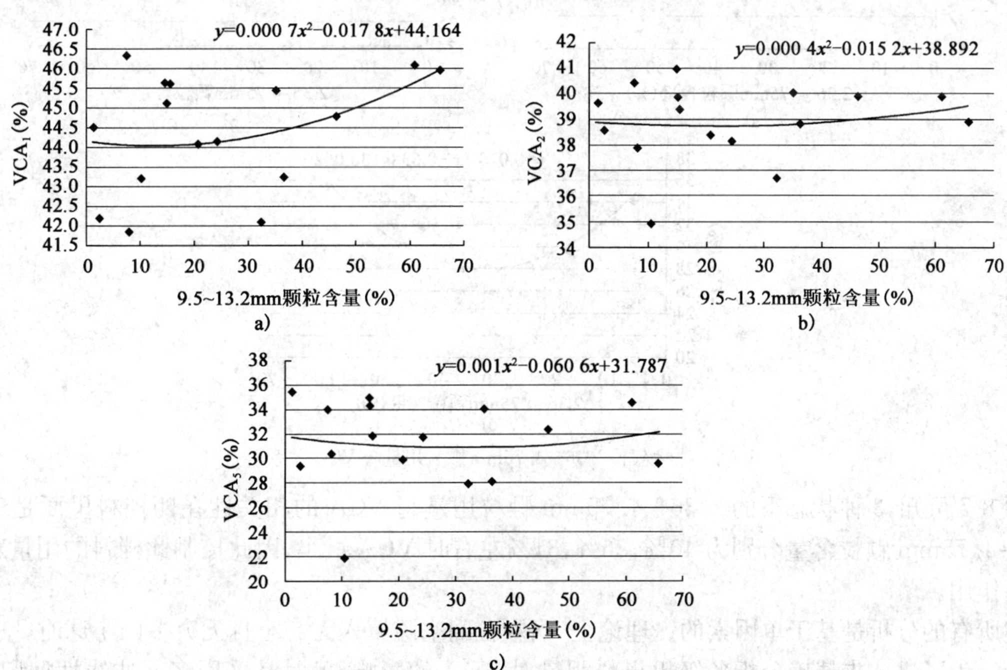

图 8-5　3 种状态下 9.5～13.2mm 颗粒用量与 VCA 的关系图

图 8-6 为 4.75～9.5mm 颗粒用量与 VCA 的关系。

由图 8-6 可知，3 种状态下的 4.75～9.5mm 颗粒用量与 VCA 呈现一定的线性关系，随着该档料的增加，VCA 有增加的趋势。因此混合料设计时，可以考虑适当控制 4.75～9.5mm 颗粒用量，从而降低 VCA 值。

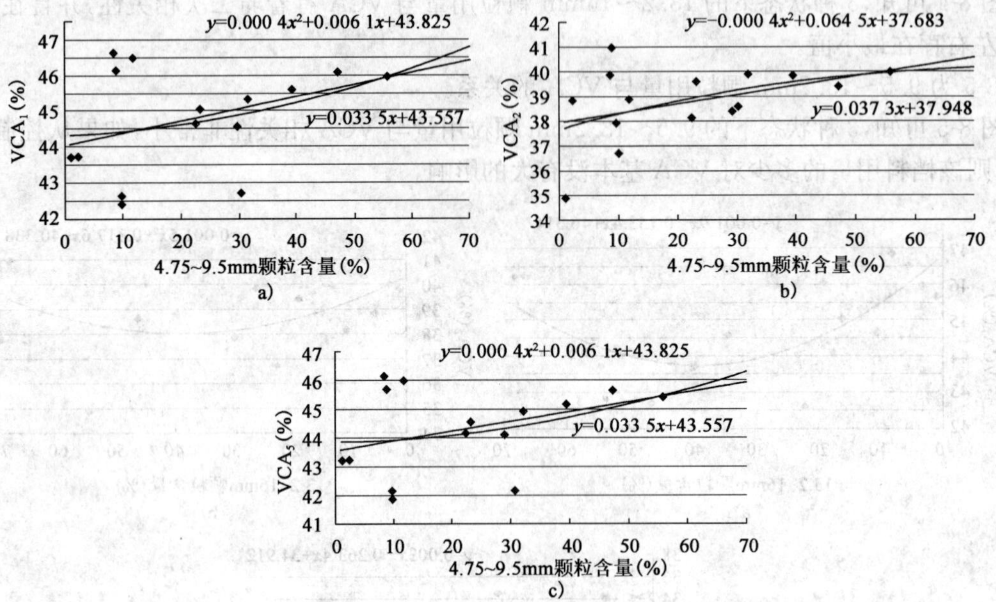

图 8-6　3 种状态下 4.75～9.5mm 颗粒用量与 VCA 关系图

图 8-7 为 2.36～4.75mm 颗粒用量与 VCA 的关系。

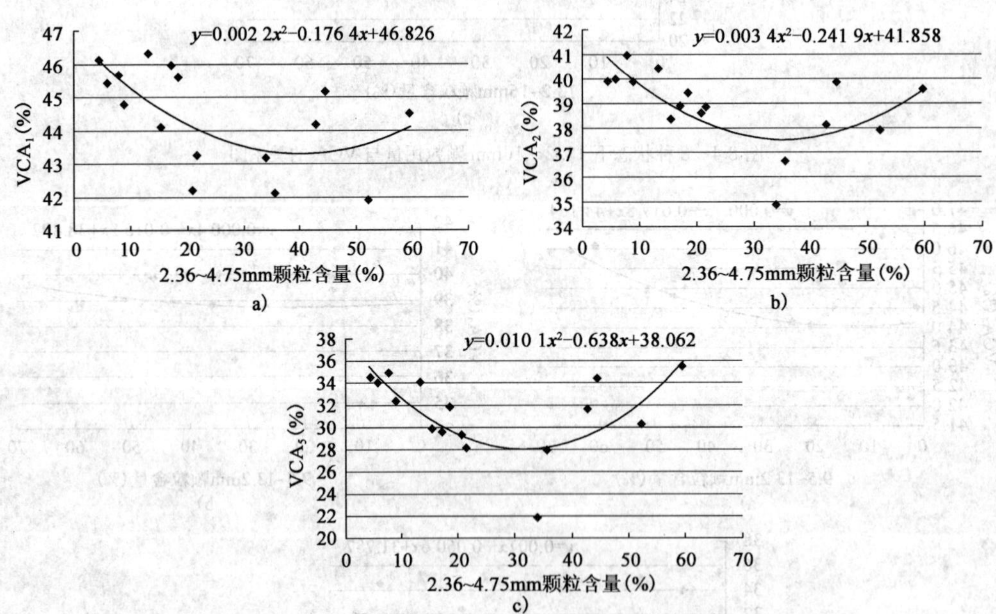

图 8-7　3 种状态下 2.36～4.75mm 颗粒用量与 VCA 关系图

由图 8-7 可知，3 种状态下的 2.36～4.75mm 颗粒用量与 VCA 的相关性在四档料里面是最好的，当 2.36～4.75mm 颗粒含量分别为 40%，36%，31%左右时 VCA 最小，因此控制此档料的用量对 VCA 具有重要作用。

上述所有的分析是基于单因素的。理论上，当颗粒间空隙填入无穷小且无穷多的小球时，空隙完全能被填满。为了进一步精确分析各级粗集料用量对 VCA 的影响，可对其采用多元非线性回归方法进行分析。具体处理分析如下。

①非线性方程线性化。对于 4 个自变量的二次方程一般形式为：

$$y = aX_1^2 + bX_2^2 + cX_3^2 + dX_4^2 + fX_1X_2 + gX_1X_3 + hX_1X_3 + iX_2X_3 + jX_2X_3 + kX_3X_4 + lX_1 + mX_2 + nX_3 + oX_4 + \text{Const} \tag{8-1}$$

约束条件：

$$X_1 + X_2 + X_3 + X_4 = 100$$

令 $b_1 = X_1^2$，$b_2 = X_2^2$ 等，这样就将非线性问题转换为线性问题来处理。

②回归方法选择。采用 SPSS 软件的向前引入法对捣实状态下的 VCA 与各档用量建立关系，部分回归结果如表 8-6～表 8-8 所示。

回归方程的回归系数分析表 表 8-6

模型		标准化系数		标准化系数	统计量 t	假设检验显著水平值	零阶相关系数	部分相关系数	偏相关系数
		偏回归系数	偏回归系数的标准差						
1	常数项	40.08	0.39		102.716	0.000			
	X_1X_4	−20.28	4.93	−0.740	−4.111	0.001	−0.740	−0.740	−0.740
2	常数项	40.97	0.41		99.904	0.000			
	X_1X_4	−21.30	3.83	−0.776	−5.555	0.000	−0.740	−0.839	−0.774
	X_2X_4	−18.05	5.61	−0.450	−3.217	0.007	−0.386	−0.666	−0.448
3	常数项	41.74	0.62		67.250	0.000			
	X_1X_4	−26.75	4.98	−0.975	−5.372	0.000	−0.740	−0.840	−0.707
	X_2X_4	−18.65	5.32	−0.465	−3.509	0.004	−0.386	−0.712	−0.462
	X_2X_3	−8.10	5.07	−0.289	−1.598	0.136	0.376	−0.419	−0.210
4	常数项	41.63	0.63		66.316	0.000			
	X_1X_4	−28.34	5.18	−1.033	−5.470	0.000	−0.740	−0.855	−0.717
	X_2X_4	−19.64	5.37	−0.489	−3.654	0.004	−0.386	−0.740	−0.479
	X_2X_3	−7.21	5.11	−0.257	−1.409	0.187	0.376	−0.391	−0.185
	X_4^2	2.27	2.15	0.162	1.054	0.315	−0.279	0.303	0.138
5	常数项	42.57	0.80		53.443	0.000			
	X_1X_4	−36.59	6.76	−1.334	−5.416	0.000	−0.740	−0.864	−0.654
	X_2X_4	−23.34	5.39	−0.582	−4.327	0.001	−0.386	−0.807	−0.522
	X_2X_3	−9.21	4.85	−0.329	−1.899	0.087	0.376	−0.515	−0.229
	X_4^2	7.21	3.48	0.515	2.069	0.065	−0.279	0.547	0.250
	X_3X_4	−11.54	6.69	−0.388	−1.724	0.115	0.230	−0.479	−0.208
6	常数项	44.22	1.38		32.023	0.000			
	X_1X_4	−47.41	9.95	−1.729	−4.763	0.001	−0.740	−0.846	−0.547
	X_2X_4	−17.78	6.45	−0.443	−2.755	0.022	−0.386	−0.676	−0.317
	X_2X_3	−8.82	4.63	−0.315	−1.906	0.089	0.376	−0.536	−0.219
	X_4^2	10.20	3.93	0.729	2.598	0.029	−0.279	0.655	0.299
	X_3X_4	−24.24	10.96	−0.815	−2.212	0.054	0.230	−0.593	−0.254
	X_2	−3.47	2.43	−0.454	−1.425	0.188	0.130	−0.429	−0.164

回归方程统计表　　表 8-7

模　型	复相关系数 R	R^2	调整后的 R^2	预测值的标准差
1	0.740	0.547	0.515	1.053
2	0.865	0.748	0.709	0.815
3	0.890	0.792	0.740	0.771
4	0.901	0.811	0.742	0.767
5	0.924	0.854	0.782	0.706
6	0.939	0.881	0.802	0.673

方 差 分 析 表　　表 8-8

模　型	回 归 项	回归平方和	自 由 度	均 值 平 方	F 统计量	统计量大于 F 的概率(Sig)
1	回归	18.731	1	18.731	16.898	0.001
	残差	15.519	14	1.108		
	全部	34.249	15			
2	回归	25.610	2	12.805	19.268	0.000
	残差	8.640	13	0.665		
	全部	34.249	15			
3	回归	27.125	3	9.042	15.229	0.000
	残差	7.124	12	0.594		
	全部	34.249	15			
4	回归	27.778	4	6.945	11.805	0.001
	残差	6.471	11	0.588		
	全部	34.249	15			
5	回归	29.261	5	5.852	11.732	0.001
	残差	4.988	10	0.499		
	全部	34.249	15			
6	回归	30.179	6	5.030	11.121	0.001
	残差	4.070	9	0.452		
	全部	34.249	15			

向前引入法的引入标准定为 $F\leqslant0.32$，标准放宽的原因在于上面的单因素分析显示线性不是很强。回归结果显示，最早进入回归方程的基本上都是交互项，这说明粗集料之间的交互影响很大，比单独因素对 VCA 的影响更明显。当引入标准设定为 $F\leqslant0.05$ 时，回归方程只引入两项 X_1X_4 和 X_2X_4；引入标准设定为 $F\leqslant0.20$ 时才引入第三项 X_2X_3；引入标准设定为 $F\leqslant0.32$时，又引入三项 X_4^2、X_3X_4 和 X_2。这个结果说明以下几个问题：

a. 单因素分析认为，X_4 这档料的用量与 VCA 相关性最大；均匀设计考虑交互影响后得出的回归方程中，最早引入方程的 5 项中有 4 项直接与 X_4 有关。这充分说明 X_4 用量对 VCA 影响最大。

b. 引入标准直接影响回归方程的精度。引入标准有个最佳的契合点，如定高了，方程相关性低，代表性差；如定低了，将引入过多非主要因素。SPSS 向前引入法主要通过 F 检验量来控制引入标准。

在 $F\leqslant0.05$ 条件下的回归方程为：

$$\mathrm{VCA}=40.97-21.30X_1X_4-18.05X_2X_4 \tag{8-2}$$

在 $F\leqslant0.32$ 条件下的回归方程为：

$$\mathrm{VCA}=44.22-47.41X_1X_4-17.78X_2X_4-8.82X_2X_3+$$

$$10.20X_4^2 - 24.24X_3X_4 - 3.47X_2 \tag{8-3}$$

c. 对回归方程分析发现，虽然单因素分析认为 X_2 与 VCA 不具有好的相关性，但是最终的回归方程[式(8-3)]中有三项与其有关，这也说明在研究粗集料骨架颗粒之间的作用时必须考虑其交互影响，粗集料应作为一个系统整体考虑。

d. 对比两个方程分析发现，常数项在 VCA 组成中占据了绝大部分，这表明对 VCA 数值起决定作用的是集料本身的性质(常数项)，而各级粒径的配比对 VCA 的影响次之。所以要实现优良的骨架结构和路用性能，应该首先从起决定作用的原材料选择入手，然后再进行配比优化，才可取得较好的效果。

e. 在集料本身质量达到要求的情况下，优化粗集料的配比能使骨架达到密实。

f. 选用逐步引入—剔除法得出的结果与向前引入法得出的结果相同($F \leqslant 0.32$)，差别在于增加了退出条件。

g. 除 X_4^2 项为正相关，其余均为负相关。正相关即 X_4^2 的增加将导致目标函数 VCA 增大，负相关的含义则相反。

h. 其他状态下的非线性分析同上所述，此相关分析既可以定性地了解哪档料对目标函数的影响大，又可以固定其中的一、两个变量，分析其他自变量变化时目标函数的变化规律，再结合前文的单因素分析结果，能综合全面地了解骨架状态下 VCA 的变化。

2)骨架形成必要条件——粗集料用量的确定

试验采用单因素设计，即固定 13.2～16mm，9.5～13.2mm，4.75～9.5mm，2.36～4.75mm 颗粒用量比及沥青用量不变，细集料最大粒径为 0.6mm(以防干涉撑开骨架)，变化粗集料用量(指粒径 2.36mm 以上)，实测沥青混合料密度。为了便于 AC-13 的应用，粗集料用量在规范规定的范围内变化。试验结果如图 8-8 所示。

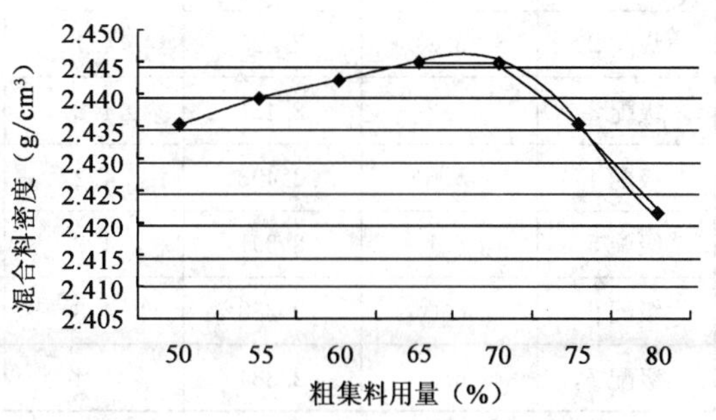

图 8-8　粗集料用量与密度关系曲线

由图 8-8 可知，混合料的密度存在峰值，说明当粗集料含量小于 70%左右时，沥青混合料属于密实悬浮结构，密度随粗集料增加略有增长。当粗集料含量大于 70%左右时，粗集料形成骨架结构。随着粗集料增加，细集料减少，细集料已不能充分填充粗集料空隙，密度下降很快。考虑到回归和试验误差，认为粗集料用量在 70%左右(68%～71%)形成的范围可以作为 AC-13 骨架形成所必需的粗集料用量范围。

2. 骨架评价方法研究

对于按上述方法所确定的优化骨架状态下的粗集料配比，在掺加细集料、矿粉、沥青后形成的沥青混合料的整体性能是否达到了骨架密实标准，需要制订一定的定量指标来进行评价。

关于粗集料形成骨架，按其形成紧密程度一般分为两种：一是紧排骨架，用 VCA_{mix}(沥青混合料中的粗集料骨架间隙率)$<VCA_{DRC}$(捣实状态下的粗集料骨架间隙率)来验证，常适用于沥青码蹄脂碎石混合料(SMA)和大空隙排水沥青混合料(OGFC)；二是松排骨架，贝雷法提出用 $VCA_{mix}<VCA_{DLC}$(粗集料松装骨架间隙率)来验证，适用于密级配沥青混合料。

1)骨架评价指标

稳定性强的骨架的形成应满足三个条件：第一，骨架必须具备足够的强度；第二，骨架必须是密实的；第三，骨架必须有足够的稳定性，特别是高温稳定性。骨架的强度与密实是不可分的。此外，骨架强度还与集料本身的材料性质与用量有关，因此本文提出骨架密实度 SC 和骨架稳定度 S 两个指标控制骨架的密实性和稳定性。

为了便于研究，采用变 i 法，对主骨架结构与次骨架结构分别取不同的 i 值。本文主要针对粗集料，因此固定细集料比例和粗集料用量，观察粗集料内部组成变化下骨架的形成规律。表 8-9 为试验采用的 7 组级配。

试验采用的 7 组级配 表 8-9

序号	i	筛孔（mm）									
		16	13.2	9.5	4.75	2.36	1.18	0.6	0.3	0.15	0.075
级配 1	0.60	100	87	68	41	30	21	16	11	9	5
级配 2	0.65	100	89	72	47	30	21	16	11	9	5
级配 3	0.68	100	90	75	51	30	21	16	11	9	5
级配 4	0.72	100	91	78	56	30	21	16	11	9	5
级配 5	0.75	100	92	81	60	30	21	16	11	9	5
级配 6	0.77	100	93	83	65	30	21	16	11	9	5
级配 7	0.80	100	94	85	68	30	21	16	11	9	5

对上述级配求最佳油石比后试验得到如表 8-10 所示的试验结果。

7 组级配确定的最佳油石比试验结果 表 8-10

级配	最佳油石比（%）	毛体积密度（g/cm³）	空隙率 VV(%)	矿料间隙率 VMA(%)	沥青饱和度 VFA(%)	稳定度（kN）	流值（0.1mm）	动稳定度（次/mm）
级配 1	4.8	2.444	3.9	15.07	74.32	10.65	42.00	1 293.6
级配 2	5.2	2.425	4.1	15.96	74.50	10.13	40.30	1 283.1
级配 3	5.2	2.421	4.2	16.01	73.86	10.59	30.70	1 011.2
级配 4	5.6	2.408	4.2	16.72	75.00	8.78	32.80	764.6
级配 5	6.1	2.391	4.2	17.62	76.26	9.92	38.70	1 242.6
级配 6	6.0	2.388	4.3	17.51	75.14	8.50	41.80	649.5
级配 7	6.1	2.384	4.4	17.73	75.07	8.74	32.60	697.7

2)骨架评价方法

(1)骨架密实度评价级配

对上面 7 组级配计算粗骨架松装和干捣状态下的 VCA 和混合料 VCA_{mix}，结果如表8-11所示。

7 组级配的 VCA 检验 表 8-11

级　配	VCA_{DRC}(%)	VCA_{DLC}(%)	VCA_{mix}(%)
级配 1	37.843	42.821	38.283
级配 2	37.550	43.260	38.652
级配 3	37.771	43.343	38.687
级配 4	38.188	43.478	38.928
级配 5	38.498	43.578	39.271
级配 6	38.503	43.589	39.281
级配 7	39.186	44.493	39.338

求得干捣实和松装两种状态下的 SC 值，如表 8-12 所示。

试验结果表明：

①用 $VCA_{mix}<VCA_{DRC}$ 和 $VCA_{mix}<VCA_{DLC}$ 进行分析会得出截然不同的结论(表 8-12)，所以应当借鉴贝雷法的结论针对不同类型的混合料采用不同的标准。

②在松装和干捣实状态下得出的 SC 值明显不同，松装状态下较接近 1，略小于 1 说明密实性能良

好；而干捣实状态下SC值却超出1较多。依此标准，说明沥青砂浆可能已经撑开粗集料形成的骨架。两种状态下得出的结论不同，因此对于AC-13这样的松排骨架，要使用松装状态下的SC值判定；对于SMA的紧密骨架，要使用干捣实状态下的SC值判定。

两种状态下的骨架密实度值 表8-12

级配	SC值		级配	SC值	
	松装状态	干捣实状态		松装状态	干捣实状态
级配1	0.920	1.146	级配5	0.963	1.205
级配2	0.927	1.195	级配6	0.958	1.200
级配3	0.926	1.185	级配7	0.929	1.172
级配4	0.941	1.189			

(2)骨架稳定度评价级配

用骨架稳定度S指标对上述7组级配进行评价，其结果如表8-13所示。

7组级配的骨架稳定度值 表8-13

级配	2.36～4.75mm颗粒用量(%)	S	动稳定度(次/mm)
级配1	11.0	102.99	1 293.6
级配2	17.0	102.78	1 283.1
级配3	21.0	102.87	1 011.2
级配4	26.0	102.32	764.6
级配5	30.0	101.45	750.6
级配6	35.0	101.54	649.5
级配7	38.0	101.67	697.7

表8-13的结果表明，动稳定度基本上随着骨架稳定度S的增加而增加，但相关性不是很强，这主要是固定粗集料用量，并且最佳用油量相差较多的缘故。2.36～4.75mm颗粒用量不宜太多，该档颗粒用量达26%以后骨架稳定性下降很快。

三、细集料对沥青混合料性能的影响研究

1.细集料敏感筛孔研究

1)细集料填充敏感筛孔的判定

试验以AC-13型为对象，选定级配如表8-14所示。

试验级配与i法设计级配的对比发现，2.36mm以下的细集料通过率与i=0.70时的设计级配通过率比较接近，如表8-15所示。

试验级配 表8-14

类型	筛孔(mm)	16	13.2	9.5	4.75	2.36	1.18	0.6	0.3	0.15	0.075	矿粉
级配1	通过率(%)	100	94	72	45	33	24	18	12	8	5	—
	筛余(%)	—	6	22	27	12	9	6	6	4	3	5
级配2	通过率(%)	100	97	81	58.5	43	33	23.5	15.5	10.5	6.5	—
	筛余(%)	—	3	16	22.5	15.5	10	9.5	8	5	4	6.5
级配3	通过率(%)	100	95	76	52	37.5	28	20	13.5	9	5.5	—
	筛余(%)	—	5	19	24	14.5	9.5	8	6.5	4.5	3.5	5.5

试验级配与 i 法设计级配比较　　表 8-15

筛孔(mm)	16	13.2	9.5	4.75	2.36	1.18	0.6	0.3	0.15	0.075	最佳油石比(%)
级配 1	100	94	72	45	33	24	18	12	8	5	5.4
i 法设计级配通过率(%)	—	—	—	—	37.37	26.16	18.51	12.95	9.07	6.35	—

为了试验的准确性，在确定了级配 1 的基础上从规范规定的 AC-13 级配区间内靠近上限和禁区内各选取一条符合级配设计原则的级配曲线，如表 8-16 所示。

规范规定的级配范围　　表 8-16

级配类型	通过下列筛孔的质量百分率(%)									
	0.075	0.15	0.3	0.6	1.18	2.36	4.75	9.5	13.2	16
AC-13 下限	4	5	7	10	15	24	38	68	90	100
AC-13 上限	8	15	20	28	38	50	68	85	100	100
中值	6	10	13.5	19	26.5	37	53	76.5	95	100
控制点上限	10	—	—	—	—	58	—	—	100	—
控制点下限	2	—	—	—	—	28	—	—	90	—
限制区上限	—	—	15.5	23.1	31.6	39.1	—	—	—	—
限制区下限	—	—	15.5	19.1	25.6	39.1	—	—	—	—

研究基于 AC-13 骨架形成的基础上对该骨架结构采用逐级填充各档料的办法。试验采用方法：一是保证试验级配中 13.2～16mm、9.5～13.2mm、4.75～9.5mm、2.36～4.75mm 四档料筛余量不变，逐级填充 1.18～2.36mm 以下的细集料，使其总筛余量在 100%的原则下进行试验，简称“100%原则”试验；二是保证试验级配中 13.2～16mm、9.5～13.2mm、4.75～9.5mm、2.36～4.75mm 四档料筛余量不变，逐级填充 1.18～2.36mm 粒径以下的细集料，即在填充 1.18mm 粒径以下细集料后不考虑其总筛余量满足 100%的原则，而是在保证试验级配中细集料的筛余量不变的情况下进行试验，简称“非 100%原则”试验。

(1)100%原则试验

为了全面考查细集料对混合料级配密度的影响，并且寻找可行的试验方法，对 3 个试验级配进行了试验研究，每个级配的填充方案设计见表 8-17～表 8-19。分别测定自然堆积间隙率 VCA_1、颠击法间隙率 VCA_2、干捣实间隙率 VCA_3、配重振实间隙率 VCA_4 这 4 种状态下的混合料空隙率(配重选用 5kg)。

100%原则下级配 1 的逐级填充集料级配(单位：%)　　表 8-17

筛孔孔径(mm)	16.0	13.2	9.5	4.75	2.36	1.18	0.6	0.3	0.15	0.075
级配 1-1	100.0	94.0	72.0	45.0	—	—	—	—	—	—
	—	6.0	22.0	27.0	40.0	—	—	—	—	—
级配 1-2	100.0	94.0	72.0	45.0	33.0	—	—	—	—	—
	—	6.0	22.0	27.0	12.0	28.0	—	—	—	—
级配 1-3	100.0	94.0	72.0	45.0	33.0	24.0	—	—	—	—
	—	6.0	22.0	27.0	12.0	9.0	19.0	—	—	—
级配 1-4	100.0	94.0	72.0	45.0	33.0	24.0	18.0	—	—	—
	—	6.0	22.0	27.0	12.0	9.0	6.0	13.0	—	—
级配 1-5	100.0	94.0	72.0	45.0	33.0	24.0	18.0	12.0	—	—
	—	6.0	22.0	27.0	12.0	9.0	6.0	6.0	7.0	—
级配 1-6(原)	100.0	94.0	72.0	45.0	33.0	24.0	18.0	12.0	8.0	—
	—	6.0	22.0	27.0	12.0	9.0	6.0	6.0	4.0	3.0

100%原则下级配 2 的逐级填充集料级配(单位:%) 表 8-18

筛孔孔径(mm)	16.0	13.2	9.5	4.75	2.36	1.18	0.6	0.3	0.15	0.075
级配 2-1	100.0	97.0	81.0	58.5	—	—	—	—	—	—
	—	3.0	16.0	22.5	52.0	—	—	—	—	—
级配 2-2	100.0	97.0	81.0	58.5	43.0	—	—	—	—	—
	—	3.0	16.0	22.5	15.5	36.5	—	—	—	—
级配 2-3	100.0	97.0	81.0	58.5	43.0	33.0	—	—	—	—
	—	3.0	16.0	22.5	15.5	10.0	26.5	—	—	—
级配 2-4	100.0	97.0	81.0	58.5	43.0	33.0	23.5	—	—	—
	—	3.0	16.0	22.5	15.5	10.0	9.5	17.0	—	—
级配 2-5	100.0	97.0	81.0	58.5	43.0	33.0	23.5	15.5	—	—
	—	3.0	16.0	22.5	15.5	10.0	9.5	8.0	9.0	—
级配 2-6(原)	100.0	97.0	81.0	58.5	43.0	33.0	23.5	15.5	10.5	—
	—	3.0	16.0	22.5	15.5	10.0	9.5	8.0	5.0	4.0

100%原则下级配 3 的逐级填充集料级配(单位:%) 表 8-19

筛孔孔径(mm)	16.0	13.2	9.5	4.75	2.36	1.18	0.6	0.3	0.15	0.075
级配 3-1	100.0	95.0	76.0	52.0	—	—	—	—	—	—
	—	5.0	19.0	24.0	46.5	—	—	—	—	—
级配 3-2	100.0	95.0	76.0	52.0	37.5	—	—	—	—	—
	—	5.0	19.0	24.0	14.5	32.0	—	—	—	—
级配 3-3	100.0	95.0	76.0	52.0	37.5	28.0	—	—	—	—
	—	5.0	19.0	24.0	14.5	9.5	22.5	—	—	—
级配 3-4	100.0	95.0	76.0	52.0	37.5	28.0	20.0	—	—	—
	—	5.0	19.0	24.0	14.5	9.5	8.0	14.5	—	—
级配 3-5	100.0	95.0	76.0	52.0	37.5	28.0	20.0	13.5	—	—
	—	5.0	19.0	24.0	14.5	9.5	8.0	6.5	8.0	—
级配 3-6(原)	100.0	95.0	76.0	52.0	37.5	28.0	20.0	13.5	9.0	—
	—	5.0	19.0	24.0	14.5	9.5	8.0	6.5	4.5	3.5

试验结果如表 8-20 所示。

100%原则下的逐级填充试验的 VCA 值(单位:%) 表 8-20

试验状态		自然堆积间隙率 VCA_1	颠击间隙率 VCA_2	干捣实间隙率 VCA_3	配重振实间隙率 VCA_4
级配 1	1	44.7	39.6	39.1	39.3
	2	42.1	36.3	35.4	36.8
	3	38.5	30.9	30.9	33
	4	39.3	32.9	30.7	33.8
	5	37.6	32.1	30.1	31.9
	6	38.1	30.6	30	32.6

续上表

试验状态		自然堆积间隙率 VCA_1	颠击间隙率 VCA_2	干捣实间隙率 VCA_3	配重振实间隙率 VCA_4
级配 2	1	46.6	40	39.4	41.8
	2	43.3	37.2	37.3	38.2
	3	41	34.2	33.7	35.4
	4	39.9	33.4	32.3	34.7
	5	38.7	31.7	31	32.3
	6	37.4	31	30.4	32
级配 3	1	45.5	39.8	39.5	40.2
	2	43.5	37.4	37.2	39
	3	40.8	35	34.5	35.6
	4	39.1	32	32.5	33.7
	5	37.3	30.4	30.9	31.8
	6	37.4	30.4	30.1	31.8

试验结果表明：

①在逐级填充细集料后，VCA_3 值最小，具有代表性的是干捣实试验方法，其密度最大，而配重振实密度反而比干捣实的要小，究其原因是混合集料在振动时产生了离析，故配重振实试验结果不具有代表性。因此，在以后的试验中应选择干捣实状态下的空隙率进行研究。

②对比 3 个级配在进行 5 档料逐级填充的 4 种状态下的 VCA 值，每个级配在自然态下，填充完所有的细集料后，各级之间的 VCA_1 变化范围不大；颠击状态下，级配 1、2 在填充1.18mm和 0.6mm 集料后 VCA_2 发生了较大变化；干捣实状态下，级配 1、2、3 在填充 0.6mm 集料后 VCA_3 发生了较大变化(表 8-21)，级配 1 在填充 0.6mm 集料后的 VCA_3 较填充1.18mm集料后的 VCA_3 减小 4.5%，级配 2 的 VCA_3 减小 3.6%，级配 3 的 VCA_3 减小2.7%；配重振实 VCA_4 变化情况和干捣实状态下的 VCA_3 变化情况基本一致，但是该试验状态下的 VCA 值均较干捣实状态下的大。VCA 值随着填充 1.18mm、0.6mm、0.3mm、0.15mm、0.075mm细集料，各状态下的密度均逐渐增加，间隙率 VCA 随集料由松到密而减小。从各级集料填充后 VCA 的变化率来看，0.6mm 集料对间隙率 VCA 的填充性能影响最为明显，即在 100%原则下 0.6mm 集料填充后集料的间隙率 VCA 降低最大。

100%原则下的逐级填充试验的 VCA_3 值 表 8-21

级配	间隙率变化(%)				
	填充 1.18mm 集料间隙变化	填充 0.6mm 集料间隙变化	填充 0.3mm 集料间隙变化	填充 0.15mm 集料间隙变化	填充 0.075mm 集料间隙变化
级配 1	3.7	4.5	0.2	0.6	0.1
级配 2	2.1	3.6	1.4	1.3	0.6
级配 3	2.3	2.7	2.0	1.6	0.8

③位于禁区内级配曲线(级配 3)的 0.6mm 集料用量变化和其他四档集料逐级填充后的情况不一样，呈"V"形变化。对于靠近级配上限的级配 1，填充后的间隙率 VCA 降低 4.5%；当级配曲线向下移动到级配 3 时，0.6mm 集料的填充性能降低，混合集料的间隙率 VCA 降低 2.7%；当曲线再往下移动到级配 2 时，0.6mm 集料的填充性能再次提高，间隙率 VCA 降低 3.6%。也就是说，0.6mm 集料对混合集料的填充性能随着曲线进入禁区而降低，当出了禁区后其填充性能逐渐回升，级配越粗，0.6mm 集

料的填充性能越好，混合集料对 0.6mm 集料越敏感。1.18mm 集料填充后 VCA 随着集料由粗变细，其填充性能呈下降趋势。可见，级配越细，1.18mm 集料对混合集料填充性能的贡献越小。0.3mm 集料填充后，VCA 随着集料进入禁区其填充性能提高，之后又降低。0.15mm 和 0.075mm 集料填充后的情况和 0.3mm 集料的情况基本一致，三条曲线走势基本相同。

(2)非 100%原则试验

在进行 100%原则试验时，发现虽然该试验可以说明一些问题，但如果以 100%原则试验为基础进行逐级填充，每次填充进去的那一筛孔的筛余量发生了变化，改变了其在原级配中所占的比例，则不能很好地说明所要研究的问题。因此，应该在保持各筛孔填充比例不变的基础上进行研究，即在非 100%原则下进行试验研究能更好地说明问题。

对 3 个级配分别进行了试验研究，每个级配的填充方案设计见表 8-22～表 8-24。测定自然堆积、干捣实两种状态下的混合料间隙率 VCA_1'和 VCA_3'。在该试验中将 VCA_3'作为研究指标。

非 100%原则下级配 1 的逐级填充集料级配 表 8-22

级配类型	下列筛孔(mm)的筛余量(%)									
	13.2	9.5	4.75	2.36	1.18	0.6	0.3	0.15	0.075	<0.075
级配 1-1′	6.0	22.0	27.0	12.0	—	—	—	—	—	5.0
级配 1-2′	6.0	22.0	27.0	12.0	9.0	—	—	—	—	5.0
级配 1-3′	6.0	22.0	27.0	12.0	9.0	6.0	—	—	—	5.0
级配 1-4′	6.0	22.0	27.0	12.0	9.0	6.0	6.0	—	—	5.0
级配 1-5′	6.0	22.0	27.0	12.0	9.0	6.0	6.0	4.0	—	5.0
级配 1-6′(原)	6.0	22.0	27.0	12.0	9.0	6.0	6.0	4.0	3.0	5.0

非 100%原则下级配 2 的逐级填充集料级配 表 8-23

级配类型	下列筛孔(mm)的筛余量(%)									
	13.2	9.5	4.75	2.36	1.18	0.6	0.3	0.15	0.075	<0.075
级配 2-1′	3.0	16.0	22.5	15.5	—	—	—	—	—	6.5
级配 2-2′	3.0	16.0	22.5	15.5	10.0	—	—	—	—	6.5
级配 2-3′	3.0	16.0	22.5	15.5	10.0	9.5	—	—	—	6.5
级配 2-4′	3.0	16.0	22.5	15.5	10.0	9.5	8.0	—	—	6.5
级配 2-5′	3.0	16.0	22.5	15.5	10.0	9.5	8.0	5.0	—	6.5
级配 2-6′(原)	3.0	16.0	22.5	15.5	10.0	9.5	8.0	5.0	4.0	6.5

非 100%原则下级配 3 的逐级填充集料级配 表 8-24

级配类型	下列筛孔(mm)的筛余量(%)								
	13.2	9.5	4.75	2.36	1.18	0.6	0.3	0.15	0.075
级配 3-1′	5.0	19.0	24.0	14.5	—	—	—	—	—
级配 3-2′	5.0	19.0	24.0	14.5	9.5	—	—	—	—
级配 3-3′	5.0	19.0	24.0	14.5	9.5	8.0	—	—	—
级配 3-4′	5.0	19.0	24.0	14.5	9.5	8.0	6.5	—	—
级配 3-5′	5.0	19.0	24.0	14.5	9.5	8.0	6.5	4.5	—
级配 3-6′(原)	5.0	19.0	24.0	14.5	9.5	8.00	6.	4.5	3.5

试验结果如表 8-25 所示。

非 100%原则下的逐级填充试验的 VCA 值(单位:%)　　表 8-25

试验状态		自然堆积间隙率 VCA₁′	干捣实间隙率 VCA₃′
级配 1	1	46.5	41.3
	2	45.1	39.1
	3	43.7	37.4
	4	42.0	34.6
	5	40.7	32.9
	6	39.8	31.6
级配 2	1	47.4	41.2
	2	45.4	39.2
	3	43.7	37.6
	4	42.7	34.7
	5	40.3	33
	6	39	31.3
级配 3	1	46.9	39.4
	2	45.5	37.4
	3	43.2	35.6
	4	41.3	33.3
	5	40.2	31.6
	6	38.4	29.9

试验结果表明：

①每个级配在自然态下，填充了所有细集料后，各级之间的 VCA_1'变化不大，这与 100%原则下试验结果差不多；干捣实状态下，级配 1、2 在填充 1.18mm 和 0.3mm 集料后 VCA_3'发生了较大变化(表 8-26)，其他 VCA_3'值减小量基一致。级配 1 在填充 1.18mm 集料后的 VCA_3'减小 2.2%，在填充 0.6mm集料的基础上填充 0.3mm 集料后 VCA_3'减小 2.8%；级配 2 在填充 1.18mm 集料后的 VCA_3'减小 2.0%，在填充了 0.6mm 集料的基础上填充 0.3mm 集料后 VCA_3'减小 2.9%；级配 3 在填充 1.18mm集料后的 VCA_3'减小 2.0%，在填充了0.6mm集料的基础上填充 0.3mm 集料后 VCA_3'减小 2.3%。并且由表 8-25 可以看出两种情况相近，这说明非 100%原则下，在级配范围内的非禁区，保证级配原有骨架筛孔用量不变的基础上，0.3mm 集料的填充性能最明显，即 AC-13 级配曲线对 0.3mm 筛孔敏感。

非 100%原则下的逐级填充试验的 VCA'_3 值　　表 8-26

级配	间隙率变化(%)				
	填充 1.18mm 集料间隙变化	填充 0.6mm 集料间隙变化	填充 0.3mm 集料间隙变化	填充 0.15mm 集料间隙变化	填充 0.075mm 集料间隙变化
级配 1	2.2	1.7	2.8	1.7	1.3
级配 2	2.0	1.6	2.9	1.7	1.7
级配 3	2.0	1.8	2.3	1.7	1.7

②1.18mm 和 0.3mm 集料随着级配曲线进入禁区，填充性能逐渐降低，出了禁区后1.18mm集料的填充性能基本没有变化，而 0.3mm 集料的填充性能又逐渐体现出来；1.18mm 集料在靠近级配上限时填充性能明显，而 0.3mm 集料在靠近级配上限和下限时填充性能明显；0.3mm 集料的填充性能对级配

粗细的选择性不大，混合集料离禁区越远对 0.3mm 筛孔越敏感。1.18mm 集料填充后 VCA′随着集料由粗变细，VCA'_3 降低较小，填充性能呈下降趋势。级配越细，1.18mm 集料对混合集料填充性能的贡献越小。0.6mm 集料填充后 VCA′随着集料进入禁区其填充性能提高，之后又降低。0.15mm 和 0.075mm集料填充后的情况和 0.6mm 集料的情况基本一致。但随着级配曲线进入禁区，0.6mm 集料对 VCA′的降低量和 0.075mm 集料的差不多，最不明显的就是 0.15mm 集料。可见，0.15mm 集料对级配的填充性能贡献很小，级配对 0.15mm 集料的敏感性很低，次之是 0.075mm 集料。

③非 100%原则试验在 3 个级配内填充 1.18mm 集料后的变化趋势和 100%原则试验的结果一致，由于 100%原则试验在对每个级配进行逐级填充各级细集料时考虑了满足级配 100%的原则，填充的细集料的用量多少不一，没有规律性和依据，因此只能得到定性的结论。

2)细集料填充敏感筛孔的验证

以 AC-13 沥青混合料为研究对象，试验级配选用级配 1 和级配 2，采用马歇尔试验确定的最佳油石比为 5.4%(级配 1)和 5.2%(级配 2)。由于两者仅相差 0.2%，为了试验方便，均采用 5.3%的油石比进行试验研究。在 5.3%油石比条件下马歇尔试验结果如表 8-27 所示。

马歇尔试验结果 表 8-27

级配类型	油石比(%)	试件相对密度		空隙率(%)	集料间隙率(%)	沥青饱和度(%)	稳定度(kN)	流值(0.1mm)
		毛体积	理论最大					
级配 1	5.3	2.446	2.555	4.3	15.4	72.1	10.8	3.78
级配 2	5.3	2.456	2.552	3.8	14.7	74.1	12.0	3.73
技术标准		—	—	3~5	≥14	65~75	>8.0	2~4

基于沥青用量和矿粉用量不变的基础上，分别对两级配逐级填充 1.18mm、0.6mm、0.3mm、0.15mm、0.075mm 以下的集料，以空隙率 VV 的变化率作为马歇尔试验方法下沥青混合料对细集料筛孔敏感性的评价指标，寻找使沥青混合料空隙率发生最大变化的筛孔，即填充最明显的筛孔，并且与前面干填方法所得出的结论进行对比分析。

为了更好地说明问题，同样采用 100%原则试验和非 100%原则试验，以此来验证在填充沥青和矿粉的情况下，细集料在保证级配被逐级填充后对沥青混合料填充性能的影响，即沥青混合料对某一档细集料的敏感性。

(1)100%原则试验

逐级填充后的级配如表 8-17 和表 8-18 所示。级配 1 的矿粉用量为 5%，级配 2 的矿粉用量为6.5%，油石比均为 5.3%。试验结果如表 8-28 和表 8-29 所示。

100%原则下级配 1 逐级填充细集料后的马歇尔试验结果 表 8-28

级配类型	油石比(%)	试件相对密度		空隙率(%)	空隙率变化(%)	集料间隙率(%)	沥青饱和度(%)	稳定度(kN)	流值(0.1mm)
		毛体积	理论最大						
级配 1-1	5.3	2.194	2.543	13.7	—	24.4	43.9	3.5	2.3
级配 1-2	5.3	2.244	2.560	12.4	1.3	22.9	45.9	4.7	3.28
级配 1-3	5.3	2.329	2.554	8.8	3.6	19.7	55.3	5.8	3.28
级配 1-4	5.3	2.389	2.554	6.5	2.3	17.5	63.1	7.3	4.15
级配 1-5	5.3	2.427	2.555	5.2	1.3	16.1	68.1	8.3	4.03
级配 1-6(原)	5.3	2.446	2.555	4.3	0.9	15.4	72.1	10.8	3.78

100%原则下级配 2 逐级填充细集料后的马歇尔试验结果　表 8-29

级配类型	油石比(%)	试件相对密度		空隙率(%)	空隙率变化(%)	集料间隙率(%)	沥青饱和度(%)	稳定度(kN)	流值(0.1mm)
		毛体积	理论最大						
级配 2-1	5.3	2.156	2.536	15.0	—	25.7	41.72	3.4	2.3
级配 2-2	5.3	2.220	2.559	13.2	1.8	23.6	44.07	3.8	3.33
级配 2-3	5.3	2.302	2.551	9.7	3.5	20.4	52.33	4.6	3.53
级配 2-4	5.3	2.356	2.551	7.6	2.1	18.4	60	7.7	3.25
级配 2-5	5.3	2.413	2.551	5.4	2.2	16.3	66.67	10.3	3.85
级配 2-6(原)	5.3	2.456	2.552	3.8	1.6	14.7	74.15	12.0	3.73

通过对试验结果的分析可知：

①对于级配 1，填充 0.6～1.18mm 集料后沥青混合料空隙率 VV 变化最大。由 13.2～16mm、9.5～13.2mm、4.75～9.5mm、2.36～4.75mm 四档集料构建的骨架在填充 1.18～2.36mm 集料后沥青混合料空隙率下降 1.3%，在接着填充 0.6～1.18mm 集料后沥青混合料空隙率下降3.6%，再填充 0.3～0.6mm 集料后沥青混合料空隙率下降 2.3%，依次填充 0.15～0.3mm、0.075～0.15mm 集料后沥青混合料空隙率分别下降 1.3%、0.9%。因此，在 100%原则下级配 1 对逐级填充 0.6～1.18mm 集料后空隙率 VV 变化最大。与干填试验一样，级配 1 的敏感筛孔是 0.6～1.18mm 筛孔。

②对于级配 2，填充 0.6～1.18mm 集料后空隙率 VV 变化也是最大。由 13.2～16mm、9.5～13.2mm、4.75～9.5mm、2.36～4.75mm 四档料构建的骨架在填充 1.18～2.36mm 集料后沥青混合料空隙率下降 1.8%，在接着填充 0.6～1.18mm 集料后沥青混合料空隙率下降 3.5%，再填充 0.3～0.6mm 集料后沥青混合料空隙率下降 2.1%，依次填充 0.15～0.3mm、0.075～0.15mm 集料后沥青混合料空隙率分别下降 2.2%、1.6%。因此，与级配 1 一样，0.6～1.18mm 筛孔是填充后空隙率 VV 降低最大的筛孔，对于级配 2 的敏感筛孔也是 0.6～1.18mm 筛孔。

③对比集料干填试验和沥青混合料马歇尔试验结果，均是 0.6～1.18mm 筛孔对空隙率 VV 影响最大，也就是说，在对混合集料填加一定的矿粉和沥青后对空隙率影响最大的筛孔是一致的，即在 100%原则下，0.6～1.18mm 筛孔是敏感筛孔。

100%原则下，逐级填充细集料后试件逐渐密实的过程也可以从试件剖面得到证实，如图 8-9 所示。

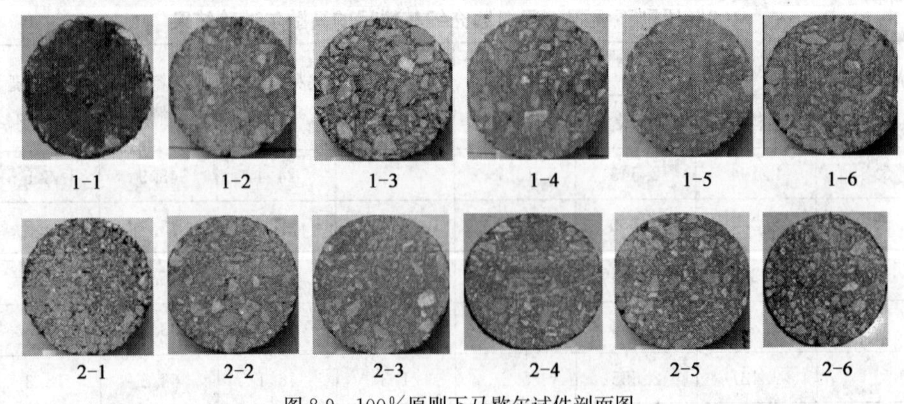

图 8-9　100%原则下马歇尔试件剖面图

(2)非 100%原则试验

试验方法同 100%原则试验，逐级填充后的级配如表 8-22 和表 8-23 所示。级配 1 的矿粉用量为

5%，级配2的矿粉用量为6.5%，油石比均为5.3%。试验结果如表8-30和表8-31所示。

非100%原则下级配1逐级填充细集料后的马歇尔试验结果 表8-30

级配类型	油石比（%）	试件相对密度		空隙率（%）	空隙率变化（%）	集料间隙率（%）	沥青饱和度（%）	稳定度（kN）	流值（0.1mm）
		毛体积	理论最大						
级配1-1′	5.3	2.226	2.482	10.3	—	23.3	55.9	3.6	3.1
级配1-2′	5.3	2.286	2.512	9.0	1.3	22.4	56	4.8	3.33
级配1-3′	5.3	2.320	2.527	8.2	0.8	20.5	60.4	7.4	3.87
级配1-4′	5.3	2.382	2.540	6.2	2.0	19	63.5	8.2	3.83
级配1-5′	5.3	2.416	2.549	5.2	1.0	17.2	70	10.3	4.13
级配1-6′（原）	5.3	2.446	2.555	4.3	0.9	15.4	70.1	10.8	3.78

非100%原则下级配2逐级填充细集料后的马歇尔试验结果 表8-31

级配类型	油石比（%）	试件相对密度		空隙率（%）	空隙率变化（%）	集料间隙率（%）	沥青饱和度（%）	稳定度（kN）	流值（0.1mm）
		毛体积	理论最大						
级配2-1′	5.3	2.247	2.446	8.1	—	22.6	64.1	5.0	3.17
级配2-2′	5.3	2.311	2.486	7.0	1.1	21	64.7	5.6	3.03
级配2-3′	5.3	2.355	2.513	6.3	0.7	19.2	66.7	7.6	3.47
级配2-4′	5.3	2.409	2.533	4.9	1.4	17.8	69.4	8.9	3.87
级配2-5′	5.3	2.438	2.543	4.2	0.7	16.3	74.2	9.9	3.7
级配2-6′（原）	5.3	2.456	2.552	3.8	0.4	14.7	74.2	12.0	3.73

通过对试验结果的分析可知：

①对于级配1，填充0.3～0.6mm集料后空隙率VV的变化最大。由13.2～16mm、9.5～13.2mm、4.75～9.5mm、2.36～4.75mm四档集料构建的骨架在填充1.18～2.36mm集料后沥青混合料空隙率下降1.3%，依次填充0.6～1.18mm、0.3～0.6mm、0.15～0.3mm、0.075～0.15mm集料后沥青混合料空隙率分别下降0.8%、2.0%、1.0%、0.9%。因此，在非100%原则下填充0.3～0.6mm集料后空隙率VV变化最大。这与干填试验结果是一致的，即0.3～0.6mm筛孔是最敏感筛孔。

②对于级配2，填充0.3～0.6mm集料后空隙率VV的变化最大。由13.2～16mm、9.5～13.2mm、4.75～9.5mm、2.36～4.75mm四档集料构建的骨架在填充1.18～2.36mm集料后沥青混合料空隙率下降1.1%，依次填充0.6～1.18mm、0.3～0.6mm、0.15～0.3mm、0.075～0.15mm集料后沥青混合料空隙率分别下降0.7%、1.4%、0.7%、0.4%。因此，与级配1一样，0.3～0.6mm筛孔是填充后空隙率VV降低最大的筛孔。也就是说，在非100%原则下0.3～0.6mm筛孔是最敏感筛孔。

③对比干填试验和马歇尔试验结果，均是0.3～0.6mm集料对空隙率VV影响最大，即在非100%原则下，0.3～0.6mm筛孔是最敏感筛孔。

非100%原则下，逐级填充细集料后，试件逐渐密实的过程也可以从试件剖面得到证实，如图8-10所示。

2.填充敏感筛孔的敏感性研究

1)敏感筛孔对沥青混合料空隙率的敏感性分析

通过对级配1和级配2敏感筛孔筛余量的调整，来研究沥青混合料成型试件的空隙率VV，即以VV作为沥青混合料中敏感筛孔敏感性的评价指标。

(1)100%原则敏感性筛孔试验

表8-32和表8-33分别列出了干填试验对级配1和级配2所确定的敏感筛孔0.6mm筛孔，在满足

集料总筛余量100%原则下以2%为步长对试验级配进行调整后的级配。在油石比为5.3%,矿粉用量为5%(级配1)和6.5%(级配2)的情况下对表8-32和表8-33的级配进行马歇尔试验,试验结果见表8-34和表8-35。

图8-10 非100%原则下马歇尔试件剖面图

级配1在100%原则下0.6mm筛余量变化(单位:%) 表8-32

调整量	筛孔尺寸(mm)										
	16	13.2	9.5	4.75	2.36	1.18	0.6	0.3	0.15	0.075	矿粉(<0.075)
级配1	100	94	72	45	33	24	18	12	8	5	—
	—	6	22	27	12	9	6	6	4	3	5
0.6−2%	100	94	72	45	33	23.5	19.5	13	8.5	5	—
	—	6	22	27	12	9.5	4	6.5	4.5	3.5	5
0.6−4%	100	94	72	45	33	23	21	14	9	5	—
	—	6	22	27	12	10	2	7	5	4	5
0.6−6%	100	94	72	45	33	22.5	22.5	15	9.5	5	—
	—	6	22	27	12	10.5	0	7.5	5.5	4.5	5
0.6+2%	100	94	72	45	33	24.5	16.5	11	7.5	5	—
	—	6	22	27	12	8.5	8	5.5	3.5	2.5	5
0.6+4%	100	94	72	45	33	25	15	10	7	5	—
	—	6	22	27	12	8	10	5	3	2	5
0.6+6%	100	94	72	45	33	25.5	13.5	9	6.5	5	—
	—	6	22	27	12	7.5	12	4.5	2.5	1.5	5
0.6+8%	100	94	72	45	33	26	12	8	6	5	—
	—	6	22	27	12	7	14	4	2	1	5
0.6+10%	100	94	72	45	33	27	11	8	6	5	—
		6	22	27	12	6	16	3	2	1	5

级配2在100%原则下0.6mm筛余量变化(单位:%) 表8-33

调整量	筛孔尺寸(mm)										
	16	13.2	9.5	4.75	2.36	1.18	0.6	0.3	0.15	0.075	矿粉(<0.075)
级配2	100	97	81	58.5	43	33	23.5	15.5	10.5	6.5	—
	—	3	16	22.5	15.5	10	9.5	8	5	4	6.5
0.6−2%	100	97	81	58.5	43	32.5	25	16.5	11	6.5	—
	—	3	16	22.5	15.5	10.5	7.5	8.5	5.5	4.5	6.5

续上表

调整量	筛孔尺寸(mm)										
	16	13.2	9.5	4.75	2.36	1.18	0.6	0.3	0.15	0.075	矿粉(<0.075)
0.6−4%	100	97	81	58.5	43	32	26.5	17.5	11.5	6.5	—
	—	3	16	22.5	15.5	11	5.5	9	6	5	6.5
0.6−6%	100	97	81	58.5	43	31.5	28	18.5	12	6.5	—
	—	3	16	22.5	15.5	11.5	3.5	9.5	6.5	5.5	6.5
0.6−8%	100	97	81	58.5	43	31	29.5	19.5	12.5	6.5	—
	—	3	16	22.5	15.5	12	1.5	10	7	6	6.5
0.6+2%	100	97	81	58.5	43	33.5	22	14.5	10	6.5	—
	—	3	16	22.5	15.5	9.5	11.5	7.5	4.5	3.5	6.5
0.6+4%	100	97	81	58.5	43	34	20.5	13.5	9.5	6.5	—
	—	3	16	22.5	15.5	9	13.5	7	4	3	6.5
0.6+6%	100	97	81	58.5	43	34.5	19	12.5	9	6.5	—
	—	3	16	22.5	15.5	8.5	15.5	6.5	3.5	2.5	6.5
0.6+8%	100	97	81	58.5	43	35	17.5	11.5	8.5	6.5	—
	—	3	16	22.5	15.5	8	17.5	6	3	2	6.5
0.6+10%	100	97	81	58.5	43	35.5	16	10.5	8	6.5	—
	—	3	16	22.5	15.5	7.5	19.5	5.5	2.5	1.5	6.5

100%原则下级配1的0.6mm集料用量变化后的马歇尔试验结果 表8-34

级配类型	油石比(%)	试件相对密度		空隙率(%)	集料间隙率(%)	沥青饱和度(%)	稳定度(kN)
		毛体积	理论最大				
0.6−6%	5.3	2.480	2.556	3.0	14.2	78.9	13.3
0.6−4%	5.3	2.484	2.556	2.8	14.1	80.1	9.8
0.6−2%	5.3	2.479	2.555	3.0	14.3	79	13
级配1	5.3	2.446	2.555	4.3	15.4	72.1	10.8
0.6+2%	5.3	2.433	2.555	4.8	15.9	69.8	9.3
0.6+4%	5.3	2.427	2.554	5.0	16.1	68.9	8.8
0.6+6%	5.3	2.400	2.554	6.0	17.0	64.7	7.8
0.6+8%	5.3	2.394	2.554	6.3	17.3	63.6	7.8
0.6+10%	5.3	2.386	2.553	6.6	17.6	62.5	7.8

100%原则下级配2的0.6mm集料用量变化后的马歇尔试验结果 表8-35

级配类型	油石比(%)	试件相对密度		空隙率(%)	集料间隙率(%)	沥青饱和度(%)	稳定度(kN)
		毛体积	理论最大				
0.6−8%	5.3	2.487	2.553	2.6	13.6	80.9	13.4
0.6−6%	5.3	2.482	2.553	2.8	13.8	79.7	13.8
0.6−4%	5.3	2.478	2.553	2.9	13.9	79.1	13.6
0.6−2%	5.3	2.474	2.552	3.1	14.3	78	12.5
级配2	5.3	2.456	2.552	3.8	14.7	74.1	12
0.6+2%	5.3	2.451	2.552	4.0	14.9	73.2	11.7
0.6+4%	5.3	2.441	2.551	4.3	15.3	71.9	10
0.6+6%	5.3	2.419	2.551	5.2	16.1	67.7	11.2
0.6+8%	5.3	2.408	2.551	5.6	16.5	66.1	10.6
0.6+10%	5.3	2.394	2.550	6.1	17.0	64.1	10.1

试验结果表明：

①对于级配1，0.6mm集料用量在减少和增加过程中有两个突变点，即0.6－2%和0.6＋6%处，混合料试件的空隙率VV发生了突变，级配1的空隙率VV为4.3%，在第一个突变点处(0.6－2%处)，空隙率VV下降1.3%；在第二个突变点处(0.6＋6%处)，空隙率VV增大1.7%。因此，0.6mm集料用量减少2%时，空隙率会发生较大变化，0.6mm集料用量增加6%时，空隙率也会发生较大变化。

②对于级配2，0.6mm集料用量在减少和增加过程中同样也有两个突变点，即0.6－2%和0.6＋6%处，混合料试件的空隙率VV发生了突变，级配2的空隙率VV为3.8%，在第一个突变点处(0.6－2%处)，空隙率VV下降0.7%；在第二个突变点处(0.6＋6%处)，空隙率VV增大1.4%。因此，0.6mm集料用量减少2%时，空隙率会发生较大变化，0.6mm集料用量增加6%时，空隙率也会发生较大变化。

③两个级配的敏感筛孔(0.6mm筛孔)的突变点均是0.6－2%和0.6＋6%，并且所发生的突变对于靠近级配上限较细的级配2，其敏感筛孔0.6mm集料对混合料空隙率VV的影响，比靠近下限较粗的级配1对混合料空隙率VV的影响要弱一些。可见，级配越粗，0.6mm敏感筛孔对空隙率VV的影响越大，其敏感性越突出。

④虽然0.6mm筛孔有突变点，但总体来说，0.6mm集料用量越大，空隙率VV越大，而0.6mm集料的填充作用没有体现出来，相反对混合料有干涉作用。所以0.6mm筛孔不是填充敏感筛孔，而是干涉敏感筛孔。

(2)非100%原则敏感性筛孔试验

表8-36和表8-37分别列出了干填试验对级配1和级配2所确定的敏感筛孔0.3mm筛孔，在不考虑满足集料总筛余量100%原则下，以2%为步长对试验级配进行调整后的级配。在油石比为5.3%，矿粉用量为5%(级配1)和6.5%(级配2)的情况下进行马歇尔试验。试验结果见表8-38和表8-39。

级配1在非100%原则下0.3mm筛余量变化 表8-36

调整量	筛孔尺寸(mm)										
	16	13.2	9.5	4.75	2.36	1.18	0.6	0.3	0.15	0.075	矿粉(<0.075)
级配1	—	6	22	27	12	9	6	6	4	3	5
0.3－2%	—	6	22	27	12	9	6	4	4	3	5
0.3－4%	—	6	22	27	12	9	6	2	4	3	5
0.3－6%	—	6	22	27	12	9	6	0	4	3	5
0.3＋2%	—	6	22	27	12	9	6	8	4	3	5
0.3＋4%	—	6	22	27	12	9	6	10	4	3	5
0.3＋6%	—	6	22	27	12	9	6	12	4	3	5
0.3＋8%	—	6	22	27	12	9	6	14	4	3	5
0.3＋10%	—	6	22	27	12	9	6	16	4	3	5

级配2在非100%原则下0.3mm筛余量变化 表8-37

调整量	筛孔尺寸(mm)										
	16	13.2	9.5	4.75	2.36	1.18	0.6	0.3	0.15	0.075	矿粉(<0.075)
级配2	—	3	16	22.5	15.5	10	9.5	8	5	4	6.5
0.3－2%	—	3	16	22.5	15.5	10	9.5	6	5	4	6.5
0.3－4%	—	3	16	22.5	15.5	10	9.5	4	5	4	6.5
0.3－6%	—	3	16	22.5	15.5	10	9.5	2	5	4	6.5
0.3－8%	—	3	16	22.5	15.5	10	9.5	0	5	4	6.5

续上表

调整量	筛孔尺寸(mm)										
	16	13.2	9.5	4.75	2.36	1.18	0.6	0.3	0.15	0.075	矿粉(<0.075)
0.3+2%	—	3	16	22.5	15.5	10	9.5	10	5	4	6.5
0.3+4%	—	3	16	22.5	15.5	10	9.5	12	5	4	6.5
0.3+6%	—	3	16	22.5	15.5	10	9.5	14	5	4	6.5
0.3+8%	—	3	16	22.5	15.5	10	9.5	16	5	4	6.5
0.3+10%	—	3	16	22.5	15.5	10	9.5	18	5	4	6.5

非100%原则下级配1的0.3mm集料用量变化后的马歇尔试验结果 表8-38

级配类型	油石比(%)	试件相对密度		空隙率(%)	集料间隙率(%)	沥青饱和度(%)	稳定度(kN)
		毛体积	理论最大				
0.3−6%	5.3	2.413	2.543	5.1	16.7	69.5	10.3
0.3−4%	5.3	2.424	2.547	4.8	16.2	70.4	9.4
0.3−2%	5.3	2.437	2.551	4.5	15.8	71.5	10.5
级配1	5.3	2.446	2.555	4.3	15.4	72.1	10.8
0.3+2%	5.3	2.438	2.559	4.7	15.7	70.1	9.9
0.3+4%	5.3	2.434	2.562	5.0	15.8	68.4	9.5
0.3+6%	5.3	2.415	2.566	5.9	16.4	64.0	9.4
0.3+8%	5.3	2.405	2.569	6.4	16.8	61.9	8.9
0.3+10%	5.3	2.406	2.572	6.5	16.7	61.1	8.2

非100%原则下级配2的0.3mm集料用量变化后的马歇尔试验结果 表8-39

级配类型	油石比(%)	试件相对密度		空隙率(%)	集料间隙率(%)	沥青饱和度(%)	稳定度(kN)
		毛体积	理论最大				
0.3−8%	5.3	2.440	2.536	3.8	15.4	75.3	11.6
0.3−6%	5.3	2.447	2.540	3.7	15.2	75.7	11.6
0.3−4%	5.3	2.454	2.544	3.5	14.9	76.5	12.1
0.3−2%	5.3	2.469	2.548	3.1	14.3	78.3	11.7
级配2	5.3	2.456	2.552	3.8	14.7	74.1	12
0.3+2%	5.3	2.447	2.556	4.2	15	72	10.9
0.3+4%	5.3	2.437	2.559	4.7	15.3	68.6	10.8
0.3+6%	5.3	2.420	2.563	5.7	16.0	64.4	10.6
0.3+8%	5.3	2.418	2.566	5.8	15.9	63.5	10.4

试验结果表明：

①对于级配1，0.3mm集料用量在整个逐渐增加的过程中，混合料空隙率VV先减小后增大，从0.3+4%变化到0.3+6%时，空隙率VV增加较大，在0.3+6%处，即0.3mm集料用量增加6%时，空隙率VV比0.3+4%增大了0.9%。级配1的空隙率VV为4.3%，是整个填充过程中最小的。也就是说，当敏感筛孔0.3mm集料用量减小和增大之后，混合料的空隙率都会变大，级配1是最密实的状态，整个填充0.3mm集料用量的过程是混合料空隙率VV从“大→小→大”的过程，整个过程体现了0.3mm集料的填充过程和干涉过程。

②对于级配 2,0.3mm 集料用量在整个逐渐增加的过程中,混合料空隙率 VV 先减小后增大,级配 2 的空隙率 VV 为 3.8%,在 0.3−2%处,即 0.3mm 集料用量减少 2%时,空隙率 VV 最小,仅为 3.1%;在 0.3−4%处空隙率 VV 又增大为 3.5%。从 0.3+4%变化到 0.3+6%,空隙率 VV 增加较多。因此,在 0.3−2%两侧,当敏感筛孔 0.3mm 集料用量减小和增大时,混合料的空隙率都会变大,0.3mm 集料用量在 0.3−2%处混合料处于最密实的状态,整个填充 0.3mm 集料用量的过程是混合料空隙率 VV 从"大→小→大"的过程,整个过程体现了 0.3mm 集料的填充过程和干涉过程。

③级配 1 的敏感筛孔(0.3mm 筛孔)的混合料空隙率 VV 最小值位于原级配(0.3+0%)处;级配 2 的敏感筛孔(0.3mm 筛孔)的混合料空隙率 VV 最小值位于 0.3−2%处。这说明在原级配处的混合料不是处于最密实状态,最密实状态在 0.3−2%处。因此,在非 100%原则下,整个 0.3mm 集料用量从小到大的填充过程是混合料空隙率 VV 从"大→小→大"的变化过程,即从填充到干涉的过程。

2)其余各档细集料对沥青混合料空隙率的影响分析

为了更好的验证,非 100%原则下填充敏感筛孔,调整其余各档细集料(1.18mm 及以下集料)用量进行马歇尔试验,研究对每档细集料筛余量与空隙率的变化规律。

级配 1 的试验结果如表 8-40～表 8-43 所示,其中油石比为 5.3%。

非 100%原则下级配 1 的 1.18mm 集料用量变化后的马歇尔试验结果 表 8-40

级配类型		1.18−9%	1.18−8%	1.18−6%	1.18−4%	1.18−2%	级配 1	1.18+2%	1.18+4%	1.18+6%	1.18+8%
试件相对密度	毛体积	2.483	2.476	2.472	2.448	2.449	2.446	2.435	2.423	2.413	2.403
	理论最大	2.534	2.537	2.541	2.546	2.551	2.555	2.559	2.563	2.567	2.571
空隙率(%)		2.0	2.4	2.7	3.9	4.0	4.3	4.8	5.5	6.0	6.6

非 100%原则下级配 1 的 0.6mm 筛孔用量变化后的马歇尔试验结果 表 8-41

级配类型		0.6−6%	0.6−4%	0.6−2%	级配 1	0.6+2%	0.6+4%	0.6+6%	0.6+8%	0.6+10%
试件相对密度	毛体积	2.469	2.463	2.450	2.446	2.440	2.421	2.420	2.394	2.395
	理论最大	2.543	2.547	2.551	2.555	2.559	2.562	2.566	2.569	2.572
空隙率(%)		2.9	3.3	4.0	4.3	4.6	5.5	5.7	6.8	6.9

非 100%原则下级配 1 的 0.15mm 筛孔用量变化后的马歇尔试验结果 表 8-42

级配类型		0.15−4%	0.15−2%	级配 1	0.15+2%	0.15+4%	0.15+6%	0.15+8%
试件相对密度	毛体积	2.432	2.438	2.446	2.469	2.480	2.487	2.489
	理论最大	2.547	2.551	2.555	2.559	2.562	2.566	2.569
空隙率(%)		4.5	4.4	4.3	3.5	3.2	3.1	3.1

非 100%原则下级配 1 的 0.075mm 筛孔用量变化后的马歇尔试验结果 表 8-43

级配类型		0.075−3%	0.075−2%	级配 1	0.075+2%	0.075+4%	0.075+6%	0.075+8%
试件相对密度	毛体积	2.415	2.442	2.446	2.462	2.484	2.500	2.503
	理论最大	2.524	2.551	2.555	2.559	2.563	2.567	2.570
空隙率(%)		4.3	4.3	4.3	3.8	3.1	2.8	2.6

分析上述试验结果可知,空隙率随 1.18mm 和 0.6mm 集料用量的增加而增大,随0.15mm和 0.075mm集料用量的增加而减小。0.3mm 集料用量对空隙率 VV 影响是先减小后增大,表明 0.3mm 筛孔对混合料空隙率影响最明显,具有填充和干涉双重作用。

级配 2 的试验结果如表 8-44～表 8-47 所示,其中油石比为 5.3%。

非100%原则下级配2的1.18mm筛孔用量变化后的马歇尔试验结果　表8-44

级配类型		1.18−10%	1.18−8%	1.18−6%	1.18−4%	1.18−2%	级配2	1.18+2%	1.18+4%	1.18+6%	1.18+8%
试件相对密度	毛体积	2.482	2.471	2.469	2.470	2.463	2.456	2.443	2.435	2.420	2.303
	理论最大	2.528	2.533	2.538	2.544	2.548	2.552	2.556	2.560	2.567	2.568
空隙率(%)		1.8	2.5	2.7	2.9	3.3	3.8	4.4	4.9	5.6	6.4

非100%原则下级配2的0.6mm筛孔用量变化后的马歇尔试验结果　表8-45

级配类型		0.6−9.5%	0.6−8%	0.6−6%	0.6−4%	0.6−2%	级配2	0.6+2%	0.6+4%	0.6+6%	0.6+8%
试件相对密度	毛体积	2.489	2.481	2.469	2.463	2.457	2.456	2.433	2.423	2.410	2.394
	理论最大	2.533	2.536	2.540	2.544	2.548	2.552	2.556	2.559	2.563	2.569
空隙率(%)		1.7	2.2	2.8	3.2	3.6	3.8	4.8	5.3	5.9	6.6

非100%原则下级配2的0.15mm筛孔用量变化后的马歇尔试验结果　表8-46

级配类型		0.15−5%	0.15−4%	0.15−2%	级配2	0.15+2%	0.15+4%	0.15+6%	0.15+8%
试件相对密度	毛体积	2.454	2.453	2.455	2.456	2.460	2.461	2.458	2.460
	理论最大	2.542	2.544	2.548	2.552	2.556	2.560	2.563	2.567
空隙率(%)		3.5	3.6	3.7	3.8	3.8	3.9	4.1	4.2

非100%原则下级配2的0.075mm筛孔用量变化后的马歇尔试验结果　表8-47

级配类型		0.075−4%	0.075−2%	级配2	0.075+2%	0.075+4%	0.075+6%	0.075+8%
试件相对密度	毛体积	2.428	2.440	2.456	2.481	2.494	2.496	2.500
	理论最大	2.543	2.548	2.552	2.556	2.560	2.564	2.568
空隙率(%)		4.5	4.2	3.8	3	2.6	2.6	2.6

对上述试验结果的分析表明：空隙率VV随1.18mm和0.6mm集料用量的增加而增大，随0.075mm集料用量的增加而减小；随0.15mm集料用量的增加，空隙率VV变化比较平稳，呈较为平缓增大的趋势；0.3mm集料用量对空隙率VV的影响是先减小后增大，并且对混合料空隙率影响最明显，所以0.3mm集料具有填充和干涉双重作用。

通过级配1和级配2的各档细集料对沥青混合料空隙率VV的影响分析，验证敏感筛孔0.3mm集料对沥青混合料空隙率具有双重影响作用。而前文逐级填充试验中也已证实了0.3mm集料对沥青混合料空隙率的影响最大。在沥青混合料达到最密实状态之前，0.3mm集料对空隙率VV起填充作用；在沥青混合料达到最密实状态之后，0.3mm集料对空隙率VV则起干涉作用。由此可以看出，沥青混合料空隙率之所以对该档集料比较敏感的一个重要原因是该档集料具有双重作用性能。

3)细集料敏感筛孔敏感性评价指标

在对细集料敏感筛孔定性分析之后，需要应用定量的指标来评价其敏感性。为此，提出单位筛余量的空隙率变化率RRV(%)为敏感筛孔敏感性评价指标，定义为：

$$RRV = VV_c / RP_c \tag{8-4}$$

式中：VV_c——某集料筛余量变化值所对应的沥青混合料空隙率变化值；

RP_c——某集料筛余量变化值。

基于表8-38～表8-47的试验结果，各档细集料用量变化范围及对应的空隙率变化范围和RRV值列于表8-48和表8-49。

非100%原则下级配1的RRV值 表8-48

筛孔尺寸(mm)	指　标	①	②	③	④
1.18	混合料空隙率(%)	2～3	3～4	4～5	5～6
	集料用量	1.18－9%～ 1.18－5.5%	1.18－5.5%～ 1.18－2%	1.18－2%～ 1.18＋3%	1.18＋3%～ 1.18＋6%
	RRV值(%)	28.57	28.57	20.00	33.33
0.6	混合料空隙率(%)	2.9～3	3～4	4～5	5～6
	集料用量	0.6－6%～ 0.6－5.5%	0.6－5.5%～ 0.6－2%	0.6－2%～ 0.6＋2.9%	0.6＋2.9%～ 0.6＋6.5%
	RRV值(%)	20.00	28.57	20.41	27.78
0.3	混合料空隙率(%)	2～3	3～4	4.3～5	5～6
	集料用量	—	—	0.3－5.3%～ 0.3＋4%	0.3＋4%～ 0.3＋7.0%
	RRV值(%)	—	—	30.71	33.33
0.15	混合料空隙率(%)	2～3	3.1～4	4～4.5	5～6
	集料用量	—	0.15＋0.75%～ 0.15＋6%	0.15－4%～ 0.15＋0.75%	—
	RRV值(%)	—	≤17.143	10.53	—
0.075	混合料空隙率(%)	2.6～3	3～4	4～4.3	5～6
	集料用量	0.075＋4.7%～ 0.075＋8%	0.075＋1.2%～ 0.075＋4.7%	0.075～ 0.075＋1.2%	—
	RRV值(%)	12.12	28.57	25.00	—

非100%原则下级配2的RRV值 表8-49

筛孔尺寸(mm)	指　标	①	②	③	④
1.18	混合料空隙率(%)	2～3	3～4	4～5	5～6
	集料用量	1.18－9.4%～ 1.18－3.5%	1.18－3.5%～ 1.18＋0.7%	1.18＋0.7%～ 1.18＋4.2%	1.18＋4.2%～ 1.18＋7%
	RRV值(%)	16.90	23.80	28.60	35.70
0.6	混合料空隙率(%)	2～3	3～4	4～5	5～6
	集料用量	0.6－8.6%～ 0.6－5%	0.6－5%～ 0.6＋0.4%	0.6＋0.4%～ 0.6＋2.8%	0.6＋2.8%～ 0.6＋6.3%
	RRV值(%)	27.78	18.87	41.67	28.57
0.3	混合料空隙率(%)	2～3.1	3.1～4	4～5	5～5.8
	集料用量	—	0.3－8%～ 0.3＋1%	0.3＋1%～ 0.3＋4.6%	0.3＋4.6%～ 0.3＋8%
	RRV值(%)	—	41.67	27.78	23.53
0.15	混合料空隙率(%)	2～3.5	3.5～4	4～4.2	5～6
	集料用量	—	0.15－5%～ 0.15＋5%	0.15＋5%～ 0.15＋8%	—
	RRV值(%)	—	10.00	6.67	—
0.075	混合料空隙率(%)	2.6～3	3～4	4～4.5	5～6
	集料用量	0.075＋2%～ 0.075＋8%	0.075－1%～ 0.075＋2%	0.075－4%～ 0.075－1%	—
	RRV值(%)	≤20	33.33	16.67	—

由表8-48和表8-49可知：

1.18mm和0.6mm集料对沥青混合料空隙率具有干涉作用，故该两档集料的RRV值代表该档集料对沥青混合料空隙率干涉的敏感程度。因此，在同一空隙率变化范围内，1.18mm和0.6mm集料在级配1和级配2中RRV值的变化是不同的。在级配1中，1.18mm集料的RRV值的顺序是：④>②≈①>③，最小值对应的沥青混合料空隙率为4%～5%，对应的1.18mm集料用量为1.18－2%～1.18+3%；④号对应的RRV值最大，为33.33%，空隙率为5%～6%，对应的1.18mm集料用量为1.18+3%～1.18+6%，所以④号对应的1.18mm集料用量是设计中应该避开的干涉敏感区；0.6mm集料的RRV值顺序是：②>④>③>①，最小值对应的沥青混合料空隙率为2.9%～3%，0.6mm集料用量为0.6－6%～0.6－5.5%；②号对应的RRV值最大，为28.57%，空隙率为3%～4%，0.6mm集料用量为0.6－5.5%～0.6－2%；④号对应的RRV值为27.78%，空隙率为5%～6%，0.6mm集料用量为0.6+2.9%～0.6+6.5%。由于②号和④号的RRV值比较接近，所以0.6mm集料的上述两个用量范围是设计中应该避开的干涉敏感区。

由此可见，1.18mm和0.6mm筛孔作为干涉敏感筛孔存在用量干涉敏感区，该范围的敏感性可以用RRV值来判断，RRV最大值对应的区间范围即是1.18mm和0.6mm筛孔的干涉敏感区。

对于0.15mm集料，RRV值均在10%左右，是细集料各筛孔中对沥青混合料空隙率影响最小的筛孔。对于这样的筛孔，可以不予考虑其敏感区，其用量的选择直接根据所需的空隙率来选择确定。

0.3mm集料具有填充和干涉双重作用，0.075mm集料只有填充作用。

对于级配1，0.3mm筛孔在空隙率为5%～6%时RRV值最大，为33.33%，对应的集料用量为0.3+4%～0.3+7.0%，但由于在该区间内集料起干涉作用，就填充敏感性而言应考虑空隙率为4.3%～5%间的RRV值，即30.71%，其对应的0.3mm集料用量为0.3－5.3%～0.3+4%；0.075mm筛孔在空隙率为3%～4%时RRV值最大，为28.57%，其对应的0.075mm集料用量为0.075+1.2%～0.075+4.7%。比较0.3mm和0.075mm集料的RRV最大值，得出0.3mm集料的RRV值更大，即0.3mm筛孔是填充最敏感筛孔。0.3mm集料用量敏感区间为0.3－5.3%～0.3+4%，对应的空隙率为4.3%～5%；0.075mm集料用量应根据实际沥青混合料空隙率要求来确定。

对于级配2，0.3mm筛孔在空隙率为3%～4%时RRV值最大，为41.67%，对应的0.3mm集料用量为0.3－8%～0.3+1%，该区间内集料具有填充作用，应考虑填充敏感区；0.075mm集料在空隙率为3%～4%时RRV值最大，为33.33%，对应的0.075mm集料用量为0.075－1%～0.075+2%。比较0.3mm和0.075mm集料的RRV最大值，得出0.3mm集料的RRV值更大，即0.3mm筛孔为填充最敏感筛孔。0.3mm集料对矿料间隙率填充影响最大，0.3mm集料用量敏感区间为0.3－8%～0.3+1%，对应的空隙率为3%～4%；0.075mm集料用量应根据实际沥青混合料空隙率要求来确定。

因此，对于具有双重作用的筛孔其敏感区要分填充敏感区和干涉敏感区两部分来考虑。对于完全起填充性能的0.075mm集料用量应根据实际级配要求来确定，不同的级配其各档细集料用量的敏感区间是不同的。

综上所述，同一级配筛孔对沥青混合料空隙率的影响程度和范围不同，不同空隙率范围内沥青混合料对细集料各筛孔的敏感程度是不同的，不同级配的相同集料用量对沥青混合料空隙率的影响程度也是不同的。因此，在确定各干涉筛孔集料用量时，可用RRV作为指标，以级配混合料要求的空隙率为另一个控制因素，通过试验来确定。

第二节　基于骨架密实特性的沥青混合料组成设计

一、沥青混合料组成设计

黄延高速公路沥青路面采用4cm沥青上面层+6cm沥青中面层+10cm沥青下面层结构，相应采用AC-13型沥青混合料、AC-25型沥青混合料、ATB-30型沥青稳定碎石。本节主要对AC-13型沥青混合料、AC-20型沥青混合料、AC-25型沥青混合料进行优化设计。

1. AC-13型沥青混合料组成设计

作为高速公路沥青路面的表面层，AC-13型沥青混合料要求具有优良的耐高低温、抗滑及密水性能。本文提出混合料的目标空隙率控制在4%左右；级配设计适当减少最粗的粗集料和最小的细集料的含量，调整成S形级配，达到“骨架密实”的效果。

设计中应用Superpave级配设计理论中禁区和控制点的概念控制级配曲线走向，从而拟定矿料级配；对初拟级配利用贝雷法三参数等进行检验，在此基础上进行试验，比较各项性能，观察剖面结构以验证骨架形成情况，从而达到级配的不断优化。

1)基于骨架密实理论的沥青混合料设计方法

根据前文的研究成果，基于骨架密实理论的沥青混合料组成设计方法概述如下：选择和实测原材料，严格把好石料质量关；对粗集料进行均匀设计确定最密实状态下的粗集料比例；利用CBR试验，结合最密实情况下的比例，根据选定的骨架因子和密实因子确定最佳配比；选定粗集料含量；确定细集料的比例；确定选用级配的松装和干捣密度；进行马歇尔试验，确定最佳沥青用量；计算骨架密实度和骨架稳定度，如不满足要求，则重新调整配比，并验算粉胶比和有效沥青膜厚度；进行高温性、低温性、水稳性、渗水性检验，最终确定最优级配和沥青用量。

2)AC-13型沥青混合料优化

(1)对粗集料进行均匀设计，确定最密实状态下的粗集料比例。

(2)粗集料之间最佳配比的确定。

(3)最佳油石比确定：按照设计步骤(2)、(3)重复进行，在这个过程中，骨架因子和密实因子均取0.5。前文已确定13.2～16mm，9.5～13.2mm，4.75～9.5mm，2.36～4.75mm颗粒用量比为1∶4∶5∶2.5。

(4)选定粗集料含量：骨架所需要的粗集料用量定为70%。

理论粗集料部分的配比如表8-50所示。

粗集料级配分析结果 表8-50

筛孔(mm)	13.2	9.5	4.75	2.36
分计筛余(%)	5.6	22.4	28	14
通过率(%)	94.4	72	44	30

(5)确定细集料的比例：采用变 i 法，且 i 取0.68，计算结果如表8-51所示。

细集料级配分析结果 表8-51

筛孔(mm)	1.18	0.6	0.3	0.15	0.075
通过率(%)	23.5	16.1	11.0	7.5	5.1

(6)设计级配的确定：最终选定的设计级配如表8-52所示。

设 计 级 配 表8-52

筛孔(mm)	16	13.2	9.5	4.75	2.36	1.18	0.6	0.3	0.15	0.075	<0.075
通过率(%)	100	93	70	41	30	21	16	11	9	5	—
分计筛余(%)	—	7	23	29	11	9	5	5	2	4	5.000

3)级配检验

(1)确定设计级配的松装和干捣密度

粗集料松装和干捣试验结果如表 8-53 所示。

密 度 试 验 结 果 表 8-53

指标	粗集料合成毛体积相对密度	松装密度(t/m^3)	干捣密度(t/m^3)
试验级配	2.772	1.720	1.591

(2)确定最佳沥青用量

按马歇尔试验方法确定最佳油石比,试验结果如表 8-54 所示。

马歇尔试验结果 表 8-54

油石比(%)	毛体积密度(g/cm^3)	吸水率(%)	空隙率VV(%)	矿料间隙率VMA(%)	沥青饱和度VFA(%)	稳定度(kN)	流值(0.1mm)
3.5	2.409	2.293	7.3	15.2	51.9	10.58	31.73
4.0	2.426	0.951	6.0	15.1	60.1	11.36	41.10
4.5	2.425	0.921	5.4	15.0	65.4	12.16	44.60
5.0	2.453	0.458	3.6	14.9	76.0	12.21	47.52
5.5	2.483	0.255	1.7	14.3	87.9	13.30	52.08
6.0	2.500	0.200	1.5	15.1	90.3	11.51	41.45
4.7(最佳)	2.446	0.713	4.3	15.0	71.3	10.62	46.53

最佳油石比确定过程如表 8-55 所示。

最佳油石比确定 表 8-55

步骤	取值内容及取值条件	代号	沥青用量取值(%)	备 注
1	密度最大	a_1	5.55	
2	稳定度最大	a_2	5.50	
3	目标空隙率(或中值)	a_3	4.87	4%
4	沥青饱和度范围中值	a_4	4.50	
5	最佳沥青用量初始值$(a_1+a_2+a_3+a_4)/4$	OAC_1	5.11	
6	各指标均符合沥青混合料技术规范标准范围的最小值	OAC_{min}	4.00	
7	各指标均符合沥青混合料技术规范标准范围的最大值	OAC_{max}	4.75	
8	符合标准范围的中值	OAC_2	4.38	
9	一般公路最佳沥青用量$(OAC_1+OAC_2)/2$	OAC'	4.74	
10	热区高速路最佳沥青用量	OAC''	4.70	减小 0.1%~0.5%
11	最佳沥青用量	OAC	4.70	

由表 8-55 可知,最佳油石比为 4.7%。

(3)骨架密实度和骨架稳定度检验

在最佳油石比 4.7%时,骨架密实度和骨架稳定度值如表 8-56 所示。

最佳油石比下的骨架密实度和骨架稳定度 表 8-56

指标	油石比(%)	骨架密实度	骨架稳定度	粉胶比	有效沥青膜厚度(μm)
试验级配	4.7	0.934	102.79	1.45	7.2

计算结果表明,骨架密实度和骨架稳定度均满足要求。粉胶比也满足 0.6~1.6 的要求,有效沥青膜厚度满足 6~15μm 的要求。

(4)性能检验

性能试验结果如表 8-57 所示。

最佳油石比下沥青混合料性能 表 8-57

指标	残留稳定度(%)	冻融劈裂比(%)	动稳定度(次/mm)	渗水性	破坏应变(με)
试验级配	94.3	93.1	9726	基本不渗水	2311

2. AC-20 型沥青混合料组成设计

1)级配的初步选定

AC-20 型级配规范范围如表 8-58 和图 8-11 所示。

AC-20 型级配规范范围 表 8-58

级配范围	通过下列筛孔(mm)的质量百分率(%)											
	26.5	19	16	13.2	9.5	4.75	2.36	1.18	0.6	0.3	0.15	0.075
上限	100	100	92	80	72	56	44	33	24	17	13	3
下限	100	90	78	62	50	26	16	12	8	5	4	7

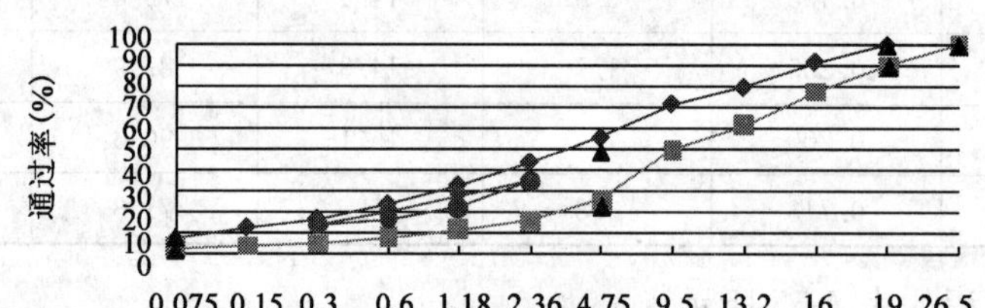

图 8-11 AC-20 型级配

AC-20 型级配组成如表 8-59 所示。

矿 料 级 配 组 成 表 8-59

级配代号	通过下列筛孔(mm)的质量百分率(%)											
	26.5	19	16	13.2	9.5	4.75	2.36	1.18	0.6	0.3	0.15	0.075
A	100	98	89	78	65	41	31	22	16	11	8	5.5
B	100	96	88	77	64	40	27	18	13	9	7	5
C	100	96	87	77	62	40	26	17	11	7	5	4
D	100	96	88	77	58	38	26	20	15	11	8	5

贝雷法参数检验值如表 8-60 所示。

贝雷法参数检验值 表 8-60

级 配 代 号	CA	FA_C	FA_F
A	0.68	0.53	0.5
B	0.66	0.45	0.5
C	0.58	0.43	0.47
D	0.48	0.52	0.55

2)马歇尔试验

以下 4 组级配的油石比皆按 4%选定。试验中拌和温度为 160℃,击实温度控制在 145℃,每个试件皆为双面击实 75 次。以表干法测定马歇尔试件的毛体积密度。试验结果如表 8-61 所示。

沥青混合料马歇尔试验结果 表 8-61

级配代号	毛体积密度 (g/cm³)	空隙率 VV(%)	稳定度 (kN)	流值 (0.1mm)	沥青饱和度 VFA(%)	矿料间隙率 VMA(%)
A	2.458	3.7	11.4	38	70.2	12.1
B	2.438	4.3	8.9	30	67.6	12.7
C	2.420	4.5	7.6	24	65.1	13.4
D	2.450	4.1	10.6	37	68.0	12.7
规范要求	—	4~6	≥8	20~40	65~75	≥13

由表 8-61 可知，级配 A、B、C 中 0.3mm 以下细集料含量在逐渐减少，在同一油石比下沥青混合料的毛体积密度及马歇尔稳定度随之减少，沥青饱和度 VFA 亦逐渐减少；空隙率 VV 与矿料间隙率 VMA 随着 0.3mm 以下细集料的减少而逐渐增大。

级配 D 与级配 A、B 相比，9.5mm 颗粒含量较多，而 1.18mm 颗粒含量较少，0.6mm 以下颗粒含量介于级配 A、B 之间。试验结果显示级配 D 的空隙率 VV 值与马歇尔稳定度也在级配 A、B 之间；矿料间隙率 VMA 与沥青饱和度 VFA 与级配 B 基本相等。

结合表 8-60 可知，级配 A、B、C 的 CA 比与 FA_C 逐渐减小，而空隙率 VV、矿料间隙率 VMA 都随之增大，说明贝雷法中的参数 CA、FA_C 与沥青混合料的指标 VV、VMA 有良好的相关性。

由表 8-61 可知，级配 A、B、D 的矿料间隙率 VMA 值都不能满足规范要求，级配 C 的 VMA 值虽然满足，但是马歇尔稳定度偏低，显示混合料的高温强度不足。而且马歇尔试件剖面图(图 8-12)表明，4 组级配的骨架结构均不太理想。由此发现 4 组级配都不太合适，需在分析的基础上对级配进行适当调整。

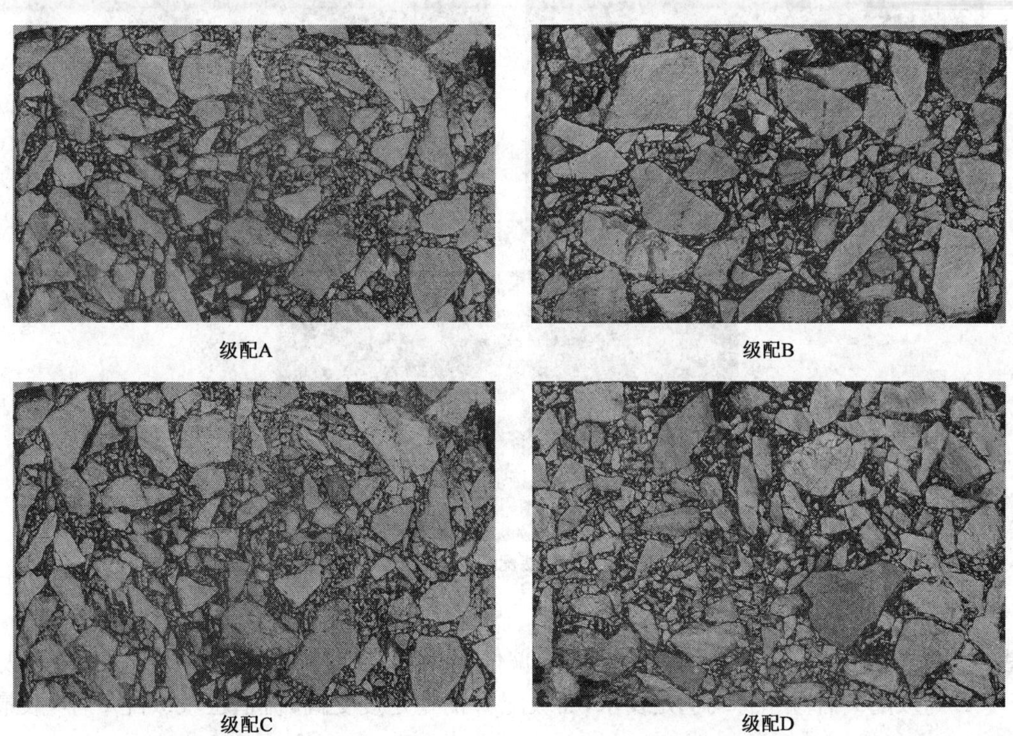

图 8-12 级配 A、B、C、D 的试件剖面图

3)级配调整

调整后的级配见表 8-62。调整后的级配与原级配相比，增加了粗集料部分的颗粒含量，且级配 E、

F、G 细集料部分(2.36mm 及以下各级粒径)的级配曲线逐渐降低,而矿粉含量保持不变。

矿料级配组成 表 8-62

级配代号	通过下列筛孔(mm)的质量百分率(%)											
	26.5	19	16	13.2	9.5	4.75	2.36	1.18	0.6	0.3	0.15	0.075
E	100	95	84	70	56	38	26	20	15	11	8	5
F	100	95	84	70	56	38	23	18	13	10	7	5
G	100	95	84	70	56	38	20	16	12	9	7	5

马歇尔试验结果列于表 8-63。

马歇尔试验结果 表 8-63

级配代号	毛体积密度 (g/cm³)	空隙率 VV(%)	稳定度 (kN)	流值 (0.1mm)	沥青饱和度 VFA(%)	矿料间隙率 VMA(%)
E	2.445	4.3	10.1	34.2	66.1	13.1
F	2.442	4.4	9.2	35.5	67.5	13.6
G	2.437	5.2	6.9	29.1	62.3	13.9

分析试验结果,级配 E、F、G 粗集料部分通过率保持不变,使 2.36mm 以下颗粒含量逐渐减少,而 2.36mm 颗粒含量逐渐增多,由表 8-63 可以看出混合料毛体积密度及马歇尔稳定度在逐渐减小。细集料减少的同时使空隙率 VV 与矿料间隙率 VMA 增大。

图 8-13 为马歇尔试件剖面图。由此看出,3 组级配较前 4 组级配骨架性更好。

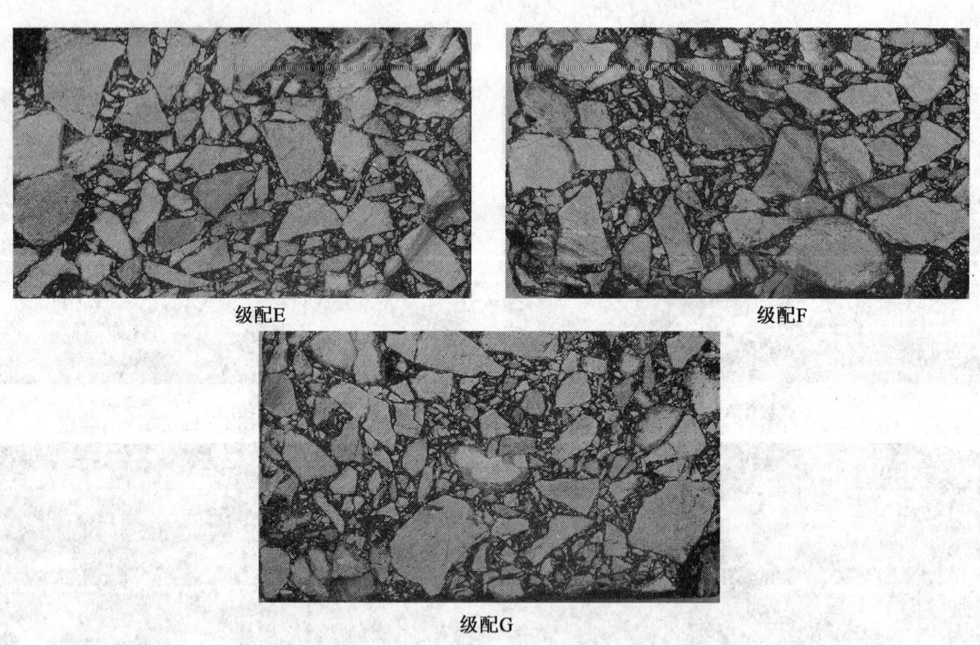

图 8-13 级配 E、F、G 试件剖面图

由表 8-63 可知,级配 G 的马歇尔稳定度明显偏低,沥青饱和度 VFA 也低于规范要求,故级配 G 不适用;级配 E 与级配 F 各项指标均满足要求,而级配 E 的稳定度更高,流值也较级配 F 小,故最终选定级配 E。

4)性能检验

(1)最佳沥青用量

采用马歇尔试验来确定最佳油石比,试验结果如表 8-64 所示。

马歇尔试验结果 表 8-64

油石比(%)	毛体积密度(g/cm³)	空隙率VV(%)	稳定度(kN)	流值(0.1mm)	沥青饱和度VFA(%)	矿料间隙率VMA(%)
3.5	2.439	6.0	10.2	23.8	55.5	13.7
4.0	2.469	4.2	10.9	26.5	68.9	13.3
4.5	2.494	2.5	10.6	28.6	82.5	13.1
5.0	2.507	1.3	11.3	41.8	93.2	13.3
5.5	2.502	0.6	12.1	46.3	97.8	13.9

综合以上结果，由马歇尔试验确定的最佳油石比为4.2%。

以油石比4.2%进行马歇尔试验，测算试件的各项物理指标及马歇尔稳定度和流值，试验结果如表8-65所示。

最佳油石比下马歇尔试验结果 表 8-65

油石比(%)	毛体积密度(g/cm³)	空隙率VV(%)	稳定度(kN)	流值(0.1mm)	沥青饱和度VFA(%)	矿料间隙率VMA(%)
4.2	2.460	4.1	10.1	38.5	72.2	13.3

(2)路用性能检验

在最佳沥青用量下对级配E进行路用性能试验，包括车辙试验、水稳定性试验(浸水马歇尔试验及冻融劈裂试验)和低温弯曲试验。试验结果如表8-66所示。

路用性能试验结果 表 8-66

试验名称	车辙试验	浸水马歇尔试验	冻融劈裂试验	低温弯曲试验
试验方法	T0719	T0709	T0729	T0715
检测指标	动稳定度(次/mm)	残留稳定度(%)	残留强度比(%)	破坏应变($\times10^{-6}$)
级配E	1 652	88.1	79.4	2 103.9
规范要求	≥800	≥80	≥75	≥2 000

由表8-66可知，级配E的各项路用性能指标均能满足规范要求。

5)级配检验

VCA_{AC}可用于对马歇尔试验或其他试验方法制成的沥青混合料试件进行矿料级配检验、调整。

以级配E为例，说明级配检验的方法和步骤。

基本数据：$P_B=4.2\%$，$P_{ca}=62\%$，$P_{fa}=33\%$，$P_{fi}=5\%$，$G_B=1.033\ 273g/cm^3$，

$G_{mm}=2.545\ 468g/cm^3$，$G_{b,s}=2.459\ 991g/cm^3$，VV=4.12%。

根据检验方法可得：

(1)$G_{b,ma}=2.688\ 28g/cm^3$，$G_{b,ca}=2.711\ 305g/cm^3$，$G_{b,fa}=2.689\ 924g/cm^3$，$G_{a,fi}=2.640g/cm^3$。

(2)全部矿料质量 $MMA_{AC}=2.360\ 836g/cm^3$，粗集料质量 $MCA_{AC}=1.463\ 718g/cm^3$，$VCA_{AC}=46.014\ 3\%$。

(3)细集料质量 $MFA_{AC}=0.779\ 076g/cm^3$，填料质量 $MFI_{AC}=0.118\ 042g/cm^3$，沥青质量 $MB_{AC}=0.099\ 155g/cm^3$。

(4)细集料的体积率 $VOLF_{AC}=28.962\ 7\%$，填料的体积率 $VOLFI_{AC}=4.471\ 3\%$，矿料吸收沥青质量 $MB_a=0.012\ 038g/cm^3$，有效沥青质量 $MB_e=0.087\ 117g/cm^3$，有效沥青体积率 $VOLB_e=8.431\ 2\%$。

(5)检验 $VCA_{AC}-VOLF_{AC}-VOLFI_{AC}-VOLB_e=4.14\%$，与马歇尔试验得到的实际空隙率4.12%几乎相等，仅差0.02%。因此，可以认为级配E是骨架密实结构。

3. AC-25 型沥青混合料组成设计

(1)初拟级配

以规范级配为基础，采用变 i 法初拟两组级配，然后应用贝雷法进行参数检验，并通过马歇尔试验和路用性能试验加以检验，以达到级配优化的目的。初拟的两组级配如表 8-67 和图 8-14 所示。

AC-25 型初拟级配 表 8-67

筛孔尺寸(mm)	通过下列筛孔(mm)的质量百分率(%)												
	0.075	0.15	0.3	0.6	1.18	2.36	4.75	9.5	13.2	16	19	26.5	31.5
规范级配	3～7	4～13	5～17	8～24	12～33	16～42	24～52	45～65	57～76	65～83	75～90	90～100	100
级配 A	5	8	11	15	20	26	36	51	64	74	85	99	100
级配 B	4	6	9	12	19	26	41	57	67	77	85	98	100

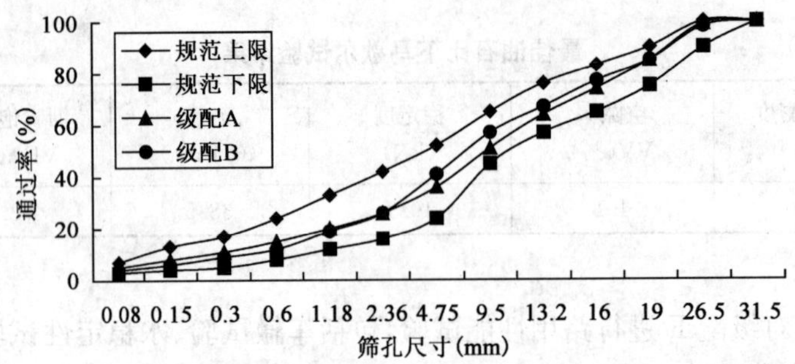

图 8-14 AC-25 型初拟级配曲线

其中，级配 B 的变 i 法参数为：4.75mm 以上集料采用 $i=0.69$，4.75mm 以下集料采用 $i=0.67$。

(2)马歇尔试验与贝雷法检验

马歇尔试验结果如表 8-68 所示，贝雷法参数如表 8-69 所示。

马歇尔试验结果 表 8-68

项 目	最佳油石比(%)	毛体积密度(g/cm^3)	稳定度(kN)	空隙率 VV(%)	流值(mm)	矿料间隙率 VMA(%)	沥青饱和度 VFA(%)
规范要求	—	—	≥8	3～6	2～4	≥12	55～70
级配 A	3.7	2.49	12.6	4.0	3.1	12.2	65
级配 B	4.1	2.43	11.2	4.5	3.5	13.2	68

贝雷法参数检验值 表 8-69

级配代号	CA	FA_C	FA_F
A	0.77	0.55	0.55
B	0.79	0.46	0.47

马歇尔试验结果表明，两组级配沥青混合料的稳定度、流值、空隙度、沥青饱和度等马歇尔指标和体积指标(VMA)都能满足规范要求。

贝雷法参数检验结果表明，级配 A 的 CA 在推荐的范围之内，而 FA_C 值与 FA_F 值均在推荐范围之外；级配 B 的三个参数值均在推荐的范围之内。

试件剖面图如图 8-15 所示。

(3)路用性能检验

路用性能试验结果如表 8-70 所示。

级配A

级配B

图 8-15　级配 A、B 试件剖面图

路用性能试验结果

表 8-70

检测指标	动稳定度（次/mm）	残留稳定度比（%）	残留强度比（%）	破坏应变（$\times10^{-6}$）
规范要求	≥1 000	≥80	≥75	≥2 000
级配 A	1 676	85	75.3	2 158
级配 B	1 740	95	81.2	2 254

试验结果表明，级配 B 的路用性能优于级配 A。

综合马歇尔试验结果、贝雷法参数检验、试件剖面图以及路用性能试验结果，选用级配 B 作为设计级配。

二、沥青混合料技术性能研究

1. 沥青混合料高温稳定性研究

随着交通量不断增大以及车辆的渠化交通，沥青路面在行车荷载的反复作用下导致路表面出现车辙；轮迹处沥青层厚度减薄，削弱面层及路面结构的整体强度，从而易于诱发其他病害。影响沥青路面车辙形成的因素如图 8-16 所示。

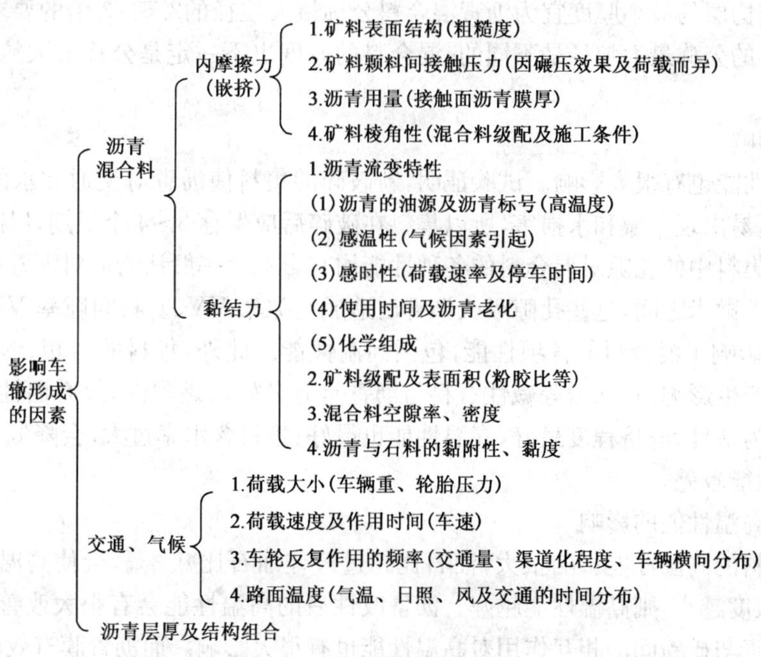

图 8-16　影响沥青路面车辙形成的因素

1)级配曲线走向对高温性能的影响

由于各粒级矿料含量的不同,在规范级配范围内,级配曲线呈现不同的走向。为了研究级配曲线走向对混合料物理力学性能的影响,以 AC-20 型沥青混合料在规范级配范围内 5 种典型的级配曲线走向为例,对其进行系统试验研究。这 5 种曲线基本概括了规范内不同的级配曲线走向情况,分别用代号表示:A 级配(规范级配范围的下限)、B 级配(规范级配范围的上限)、C 级配(规范级配范围的中值)、D 级配(S 形级配)、E 级配(设计级配)。5 组级配的矿料组成如图 8-17 所示。

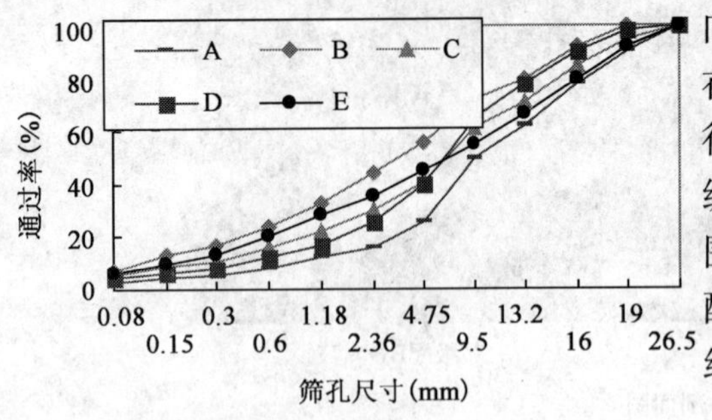

图 8-17 五组级配曲线

5 组级配在最佳油石比下的沥青混合料物理力学指标如表 8-71 所示。

5 组级配在最佳油石比下的物理力学指标 表 8-71

级配代号	最佳油石比(%)	密度(g/cm^3)	理论密度(g/cm^3)	空隙率 VV(%)	矿料间隙率 VMA(%)	沥青饱和度 VFA(%)	稳定度(kN)	流值(0.1mm)
A	5.2	2.375	2.482	4.3	14.3	69.9	8.21	25
B	4.7	2.393	2.503	4.4	15	70.7	13.93	19
C	4.5	2.407	2.513	4.2	14.3	70.6	11.10	19
D	5.1	2.374	2.483	4.4	14.4	69.4	8.96	21
E	4.3	2.417	2.510	3.7	13.9	73.4	13.81	24

从表 8-71 试验结果可以看出:规范级配范围内的级配,由于级配曲线的走向不同,沥青混合料的物理力学性质差异很大,因此控制级配曲线走向对于沥青混合料的生产和施工具有十分重要的意义。

2)集料对高温性能的影响

(1)公称最大粒径的影响

混合料的公称最大粒径与结构层厚度之间的相互关系影响混合料的高温性能,对于厚度为 50mm 的结构层,公称最大粒径为 19mm 的混合料高温性能最好,此时沥青混合料的厚度约为公称最大粒径的 2.6 倍,这与沥青结构层的最小厚度宜为沥青混合料公称最大粒径的2.5~3 倍的要求相符。对于不同厚度的结构层,最佳的公称最大粒径是不同的,混合料的厚度也不一定是公称最大粒径的 2.6 倍,具体系数应由试验确定。

(2)集料性质的影响

集料性质对高温性能也有很大影响。试验证明,新破碎的集料使沥青对交通和水的共同作用更加敏感,导致沥青路面更易出现车辙和水损害,所以集料在破碎后应保存 3~4 个星期,以降低表面活性后再用于混合料当中。集料中的孔隙对混合料的各种性能均有影响。一般认为能对沥青进行吸附的孔隙半径约为几微米到数十微米之间,这些孔隙吸收沥青后造成空隙率 VV、矿料间隙率 VMA 和沥青饱和度 VFA 的不同,从而影响了混合料的各项性能,包括高温性能。此外,集料的岩相、形状、含水率等都对混合料的高温性能产生影响,石灰岩等碱性石料与沥青具有良好的黏附性,故高温性能较好;集料的形状以正立方体形状为最佳,嵌挤程度最好,高温性能也最好;集料含水率过大,会降低集料与沥青之间的黏结作用,故高温性能较差。

3)沥青对混合料高温性能的影响

沥青用量对混合料的高温性能影响很大,油石比超过最佳油石比 0.3%,会使高温性能急剧下降。沥青的黏度越大,针入度越小,则高温性能越好。沥青改性后的高温性能会有很大改善,同时沥青标号的影响相对减弱。沥青与矿粉间的相互作用对高温性能也有很大影响。而沥青膜有效厚度影响也比较显著,沥青膜太厚时,沥青润滑作用减弱了集料间的嵌挤力,导致高温性能下降。

2.沥青混合料水稳定性研究

水损害是沥青路面最常见的病害之一。水损害主要发生在连续降雨后的持续高温时期。连续降雨造成了重交通作用下高速水流的条件，持续高温使沥青与集料的黏结力不断下降。由于车轮动态荷载的作用，水分逐渐进入沥青混合料的空隙当中，使混合料处于一种浸水条件。在车辆荷载动水压力与温度的共同作用下，反复循环，将使沥青和矿料发生剥离，沥青混合料整体力学强度不断降低，最终导致损坏。

(1)空隙率与饱水率的关系

不同空隙率条件下，试件的饱水率随温度变化的规律基本一致，即随着温度从高温向常温降低，试件的饱水率，即沥青混合料的吸水能力也随之降低；而试件吸水至饱和的时间随着温度的降低而延长。

由图8-18可知，在每一特定的温度下，空隙率的增加致使试件的饱水率增加。同时空隙率增加，试件吸水至饱和的时间也在增加。空隙率在4%左右的试件，60℃时，吸水饱和的时间约为2d；45℃时，吸水饱和时间约3d；25℃时，吸水饱和时间约为6d。空隙率增至5%左右，60℃时，吸水饱和时间延长至3d；45℃时，吸水饱和时间为4d；25℃时，吸水饱和时间为7d。空隙率在7%左右，60℃时，吸水饱和时间增至4d；45℃时，吸水饱和时间为5d；25℃时，吸水饱和时间为7d。空隙率在9%左右时，吸水饱和时间与空隙率为7%时差不多，当温度依次为60℃、45℃、25℃时，吸水饱和时间依次为4d、5d、7d。

(2)残留稳定度的变化规律

试件在高温时(大于45℃)残留稳定度降低较为明显；试件在常温时(25～45℃)残留稳定度变化不大，且其值较高，如图8-19所示。

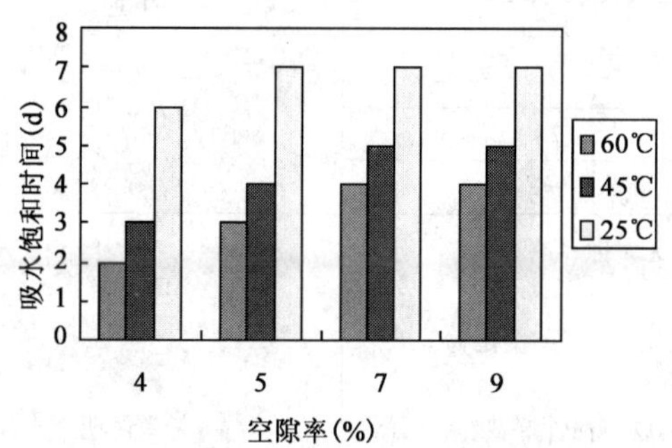

图8-18 吸水饱和时间与空隙率的关系图

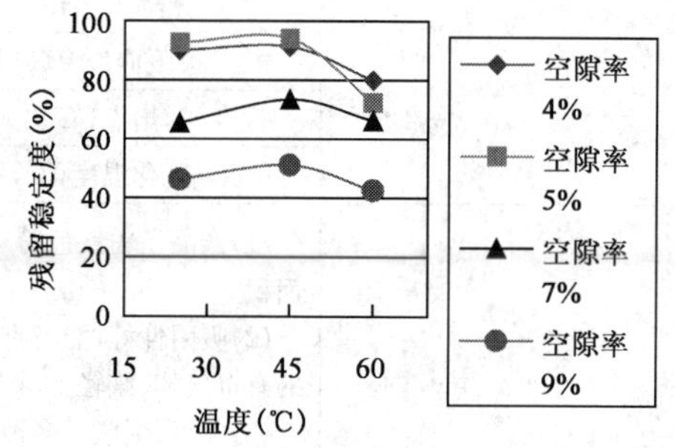

图8-19 残留稳定度与温度的关系图

空隙率与残留稳定度的关系：随着空隙率的增大，残留稳定度逐渐减小。当空隙率增至7%时，残留稳定度明显降低；空隙率增至9%左右时，残留稳定度已经很低。

综合以上分析本文认为试件空隙率不超过4%，浸水2d；试件空隙率为5%，浸水3d；试件空隙率为7%，浸水4d是比较合适的。

第三节　基面层黏结材料研究

设置于基面层的黏结层应具备两个方面的性能：一是提供足够的黏结性能；二是具有足够的防水能力。理论分析表明，基面层间的黏结层受力比较复杂，同时受到剪应力、拉应力和压应力的作用。但在这三种应力中，只有剪应力和拉应力会对黏结层产生不利影响；另外，由于路面结构同时还处于自然状态下，不可避免的要受到水、温度、阳光等因素的作用。因此，基面层间的黏结层应具有足够的抗剪、抗拔、防水能力。本报告以此为目标，研究开发新型的基面层黏结材料，并对其使用性能进行研究。

一、原材料选择及其技术性质

1.沥青

由于本文采用的黏结材料为特殊改性沥青乳液，因而选择沥青品种时，首先应考虑到它的易乳化性。一般来说，相同油源和工艺的沥青，针入度较大者易于形成乳液，一般地基质沥青的针入度宜为80～100(0.1mm)。

本试验采用SK-90号重交沥青作为制备黏结材料的基质沥青。

2.改性剂

在考虑各种因素的基础上选用了三种改性剂，即两种高聚物改性剂SBR、EVA，以及一种近年来研究广泛的无机硅藻土改性剂DE。其具体技术性质如表8-72所示。

三种改性剂的技术性质　　表8-72

改性剂种类	技术性质		产地
SBR	型号	GS-1	山东淄博
	颜色状态	白色粉末	
	粒度(目)	14	
	分子量(万)	20～30	
	结合苯乙烯(%)	21.5～35	
	门尼黏度 MLH+4%	48～66	
EVA	型号	28/15	日本
	颜色状态	白色颗粒	
	VA含量(%)	28	
	熔融指数 MI(g/cm^3)	150	
	密度(g/cm^3)	0.95	
	极限伸长率(%)	800	
	熔点(℃)	73	
	脆化温度(℃)	−60	
DE	(1)产品呈粉红色粉末状，无毒、无味、无腐蚀；堆积密度小，比表面积大，为20～30m^2/g；无团粒、不结块； (2)吸附性好，能吸收沥青散发出来的酚、萘、蒽、氰化物等致癌的有毒气体，减轻了对人体健康的危害和环境污染； (3)复合、偶联了多种硅酸盐功能材料，既有活性好、吸附性强的非晶体SiO_2，还有活性好，有红外光阻隔作用和高温抗蠕变、抗热震、耐腐蚀的硅酸盐； (4)使用非常方便，即拌即用，将沥青加热到160℃，掺入一定剂量的DE改性剂，搅拌均匀即成DE改性沥青		云南昆明

3.乳化剂

乳化剂是制备优质黏结层的重要材料。慢裂才能使得乳化沥青充分渗透至半刚性基层并到达一定深度，而快凝是在乳化沥青破乳后能很快形成均匀稳定的沥青膜并且迅速固化，以便在最快的时间内恢复交通。

本文确定采用阳离子乳化剂十六烷基三甲基溴化铵(1631)、十八烷基三甲基氯化铵(1831)和非离子乳化剂OP-15进行复配来配制慢裂快凝型乳化沥青。经过大量的试验后发现，三种材料的比例为1∶2∶2时复配的乳化剂能制备出慢裂型乳液。此时，对复配乳化剂性质进行了简单的测试，结果如表8-73所示。

复合乳化剂性质　　表8-73

项　目	技术性质	项　目	技术性质
离子性质	阳离子	pH值	7～8
外观	淡黄色膏状物	活性物含量(%)	>98

4.助剂

试验发现，单一乳化剂制备的黏结材料，其黏结效果并不好，因此在乳化过程中常添加一些助剂以加强乳化效果，改善黏结材料的性质。助剂的种类及其作用如下。

(1)增稠剂聚乙烯醇：可改变乳化沥青的稠度、存储稳定度，增加沥青的弹性，延长沥青的老化时间。

(2)无机稳定剂氯化铵：通过电荷的引入，以增加乳液存储的稳定性。

(3)消泡剂：可消除乳化过程中因剪切作用和黏结材料成膜固化时产生的气泡。

(4)酸碱调节剂盐酸：用以调节乳液的 pH 值，提高沥青的乳化能力。

5. 水

需要特别注意的是水是黏结材料的重要组成部分，水能湿润、溶解、黏附其他物质，并起着缓和化学反应的作用。生产黏结材料的水应该纯净，不含其他杂质。

二、黏结材料配比及制备方法

1. 黏结材料配比

(1)沥青与水的质量比

《公路沥青路面施工技术规范》(JTG F40—2000)要求作为喷洒型黏结材料的残留物含量应大于50%，经过反复试验，本文采用沥青与水的比例为 6∶4。

(2)改性剂剂量

一般随着改性剂剂量的增大，蒸发残留物软化点也增大，故可以获得较好的耐热性。但是改性剂剂量过高会导致黏结材料乳液不均匀、不稳定，工艺也越来越复杂。

经过反复试验，本文确定采用沥青改性剂剂量为 3%。改性剂不同剂量时的存储稳定性如表 8-74 所示。

改性剂不同剂量时存储稳定性　　表 8-74

改性剂剂量(%)	2	3	4	5
1d 存储稳定性(%)	0.21	0.32	0.68	2.31
5d 存储稳定性(%)	1.65	2.25	3.39	8.69

(3)乳化剂剂量

黏结材料乳液中乳化剂最佳剂量的确定包括乳化剂的 HLB 值和其他大量的参数，同时还需进行试验检验。目前国内乳化沥青中的乳化剂剂量一般为乳液的 0.5%～2%。本文在参考大量工程项目应用情况的基础上，确定复合乳化剂剂量为 2%。经试验检验用此含量乳化剂制备的黏结材料质量满足要求。

(4)助剂剂量

确定增稠剂剂量为乳液的 0.5%，无机稳定剂剂量为乳液的 0.25%，消泡剂剂量为乳液的 0.25%，盐酸用量为调节乳化液 pH 值以 2～3 适宜。

根据以上确定的各成分用量，可以计算出黏结材料组成比例，如表 8-75 所示。

黏结原材料组成　　表 8-75

材料	沥青	水	乳化剂			助剂		
			1631	1831	OP-15	聚乙烯醇	氯化铵	消泡剂
百分比(%)	58.3	38.8	0.38	0.78	0.78	0.48	0.24	0.24
质量(g)	600	400	3.99	8.01	8.01	5.0	2.5	2.5

注：1. 消泡剂第一次添加 1.5g，然后将 0.5g 的消泡剂稀释后使用。

2. 盐酸的用量根据调节 pH 值所需要的量确定。

2. 黏结材料制备工艺

由于制备的黏结材料中改性剂只有 3%，此时沥青的黏度增加不是很大，适当提高改性沥青的温度和采用优质的复合乳化剂是可行的。经试验检验，该法制备黏结材料效果很好，均匀性和稳定性均得到了一定的保证。具体的工艺流程如图 8-20 所示。

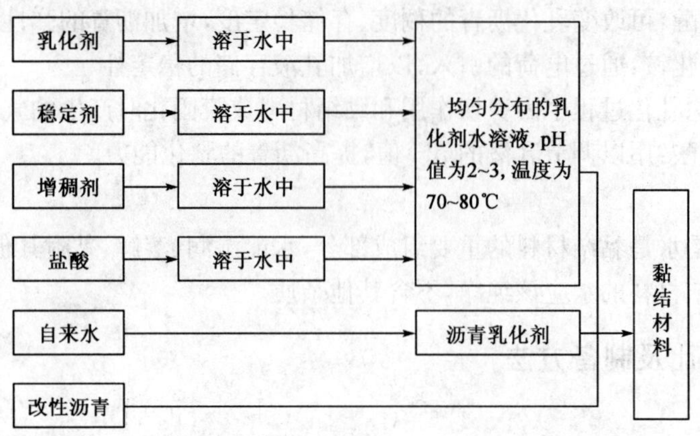

图 8-20　黏结材料制备工艺流程图

三、黏结材料性能检验

黏结材料是一种特殊的改性沥青乳液,同时也是一种路用防水材料。参考《公路工程沥青及沥青混合料试验规程》(JTG E20—2011)和《路桥用水性沥青基防水涂料》(JT/T 535—2004),采用乳化沥青和防水涂料的试验方法对黏结材料进行检验。

1. 乳化沥青试验检验

试验按照《公路工程沥青及沥青混合料试验规程》中有关规程进行。具体试验及试验结果如表8-76和图 8-21～图 8-25 所示。

黏结层技术指标　　表 8-76

黏结层种类			基质乳液	SBR 乳液	EVA 乳液	DE 乳液
改性剂用量(%)			0		3	
乳化剂含量(%)			2			
检验项目	筛上剩余量(%)		0.01	0.02	0.01	0.01
	电荷		+	+	+	+
	恩格拉黏度 E_{25}		3.58	4.52	4.28	4.06
	破乳速度		慢裂	慢裂	慢裂	慢裂
	存储稳定性	1d(%)	0.12	0.52	0.43	0.65
		5d(%)	1.68	4.21	3.54	4.62
	黏附性		>2/3	>2/3	>2/3	>2/3
	蒸发残留物	延度(cm,5℃)	6.8	41.3	8.6	7.5
		沥青含量(%)	63.2	65.2	66.1	65.3
		软化点(℃)	45.2	50.3	53.1	50.5
		针入度(0.1mm) 15℃	26	36	44	36
		针入度(0.1mm) 25℃	81	115	151	103
		针入度(0.1mm) 30℃	136	168	242	164
		针入度指数 PI	−1.18	−0.84	−1.59	−1.14
		T_{800}(℃)	39.6	45.3	45.8	43.7
		$T_{1.2}$(℃)	−12.83	−17.75	−15.31	−15.50
		$T_{800}-T_{1.2}$(℃)	52.43	63.05	61.11	59.20

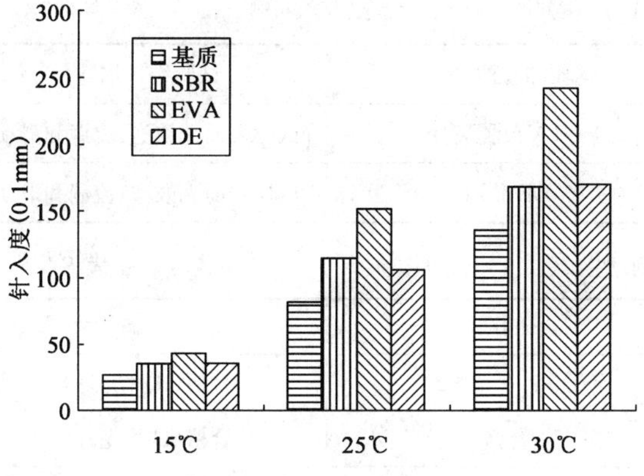

图 8-21　黏结材料针入度

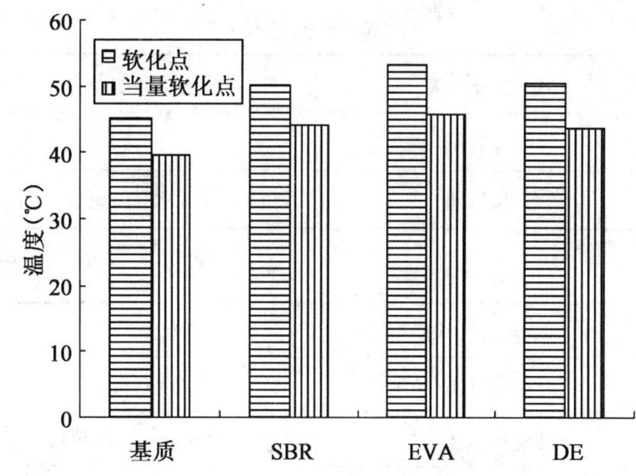

图 8-22　黏结材料软化点与当量软化点

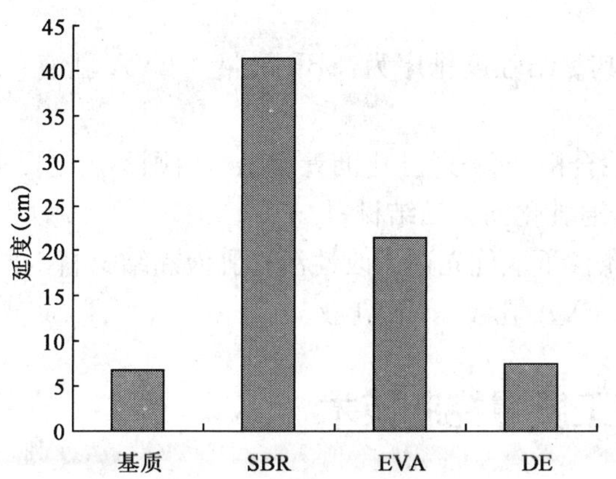

图 8-23　黏结材料 5℃延度

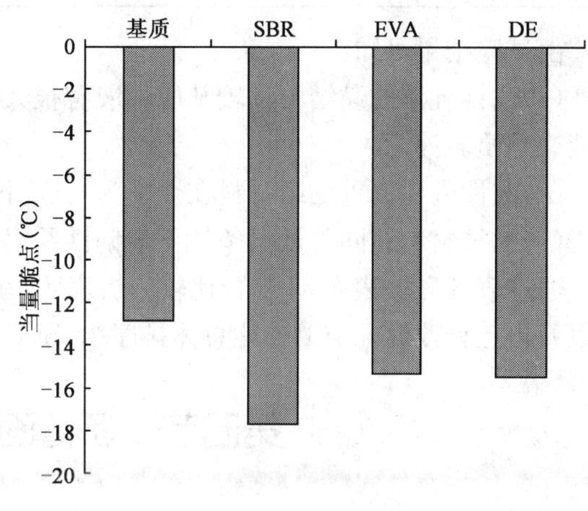

图 8-24　黏结材料当量脆点

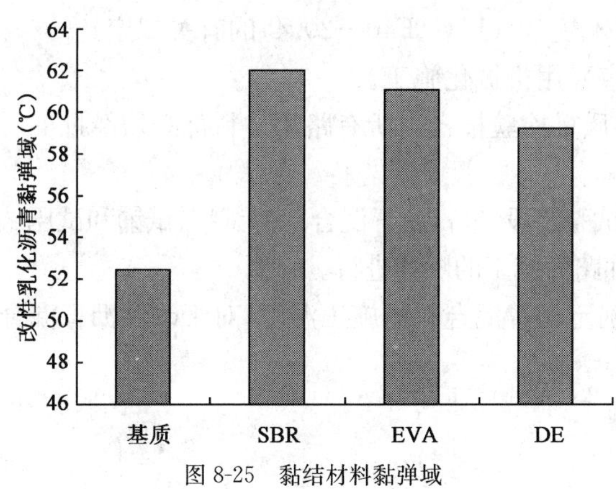

图 8-25　黏结材料黏弹域

由上述图表可以看出，制备的基质沥青乳液和改性沥青乳液各项指标都能满足规范要求。常温和低温状态下的储存稳定性良好；改性沥青乳液的低温延度和当量脆点都比基质沥青乳液有较大的改善，以 SBR 改性沥青乳液改善效果最为明显；高温性能方面，改性沥青乳液也较基质乳化沥青有较大的改变，其中 EVA 改性沥青乳液的软化点和当量软化点最高；改性沥青乳液的黏弹域比基质沥青提高很大，三种改性沥青乳液的黏弹域差别不是很大；无机硅藻土改性效果较高聚物类改性效果要差些。

2. 防水涂料试验检验

具体试验及试验结果如表 8-77～表 8-79 所示。

黏结强度　　表 8-77

乳液种类	基质乳液	SBR 乳液	EVA 乳液	DE 乳液
黏结力(N)	168	310	291	276
黏结强度(MPa)	0.332	0.612	0.574	0.543

耐热性(50℃)　　表 8-78

乳液种类	试验结果描述	乳液种类	试验结果描述
基质乳液	试样流动	EVA 乳液	试样表面无鼓泡、流淌和滑动
SBR 乳液	试样表面无鼓泡、流淌和滑动	DE 乳液	试样表面无鼓泡、流淌和滑动

低温柔韧性　　表 8-79

试验项目	−20℃	−10℃	0℃
基质乳液	不合格(断裂)	不合格(两条脆纹)	合格(试片完好)
SBR 乳液	不合格(一条有裂纹)	合格	合格(试片完好)
EVA 乳液	不合格(两条脆裂)	合格(一条有细微裂纹)	合格(试片完好)
DE 乳液	不合格(三条均脆裂)	不合格(一条有裂纹)	合格(试片完好)

由试验结果可知:

(1)改性乳液的黏结力都较基质乳液有很大提高,其黏结强度排序为:SBR 乳液>EVA 乳液>DE 乳液>基质乳液。

(2)改性乳化沥青黏结材料在温度为 50℃下耐热性合格,而普通乳化沥青黏结材料则不满足要求。

(3)黏结材料在同等低温条件下柔韧性要远好于普通乳化沥青黏结材料。

通过表 8-77～表 8-79 综合比较分析表明,在同等条件下应优先选用改性沥青乳液黏结材料。同时可以看出三种改性乳液的性能总体排序为:SBR>乳液 EVA 乳液>DE 乳液。

第四节　沥青面层施工质量控制技术

一、沥青面层施工工艺研究

1. 基本要求

(1)沥青混合料的施工应符合《公路沥青路面施工技术规范》(JTG F40—2004)的有关规定。

(2)沥青混合料生产、运输、摊铺和压实等施工作业应采用机械化施工。

(3)施工前备足符合要求的材料,同时提供正式材料质量检验报告。所有路用材料都必须经批准后方可使用。

(4)沥青混合料正式施工前,必须铺筑 100～200m 的试验路段,进行沥青混合料的试拌、试铺和试压试验,并据此制订正式的施工程序,以确保良好的施工质量和路面施工的顺利进行。

(5)根据 135℃和 175℃条件下测定的黏—温曲线,确定沥青混合料的施工温度;对于改性沥青混合料,施工温度应较普通沥青混合料施工温度高 10～20℃。

(6)当气温低于 10℃时,不得进行沥青混合料路面施工。

2. 沥青混合料的摊铺质量控制

(1)质量缺陷的防治

要保证沥青面层达到预期平整度,沥青混合料的摊铺工艺至关重要。摊铺机在操作过程中应注意以下几个方面:

①摊铺过程应保持连续。

②摊铺机速度应尽量保持一致。

③摊铺机性能应稳定。

④若摊铺机熨平板底面磨损或严重变形,摊铺时面层容易产生裂纹和拉沟。

图 8-26 带有超声波自动找平装置的 ABG423 摊铺机

⑤目前使用的摊铺机大都有自动找平装置(图 8-26),摊铺是按照预先设定的基准来控制,但施工单位往往不够重视或由于高程的操作误差,形成基准控制不好,基准线因张力不足或支承间距太大而产生挠度,使面层出现波浪。

⑥自卸车与摊铺机的配合是保证路面平整度的重要方面,自卸车应在摊铺机前 10～20cm 处停住并挂空挡,由摊铺机推动自卸车同步前进,卸料完毕后自卸车驶离摊铺机。摊铺速度一般不超过 3～4m/min,甚至可放慢到 1～2m/min。

⑦熨平板温度必须加热到 90℃以上。

⑧应适当提高夯锤的振捣频率以提高混合料的预压效果。

⑨在每次摊铺前应对先铺层进行处理,将先铺层沿横向切成垂直面并涂上沥青,加盖热沥青混合料 5min 后清除,然后摊铺并用小型机具按要求压实。

摊铺过程常见的质量缺陷还有:厚度不准、搓板、小波浪、台阶、隆起、裂缝、拉沟等。为了防止和消除在施工中的这些质量缺陷,摊铺中应注意以下几点:

①对有大波浪的基层应在凹陷处预先铺上一层混合料,并予以压实。

②摊铺机的操作及本身的调整对摊铺质量影响很大。摊铺过程中,应及时调节厚度调节器,但每次不应超过 1/4 圈。

③振捣梁的底面应调整到比熨平板底面低 0.4～0.5mm 为宜。

④在试铺过程中应多次调整熨平板前缘拱度,直到铺出良好的铺层。

⑤应严格控制集料粒径,铺层厚度不宜小于集料公称最大粒径的 2.5～3 倍。

⑥履带式摊铺机履带松紧超限会导致摊铺速度发生脉冲,使铺面形成搓板。

⑦必须注意接茬重叠量,并在前一条摊铺带未被污染或变形之前摊铺下一条。

(2)摊铺过程的质量检验

摊铺过程中的质量检验主要包括沥青混合料直观检查、温度检查、摊铺厚度以及铺层表面检查。

①直观检查。正常的沥青混合料外观呈黑亮色,运输车上混合料呈圆锥状或在摊铺机受料斗中“蠕动”。

②温度检测。沥青混合料在正常摊铺和碾压温度范围内,往往冒出淡蓝色蒸汽。通常在运料车到达工地时和在摊铺开始后各测定一次温度。摊铺过程中,应测定铺层温度。

③厚度检查。摊铺机在摊铺过程中,应经常检测虚铺厚度,并与拟定的虚铺厚度作比较,发现问题及时解决。

④铺层表面检查。未压实的混合料表面结构无论是纵向或横向都应平整、均匀、密实,无局部粗糙、小波浪、撕裂或拉沟等现象,否则应查明原因及时处理。

(3)摊铺过程注意事项

①摊铺宽度不宜过大。当采用分路幅多次摊铺时,应采用多台摊铺机成梯队作业的方式,如图 8-27 所示。

图 8-27 两台摊铺机成梯队联合作业

②正确操作受料斗翼板,严禁受料斗内死料过多和翻转过速。

③螺旋布料器悬挂处两侧出现的离析,可通过改变一侧的螺旋方向来解决,即把图 8-28 中的正向螺旋叶片 2 改为反向螺旋叶片 3。

④调节料位传感器,使螺旋布料器的转速尽可能均匀。确保螺旋布料器通道内的混合料左右流动

通畅，摊铺过程中混合料处于螺旋布料器直径 2/3 的高度，如图 8-29 所示。一般情况下，布料器下沿以高于松铺层 10～12cm 为宜。

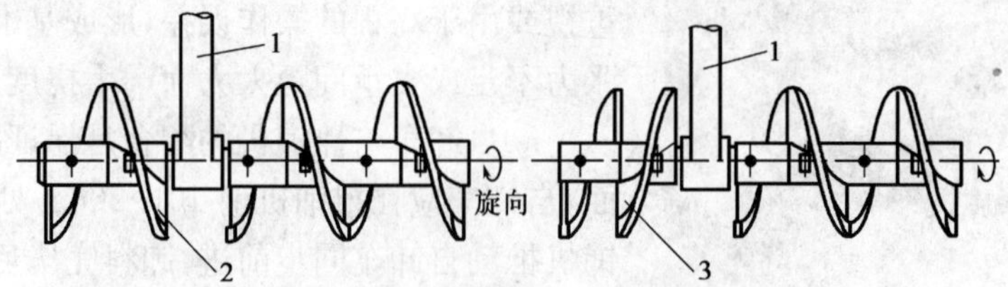

图 8-28 反向螺旋叶片安装示意图

1-螺旋支杆；2-正向螺旋叶片；3-反向螺旋叶片

⑤对于有前后两幅调拱机构的摊铺机，其前拱拱度应调节的比后拱略大一些。一般人工接长调宽的熨平板，其前后拱之差为 3～4mm，液压伸缩调宽的熨平板，差值以 2mm 为宜。

⑥选择振动系统的最佳振幅和振频。采用 ABG423 摊铺机施工的沥青路面，铺层厚度为 40～60mm，摊铺速度在 2～3m/min 时，振动夯的振幅为 5mm，振频为 20～22Hz，熨平板振动器振动频率为 35～40Hz。摊铺机振频变化引起初压实度变化如图 8-30 所示。

图 8-29 螺旋布料器中的料位示意图

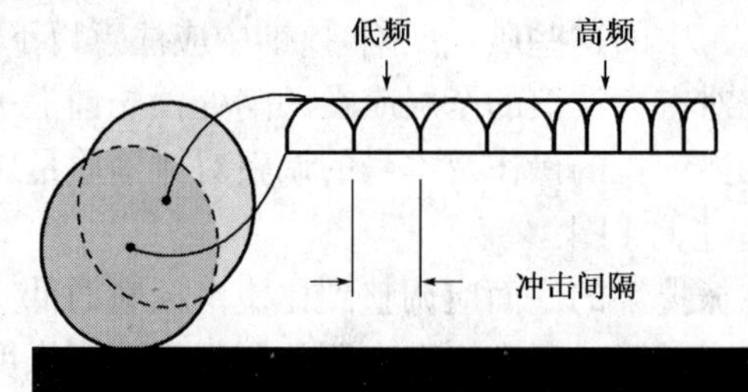

图 8-30 摊铺机振动频率变化引起初压实度变化

⑦布料器的端部距熨平板边缘以 15～20cm 为宜。一般情况下，摊铺厚度小于 10cm 的中粒式或粗粒式沥青混合料，应将熨平板与布料螺旋之间的距离调至中间位置。

⑧人工配合是保证摊铺质量的必要措施。

3. 沥青混合料的碾压质量控制

1）沥青混合料压实性能的影响因素

（1）混合料温度对压实性能的影响

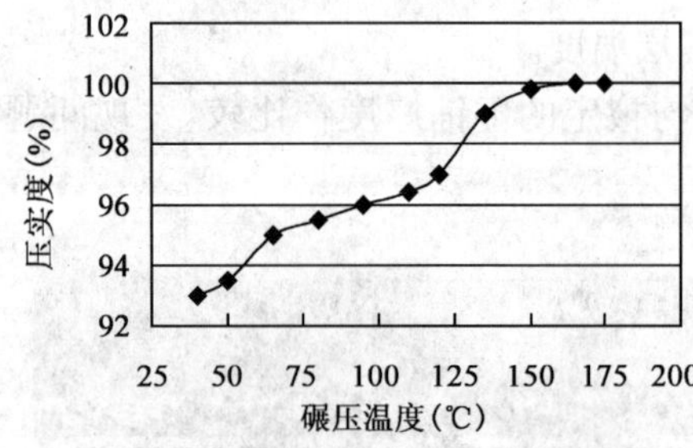

图 8-31 碾压温度与压实度的关系图

沥青混合料的压实性能受混合料级配、沥青性质、压实温度等因素的影响，但压实温度的影响最大。压实度与压实温度的关系如图 8-31 所示。

因此，只有掌握温度对压实性能的影响规律，才能保证压实度和使用性能要求。

在实际工作中，应根据所使用的沥青，采用赛波特黏度计进行黏度试验，得出黏度—温度关系图，并以此来确定合适的初压温度。黄延高速公路施工中，经过试验验证确定的沥青混合料初压温度如表 8-80 所示。

沥青混合料初压温度　　表 8-80

初压温度(℃)　气温(℃) 混合料类型	10～15	>15
SBS 改性沥青混合料	160～170	150～160
普通沥青混合料	140～150	130～140

关于碾压终了温度，研究表明按表 8-81 的要求进行碾压能取得良好效果。黄延高速公路在施工中规定的碾压终了温度为 80℃。

混合料碾压终了温度要求　　表 8-81

温度要求(℃) 碾压阶段 / 类型	初压完毕	复压完毕	终压完毕
SBS 改性沥青混合料	＞135	＞110	＞90
普通沥青混合料	＞130	＞90	＞70

有效压实时间是指混合料从摊铺后的温度降至最低允许碾压温度所需的时间，压实的有效时间取决于混合料摊铺后的冷却速度。本文对厚度为 4cm 的 SBS 改性沥青上面层在微风条件下的有效压实时间进行了研究。

①温度下降速率。SBS 改性沥青混凝土面层施工中温度的下降规律表明，气温高，温度下降的速率就慢，有效压实时间就多。将气温分为低温 10～15℃，常温 15～25℃，高温＞25℃三个层次，对摊铺后温度的要求，如表 8-82 所示。

在不同气温下混合料摊铺后的温度要求　　表 8-82

气温(℃)	＞25	15～25	10～15
摊铺后温度(℃)	160～170	165～175	170～180

②有效压实时间。从表 8-83 可以得到不同气温下沥青混合料摊铺温度降至 90℃的时间，即有效压实时间。

不同气温沥青混合料平均温度下降速率　　表 8-83

气温(℃)	摊铺后温度(℃)	到达 90℃的时间(min)	平均温度下降速率(℃/min)
35	168	49	1.59
20	170	35	2.29
15	175	27	3.15
10	180	21	4.29

施工中各个环节必须紧密配合，要配备足够数量的压实设备，力争在有效的压实时间内完成碾压作业。复压过程中压路机也要紧跟摊铺机进行碾压，以减缓温度下降的速率。气温较低时，摊铺机的摊铺速度应适当降低，以保证在有效的压实时间内将混合料及时碾压成型。

摊铺机的摊铺速度要考虑气温的影响，当摊铺速度确定以后，根据上述有效压实时间即可确定压实机械的数量与组合。

(2)混合料级配对压实性能的影响

4 种 AC-13 型级配如图 8-32 所示，试验结果如表 8-84 所示。

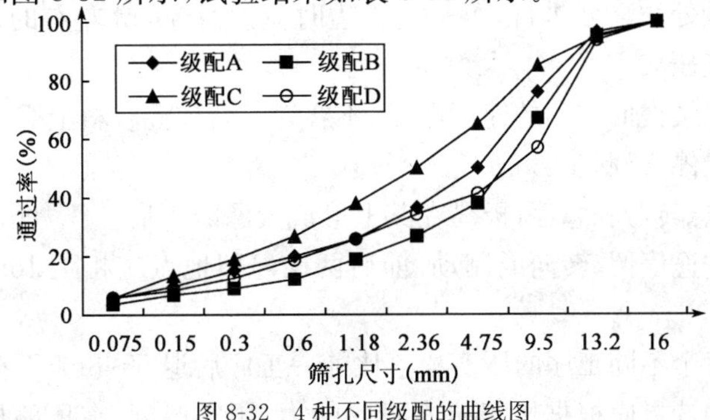

图 8-32　4 种不同级配的曲线图

不同级配混合料在不同击实次数下的表观密度(单位:g/cm³)　　表 8-84

级配代号＼压实次数	50 次	75 次	100 次
级配 A	2.448	2.453	2.451
级配 B	2.418	2.430	2.440
级配 C	2.420	2.424	2.422
级配 D	2.443	2.450	2.453

由表 8-84 可知,级配 B、D 沥青混合料,密度随击实功的增加而增大,级配 A、C 沥青混合料,密度随击实功的增加先增大后减小。随着击实功的增加,B 级配混合料密度增幅最大,在压实的初期和后期变化均很大,建议在压实过程中直接使用重型压路机进行碾压。D 级配混合料的密度在压实初期变化较大,密度增长较快,后期增长缓慢,所以在实际工程当中可先用轻型压路机初压,然后使用重型压路机复压。A、C 级配沥青混合料随压实次数的增加,密度会减小,所以在实际工程中碾压这两种级配沥青混合料时一定要防止过度碾压。

(3)材料特性对压实性能的影响

材料特性对压实质量亦有较大影响,如表 8-85 所示。

混合料特性对压实质量的影响　　表 8-85

原因			后果	对策
矿料	表面光滑		粒间摩擦力小	使用轻型压路机和较低的混合料温度
	表面粗糙		粒间摩擦力大	使用重型压路机
	强度不足		集料被钢轮压路机压碎	使用坚硬矿料,使用充气轮胎压路机
沥青	黏度	高	限制颗粒运动	使用重型压路机,提高温度
		低	颗粒容易移动	使用轻型压路机,降低温度
	含量	高	易失稳	减少沥青用量
		低	润滑性小,碾压困难	增加沥青用量,使用重型压路机
混合料	粗矿料过量		不易压实	减少粗矿料,使用重型压路机
	砂子过量		工作度过高,不易碾压	减少砂用量,使用轻型压路机
	矿粉过量		混合料软黏,不易碾压	减少矿粉用量,使用重型压路机
	矿粉不足		黏性下降,混合料易离析	增加矿粉用量

2)碾压过程注意事项

(1)碾压纵向进行,相邻碾压带应重叠至少 30cm。一般钢轮压路机每次错半轮,轮胎压路机每次错两个小轮。

(2)振动时必须先停振后停机,先起步后起振。

(3)碾压方向由路面低处往高处进行,第一遍压边时应预留 30cm 左右的边缘不碾压,防止推移和产生纵向裂缝,第二遍将其压实。

(4)在碾压过程中应以缓慢而均匀的速度碾压,不容许在新铺混合料上突然加速、掉头、左右摆动或紧急制动,倒车回程时应慢停、慢起步。

压路机在热铺路面上急转弯和急停,极易在其上形成较深的压痕。

(5)钢轮压路机不得中途停留、转向或制动,前后两次停留地点应相距 10m 以上,并应驶出压实起线 3m 以外。

(6)初压、复压、终压三个不同工序的压实段落比前一工序后退 5~8m,不在同一断面上进行。

(7)压路机碾压速度的选择应根据压路机本身的能力、压实厚度、在压路机队列中的位置等确定。

压路机碾压的适宜速度宜符合表 8-86 的规定。

压路机碾压速度(单位:km/h)　　表 8-86

碾压阶段		初压	复压	终压
压路机类型	10～12t 双钢轮振动压路机	静压 1.5～2.5	振动 3～4	静压 2～3
	6～8t 双钢轮振动压路机	静压 1.5～2.5	振动 3～4	2～3
	25t 轮胎压路机	—	3.5～4.5	4～6

(8)为防黏轮和泛油,应选用较重的双钢轮压路机在较高的温度下紧跟在摊铺机后碾压,压实效果较佳。采用振动压路机碾压时,压路机的振动频率、振幅大小应与路面铺筑厚度协调,厚度较薄时宜采用高频低振幅,同时碾压遍数不要太多。

(9)钢轮压路机使用喷水装置,前进时喷水,后退时关闭喷水,防止喷水量过大。轮胎压路机碾压前涂好油水混合物,不使用喷水装置。

(10)防止油料、润滑脂、汽油或其他杂质在压路机操作停放期间洒落在路面上。

二、沥青面层施工质量控制技术研究

沥青路面施工质量管理与检测频率按《公路沥青路面施工技术规范》(JTG F40—2004)和《公路工程施工监理规范》(JTG G10—2006)执行。

1. 沥青混合料的施工温度控制

沥青混合料施工质量与施工温度有很大的关系,特别是改性沥青混合料施工质量。因此,在施工中应特别注意保温,注意工序间的衔接紧凑,尽量减少温度损失。只要在规定的温度内完成各工序,质量是有保证的。沥青混合料施工应满足表 8-87 的温度要求。

沥青混合料路面正常施工温度要求(单位:℃)　　表 8-87

工序	普通沥青混合料	SBS 改性沥青混合料	测量部位
沥青加热温度	150～160	160～165	沥青加热罐
成品改性沥青加热温度		不高于 175	沥青加热罐
集料加热温度	比沥青加热温度高 10～30	190～220	热料提升斗
混合料出厂温度	150～160	170～180	运料车
混合料最高温度(废弃温度)	不高于 190	195	运料车
混合料储料仓储存温度	降低不超过 10	降低不超过 10	储料仓及运料车
运输到现场温度	不低于 145	不低于 165～175	运料车
摊铺温度	不低于 140	气温 10～15,不低于 170	摊铺机
		气温 15～25,不低于 165	
		气温>25,不低于 160	
初压温度	气温 10～15,不低于 140	气温 10～15,不低于 160	碾压层内部
	气温>15,不低于 130	气温>15,不低于 150	
终压温度	不低于 70	不低于 90	碾压层内部
开放交通温度	不高于 50	不高于 50	路面内部

(1)沥青加热温度和集料加热温度应逐盘检测评定。

(2)混合料出厂温度和运输到现场温度应在运料车内测试,每车检测一次。可采用数字显示插入式热电偶温度计检测,插入深度要大于 150mm。在运料车侧面中部设专用检测孔,孔口距车厢底面约 300mm。

(3)摊铺温度应逐车检测评定，宜在摊铺机的一侧拨料器的前方混合料堆上测试，采用插入式温度计时，应插入 15cm 深处。

(4)根据碾压进展，应分别测定初压温度和终压温度，碾压温度应随时进行测定，测定时应将温度计插入混合料 15cm 深处。

(5)一般正常施工气温宜在 15℃以上，当施工气温低于 10℃时，应停止摊铺，或摊铺时采取增温措施，否则在气温还没有上升到 10℃以上之前，不得开始摊铺；当气温下降到 15℃以下时，应控制混合料的最大运距(必要时可采取覆盖车辆的保温措施)，保证碾压温度在规定的范围以内。

2.提高压实质量的关键技术

(1)严格控制碾压温度

沥青混合料的最佳碾压温度是指在材料允许的温度范围内，沥青混合料能够支承压路机而不产生水平推移，表面无开裂情况且压实阻力较小的温度。最佳碾压温度与矿料组成、沥青材料及压实设备有关。

碾压温度是影响沥青混合料密实度的最主要因素。在实际施工中，要求在摊铺完毕后及时进行碾压。沥青混合料的最佳压实温度为 120～140℃，SBS 改性沥青混合料最佳压实温度为 140～160℃。

沥青混合料的摊铺初始温度提高 10℃，则将压实所需的时间可缩短近 16%左右。可见沥青混合料温度较高时，有利于缩短碾压时间，提高压实效率。

压实质量与压实温度有直接关系，而摊铺后混合料温度是在不断变化的，特别是摊铺 4～15min 内，温度损失可达 1～5℃/min，因此必须掌握好有效压实时间，适时碾压。

有效压实时间的长短与混合料的冷却速度、压实厚度等因素有密切关系。影响冷却速度的因素有气温、湿度、风力和混合料下承层的温度。

(2)选择合理的压实工艺、压实速度与压实遍数

合理的压实工艺、压实速度与压实遍数，对减少碾压时间、提高作业效率十分重要。选择碾压速度的基本原则应是：在保证沥青混合料碾压质量的前提下，最大限度地提高碾压速度，从而减少碾压遍数，提高工作效率。同时，必须严格控制压实速度。

(3)选择合理的振频和振幅

目前，越来越多的振动压路机被用来碾压沥青混合料，为了获得最佳的碾压效果，合理的选择振频和振幅是非常重要的。

振频主要影响沥青面层的表面压实质量。施工中选取的振频在 45Hz 左右。

振幅主要影响沥青面层的压实深度。通常振幅可在 0.4～0.8mm 之间进行选择。

第五节　小　　结

沥青面层混合料及黏层材料研究表明：

(1)粗细集料的分界标准研究认为 2.36mm 是粗细集料的分界筛孔，2.36～4.75mm 颗粒在骨架形成中主要承担骨架作用，应作为骨料考虑，其次才是填充作用，与传统认为 2.36～4.75mm颗粒主要起填充作用的结论有所不同。

(2)通过均匀设计法，AC-13 型粗集料间隙率 VCA 与 13.2～16mm、9.5～13.2mm、4.75～9.5mm、2.36～4.75mm 集料含量的关系表明，对 VCA 值起决定作用的是集料本身的性质，而各级集料的配比对 VCA 的影响次之，优化粗集料的配比能使集料达到骨架密实结构；粗集料各档之间的交互影响比单因素对 VCA 的影响更显著；2.36～4.75mm 集料含量与 VCA 相关性最大，是影响 VCA 的主要影响因素；而 4.75～9.5mm 集料含量与 VCA 呈现一定的线性关系，随着这档料的增加，VCA 有增

加的趋势，间断 4.75～9.5mm 集料时 VCA 最大，因此适当控制 4.75～9.5mm 集料用量，可降低 VCA 值。

(3)利用 CBR 试验研究了最强骨架时粗集料的级配，结合 VCA 均匀设计的研究成果，提出了最强骨架与最密实骨架的均衡系数——骨架因子和密实因子，从而得出兼顾骨架和密实的粗集料级配优化方法。

(4)骨架密实结构是指粗集料形成骨架，即碎石与碎石互相接触；细集料、填料和沥青组成的沥青砂浆填充于粗集料的空隙里并将粗集料胶结在一起，形成坚固的沥青混凝土，同时沥青混凝土中又必须留出一定的空隙率，以防止使用过程中产生泛油和严重车辙。以此思路，提出了骨架密实结构级配的检验方法，称之为 VCA_{AC} 法。粗集料骨架间隙率(VCA_{AC})应等于细集料的体积率($VOLF_{AC}$)、填料的体积率($VOLFI_{AC}$)、有效沥青的体积率($VOLB_{e}$)以及剩余空隙率(VV)之和。

(5)改进的室内车辙试验表明：动稳定度将随着温度的升高，荷载的增加而降低。在一定的荷载作用下，相对变形与温度有着很好的相关性。沥青混合料存在着一高温临界温度，即在此温度区间内，沥青混合料的动稳定度变化不大或基本不变。基质沥青混合料的临界温度为 55～60℃。此临界温度应与荷载变化无关，而与混合料自身的性质密切相关。

(6)通过对不同温度、不同空隙率下的改进浸水马歇尔试验分析表明：随着温度的升高，沥青混合料的吸水能力(饱水率)将增大，而吸水至饱和的时间将缩短；随着空隙率的增加，沥青混合料的吸水能力(饱水率)增加，且沥青混合料吸水至饱和的时间也随之增加。

(7)对《公路工程沥青及沥青混合料试验规程》(JTG E20—2011)中浸水马歇尔试验方法提出了改进建议，应以空隙率 VV 的不同而确定不同的浸水时间。空隙率 VV≤4%时，浸水 48h；空隙率 VV 为 5%左右时，浸水 72h；空隙率 VV>7%时，浸水 96h。

(8)不同的细集料填料对于沥青混合料级配空隙率的影响是不同的，即不同几何特性(包括有效直径、颗粒形状等)的细集料填料，沥青混合料的空隙率是不同的。在此基础上，提出了引用干捣实状态下的 VCA 作为细集料填充敏感性判断的指标，并说明了干填试验下细集料填充敏感筛孔测定方法及敏感筛孔对混合集料间隙率降低的重要性。

(9)通过干填试验，在"非 100%级配"原则下，0.3～0.6mm 是最敏感筛孔。0.3mm 集料用量从小到大的变化过程中混合料空隙率 VV 从"大→小→大"变化，整个过程体现了0.3mm颗粒对沥青混合料的逐步填充过程和逐步干涉过程。而且敏感筛孔对动稳定度、最大弯拉应变和渗水系数的影响比非敏感筛孔大得多。

(10)以细集料各筛孔筛余量对沥青混合料空隙率影响性分析为基础，提出了评价筛孔敏感性的指标，即单位筛余量的空隙率变化率 RRV。RRV 值不仅能很好地表征填充敏感性能，还能很好的表征干涉敏感性能。

第九章

黄土隧道结构设计与施工控制技术

在公路工程建设中，隧道方案以能缩短行车里程、提高线形标准、保障运营安全、保护生态环境等优点，得到普遍应用。但以往隧道多以硬质岩石隧道为主，而黄土隧道设计施工控制与岩质隧道迥然不同，结合黄延高速公路道南隧道、彦麦沟隧道、汉寨隧道的设计与施工，开展黄土公路隧道支护结构设计和施工控制研究，不仅对黄延高速公路隧道建设中出现的有关技术问题有重要的现实意义，而且对今后黄土隧道的设计与施工具有重要的指导作用。

第一节　黄土隧道总体设计

与其他岩质隧道一样，黄土隧道主体结构也必须按永久性建筑设计。建成的隧道应能适应长期运营的需要，方便维修作业。隧道主体结构物包括洞门、支护衬砌、各附属风道、风井、洞室、防排水设施、路面板及隧底填充等，洞内通常也要设置衬砌。

对于黄土隧道，必须加强隧道选线、支护衬砌、防排水、路面等主体结构设计与通风、照明、供配电、消防、交通监控等运营设施设计之间的协调，形成合理的综合设计。对于特长、长大隧道的通风、监控、防灾救灾，应该开展专项设计和研究。

隧道土建设计应遵循动态设计的思想，使支护结构适应于围岩实际情况，更加安全、经济。

隧道设计应贯彻国家有关技术经济政策，积极慎重地采用新技术、新材料、新设备、新工艺。

隧道设计必须符合国家有关国土管理、环境保护、水土保持等法规的要求。应注意节约用地，保护农田水利，尽量保护原有植被，妥善处理弃渣和污水。

黄土公路隧道设计中除以上一般要求外，还应符合国家现行有关标准和规范。

一、总体设计要求

1. 一般规定

黄土公路隧道设计应满足公路交通规划要求，其建筑限界、断面净空、隧道主体结构以及运营通风、照明等设施，应按《公路工程技术标准》(JTG B01—2003)规定的预测交通量设计。当近期交通量不大时，可采用一次设计，分期修建。

黄土隧道总体设计应满足以下原则：

(1)在地形、地质、地貌、气象、社会人文和环境等调查的基础上，综合比选隧道各轴线方案的走向、平纵线形、洞口位置等，提出推荐方案。

(2)公路隧道的长度，能短即短，最长不宜超过 10 000m。

(3)地质条件很差时，特长、长大隧道的位置应控制路线走向，以避开不良地质段；长、中长隧道的位置应尽可能避开不良地质地段，并与路线走向综合考虑；中、短隧道可服从路线走向。

(4)根据公路等级和设计速度，确定车道数和建筑限界。在满足隧道功能和结构受力的前提下，确定经济合理的断面内轮廓。

(5)隧道内、外平纵线形应协调,以满足行车安全、舒适的要求。

(6)根据隧道长度、交通量及其构成、交通方向以及环保要求等,选择合理的通风方式,确定通风、照明、交通监控等机电的设置规模。必要时特长、长大隧道应进行通风与防灾专项技术设计。

(7)应结合公路等级、隧道长度、施工方法、工期和运营要求,对隧道内外防排水系统、辅助通道、弃渣处理、管理设施、安全设施、环境保护等进行综合考虑。

(8)当隧道与相邻建筑物互有影响时,应在设计与施工中采取必要的措施。

(9)隧道的总体设计,特别是选线时必须有隧道工程师参加。

2.黄土隧道位置的选择

(1)黄土隧道的选线要遵循避绕原则。隧道的选线应选择在稳定的地层中,一方面要避免穿行大面积的滑坡、错落、表面坍塌等不良地质;另一方面要避免通过地形、地貌变化复杂,冲沟陷穴发育地带以及具有明显地质偏压的地段。

(2)黄土隧道的位置应满足隧道技术标准的要求,有合理的展线和引线,并考虑到隧道开挖后施工场地、弃渣场以及施工便道的位置等要求。

(3)黄土隧道的选线,应尽量选择地下水位较低、埋深较大的位置。

(4)黄土隧道的选线,应尽量避免穿越浅埋偏压地段。隧道要尽量从山体中间通过,避免傍山而过或者从地形起伏较大的坡面下通过。

(5)隧道尽可能从老黄土中穿过,避免从新黄土中通过。

(6)在满足整体线路和进出口围岩稳定性要求的条件下,尽可能缩短黄土隧道的长度。

(7)隧道的洞口应避开滑坡、崩塌、泥石流等不良地质地段。确定黄土隧道的洞门位置时,对边坡、仰坡的稳定定性应着重考虑,避免大挖大刷。

3.黄土隧道线形设计

(1)应根据地质、线形、线路走向、通风等因素确定隧道的平面线形。根据地质情况可以采取曲线形式,进出口的走向应该考虑到交通安全的要求。当设曲线时,不宜采用设超高的平曲线。隧道不设超高的圆曲线半径应符合表9-1的规定。当因地形、地质条件限制以及后期实际运营的要求,可以采用小半径曲线隧道,且其超高值不宜大于1.0%,技术指标应符合《公路路线设计规范》(JTG D20—2006)的有关规定。隧道的停视距和会车视距应符合表9-2的规定。

不设超高的圆曲线最小半径(单位:m) 表9-1

路拱 \ 设计车速(km/h)	120	100	80	60	40	30	20
≤2.0%	5 500	4 000	2 500	1 500	600	350	150
>2.0%	7 500	5 250	3 350	1 900	800	450	200

公路停车视距与会车视距 表9-2

公路等级	高速公路、一级公路				二、三、四级公路				
设计车速(km/h)	120	100	80	60	80	60	40	30	20
停车视距(m)	210	160	110	75	110	75	40	30	20
会车视距(m)	—	—	—	—	220	150	80	60	40

(2)隧道内纵断面线形应考虑行车安全性、运营通风功率、施工作业效率和排水要求,尽可能采用"人"字坡,严格禁止长距离的大坡率单坡。隧道纵坡不应小于0.3%,一般情况不应大于3%;受地形等条件限制时,高速公路及一级公路的中、短隧道可适当加大,但不宜大于4%;短于100m的隧道纵坡可与该公路隧道外路线的指标相同。当采用较大纵坡时,必须对行车安全性、通风设备和运营费用、施工效率的影响等进行充分的技术经济综合论证。纵坡变更的凸形竖曲线和凹形竖曲线的最小半径和最小长度应符合表9-3的规定。

竖曲线最小半径和最小长度(单位:m)　　表 9-3

设计速度(km/h)		120	100	80	60	40	30	20
凸形竖曲线半径	一般值	17 000	10 000	4 500	2 000	700	400	200
	极限值	11 000	6 500	3 000	1 400	450	250	100
凹形竖曲线半径	一般值	6 000	4 500	3 000	1 500	700	400	200
	极限值	4 000	3 000	2 000	1 000	450	250	100
竖曲线长度		100	85	70	50	35	25	20

(3)隧道洞外连接线应与隧道线形相协调,并应符合隧道洞口内外各 3s 设计速度行程长度范围的纵面线形应一致,有条件时宜取 5s 设计速度行程;当隧道建筑限界宽度大于所在公路的建筑限界宽度时,两端连接线应有不短于 50m 同隧道等宽的路基加宽段;当隧道限界宽度小于所在公路建筑限界宽度时,两端连接线的路基宽度仍按公路标准设计,其建筑限界宽度应设有 4s 设计速度行程的过渡段与隧道洞口衔接,以保持隧道洞口内外横断面顺适过渡;特长、长大的双洞隧道,宜在洞口外合适位置设置联络通道,以利车辆掉头。

(4)间隔 100m 以内的短隧道群,宜整体考虑其平、纵线形技术指标。

(5)小净距黄土隧道或连拱黄土隧道的设计应充分考虑两洞的相互影响,由此设计相应的衬砌结构,必要时应采用加强措施。

4. 黄土隧道横断面设计

(1)黄土公路隧道的建筑限界,不仅要提供汽车行驶的空间,还要考虑汽车行驶安全、快捷、舒适和防灾等。因此要求设计中应充分研究与公路设施之间所处的空间关系,任何部件(包括通风、照明、安全、监控和内装等附属设施)均不得侵入隧道建筑限界之内。隧道建筑限界的情况见图 9-1,并应满足:建筑限界高度,高速公路、一级公路、二级公路取 5.0m,三、四级公路取 4.5m;当设置检修道或人行道时不设余宽,当不设置检修道或人行道时,应设不小于 25cm 的余宽;隧道路面横坡,当隧道为单向交通时应取单面坡,当隧道为双向交通时可取双面坡。坡度应根据隧道的长度、平纵线形等因素综合考虑,一般取 1.5%～2.0%;当路面横向采用单面坡时,建筑限界底边线与路面重合;当采用双面坡时,建筑限界底边线应水平置于路面最高处。

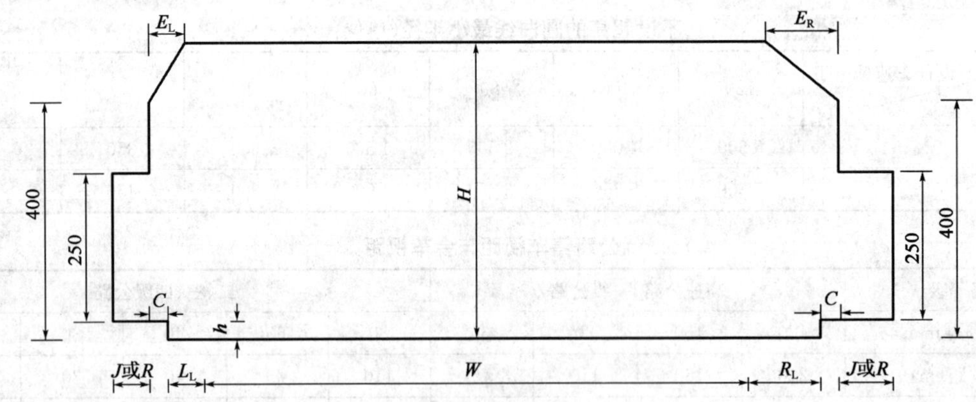

图 9-1　黄土公路隧道建筑限界(尺寸单位:cm)

H-建筑限界高度;W-行车道宽度;L_L-左侧向宽度;R_L-右侧向宽度;C-余宽;J-检修道宽度;R-人行道宽度;h-检修道或人行道高度;E_L-建筑限界左顶角宽度,$E_L=L_L$;E_R-建筑限界右顶角宽度,$E_R=L_R$;当 $L_R \leqslant 1m$ 时,$E_R=L_R$,当 $L_R>1m$ 时,$E_R=1m$

(2)高速公路和一级公路隧道内应设置检修道;其他等级公路隧道,应根据隧道所在地区的行人密度、隧道长度、交通量及交通安全等因素确定人行道的设置。检修道或人行道宜双侧设置,其宽度按表 9-4 规定选取。检修道或人行道的高度可按 20～80cm 取值,并综合考虑检修人员步行时的安全;紧急情况时,驾乘人员拿取消防设备方便;满足其下放置电缆、给水管的空间尺寸要求。

黄土公路隧道建筑限界横断面组成最小宽度(单位:m) 表 9-4

公路等级	设计车速(km/h)	车道宽度 W	侧向宽度		余宽 C	人行道 R	检修道 J		隧道建筑限界净宽		
			左侧 L_L	右侧 R_L			左侧	右侧	设检修道	设人行道	不设检修道、人行道
高速公路 一级公路	120	3.75×2	0.75	1.25			0.75	0.75	11.00		
	100	3.75×2	0.50	1.00			0.75	0.75	10.05		
	80	3.75×2	0.50	0.75			0.75	0.75	10.25		
	60	3.50×2	0.50	0.75			0.75	0.75	9.75		
二级公路 三级公路 四级公路	80	3.75×2	0.75	0.75		1.00				11.00	
	60	3.50×2	0.50	0.50		1.00				11.00	
	40	3.50×2	0.25	0.25		0.75				9.00	
	30	3.25×2	0.25	0.25	0.25						7.50
	20	3.00×2	0.25	0.25	0.25						7.00

注:三车道隧道除增加车道数外,其他宽度同表 9-4;高速公路增加车道的宽度不得小于 3.5m,一般公路隧道不小于 3.0m;连拱隧道的左侧可不设检修道或人行道,但应设 50cm(120km/h 与 100km/h 时)或 25cm(80km/h 与 60km/h 时)的余宽;设计车速为 120km/h 时,两侧检修道宽度均不宜小于 1.0m;设计速度为 100km/h 时,右侧检修道宽度不宜小于 1.0m。

(3)黄土公路隧道横断面设计,除满足隧道建筑限界外,还要考虑洞内路面、排水、检修道、通风、照明、消防、内装、监控等设施所需的空间以及仰拱曲率的影响,并根据施工方法确定出安全、经济、合理的断面形式和尺寸。根据工程实践,隧道断面应采用统一标准,即拱部为单心圆,侧墙为大半径圆弧,仰拱和侧墙之间用小半径圆弧连接。根据各设计速度相应的建筑限界,可分别计算出内轮廓断面几何尺寸,表 9-5 为一般两车道隧道的建议尺寸,图 9-2 为对应图示。三车道黄土隧道可按照该方法计算出内轮廓断面尺寸。

两车道黄土隧道内轮廓几何尺寸比例(单位:cm) 表 9-5

公路等级	设计速度		R_1	R_2	R_3	R_4	H_1	H_2	H_3	R_5
高速公路 一级公路	120	一般部分	612	862	100	1 500	160.4	200	144	
		紧急停车带	612	862	150	1 800	162.1	200	126	771
	100	一般部分	570	820	100	1 500	160.6	200	164.5	
		紧急停车带	570	820	150	1 799.8	162.4	200	151.5	747
	80	一般部分	543	793	100	1 499.5	160.2	200	176.1	
		紧急停车带	543	793	150	1 799.3	162.3	200	159.1	737
	60	一般部分	514	764	100	1 499.9	160.2	200	188.4	
		紧急停车带	514	764	150	2 005.9	162.3	200	184.1	708.5

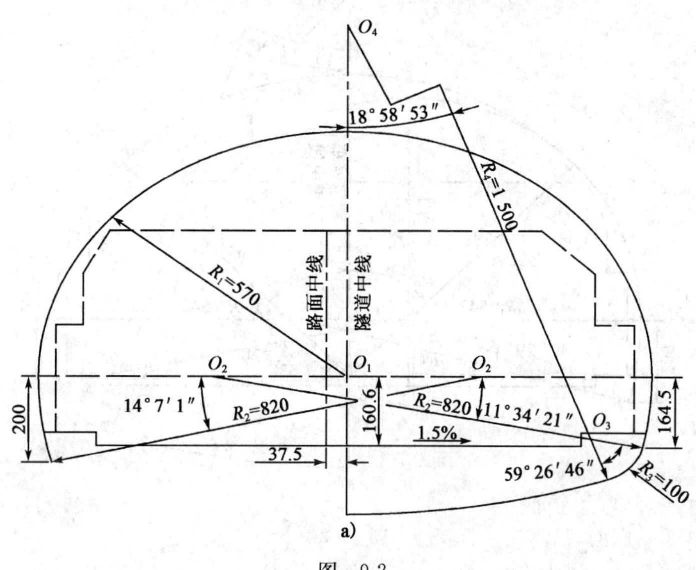

图 9-2

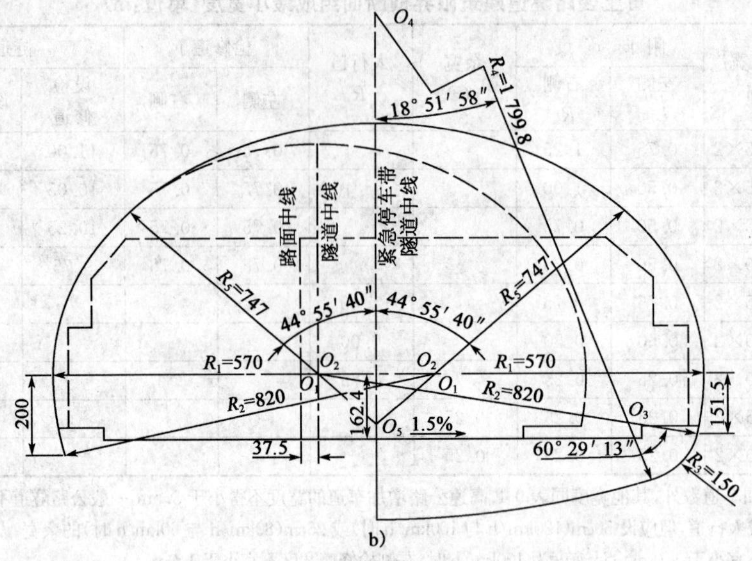

b)

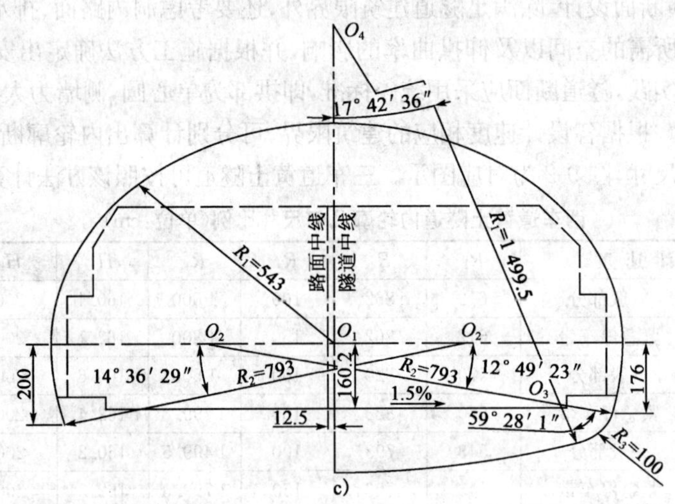

c)

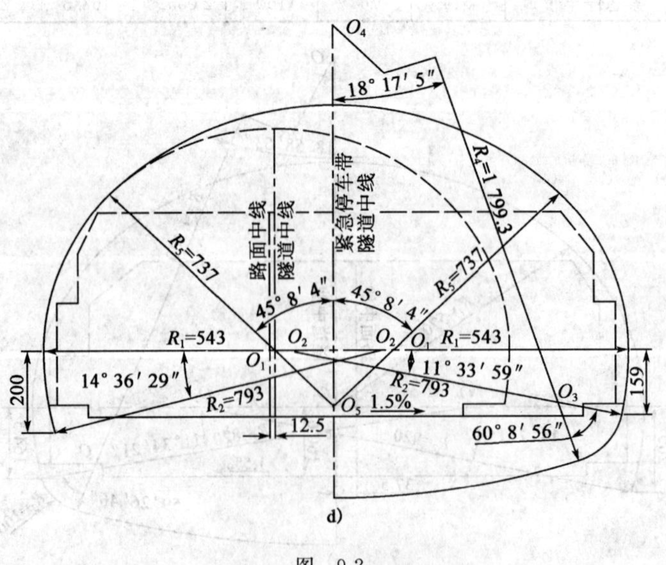

d)

图 9-2

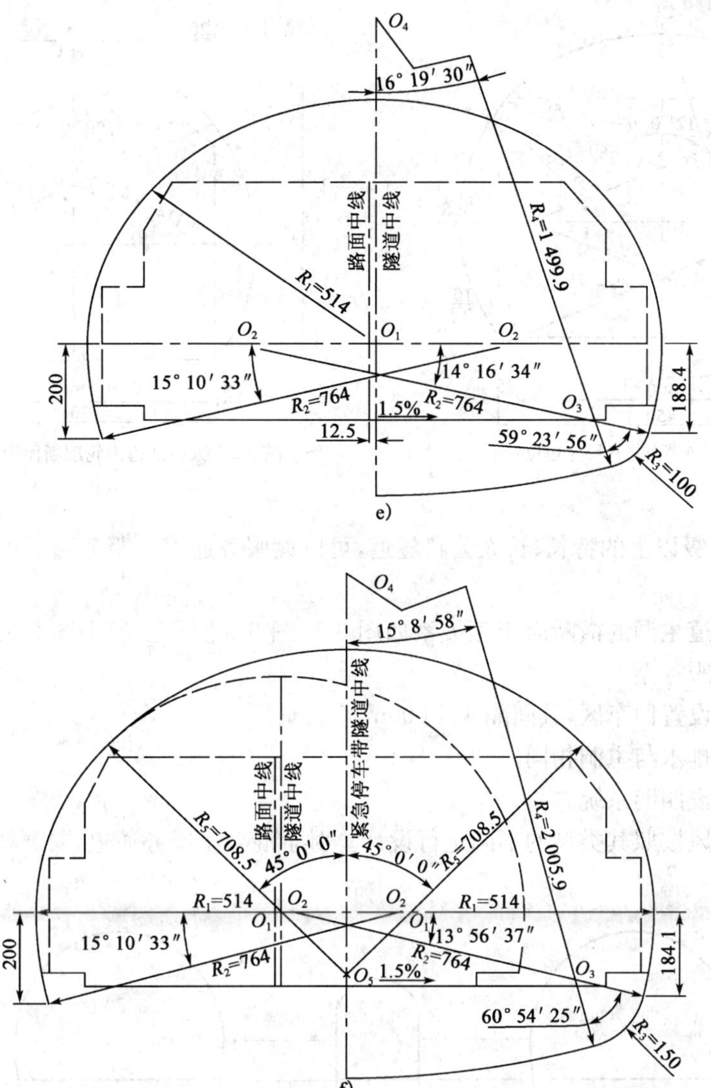

图 9-2 两车道隧道内轮廓断面(尺寸单位:cm)

a)v=100km/h 时的标准断面;b)v=100km/h 时的紧急停车带断面;c)v=80km/h 时的标准断面;d)v=80km/h 时的紧急停车带断面;e)v=60km/h 时的标准断面;f)v=60km/h 时的紧急停车带断面

5.紧急停车带

(1)1.5km 以上的公路隧道应该在洞内设紧急停车带。

(2)紧急停车带应设在围岩情况较好的地段,间距以 750m 为宜。

(3)紧急停车带的长度不小于 30m,宽度不小于 3.0m。紧急停车带的断面轮廓如图 9-2 所示。

(4)紧急停车带的进出口必须设斜线过渡,杜绝设为直角。

6.横通道

(1)中长以上的隧道应该设行车横洞和人行横洞。

(2)车行通道应该与人行通道相间设置。车行通道的间距以 700m 为宜,特长、长大隧道人行通道的间距可根据情况确定为 250m,其余隧道的间距为 350m。

(3)车行通道和人行通道应该尽可能设置在围岩情况较好的地段。

(4)车行通道和人行通道的建议断面如图 9-3、图 9-4 所示。

(5)车行通道和人行通道的防排水设计与隧道主洞相同。

(6)车行通道和人行通道须设照明,通道门的设置和控制要满足防灾救灾要求。

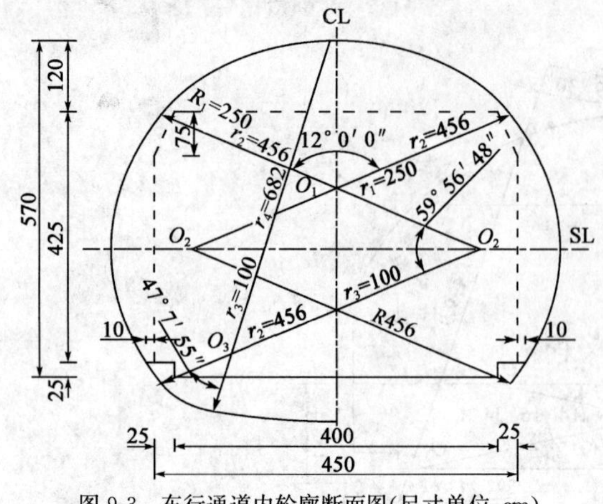

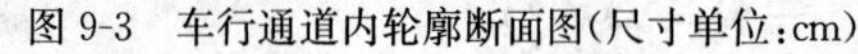
图 9-3　车行通道内轮廓断面图(尺寸单位:cm)

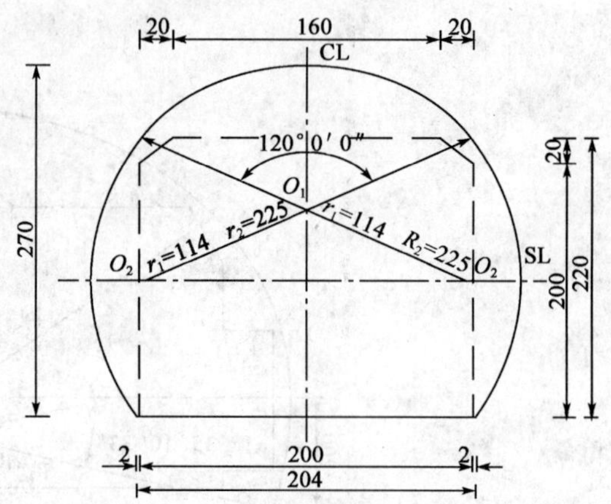

图 9-4　人行通道内轮廓断面图(尺寸单位:cm)

7. 服务通道

(1)安全等级为Ⅱ级以上的特长、长大公路隧道,可以设服务通道。服务通道可分为纯服务型和服务逃生混合型。

(2)服务通道与隧道主洞的横断面相互关系如图 9-5、图 9-6 所示。其中图 9-5 为纯服务型,图 9-6 为混合型,也可作为纯服务型。

(3)服务通道内要设置回车区,其间隔为 1 000m。

(4)服务通道的防排水与主洞相同。

(5)服务通道必须设照明系统。

(6)服务通道的通风按照其类型的不同进行设计。对于混合型服务通道,要严格按照防灾救灾的要求进行通风设计。

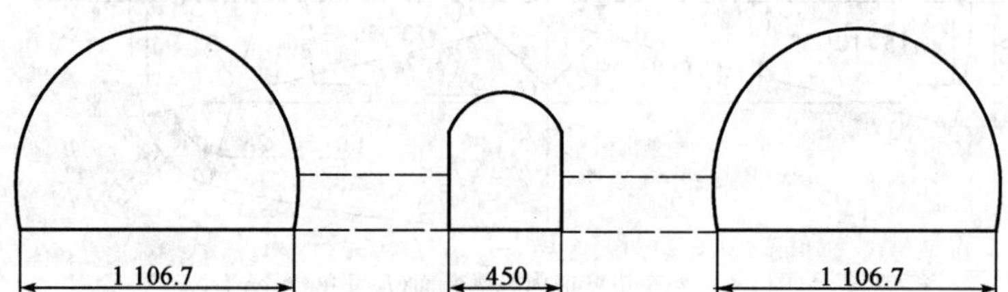

图 9-5　服务通道与隧道主洞的横断面关系(纯服务型)(尺寸单位:cm)

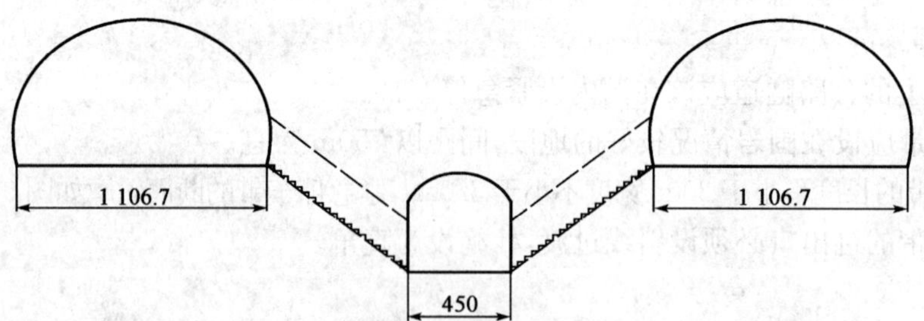

图 9-6　服务通道与隧道主洞的横断面关系(混合型)(尺寸单位:cm)

8. 黄土隧道的勘察

(1)初勘

黄土隧道工程的初勘,应结合路线线位布设的平面、纵面要求而定。隧道穿越黄土地层,应在详细分析隧位处微地貌、地层类别、地质构造的基础上,视隧道的长度及复杂程度布设勘察工作。

(2)详勘

黄土隧道工程的详勘是指按常规要求布置勘探线,进行黄土隧道的工程地质勘探,并加强对洞口及辅助坑道的勘探。勘探的主要方法是机械钻探法，勘探的数量视隧道的长短，在初勘探点的基础上进行补充钻探，洞口横断面应布设勘探点，以达到详勘的要求。详勘的重点如下：

①查明与隧道位置有关的陷穴、冲沟侵蚀、泥石流、崩坍、滑坡等不良地质现象，分析其发生和变化的规律及对隧道构造物的危害。

②查明隧址范围内黄土地成产状及下卧层地层岩性、地质构造及古地形变化。

③查明隧道范围内湿陷性黄土地层在地貌单元中所处的具体部位、分布范围、地质年代及成因类型。

④查明隧道范围内地下水发育程度及埋深。

二、黄土的围岩分级

围岩分级不仅是黄土围岩洞室稳定性评价的基础，也是正确指导施工图设计、合理制订施工方案的保证，同时也是黄土隧道、洞室工程投资预决算的依据。目前，黄土体围岩的分级主要是根据黄土的类型和密实程度。黄土的围岩分级见表 9-6。

黄土的围岩分级　　表 9-6

围岩级别	黄土年代	基本特征
Ⅳ	Q_1、Q_2	杂乱无章，具不均匀性、结构松软、高压缩性、强湿陷性
Ⅴ	Q_3、Q_4	褐红、大块、密实，一般不具湿陷性或在高压下具轻微湿陷性
Ⅵ	高含水率黄土（Q_1、Q_2、Q_3、Q_4）	含水率大、风化严重、有亲水性、强度较低

这种分级没有考虑黄土体结构面对围岩稳定性的影响，对地下水主要是采用遇水降级的处理方法，且该方法是建立在定性描述的基础上，与现场原位测试手段联系不密切。因此，目前的黄土体围岩分级还处于“经验”分级阶段。

第二节　黄土隧道支护结构与施工过程数值模拟分析

一、新奥法在黄土公路隧道中的应用

目前我国隧道建设中普遍应用的方法是“新奥法”。新奥法的发展是以岩石力学为基础，以维护和利用围岩的自承能力为基点，采用锚杆和喷射混凝土为主要支护手段，控制围岩的变形和松弛，使围岩成为支护体系的组成部分，并通过对围岩和支护的监控量测来指导隧道设计施工的方法。因此，保护围岩、发挥围岩的自承能力是新奥法的基本理念，锚喷支护、复合式衬砌是新奥法的结构形式，监控量测是新奥法的工作重点，动态设计是新奥法的核心。

然而，从山岭硬岩隧道发展起来的新奥法，在应用于黄土围岩隧道施工时，应根据黄土的物理、力学性质辨证采用。如在含水率较大的新黄土隧道中，必须采用强支护，不能等待围岩应力的释放；而对于深埋、含水率小的老黄土隧道，可以让围岩应力有一定的释放。锚喷支护、复合式衬砌在黄土隧道也完全可以应用，但是超前注浆以及注浆锚杆必须慎重使用。施工监控量测以及动态设计在黄土隧道的施工中尤为重要，快速准确地掌握隧道围岩沉降、收敛规律，以及围岩压力特点，科学、及时地调整支护和施工参数，是保障黄土隧道施工安全的重要措施。

二、黄土公路隧道的结构设计

1. 公路黄土隧道设计的指导思想和设计程序

(1)指导思想

黄土隧道的设计与施工仍然以“新奥法”为基本理念，参数设计遵循“软岩硬过，硬岩软过”的思想，

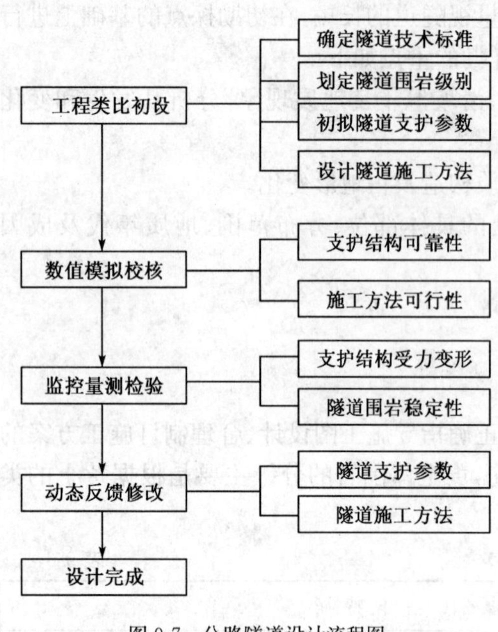

图 9-7　公路隧道设计流程图

施工设计依照"短进尺,禁爆破,小开挖,早支护,勤量测,快调整,速排水,紧衬砌,早封闭"的原则。

(2)设计程序

公路黄土隧道的设计程序应该是:工程类比初设,数值模拟校核,监控量测检验,动态反馈修改。具体流程如图9-7所示。

2. 公路黄土隧道的工程类比设计

采用传统的工程类比法,根据不同的隧道围岩水文地质和隧道断面,初拟一套支护参数。具体构件包括:超前支护(管棚、超前导管)、钢拱架(钢格栅)、锚杆、钢筋网、初次喷射混凝土、二次支护等。

(1)超前支护(管棚、超前导管)

管棚分为长管棚和中短管棚,主要适用于隧道洞口以及洞内塌方段和围岩破碎段。黄土隧道中超前小导主要起管棚作用,不注浆也可以用超前锚杆代替小导管。

(2)钢支护(钢拱架、钢格栅)

钢支护分为钢拱架和钢格栅。钢拱架用于新黄土隧道或者围岩性质差的老黄土隧道,而钢格栅用于Ⅳ级或者较好的Ⅴ级老黄土隧道。

(3)锚杆

锚杆在老黄土隧道中可局部采用,在含水率大的新黄土隧道完全取消。但是拱脚的锁脚锚杆必须采用。锚杆可以采用普通的砂浆螺纹钢锚杆。

(4)钢筋网

钢筋网分为双层和单层,围岩性质好的采用单层,围岩差的采用双层。钢筋网要和钢支护的连接钢筋焊接在一起。

(5)喷射混凝土

黄土隧道的喷射混凝土层,应采用干喷或者潮喷,分2~3次喷射,特别是要注意钢拱架保护层的厚度不小于3cm。另外,钢筋网的喷护也要近距离分层局部施作,不能远距离笼统喷护。

(6)二次衬砌

黄土隧道的二次衬砌主要是以模筑钢筋混凝土或模筑素混凝土衬砌为主。素混凝土衬砌注意密实和外观平顺。钢筋混凝土必须注意钢筋的绑扎规范和施作密实。建议黄土公路隧道的支护构件及其参数见表9-7。

黄土公路隧道衬砌设计参数表　　　表9-7

黄土类别			老黄土			新黄土		
围岩级别			Ⅳ	Ⅴ	Ⅵ	Ⅳ	Ⅴ	Ⅵ
超前支护	φ80mm、φ98mm、φ108mm管棚	长度(m)			10~40			10~40
		间距(cm)			40			40
	φ45mm、φ50mm×6mm导管	长度(m)	3~6	3~6	3~6(双排)	3~6	3~6(双排)	3~6(双排)
		间距(cm)	40	35	35	40	35	35
钢支撑	钢拱架	I型	I16	I20	I20	I16	I20	I20
		H型	HK100c	HK180a	HK180a	HK100c	HK180a	HK180a
			HZ180	HZ220	HZ220	HZ180	HZ220	HZ220
		钢格栅(cm)	15×15	20×20	20×20	15×15	20×20	20×20
		间距(cm)	75~100	50~75	30~50	75~100	50~75	30~50

续上表

黄土类别			老黄土			新黄土		
围岩级别			IV	V	VI	IV	V	VI
初期支护	锁脚锚杆	直径(mm)	ϕ20	ϕ22	ϕ25	ϕ20	ϕ22	ϕ25
		长度(m)	3	3.5	4	3	3.5	4
		根数	≥4	≥4	≥6	≥4	≥4	≥6
	钢筋网	型号	ϕ8	ϕ8	ϕ8	ϕ8	ϕ8	ϕ6
		规格(cm)	20×20	20×20	20×20(双层)	20×20	20×20	20×20(双层)
	喷射混凝土	厚度(cm)	25	28	30	25	28	30
		工艺	干喷或潮喷			干喷		
土工布	土工布单独施作							
防水板	防水排水板、PVC或SAP复合防水板							
二次衬砌	厚度(cm)		50(素混凝土)	55(素混凝土)	60(钢筋混凝土)	50(素混凝土)	55(钢筋混凝土)	60(钢筋混凝土)

3. 初步设计的数值模拟校核

(1)数值模拟的理论

关于隧道围岩和结构的数值模拟分析,应该采用三维黏、弹、塑性理论。

从经典弹性力学内容可知,弹性问题的求解,必须从结构的静力平衡、结构位移与应变的几何关系、弹性材料的应力—应变关系三方面去考虑。从弹性理论出发,有空间问题的静力平衡方程为:

$$\left.\begin{aligned}\frac{\partial \sigma_x}{\partial x}+\frac{\partial \tau_{xy}}{\partial y}+\frac{\partial \tau_{xz}}{\partial z}+X=0\\ \frac{\partial \tau_{yx}}{\partial y}+\frac{\partial \sigma_y}{\partial y}+\frac{\partial \tau_{yz}}{\partial z}+Y=0\\ \frac{\partial \tau_{zx}}{\partial x}+\frac{\partial \tau_{zy}}{\partial y}+\frac{\partial \sigma_z}{\partial z}+Z=0\end{aligned}\right\} \tag{9-1}$$

几何方程为:

$$\left.\begin{aligned}\varepsilon_x&=\frac{\partial u}{\partial x}\\ \varepsilon_y&=\frac{\partial v}{\partial x}\\ \varepsilon_z&=\frac{\partial w}{\partial z}\\ \gamma_{xy}&=\frac{\partial v}{\partial x}+\frac{\partial u}{\partial y}\\ \gamma_{yz}&=\frac{\partial w}{\partial y}+\frac{\partial v}{\partial z}\\ \gamma_{zx}&=\frac{\partial u}{\partial z}+\frac{\partial w}{\partial x}\end{aligned}\right\} \tag{9-2}$$

物理方程为：

$$
\left.\begin{aligned}
\varepsilon_x &= \frac{1}{E}[\sigma_x - \mu(\sigma_y + \sigma_z)] \\
\varepsilon_y &= \frac{1}{E}[\sigma_y - \mu(\sigma_z + \sigma_x)] \\
\varepsilon_z &= \frac{1}{E}[\sigma_z - \mu(\sigma_x + \sigma_y)] \\
\gamma_{xy} &= \frac{2(1+\mu)}{E}\tau_{xy} \\
\gamma_{yz} &= \frac{2(1+\mu)}{E}\tau_{yz} \\
\gamma_{zx} &= \frac{2(1+\mu)}{E}\tau_{zx}
\end{aligned}\right\} \tag{9-3}
$$

式中，σ_x、σ_y、σ_z、τ_{xy}、τ_{yz}、τ_{zx}分别应力分量；

ε_x、ε_y、ε_z、γ_{xy}、γ_{yz}、γ_{zx}分别为应变分量；

u、v、w 分别为位移分量；

μ 为岩土材料的泊松系数；

E 为岩土的弹性模量。

应力边界条件为：

$$
\left.\begin{aligned}
l\sigma_x + m\tau_{xy} + n\tau_{xz} &= \bar{X} \\
l\tau_{yx} + m\sigma_y + n\tau_{yz} &= \bar{Y} \\
l\tau_{zx} + m\tau_{zy} + n\sigma_z &= \bar{Z}
\end{aligned}\right\} \tag{9-4}
$$

位移边界条件为：

$$
\left.\begin{aligned}
u_s &= \bar{u} \\
u_s &= \bar{v} \\
w_s &= \bar{w}
\end{aligned}\right\} \tag{9-5}
$$

式中，l、m、n——边界的方向余弦；

$\bar{X}$、$\bar{Y}$、$\bar{Z}$——边界面力分量；

$\bar{u}$、$\bar{v}$、$\bar{w}$——边界位移分量。

对隧道进行了弹塑性数值计算，围岩材料的本构关系采用 Drucker-Prager（DP）模型。Drucker-Prager 模型的屈服面并不随着材料的逐渐屈服而改变，然而其屈服强度却随着侧限压力（静水压力）的增加而相应增加。另外，这种材料考虑了由于屈服而引起的体积膨胀，但不考虑温度变化的影响。DP 材料的材料特性值由三个值确定：黏聚力 c、内摩擦角 φ 和膨胀角 φ_f。膨胀角 φ_f 被用来控制体积膨胀的大小，如果膨胀角 φ_f 为 0，则不会发生体积膨胀；如果$\varphi_f=\varphi$ 在材料中将会发生严重的体积膨胀。一般来讲，$\varphi_f=0$ 是一种保守方法。

如果已有单轴受拉屈服应力和单轴受压屈服应力，可以通过下式将它们转换成计算程序所需的输入值。

$$
\varphi = \sin^{-1}\left(\frac{3\sqrt{3}\beta}{2+\sqrt{3}\beta}\right) \tag{9-6}
$$

$$
c = \frac{\sigma_y\sqrt{3}(3-\sin\varphi)}{6\cos\varphi} \tag{9-7}
$$

式中：β 和 σ_y——由受压屈服应力和受拉屈服应力计算。

$$\beta = \frac{\sigma_c - \sigma_t}{\sqrt{3}(\sigma_c + \sigma_t)} \tag{9-8}$$

$$\sigma_y = \frac{2\sigma_c\sigma_t}{\sqrt{3}(\sigma_c + \sigma_t)} \tag{9-9}$$

对 DP 材料，其屈服准则等效应力的表达式为：

$$\sigma_e = 3\beta\sigma_m + \left[\frac{1}{2}\{S\}^T[M]\{S\}\right]^{\frac{1}{2}} \tag{9-10}$$

式中：σ_m——平均应力或静水压力，$\sigma_m = 1/3(\sigma_x + \sigma_y + \sigma_z)$；

$\{S\}$——偏应力；

$\{S\}^T$——$\{S\}$的逆阵；

β——材料常数；

$[M]$——Mises 屈服准则中的$[M]$。

上面的屈服准则考虑了静水压力分量的影响，静水压力(侧限压力)越高，则屈服强度越大。材料常数 β 的表达式如下：

$$\beta = \frac{2\sin\varphi}{\sqrt{3}(3 - \sin\varphi)} \tag{9-11}$$

式中：φ——材料的内摩擦角(DP 材料的输入值)。

材料的屈服参数定义为：

$$\sigma_y = \frac{6c\cos\varphi}{\sqrt{3}(3 - \sin\varphi)} \tag{9-12}$$

式中：c——材料的黏聚力(DP 材料的输入值)。

屈服准则的表达式如下：

$$F = 3\sigma_m + \left[\frac{1}{2}\{S\}^T[M]\{S\}\right]^{\frac{1}{2}} - \sigma_y = 0 \tag{9-13}$$

对 DP 材料，当材料参数 β 和 σ_y 给定后，其屈服面为一圆锥面，此圆锥面是正六角形的摩尔—库仑屈服面的外切锥面，如图 9-8 所示。

(2)计算方法和程序

有关隧道数值模拟分析，应该采用有限单元法，分析程序可用 ANSYS、NASTRAN、MARKE、ABUQS、ANSYS、SUPSAP、同济曙光等。

(3)围岩压力的逐步释放

用“应力逐步释放”的方法来模拟隧道开挖与支护的时空效应，具体的实现方法有两种：反转应力逐步释放法和施加虚拟支撑力逐步释放法。这里主要介绍施加虚拟支撑力逐步释放法。

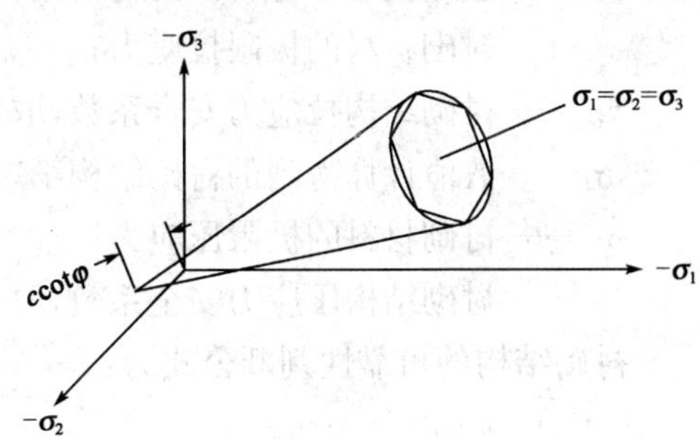

图 9-8 Drucker-Prager 屈服面和 Mohr-Coulomb 屈服面

施加虚拟支撑力逐步释放法是在地应力自动释放法的基础上，通过在开挖边界施加虚拟支撑力，来模拟围岩的逐步卸载，如图 9-9 所示。初始应力阶段图 9-9a)为初始地应力状态；在图 9-9b)中，隧洞的开挖引起开挖边界上的释放节点荷载 $f_{1i} = \alpha_1 f_i$，其中 α_1 为荷载释放率。为实现这一过程，在初始应力场中挖去隧洞单元的同时，在开挖边界上各相应节点施加虚拟支撑力 $p_{1i} = (1-\alpha_1)(-f_i)$，则产生新的荷载边界条件，继续进行计算，就直接得到开挖后围岩的位移场和应力场；在图 9-9c)中，初期支护施作后，又有一部分的节点荷载 $f_{2i} = \alpha_2 f_i$ 被释放，这时只需将虚拟支撑力减小为 $p_{2i} = (1-\alpha_1-\alpha_2)(-f_i)$，继续进行计算即得到初期支护后围岩和支护的位移和应力；在图 9-9d)中，二次衬砌施作后，剩余的节点荷载被完全释放，这时只需去除虚拟支撑力，继续计算就可得到最终竣工后围岩和衬砌的位移和应力。α_2 、α_3 的意义及确定方法同 α_1。

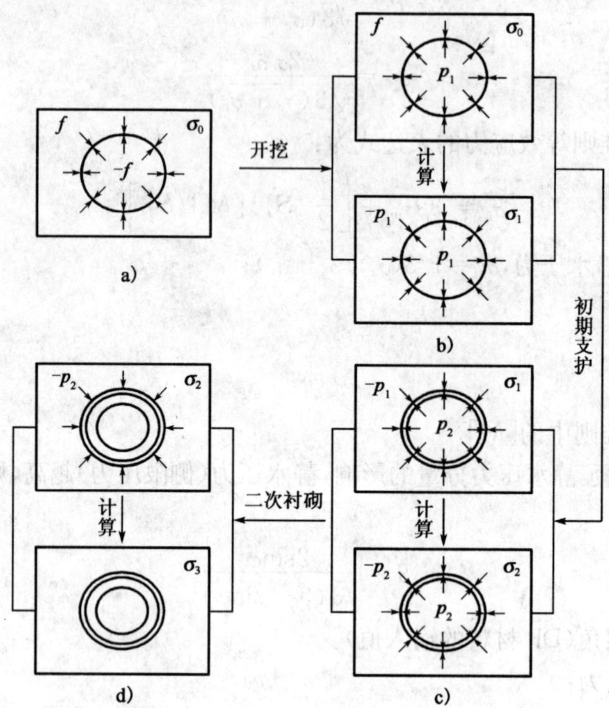

图 9-9 "施加虚拟支撑力逐步释放法"进行隧道施工过程模拟示意

(4)数值结果的应用

对于线弹性分析，衬砌结构的可靠性判断公式为：

$$\sigma_1 < \frac{\sigma_{拉}}{k_{拉}} \tag{9-14}$$

$$\sigma_3 < \frac{\sigma_{压}}{k_{压}} \tag{9-15}$$

式中：σ_1——通过数值计算得到的衬砌结构第一主应力；

$\sigma_{拉}$——衬砌材料的极限拉应力；

$k_{拉}$——衬砌结构拉应力安全系数，取值 3.6；

σ_3——数值计算得到的衬砌结构第三主应力；

$\sigma_{压}$——衬砌材料的极限压应力；

$k_{压}$——衬砌结构压应力安全系数，取值 2.4。

衬砌结构的可靠性判断公式为：

$$d_{塑} < \frac{d}{4} \tag{9-16}$$

式中：$d_{塑}$——最大塑性区厚度；

d——对应于最大塑性区的衬砌截面厚度。

4.黄土公路隧道的施工监控量测

(1)监控量测的目的

①掌握围岩和支护结构的工作动态，对围岩的稳定性作出判断。

②了解各支护部件的受力状态和受力分布，确定和调整支护结构形式、参数和时间。

③检验、评价隧道结构的合理性及安全性。

(2)监控量测的内容

黄土隧道的监控量测内容分为必做项目和选做项目，见表 9-8。针对不同施工开挖方法的监控量测内容建议见表 9-9。

黄土公路隧道监控量测的内容 表 9-8

围岩级别	监测设计				
	洞内观察	拱顶下沉、周边收敛	锚杆拉拔力	地表沉降	围岩、衬砌压力，锚杆轴力，钢架、混凝土应变，钢筋内力，围岩位移
VI	观察频率为每次掌子面开挖之后	30m 布设一个监测断面	选取代表性的断面进行测试，对同级围岩的锚杆设计参数进行修正	对浅埋隧道出口段进行监测	选取代表性的断面或出现不良地质现象的断面进行监测
V	加强观察，频率为每次掌子面开挖之后	20m 布设一个监测断面，必要时布设实时监控系统	选取代表性的断面进行测试，对同级围岩的锚杆设计参数进行修正	根据需要做量测，断面布置频率 30m/个	建议多做
IV	加强观察，频率为每次掌子面开挖之后	采用激光位移实时监控系统进行监测	选取代表性的断面进行测试，对同级围岩的锚杆设计参数进行修正	根据需要做量测，断面布置频率 30m/个	应该多做

不同施工方法监测手段的选择 表 9-9

施工方法	监测设计			
	洞内观察	下沉、收敛量测	锚杆轴力	选测项目
台阶法	根据围岩情况确定观察强度	根据围岩情况布设监测断面	选取代表性断面进行测试	视工程需要选做
台阶分步开挖	根据围岩情况确定观察强度	根据围岩情况布设监测断面	选取代表性的断面进行测试	视工程需要选做
导坑法	观察频率为每次掌子面进行开挖之后	10～20m 布设一个监测断面，必要时布设实时监控系统	选取代表性的断面进行测试	建议多做
单侧壁导坑法	观察频率为每次掌子面进行开挖之后	采用激光位移实时监控系统进行监测	选取代表性的断面进行测试	建议多做
双侧壁导坑法	观察频率为每次掌子面进行开挖之后	采用激光位移实时监控系统进行监测	必须进行锚杆轴力测试	应该多做

（3）数据的采集与处理

①监控量测频度。拱顶下沉和周边收敛的测量频率，按表 9-10、表 9-11 实施，而其他量测频率见表 9-12。

拱顶下沉和周边收敛测量频率（一） 表 9-10

开挖后	1～15d	16～30d	31～90d	91～120d	120～360d	360d 以上
频率	1～2 次/d	1 次/2d	1 次/两周	1 次/两周	1 次/月	1 次/3 月

拱顶下沉和周边收敛测量频率（二） 表 9-11

位移速度	距开挖面距离	量测频度	位移速度	距开挖面距离	量测频度
10mm/d 以上	0～1B	1～2 次/d	5～1mm/d	2～5B	1 次/2d
10～5mm/d	1～2B	1 次/d	1mm/d 以下	5B 以上	1 次/周

注：B 为隧道开挖宽度。

隧道现场量测频率 表 9-12

序号	项目名称	量测元件	监测频率			
			1～15d	16d～1个月	1～3个月	>3个月
1	围岩与一衬之间压力	土压力盒	1～2次/d	1次/d	1～2次/周	1～3次/月
2	一衬与二衬之间压力	土压力盒	1～2次/d	1次/d	1～2次/周	1～3次/月
3	喷混凝土应变	混凝土应变计	1～2次/d	1次/d	1～2次/周	1～3次/月
4	二次衬砌混凝土应变	混凝土应变计	1～2次/d	1次/d	1～2次/周	1～3次/月
5	钢拱架应变	钢拱架应变计	1～2次/d	1次/d	1～2次/周	1～3次/月
6	锚杆轴力	锚杆应力计	1～2次/d	1次/d	1～2次/周	1～3次/月

②数据的处理。按照一定的方法进行数据处理，绘制时态曲线或关系曲线，并根据曲线的趋势进行回归分析，得出每个监控项目的变化规律，为信息的反馈作准备。

5.黄土公路隧道监控量测信息的反馈

监控量测的最终目的就是获得反馈信息。因此，反馈信息必须要及时、准确。针对黄土公路隧道施工工序复杂、难度大的特点，对于拱顶下沉、周边收敛、地表沉降等直接影响隧道施工安全的信息，建议在测量后的2～3d以内及时反馈，并结合以往的量测数据，认真分析围岩的动态，提交周报告或者10日报告和月报告。而当围岩有大的变形，或拱顶有大幅度的沉降时，信息应当即反馈。

黄土公路隧道施工监控量测的信息反馈程序和流程如图9-10所示。

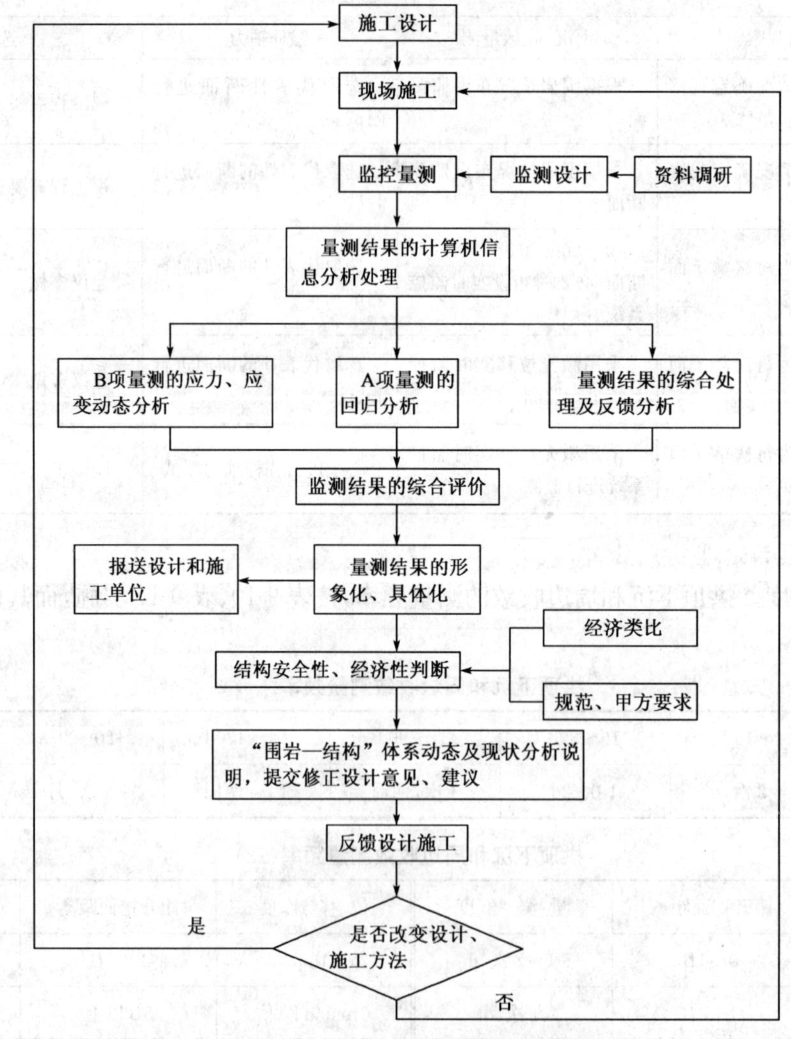

图9-10 监控量测与信息反馈程序图

第三节 黄土隧道施工技术

随着大量黄土公路隧道的修建，隧道工程技术人员根据黄土的特殊性质及围岩类别（多为 IV 级、V 级和 VI 级），借鉴山岭硬岩隧道和软岩隧道，总结出了很多适合于黄土隧道施工的开挖方法，如 CRD 法、上半断面弧形导坑法、单侧壁导坑法、双侧壁导坑法和三导坑开挖法等。下面根据不同的隧道结构形式，介绍其对应的施工方法。

一、一般分离式

一般分离式的黄土隧道，由于上、下行线的距离较远，故两个隧道在施工过程中的相互干扰较小，可忽略不计。隧道的施工则以各自的实际地质情况为准，选择适当的施工方案。

1. 弧形导坑法

弧形导坑法主要适合于 IV 级、VI 级围岩以及含水率较高的新黄土隧道。弧形导坑法施工中上、下部的施工作业有干扰，对围岩的扰动次数较多，但在上部开挖支护后的下部开挖作业较为安全。另外，每次坑道的开挖减少了跨度，增强了坑道围岩的相对稳定性，且易于局部支护。开挖步骤如图 9-11 所示。

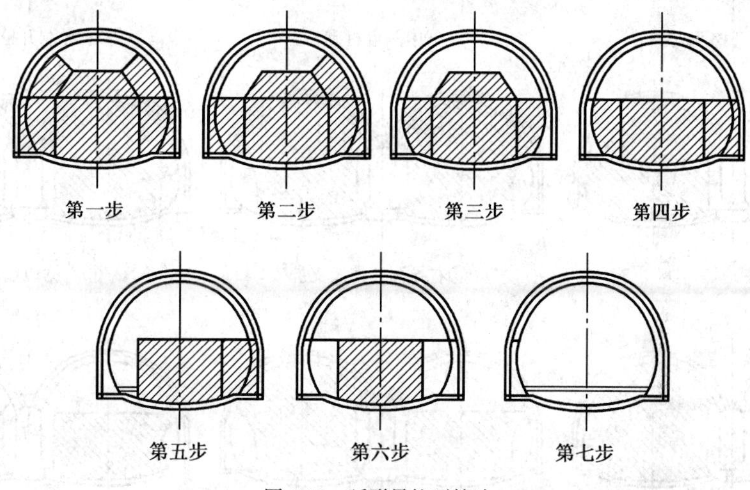

图 9-11 弧形导坑开挖法

弧形导坑法施工要点：①弧形导坑高度 2.0m 左右；②每次进尺一榀，最多两榀拱架宽度；③核心土的长度不小于 5.0m；④中槽的开挖应该为两侧保留不小于 1.5m 的宽度；⑤左右马口前后间距不小于 3.0m；⑥上下台阶间距不小于 5.0m；⑦仰拱施工距掌子面的距离 30m 左右；⑧地基承载力不足时加大拱脚或者换填；⑨注意施工中的防排水；⑩交接班之间应该没有间隙。

2. CRD 法

CRD 法适用于 V 级、VI 级围岩和断面较大以及含水率较大或者浅埋的黄土隧道，其工序流程如图 9-12 所示。CRD 法采用小局部开挖，并且增加临时支护，因此能显著增强坑道围岩的相对稳定性。但

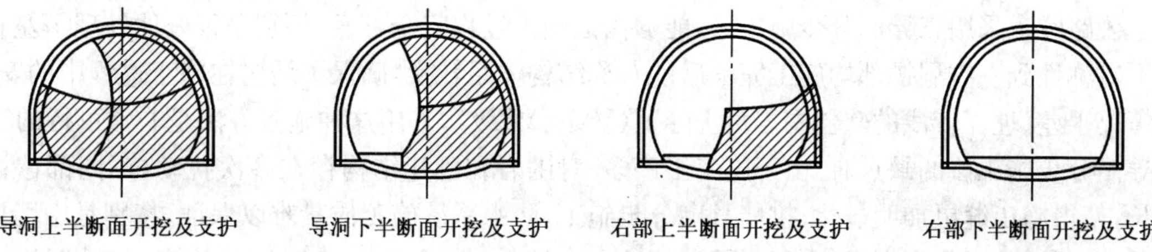

图 9-12 CRD 法

在隧道施工时，由于作业面较多，故各工序相互干扰较大；临时支护的使用，也使施工组织和管理的难度相应增大。

施工要点：①注意临时支护的施作时机、长度、质量；②控制导洞台阶长度、左右两个开挖面距离；③选择合适时机拆除临时支护；④及时施作二次衬砌。

二、双连拱

双连拱隧道常用的施工方法有 4 种：三导洞分步施工法、中导洞分步施工法、单洞施工法和双洞全断面平行施工法。以下主要介绍三导洞分步施工法和中导洞分步施工法。

1. 三导洞分步法施工法

三导洞分步施工法工序流程具体步骤如图 9-13 所示。

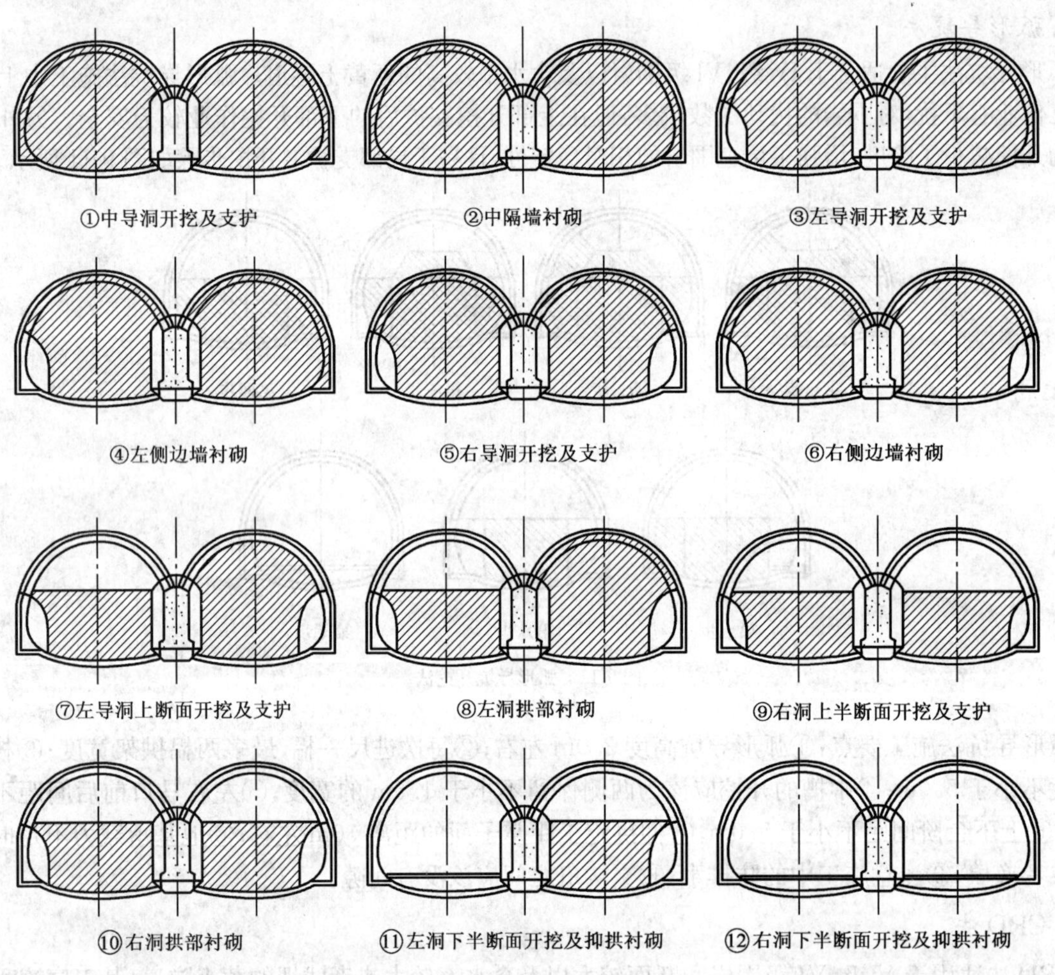

图 9-13 三导洞分步施工法

黄土公路隧道采用三导洞分步施工法，能够保证施工过程安全可靠，特别是很好地处理了左右拱部施工由不对称性到左右洞拱部均施工完毕后的对称结构体系转换，确保了结构在施工过程中的安全；对于地质情况很差、埋深较浅的软弱围岩黄土隧道（V 级、VI 级），采用这种施工方法是非常可行的。

三导洞分步施工法的缺点有：由于施工工序多，对围岩和已建结构存在多次扰动，不同部位衬砌间隔时间长，使得施工缝更加明显化；拱墙衬砌分步施工，防水系统施工质量难以保证，特别是中墙顶处易出现渗漏水现象；从经济上考虑，由于三导洞开挖和支护，加大了成本，故隧道造价高；三导洞施工工序多，耗时长，施工断面小不利于大型机械作业。

2. 中导洞分步施工法

对于Ⅳ级围岩公路黄土连拱隧道，宜采取不设两侧导洞，中导洞中墙施工后，直接进行左、右正洞分布开挖的中导洞分步施工法。中导洞分步施工法具体步骤如图 9-14 所示。

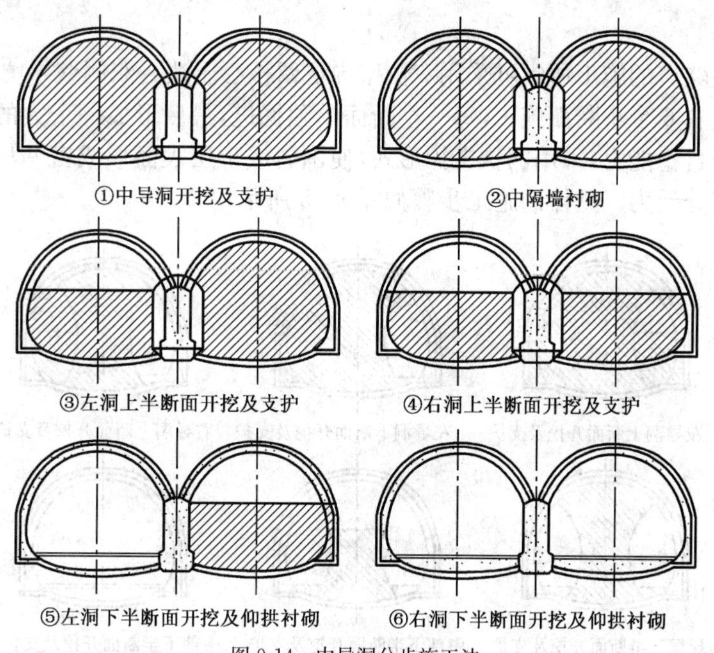

图 9-14　中导洞分步施工法

相对于三导洞法，中导洞施工法减少了两个边导洞的施工，拱墙一体的一次衬砌具有工序简单、机械化程度较高、临时初期支护工作量小、施工进度快、节约成本等特点，而且中导洞先施工，起到了超前探明隧道地质情况的作用，为左、右正洞的施工以及施工方法的转变创造了条件。

施工要点：①中墙顶部必须密实回填；②一侧隧道开挖时，中隔墙外侧必须回填，防止中隔墙失稳破坏；③注意左右洞前后开挖距离不小于 2.5 倍的洞宽；④严格做好中隔墙顶部的防水。

三、小净距

中夹岩的稳定性是小净距隧道设计的关键。设计时必须保证中夹岩有足够的强度和稳定性，尽可能维持两个隧道围岩和支护体系的联系性和完整性。

通过对我国多座小净距隧道监控量测资料分析、施工经验总结，并在对国内多座小净距隧道施工文献调研的基础上，结合黄土小净距隧道围岩变形特点，提出了双车道小净距隧道的开挖方法，详见表 9-13。

小净距隧道的施工方法　　表 9-13

围岩级别	施工方法	开挖步骤图例（以左洞线形为例）		
Ⅳ	(1)上下台阶与正向侧壁导坑组合法； (2)上下台阶与反向侧壁导坑组合法； (3)上下台阶法	1 2 ／ 3 5 4 6	1 2 ／ 5 3 6 4	1 2 ／ 3 4
Ⅴ	(1)单侧壁导坑法； (2)上下台阶与正向侧壁导坑组合法	3 1 4 2 ／ 5 7 6 8	1 2 ／ 3 5 4 6	
Ⅵ	单侧壁导坑法	3 1 4 2 ／ 5 7 6 8		

施工要点：①严格按照设计保护中夹岩的稳定性，必要时对其进行加固；②注意临时支护的质量和拆除时机；③控制好两个隧道开挖前后间距。

四、大断面

大断面黄土公路隧道的施工通常可采用双侧壁导坑留核心土法。双侧壁导坑留核心土法把整个隧道大断面分成上下左右 6 个小断面施工，每一小断面单独掘进，最后形成一个大的隧道，且利用土层在开挖过程中短时间的自稳能力，采用网状支护形式，使围岩或土层表面形成密贴型薄壁支护结构，用中隔壁及中隔板承担部分受力。具体的施工步骤如图 9-15 所示。

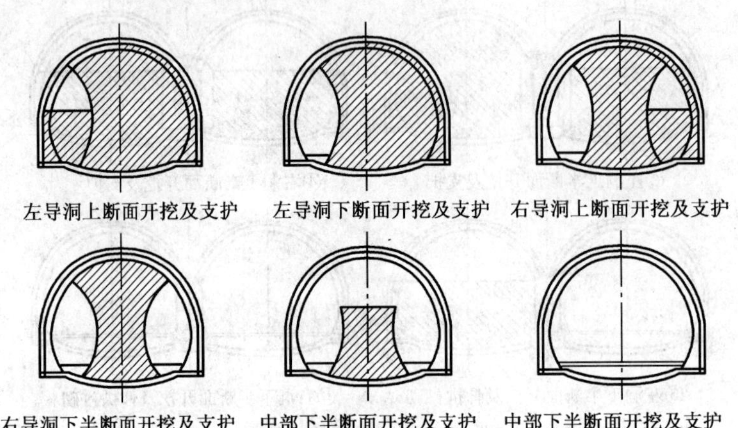

图 9-15　双侧壁导洞分步施工法

施工要点：①注意临时支护的施作时机、施作长度、施作质量；②控制导洞台阶的长度，以及左右两个开挖面的距离；③选择合适的时机拆除临时支护；④地基承载力不足的情况下，采取加固措施增加其强度；⑤严格做好施工监控量测及信息反馈；⑥及时施作二次衬砌。

五、浅埋偏压洞口施工

黄土公路隧道的洞口，特别是处于浅埋偏压段的洞口，由于围岩覆盖层较薄，风化比较严重，成洞比较困难，历来是黄土隧道施工中的难点。

随着黄土隧道施工技术的不断完善，目前也形成了针对软弱围岩浅埋偏压隧道的暗挖施工方法。具体简述如下：

(1)对地表进行处理，设置截、排水沟，必要时对地表进行预加固。

(2)视偏压的程度，洞顶卸载或者在外侧修建反压挡墙。

(3)采用大管棚或者护拱进洞。

(4)明洞暗做，虚拟进洞。

(5)零刷坡垂直进洞。

(6)严格做好监控量测和信息反馈，及时地调整开挖方法和支护结构。

施工要点：①严格控制管棚、护拱的施工质量；②严格控制地表的变形；③注意洞口仰坡的稳定性；④做好洞内外的防、排水，必要时进行地基加固。

六、施工注意事项

(1)黄土隧道开挖后，一定要及时封闭支护，严格控制围岩的暴露时间。

(2)若围岩类别划分与实际不符合，应立即提出，以便设计施工及时配合，并调整施工方法，避免事故的发生。

(3)应严格控制地表水和洞内施工涌水。若在隧道的施工过程中,围岩出现大面积、大水量的渗水或涌水,应立即停止施工,封闭开挖面,选择切实可行的方法排出或控制地下水。

(4)如发生黄土地基承载力不足的现象,则应及时对底层进行加固,控制支护体系和地表的沉降。

(5)弧形导坑开挖时,要保证核心土的长度和宽度。采用分布法或台阶法开挖时,要密切关注上部支护的稳定性,确保锁脚锚杆的数量。

(6)上、下部施工时,应根据施工现场的实际情况,选取适当的中槽宽度和马口宽度,确保开挖面、边墙及上部结构的稳定,一般马口宽度建议在 1.5m 左右。

(7)严格控制落底长度,双侧交错落底,避免上半断面两侧拱脚同时悬空。

(8)黄土抗风化能力较弱,施工过程中应步步紧跟,保持施工的连续性,若施工有所间断,则应立即用喷射混凝土封闭。

(9)仰拱开挖后应及时封闭,保证地基的承载力,在特殊的情况下,也可考虑先施作仰拱。

(10)黄土公路隧道施工过程中,必须严格执行围岩的监控量测程序,并根据围岩监控量测的结果和信息指导设计和施工。

第四节　黄土隧道防排水技术

《公路隧道设计规范》(JTG D70—2004)中指出:隧道防排水应遵循"防、排、截、堵相结合,因地制宜,综合治理"的原则。黄土公路隧道的防、排水,也应遵循以上原则,但是如何将"防、排、截、堵相结合",还必须要结合黄土的特性,进行防、排水设计和施工。

一、黄土隧道防排水概述

1. 防水

(1)隧道地表沟谷、坑洼积水及渗水对隧道有影响时,宜采用疏导、勾补、铺砌和填平等处治措施。废弃的坑穴、钻孔等应填平封闭。当隧道附近的水库、泥沼、溪流、井泉水、地下水,有可能渗入隧道时,应采取防止或减少其下渗的处理措施。

(2)黄土隧道的防水,应该本着辨正施治,因地制宜的方针。对地下水较丰富,且补给充足,与地下河流或周围的水库等蓄水设施贯通的隧道,必须采取以"堵"为主的防水策略。如地下水比较匮乏,水体比较封闭,其周围的生态环境不依赖于隧址区的地下水资源,则可考虑采用以"排"为主的防水策略。

(3)黄土隧道采用复合式防水衬砌时,主要内容为:

①洞内复合式衬砌段采用 350g/m^2 土工布(单独施作),1.2mm 厚 PVC 防水板防水,防水板缝接搭接长度不小于 100mm。

②用 ϕ100mm 排水半管将围岩和初期支护的点渗水引至墙脚纵向透水排水管,如图 9-16所示。

③明洞段采用 1.2mm 厚 PVC 防水板防水,土工布粘铺外表面,黏土隔水层防水,透水管排水。

④防水板后的纵向透水排水盲管,要用土工布包裹,并用碎石覆盖。

⑤二次衬砌抗渗要求应满足 S8,衬砌的施工缝、沉降缝、伸缩缝采用中埋式橡胶止水带止水。

⑥有针对性的在开挖面上采用排水半管或软式透水管导排渗漏点处的水,将水引入墙脚的纵向集水盲管(沟)。

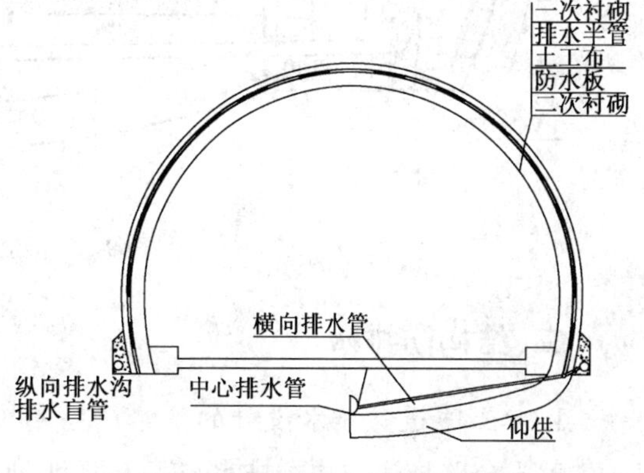

图 9-16　复合式衬砌防水结构示意图

(4)有侵蚀性地下水时,应采用抗侵蚀混凝土,压注抗侵蚀浆液或铺设抗侵蚀防水层。

(5)当隧道位于常水位以下,对于黄土隧道应采用抗水压衬砌。

2.排水

(1)隧道洞内宜按地下水和运营清洗污水、消防污水分离排放的原则设置纵向排水系统,应保证排水畅通,避免洞内积水。

(2)隧道内排水应符合下列规定:

①路面两侧应设纵向排水沟,引排运营清洗水、消防水和其他废水。

②隧道纵向排水坡宜与隧道纵坡一致。

③路侧边沟可设置为开口式明沟或暗沟。当边沟为暗沟时,应设沉沙池、滤水箅,其间距宜为25～30m。

④检修道或人行道的道面应设0.5%～1.5%的横坡,以利道面清洁排水。

(3)黄土隧道路面结构底部排水应符合下列要求:

①路面结构下应该设纵向中心水沟(管),集中引排地下水。

a.中心水沟(管)断面积,应根据隧道长度、纵坡、地下水渗流量,通过水力计算确定。

b.中心水沟(管)应按纵向间距50m设沉沙池,每200m设中央排水沟检查井。检查井的位置、构造不得影响行车安全,并应便于清理检查。

c.隧道应设横向导水(管),以连接中心水沟(管)与衬砌墙背排水盲管。横向导水管宜采用ϕ160mm,横向坡度不应小于2%,其纵向间距应设置在20～30m。

②路面底部应设不小于1.5%的横向排水坡度。

③寒冷和严寒地区隧道的中心排水,必须在冻线以下设防寒泄水隧洞。

(4)隧道衬砌外排水设施应符合下列规定:

①在衬砌两侧边墙背后底部应设沿隧道的纵向排水盲管(沟),其孔径应在10～16cm之间。

②沿衬砌背后环向应设置导水盲管,其纵向间距不应大于30m,遇水量较大时环向盲管应加密。对有集中出水处,应单独设竖向盲管。环向盲管、竖向盲管的直径不应小于60mm。

③环向盲管、竖向盲管应与边墙底部的纵向排水盲管(沟)连通;纵向排水盲管(沟)应与横向导水管连通,以形成完整的纵横向排水系统。

④环向盲管、竖向盲管、纵向排水盲管应用土工布包裹。纵向排水盲管上必须有碎石过滤层。

(5)当地下水发育,含水层明显,又有长期充分补给来源时,可利用辅助坑道排水或设置泄水洞等截、排水设施。

隧道排水横断面如图9-17所示,洞内路面排水平面布置如图9-18所示。

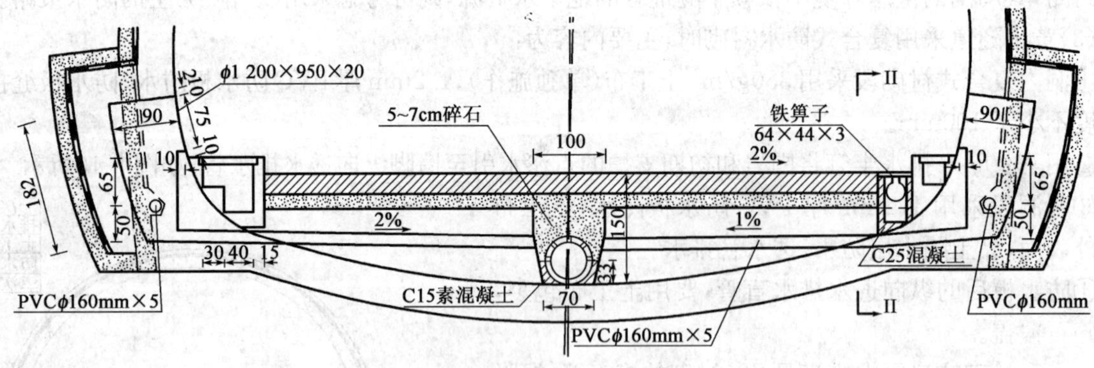

图9-17 隧道排水横断面图(尺寸单位:cm)

二、结构防排水

1.黄土隧道防排水设计的策略

黄土公路隧道结构防排水与黄土类型、地下水含量、地下水的补给及贯通情况密切相关。如黄土的地下水丰富,且补给充足,与地下河流或周围的水库等蓄水设施贯通,则采取以“堵”为主的防水策略。

如地下水匮乏，水体比较封闭，其周围生态环境不依赖于隧址区的地下水资源，则可考虑采用以“排”为主的防水策略。

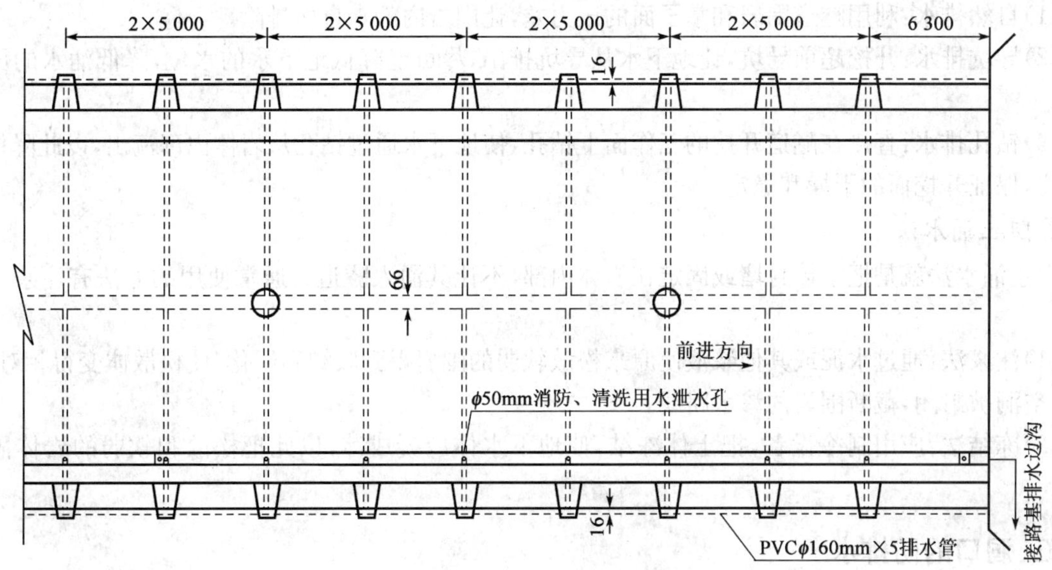

图 9-18　洞内路面排水平面布置图(尺寸单位：mm)

2. 黄土隧道防排水设计

(1)隧道衬砌的防水措施

洞内复合式衬砌段采用 350g/m² 土工布，1.2mm 厚 PVC 防水板防水；用 ϕ100mm 排水半管将围岩和初期支护的点渗水引至墙脚透水管；二次衬砌抗渗要求应满足 S8，衬砌的施工缝、沉降缝、伸缩缝采用中埋式橡胶止水带止水。明洞段采用 1.2mm 厚 PVC 防水板防水，土工布黏铺外表面，黏土隔水层防水，透水管排水。

(2)隧道衬砌的排水措施

隧道内沿全长在行车道左侧、右侧或者双侧设置混凝土排水边沟，边沟坡度与隧道纵坡一致。洞内仰拱下设 ϕ500mm 的中心排水管，二次衬砌底部设纵向 ϕ60mm 透水管及 ϕ160mm 横向排水管与中心排水沟连通，引至洞外边沟或自然沟内。每隔 50m 设纵向透水管检查井，200m 设中央排水沟检查井。

三、施工过程的防排水

1. 掌子面快速封堵法

在黄土隧道开挖后，由于掌子面压力丧失而使开挖面出现大量渗水或者涌水，导致围岩强度减弱发生失稳。因此，开挖后立即用喷射混凝土及时封闭隧道开挖面是常用的防水方法，喷射混凝土能够封闭开挖面，防止黄土中的水形成通路，初步起到防水作用。

2. 临时排水沟排水法

施工中通常采用临时排水沟或排水管进行排水。

(1)隧道内顺坡排水时，排水设施的坡度应与隧道设计坡度一致，并应估算地下涌水量和施工废水量，使临时排水沟或排水管的断面满足排水量的要求，防止水的溢出引发新的病害。

(2)隧道内逆坡向下施工时，可采取开挖积水坑，水泵机械抽水的方法排水。积水坑的数量、深度和抽水机械的选择可根据隧道的长度、纵坡、排水量等实际情况确定。

四、施工过程水害的处治

针对黄土隧道的施工涌水，目前常用的治理方法有排除涌水法和阻止涌水法。

1. 排除涌水法

排除涌水法分为自然排水法、导坑排水法和钻孔排水法三种。

(1)自然排水：利用隧道围岩和掌子面的压力差，让围岩内的水自然排除。

(2)导坑排水：开挖超前导坑，让地下水从导坑排出，尽可能降低地下水的水位，降低涌水的压力和影响。

(3)钻孔排水：直接在隧道开挖的工作面上钻孔，使地下水通过钻孔从岩体内部流出，以此降低地下水水位，保证开挖面的干燥和稳定。

2. 阻止涌水法

阻止涌水法就是把水体封堵或固定在岩体内部，不让其涌入隧道。通常使用的方法有注浆法和冻结法。

(1)注浆法：通过水泥或其他浆液使原来松散软弱的围岩得到胶结和硬化，使松散体变得相对密实，裂隙、空洞被封闭，截断围岩的渗水路线。

(2)冻结法：应用制冷设备，把土体冻结，使地下水体冷凝成冰，以此把松散和软弱的岩体固结在一起。

五、洞口的防排水

黄土公路隧道进、出口的施工，一直是施工的难点，而洞口附近的防排水的成败，直接关系到洞口的开挖。所以一般要在施工前，在洞口段做好截水、排水工作。

1. 洞口截水

在进行隧道截水沟设计时，首先要依据洞口地形，查明地表径流及流量大小，然后设计截水沟的走向和尺寸。

2. 井点降水

对于地下水含量大、水位较高的隧道，可在施工前，采用井点降水、导洞排水等方法降低水位，以保证隧道施工的安全和顺利进行。井点降水方法主要包括轻型井点、喷射井点和电渗井点。

(1)井点布置

隧道的轻型井点降水多采用单排或双排井点线形布置在隧道中心或两侧，一般槽宽为7～10m。

(2)井点深度

井点管的埋深主要取决于开挖深度、降水区内的水力坡度、降水后水面离开挖底面的距离、滤管长度和管底垫层厚度。一般要低于隧道开挖高程 2～3m。

(3)井点的间距

井点的间距应根据场地的水文地质条件和降水深度及降水面积综合考虑确定。井点间距一般取为1～3m，也可根据群井涌水量和单根井管的抽水能力进行计算。

3. 导坑降水

导坑降水是一种在隧道开挖施工前进行的超前降水方法，它能有效地降低地下水位，保持围岩的自稳能力。

(1)导洞位置

导洞的进口位置宜选在正洞围岩相对较好，地下水较发育一侧。

(2)导洞支护

导洞开挖后应及时支护，并做好监控工作，保证导洞的稳定。

(3)预埋透水管

透水管的数量可根据地下水的丰富程度和导洞的大小埋设，长度可根据隧道预计的进尺长度确定。

(4)排水路线

确定合适的排水线路，使透水管中的地下水能及时排除，达到降低地下水位的目的。

4. 明洞防排水要求

(1)明洞顶部应设置必要的截、排水系统。

(2)回填土表面宜铺设隔水层，并与边坡搭接良好。

(3)靠山侧边墙底或边墙后宜设置纵向和竖向盲沟，将水引至边墙泄水孔排出。

(4)衬砌外缘应敷设外贴式防水层。

(5)明洞与隧道接头处应做好防水处理。

第五节　黄土隧道工程应用

一、依托工程概况

按照科研计划，选取黄延高速公路的彦麦沟隧道和道南隧道为研究依托工程。彦麦沟隧道与汉寨隧道属无水隧道，道南隧道属有水隧道。

1. 彦麦沟隧道

1)隧道基本情况

彦麦沟隧道位于陕西富县境内，隧道路面设计宽度 9.75m，隧道限高 5.0m，设计行车速度 80km/h。隧道测设桩号上行线为 K223+015～K223+790，隧道全长 775m；下行线为 K223+160～K223+770，隧道全长 610m。

2)工程地质条件

(1)隧址区地形地貌

彦麦沟隧道位于交道塬东侧黄土沟谷中，隧道南端自步子沟沟头残梁进口，穿越黄土峁见部位，北端自专茬沟沟头出口，进出口高程均接近沟底，洞口附近沟底高程为 1 100～1 120m。

隧道走廊内，步子沟沟头地形切割剧烈，分支沟梁相间呈掌状，沟底平坦稍宽，黄土残梁高陡，沟梁纵深大。专茬沟沟头分支沟梁也呈掌状，残梁纵深小，相对低缓。彦麦沟专茬沟两沟头之间为黄土地形，顶部高程 1 240m，与隧道进出口高差达 130m。

隧道进出口坡面自然杂草丛生，地表基本被植被覆盖。隧道洞身顶面基本为黄土台地，主要为农田和果园。

图 9-19 为彦麦沟隧道上行线进洞口概况，图 9-20 为彦麦沟隧道下行线出洞口概况。

图 9-19　彦麦沟隧道上行线进洞口

图 9-20　彦麦沟隧道下行线出洞口

(2)隧址区的地质构造

根据地质调查和勘测资料，隧址区分布土体主要包括 Q_4^{del} 土体、Q_4^{pl} 亚黏土、Q_3^{eol} 黄土、Q_2^{eol} 黄土。隧道地段基岩内发育三条正断层，三条断层对隧道基本没有影响。

隧道洞口地区地表发育有垂直节理，密度为 1 条/3～5m、1 条/2～3mm，且有粉质填充，对洞口浅埋段的影响较大。

(3)隧址区的水文地质

隧址区赋存第四系黄土孔隙裂隙潜水，水位埋深为84.5～91.4m。由于地形割据剧烈，大气降水补给量小，地下水渗流缓慢，使地下水表现出埋深大，水位线较平缓的特征，主要接受侧向补给，向沟谷排泄，全年水位变化不大。隧道两端洞口地区沟底有多处地下水出露，流量微小或仅达到可见程度。地下水化学类型为弱碱性，对混凝土无腐蚀性。

3)隧道结构设计

隧道除洞口段结合地形、地质条件设置明洞外，其余均按新奥法的设计和施工原理，采用柔性支护体系结构的复合式衬砌。

VI级围岩的支护参数为：ϕ108mm的长管棚超前支护；锚杆为ϕ22mm的砂浆锚杆，锚杆长度4m，锚杆间距0.75m×0.5m；I20a的钢拱架，纵向间距0.5m；混凝土喷层厚度0.28m，二次衬砌为厚度0.55m的模筑钢筋混凝土。V级围岩的支护参数为：ϕ50mm的超前导管超前支护；锚杆为ϕ22mm砂浆锚杆，长度3.5m，锚杆间距1.00m×0.75m；I20a的钢拱架，纵向间距0.75m；混凝土喷层厚度0.25m，二次衬砌为厚度0.5m的模筑钢筋混凝土。

4)施工方案

隧道暗洞VI级、V级围岩采用台阶分布法开挖，即环形开挖中心留核心土法。一般环形开挖进尺为0.5～1.0m，下台阶为开挖洞径的1.5倍。

2.道南隧道

1)隧道基本情况

图9-21 施工中的道南隧道进洞口

道南隧道位于陕西省黄陵县桥山镇道南村东侧，该隧道从道南门前沟进至埝子洼沟出，隧道路面设计宽度9.75m，隧道限高5.0m，设计行车速度80km/h。隧道桩号上行线为K169+207～K170+830，隧道全长1 623m，下行线为K169+460～K170+747，隧道全长1 287m。全场均为黄土隧道，隧道围岩为VI级、V级。图9-21为道南隧道进洞口概况。

2)隧道工程地质条件

(1)隧址地形地貌

道南隧道所处地貌单元为有洞身穿越段为黄土苔原地貌单元，两侧洞口为黄土沟壑地貌单元。隧道进出口处边坡陡立，冲沟发育，地形复杂。该隧道所处位置台面分布高程为959.10～1 083.50m。高差达120m以上，边坡自然坡度大于40°。边坡为土质边坡，垂直节理裂隙发育，易产生崩塌。

(2)地层岩性

道南隧道均为第四系黄土，由新至老分别为：第四系全新统坡积亚黏土；第四系上更新统马兰黄土；第四系中更新统上部离石黄土；第四系中更新统下部离石黄土；第四系中更新统冲洪积亚黏土；第四系下更新统午城黄土组成。

(3)不良地质现象

由于隧道所处的地质条件为陕北高原黄土区，受地形地貌及黄土特性的影响，勘察区内不良地质现象主要有崩塌、滑坡、滑塌等。

(4)水文地质

勘察区处于黄土残塬沟壑地貌区，该地区地下水的主要来源是靠大气降水渗透补给，由于该区干旱少雨，故地下水资源比较匮乏。该区区域年平均降水量为550.6～630.5mm，夏秋季温湿多雨，7～9月降雨量占全年降雨量的60%，且以暴雨为主，历时短，降雨量大，受地形地貌条件控制，地表径流和排泄条件较好，富水性差。

隧道区地下水主要分布在全新统松散体积中下更新统黄土层中，地下水属于潜水类型，其水力坡度随地形起伏而变化，勘察期间地下水稳定高程为949.70～1 018.70m。

涌水量：根据计算结果，隧道在开挖中涌水量为静储量与动储量之和，即当渗透系数为0.02m/d时，上行线最大涌水量为960.4m^3/d，下行线最大涌水量为863.4m^3/d。当渗透系数为0.05m/d时，上行线最大涌水量为2 169m^3/d，下行线最大涌水量为1 867.4m^3/d。

3)围岩类别划分

全隧道围岩分类主要为Ⅵ级、Ⅴ级围岩。

根据现场考察，上行线K169＋207～K169＋700和下行线K169＋460～K169＋640段洞室以上覆盖厚度变化较大，地貌条件复杂，垂直节理裂隙发育，便于雨水灌入冲刷软化土体，故该地段为不稳定地段。

上行线K169＋700～K169＋750和下行线K169＋640～K169＋670段洞室以上覆盖层厚度大，地貌条件简单，黄土结构致密，局部钙质含量高，夹杂多层古土壤，但由于洞室处于地下水位之下，受地下水的作用，洞室土体有可能坍塌或掉块，因此该段洞室处于不稳定状态。

上行线K170＋751～K170＋830和下行线K170＋670～K170＋747段上覆地形地貌条件复杂，坡度大，地下水位埋藏浅，地表土体饱和软弱，而地下水的下渗软化土体，易造成滑塌、剥落等现象，故该段洞室处于极不稳定状态。

4)衬砌结构设计

隧道衬砌结构设计根据结构的受力和不同的断面尺寸特点，隧道均按新奥法原理进行设计。设计中考虑充分发挥围岩自身承载能力，采用柔性支护的复合式衬砌结构设计。

Ⅵ级围岩的支护参数为：ϕ89mm的长管棚超前支护；锚杆为RD25N中空锚杆，锚杆长度4.5m，锚杆间距1.0m×0.5m；刚性支护为I20a钢拱架，纵向间距0.5m；双层钢筋网ϕ8mm，间距20cm×20cm；混凝土喷层厚度0.25m，二次衬砌为厚度0.6m的模筑钢筋混凝土。

Ⅴ级围岩的支护参数为：ϕ50mm的超前导管超前支护；锚杆为RD25N中空锚杆，锚杆长度4.0m，锚杆间距1.00m×0.75m；刚性支护为I20a的钢拱架，纵向间距0.75m；双层钢筋网ϕ8mm，间距20cm×20cm；混凝土喷层厚度0.25m，二次衬砌为厚度0.55m的模筑钢筋混凝土。

5)施工方案

道南隧道为黄土隧道，一律采用机械开挖，绝对禁止爆破。开挖采用环形开挖中心留核心土法，环形开挖进尺为0.1～1.0m，初期支护紧跟掌子面。下半断面采用拉中槽错开跳马口，马口长度为2.5～3.0m，拱脚下增加6～8根锁脚锚杆，下半断面落底时仰拱必须及时封闭，使初期支护及早封闭成环。二次衬砌应尽快全断面施作，要求距掌子面不超过30m。

3.汉寨隧道

1)隧道基本情况

汉寨隧道测设桩号上行线为K202＋180～K203＋100，隧道全长920m，下行线为K202＋170～K203＋120，隧道全长950m。围岩为老黄土，夹有少量钙质结核，单层土体均匀，土体成大块状。隧道进出口围岩为Ⅵ级，其他为Ⅴ级。

2)隧道工程地质条件

(1)隧址区地形地貌

汉寨隧道区属洛川黄土塬的北延残塬部分。塬面平坦，宽度为300～350m，与两侧沟底高差为135～145m。两侧边坡陡立，冲沟发育，孤峰窄梁直立，沿边坡边缘多发育崩滑塌体，坡角连续堆积崩坡积物，海拔高程在1 025～1 164m之间，边坡总体地形破碎，地势复杂。

(2)隧址区地质构造

隧址区在地构造上属陕甘宁台坳陕北台凹，断裂构造不发育，仅在台凹边缘北部的府谷附近至中部吴旗、绥德一带和南部铜川、韩城一带有断裂构造存在，以正断层和平推断层为主。褶皱构造较少且宽缓，褶皱以拱起为其特征。

(3)隧址区不良地质现象及水文情况

隧道区内不良地质现象及特殊性岩土有黄土陷穴及裂缝、崩滑。

地下水类型以黄土孔隙水、裂隙水为主，从初勘、详勘钻孔钻探情况看，该区黄土富水性差，补给能力差。在隧道地段，地下水的补给来源以大气降水为主；另外，农田灌溉水也是地下水补给的一种方式，但农田灌溉极少。因此，大气降水成为隧道地段地下水的唯一补给方式。

隧道进口段周围的局部坡脚有渗水现象，基本位于地下水位之下。隧道通过地层富水性较差。洞口多为崩坡积土，松散，裂隙发育，易于降水下渗补给，雨季施工有可能出现涌水。

3)围岩类别划分

隧道围岩类别的划分，依据围岩的主要工程地质条件(工程地质特征、结构特征、完整程度)、围岩弹性纵波速度、节理发育程度、岩土强度和水文地质条件，将隧道围岩划分为Ⅳ级、Ⅴ级、Ⅵ级。具体长度划分见表9-14。

汉寨隧道围岩类别统计 表9-14

路　线	隧道长度(m)	围 岩 类 别	长度(m)	占隧道总长(%)	稳 定 程 度
上行线	920	Ⅳ	392	42.6	差
		Ⅴ	318	34.6	较差
		Ⅵ	210	22.8	较好
下行线	950	Ⅳ	517	54.4	差
		Ⅴ	226	23.8	较差
		Ⅵ	209	22	较好

4)隧道结构设计

隧道除洞口段结合地形、地质条件设置明洞外，其余均按新奥法的设计和施工原理，采用柔性支护体系结构的复合式衬砌。

Ⅵ级围岩的支护参数为：ϕ108mm的长管棚超前支护；锚杆为ϕ22mm的砂浆锚杆，锚杆长度4m；锚杆间距0.75m×0.5m；I20a的钢拱架，纵向间距0.5m；混凝土喷层厚度0.28m，二次衬砌为厚度0.55m的模筑钢筋混凝土。Ⅴ级围岩的支护参数为：ϕ50mm的超前导管超前支护；锚杆为ϕ22mm砂浆锚杆，长度3.5m，锚杆间距1.00m×0.75m；I20a的钢拱架，纵向间距0.75m；混凝土喷层厚度0.25m，二次衬砌为厚度0.5m的模筑钢筋混凝土。

5)施工方案

隧道暗洞Ⅵ级、Ⅴ级围岩采用台阶分布法开挖，即环形开挖中心留核心土法。一般环形开挖进尺为0.5～1.0m，下台阶为开挖洞径的1.5倍。

二、监控量测

在三个依托工程中，彦麦沟隧道布设三个监控量测断面，道南隧道布设一个监控量测断面，汉寨隧道布设两个监控量测断面。图9-22～图9-29为监控量测的部分现场照片和统计结果。

监控量测主要结论：

(1)黄延高速公路黄土隧道结构设计基本合理。

(2)黄延高速公路的黄土隧道施工方法设计，对于老黄土隧道完全可行，但对于道南隧道不适应。

(3)围岩性质对围岩的压力影响很大，有水的浅埋新黄土隧道围堰压力远大于老黄土隧道。

(4)老黄土隧道中，“松弛—荷载”现象不明显，洞室开挖引起的应力重分布被围岩自身所消化，没有造成明显的松动塑性区。而新黄土隧道相反，随着开挖面的推进，围岩塑性区(流变区)立即形成。

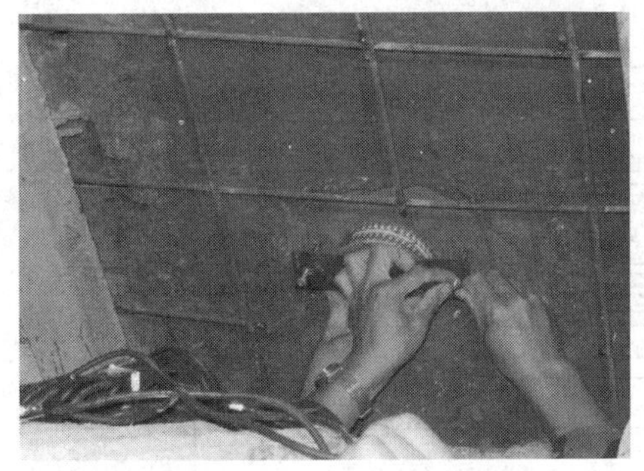
图 9-22 压力盒安装

图 9-23 锚杆安装

图 9-24 钢拱架应变计安装

图 9-25 安装好的测量元件

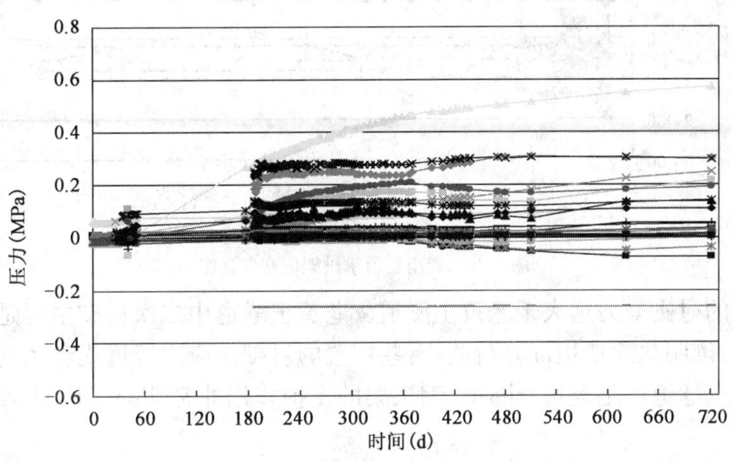

图 9-26 彦麦沟第一断面围岩、衬砌压力变化图

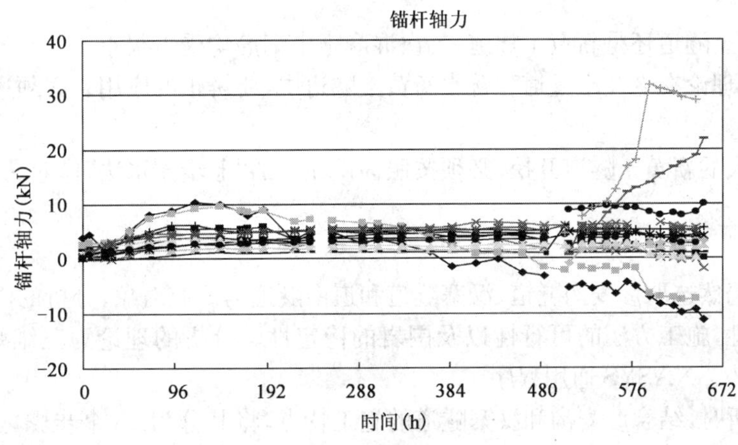

图 9-27 彦麦沟第一断面锚杆轴力变化图

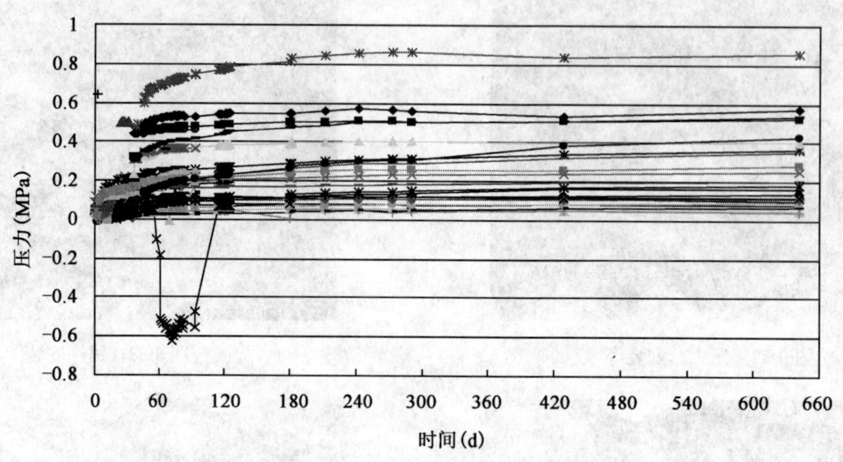

图 9-28 道南隧道围岩、衬砌压力变化图

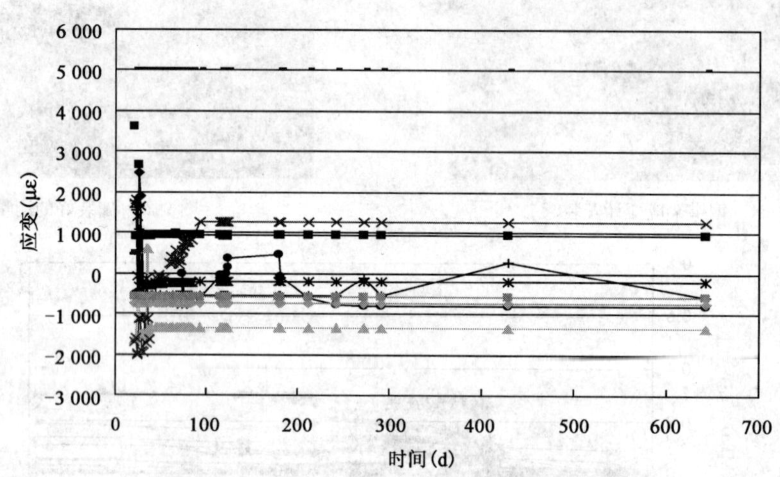

图 9-29 道南隧道钢拱架应变变化图

(5)新黄土隧道的衬砌受力远大于老黄土隧道。老黄土隧道中二次衬砌主要是作为安全储备,而在新黄土隧道中二次衬砌明显地承担部分荷载,有些位置的衬砌拉应力接近或者达到极限值。

(6)无论是新黄土隧道还是老黄土隧道,钢拱架的支护作用非常明显。而且,要尽可能早地施作钢拱架。

(7)锚杆在黄土隧道中的悬吊、加固作用不明显。新黄土隧道中锚杆几乎不受力,但锁脚锚杆的作用非常重要。

(8)无论是老黄土隧道还是新黄土隧道,二次混凝土中钢筋均受力很小。

(9)"新奥法"的理论在老黄土隧道和含水新黄土隧道中,要辨正的应用。必须遵循"硬岩软过,软岩硬过"的思想。

(10)含水率较大的新黄土隧道开挖,必须按照仰拱先行的"七步流水法"作业。

三、数值模拟

数值模拟分析仍然选取彦麦沟隧道、汉寨隧道和道南隧道为研究对象,分析的内容包括整个施工过程支护结构的可靠性,施工方法的可行性以及围岩的稳定性。分析的理论为三维弹塑性,破坏准则为DP准则,分析软件为ANASYS通用程序。

在数值模拟分析时,结合彦麦沟和汉寨隧道的施工特点,将其分为18个步骤,道南隧道分为26个步骤。图9-30～图9-39为计算模型和部分分析结果。

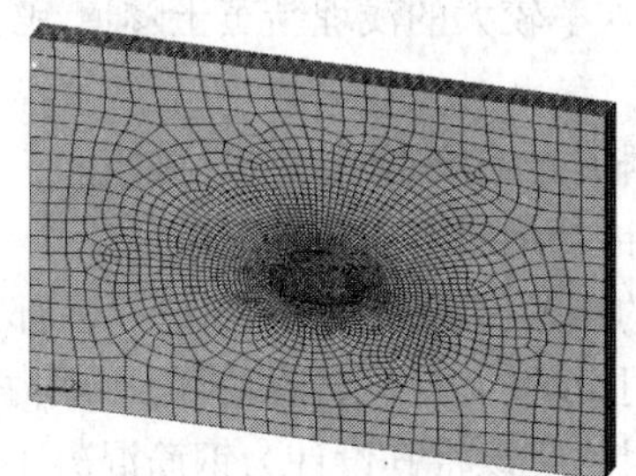
图 9-30 计算模型(一)

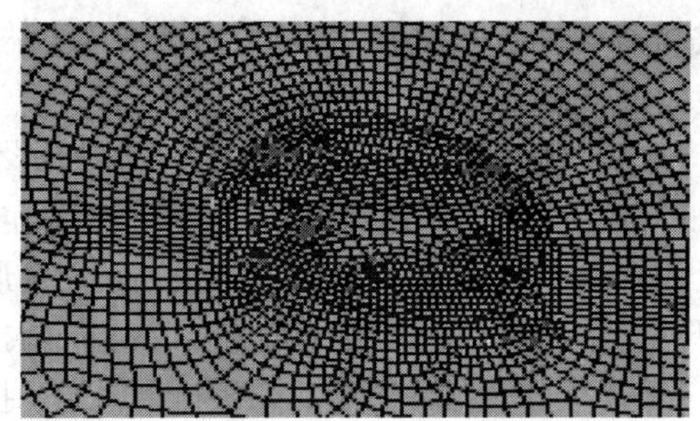
图 9-31 计算模型(二)

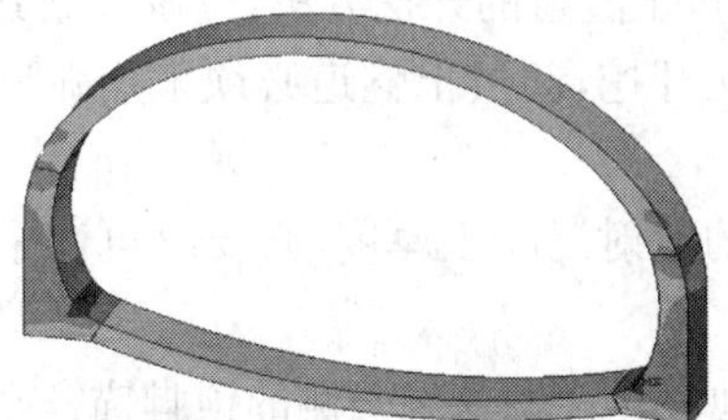
图 9-32 二次衬砌最大主压力

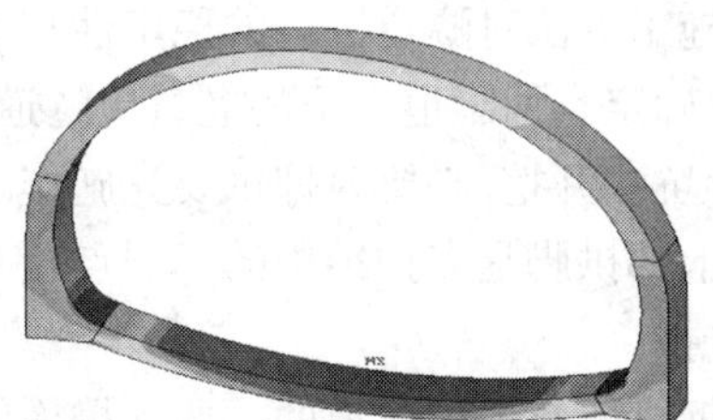
图 9-33 二次衬砌最小主压力

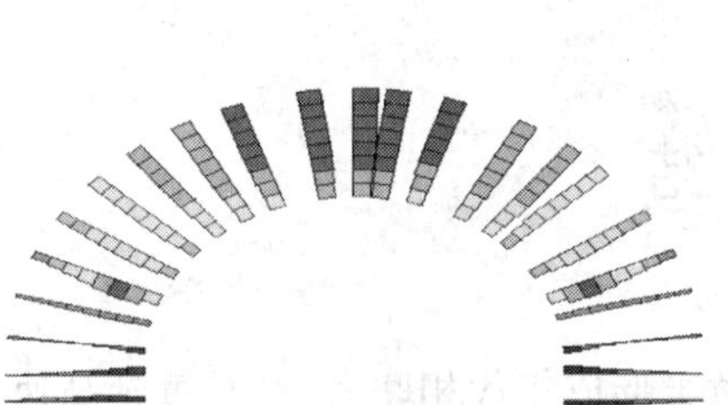
图 9-34 锚杆轴力

图 9-35 钢拱架应力

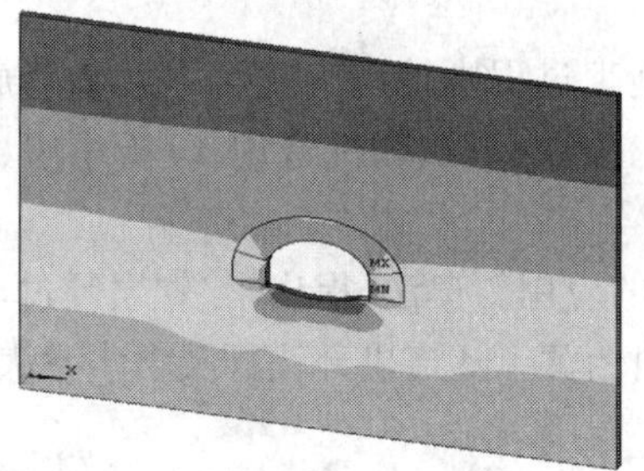
图 9-36 围岩最大主应力

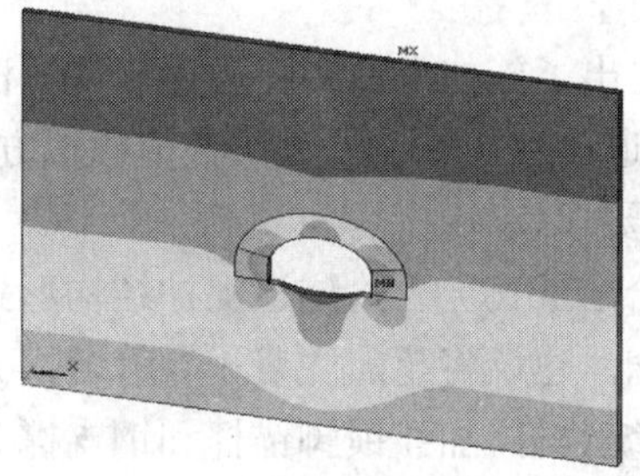
图 9-37 围岩最小主应力

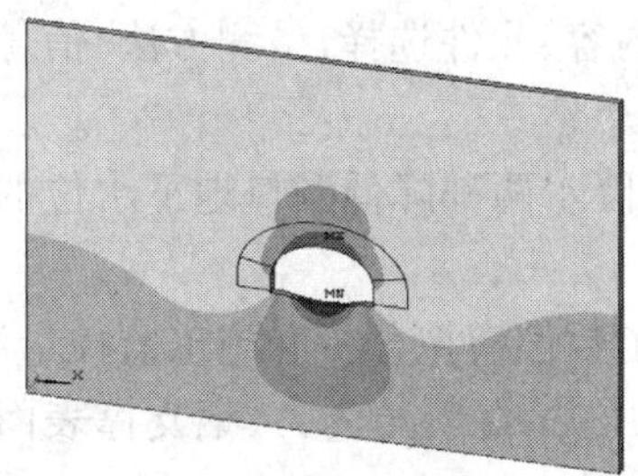
图 9-38 围岩竖向位移

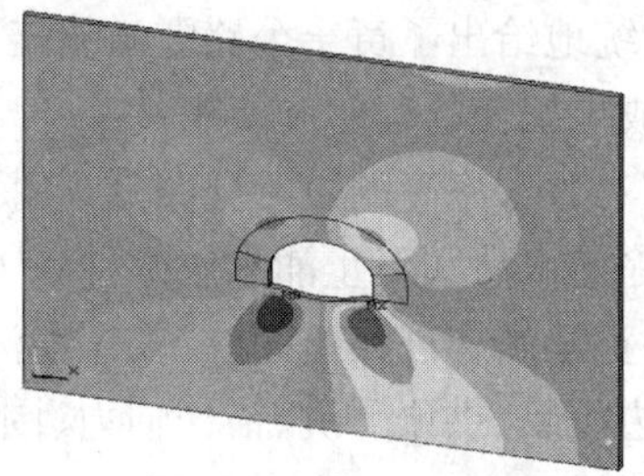
图 9-39 围岩水平位移

主要分析结论如下：

1. 支护结构

(1)黄土隧道的支护结构采用复合式衬砌是正确的，但在具体应用过程中应该遵循“软岩硬过，硬岩软过”的原则，老黄土隧道可以考虑围岩应力的释放；而对于含水率较大的浅埋新黄土隧道，必须控制围岩应力的释放。

(2)钢拱架是黄土隧道主要的支护构件，设计过程中要根据围岩的级别予以合理确定。

(3)黄土隧道中锚杆的悬吊、加固作用不是太明显，但锁脚锚杆绝对不能少。

(4)为了防止喷射混凝土的开裂和塑性变形，初次支护中的钢筋网必须设置为双层，上部拱脚应该加厚。对于含水率较大的软岩隧道，除了加大拱脚外，还可采用换填的方法增强拱脚的承载力。

(5)浅埋新黄土隧道中的二次衬砌明显承担一定的荷载，因此应该将其设计为钢筋混凝土衬砌。

2. 施工方法

(1)施工方法对隧道围岩的稳定性和支护结构影响很大。黄土隧道的开挖方法，应该根据其水文地质和埋深确定。两车道以下的老黄土隧道可以考虑采用台阶法开挖，新黄土隧道必须采用弧形导坑或者侧壁导坑法开挖，必要时仰拱要先施作。

(2)上部拱脚是支护结构的薄弱点，因此要特别注意拱脚的喷射混凝土厚度，必要时可以采用垫板等临时支护。

(3)钢拱架是黄土隧道的一要支撑构件，因此要及时正确地施作。钢拱架两侧的锁脚锚杆必须保证其数量和长度及施工质量，确保钢拱架的支护效果。

(4)新黄土隧道的二次衬砌要尽可能早地施作。

第六节　小　　结

通过室内数值模拟设计与实体工程施工监控量测可知：

(1)通过对黄土特性分析，黄土公路隧道设计围岩应与黄土形成年代相联系，针对黄延高速公路特点可将黄土隧道围岩分成Ⅳ级、Ⅴ级、Ⅵ级。

(2)提出了“工程类比初设，数值模拟校核，监控量测检验，动态反馈修改”的黄土公路隧道设计工作程序。

(3)提出了施加虚拟支撑力逐步释放法，成功实现了隧道施工过程中地应力随工序逐步释放；规范了公路隧道设计与施工过程的数值模拟方法，给出了模型建立、参数选取、软件选用、分析求解、成果处理的具体要求。

(4)给出了黄土公路隧道支护结构形式和设计参数。辨证的应用新奥法，提出了“软岩硬过，硬岩软过”的理念。建议将超前注浆小导管替换为超前砂浆锚杆，取消老黄土隧道拱部锚杆及含水率大的新黄土隧道系统锚杆，加强锁脚锚杆和钢支撑。

(5)给出了不同结构形式的黄土隧道的施工方法。对于含水率大的新黄土隧道，总结提出了仰拱先行，二次衬砌及时施作的“七步流水”施工方法。

(6)系统地给出了黄土公路隧道施工过程监控量测的具体内容、元件选择、量测方法、信息采集、数据分析和成果提交的程序和要求。

(7)针对含水率高的黄土公路隧道，提出了井点降水和导坑降水两种降低洞口地下水位的方法，以及采用排除涌水法和阻止涌水法两种施工中水害治理方法。

(8)对黄延高速公路道南隧道、彦麦沟隧道、汉寨隧道进行了数值模拟分析和施工监控量测。监测项目有周边收敛、拱顶下沉、锚杆轴力、围岩压力及两层支护间压力、混凝土内力、钢支撑表面应力等。提出以下建议：

①黄土隧道开挖预留量建议值：Ⅳ级围岩为12cm，Ⅴ级围岩为15cm，Ⅵ级围岩为8cm。

②超前注浆导管可以取消，其强度的损失可用加密钢拱架间距来补偿。

③取消黄土隧道的拱部系统锚杆，但要加强锁脚锚杆。

(9)研制了黄土公路隧道设计与施工技术指南，并将其应用于黄延高速公路隧道建设中。

特别在以下三方面作出了突出贡献：

(1)首次提出将黄土公路隧道中的超前注浆小导管换为超前砂浆锚杆，取消老黄土隧道拱部锚杆及含水率大的新黄土隧道系统锚杆，加强锁脚锚杆和钢支撑。

(2)首次提出施加虚拟支撑力逐步释放法，成功实现隧道施工过程中地应力随工序逐步释放。

(3)把黄土隧道的研究成果直接应用于黄延高速公路的彦麦沟隧道、汉寨隧道和道南隧道，效果良好。

参考文献

[1] 刘祖典.黄土力学与工程[M].西安:陕西科学技术出版社,1997.
[2] 关文章.湿陷性黄土工程性能新篇[M].西安:西安交通大学出版社,1990.
[3] 伍石生.压实黄土路基渗水特性和规律的研究[D].西安:西安公路交通大学,1997.
[4] 陈薇.城市道路湿软土基稳定及压实度控制[C]//中国土木工程学会七届年会论文集.1995.
[5] 戴经梁,等.陕西省高等级公路路堤沉降规律与防治的研究[R]//交通部"八五"行业联合攻关项目报告.西安:西安公路交通大学,1997.
[6] 折学森,等.高等级公路湿软性黄土路基稳定性及其防治研究[R]//交通部重点科技项目报告.西安:长安大学,2001.
[7] 黄绍铭,高大钊.软土地基与地下工程[M].2版.北京:中国建筑工业出版社,2005.
[8] 江苏宁沪高速公路股份有限公司,河海大学.交通土建软土地基工程手册[M].北京:人民交通出版社,2001.
[9] 刘玉卓.公路工程软基处理[M].北京:人民交通出版社,2002.
[10] 徐至钧.软土地基和预压法地基处理[M].北京:机械工业出版社,2005.
[11] 黄生文.公路工程地基处理手册[M].北京:人民交通出版社,1990.
[12] 洪毓康.土质学与土力学[M].2版.北京:人民交通出版社,1990.
[13] 方左英.路基工程[M].2版.北京:人民交通出版社,1993.
[14] 龚晓南.复合地基设计和施工指南[M].北京:人民交通出版社,2003.
[15] 黄文熙.土的工程性质[M].北京:中国水利电力出版社,1983.
[16] 折学森.软土地基沉降计算[M].北京:人民交通出版社,1998.
[17] 刘沐宇,朱瑞庚.基于模糊相似优先的边坡稳定性评价范例推理方法[J].岩石力学与工程学报,2002.
[18] 刘沐宇,朱瑞庚.基于神经网络范例推理的边坡稳定性评价方法[J].岩土力学,2001,5(2).
[19] 倪志伟,贯瑞玉,等.基于神经网络的范例推理[J].微机发展,2001(5).
[20] 蔡文,杨春燕,等.可拓工程方法[M].北京:科学出版社,1997.
[21] 高洁,盛昭瀚.可拓层次分析法研究[J].系统工程,2002(9).
[22] 钱鸿缙,等.湿陷性黄土地基[M].北京:中国建筑工业出版社,1985.
[23] 中华人民共和国行业标准.JTG F10—2006 公路路基施工技术规范[S].北京:人民交通出版社,2006.
[24] 中华人民共和国行业标准.JTG D30—2004 公路路基设计规范[S].北京:人民交通出版社,2004.
[25] 中华人民共和国国家标准.GB 50025—2004 湿陷性黄土地区建筑规范[S].北京:中国建筑工业出版社,2004.
[26] 中华人民共和国行业标准.JTG F10—2006 公路路基施工技术规范[S].北京:人民交通出版社,2006.
[27] 林杜军.浅谈近期饱和黄土的工程特征[J].西北地质,1994,15(3).
[28] 赵之胜,等.铜黄公路黄土高边坡性状分析与治理对策研究[R]//陕西省交通科技重点项目报告.西安:陕西省高速公路建设集团公司,2000.
[29] 长安大学,等.黄土地区公路修筑技术与病害防治研究分题报告[R]//陕西省高等级公路黄土高边坡稳定性及其防治研究.2001.
[30] 赵学勐,陈运理,等.考虑垂直裂隙影响的均质黄土挖方边坡稳定性分析[J].岩土工程学报,1981

(3).

[31] A Policy on Geometric Design Association of State of Highways and Streets Published by Highway and Transportation Officials Washingtons, 1994, 146-148.

[32] 李旭光，毛文碧，徐福有. 日本的公路边坡绿化与防护——1994 年赴日本考察报告[J]. 公路交通科技，1996，12(2)：59-65.

[33] 交通部第二公路勘察设计院. 路基[M]. 2 版. 北京:人民交通出版社,1996.

[34] 交通部铁路第一设计院. 铁路地质手册[M]. 北京:人民交通出版社,1975.

[35] 赵之胜,倪万魁,谢永利,等. 黄土高边坡防护技术[D]. 西安:长安大学,2005.

[36] 胡保存,折学森,等. 高等级公路黄土高边坡稳定性研究. 2000.

[37] 冯连昌,郑晏武. 中国湿陷性黄土[M]. 北京:中国铁道出版社,1982.

[38] 乔平定,李增钧. 黄土地区工程地质[M]. 北京:中国水利水电出版社,1994.

[39] 刘毓权. 黄土边坡稳定性分析初探[J]. 西北农业大学学报,1999,27(2).

[40] 李靖,周欣华,党进谦. 黄土边坡稳定性图解法[J]. 岩土工程学报,1998,20(4):40-43.

[41] 倪万魁. 黄土高边坡可靠性分析及优化设计[D]. 西安:西安工程学院,1999.

[42] 崔政权. 系统工程工程地质与岩土工程实践[J]. 岩石力学与工程学报,1995,4(2).

[43] 高大钊. 土力学可靠性分析原理[M]. 北京:中国建筑工业出版社,1989.

[44] 钱家欢,殷宗泽. 土工原理与计算[M]. 2 版. 北京:中国水利水电出版社,1996.

[45] 崔政权,李宁. 边坡工程——理论与实践最新发展[M]. 北京:中国水利水电出版社,1999.

[46] 叶万军,折学森,等. 基于可靠度理论的黄土高边坡优化设计[J]. 地球科学与环境学报,2005,27(2):82-85.

[47] 张绍波. 滑坡加固方案优化选择的灰色系统方法[J]. 灾害学,1999,14(4):36-39.

[48] 夏元友. 用层次分析法优选边坡加固方案[J]. 中国地质灾害与防治学报,1997,8(3):1-6.

[49] 夏元友,朱瑞赓. 不稳定边坡治理方案的多层次模糊综合群决策[J]. 自然灾害学报,1998,7(1):60-65.

[50] 夏元友,朱瑞赓. 病害边坡治理方案选择的智能辅助决策系统[J]. 岩石力学与工程学报,1998,17(4):453-458.

[51] Xia Yuanyou,Zhu Ruigeng. Neural Network Approach to Rock Slope StabilitX, Proceeding of the German-Chinese Symposium on New Building Technology, Urban Planning, Environmental Engineering, Stuttgart. 2000, 10: 79-83.

[52] Xia Yuanyou . Modular neural networks for rock slope stability assessment. Hong Kong: Proceedings of the Fourteenth Southeast Asian Geotechnical Conference, 2001.

[53] 秦四清. 土钉支护结构优化设计[J]. 中国岩土,2000(1):41-45.

[54] 张发明,陈祖煌,刘宁,等. 确定预应力锚索设计参数的优化方法[J]. 地下空间,2001,21(4):305-310.

[55] 李林,李锁平. 朱矿东山头滑体锚固优化研究[J]. 岩石力学与工程学报,2002,21(9):1375-1377.

[56] 唐辉明,等. 京珠高速公路湖北大悟段岩质高边坡优化设计与施工工艺研究[J]. 湖北省京珠高速公路建设指挥部,中国地质大学工程学院,2001.

[57] 韩西安,邱铭铭,刘可佳. 三峡工程中陡高边坡圆弧坡面开挖模型[J]. 装备指挥技术学院学报,2003,14(5):97-100.

[58] 尹顺德. 滑坡加固方案优化的智能方法研究[D]. 武汉:中国科学院武汉岩土力学研究所,2003.

[59] 郑南翔,丛卓红,李炜,等. 公路黄土Ⅱ区,Ⅲ区深路堑,高路堤合理断面灰色系统评价[C]. 第五届交通运输领域国际学术会议论文集,2005,6:37-43.

[60] 程良奎,杨志银. 喷射混凝土与土钉墙[M]. 北京:中国建筑工业出版社,1998.

[61] 何福道.高速公路边坡防护与加固初探[J].公路,2001(2):55-57.
[62] 刘玉海,张骏,倪万魁.延安城市工程地质[M].武汉:中国地质大学出版社,1988.
[63] 陈志新,等.黄土高边坡层状结构与稳定性关系研究[J].工程地质学报,2002(10).
[64] 楚华栋,殷玉堂.黄土的抗拉强度[C].西北铁路科学院西北研究所,1979.
[65] 黄润秋,等.高边坡稳定性研究现状及发展展望[J].水文地质工程地质,1991(1).
[66] 高德彬,等.边坡稳定性分析方法综述[C]//地球探测科学与技术新进展.北京:中国科学技术出版社,2002.
[67] 雷祥义.中国黄土的孔隙类型与湿陷性[J].中国科学,1987(12):1304-1306.
[68] 陈祖煜.边坡稳定分析的极限平衡法[D].北京:清华大学,1991.
[69] 丰定祥,等.边坡稳定性分析中几个问题的探讨[J].岩土工程学报,1990,12(3).
[70] 刘东生,等.黄土与环境[M].北京:科学出版社,1985.
[71] 刘祖典.黄土高陡边坡的失稳机理和锚固措施[J].人民黄河,1994(4).
[72] 马洪文,等.神经网络在边坡稳定性分析中的应用[J].中国地质灾害与防治学报,2000,10(1).
[73] 刘志斌,王志宏.圆弧滑坡最危险滑弧圆心位置的求解方法[J].煤炭学报,1997,22(6).
[74] 任伟新.三门峡地区路堑黄土边坡稳定性研究[D].西安:长安大学,2003.
[75] 孙建中,赵景波,等.黄土高原第四纪[M].北京:科学出版社,1991.
[76] 严西华.黄土高路堑边坡稳定性分析[D].西安:长安大学,2001.
[77] 杨喜田,董惠英,黄玉荣.黄土地区高速公路边坡稳定性的研究[J].水土保持学报,2000,14(1):79-80.
[78] Yang H. huang.土坡稳定分析[M].包承纲,译.北京:清华大学出版社,1988.
[79] 李继华.可靠性数学[M].包承纲,译.北京:中国建筑工业出版社,1998.
[80] 汪荣鑫.数理统计[M].西安:西安交通大学出版社,1986.
[81] 祝玉学.边坡可靠性分析[M].北京:冶金工业出版社,1993.
[82] 顾克明,等.公路桥涵设计手册(涵洞)[M].北京:人民交通出版社,2001.
[83] 陆宝宏,汤有光,陆晓明.识别合适的降雨强度—历时—频率模型的方法[J].河海大学学报.2001,29(4):109-114.
[84] 李家春,田伟平,吕亚莉.高等级公路路面集中排水水力计算[J].重庆交通学院学报,2002,21(4):54-56.
[85] 李佩成.怎样建立经验公式[M].西安:西安地图出版社,1996.
[86] 李素琴.高速公路边沟排水的设想[J].山西交通科技,2004.
[87] 谈至明.公路截水沟设计和典型结构[J].公路交通科技,2005,22(5):43-46.
[88] 沈永欢,梁在中,等.实用数学手册[M].北京:科学出版社,1999.
[89] 延安地区革命委员会水电局.陕北水文手册.1971.
[90] 中华人民共和国行业标准.JTJ 018—1997 公路排水设计规范[S].北京:人民交通出版社,1997.
[91] 卞金露,黎放,胡涛.基于熵权多目标决策的战时物资运输方案优选研究[J].海军工程大学学报,2004,16(1):74-78.
[92] 邱菀华.管理决策与应用熵学[M].北京,机械工业出版社,2001.
[93] 王晗生.黄土高原植被建设中若干关键问题的研究[D].西北农林科技大学,2002.
[94] 王选仓,王秉纲.路基边坡植物防护研究.2001.
[95] 张志涌,等.精通MATLAB[M].北京:北京航空航天大学出版社,2001.
[96] 周培德,张俊云.植被护坡工程技术[M].北京:人民交通出版社,2003.
[97] 邹年根,罗伟祥.黄土高原造林学[M].北京:中国林业出版社,1997.
[98] 飞思科技产品研发中心.MATLAB6.5.辅助优化计算与设计.2003.

[99] 南京水利科学研究院土工研究所. 土工试验技术手册[M]. 北京:人民交通出版社, 2003.

[100] Alonso E E. Risk analysis of slope and its application to slopes in Canadian sensitive clays[J]. Geotechnique. Vol. 26, No. 3. 453-472.

[101] Ang A H-S, Tang W H. Probability concepts in engineering planning and design. New York: John Wiley & Sons, 2009.

[102] Baecher G B. Reliability analysis of offshore structures. Reliability Theory an ts Application on Structural and Soil Mechanise. Martincs, Nijhoff Publishers, The Netherlands.

[103] Benjamin J R Cornell C A. Probability, statistics and decision for civil engineers. McGrawHill, New York.

[104] Bishop A W. The use of the slip circle in the stability analysis of slopes[J]. Geotechnique, 1995, 5(1).

[105] Bishop A W, Morgenstern N R. Stability coefficients for earth slopes[J]. 1960, 10(4).

[106] Bjerrum L, Eide O. Stability of strutted excavations in clay[J]. Geotechnique, 1956, 6(1): 32-47.

[107] Christian J T eral. Reliability applied to slope stability analysis[J]. Geotech. Engrg. Div, ASCE, Vol. 120, No. 12, 2180-2107.

[108] Ditlevsen O. Uncertainty modeling. McGraw-Hill Inc. New York.

[109] Govindarajuetal. Approximate analytical solutions for overland flow[J]. Water Resources Research, 1990, 26(2).

[110] Greenwood J R, Vickers A W, Coppin N J, Morgan R P C and Norris J E. Bioengineering: The Lonham Wood Cutting Field Trial. CIRIA.

[111] Janbu N. Slope stability computations[J]. Embankment-Dam Engineering, 1973.

[112] Wu T H. Probabilistic analysis of offshore site exploration[J]. Geotech. Engrg. Div. ASCE, Vol. 112, No. 11: 981-999.

[113] 张宗祜. 中国黄土[M]. 北京:地质出版社, 1989.

[114] 王永炎. 黄土与第四纪地质[M]. 西安:陕西人民出版社, 1982.

[115] 王景明. 黄土构造节理的理论及其应用[M]. 北京:中国水利水电出版社, 1996.

[116] 李萍. 黄土边坡可靠性研究[D]. 西安:长安大学, 2006.

[117] 叶万军. 黄土路堑高边坡优化设计理论和方法研究[D]. 西安:长安大学, 2006.

[118] 王念秦. 黄土滑坡发育规律及其防治措施研究[D]. 成都:成都理工大学, 2004.

[119] 叶万军. 基于可靠度理论的黄土高边坡优化设计[D]. 西安:长安大学, 2003.

[120] 李亚兰. 黄土边坡坡面稳定性及其防护措施研究[D]. 西安:长安大学, 2005.

[121] 方鹏. 黄土边坡剥落病害处治技术研究[D]. 西安:长安大学, 2007.

[122] 王其江. 西北黄土边坡工程稳定性研究[D]. 阜新:辽宁工程技术大学, 2002.

[123] 陕西省公路勘察设计院, 长安大学. 铜黄公路黄土高边坡性状分析与治理对策研究[R]. 陕西省交通厅科技项目研究报告, 2002.

[124] 陕西省公路勘察设计院, 长安大学, 谢永利, 等. 黄土高边坡防护技术[R]. 交通部重点科技项目研究报告, 2005.

[125] 陕西省交通厅, 长安大学. 陕西省高等级公路黄土高边坡稳定性及其防治研究[R]. 陕西省交通厅科技项目研究报告, 2001.

[126] 胡雄韬. 甘肃省黄土地区路堑边坡防护[J]. 甘肃科学学报, 2006, 18(2): 112-114.

[127] 叶万军, 杨更社. 黄土高边坡稳定性评价的改进可拓工程法[J]. 煤田地质与勘探, 2007, 35(6): 48-50.

[128] 刘悦, 黄强兵. 黄土路堑边坡开挖变形机理的离心模型试验研究[J]. 水文地质工程地质, 2007

(3):59-62.

[129] Donald,Chen Z Y. Slope stability analysis by upper bound approach:fundamentals and methods [J]. Geotech. J,1997,34: 853-862.

[130] G R Foster L D Meyer, C A Onstad. An erosion equation derived from basic eosion principles [J]. Tran of the ASAE,1997,20(4).

[131] 时卫民，叶晓明，郑颖人. 阶梯形边坡的稳定性分析[J]. 岩石力学与工程学报，2002,21(5):698-701.

[132] 周幼吾，郭东信，邱国庆，等. 中国冻土[M]. 北京：科学出版社，2001.

[133] 徐学组，王家澄，张立新. 冻土物理学[M]. 北京：科学出版社，2000.

[134] 杨更社，张全胜. 冻融环境下岩体细观损伤及水热迁移机理分析[M]. 西安：陕西科学技术出版社，2006.

[135] 牛富俊，张鲁新，俞祁浩，等. 青藏高原多年冻土区斜坡类型及典型斜坡稳定性研究[J]. 冰川冻土，2002,24(5):608-603.

[136] Mikkola M a,d J Hartikainen. Mathematical model of soil freezing and its numerical implementation [J]. International Journal for numerical methods in engineering,2001, 52: 543-557.

[137] Mikk ola M a,d J Hartikainen. Computational aspects of soil freezing problem [J]. In Fifth World Congress on Computational Mechanics[C]. Coemma. Aistroa. 2002.

[138] 徐光苗. 寒区岩体低温、冻融损伤力学特性及多场耦合研究[D]. 武汉：中国科学院研究生院(武汉岩土力学研究所)，2006.

[139] 程国栋. 冻土力学与工程的国际研究进展[J]. 地球科学进展，2001,16(3): 293-299.

[140] 朱元林，王显旭. 应变速率及温度对冻结粉土抗拉强度的影响[J]. 冰川冻土，1995,17.

[141] 何平，朱元林. 饱和冻结粉土的动弹模与动强度[J]. 冰川冻土，1995,17(3):78-81.

[142] 葛修润，任建喜，蒲毅彬，等. 岩土损伤力学宏细观试验研究[M]. 北京：科学出版社，2004.

[143] 李宁，程国栋，徐学祖，等. 冻土力学的研究进展与思考[J]. 力学进展，2001,31(1):95-102.

[144] 李萍，徐学祖，蒲毅彬，等. 利用图像数字化技术分析冻结缘特征[J]. 冰川冻土，1999,21(2):175.

[145] 徐光苗，刘全声，张秀丽. 冻结温度下岩体 THM 完全耦合的理论初步分析[J]. 岩石力学与工程学报，2004,23(21):3709-3713.

[146] 陈炜韬，王鹰，王明年，等. 冻融循环对盐渍土黏聚力影响的试验研究[J]. 岩土力学，2007,28(11):2343-2346.

[147] 陈肖柏，刘建坤，刘鸿绪. 土的冻结作用与地基[M]. 北京：科学出版社，2006.

[148] 李益新，李松岩，赵秀杰. 克拜地区土体冻融作用与侵蚀沟发育特征浅析[J]. 黑龙江水专学报，2000,27(3):89-90.

[149] 谢贻权，林钟祥，丁皓江. 弹性力学[M]. 杭州：浙江大学出版社，1988.

[150] 高家美，顿志林. 楔形体应力理论及其在工程中的应用[M]. 北京：煤炭工业出版社，2001.

[151] 鞠杨，李业学，谢和平. 节理岩石的应力波动与能量耗散[J]. 岩石力学与工程学报，2006,25(12):2426-2432.

[152] 赵坚，蔡军刚，赵晓豹，等. 弹性纵波在具有非线性法向变形本构关系的节理处的传播特征[J]. 岩石力学与工程学报，2003,22(1):9-17.

[153] 唐春安，王述红，傅宇方. 岩石破裂过程数值试验[M]. 北京：科学出版社，2003.

[154] 唐春安，杨天鸿，等. 孔隙水压力对岩石裂纹扩展影响的数值模拟[J]. 岩土力学，2003,(24):18-20.

[155] 冷雪峰，唐春安，等. 非均匀孔隙水压力下水压致裂的数值试验[J]. 东北大学学报(自然科学版)，2003,24(3):288-291.

[156] 肖世国,周德培.开挖边坡松弛区的确定与数值分析方法[J].西南交通大学学报,2003,38(3):318-322.

[157] 肖世国.岩石高边坡开挖松弛区及加固支挡结构研究[D].成都:西南交通大学,2003.

[158] 张学言.岩土塑性力学[M].北京:人民交通出版社,1993.

[159] 肖世国,周德培.开挖边坡应力场的近似解析解[J].水利学报,2005,36(1):16-21.

[160] 王铁行,刘自成,卢靖.黄土导热系数和比热容试验研究[J].岩土力学,2008,28(4):654-658.

[161] 王伟,马连湘,柯顺魁,等.ADINA 及其在热分析中的应用[J].设计·研究·分析,2007(1):31-32.

[162] Swan,Christopher,Greene, Christopher. Freeze-thaw effects on boston blue clay[J]. Journal of Engineering and Applied Science, Soil Improvement for Big Digs. 1998, 81: 161-176.

[163] Bondarenko G I,Sadovsky A V. Water content effect of the thawing clay soils on shear strength [C]. Proc. 7th Int. Symp. Ground Freezing. A. A. Balkema, Rotterdam, Netherlands. 1991: 123-127.

[164] Ogata N, Kataoka T and Komiya A. Effect of freezing - thawing on the mechanical properties of soil[C]. Proc. Proc. 4th Int. Symp. Ground Freezing, Sapporo, Japan. 1985: 201-207.

[165] 马巍,徐学祖.冻融循环对石灰粉土剪切强度特性的影响[J].岩土工程学报,21(2):158-160.

[166] Goto Shigeru. Influence of a freeze and thaw cycle on liquefaction resistance of sandy soils[J]. Soilsand Foundations. 1993, 33(4): 148-158.

[167] 彭小云,高德彬,等.高陡边坡稳定性的概率分析[J].西安:长安大学学报(地球科学版),2003,25(3):67-70.

[168] 蔡文.可拓论及其应用[J].科学通报,1999,44(7):673-682.

[169] 谢全敏,夏元友.岩体边坡稳定性的可拓聚类预测方法研究[J].岩石力学与工程学报,2003,22(3):438-441.

[170] 中华人民共和国国家标准.JTG B01—2003 公路工程技术标准[S].北京:人民交通出版社,2004.

[171] 中华人民共和国行业标准.JTJ/T 019—1998 公路土工合成材料应用技术规范[S].北京:人民交通出版社,1998.

[172] 中华人民共和国行业标准.JTG E50—2006 公路工程土工合成材料试验规程[S].北京:人民交通出版社,2006.

[173] 姚祖康.公路排水设计手册[M].北京:人民交通出版社,2002.

[174] 交通部第二公路勘察设计.公路设计手册 路基[M].2版.北京:人民交通出版社,1997.

[175] 蒋焕章.公路水毁防治技术[M].北京:人民交通出版社,1993.

[176] 蒋焕章.公路水文勘测设计及水毁防治[M].北京:人民交通出版社,2002.

[177] 张林洪,吴华金.公路排水设施施工手册[M].北京:人民交通出版社,2005.

[178] 高速公路丛书编委会.高速公路路基设计与施工[M].北京:人民交通出版社,1998.

[179] 中华人民共和国行业标准.JTG E40—2007 公路土工试验规程[S].北京:人民交通出版社,2007.

[180] 中华人民共和国国家标准.GB 50014—2006 室外排水设计规范[S].北京:中国计划出版社,2006.

[181] 台湾省技术标准.公路排水设计规范[S].台北:幼师文化事业公司,1998.

[182] 山西大学黄土高原地理研究所.黄土高原整治研究——黄土高原环境问题与定位试验研究[R].北京:科学出版社,1992.

[183] 黄文熙.土的工程性质[M].北京:中国水利水电出版社,1981.

[184] 任钰芳. 农田灌溉对黄土路基稳定性的影响研究[D],西安:长安大学,2001.

[185] 杨国峰. 陕北黄土地区公路边坡冲蚀破坏与防治对策研究[D]. 西安:长安大学,2004.

[186] 龚晓南. 高等土力学[M]. 杭州:浙江大学出版社,1996.

[187] 中华人民共和国行业标准. JTJ 061—1998 公路工程地质勘察规范[S]. 北京:人民交通出版社,1998.

[188] 岩土工程手册编写委员会. 岩土工程手册[M]. 北京:中国建筑工业出版社,1994.

[189] 杨宏波. 关于路基排水沟深度的讨论[J]. 公路,1990.

[190] 蔡强国,王贵平,陈永宗. 黄土高原小流域侵蚀产沙过程与模拟[M]. 北京:科学出版社,1998.

[191] 黄锡荃. 水文学[M]. 北京:高等教育出版社,1993.

[192] 刘杰. 土的渗透稳定与渗流控制[M]. 北京:水利电力出版社,1992.

[193] 毛昶熙. 渗流计算分析与控制[M]. 北京:水利电力出版社,1990.

[194] 张红武,吕昕. 弯道水力学[M]. 北京:水利电力出版社,1993.

[195] 柯葵,朱立明,李嵘. 水力学[M]. 上海:同济大学出版社,1990.

[196] 华东水利学院. 水力学(上册)[M]. 北京:科学出版社,1979.

[197] 沈冰,王文焰,沈晋. 短历时降雨强度对黄土坡地径流形成影响的实验研究[J]. 水利学报,1994.

[198] 郭庆国,孙维卫,马里,等. 砂石滤层应用中的几个问题[J]. 西北水电,2002(3):28-32.

[199] 庞志伟,张林洪,吴华金,等. 公路工程反滤设计的方法和建议[J]. 昆明理工大学学报(理工版),2003(3):150-156.

[200] 刘杰,张雄. 多级配砾石土反滤设计方法试验研究[J]. 岩土工程学报,1996(11):1-9.

[201] 刘杰. 当前反滤设计中的几个问题[R]. 北京:水利水电科学研究院,1992:42-63.

[202] 康顺祥. 天然滤层[J]. 防渗技术,1999(1):1-5.

[203] 康顺祥,陈博. 用作反滤料时选择无纺土工织物的新方法[J]. 防渗技术,2000(2):1-6.

[204] 公路排水设计中的土工合成材料应用技术[J]. 同济大学学报,2004.

[205] 四川省公路局,同济大学,凉山州公路局. 西部交通建设科技项目公路排水系统设计方法的研究"研究报告[R]. 2003.

[206] 贵州省交通规划勘察设计研究院,同济大学. 西部交通建设科技项目——路用防排水材料的开发研究报告[R]. 2003.

[207] N W M John,P D J Watson. 土工织物反滤准则和土颗粒拱[J]. 陈劲松,译. 土工基础,1995.

[208] 俞玉良. 允许流速的修正系数[J]. 重庆交通学院学报,1997(3).

[209] 钱国超. 高速公路边沟排水与美化设计[J]. 公路,2003(4).

[210] 李家春,田伟平,郭平,等. 黄土路基边坡降雨侵蚀特征及压实黄土可蚀性试验[C]//第五届交通运输领域国际学术会议论文集. 2005.

[211] 土工合成材料工程应用手册编写委员会. 土工合成材料工程应用手册[M]. 2版. 北京:中国建筑工业出版社,2000.

[212] Institute of Mountain Hazards and Environment,Chinese Academy of sciences & Ministry of Water Conservancy, Disaster Prevention research Institute, Kyoto University. China-Japan Joint on the Mechanism and the Countermeasures for the Viscous Debris Flow[J]. 1999:64-125.

[213] 中华人民共和国行业标准. JTG H10—2009 公路养护技术规范[S]. 北京:人民交通出版社,2009.

[214] 李家春. 黄土山区高等级公路排水技术研究[D]. 西安:长安大学,2000.

[215] 刘强. 西部区黄土湿陷性评价及处治技术研究[D]. 重庆:重庆交通学院,2003.

[216] 张书函. 天然降雨条件下坡地水量转化的动力学模式及其应用[J]. 水力学报,1998(4).

[217] 王协康,方铎,曹叔尤.山区流域坡面流的一种近似解[J].山地研究,1998,16(4):263-267.
[218] 黄锡荃,李惠明,金伯欣.水文学[M].北京:高等教育出版社,1992.
[219] 陈力.坡面水流和细沟侵蚀的动力学研究[D].北京:中国科学院力学研究所.
[220] 王志贵.黄土路基冲蚀及防治技术研究[D].西安:长安大学,2000.
[221] 杨和雄,李宗文.模糊数学和它的应用[M].天津:天津科技出版社,1993.
[222] 高冬光.公路与桥梁水毁防治[M].北京:人民交通出版社,2002.
[223] 陈力,刘青泉,李家春.坡面降雨入渗产流规律的数据模拟研究[J].泥沙研究,2001(4):61-67.
[224] Govindaraju R S. On the diffusion wave model foroverland flow Water Resour. Res. 1998 ,24 (5): 734-754.
[225] Ponce V M, R - M Li a,d D B Simons. Applicability of Kinematic and diffusion models ,J . Hy2draul. Div. Amer. Soc. Civil. Eng. 1978 , 104 : 353-360.
[326] Woolhiser D A, Ligget J A. Unsteady , onedimension flow over a plane. The rising hydrograph , Water Resour. Res , 1967, 3(3): 753-771.
[227] 戚隆溪,黄兴法.坡面降雨径流和土壤侵蚀的数据模拟[J].力学学报,1997,29(3):56-62.
[228] 沈冰,李怀恩,沈晋.坡面降雨强度漫流过程中有效糙率的实验研究[J].水力学报,1994(10).
[229] M.霍利.侵蚀与环境[M].余新晓,等,译.北京:中国环境科学出版社,1987.
[230] 中华人民共和国交通部.2006全国交通工作会议报告[R].2006.
[231] 吕伟民.国外沥青稳定柔性基层的材料与结构[J].中外公路,2004,24(6).
[232] 杨群.高速公路沥青稳定基层结构与设计方法研究[D].南京:东南大学,2001.
[233] 葛折圣,黄晓明.根据疲劳性能优选沥青稳定基层的矿料级配[J].东南大学学报,2001,31(3).
[234] 袁宏伟.沥青稳定碎石基层材料设计方法研究[D].西安:长安大学,2003.
[235] 易湘舒.多年冻土地区沥青稳定碎石基层混合料路用性能研究[D].西安:长安大学,2003.
[236] 中华人民共和国行业标准.JTG D50—2006 公路沥青路面设计规范[S].北京:人民交通出版社,2006.
[237] 李福普,陈景,严二虎.新型沥青路面结构在我国的应用研究[J].公路交通科技,2006,23(03):10-14.
[238] 姚祖康.铺面工程[M].上海:同济大学出版社,2001.
[239] 沈金安.沥青及沥青混合料的路用性能[M].北京:人民交通出版社,2001.
[240] 沈金安.国外沥青路面设计方法汇总[M].北京:人民交通出版社,2004.
[241] 林绣贤.沥青混凝土合理集料组成的计算公式[J].华东公路,2003,2(1).
[242] Goode J F,L A Lufsey . A new graphical chart for evaluating aggregate gradations. AAPT, Volume 31,1962.
[243] 郝培文,徐金枝,周怀治.应用贝雷法进行级配组成设计的关键技术[J].长安大学学报(自然科学版),2004,24(6):1-6.
[244] 陈爱文,郝培文.应用贝雷法设计和检验级配[J].中外公路,2004,24(5):101-103.
[245] 李立寒,郭亚兵,郑航.级配组成与沥青混合料体积参数的关系[J].建筑材料学报,2005,8(6).
[246] F J Warren. U. S. [P]. No. 727,505, 1903-05.
[247] E. Johannsen. Bitumose Dauerdecken ,Stadte-ban und Strassenbau,Neve Folge,Bd. 11,1993.
[248] N W Mcleod. Void requirements for dense-graded bituminous paving mixtures. ASTM S pecial Technical Publication NO. 252,1959-06.
[249] Hudson S B, Davis R L. Relationship of aggregate voidage to gradation[A]. AAPT, Volume31, 1965.
[250] 林绣贤.柔性路面结构设计方法[M].北京:人民交通出版社,1988.

[251] 贾渝，曹荣吉，李本京. 高性能沥青路面基础参考手册[M]. 北京：人民交通出版社，2005.
[252] 刘朝晖，张起森. 沥青混合料大型马歇尔击实试验与路用性能研究[J]. 长沙理工大学学报(自然科学版)，2005，2(1).
[253] 王旭东. 大型马歇尔击实试验研究[J]. 公路交通科技，2002，19(1).
[254] 林绣贤. 再论 HMA 的矿料间隙率 VMA[J]. 上海公路，2005(4).
[255] 王富玉. 大粒径沥青混合料(LSM)的路用性能研究[D]. 西安：长安大学，2001.
[256] 葛折圣. 沥青稳定基层疲劳性能研究[J]. 华东公路，2001(3).
[257] 麦剑，罗灵先. 沥青路面施工过程中离析的预防[J]. 中外公路，2004，24(4).
[258] 沈金安. 关于沥青混合料的均匀性和离析问题[J]. 公路交通科技，2001.
[259] Brock J D，May J G，Renegar Greg. Segregation：cause and cures. Technical Paper T-117，2003.
[260] Boyant L J. Effect of segregation of an asphaltic concrete mixture on extracted asphalt percentage. AAPT. 1967，36：207-217.
[261] Brown E R，Brownfeild J R. Investigation of segregation of asphalt mixtures in the state of georgia. In： Report No. FHWA-GA-88-8703. Highway Research Center， Auburn University. 1988.
[262] 郑晓光，丛林. 沥青混合料离析评价方法介绍[J]. 石油沥青，2005，19(6).
[263] 沙庆林. 高等级公路半刚性基层沥青路面[M]. 北京：人民交通出版社，1998.
[264] 张登良，郑南翔，等. 半刚性材料抗裂性能研究之二[R]. 西安公路学院科学技术报告，1988.
[265] 沙爱民. 半刚性路面材料结构与性能[M]. 北京：人民交通出版社，1998.
[266] 陈晔，张起森，等. 纤维加固土路面基层的研究与应用[J]. 北京：人民交通出版社，1995.
[267] 严继民. 吸附与凝聚——固体的表面与孔[M]. 2 版. 北京：科学出版社，1986.
[268] 大连工学院，西安交通大学. 物理化学[M]. 上海：上海科学技术出版社，1984.
[269] 杨同文. 塑料材料[M]. 成都：成都科技大学出版社，1987.
[270] 陈宗琪. 胶体化学[M]. 北京：高等教育出版社，1984.
[271] 黄国兴. 混凝土的收缩[M]. 北京：中国铁道出版社，1990.
[272] A W 亚当森. 表面物理化学[M]. 顾惕人，译. 北京：科学出版社，1979.
[273] A M 内维尔. 混凝土的性能[M]. 李国祥，等，译. 北京：中国建筑工业出版社，1983.
[274] F M 李尔. 水泥和混凝土化学[M]. 唐明述，等. 译. 北京：中国建筑工业出版社，1980.
[275] 冯乃谦. 高性能混凝土[M]. 北京：中国建筑工业出版社，1996.
[276] 蔡正咏. 混凝土性能[M]. 北京：中国建筑工业出版社，1979.
[277] 南京工业学院，武汉建材学院，同济大学，等. 水泥工艺原理[M]. 北京：中国建筑工业出版社，1980.
[278] 吴赣昌，凌天清. 半刚性基层温缩裂缝的扩展机理分析[J]. 中国公路学报，1998.
[279] 蒋承楷，王晓明，等. 半刚性基层沥青路面温缩裂缝形成机理的探讨[J]. 东北公路，1998(1).
[280] 张晓冰. 半刚性基层沥青路面裂缝出现原因分析及防治措施[J]. 河南交通科技，1999(2).
[281] 梁军林. 水泥混凝土路面断裂破坏机理及应用研究[D]. 西安：长安大学，2004.
[282] Elmer C，Hansen，RoyJohannesen a，d Jamshid M，Armaghani. Field effects of water pumping beneath concrete pavement slabs. Journal of Transportation Engineering，1996，117(6).
[283] 傅智，杨东来，等. 防治水泥混凝土路面的水冲刷破坏[J]. 公路，2000(6).
[284] 潘国进，等. 二灰稳定碎石混合料组成设计构想[J]. 华东公路，2001(3).
[285] 马松林，等. 土石混合料室内振动压实研究[J]. 中国公路学报，2001(1).
[286] 周晓龙，等. 嵌挤骨架式二灰稳定碎石基层的研究与工程实践[J]. 吉林交通科技，1999(1).

[287] 汪荣鑫.数理统计[M].西安:西安交通大学出版社,1986.

[288] 蒋应军.水泥稳定碎石基层收缩裂缝防治研究[D].西安:长安大学,2001.

[289] 蒋新明.二灰稳定碎石抗裂性的研究[J].中国公路学报,2002(3).

[290] 刘海英.二灰稳定碎石的性能影响因素及设计方法的研究[J].东北公路,2000(1).

[291] 刘红瑛.骨架密实型二灰稳定碎石基层配合比设计方法及路用性能研究[D].西安:长安大学,2001.

[292] 姜爱锋,等.二灰稳定碎石组成配合比设计[J].同济大学学报,1999(3).

[293] 张登良,等.半刚性基层材料收缩抗裂性能研究[J].中国公路学报,1991(1).

[294] 卢永贵.粗集料间隙率试验研究[J].西安公路交通大学学报,2001(1).

[295] 周新锋.水泥稳定碎石混合料配合比设计及路用性能研究[D].西安:长安大学,2005.

[296] 滕旭秋.二灰稳定碎石基层混合料组成设计及路用性能研究[D].西安:长安大学,2002.

[297] 中华人民共和国行业标准.JTG E51—2009 公路工程无机结合料稳定材料试验规程[S].北京:人民交通出版社,2009.

[298] 孙德栋,等.提高二灰稳定碎石早期强度试验研究[J].公路,2001(9).

[299] 梁富权,等.外掺剂对二灰混合料早期强度的作用机理[J].重庆交通学院学报,1991(3).

[300] 黄毅.外掺剂对二灰混合料强度的影响机理分析[J].中国公路学报,1993(4).

[301] 杨锡武.粉煤灰水泥过程模型研究[J].中国公路学报,1994(1).

[302] M Saito a,d M Kawamura. Effect of fly ash and slag on the interfacial zone between cement and aggregate. In: Fly Ash, Silica Fume, Slag & Natural Pozzolans In concrete, Proceedings Third International Conference, Trondheim, Norway, June18-23, 1989, 669-688.

[303] H Vchiwake a,d S Uchida Influence of pozzolana on the hydration of C_3A. In: 7th International Congress on the Chemistry of Cement, Vol. III, IV24-29.

[304] Weil G. Die beanspruchung von betonfahrbahnplatten. Strsssen und Tiefbau, 1963, 17(11): 1217-1228.

[305] 沈金安.改性沥青与SMA路面[M].北京:人民交通出版社,1990.

[306] 徐金枝.基于三级分散体系的沥青混合料配合比设计方法研究[D].西安:长安大学,2004.

[307] 卢永贵.沥青玛蹄脂碎石混合料研究[D].西安:长安大学,2001.

[308] Kajima Corp. Mix design of concrete for roller compacted concrete pavements . Annual Report of Kajima Institute of Construction Technology ,1989,37:1-10.

[309] OZAWA Koichi. Design method for mixing formulas of asphalt mixtures considering aggregate voids. Technical Research Laboratory,Obayashi Road Corp. 2-12-36 Numakage, Saitama 336-0027 Japan Sekiyu Gakkai Shi,2002,45(2).

[310] 卢永贵,张登良.基于路用性能的沥青混合料体积设计方法[J].西安公路交通大学学报,2001,21(2):30-33.

[311] 沈金安,李福普.SMA路面设计与铺筑[M].北京:人民交通出版社,2003.

[312] 卢永贵.SMA骨架标准的研究[J].西南交通大学学报,2002,37(1):14-18.

[313] 沙庆林.高速公路沥青路面早期破坏现象及预防[M].北京:人民交通出版社,2003.

[314] 张登良.沥青与沥青混合料[M].北京:人民交通出版社,1993.

[315] 中华人民共和国行业标准.JTG E42—2005 公路工程集料试验规程[S].北京:人民交通出版社,2005.

[316] 中国工程建设标准化协会公路工程委员会.SHC F40-01—2002 公路沥青玛蹄脂碎石路面技术指南[S].北京:人民交通出版社,2002.

[317] 林绣贤.SMA目标配合比快速确定法[J].华东公路,2001(2):75-80.

[318] 刘立安.计算法确定SMA细集料用量[J].公路,2005(7):189-191.
[319] E Ray Brown, John E Haddock. A method to ensure stone-on-stone contact in SMA paving mixture. NCAT Report NO. 97-2.
[320] E R Brown, J E Haddock, R B Mallick a,d T A Lynn. Development of a mixtures design procedure for stone matrix asphalt(SMA), NCAT, 1997.
[321] 刘忠根.SMA矿料级配及配合比优化设计研究[D].西安:长安大学,2002.
[322] 李德超.SMA混合料配合比设计方法研究[D].西安:长安大学,2003.
[323] 陆学元.湿陷性黄土地区SMA混合料组成设计和最佳沥青用量确定方法研究[D].西安:长安大学,2004.
[324] 袁万杰.多级嵌挤密实级配设计方法与路用性能研究[D].西安:长安大学,2004.
[325] 何荣裕.SMA的路用性能及其应用技术研究[D].大连:大连理工大学,2002.
[326] 天津市市政工程研究院.城市快速路高性能沥青路面研究[D].2005.
[327] Brown E R, Handdock JE, Mallicks RB and Lynn TA. Development of a mixture design procedure for stone matrix asphalt [J]. AAPT, 1997.
[328] Brown E R a,d Mallick RB. Evaluation of stone-on-stone contact in stone-matrix asphalt [J]. TRR, 1492.
[329] 张争奇.沥青混合料粉胶比[J].长安大学学报,2004,9:7-10.
[330] 郝培文,张登良,胡西宁.沥青混合料低温抗裂性能评价指标[J].西安公路交通大学学报,2000,7:1-5.
[331] 余叔藩.沥青混合料设计中沥青用量的确定[J].公路,2002,6:116-120.
[332] 刘丽,郝培文.SMA沥青胶浆的研究[J].中外公路,2004,10:97-99.
[333] 杨宏辉,袁宏伟,等.木质素纤维沥青混合料路用性能研究[J].公路交通科技,2003(8):10-15.
[334] 彭波,李文瑛,戴经梁.纤维在沥青混合料中应用的研究[J].中南公路工程,2003(6):44-46.
[335] 魏如喜,刘中林.SMA混合料物理特性的研究[J].石油沥青,2000,6:29-34.
[336] 魏如喜.SMA混合料密度测试方法研究[J].公路,2001(4):21-24.
[337] 刘中林.骨架大碎石沥青混合料组成设计与路用性能研究[D].西安:长安大学,2002.
[338] 中华人民共和国行业标准.JTG F40—2004 公路沥青路面施工技术规范[S].北京:人民交通出版社,2004.
[339] 中华人民共和国行业标准.JTG F80/1—2004 公路工程质量检验评定标准[S].北京:人民交通出版社,2004.
[340] 邓学钧,黄晓明.路面设计原理与方法[M]北京:.人民交通出版社,2001.
[341] 辛德刚,王哲人,周晓龙.高速公路沥青路面材料与结构[M].北京:人民交通出版社,2002.
[342] 郑传超,王秉纲.道路结构力学计算(上册)[M].北京:人民交通出版社,2003.
[343] 林伍湖.超载车辆对沥青路面早期破坏原因及对策[J].华东公路,2002,9(2).
[344] 黄晓明,张晓冰.公路建设质量通病分析与防治[M].北京:人民交通出版社,2002.
[345] 沈金安,李福普,陈景.高速公路沥青路面早期损坏分析与防治对策[M].北京:人民交通出版社,2004.
[346] 沈金安,等.高速公路早期病害预防措施的研究总报告[R].科研报告,2004.
[347] 林绣贤.论Superpave组成配比的特色[J].华东公路,2002(2).
[348] William R V, William J P, Samuel H C. Bailey method for gradation selection in HMA mixture design. Transportation Research Circular Number E-C044, 2002.
[349] Jingna Zhang a,d L Allen Cooley, Jr. "Comparison of fundamental and simulative test methods for evaluating permanent deformation of hot mix asphalt"NCATReport No. 02-07.

[350] 许志鸿，陈兴伟，刘红，等. Superpave 级配范围[J]. 交通运输工程学报，2003(9).

[351] Chadi Said El Mohtar. The Effect of diffeerent axle configurations on the fatigue life of an asphalt concrete mixture. A Thesis for The Degree of Master of Sdience, 2003.

[352] Dr Per Ullidtz, Analytical Tools for Design of Flexible Pavements, Technical, University of Denmark, the 8th ISAP Conference held in Copenhagen, August 2002.

[353] William R Vavrik , William J Pine , Gerald Huber, Samuel H. Carpenter and Robert Baliey . The bailey method of gradation evaluation: The Influence of Aggregate Gradation and Packing Characteristics on Voids in the Mineral Aggregate, AAPT, 2001, 70.

[354] William Robert Vavrik. Asphalt mixture design concepts to develop aggregate interlock . UMI No. 9990175 September 29, 2000.

[355] Cominskey, R J, G A Huber, T W kenedy, a, d M Anderson. The superpave mix design manual for new construction and overlays, Report SHRP-A-407. National Research Council, Washington, D. C. , 1994.

[356] Chang, K N, Meegoda, J N. Micromechanical simulation of hot mix asphalt. Journal of Engineering Mechanics, 1997, 123(5).

[357] Chang, G K a, d N J Meegoda. Simulation of the behavior of asphalt concrete using discrete element method, Proc. 2nd Intl. Conf. On Discrete Element Methods, M. I. T, 437-448.

[358] Yue, Z Q, Bekking, W, Morin I. Application of digital image processing to quantitative study of asphalt concrete microstructive. Transportation Research Record, 1995.

[359] Wang, L B, Frost, J D, Lai, J S. Noninvasive measurement of permanent strain field resulting from rutting in asphalt concrete. Transportation Research Board, 2000.

[360] P. Goltermann, V. Johansen , L Palbol. Packing of aggregates: an alternative tool to determine the optimal aggregate mix, ACI Mat. J. 94/5 (1997) , 435-443.

[361] Cundall R A, Strack O D L. Particle flow code in 2 dimensions[A]. Itasaca Consulting Croup, 1999.

[362] Ala R Abbas . Simulation of the micromechanical behavior of asphalt mixtures using the discrete element method[D]. Washington stante University, 2004.

[363] John Haddock, Changlin Pan, Aiwen Feng, and Thomas D White. Effect of gradation on asphalt mixture performance. Transportation Researsh Record, 1681.

[364] E Ray Brown a, d John E Haddock. A method to ensure stone-on-stone contact in stone matrix asphalt paving mixtures. NCAT Report No. 97-2.

[365] Oduroh, P K, Mahboub, K C, a d Anderson, R M. Flat and elongated aggregates in superpave regime[J]. Journal of Materials in Civil Engineering, 2000, 12.

[366] 曾凡，等. 矿物加工颗粒学[M]. 北京：中国矿业大学出版社，2001.

[367] 沙庆林. 矿料级配检验方法之一 VCA_{DRF} 法[J]. 公路，2005(2).

[368] 沙庆林. 矿料级配检验方法之二 VCA_{AC} 方法[J]. 公路，2005：4-5.

[369] 邹桂莲，张肖宁，王绍怀，等. 富沥青混合料的 CAVF 法设计[J]. 公路，2002(3).

[370] 卢永贵，赵可，张登良. SMA 骨架标准研究[J]. 长安大学学报，2002，22(1).

[371] 张宗涛. 沥青混合料级配优化的研究[D]. 西安：长安大学，2000.

[372] 田波，等. 沥青混合料中骨架结构特征的评价[J]. 同济大学学报，2001，29(5).

[373] 秦永春，黄颂昌，李剑，等. 透层油应用现状及高渗透乳化沥青[M]. 北京：人民交通出版社，2004.

[374] 交通部阳离子乳化沥青课题协作组. 阳离子乳化沥青路面[M]. 北京:人民交通出版社,1997.
[375] 庞兴亮. 黏结层生产与应用研究[J]. 河北工业大学材料学院,2001.
[376] 吕伟民. 沥青混合料设计原理与方法[M]. 上海:同济大学出版社,2001.
[377] 严家伋. 道路建筑材料[M]. 北京:人民交通出版社,1999.
[378] 李福普,沈金安. 公路沥青路面施工技术规范实施手册[M]. 北京:人民交通出版社,2004.
[379] 邵明建. 沥青路面机械化施工技术与质量控制[M]. 北京:人民交通出版社,2001.
[380] 薛小刚. 沥青混合料级配优化及配合比设计方法研究[D]. 西安:长安大学,2005.